ŒUVRES
COMPLÈTES
DE BOSSUET

PUBLIÉES

D'APRÈS LES IMPRIMÉS ET LES MANUSCRITS ORIGINAUX

PURGÉES DES INTERPOLATIONS ET RENDUES A LEUR INTÉGRITÉ

PAR F. LACHAT

ÉDITION
RENFERMANT TOUS LES OUVRAGES ÉDITÉS ET PLUSIEURS INÉDITS

VOLUME XVIII

PARIS
LIBRAIRIE DE LOUIS VIVÈS, ÉDITEUR
RUE DELAMBRE, 9
1864

ŒUVRES COMPLÈTES
DE BOSSUET.

Besançon — imprimerie d'Outhenin Chalandre fils.

OEUVRES
COMPLÈTES
DE BOSSUET

PUBLIÉES

D'APRÈS LES IMPRIMÉS ET LES MANUSCRITS ORIGINAUX

PURGÉES DES INTERPOLATIONS ET RENDUES A LEUR INTÉGRITÉ

PAR F. LACHAT

ÉDITION
RENFERMANT TOUS LES OUVRAGES ÉDITÉS ET PLUSIEURS INÉDITS

VOLUME XVIII

PARIS
LIBRAIRIE DE LOUIS VIVÈS, ÉDITEUR
RUE DELAMBRE, 9
1864

RECUEIL

DE DISSERTATIONS, DE PIÈCES ET DE LETTRES

CONCERNANT

UN PROJET DE RÉUNION

DES PROTESTANS DE FRANCE ET DES PROTESTANS D'ALLEMAGNE

A L'ÉGLISE CATHOLIQUE.

AFFAIRE DU QUIÉTISME :

INSTRUCTION SUR LES ÉTATS D'ORAISON.

REMARQUES HISTORIQUES.

Après un siècle de troubles et d'agitations violentes, l'Allemagne, partagée, morcelée, déchirée de ses propres mains, soupiroit après la concorde, le calme et le repos. Le traité de Westphalie avoit bien stipulé la tolérance, mais il n'avoit pas ramené l'unité religieuse ; les hommes éclairés, les princes, la diète elle-même désiroient de voir la paix de l'avenir fondée sur des bases plus solides, dans la conciliation des esprits. Déjà les plus habiles théologiens des deux communions, des évêques et des surintendans, des nonces et des diplomates s'étoient efforcés dans de longues négociations de préparer la réunion des catholiques et des protestans ; et ce projet, également dans les vœux de la politique et de la religion, fut sur le point d'être réalisé par un homme de génie, qui joignoit le zèle de l'apôtre à la science du docteur.

Descendant d'une illustre famille espagnole et né dans les Pays-Bas, Christophe de Rojas Spinola, religieux franciscain, suivit à Vienne Philippe IV. Devenu confesseur de l'impératrice, après la mort de son maître il fut retenu dans l'empire, et ses fidèles services le firent nommer évêque de Tina, en Croatie. Poursuivant la pacification religieuse, il avoit visité plusieurs fois les Cours d'Allemagne, et rédigé dans un mémoire les propositions concédées par les plus modérés des protes-

tans. Son projet n'avoit pas encore pour les dissidens le caractère
d'authenticité : il alla demander à Rome la sanction de l'autorité suprême. Une commission de cardinaux approuva son mémoire, et le
souverain Pontife joignit un bref à cette approbation. Lorsqu'il fut de
retour à Vienne, l'empereur Léopold 1er, qui suivoit avec une vive
sollicitude le projet d'union, l'appela de Tina sur le siége épiscopal de
Neustadt, non loin de sa capitale; et l'investit de pleins pouvoirs
« pour traiter avec tous les Etats, communautés ou même particuliers
de la religion protestante. » L'infatigable promoteur de la paix revint
à Hanovre. Il eut le bonheur d'y trouver, dans le directeur des églises
consistoriales, le plus habile et le plus modéré des théologiens luthériens, Gérard Valther Van der Muelen, en latin *Molanus*, abbé de
Lokkum. L'abbé de Lokkum et l'évêque de Neustadt choisirent pour
règle, dans leurs négociations, la méthode employée par Bossuet contre les protestans, l'exposition pure et simple des doctrines, portant
ainsi la discussion sur son véritable terrain, écartant les controverses
qui nourrissent l'amour-propre, et les objections qui éloignent les esprits bien loin de les rapprocher. De leurs conférences, qui durèrent
six mois, sortit l'ouvrage intitulé : *Regula circa christianorum omnium
ecclesiasticam reunionem* [1]. Poursuivies pendant plusieurs années dans
d'autres Cours de l'Allemagne, les négociations sembloient justifier
les plus grands espérances; malheureusement la mort d'un prince favorable à l'union, la peste qui portoit au loin ses ravages, les armes turques
qui menaçoient l'empire, vinrent dissoudre pour ainsi dire le congrès
de la paix religieuse; et Spinola lui-même, atteint de la goutte et vieilli
par les fatigues, mourut en 1695. Toutefois le saint projet ne disparut
point avec son premier auteur; il fut transporté dans les mains de
Bossuet, par les circonstances que voici.

Lorsque l'électeur palatin Frédéric V eut perdu, à la bataille de Prague, ses Etats héréditaires avec la couronne de Bohême qui venoit de
lui être déférée, sa fille Louise-Hollandine le suivit dans sa retraite en
Hollande. Eclairée sur les erreurs de la Réforme, comme elle redoutoit
les larmes de sa mère, cette princesse s'éloigna secrètement, laissant
sur sa table un billet qui portoit ces mots : « Je passe en France pour
me rendre catholique et me faire religieuse. » Après son abjuration,
elle prit le voile en 1659 à Maubuisson. Quelques années plus tard, un
décret royal la fit supérieure de cette abbaye, dont on voit les ruines
près de Pontoise, à huit lieues de Paris. Elle avoit pour secrétaire une

---

[1] Quelques-uns disent que cet ouvrage eut Spinola pour auteur ; presque tous
pensent qu'il fut composé par les théologiens de Hanovre ou par Molanus
en leur nom; dans tous les cas Molanus et Spinola tombèrent d'accord sur les
articles qu'il renferme, si bien que les deux opinions reviennent au même dans
le fond.

femme d'esprit et de tête, Madame de Brinon. D'abord religieuse ursuline, après avoir vu les flammes dévorer son couvent, Madame de Brinon devint la première supérieure de Saint-Cyr ; elle rédigea les statuts de cette institution royale, et fut en quelque sorte la promotrice d'*Esther* et d'*Athalie,* en provoquant la tragédie sans amour profane. Entourée d'honneurs et jalouse de son autorité, elle ne témoignoit pas à Madame de Maintenon sa bienfaitrice la déférence qu'elle lui devoit; elle fut envoyée à Maubuisson avec une pension de quatre mille livres.

Cependant une seconde fille de Frédéric V étoit devenue duchesse de Hanovre. La pieuse abbesse Louise-Hollandine désiroit la conversion de cette sœur bien-aimée ; elle la désiroit d'autant plus vivement, qu'elle espéroit de ramener avec elle dans le sein de l'Eglise son mari Ernest-Auguste, et probablement une partie des protestans d'Allemagne. Déjà son zèle avoit mis en rapport deux hommes honorés, l'un pour son caractère et l'autre pour sa science, de chaque côté du Rhin; Pelisson et Leibnitz entretinrent par son entremise, jusqu'en 1693, une correspondance soutenue sur la religion. Et quand elle sut qu'on négocioit en Allemagne la paix religieuse, elle pria sa sœur la duchesse de faire appeler Bossuet dans les délibérations. La Cour de Hanovre, qui admiroit les productions du grand théologien, demanda son avis sur les propositions faites par Molanus. Bossuet reconnut, dans cette invitation, la voix de Dieu qui lui confioit les intérêts de son Eglise ; il fit parvenir à l'abbesse de Maubuisson, pour le transmettre à Hanovre, un mémoire aussi fort de raison qu'entrainant de douce éloquence, et noua dès ce moment avec Molanus un saint commerce de savans écrits. Un peu plus tard, Leibnitz ambitionna l'honneur de se mesurer avec le grand homme ; il sut même, en écartant Molanus, se constituer auprès de lui le seul représentant du parti luthérien. Voilà donc les personnages qui poursuivirent dans sa seconde phase le projet d'union : comme écrivains, Molanus, Leibnitz et Bossuet ; comme intermédiaires, la princesse Louise-Hollandine et Madame de Brinon.

Ne pouvant analyser complètement les ouvrages qui parurent dans ces mémorables débats, nous nous contenterons d'esquisser les traits les plus saillans de la discussion. Homme plein de douceur et de modération, pour ramener la paix entre les deux camps, Molanus propose de conclure une trêve qui suspendra le combat, de signer comme un armistice qui favorisera les négociations, en un mot d'établir une union provisoire fondée sur des engagemens réciproques. D'une part, les protestans vénéreront dans le Pape le premier des évêques, ils reconnoîtront l'autorité de la hiérarchie ecclésiastique, ils se soumettront d'avance aux décisions d'un futur concile, et regarderont les catholiques comme leurs frères ; d'une autre part, l'Eglise romaine recevra sans rétractation les protestans dans son sein, elle tolérera leurs croyances en suspendant ses anathèmes, elle admettra leurs pasteurs dans sa hiérarchie, puis elle convoquera un concile général qui donnera voix délibérative à toutes les parties intéressées, aux luthériens comme aux catholiques. En attendant, pour faciliter l'œuvre du concile, les théologiens des deux églises prépareront l'unité de croyance ; et tout de suite Molanus concilie lui-même plusieurs dogmes sur des points fondamentaux, tels que la justification, les sacremens, la messe, le culte des Saints. — L'évêque de Meaux n'admit point la méthode proposée par l'abbé de Lokkum ; il montre qu'elle renverse l'ordre naturel des négociations. En effet, la paix religieuse doit s'établir dans les intelligences, par conséquent sur le terrain des dogmes. Or point d'unité de dogme sans règle de foi. La règle de foi, ce n'est pas l'Ecriture seule, puisqu'elle ouvre la porte à toutes les erreurs ; ce n'est pas non plus la tradition seule, puisqu'elle ne renferme pas les archives originales de la doctrine révélée : c'est l'Ecriture interprétée par la tradition. Eh bien, la tradition, comment pouvons-nous la reconnoître ? Par le témoignage irréfragable, par l'infaillible autorité de l'Eglise une, perpétuelle et universelle, embrassant tous les temps et tous les lieux. Il faut donc constater, par la voie de l'exposition, la doctrine de l'Eglise catholique ; puis concilier sur cette base inébranlable, comme Molanus l'a fait avec succès dans plusieurs points, la doctrine protestante. La conciliation faite dans les dogmes, la paix s'établira comme d'elle-même dans la discipline : pleine de condescendance pour des enfans infirmes, mais soumis, l'Epouse du Rédempteur, Mère des chrétiens, ouvrira son sein charitable aux protestans ; elle leur accordera, comme elle l'accorda dans le concile de Bâle aux calixtins de Bohème, l'usage de la coupe ; elle recevra leurs ministres et leurs surintendans parmi ses prêtres et ses évêques ; elle leur laissera même leurs femmes jusqu'à la mort, à condition que leurs successeurs se soumettront à sa discipline.

Tandis que l'honnête Molanus cherche l'union des esprits dans la conciliation des croyances, l'ingénieux Leibnitz invente dans la chicane et les subtilités de nouvelles causes de trouble et de division. Au lieu d'aller droit au dogme, il s'arrête dans le domaine des faits : le seul but qu'il se propose, l'unique résultat qu'il poursuit, c'est d'ébranler le concile de Trente sous les coups de l'histoire écrite à la façon protestante ; il attaque ce concile dans sa convocation, dans son œcuménicité et dans sa réception ; chose incroyable, il combat son décret sur le canon des Ecritures ; et dans cette campagne il parcourt, non plus une partie de l'histoire, mais pour ainsi dire l'histoire universelle, descendant du canon des Hébreux jusqu'à celui de Luther. Bossuet ne se laissa pas fourvoyer dans ces courses au clocher : Vous attaquez, dit-il, à Leibnitz, le concile de Trente : mais comment ne voyez-vous pas que vous renversez du même coup tous les conciles, sans excepter les quatre premiers, dont les protestans reçoivent l'autorité? Comment ne comprenez-vous pas que vous sapez d'avance le futur concile, que vos frères demandent pour sceller le traité d'union générale? En détruisant le privilége de l'infaillibilité, vous désarmez l'Eglise contre l'hérésie, vous lui ôtez le pouvoir de condamner l'erreur, vous livrez le christianisme à tous les caprices de l'imagination. Abordant la critique du canon des Ecritures, l'aigle de Meaux jette dans l'avenir un de ces regards qui pénètrent les événemens futurs : « Plutôt que de conserver le *Livre de la Sagesse* et les autres, continue-t-il, vous aimez mieux consentir à noyer sans ressource l'*Epître aux Hébreux* et l'*Apocalypse*, et par la même raison les *Epîtres* de saint Jacques, de saint Jean et de saint Jude. Le *Livre d'Esther* sera entraîné par la même conséquence : vous ne ferez pas scrupule de laisser perdre aux enfans de Dieu tant d'oracles de leur Père céleste..... Il faudra laisser dire impunément à tous les esprits libertins ce qui leur viendra dans la pensée. » Nous devons connoître maintenant le père de l'exégèse moderne. Toutefois l'habile théologien ne se contente point de ces réponses générales; il suit pas à pas son adversaire, et réfute les unes après les autres toutes ses objections.

Voilà les questions qui s'agitèrent entre Bossuet d'une part, Leibnitz et Molanus de l'autre. Commencées sous les plus favorables auspices et poursuivies d'abord avec succès, les négociations ne ramenèrent point la paix dans les esprits : à qui devons-nous attribuer ce résultat? Du côté des catholiques, l'évêque de Neustadt consacra toute une vie de sacrifices et de rudes labeurs à la pacification religieuse; deux papes, Clément IX et Innocent XI approuvèrent son projet; vingt cardinaux le protégèrent de leur haut patronage, et l'empereur Léopold lui donna l'appui de l'autorité souveraine en Allemagne. En France, Bossuet prêta pour sa part, à l'union sainte, la force de l'autorité morale avec le tribut de la science et du génie ; négociateur de la paix chrétienne pour l'Europe, il chercha dans l'histoire ecclésiastique les enseignemens qu'offre l'apaisement des sectes et la conciliation des schismes; il se remplit de la douceur, de la condescendance et de la charité que l'Eglise a toujours eue pour ses enfans séparés, et proposa un traité d'alliance fondée sur la double base de la vérité divine immuable dans ses dogmes, et de la discipline ecclésiastique variable dans ses prescriptions suivant les temps et les lieux.

Du côté des protestans, c'est pour ainsi dire une seule main qui tenoit les rênes de la négociation : c'est la Cour de Hanovre qui dirigeoit la plume de ses théologiens, et parloit par la bouche de ses diplomates religieux. Le duc étoit luthérien, la duchesse calviniste et tous deux suspects d'indifférence en matière de religion : l'un disoit que les paroles de la Cène renfermoient plusieurs sens, afin d'offrir une excuse à toutes les opinions; l'autre demandoit une nouvelle révélation, pour démêler ces sens multiples et divers. La Maison de Hanovre borna longtemps les calculs et l'action de sa politique à l'Allemagne, cherchant son agrandissement dans la faveur de l'empereur. En 1688, une révolution sanglante vint montrer à son ambition, quoique dans un horizon lointain, le trône d'un grand peuple : elle tendit une main vers l'Angleterre, et continua de présenter l'autre à la munificence impériale. L'unique héritier de la couronne britannique mourut en 1709, et le parlement lui déféra le trône l'année suivante : de cette heure elle se détourna de l'Allemagne pour porter toutes ses vues de l'autre côté du détroit.

En signalant ces trois phases de la politique hanovrienne, nous avons pour ainsi dire tracé la marche du projet d'union sur le terrain de la Réforme. Tant que le duc recherchа le titre d'électeur, tant qu'il s'efforça de gagner les bonnes graces de son souverain, tant qu'il se rapprocha du catholicisme dans l'intérêt de son ambition, les théologiens luthériens se montrèrent favorables à la pacification religieuse : Molanus concilia cinquante articles sur les points les plus importans de la doctrine chrétienne; Leibnitz le suivoit avec applaudissement dans cette voie de conciliation; et Bossuet put dire : « La réunion est faite. » Mais la maison de Hanovre voit les événemens déplacer le centre de ses intérêts matériels, elle craint d'éloigner la faveur de l'Angleterre en se rapprochant du catholicisme, elle veut flatter d'injustes animosités qui lui promettent une brillante couronne : aussitôt les négociateurs protestans se prennent d'un zèle inflexible pour la sainte Réforme évangélique. Comme Molanus suivoit les inspirations de sa conscience plutôt que la nouvelle politique de son maître, par un procédé trop vulgaire pour être habile, Leibnitz l'écarte de la correspondance pour se substituer à sa place [1], et soulève mille obstacles à la conciliation.

---

[1] Il supposa deux choses qu'il savoit fausses : « Vous avez témoigné de souhaiter, écrivit-il à Bossuet, quelque communication avec un théologien de ce pays-ci;... mais on y a trouvé de la difficulté, puisque M. l'abbé de Lokkum même paroissoit ne vous pas revenir. » Cette double assertion dut singulièrement surprendre Bossuet; il répondit à Leibnitz : « Je vous dirai, Monsieur, premièrement, que je n'ai jamais proposé de communication que je désirasse avec qui que ce soit de de-là, me contentant d'être prêt à exposer mes sentimens, sans affectation de qui que ce soit, à tous ceux qui voudroient bien entrer avec moi dans les moyens de fermer la plaie de la chrétienté. Secondement,... j'ai toujours dit que cette affaire devoit être traitée avec des théologiens de la Confession d'Augsbourg, parmi lesquels j'ai toujours mis au premier rang M. l'abbé de Lokkum, comme un homme dont le savoir, la candeur et la modération le rendoient un des plus capables que je connusse pour avancer ce beau dessein. J'ai, Monsieur, de ce savant homme la même opinion que vous en avez; et j'avoue selon les termes de votre lettre que de tous ceux qui seront les mieux

Hier il disoit : « A bien considérer le concile de Trente, il n'y a guère de passages qui ne reçoivent un sens qu'un protestant raisonnable puisse admettre; » aujourd'hui sa verve épuise Paolo Sarpi et les recueils d'*ana* contre cette sainte assemblée; il s'efforce de flétrir « cette bande de petits évèques italiens, courtisans et nourrissons de Rome, qui fabriquèrent dans un coin des Alpes, d'une manière désapprouvée hautement par les hommes les plus graves de leur temps, des décisions qui doivent obliger toute l'Eglise. » Bossuet réfutoit vainement ses objections : il revient cent fois sur des sophismes percés à jour, sur des difficultés sapées par le fondement, sur des subtilités plus dignes d'occuper de jeunes théologiens sur les bancs de l'école que d'être le sujet d'une longue controverse entre des hommes sérieux. Mais déjà le protestantisme prépare ses plus grandes faveurs, le zèle de la Réforme s'apprête à donner au duc de Hanovre le pouvoir souverain, la haine du catholicisme va mettre une couronne royale sur sa tête : alors que fait Leibnitz? Il trempe sa plume dans le fiel et trace des expressions qui ressemblent à des personnalités : il invite Bossuet « de ne prendre pour accordé que ce que l'adversaire accorde effectivement, » et « de retrancher de leurs discussions tout ce qui est choquant; » il le prie « de faire cesser les supériorités que l'éloquence et l'autorité donnent aux grands hommes, pour ne faire triompher que la vérité; » il espère qu'il cessera « d'esquiver adroitement les objections, de fuir les explications claires et d'entraver la réunion des églises; » il lui conseille de « renoncer aux expressions tragiques, à l'éloignement affecté, aux réserves artificieuses; » il veut bien lui reconnoître « trop de lumières et trop de bonnes intentions pour conseiller des voies obliques et peu théologiques, » mais il lui demande « des avances qui marquent de la bonne foi, » et des correspondans qui « puissent prêter l'oreille à des ouvertures où son caractère (d'évêque) ne lui permet pas d'entrer, quand même il les trouveroit raisonnables; » enfin il se plaint plus ou moins ouvertement, plus ou moins secrètement, « de sa fierté, de sa hauteur et de son humeur intraitable. » En même temps il tramoit un sourd complot pour supprimer Bossuet, pour le supprimer avec un peu plus d'adresse qu'il n'avoit supprimé Molanus. Le gallicanisme lui avoit toujours paru comme un trait d'union entre la France catholique et la

disposés à s'expliquer de leur chef, aucun n'a proposé une manière où il y ait autant d'avances qu'on en peut remarquer dans ce qu'il m'a écrit. »

Bossuet avoit déjà écrit à Leibnitz, mais non sur la pacification religieuse. Lorsque Richard Simon alloit enfantant chaque année de nouvelles erreurs contre les livres de l'Ecriture, avant de le réfuter publiquement, il voulut détourner le cours de son activité fébrile, et lui offrit avec une pension annuelle la traduction du *Talmud*. En 1678, il demanda à Leibnitz la liste des ouvrages nécessaires à ce travail; Leibnitz lui répondit; mais leur courte correspondance n'eut d'autre objet que les gloses rabbiniques.

Réforme protestante [1]. Indigné « des entreprises ultramontaines, » pour déjouer les finesses « de Messieurs les ecclésiastiques, » il proposa d'appeler dans les négociations les émules des Harlay, des Pithou, des Dupuy, et voulut faire trancher la controverse un peu par l'autorité spirituelle et beaucoup par l'autorité temporelle; car il croyoit que tout dépendoit de Louis XIV, de l'empereur et du pape. Ainsi quelques légistes tenant en main le *Digeste* pour évangile, convoqués par un mathématicien philosophe et présidé par un aide de camp en éperons, voilà le concile qui devoit remplacer le concile de Trente. Et comme si Leibnitz ne se fût point contenté de conduire deux intrigues à la fois, l'une avec l'*ultramontain* Bossuet, l'autre avec les légistes gallicans, il en ourdit une troisième à Berlin : il entreprit de réunir les sectes protestantes, non plus avec le catholicisme, mais contre le catholicisme. Le soin d'amalgamer ensemble les religions de l'Europe, et tout à la fois de les coaliser par groupes les unes contre les autres, ne l'empêchoit point de veiller à sa réputation de savant; il trouvoit partout dans ses lettres l'occasion de parler de sa *dynamique*, il s'efforçoit de lui gagner des admirateurs parmi ses correspondans et des avocats près de l'Académie des sciences. En présence de ces recherches de l'amour-propre, au milieu de ces manœuvres et de ces intrigues, Bossuet n'avoit que la vérité pour guide et marchoit droit son chemin, comme il le dit lui-même, « sans vue ni à droite ni à gauche ; » en butte à mille insinuations malveillantes, il ne faisoit entendre que des paroles de douceur, de paix et d'union : jamais il ne fut plus grand que dans cette circonstance. Tant de charité jointe à tant de science ne devoit pas rester sans fruits; ses ouvrages ramenèrent en Allemagne dix-sept princes dans le sein de l'Eglise.

Au reste, que Leibnitz ait suivi dans le projet d'union la politique de la Cour hanovrienne plutôt que la conviction de son esprit, quand le fait ne seroit pas manifeste par lui-même, il seroit aisé d'en trouver de nouvelles preuves. D'où viennent ses tâtonnemens, ses hésitations, ses avances suivies de prompts retours, ses habiletés diplomatiques dont il éprouve le besoin de s'excuser lui-même? Il veut qu'on sache,

---

[1] L'obstacle que le concile de Trente apporte à la réunion étant mûrement pesé, on jugera peut-être que c'est par la direction secrète de la Providence que l'autorité du concile de Trente n'est pas encore assez reconnue en France, afin que la nation françoise, qui a tenu le milieu entre les protestans et les romanistes outrés, soit plus en état de travailler un jour à la délivrance de l'Eglise, aussi bien qu'à la réintégration de l'unité. » (*Lettre* XXIII, 1er novemb. 1692, XXII.) — « On est redevable à la France d'avoir conservé la liberté de l'Eglise contre l'infaillibilité des papes ; et sans cela je crois que la plus grande partie de l'Occident auroit subi le joug ; mais elle achèvera d'obliger l'Eglise catholique, en continuant dans cette fermeté nécessaire contre les surprises ultramontaines. » (*Lettre* I, 16 juillet 1691.)

écrivoit-il en 1699 à M. du Héron, « combien la précaution d'avoir l'agrément du duc, pour reprendre la négociation avec M. de Meaux, étoit nécessaire. » En 1700, à l'occasion du mariage de la princesse Christine de Brunswick-Volfenbuttel avec l'archiduc Charles d'Autriche, on proposa la question suivante à l'université de Helmstadt : « Une princesse protestante peut-elle, pour épouser un prince d'une maison souveraine, embrasser la religion catholique? » — Oui, répondit l'université luthérienne, elle le peut; car « le fondement de la religion subsiste dans l'Eglise catholique romaine, en sorte qu'on y peut être orthodoxe, y bien vivre, y bien mourir et y obtenir son salut. » Cette réponse avoit eu pour rédacteur un ami particulier de Leibnitz, Fabricius, avantageusement connu par un grand nombre d'ouvrages; et c'est la première fois, chose inconcevable ou plutôt toute naturelle dans la religion du libre examen, qu'une faculté de théologie protestante fit usage de la liberté de conscience et proclama la tolérance religieuse. Cependant la consultation de Helmstadt souleva toute la Réforme : les anglicans se récrièrent d'une voix unanime; et plusieurs universités d'Allemagne, celles de Rostock, de Leipsig, de Tubingue, protestèrent solennellement. Effrayés par cette réprobation générale, les professeurs trop osés s'empressèrent d'adoucir leur réponse par des explications confuses, à l'aide de phrases à double entente. Leibnitz, qui avoit provoqué ces adoucissemens, écrivit à Fabricius « qu'il lui savoit gré de la déclaration qu'il lui avoit envoyée, mais qu'on auroit désiré quelque chose de plus précis;... que plusieurs évêques d'Angleterre, attachés à la cause et aux intérêts de la Maison de Hanovre, lui avoient fait entendre que la tolérance et l'indulgence de l'université de Helmstadt pour l'Eglise catholique pouvoit nuire à l'expectative qui lui avoit été assurée, du trône d'Angleterre. » Il ajoutoit dans une autre lettre : « L'archevêque de Cantorbéry n'est pas content de la déclaration, parce qu'elle ne contient pas qu'elle abhorre le papisme. » Et plus loin : « Tous les droits de la Maison de Hanovre au trône d'Angleterre sont uniquement fondés sur la haine et l'exclusion de l'Eglise catholique; il faut donc éviter avec soin tout ce qui annonceroit peu de zèle contre les romanistes [1]. » Le duc jugea prudent de faire, lui aussi, amende honorable et de sacrifier au puritanisme anglois; il retira publiquement à Fabricius la chaire qu'il occupoit avec tant d'éclat, mais il lui en conserva secrètement les honoraires.

On doit connoître maintenant les intentions que Leibnitz apporta dans la correspondance avec Bossuet; on doit comprendre qu'il subordonna la pacification religieuse à la politique de son maître, en un

---

[1] *Lettres* du 17 septembre et du 15 octobre 1708, dans les *Œuvres complètes* de Leibnitz.

mot, on doit être à même de répondre à la question posée précédemment : A qui faut-il attribuer le non-succès des négociations dans le projet de la réunion des églises chrétiennes ?

Les pièces relatives à ce projet restèrent longtemps enfermées dans la bibliothèque de l'évêque de Troyes : c'est l'abbé Leroy, ancien oratorien, qui les publia pour la première fois dans les *Œuvres posthumes*, en 1753.

Nous parlerons de l'affaire du quiétisme dans le prochain volume.

DE PROFESSORIBUS
CONFESSIONIS AUGUSTANÆ

AD REPETENDAM UNITATEM CATHOLICAM DISPONENDIS.

AUCTORE MELDENSI EPISCOPO.

ADMONITIO PRIMI EDITORIS.

De dissertatione sequenti paucis præmonere lectorem ideò necessarium esse duximus, quòd mirum sanè multis videbitur ea à nobis iterùm exhiberi, quæ maximam partem jam lecta sunt in eâ dissertione quam *privatis* D. Molani *Cogitationibus* Episcopus Meldensis opposuerat.

Quâ de re diù multùmque deliberavimus, non quidem de supprimendo hoc opere, in quo nonnulla sunt eaque gravioris momenti capita, quæ in dissertatione adversùs Molanum non reperiuntur; sed de modo quem in eo edendo sequi oportebat; nimirùm an edi deberet integrum, an verò excisis iis quæ in supradictâ dissertatione eodem verborum ac sententiarum tenore continentur. Duo autem nos ad posteriorem hanc dissertationem, ne mutato quidem apice, edendam compulerunt : primum, lectoribus ingratum fore judicavimus opus mutilum et sui parte truncatum, in quo sine filo et abrupta sæpè oratio esset, nisi ea supplerentur, ex dissertatione adversùs Molanum, quæ à nobis erasa fuissent : secundum, hanc fuisse mentem eruditissimi Auctoris, ut hoc suum opus integrum ederetur, certis indiciis comperimus ex *Diario Episcopi Meldensis*, quod exaravit D. Ledieu.

Sciendum est enim totam hanc controversiam lutheranos inter et Episcopum Meldensem tali conditione pertractatam fuisse, ut pauci, de quibus convenerant, disceptationis testes essent, neque scripta utriusque partis publici juris statim fierent. Rescivit tamen summus Pontifex Clemens XI, anno 1701, Episcopum Meldensem multa scripsisse, quæ ad convincendos lutheranos adhiberi posse credebantur, et erat tunc in eo occupatus Pontifex ut lutheranum quemdam Principem Germanum (de Saxe-Gotha, si D. Ledieu credimus) in Ecclesiæ gremium reduceret. Ergò ab Episcopo Meldensi btinuit, ut illa ad se mitteret scripta quæ ad informandum hunc Principem conducerent. Itaque Meldensis Episcopus suam adversùs Molanum dissertationem recensuit, novamque hanc aliam scripsit, in quâ ea omittit quæ aut minùs necessaria esse videbantur, aut scholasticam nimiùm redolere disputationem, ea supplet quæ in priori dissertatione, quâvis de causâ, locum non obtinuerant, atque postremum hoc opus tali arte concinnat, ut nihil habeat asperum, nihil non suave ac lene, quo Principis animum ad unitatem et concordiam meliùs alliciat.

Cogitabamus quidem hanc dissertationem facere gallicam; sed ab hoc suscipiendo opere nos imprimis deterruit ipse Meldensis Episcopus, qui cùm gallicam fecisset suam adversùs Molanum dissertationem, hanc latinam tantùm esse voluit; quia nempè utraque dissertatio iisdem nititur principiis, eumdem habet scopum, iisdem argumentis fulcitur, atque, ut uno verbo omnia complectar, una eademque est, quanquam diverso dicendi genere, pro vario hominum ad quos spectabat captu, una ab alterâ distinguatur. (*Edit.* Leroi.)

PRÆFATIO AUCTORIS.

DE VERA RATIONE INEUNDÆ PACIS, DEQUE DUOBUS POSTULATIS NOSTRIS.

Multos novimus Confessionis Augustanæ professores magnæ auctoritatis ac doctrinæ viros inclytæ ac fortissimæ Germanicæ nationis, qui divulsæ ac laceræ christianitatis vulnus intuiti, quærant viam reconciliandæ pacis sub his postulatis : Ut concilii Tridentini anathematismis ac decretis absque suæ operæ interventu editis in antecessum suspensis, quæstiones de fide iterùm recudantur, novumque concilium eâ de re institutum celebretur, et quod in eo cœtu utriusque partis consensione fixum decisumque fuerit, ratum sit et irrevocabile.

Nos autem bonorum virorum de pace consilia adjuvare conati duo proponemus.

Primum, eam viam de innovandis fidei quæstionibus, deque concilii Tridentini decretis in antecessum suspendendis non esse utilem aut optato fini conducibilem : alterum, aliam viam tutam ac facilem iniri oportere; quâ, per expositionem ac declarationem dogmatum utriusque partis, dissidia componantur, adhibitis utrinquè fidei regulis, sive communibus, sive quas pars quæque probaverit, ut est apud nos synodus Tridentina, ac Pii IV fidei Confessio : apud protestantes verò ipsa *Confessio Augustana*, aliique libri infrà memorandi, quos *Symbolicos* vocant.

Sint ergò eam in rem duo æquissima postulata nostra : primum, *Ne quid postuletur ad ineundam pacem quod ipsius ineundæ pacis rationes conturbet* : alterum, *Ut via illa expositoria seu declaratoria, quam diximus, ineatur ; quippe quæ omnes juvet, noceat nemini.* Hæc duo æquissima ac perspicua postulata nostra duas priores hujus tractatiunculæ partes efficient. His de fide expositis, accedet tertia pars, sive disceptatio de disciplinæ rebus ac de ordinandâ tractatione totâ ; qui dicendi erit finis.

PARS PRIMA.

CAPUT PRIMUM.
De primo postulato nostro.

Hoc ergò postulatum sic habet : !*Ne quid postuletur ad ineundam pacem quod ipsius pacis ineundæ rationes|conturbet*. Res clara per sese : undè prima consecutio, seu potiùs ejusdem postulati explicatio : Ne quid fiat quod ecclesiasticorum [decretorum stabilitatem aut firmitudinem infringat ; si enim decreta omnia sunt instabilia, profectò erit instabile hoc nostrum quod postulant de pace decretum.

Jam applicatio ad rem nostram tam clara est, ut ipsa per sese occurrat animo. Si enim, ut Confessionis Augustanæ postulant defensores, anteactorum conciliarium decretorum nulla jam ratio habeatur, nihil erit quod posteritas nostri hujus decreti rationem habeat ; nihil cur nos ipsi hæreamus, ac pro sacrosancto inviolatoque reputemus, aut dissentientes pœnis ecclesiasticis coercendos putemus.

Esto sanè consenserimus in id quod maximè volunt, nempè ut concilium Tridentinum post eorum secessionem celebratum in suspenso sit, eò maximè quòd absque lutheranorum operâ sit gestum (quâ de re quæremus posteà) nihil agunt ; cùm certum sit articulos ferè omnes, certè quoscumque præcipuos in concilio Tridentino definitos, ex pristinis conciliis in pace habitis fuisse repetitos : putà ex Lateranensibus, Lugdunensibus, Constantiensi ipso et aliis ; neque de hâc novâ synodo, quam nunc haberi volunt, major erit consensio quàm de anterioribus fuit ; atque ut rem subjiciamus oculis : Prædictas synodos, quæ Tridentinis definitionibus præluxerunt, irritas¦ aut suspensas haberi volunt, ideò quòd illis contradixerint hussitæ, wiclefitæ, valdenses, albigenses, ipse Berengarius sacramentariæ hæreseos, lutheranis exosæ, dux et magister, alii in aliis conciliis condemnati. Id si concedimus, nempè eò nobis redibit res, non modò ut infanda proscriptaque nomina reviviscant; verùm etiam ut nihil pro judicato haberi possit, nisi litigantes consenserint, aut etiam in quæstionibus adversùs illos constitutis ipsi judices sedeant : quod unum efficiet ut omnis judiciorum ecclesiasticorum auctoritas concidat, nostrumque concilium, aut qualecumque fuerit de pace decretum, in arenâ, imò in antecedentium conciliorum ruderibus collocatum, facilè collabatur.

Rogo enim, an consensionem in hæc nostra de pace decreta majorem ac certiorem futuram putent, quàm eam, verbi gratiâ, quæ in Lateranensibus, Lugdunensibus, deniquè in Constantiensi synodo valuit adversùs Joannem Wiclefum et Joannem Hussum? Res facti omittamus, de quibus vana esset litigatio, cùm agamus de fide quæ non his nititur. An ergò his synodis non aderant omnes tunc catholicæ nationes, ac vel maximè inclyta Germanica natio? Annon Constantiæ gesta ac decreta de fide adversùs illius temporis hæreses, Sigismundi maximè imperatoris ac Germanicæ nationis ductu processerunt? Annon recentissimâ operâ per Germanos protestantes, gesta Constantiensia tot voluminibus edita ac Leopoldo Augusto commendata prodierunt ad gloriam Germanicæ nationis? Ac ne illorum temporum schisma causentur ad elevandam synodi auctoritatem, extat in actis, Martino V jam electo, *Tribus*, ut vocabant, *obedientiis adunatis, sacro* deniquè, *approbante concilio*, Bulla *Inter cunctas*[1]; in quâ, decretis omnibus repetitis, additisque perspicuis de fide profitendâ interrogationibus, miro unanimique consensu finitæ de septem Sacramentis, atque adeò omnes sacramentariæ quæstiones : finitæ imprimis maximæ controversiæ de invisibili prædestinatorum Ecclesiâ, deque primatu Petri ac Romanæ Ecclesiæ *super alias ecclesias particulares* : cætera deniquè omnia quibus hodiè quoque controversiarum summa constat. Et tamen hæc omnia tantâ consensione gesta decretaque, nec modò Constantiensia, sed etiam anteriora pari consensione constituta per sexcentos eoque ampliùs annos unâ cum concilio Tridentino, non modò suspendenda, ve-

[1] Sess. XLV. et ult.

rùm etiam retractanda atque antiquanda proponunt: tanquàm Christus per tot sæcula obdormierit, aut promissorum immemor, Ecclesiam non modò fluctibus tundi, verùm etiam pessumdari ac mergi permiserit : quà spe futurorum, cùm nulla alia nobis quàm antecessoribus nostris auctoritas relinquatur ?

CAPUT II.

Spreto nostro postulato, ac suspensis Tridentinis aliisque ab annis ferè mille decretis, an primorum quatuor vel quinque sæculorum tutior futura sit auctoritas ?

At enim, inquiunt, saltem Nicæna decreta, Ephesinave, aut Chalcedonensia decreta integra ac tuta nobis relinquentur. Utinam! sed si semel illud valeat; Tridentina decreta aliaque ante sexcentos annos edita rescindi aut saltem suspendi oportere, quia ea non gesta sunt cum litigantibus, aut quòd eorum consensus non accesserit, rogo quid erit tutum? An Nicæna decreta consentientibus arianis valuerunt? An ad Ephesina aut Chalcedonensia nestorianarum aut eutychianarum partium consensus accessit? Prodibunt in medium novi ariani; novi paulianistæ, sociniani scilicet, exurgent atque ultrò fatebuntur sua quidem dogmata adversùs Arium et Nestorium ac Paulum Samosatensem, toto reliquo orbe consentiente, damnata, non tamen arianis aut samosatensibus id approbantibus. Ita pelagiani : ita cæteri omnes hæretici, cassaque ac vana omnia esse contendent quæ à totâ Ecclesiâ, non tamen ipsis consentientibus, acta sint : quo etiam fiet, ut ad nostram pacem nulla christiani nominis secta non se admitti suo jure postulet : quin etiam si vel maximè adversùs ullam hæresim omnia anteacta sæcula consenserint, non tamen proindè certa erit fides, prono humani generis in falsa ac devia lapsu, nulloque unquàm relicto nobis tuto et invictæ firmitudinis adversùs errores præsidio, redibit res ad jurgia : neque ullo fructu, ullâ spe, per tot retrò conciliorum veluti conculcata cadavera, gradiemur ad illud nostrum quod ostentant triste concilium sive decretum, parem profectò cum aliis sortem habiturum; neque ulla jam via constabiliendæ pacis, infractâ et collapsâ per speciem novi concilii conciliorum omnium auctoritate, ipsiusque adeò Ecclesiæ majestate prostratâ. Stet ergò pacis ecclesiasticæ tractatio habens fundamentum hoc : Nihil esse ab Ecclesiâ catholicâ pacis ineundæ gratiâ postulandum, quod concessum, pacem ipsam Ecclesiæ disturbaret.

CAPUT III.

An tutior ac facilior futura sit pax, si hæreamus articulis quos fundamentales vocant ?

Neque hîc recurrendum ad fundamentales, ut vocant, articulos, de quibus longè erit maxima et inextricabilis concertatio, sive ad Scripturam, sive ad apostolicum aliaque symbola provocemus ; ut non modò ratione, verùm etiam ipso rerum experimento constat. Ne ergò dixerint de his articulis facilè conveniri posse ; omittendos cæteros, seu potiùs aspernandos ut vanos, nullique emolumento futuros. Neque enim ullâ disputatione constabit de illis articulis, nisi priùs Ecclesiæ certâ et infallibili auctoritate stabilitâ. Sin autem id constituerint, sufficere articulos *Symbolo apostolico* comprehensos, quid necesse est ut cum protestantibus de his paciscamur de quibus nec litigamus? Omninò definienda nobis veniunt quæcumque à Deo revelata constiterit : neque enim Deus inutilia revelaverit, dicente Prophetâ : *Ego Dominus Deus tuus, docens te utilia, gubernans te in viâ quâ ambulas*[1]. Stet ergo hoc fundamentum, de omnibus ad doctrinam ac fidem quoquo modo pertinentibus, sive fundamentalia, sive non fundamentalia habeantur, firma rataque esse Ecclesiæ judicata.

CAPUT IV.

Unâ interrogatiunculâ res tota transigitur.

Hanc arcem qui deseruerint, et à sacrosanctâ judiciorum ecclesiasticorum auctoritate vel semel recesserint, dicant velim quam sibi asserendæ fidei et constituendæ pacis tutam ac munitam relinquant viam ? Profectò nullam ; et quamcumque tentaverint,

[1] *Isa.*, XLVIII, 17.

teste experientiâ, revincentur. Ecce enim, exempli gratiâ, protestantes *Concordiæ* librum, quo libro gravissimæ de fide, de operibus, de ubiquitate, de gratiâ ac libero arbitrio quæstiones deciduntur; quantâ auctoritate venditant? quot synodis constabiliunt? quot subscriptionibus muniunt? et tamen post tot annos nondùm obtinuit, totæque provinciæ cum Academiâ Juliâ, aliis licèt urgentibus, refragantur. Sed hæc vetera : hoc recentissimum, quod de quietismo, sive, ut vocant, pietismo inter protestantes totâ jam Germaniâ laboratur : vanam et exitiosam spiritualis vitæ rationem, etiam sub Lutheri nomine, passim obtrudunt, nec ullâ potestate coerceri se sinunt : nec immeritò; ipsi enim sibi succidêre nervos, judiciorum ecclesiasticorum auctoritate sublatâ. Ne ergò nos adigant ut hanc sacram anchoram dimittamus, valeant apud nos robusta et invicta quæ ab ipsis infelici eventu rescissa sunt ecclesiastica de fide judicata : alioqui quò plura de pace consilia agitabunt, eò magis alia ex aliis schismata consequentur, neque unquàm Ecclesiæ vulnera coalescent.

CAPUT V.

Concilii Tridentini in hâc tractatione quis usus futurus sit?

An ergò, inquies, ex rebus judicatis hîc agimus, et adversùs protestantes concilii Tridentini auctoritate præscribimus? Non ita. Æquiora nostra sunt de pace postulata, atque hîc valere patimur Augustinianum illud adversùs Maximinum arianum : « Neque ego Nicænum, neque tu debes Ariminense tanquàm præjidicaturus proferre concilium. Nec ego hujus auctoritate, nec tu illius detineris[1]. » Sic quodam modo pro suspensis habentur utrusque partis concilia et acta, sublatis utrinquè præjudiciis, tractationis sanè causâ, non definitionis; quæ quidem intelligimus velut ex concessione esse dicta. Nam si ad strictos juris apices res tota redigatur, neque arianis ulla causa erat cur Nicænæ synodi auctoritatem detrectarent, in quâ primùm ipsa lis dijudicata esset ; catholicis autem justa causa erat cur dicerent Ariminensem sy-

---

[1] *Cont. Maxim.*, lib. II, cap. xiv.

nodum jam rebus judicatis pravo consilio superductam. Profectò enim valere oportebat Athanasianum illud argumentum, cujus hæc summa est : « Quæ nova causa orta erat? Cur nova synodus[1]? » Sed hæc ad contentionem, non æquè ad pacem fortassè pertineant. Omittamus et illud, pacis consilia inituris, res in eum locum restituendas videri quo ante secessionem fuissent : quo semel instituto, et omnia protestantium gesta cassa essent, et sua catholicis constaret auctoritas, proclivi reditu ad eos undè facta secessio est. Id sanè per sese æquissimum; sed tamen pacis studio ad ulteriora provehimur.

Nec jam urgemus Tridentina decreta. Sit hîc illa synodus tantùm nostræ fidei testis. Ex hâc rejicimus falsò imputata nobis, rem sanè utilissimam, et ad pacis negotium imprimis necessariam. Symbolicos quoque lutheranæ partis adhibebimus libros, iisque docebimus maxima dissidia non modò componi posse, verùm etiam jam esse composita; quæ est illa declaratoria et expositoria via jam nobis ineunda.

PARS SECUNDA.

DE ALTERO POSTULATO NOSTRO, SIVE DE VIA DECLARATORIA ET EXPOSITORIA.

PRÆFATIO.

QUÆDAM PRÆMITTUNTUR DE LUTHERANORUM LIBRIS SYMBOLICIS : CONTROVERSIARUM ARTICULI AD QUATUOR CAPITA REDUCUNTUR.

Hanc expositoriam viam duabus rebus constare diximus. Primum, expositione doctrinæ nostræ et concilio Tridentino, atque inde depromptâ fidei confessione : tùm expositione doctrinæ protestantium ex *Confessione Augustanâ*, aliisque *symbolicis*, ut vocant, sive authenticis *libris*.

Sanè protestantes Germanicæ nationis sæpè memorant hærere

---

[1] Lib. De *Syn.*, *etc.*, *n.* 3, 5 *et* 6.

se *Confessioni Augustanæ*, quam *invariatam* appellant; at quænam illa sit, nusquàm clarè definierunt. Nos autem, ne quid ambigui subsit, utimur iis editionibus ejusdem *Confessionis*, quæ ab anno 1531 vel 1532 usque ad annum 1540, vivente Luthero, imò verò Witembergæ sub ejus oculis ac nutu prodierunt.

Confessionem Augustanam à Philippo Melanchthone conditam esse nemo nescit : *Apologia* verò ejusdem Confessionis ab eodem Melanchthone paulò post est edita, et in iisdem comitiis Augustanis Carolo V oblata, nomine principum et civitatum qui Confessioni subscripserant. Quare eadem *Apologia* ab omnibus lutheranorum cœtibus, ac præsertim in conventu Smalcaldico, præsente Luthero, anno 1537, inter symbolicos et authenticos libros fuit recensita.

Articuli Smalcaldici à Luthero et asseclis publicè editi ac subscripti legitimæ Confessionis instar, ut concilio per Paulum III Mantuam convocato suam fidem exhiberent.

Hos articulos et *Apologiam* hîc deprompsimus ex libro *Concordiæ* à lutheranis publicato, eumque librum proferimus prout est editus Lipsiæ anno 1554.

De cæteris libris symbolicis, ubi occurrerint, suo loco dicetur. Horum ergò librorum comparatione cum nostris, additisque, ubi occasio se dederit, decretis antiquioribus utrique parti communibus, viam ad pacem munimus; ejusque rei gratià omnes et singulos articulos de quibus controversia est, ad quatuor velut capita reducimus : Primum, de Justificatione; alterum, de Sacramentis; tertium, de Cultu et Ritibus; postremum, de Fidei confirmandæ mediis, ubi de Scripturà et Ecclesià, ac de Traditionibus.

CAPUT PRIMUM.

De Justificatione, eique connexis articulis.

ARTICULUS PRIMUS.

Quod justificatio sit gratuita.

In hoc articulo nulla est difficultas. Summa enim spei nostræ ac justificationis hæc est : « Eum qui non noverat peccatum pro nobis peccatum fecit, ut nos efficeremur justitia Dei in ipso[1] : » neque verò alia esse poterat victima placabilis Domino, aut hostia pro peccatis, nisi Verbum caro factum, ut Apostolus prædixerat : « Deus erat in Christo mundum reconcilians sibi, non reputans ipsis delicta ipsorum[2]. » Neque enim imputat, qui non modò gratis dimittit, verùm etiam justitiam sanctitatemque donat.

Nec Tridentina synodus negat imputari nobis Christi justitiam, aut eâ imputatione ad justificationem opus esse; sed id tantùm, « justificari homines solâ imputatione justitiæ Christi, exclusâ gratiâ[3], » quâ nos intùs justos facit per Spiritum sanctum diffusâ in cordibus charitate. Quin etiam Christi merita nostra esse per fidem, nec tantùm imputari nobis, sed etiam applicari et *communicari* eadem synodus profitetur[4]; quâ communicatione fit non modò ut peccata nostra tollantur, sed etiam à Christo transmissa justitia infundatur. Hæc igitur novi hominis justificatio est.

Neque ab eâ sententiâ deflectit *Augustana Confessio*, quæ sanctum Augustinum laudat Apostoli dicta sic interpretantem : « *Qui justificat impium*, id est, qui ab injusto facit justum[5]. »

Sanè Augustinus eâ in re totus est : « Legimus, inquit, in Christo justificari qui credunt in eum, propter occultam communicationem et inspirationem gratiæ spiritualis[6]. » Nec aliter Apostolus, qui justificationem sancto Spiritui intùs regeneranti et renovanti tribuit[7] : quo duce, Milevitana synodus, à Confessionis Augustanæ professoribus inter authenticas habita, docet « in parvulis regeneratione mundari quod generatione traxerunt[8]; » quo perspicuè attribuit regenerationi remissionem peccatorum.

Quid sit autem justificari, eadem Milevitana synodus docet cap. v et sequentibus; neque necesse est justificationem à regeneratione et sanctificatione secerni, quas in *Apologiâ* sæpè confundi et ipsi lutherani in libro *Concordiæ* testantur[9]. Certè *Apologia* passim justificationem non meræ et externæ imputationi[10],

---

[1] II *Cor.*, v, 21.— [2] *Ibid.*, 19.— [3] Sess. vi, can. ii.— [4] Sess. vi, cap. iii, vii. — [5] Cap. *De bon. oper.*—[6] Lib. I *De pecc. mer. et remiss.*, cap. x, n. 11.—[7] I *Cor.*, vi, 11; *Tit.*, iii, 5, 6, 7.—[8] Cap. ii, Labb., tom. II, col. 1538. — [9] *Concord.*, p. 585, 586.— [10] *Apol.*, p. 68, 70, etc.

sed Spiritui sancto intùs operanti tribuit, et disertè dicit : « Solâ fide justificari nos, intelligendo justificationem ex injusto justum effici, seu regenerari [1]. »

Non tamen prohibemus quin sanctificationem, sive regenerationem ac justificationem re ipsâ inseparabiles, mente, ut aiunt, et ratione seu cogitatione secernant : quanquàm non placet ad hæc subtilia ac minuta, ad hæc priscis sæculis inaudita, deduci christianæ doctrinæ gravitatem.

Illud autem præcipuum est hujus articuli caput, ab eodem concilio Tridentino traditum [2] : « Gratis justificari nos, quia nihil eorum quæ justificationem præcedunt, sive fides, sive opera ipsam justificationis gratiam promerentur : *Si enim gratia est, jam non ex operibus; alioquin gratia jam non est gratia.* » Pergit sancta Synodus : « Ac proptereà necessarium est credere, neque remitti, neque remissa unquàm fuisse peccata, nisi gratis divinâ misericordiâ propter Christum. » Jam ergò lutheranis gravissimum sublatum est offendiculum, cùm nihil magis catholicis exprobrent, quàm quòd se suis meritis justificari credant [3].

ARTICULUS II.

De operibus ac meritis justificationem consecutis.

Neque proptereà rejicienda sunt post justificationem bonorum operum merita : quam doctrinam paucissimis verbis complexus beatus Augustinus sic ait : « Nullane ergò sunt bona merita justorum? Sunt planè, quia justi sunt, sed ut justi essent merita non fuerunt [4]. » Cui doctrinæ attestatur Arausicana secunda synodus, dicens : « Debetur merces bonis operibus si fiant; sed gratia quæ non debetur, præcedit ut fiant [5]. » Neque ab eâ fide abludit *Confessio Augustana*, in quâ sanè bonorum operum post justificationem merita ter quaterque inculcantur, clarèque docetur quomodò « sint veri cultus ac meritorii, eò quòd mereantur præmia tùm in hâc vitâ, tùm post hanc vitam in vitâ æternâ; præcipuè

---

[1] *Apol.*, p. 74, etc.— [2] Sess. VI, cap. viii.— [3] *Conf. Aug.*, c. xx; *Apol. Conf. Aug., De justif. et resp. ad obj.*, p. 62, 74, 102, 103.— [4] Epist. cxciv, al. cv, ad Sixt., c. iii, n. 6. — [5] *Concil. Araus.* II, c. xviii; Labb., tom. IV, col. 1670.

DE PROFESSORIBUS, PARS II, CAPUT I, ART. II.

verò in hâc vitâ mereantur donorum sive gratiæ incrementum, juxta illud : *Habenti dabitur*[1]; » laudaturque Augustinus, dicens: « Dilectio meretur incrementum dilectionis. » Rectè; nam et hunc recolimus sancti Doctoris locum : « Restat ut intelligamus Spiritum sanctum habere qui diligit, et habendo mereri ut plus habeat, et plus habendo plus diligat[2]. »

Hæc igitur sunt quæ legimus in eâ editione *Confessionis Augustanæ*, quæ ab ipsâ origine, anno 1531 vel 1532, Wittenbergæ facta est. *Apologia* quoque docet, « de merito bonorum operum quòd sint meritoria, non quidem remissionis peccatorum, gratiæ aut justificationis, sed aliorum præmiorum corporalium et spiritualium, et in hâc vitâ et post hanc vitam. Nam, inquit, justitia Evangelii, quæ versatur circa promissionem gratiæ, gratis accipit justificationem et vivificationem; sed impletio legis quæ sequitur post fidem, versatur circa legem, in quâ non gratis, sed pro nostris operibus offertur et debetur merces; sed qui hæc merentur priùs justificati sunt, quàm legem faciant[3]. »

En perspicuis verbis opera bona recognoscunt « esse meritoria præmiorum corporalium et spiritualium, et in hâc vitâ et post hanc vitam. » Quæ autem, rogo vos, illa sunt præmia « et in hâc et in futurâ vitâ, » nisi ea quæ Dominus repromisit, scilicet « in hoc tempore centies tantùm, et in sæculo futuro vitam æternam[4]? »

Neque lutherani refugiunt quin fideles ipsam vitam æternam promereri possint, *saltem quoad gradus*, quod sufficit, cùm in illâ celebri disputatione Lipsiensi anni 1539, hoc ultrò agnoverint : quòd vita æterna sit ipsa merces toties repromissa credentibus. Cæterùm ea merita, nedùm excludant gratiam, eam supponunt et ornant; ac præclarè sanctus Augustinus : « Vita etiam æterna quam certum est bonis operibus debitam reddi, ab Apostolo tamen gratia nuncupatur: nec ideò quia meritis non datur, sed quia data sunt ipsa merita quibus datur[5]. » De augmento verò gratiæ : « Ipsa gratia meretur augeri, ut aucta mereatur et perfici[6]. »

[1] *Conf. Aug.*, art. vi, et cap. *De bon. oper.* — [2] Tract. LXXIV *in Joan.*, n. 21. — [3] *Apol., Resp. ad obj.*, p. 16.— [4] *Marc.*, x, 30.— [5] Ep. *ad Sixt.* jam cit., n. 19, et *de Corr. et Grat.*, c. xiii, n. 41.— [6] Ep. clxxxvi, al. cvi, *ad Paul.*, cap. iii, n. 10.

ARTICULUS III.

De promissione gratuitâ, deque perfectione atque acceptatione bonorum operum.

Quantacumque autem sint justificati hominis merita, non tamen eis tanta deberetur merces, nisi ex promissione gratuitâ; quem ad locum pertinet Tridentinum illud : « Quòd benè operantibus usque in finem et in Deo sperantibus proponenda est vita æterna, et tanquàm gratia filiis Dei per Jesum Christum misericorditer promissa, et tanquàm merces ex ipsius Dei promissione bonis ipsorum operibus et meritis fideliter reddenda[1]. »

Viget ergò fides ac spes christiana gratuitæ per Christum promissioni hærens; neque omittendum istud : « Qui ex nobis, tanquàm ex nobis, nihil possumus, eo cooperante qui nos confortat omnia possumus. Ita non habet homo undè glorietur, sed omnis gloriatio nostra in Christo est, in quo vivimus, in quo meremur, in quo satisfacimus, facientes fructus dignos pœnitentiæ, qui ex illo vim habent, ab illo offeruntur Patri, et per illum acceptantur à Patre[2]. » Addendumque illud : « Absit ut christianus homo in seipso vel confidat, vel glorietur, et non in Domino, cujus tanta est erga omnes homines bonitas, ut eorum velit esse merita quæ sunt ipsius dona[3]. » Sic non modò retusa, sed etiam radicitùs avulsa superbia est, valetque omninò apostolicum illud : « Quis te discernit ? Quid habes quod non accepisti ? » certe accepisti merita : « Si autem accepisti, quid gloriaris quasi non acceperis[4] ? »

ARTICULUS IV.

De impletione Legis.

De hoc articulo nulla est difficultas; neque illum *Confessio Augustana* aut ejus *Apologia* unquàm negarunt, ut patet expresso eâ de re capite *De dilectione et impletione legis;* alioquin et ipsum negarent Apostolum dicentem : *Plenitudo* sive impletio *legis est dilectio*[5]. Vivere autem in fidelium cordibus dilectionem,

---

[1] Sess. VI, c. XVI.— [2] Sess. XIV, c. VIII.— [3] Sess. VI, cap. XVI.— [4] I *Cor.*, IV, 7. — [5] *Rom.*, XIII, 10.

non quidem eatenùs ut peccatum in nobis planè non sit, sed certè eatenùs ut in nobis non regnet, idem Apostolus docet clariùs, quàm ut quisquam christianus inficiari possit. Potest ergò nostra vera et suo modo, non tamen absolutè perfecta et sine omni peccato esse justitia. Deniquè in justis ac fidelibus ita pugnat cupiditas, ut charitas prævaleat ; ac si non omnia peccata absint, absunt tamen ea de quibus ait Joannes: « Omnis qui in eo manet, non peccat[1]; » et Paulus : « Qui ea faciunt, regnum Dei non possidebunt[2]. » De peccatis autem sine quibus hîc non vivitur, præclarum illud sancti Augustini : « Qui ea mundare operibus misericordiæ et piis operibus non neglexerit, merebitur hinc exire sine peccato, quamvis cùm hic viveret, habuerit nonnulla peccata ; quia sicut ista non defuerunt, ita remedia quibus purgarentur affuerunt[3]. »

Sanè de impletione possibili legis pridem inter christianos constitit, edito scilicet utrique parti acceptissimo capite Arausicani secundi concilii in quo legitur, « quòd omnes baptizati, Christo auxiliante et cooperante, quæ ad salutem pertinent, possint ac debeant, si fideliter laborare voluerint, adimplere[4]; » quo ex capite repetitum est illud concilii Tridentini de mandatis Deo adjuvante præstandis[5], ut legenti patebit.

ARTICULUS V.

De meritis quæ vocant *ex condigno*.

De meritorum autem condignitate, etsi benè intellecta res nihil habet difficultatis, tamen, ut vitentur ambigua et aliquos offensura vocabula, cum concilio Tridentino, si libet taceatur. Meminerimus autem, commonente eodem concilio Tridentino[6], ad præsentis vitæ justitiam pertinere apostolicum illud : *Momentaneum et leve* ; ad futuram autem mercedem referri istud ex eodem Apostolo: *Supra modum in sublimitate æternum gloriæ pondus*[7] ; neque unquàm excidat animo omnia merita eorumque mercedem ex gratuitâ promissione pendere, neque ulla opera nostra per

---

[1] I *Joan.*, III, 6, 9.— [2] II *Cor.*, VI, 9.— [3] Ep. CLVII, aliàs LXXXIX, *ad Hilar.*, c. I, n. 3.—[4] *Concil. Araus.* II, cap. ult. ubi sup.— [5] Sess. VI, cap. XI.— [6] *Ibid.*, cap. XVI.— [7] II *Cor.*, IV, 17.

sese valere, sed Christi capitis nostri influxu et interventu indesinenter indigere, ut sint, ut perseverent, ut Deo offerantur, ut à Deo acceptentur, ut statim diximus[1]. Sanè concedatur illud, si è re esse putent, potuisse pleniorem à nobis, imò plenissimam ac perfectissimam, seu strictam exigi justitiam; à quo jure divina justitia per Novi Testamenti fœdus, propter Christi merita ultrò decesserit. Scitum etiam illud : Nonnisi à personâ infinitè dignâ, qualis erat Unigenitus Deus, dignam pro peccato satisfactionem offerri potuisse, atque hanc satisfactionem sic à Deo bono acceptari, tanquàm à nobis esset exhibita; quæ quidem illa est imputatio quam et illi urgent, et nos nulli refugimus, ut suprà dictum est[2]. Neque verò prohibemus quin etiam illud addant : Deum quidem nemini etiam justissimo, nedùm peccatori, per se, ac stricto jure debere posse quidquam, nisi ultrò spondeat, aut pro bonitate ac sapientiâ suâ ad congruam beneficentiam se inflectat; quæ etsi certissima sunt, ad ea tamen descendi fortè non è re sit. Certè illud inculcandum quod ait Augustinus : huic quidem miseræ et egenæ mortalitati congruere, « ne superbiamus, ut sub quotidianâ peccatorum remissione vivamus, » ut est à Tridentina synodo definitum et à nobis relatum[3].

ARTICULUS VI.

De fide justificante.

Quòd fides justificet, et quomodò id fiat, *Apologia* ex sancto Augustino sic tradit : « Quòd is clarè dicat per fidem conciliari justificatorem, et justificationem fide impetrari[4], » subditque ex eodem Augustino paulò post : « Ex lege speramus in Deum, sed timentibus pœnam absconditur gratia; sub quo timore anima laborans, per fidem confugiat ad misericordiam Dei, ut det quod jubet. » En vis fidei secundùm *Apologiam*, ut quis confisus gratiâ ac nomine Domini Jesu, quo, neque alio, salvos esse nos oportet, invocet justitiæ auctorem Deum, dicente Apostolo : « Quomodò enim invocabunt in quem non crediderunt? » et :

---

[1] Sup., art. III.— [2] Sup., art. I.— [3] Sup., art. IV.— [4] *Apol. Aug. Conf.*, cap. *Quod remiss. pecc. solâ fide*, etc., p. 80.

« Omnis quicumque invocaverit nomen Domini salvus erit [1]. » Undè idem Augustinus [2] : « Fide Jesu Christi impetramus salutem et quantùm à nobis inchoatur in re, et quantùm perficiendo expectatur in spe, » et iterùm : « *Per legem cognitio peccati :* per fidem impetratio gratiæ contra peccatum : per gratiam sanatio animæ à morte peccati. » Hæc igitur est doctrina Pauli, Augustino teste, quem ipsa *Apologia* laudat interpretem.

Quòd autem solà fide justificari nos sic urgent, ut etiam illam vocem, *sola*, apostolico textui, auctore Luthero, addendam putarint, facilè componi potest. Disertè enim explicatur in *Apologiâ*, hâc voce excludi tantùm à justificatione *opinionem meriti* [3], quam et à catholicis excludi statim observavimus; extatque eâ de re in concilio Tridentino decretum expressum sub hoc titulo : « Quòd per fidem et gratis justificemur [4]. »

Absit autem, ut lutherani per vocem illam, *solâ fide*, excludere velint pœnitentiam, cùm in libro authentico, cui titulus : *Solida explicatio* [5], etc. hæc decernant : « Vera et salvans fides in iis non est qui contritione carent et propositum in peccatis pergendi et perseverandi habent. Vera enim contritio præcedit, et fides justificans in iis est qui verè, non fictè pœnitentiam agunt. » Sic profectò de rebus deque ipsâ doctrinæ summâ planè consentimus, neque propterea, insertâ voce, *sola*, apostolicum textum novo nec posteris profuturo exemplo immutari oportebat.

ARTICULUS VII.

De certitudine fidei justificantis.

De ejus autem fidei certitudine docet Paulus : « In repromissione etiam Dei non hæsitavit diffidentiâ, sed confortatus est fide, dans gloriam Deo, plenissimè sciens quia quæcumque promisit potens est et facere [6]; » quæ est illa perfectissima fidei plenitudo (πληροφορία) quam idem Apostolus toties commendat. Hinc ingeneratur animis certa fiducia in Deum, *quâ contra spem in spem*

---

[1] *Rom.*, X, 13, 14. — [2] *De spir. et lit.* I, c. XXIX, XXX, n. 51, 52. — [3] *Apol.*, tit. *De justif.*, p. 73. — [4] Sess. VI, cap. VIII. — [5] In lib. *Conc.* tit. *De justif. fidei*, p. 688. — [6] *Rom.*, IV, 20, 21.

credimus [1]; atque hunc fidei justificantis motum synodus Tridentina in eo reponit, quod fideles « credant vera esse quæ divinitùs revelata et promissa sunt, atque illud imprimis à Deo justificari impium per gratiam ejus, per redemptionem quæ est in Christo Jesu [2] : » undè conterriti, Dei urgente judicio, « ejus misericordiâ in spem eriguntur, fidentes Deum propter Christum sibi propitium fore, illumque tanquàm omnis justitiæ fontem (gratis scilicet justificantem) diligere incipiunt; » quâ dilectione prioris vitæ delicta detestantur. Quibus sanè verbis egregiè ac plenè traditur fides illa justificans, quâ divina etiam promissa complexi, in Deo per Christum toti innitimur. Undè consolatio ac fides illa specialis existit, quam pia corda testantur, præeunte Apostolo his verbis : « In fide vivo Filii Dei, qui dilexit me, et tradidit semetipsum pro me [3]. »

Usque eò autem spes ista ac fiducia progreditur, ut absit anxius timor, absit illa turbulenta trepidantis animi fluctuatio, adsit verò intùs Spiritûs sancti solatium clamantis : *Abba, Pater,* insinuantisque illud : *Quòd si filii, et hæredes* [4]; quò fit, ut *spe gaudentes* [5] jam *in cœlis conversari* nos confidamus [6]. Neque proptereà id tam certò credimus, ut nos salvos futuros « absque ullâ omninò dubitatione statuamus. » Neque id postulamus, ut tam de præsente justitiâ, quàm de futurâ gloriâ certiores simus. Id quidem sufficit, ut quantùm ex Deo est, tuti, de ejus promissis ac misericordiâ, deque Christi merito, mortisque ejus ac resurrectionis efficaciâ nunquàm dubitemus, de nobis autem formidare cogamur; ita quidem ut, licet non adsit illa fidei « certitudo cui non possit subesse falsum, » prævalente tamen fiduciâ, Salvatore Christo ejusque promissis fruamur et spe beati simus; quæ summa est doctrinæ à concilio Tridentino traditæ [7], cujus doctrinæ radix articulo sequente panditur.

[1] *Rom.,* IV, 18. — [2] Sess. VI, cap. VI. — [3] *Gal.,* II, 20. — [4] *Rom.,* VIII, 15, 17. — [5] *Ibid.,* XII, 12. — [6] *Phil.,* III, 20. — [7] Sess. VI, cap. XII, can. III, XV, XXI.

ARTICULUS VIII.

De gratiâ, et cooperatione liberi arbitrii.

Lutherani existimabant ita defendi à catholicis in rebus divinis liberum arbitrium, ut aliquid per se valeret efficere quod ad salutem conduceret. Quod cùm Tridentina synodus claris verbis damnaverit [1], nihil est jam cur liberi arbitrii Deo cooperantis usus et exercitium improbetur. Quin eum usum apertè *Confessio Augustana* ejusque *Apologia* agnoscunt, dùm etiam bonis justificati operibus meritum attribuunt, eaque meritoria esse concedunt, ut suprà memoravimus [2]; placetque iterare illud *Confessionis Augustanæ*, capite *de Bonis operibus* : « Debet autem ad hæc Dei dona accedere exercitatio nostra, quæ et conservet ea et mereatur incrementum, juxta illud : *Habenti dabitur;* et Augustinus præclarè dixit : Dilectio meretur incrementum dilectionis, cùm videlicet exercetur. » En igitur sub ipsâ Dei gratiâ nostrum quoque exercitium sive cooperatio; nec mirum, cùm etiam Apostolus dixerit : « Non ego, sed gratia Dei mecum [3], » quem in locum meritò Augustinus : « Nec gratia Dei sola, nec ipse solus, sed gratia Dei cum illo [4]; » neque abs re Tridentini Patres statuunt [5] liberum arbitrium ita cooperari, ut etiam dissentire possit, Deique gratiam abjicere.

Neque ab eo dogmate *Confessio Augustana* dissentit, « cùm damnet anabaptistas, qui negant semel justificatos iterùm posse amittere Spiritum sanctum [6]; » quem si inhabitantem amittere atque abjicere possumus, quantò magis moventem atque excitantem neque adhuc animæ insidentem? Cui doctrinæ sunt consona quæ in eâdem *Confessione Augustanâ* traduntur, articulo VI, et capite *De bonis operibus*. Atque his abundè constat Spiritui et ejus gratiæ ita repugnari posse, ut etiam amittantur; quod ne fiat rogandus est Deus, ut voluntatem nostram, pro libertate suâ facilè aberrantem, regat. Atque hinc illa formido, quam articulo

---

[1] Sess. VI, cap. I, XI, XII, can. I, II, III, XXII.— [2] Sup., art. II et seq.— [3] I *Cor.*, XV, 10.— [4] August., *De Grat. et lib. Arb*, cap. V, n. 12.— [5] Sess. VI. cap. V, can. IV.— [6] *Confes. August.* art. II.

superiore commemoravimus summâ cum fiduciâ atque altissimâ pace conjunctam. De Deo enim fidimus, de nobis metuimus; quod nec protestantes refugiant, monente Apostolo : « Cum metu et tremore salutem vestram operamini [1] : » ita ut illud simul valeat: « Confidens hoc ipsum, quod qui cœpit in vobis opus bonum perficiet usque in diem Jesu Christi [2]. »

ARTICULUS IX.

Cur istius conciliationis ratio placitura videatur.

His quidem existimo futurum ut utrique parti satisfiat. Neque enim aut catholici Tridentinam fidem, aut lutherani *Confessionem Augustanam* ejusque *Apologiam* rejecturi sunt. Etsi enim hos quos memoravi locos in *Confessione Augustanâ* posteà deleverint, inveniuntur tamen in his editionibus quæ Wittenbergæ quoque sub Luthero et Melanchthone adornatæ sunt, ut jam annotavimus; conventusque Naunburgensis, anni 1561, etsi aliam quamdam prætulit, non tamen has abjecit, sed suo loco esse voluit, eò quòd in conventibus ac disputationibus publicis jam inde ab origine adhibitas esse constaret, et quæ in *Confessione* deleta sunt, in *Apologiâ* tamen integra remansere, ut legenti patebit.

Hæc autem credimus moderatioribus lutheranis placitura, quòd sic non tam sua ejurare quàm interpretari videantur, Tridentina verò admittere cum iis elucidationibus, à quibus nemo, ac ne ipsa quidem *Confessio Augustana* dissentiat; nec dubito quin cætera quæcumque proponentur, verâ justâque et commodâ declaratione adhuc elucidari possint. Sed jam ad alia properamus.

CAPUT SECUNDUM.

De Sacramentis.

ARTICULUS PRIMUS.

De Baptismo.

De Baptismo nulla est controversia; nam et in parvulis esse efficacem et ad salutem necessarium, *Confessio* quoque *Augus-*

[1] *Phil.* II, 12. — [2] *Ibid.* I, 6.

tana confitetur [1]; quo etiam constat necessariò admittendam illam sacramenti efficaciam quæ, per se ac vi suâ, actioneque, quod est *ex opere operato,* influat in animos; quæ quidem vis à verbo ac promissione ducatur. Antiqua autem Ecclesia, non modò de Baptismo, verùm etiam de Eucharistiâ idem à se credi docuit, dùm eam quoque communicavit parvulis, probo quidem ritu, sed pro temporum ratione posteà immutato, ut fit in disciplinæ rebus et inter adiaphora sive indifferentia recensendis. Confirmabant etiam parvulos baptizatos, si episcopus baptismum administraret. Tradunt quoque antiquæ Synodi : « Sicut Baptisma parvulis, ita Pœnitentiæ donum nescientibus illabi, latenter infundi [2], » dato tamen anteà fidei testimonio. Quòd autem *Confessionis Augustanæ* articulo XIII condemnetur pharisaica opinio « quæ fingat homines (etiam adultos) justos esse propter usum sacramentorum ex opere operato, » et quidem « sine bono motu utentis, nec docet requiri fidem, » nihil ad catholicos aut ad synodum Tridentinam, quæ ubique ac præsertim sessione VI, capite VI, ac totâ sessione XIV, apertè repugnat; atque id quidem de adultis; de infantibus verò *Confessio Augustana* consentit, ut dictum est.

Sanè catholici confitentur præter bonos motus ac bonas, quæcumque sint, dispositiones, ipsamque adeò fidem, dari aliquid à Deo; ipsam scilicet propter Christi merita, sancto Spiritu intùs operante, justificationis gratiam ; quod nemo diffiteatur, qui non Christi merita obscurare velit; atque hæc illa est efficacia *ex opere operato* tantoperè exagitata à Luthero et lutheranis : quam tamen certo ac vero sensu ab Ecclesiâ intento et ipsi agnoverunt, ut patet.

ARTICULUS II.

De Eucharistiâ, ac primùm de reali præsentiâ.

Illic quoque nulla controversia est, Deoque agendæ gratiæ, quàm fieri possunt maximæ, quòd articulum longè omnium difficillimum, imò solum difficilem, *Confessio Augustana* retinuerit. Eam fidem firmat et illustrat *Apologia* in decimo articulo [3],

---

[1] Art. III.—[2] Conc. Tol., XII, cap. II. Labb., tom. VI, col. 1226.—[3] *Apol. Aug. Conf.*, art. X, n. 157.

laudatque Cyrillum dicentem : « Christum corporaliter nobis exhiberi in cœnâ; » Christum sanè, eumque totum; neque tantùm corpus et sanguinem, sed ubique totum ex animâ et corpore et sanguine, iisque ipsâ semper divinitate conjunctâ; undè subdit; « Loquimur de præsentiâ vivi Christi : scimus enim quòd mors ei non dominabitur [1]. »

Hæc igitur sufficiunt ad realem præsentiam. Calixtus autem et Academia Julia aliique permulti Confessionis Augustanæ professores communionisque consortes, amovent ubiquitatem in libro *Concordiæ* sæpè inculcatam, quæ catholicis gravissima et intoleranda videretur.

ARTICULUS III.

De transsubstantiatione.

Nihil hìc à lutheranis postulamus, nisi ut à modo quo tanta res fiat præscindentes, eumque inexplicabilem et incomprehensibilem sponte confessi, per verba potestatemque Christi id effici agnoscant, ut quàm verè in illo nuptiali convivio, Christo operante, *gustarunt aquam vinum factam* [2], tam verè in hoc novo convivio *panem corpus factum, et vinum factum sanguinem* capiamus; quo etiam ratum sit illud, mutatione factâ, panem id fieri et esse quod dicitur, nempè Christi corpus. Quæ sanè usque adeò analogiæ fidei Christique verbis congruunt, ut in *Apologiâ* [3] post clarè constabilitam substantialem præsentiam, statim proclivi lapsu ad illam transmutationem fiat transitus. Testis enim adducitur « Canon Missæ Græcorum, in quo apertè orat sacerdos, ut mutato pane ipsum Christi corpus fiat. » Addi potuisset, ex eâdem Græcorum liturgiâ : *transmutante Spiritu sancto*, quo certior, atque, ut ita dicam, realior illa mutatio esse intelligatur, per mirificam scilicet ac potentissimam operationem facta. Atque ibidem laudatur Theophylactus archiepiscopus Bulgarius disertè dicens : « panem non tantùm figuram esse, sed verè in carnem mutari, » quod non unus ille Bulgarius, verùm etiam alii Patres longè antiquiores unanimi voce dixerunt. Quæ rectè intellecta nihil erunt aliud quàm ipsa *Transsubstantiatio*, hoc est, panis, qui substantia

---

[1] *Apol. Aug. Conf.* I art. x, p. 158.— [2] *Joan.* II, 9.— [3] *Apol.* cap. xv.

est, in carnem, quæ item substantia est vera mutatio, nihilque desiderabitur, præter solam vocem, de quâ litigare non est christianum.

Ergo *Apologia Confessionis Augustanæ* aliquâ suî parte *Transsubstantiationem* laudat perspicuis verbis, nedùm ab eâ penitùs abhorruisse videatur.

Quin ipse Lutherus in *Articulis Smalcaldicis* concilio œcumenico proponendis, totâ sectâ approbante et subscribente, dixit, « Panem et vinum in cœnâ esse verum corpus et sanguinem [1]; » quod nonnisi mutatione panis in corpus posse consistere permulti protestantes viri doctissimi facilè confitentur.

Berengarius quoque post multas tergiversationes ac ludificationes, tandem ad omnem ambiguitatem tollendam adactus est in hanc formulam, eique consensit : « Corde credo, et ore confiteor panem et vinum quæ ponuntur in altari per mysterium sacræ orationis et verba nostri Redemptoris, substantialiter converti in veram et propriam ac vivificatricem Christi carnem et sanguinem, et post consecrationem esse verum Christi corpus [2], » etc., quo fit manifestum in exponendo Eucharistiæ articulo, substantiarum conversionem, quâ panis jam sit fiatque ipsum Christi corpus, veræ præsentiæ semper fuisse conjunctam. Constat autem Lutherum ac lutheranos à berengariano errore penitùs abhorrentes, et ejus damnationem sæpè approbasse et sacramentariis objecisse. Undè eam conversionem ab eodem Luthero pro indifferenti habitam, et contentiosiùs quàm graviùs rejectam ejus libri satis indicant [3].

ARTICULUS IV.

De præsentiâ extra usum.

Non fuerit difficilior de præsentiâ extra usum litigatio, si res ad originem atque ad ipsa principia reducatur. Neque enim eam aut *Confessio Augustana*, aut *Apologia*, aut *Articuli Smalcaldici* reprehendunt, neque in primis disputationibus inter catholicos

---

[1] *Art. Smalc.*, vi in lib. Conc., p. 330.— [2] *Conc. Rom.* vi, Labb., tom. x, col. 378.— [3] Lib. *De capt. Babyl.* et *in resp. ad art. cont. Reg. Ang.*, t. ii, Witeb.

et protestantes habitis de illà præsentiâ aut eam consecutâ elevatione, ulla legitur unquàm fuisse concertatio.

Neque lutherani in *Confessione Augustanâ* ejusque *Apologiâ* elevationem memorant inter ritus à se sublatos aut reprehensos : quin potiùs in eâdem *Apologiâ* memorant cum honore Græcorum ritum, in quo fiat consecratio à manducatione distincta [1] : neque Lutherus aut lutherani ab elevatione abhorrebant, aut eam sustulerunt, nisi ad annum 1542 aut 1543 ; neque tamen improbaverunt : imò retineri potuisse fatebantur, ut esset testimonium præsentiæ Christi, quod est in Lutheri *parvâ Confessione* positum.

Sanè confitemur Witenbergæ anno 1536, in solemni conciliatione Lutheri cum Bucero aliisque sectæ sacramentariæ principibus, Bucerum id tandem impetrasse à Luthero : « Extra usum dùm reponitur aut asservatur in pyxide, aut ostenditur in processionibus non adesse Christi corpus [2]. » Sed hìc etiam notandæ sunt hæ voces : « Non fieri durabilem aliquam conjunctionem (corporis Christi) extra usum Sacramenti, » quæ nunc est communissima locutio totius lutheranæ partis : quantùm autem duret illa præsentia aut quandò se subtrahat, integris certè speciebus, exponant si possint. Nobis id sufficit veritos esse eos ne absolutè negarent, extra usum Sacramenti, corporis præsentiam ; sed tantùm ut statuerint « non esse durabilem. »

Sin autem semel constiterit eam præsentiam valere extra usum, nostra sententia in tuto est, nec immeritò. Non enim dixit Christus : *Hoc erit corpus meum;* sed : *Hoc est;* aut apostoli manducare jussi ut *esset corpus Christi*, sed *quia erat :* cujus dicti simplicitas, si semel infringitur, concident universa Lutheri et lutheranorum argumenta περὶ τοῦ ῥητοῦ : zuingliani et calvinistæ eorumque dux Berengarius vicerint.

Utcumquè autem rem habeant, sanè attestatur præsentiæ Christi extra usum ipsa asservatio, quam nemo negaverit in Ecclesiâ fuisse perpetuam ; namque ab ipsâ origine domum deportatus, atque ad absentes et ægros delatus, ac diù asservatus sacer iste cibus. Attestatur et illud vetustissimum atque apud Græcos

[1] Tit. *De Cœn.*, p. 157. et *de vocab. Miss.*, p. 274, etc.— [2] In lib. *Conc.*, p. 729.

celeberrimum quod vocant Præsanctificatorum sacrificium. Non solent autem nunc docti lutherani improbare eos ritus quos antiquissimos esse constiterit. Neque circumgestatio Christum ex Eucharistiâ depellat, neque ab usu esuque aliena est, cùm et reservata et circumgesta hostia comedi jubeatur; quod sufficit ut tota sacramenti ratio ibidem vigeat, cæteris ritibus ad variantem disciplinam meritò referendis.

ATICULUS V.

De adoratione.

Quid in hoc sanctissimo Sacramento adoretur, catholica Ecclesia non reliquit obscurum, ipsâ synodo Tridentinâ profitente « in sancto Eucharistiæ sacramento Christum unigenitum Dei Filium esse cultu latriæ etiam externo adorandum [1]; » quo sensu eadem synodus docet « latriæ cultum sacramento exhibendum, eò quòd illum eumdem Deum præsentem in eo adesse credamus, quem Pater æternus introducens in orbem terrarum dicit : *Et adorent eum omnes angeli Dei,* » etc. Quo etiam sensu Lutherus ipse, nequicquam frementibus zuinglianis, in ipso vitæ exitu, ne sententiam mutasse videatur, *adorabile Sacramentum* dixit [2].

ARTICULUS VI.

De Sacrificio.

Norunt omnes Cyprianum, Cyrillum Hierosolymitanum, Ambrosium, Augustinum, cæteros ubique terrarum, qui vocant Eucharistiam *verissimum ac singulare sacrificium, Deo plenum, verendum, tremendum et sacrosanctum sacrificium* : aliosque eam in rem sanctorum Patrum locos, oblationem, imò immolationem arcanam et invisibilem professos, à visibili manducatione distinctam.

Sanè protestantes ubique prædicant in propriè dicto sacrificio occisionem veram contineri; quæ disputatio mera est de nomine. Nam et ipsi sciunt procul abhorrere à nostrâ sententiâ occisio-

[1] Sess. XIII, cap. v, can. VI.— [2] Cont. art. Lov., art. XXVIII.

nem illam, realem quidem et veram. Quippe et incruentum esse sacrificium nostrum tota Ecclesia clamat, neque ulla ibi occisio est nisi spiritualis et mystica, nec alius nisi verbi divini gladius ; quam sanè doctrinam neque *Confessio Augustana* aut *Apologia* refugiunt. Id enim vel maximè atque assiduè improbant : Missam esse opus quod homines sanctificet absque bono motu utentis, aut quod actualia peccata dimittat, cùm crucis sacrificio originale deletum sit, aut alia ejusmodi, quæ ne quidem catholici somniarint.

Laudat autem *Apologia* passim[1] Liturgiam græcam, non modò ejusdem cum Romanâ sensûs ac spiritûs, verùm etiam iisdem quoad substantialia contextam vocibus, ut legenti patebit.

In utrâque enim ubique inculcatur oblatio victimæ salutaris, corporis scilicet et sanguinis Domini, ut rei præsentis Deoque exhibitæ, cujus etiam societate preces fidelium consecrentur. Neque quis meritò refugerit, quin ipsa consecratio etiam à manducatione distincta, præsensque Christi corpus, res sit per sese Deo grata et acceptabilis ; quod quidem nihil est aliud quàm illud ipsum sacrificium ab Ecclesiâ catholicâ celebratum ; ut cœnâ quidem semel positâ, corporisque ac sanguinis creditâ præsentiâ, de sacrificio nullus sit altercandi locus.

ARTICULUS VII.

De Missis privatis.

Sanè fatendum est Missas privatas seu absque communicantibus, in *Confessione Augustanâ* et *Apologiâ* passim haberi pro impio cultu. Id tamen intelligendum videtur saniore ac temperatiore sensu, propter quasdam circumstantias potiùs quàm propter rem ipsam. Habemus enim luculentissimum viri doctissimi et candidissimi scriptum[2], quo constat, nec ab ipsis Confessionis Augustanæ professoribus Missas illas privatas haberi pro illicitis, cùm intra suas quoque ecclesias pastores sibi ipsis, nemine ampliùs

[1] *Apol.*, cap. *De Cænâ*, et tit. *De vocab. Miss*, p. 157, 274, etc.— [2] Vid. *Cogit. priv.* D. Molan.

præsente, sacram cœnam interdùm exhibeant, quod et ab aliis dictum comperimus et ab ipso usu certum.

Necessitatem obtendunt. At si ea erat Christi voluntas et institutio, ut sacramentum non consisteret absque communicantibus, profectò præstabilius erat à communione abstinere pastores, quàm communicare præter Christi institutum ; cùm præsertim, ex eorum sententiâ, de accipiendâ cœnâ nullum sit præceptum dominicum, sit autem gravissimum ne præter institutionem accipiant. Procul ergò abest illa quam fingunt necessitas. Quare dùm solitarias, ut vocant, privatasque Missas ipsi quoque celebrant et probant, satis profectò intelligunt dominicæ institutioni satisfieri, si apparato Domini convivio fideles invitentur ut et ipsi participent ; quod pio et antiquo more synodus Tridentina præstitit[1] ; nec si assistentes à capiendo sacro cibo abstineant, ideò aut pastores eo privandi, aut magni Patrisfamilias mensa minùs instruenda erit, cùm nec ipsi assistentes contemptu, sed potiùs reverentiâ abstineant, et voto spiritualique desiderio communicent, et interim spectatis mysteriis, crucisque ac dominici sacrificii repræsentatione et commemoratione piam mentem pascant : adeòque nec æquum sit, Missas eas privatas appellare ac solitarias, quæ et plebis quoque nomine et causâ, nec sine ejus præsentiâ, piisque desideriis celebrentur.

ARTICULUS VIII.

De Communione sub utràque specie.

Ex his luce est clarius utramque speciem non pertinere ad institutionis substantiam. Non enim magis ad eam pertinet quàm communicatio circumstantis plebis ; neque enim Christus solus celebravit, solus accepit, sed cum discipulis quibus etiam dixit : *Accipite, comedite, bibite ;* et quidem *omnes,* quotquot adestis, *hoc facite ;* et tamen lutherani quoque probant accipi à ministris alio ritu « modoque quàm Christus instituit ; » quod argumento est non quæcumque Christus fecit, dixit, instituit, ad ipsam institutionis substantiam pertinere. Fregit quoque panem, nec sine

[1] Sess. XXII, c. VI.

mysterio, cùm et illud addiderit : *Hoc est corpus meum, quod pro vobis frangitur;* et tamen lutherani non urgent, neque usurpant fractionem illam dominicæ in cruce fractionis ac vulnerationis testem. Quare fixum illud : Ad salutem sufficere cœnam eo modo sumptam, qui ipsam rei substantiam atque institutionis summam complectatur. Substantia autem hujus sacramenti ipse Christus sub utràvis specie totus, quod et lutherani fatentur, ut vidimus[1] : summa institutionis est annuntiatio mortis dominicæ ejusque commemoratio, quam in unâquâque specie fieri satis constat, attestante Paulo, ad earum quamlibet edixisse Dominum : « Hoc facite in meam commemorationem[2]. » Neque Græci, quibus de commixtis speciebus nullam litem movent, magis annuntiant dominicam mortem, corpusque à sanguine separatum quàm nos; neque Ecclesia catholica alterius speciei sumptionem ex contemptu omittit; quippe quam et probat in Græcis sibi communicantibus, et Latinis etiam piè atque humili animo petentibus sæpè concessit. Neque statim indixit plebi, ut sacro sanguine abstineret; sed ultrò abstinentem irreverentiæ ac sacri cruoris per populares impetus effundendi metu laudans, ultroneam consuetudinem post aliquot sæcula legis loco esse voluit : quo etiam ritu mersionem in baptismo sublatam, neminem eruditum latet. Neque lutherani ab initio rem urgebant, atque omninò constat diutissimè post lutheranam reformationem initam, sub unâ specie in eâ communicatum fuisse, neque proptereà quemquam à communione ac sanctâ Christi mensâ fuisse prohibitum. Quin ipse Lutherus communionem sub unâ vel utrâque specie inter indifferentia, qualis erat sacri cibi per manum tactio; imò verò inter res nihili memorabat[3]; quod posteà exacerbatis animis, plebis potiùs studio quàm magistrorum arbitrio crimini versum fuit. Id ergò vult Ecclesia ut petant non arripiant, ne piam matrem accusare, et sacramentorum ritus licentiùs quàm religiosiùs mutare sinantur.

Neque verò abs re erit hîc commemorare paucis, ex *Apologiâ Confessionis Augustanæ,* quantùm hîc valeat Ecclesiæ praxis. « Nos quidem, inquiunt, Ecclesiam excusamus, quæ hanc inju-

---

[1] Sup., art. II. — [2] 1 *Cor.,* XI, 24, 25. — [3] *Epist. ad Casp. Gustol. form. Miss.,* tom. II, p. 384, 386.

riam pertulit, cùm utraque pars ei contingere non posset, sed auctores qui defendunt rectè prohiberi...... non excusamus[1]. » Quid autem illud sit, *excusamus Ecclesiam*, Philipus Melanchthon *Apologiæ* auctor, datâ ad Lutherum *Epistolâ*, sic exponit : ut Ecclesiam excusari oporteret, quæ unâ specie *per errorem* uteretur ; « quia, inquit, clamabant omnes totam Ecclesiam à nobis condemnari[2], » quam responsionem Lutherus comprobavit.

Atqui in ipsâ *Confessione Augustanâ* id scripserant : « Quòd una sancta Ecclesia perpetuò mansura sit. Est autem Ecclesia congregatio Sanctorum, in quâ Evangelium rectè docetur, et rectè administrantur sacramenta[3]. » Ergo ex plebe audiente et pastoribus « rectè docentibus, ac rectè sacramenta administrantibus » consistit Ecclesia; non ergò sibi constant, cùm et stare Ecclesiam, et tamen per pastorum aut errorem aut vim alterâ specie caruisse confitentur ; aut certè verum erit illud, per alterius speciei privationem rectæ sacramentorum administrationi non noceri, quæ nostra sententia est, ad quam proindè ducimur per *Apologiam*. Non ergò excusatione est opus, totaque hæc Ecclesiæ purgatio (pace protestantium dixerim) vana et præpostera est.

ARTICULUS IX.

De aliis quinque sacramentis, ac primùm de Pœnitentiâ et absolutione.

De absolutione privatâ in *Confessione Augustanâ* traditur, *quod retinenda sit;* et in antiquis editionibus legitur : « Damnant novatianos, qui nolebant absolvere eos qui lapsi post baptismum redeant ad pœnitentiam[4] : » *Apologia* verò, capite *de Numero et usu sacramentorum*, posteà quàm sacramentorum propriè dictorum definitionem attulit, ut sint « ritus à Deo mandati, additâ promissione gratiæ[5], » subdit : « Verè igitur sacramenta sunt Baptismus, Cœna Domini, absolutio quæ est sacramentum Pœnitentiæ; nam hi ritus habent mandatum Dei et promissionem gratiæ quæ est propria Novi Testamenti, » queis nihil est clarius.

---

[1] *Apol.*, tit. *De utrâque spec.*, p. 233, 234. — [2] Melanchth., lib. I, Ep. xv. — [3] *Conf. Aug.*, art. xvii. — [4] *Ibid.*, art. xi. — [5] *Apol.*, cap. *De num.*, etc., p. 200 et et seq.

Quin etiam inter errores recensentur hæ propositiones : « quòd potestas clavium valeat ad remissionem peccatorum, non coràm Deo, sed coràm Ecclesià, et quòd potestate clavium non remittantur peccata coràm Deo[1]. »

ARTICULUS X.

De tribus pœnitentiæ actibus, imprimis de contritione et confessione.

Neque refugiunt in eodem Pœnitentiæ sacramento tres pœnitentiæ actus, qui sunt, contritio, confessio, satisfactio.

Et contritionem quidem *Confessio Augustana* inter partes pœnitentiæ reponit[2]. Sanè contritionem vocat *terrores conscientiæ incussos agnito peccato*, quem actum admittimus cum concilio Tridentino[3]. Quòd autem eadem synodus addit terroribus dolorem de peccatis cum spe veniæ ac bono proposito, vitæque anteactæ odio ac detestatione[4], nemini est dubium quin actus illi sint boni atque ad pœnitentiam necessarii, dicente Evangelio : « Facite fructum dignum pœnitentiæ[5]. »

De confessione, in *Articulis Smalcaldicis :* «Nequaquàm in Ecclesià confessio et absolutio abolenda est[6]. » Quòd autem enumeratio delictorum in *Confessione Augustanâ* rejici videatur, id eò fit, quòd sit impossibilis juxta Psalmum : *Delicta quis intelligit?* Sed hunc nodum solvit *Catechismus minor*, in *Concordiæ* libro inter authenticos libros editus, ubi hæc leguntur : « Coràm Deo omnium peccatorum reos nos sistere debemus, coràm ministro autem debemus tantùm ea peccata confiteri quæ nobis cognita sunt et quæ in corde sentimus[7]. » Subdit : « Deniquè interroget confitentem : Nùm meam remissionem credis esse Dei remissionem? Affirmanti et credenti dicat : Fiat tibi sicut credis, et ego ex mandato Domini nostri Jesu Christi remitto tibi tua peccata in nomine Patris, » etc.

[1] *Apol.*, cap. *De pœnit.*, p. 164.— [2] *Conf. Aug.*, art. XII.— [3] Sess. VI, cap. VI, — [4] Sess. XIV, cap. III, etc.— [5] *Matth.*, III, 8.— [6] *Art. Smalc.*, VIII, *De Confess.*, p. 33.— [7] *Cat. min.*, in lib. *Conc.*, p. 378, 380.

ARTICULUS XI.

De satisfactione.

Certum protestantes à satisfactionis doctrinâ ideò maximè abhorrere visos, quia unus Christus pro nobis satisfacere potuit; quod de plenâ et exactâ satisfactione verissimum, neque unquàm à catholicis ignoratum. Non est autem consectaneum, ut si christiani non sunt solvendo pares, ideò nec se teneri putent ut pro suâ facultaculâ Christum imitentur, dentque id quod habeant de ejus largitate, affligentes animas suas in luctu, in sacco, in cinere, ac peccata sua eleemosynis redimentes, offerentes denique, more Patrum à primis usque sæculis, qualescumque suas satisfactiones in Christi nomine valituras ac per eum acceptabiles, ut suprà diximus[1]. Quare nec satisfactio rectè intellecta displiceat, cùm dicat *Apologia :* « Opera et afflictiones merentur, non justificationem, sed alia præmia, corporalia scilicet et spiritualia, et gradus præmiorum[2], » ut præmiserat. Singulatim verò de *eleemosynâ,* quæ vel præcipua inter illa satisfactoria opera recensetur : « Concedamus et hoc, inquiunt, quòd eleemosynæ mereantur multa beneficia Dei, mitigent pœnas : quòd mereantur ut defendamur in periculis peccatorum et mortis[3]; » quæ sanè eò pertinent, ut rejectâ satisfactionis, quam universa antiquitas admisit, voce, tamen rem ipsam admittant.

ARTICULUS XII.

De quatuor reliquis sacramentis.

En igitur jam tria sacramenta eaque propriè dicta, Baptismus, Cœna, absolutio, *quæ est Pœnitentiæ sacramentum.* Addatur et quartum : « Si Ordo de ministerio verbi intelligatur, haud gravatim vocaverimus Ordinem sacramentum ; nam ministerium verbi habet mandatum Dei, et habet magnificas promissiones[4]. » Confirmationem sanè et Extremam Unctionem fatentur esse « ritus

---

[1] Sup., cap. I, art. III.— [2] *Resp. ad arg.,* p. 137.— [3] *Ibid.,* p. 117.— [4] *Apol., De num. et usu sacrament.,* p. 201.

acceptos à Patribus, non tamen necessarios ad salutem, quia non habent mandatum, aut claram promissionem gratiæ. »

Nemo tamen negaverit *sic acceptos à Patribus*, ut et à Scripturâ deducerent : Confirmationem quidem ab illâ apostolicâ manûs impositione, quâ Spiritum sanctum traderent, sacram verò Unctionem infirmorum quam *Extremam* vocant, ab ipsis Jacobi verbis [1], qui hujus sacramenti presbyteros assignet ministros, ritum, inunctionem cum oratione conjunctam; promissionem autem, *remissionem peccatorum;* quæ promissio nonnisi à Christi instituto proficisci queat, Jacobo hujus institutionis ac promissionis tantùm interprete. Sic etiam Apostoli impositione manûs nihil aliud tradebant credentibus, nisi ipsum à Christo promissum Spiritum, quo ad profitendum Evangelium virtute ab alto induti firmarentur.

De Matrimonio *Apologia* sic decernit [2] : « Habet mandatum Dei; habet promissiones. » Quòd autem attribuit eas promissiones « quæ magis pertineant ad vitam corporalem, » absit ut neget alias potiores, ad progignendos educandosque Dei filios et hæredes futuros, ac sanctificandam eam corporum animorumque conjunctionem quæ « in Christo et Ecclesiâ magnum sacramentum sit [3], » à Deo quidem primitùs institutum, sed à Christo Dei Filio restitutum ad priorem formam. Undè etiam inter christiana sacramenta cum Baptismo recensitum antiquitas credidit, ut tradit Augustinus [4].

Ergò enumeratione factâ, septem tantùm computamus sacros à Deo Christoque institutos ritus, et signa divinis firmata promissionibus. Neque propterea necesse est, hæc omnia sacramenta ejusdem necessitatis esse, cùm nec Eucharistia paris cum Baptismo necessitatis habeatur. Omninò enim sufficit divina institutio atque promissio. Atque hæc de sacramentis, in quibus pertractandis maximas controversias ex ipsis lutheranorum libris symbolicis compositas videmus.

[1] *Jac.*, v, 14, 15.— [2] *Apol., de Num. et usu sacrament.*, p. 202.— [3] *Eph.*, v, 32. — [4] Lib. I, *de Nupt. et concup.*, cap. x, n. 11.

CAPUT TERTIUM.

De cultu ac ritibus.

ARTICULUS PRIMUS.

De cultu et invocatione Sanctorum.

In hoc articulo nullam aliam conciliationem magis quæsiverim quàm apertæ calumniæ depulsionem. Ait enim *Apologia :* « Quidam planè tribuunt divinitatem Sanctis, videlicet quòd tacitas cogitationes mentium in nobis cernant [1]; » cùm profectò nemo unquàm talia somniarit, aut ab homine tacitas cogitationes perspici putaverit, nisi Deo revelante. Addunt : « Faciunt ex Sanctis mediatores redemptionis : fingunt Christum duriorem esse et Sanctos placabiliores, et magis confidunt misericordiâ Sanctorum, quàm misericordiâ Christi, et fugientes Christum, quærunt Sanctos. » Quæ omnia evanescunt lecto decreto Tridentino, quo constat ipsos Sanctos supplicare, et omnia impetrare «per Christum, qui solus Redemptor et Salvator est [2]. »

Neque prætermittendum hîc est ipsum invocationis genus quo erga Sanctos utimur. Non enim invocamus eos ut bonorum auctores ac datores : absit; sed ut amicos Dei ac propinquos nostros invitamus, ut nobis apud communem Parentem per communem Mediatorem præbeant fraternæ ac piæ deprecationis auxilium, quod *bonum et utile* synodus Tridentina prædicat, neque quidquam ampliùs. Talis igitur nostra est beatos spiritus invocandi ratio, quæ à perfectâ absolutâque invocatione, soli Deo propriâ, in infinitum distat.

Quod ergò assiduè improperant de applicatione meritorum, quasi doceamus alterius quàm Christi merita applicari fidelibus ut sancti justique fiant, pace eorum dixerim, falsum est. Aliud est enim celebrare merita Sanctorum, quæ Dei dona sint, aliud profiteri per ea nos fieri Deo gratos. Quisque enim sibi, non aliis sanctus est. Id tantùm volumus ut, quò magis Deo placent, bonorumque operum abundant fructibus, eò promptiùs ac faciliùs

---
[1] *Apol.*, art. XXI, *de Invoc. SS.*, p. 224, 225. — [2] *Sess.* XXV, *de Invocat.*, etc.

memorem ac propitiabilem Deum ad misericordiam inflectant, quod nemo pius negaverit. Atque hæc de calumniis detegendis.

De ipsâ autem re non deest *Apologiæ* testimonium, cujus hæc verba sunt : « Citant sanctum Hieronymum *contra Vigilantium*. In hâc arenâ, inquiunt, ante mille et centum annos vicit Hieronymus Vigilantium. Sic triumphant adversarii, quasi jam sit debellatum; nec vident isti asini apud Hieronymum *contra Vigilantium* nullam extare syllabam de invocatione : loquitur de honoribus Sanctorum, non de invocatione [1]. »

Planè metuunt, nec immeritò, ne Vigilantio adversùs sanctum Hieronymum, totamque adeò Ecclesiam, cujus ille causam agebat, favere videantur. Sed quandò quidem dissimulanter agunt, ac verba Hieronymi tacent, juvat considerare paululùm quinam à viro maximo Sanctorum honores commendentur [2]. Hi nempé, eorum sepulcra, cineres, ossa esse veneranda, in digniorem locum magno concursu cleri ac plebis, imperatorum et principum summo cum honore transferri, inferri etiam Christi altaribus, ad eorum præsentiam maximas quotidiè virtutes fieri, immundos torqueri spiritus, hæc à Romano pontifice et ab omnibus episcopis frequentari, solos hæreticos et impios, Julianum Apostatam et Eunomium atque alios repugnare : hanc esse Vigilantii hæresim, qui etiam audeat, inquit, « nos cinerarios et idololatras appellare, qui mortuorum hominum ossa veneremur, atque has Ecclesiis Christi struere calumnias. » Quarto igitur sæculo, nec eæ quibus nunc quoque nos impetunt calumniæ defuerunt, clarèque significat Hieronymus, hæc omnia eo animo fieri, ut Sanctorum precibus adjuvemur, quos et rebus nostris interesse firmat, nec abesse omninò, si *precator accesserit*. Ac si unus Hieronymi locus non sufficit, habeant et hunc : solitos fideles « in sepulcro Sanctorum pervigiles noctes ducere, et quasi cum præsentibus ad adjuvandas orationes suas sermocinari [3]; » quod quidem nihil est aliud, quàm ad ipsos Sanctos nostro more rituque dirigere preces sociæ charitatis virtute, unà cum Sanctorum supplicationibus, ad Dominum perventuras. Hæc igitur cùm *Apologia* prætermiserit,

---

[1] *Apol.*, art. xxi, *De invocat. SS.*, p. 223.— [2] *Hier.*, Ep. xxxvii, al. lv, *adv. Vigil.*— [3] Id. *in Vitâ Hilar.*, in fine.

de invocationis voce litigat. Benè tamen omninò, quòd puduerit Hieronymo anteponere Vigilantium, et à priscæ Ecclesiæ sanctorumque Patrum doctrinâ discedere, quod etiam ubique profiteri *Apologiam* sequentia confirmabunt.

Neque ulla jam dubitatio superesse possit, posteà quàm adversariorum quoque scriptis eam in rem editis[1], constitit Gregorium Nazianzenum, Basilium, Ambrosium, Augustinum, aliosque ejus ævi Patres, in eam invocationem quam diximus, et in ipsam adeò vocem, atque in alia omnia consensisse; quorum doctrinam refugere docti bonique lutherani non solent. Fortassè etiam nobis ex eâdem *Apologiâ* clarior et plenior conciliatio affulgebit in articulis posterioribus tertio et quarto, ad quos properamus.

ARTICULUS II.

De cultu imaginum.

Multis rationibus Lutherus, lutheranique contra calvinistas evicerunt, præceptum illud Decalogi: *Non facies tibi sculptile*, etc., adversùs eos conditum, qui ex idolis deos faciunt; undè multi eorum ipsiusque Lutheri libri extant adversùs imaginum confractores, deque imaginibus etiam in templo retinendis, memoriæ causâ, quæ jam pars honoris. Et quidem omnis cultûs ratio inde proficiscitur, quòd imagines tanquàm visibile et in oculos incurrens instrumentum adhibentur, quo Christi ac cœlestium rerum memoriam, deindè per memoriam pios affectus excitent, qui semel in animo concepti, per exteriores actus innoxiè se prodant. Placet ad prohibendos excessus doctrina Tridentina, quòd « imaginibus nulla credatur inesse divinitas aut virtus propter quam sint colendæ[2]. » Addatur et illud ex septimâ synodo : « Imaginis honor ad primitivum transit, » et illud ex beato Leontio in eâdem synodo : « In quâcumque salutatione vel adoratione intentio exquirenda. Cùm ergò videris christianos adorare crucem, scito quòd crucifixo Christo adorationem offerant et non ligno. Deletâ enim figurâ separatisque lignis, projiciunt et incendunt. Itaque ad imaginem quidem corpore inclinamur, in archetypo autem

---

[1] Vid. cap. IV, art. II.— [2] Sess. XXV, *De invocat.*, etc.

mente et intentione defixi, figuras honoramus, salutamus, atque honorificè adoramus, utpotè per picturam suam ad ipsum principale, ejusque recordationem attrahere nos valentes [1]. » Quæ et elucidationis gratiâ protulimus, ac ne septima synodus in Oriente juxta atque Occidente suscepta, ex pravo adorationis et cultûs intellectu infametur.

Hæc si cogitarent, facile delerent istud ex *Apologiâ* [2] : « Imagines colebantur, et putabatur eis inesse quædam vis, sicut magi inesse fingunt imaginibus signorum cœlestium certo tempore sculptis. » Sic Melanchthon nostro, imò magis suo et sociorum damno, eloquentem se præbet.

ARTICULUS III.

De oratione atque oblatione pro mortuis, et purgatorio.

Audiatur *Apologia Confessionis Augustanæ* [3] : « Quod allegant Patres de oblatione pro mortuis, scimus eos loqui de oratione pro mortuis quam non prohibemus; » et infrà Epiphanius citatur memorans « Aerium sensisse quòd orationes pro mortuis sunt inutiles; neque nos Aerio patrocinamur. » Ergò precationes eas fateantur necesse est utiles esse iis pro quibus fiunt; quam utilitatem si negaverint ac rejecerint, profectò contra professionem suam tam claram Aerio patrocinabuntur. Id enim est quod Epiphanius in Aerio reprehendit. Sin autem orationem quidem prohemus pro mortuis, oblationem verò improbemus, pars esset erroris Aerii, quem *Apologia* cum Epiphanio et antiquis rejicit. Damnat enim Epiphanius Aerium dicentem : « Quæ ratio est post obitum mortuorum nomina appellare [4]? » ubi perspicuum est allegari ritum, teste Augustino, in universâ Ecclesiâ frequentatum « ut pro mortuis, in sacrificio cùm suo loco commemorantur, oretur, ac pro ipsis quoque id offerri commemoretur [5]. » Undè idem Augustinus Aerii hæresim ex Epiphanio sic refert [6]. « Orare vel offerre pro mortuis non oportere. » Nota sunt Epiphanii verba :

---

[1] *Conc. Nic.* II, act. IV. Labb., tom. VII. col. 235, etc., 553.— [2] *Apol.* p, 129. — [3] *Apol., De vocab. Miss.*, p. 274, 275. — [4] Epiph., Hær. 75.— [5] Aug., Serm. CLXXII, al. XXXII, *De verb. Apost.*, n. 2.— [6] Id. hær. 53.

« Cæterùm, inquit, quæ pro mortuis concipiuntur preces ipsis utiles sunt. » Ne inane suffragium vivisque non mortuis profuturum suspicemur, firmat Augustinus, eodem sermone, dicens : « Orationibus verò Ecclesiæ et sacrificio salutari non est ambigendum mortuos adjuvari; » ac posteà : « Non est dubitandum prodesse defunctis, pro quibus orationes ad Deum non inaniter allegantur. » Favent Liturgiæ Græcorum in *Apologiâ* laudatæ, ubi hæc leguntur, fidelium defunctorum nominibus appellatis : « Pro salute et remissione peccatorum servi Dei TALIS; pro requie et remissione servi tui TALIS. » Favet Cyrillus antiquissimus Liturgiæ interpres [1], dùm pro Patribus quidem, « prophetis, apostolis, martyribus, hoc est, pro eorum memoriâ offerri testatur, ut eorum, inquit, precibus Deus preces nostras audiat. » Cæterùm et id addit, esse alios « pro quibus oretur, eò quòd certò credatur eorum animas plerumquè sublevari, factis precationibus in sacrificio quod est super altari, oblatoque Christo ad eis nobisque impetrandam misericordiam. » Favent in Patribus ejusmodi loci innumerabiles omnibus nòti. Hîc autem Liturgias commemorari oportebat, eò quòd in *Apologiâ* laudarentur, cùm certum sit in iis, quotquot sunt, duplicem institui mortuorum memoriam; aliorum, quorum adjuvari precibus, aliorum, quibus misericordiam impertiri supplicetur, ejusque rei gratiâ offeratur sacrificium. His autem constitutis, vacabit omnis de purgatorio controversia; de quo quippe Tridentina synodus nihil aliud edixerit [2], quàm « et illud esse, animasque ibi detentas, fidelium suffragiis, potissimùm verò acceptabili altaris sacrificio juvari. »

ARTICULUS IV.

De votis monasticis.

De his transacta res est, cùm monachatûs summam, dempto castitatis voto, ex litteratis lutheranis plerique approbent et exerceant. De castitate autem ex *Apologiâ* nulla difficultas, cùm in câ semel et iterùm laudentur, sanctisque viris accenseantur, An-

---

[1] *Catech. Myst.*, V. — [2] Sess. XXV, *De Purg.*

tonius, Bernardus, Dominicus, Franciscus[1], qui profectò et castitatem voverunt ipsi, et suis ut voverent auctores extiterunt. De Bernardo, Dominico et Francisco constat : Antonii autem et subsecuto tempore, id quod nos *votum* vocamus, illi propositum plerumquè appellabant, à quo resilire, pedemque retrò referre piaculum esset, pari omnium sententiâ, ut res ipsa docuit.

Cæterùm, cùm sit liberum amplecti monachatum, non est cur quisquam ejus rei gratiâ unitatem abrumpat. Ad eam autem rem probationem requiri magnam, et fortassè majorem quàm adhiberi soleat, ultrò confitemur. Illud etiam observari placet : si ex *Apologiæ* decretis Bernardus, Dominicus, Franciscus pro Sanctis viris habeantur, qui et scriptis editis Deiparam Virginem ac Sanctos quotidiè invocabant, et Missam aliaque nostra omnia, ut notum est omnibus, frequentabant, nihil jam causæ superesse, quominùs nos quoque eâdem fide cultuque, ad sanctitatis præmia vocari intelligamur.

CAPUT QUARTUM.

De fidei firmandæ mediis.

ARTICULUS PRIMUS.

De Scripturâ et Traditione.

Scripturæ canonem Tridentina synodus admisit illum, qui jam ab Innocentio I[2], à concilio Carthaginensi III, à sancto Gelasio papâ ante sæcula tredecim admissus est : quâ de re nihil *Confessio Augustana*, nihil *Apologia*, aliique symbolici libri supra appellati, questi sunt. Rem ut notam uno verbo transigimus. Id tantùm annotamus à concilio Carthaginensi III diligenter observatum, canone XLVII, non à se hos libros in canonem introductos, sed designatos eos qui jam à Patribus *Canonicæ Scripturæ* titulo legerentur.

Vulgata versio, sancti Hieronymi nomine commendata, et tot sæculorum usu consecrata, ex concilii Tridentini verbis ita « pro

---

[1] *Apol., Resp. ad object., et de vot. mon.*, p. 99, 281. — [2] *Ep.* III, *ad Exup.*, cap. VII.

authenticâ habetur, cæterisque latinis quæ circumferuntur editionibus præfertur[1], » ut nec textui originali, nec antiquis versionibus, in Ecclesiâ sive orientali sive occidentali receptis et usitatis, sua detrahatur veritas et auctoritas, sed usus regatur apud nos, certumque omninò sit, eâ versione ad fidei morumque doctrinam asserendam, sacri textûs à Deo inspirati repræsentari substantiam ac vim, quod sufficit.

Neque litigandum videtur de Traditionibus, cùm viros doctissimos juxta atque candidissimos testes habeamus eam protestantium moderatiorum esse sententiam, non solùm ipsam sacram Scripturam nos traditioni debere, sed etiam genuinum et orthodoxum Scripturæ sensum, et multa alia, quæ ex sequentibus firmabuntur.

ARTICULUS II.

De Ecclesiæ infallibilitate.

Ecclesiam esse infallibilem, certa doctrina est *Confessionis Augustanæ* et *Apologiæ*, cùm assiduè provocent ad veterem Ecclesiam; imò etiam, suâ doctrinâ expositâ, disertè dicant : « Hæc summa sit doctrinæ quæ in ecclesiis nostris traditur; et consentaneam esse judicamus propheticæ et apostolicæ Scripturæ et catholicæ Ecclesiæ, postremò etiam Ecclesiæ Romanæ, quatenùs ex probatis auctoribus nota sit. Non enim aspernamur consensum catholicæ Ecclesiæ[2]. » Memorandumque illud imprimis : « Non enim adducti pravâ cupiditate, sed coacti auctoritate verbi Dei et veteris Ecclesiæ, amplexi sumus hanc doctrinam[3]. » Sic *Confessio Augustana* luculentissimè in primis editionibus. In libro verò *Concordiæ* nonnulla detracta sunt; illud scilicet[4] : « Quòd coacti sint auctoritate verbi Dei et veteris Ecclesiæ; » quasi vererentur de Ecclesiâ magnificentiùs dicere quàm par esset. Sanè apud *Apologiam*, in responsione ad argumenta[5], volunt doctrinam suam « sanctis Patribus et universæ Ecclesiæ Christi esse consentaneam, ita ut nec ab Ecclesiâ Romanâ » discessum fuerit. Quæ, si vero animo nec inaniter proferuntur, profectò documento sunt,

---

[1] Sess. IV, Decr. *de edit.*, etc. — [2] *Confess. August.*, concl. — [3] *Ibid.*, art. XXII.
— [4] Lib. *Concord.*, p. 20. — [5] *Apol.*, p. 141.

hanc de Ecclesiæ certâ auctoritate doctrinam, ex intimo *Confessionis Augustanæ* atque *Apologiæ* sensu esse depromptam; quo pertineat illud ex eâdem *Apologiâ :* « Inter infinita pericula mansuram esse Ecclesiam; infinitâ licèt multitudine impiorum oppressam, atque omninò existere Ecclesiam, eamque catholicam, non civitatem platonicam, sed verè credentes et justos sparsos per totum orbem, cujus notas esse Evangelii doctrinam et sacramenta [1]; » ut proindè necesse sit, quemadmodùm justi toto orbe sparsi sunt, pastores itidem Evangelium prædicantes et sacramenta præbentes toto orbe esse diffusos, neque unquàm desituros. « Hæc, inquiunt, Ecclesia est columna veritatis; » nunquàm scilicet rectæ prædicationis et sacramentorum administrationis officio destituta, ut et suprà diximus [2]. Quæ quidem summa est veræ doctrinæ, paucis desideratis, quæ facilè suppleantur.

ARTICULUS III.

De Conciliorum generalium auctoritate speciatim, quæ sit protestantium sententia.

Posteà quàm de Ecclesiæ catholicæ, si bonâ fide agamus, certâ auctoritate constitit, ad auctoritatem conciliorum generalium, quæ Ecclesiam catholicam repræsentent, facilis est transitus; imò transacta res est ex solâ præfatione *Confessionis Augustanæ* ad Carolum V, ubi hæc agunt [3] : primùm, ut de congregando « primo quoque tempore tali generali concilio » imperator cum Romano pontifice tractet : tùm, ut in eo concilio spondeant « se comparituros et causam dicturos : » deniquè, ut etiam commemorent, « ad hujus generalis concilii conventum, in hâc gravissimâ causâ, debito modo et formâ juris à se provocatum et appellatum fuisse; cui appellationi, inquiunt, adhuc adhæremus [3]. »

Sanè ibidem addunt à se quoque appellatum ad Cæsaream Majestatem; non quod imperator de causâ fidei judicaturus esset, quod erat inauditum ; imò verò ipse Cæsar palam declaraverat, ut in eâdem præfatione fertur, « se in hoc religionis nego-

---

[1] *Apol.*, cap. *De Eccl.*, p. 145, 146, 147, 148.— [2] Sup., cap. ii, art 8.—[3] Præf. *Conf. Aug.*, in lib. *Conc.*, p. 8, 9.

tio non velle quidquam determinare nec concludere posse, sed apud pontificem Romanum diligenter daturum operam de congregando concilio, » quæ ejus partes erant, non profectò ut judicium sibi vindicaret.

Ergò in religionis causâ ad solum generale concilium « debito modo et formâ juris provocabant; » quo etiam continebatur illud, ut et comparerent, et causam dicerent, et judicio starent, cùm nec aliud agnoscerent superius in terris judicium cui se sisterent.

Quod autem liberum et christianum concilium postularent, jure et ordine factum ; neque hîc quæritur quid posteà gestum, sed quid ipsi professi sint ; quippe cùm solemnis illa professio, si res bonâ fide, non cavillatoriè agebatur, per sese valeat ad constituendam in ipso concilio auctoritatem eam, quam detrectare sit nefas; adeò hærebat animis ea religio, cujus etiam in ipsis *Confessionis* suæ initiis immortale monumentum extare et gestis inhærere voluerunt.

ARTICULUS IV.

De eâdem auctoritate quid catholici sentiant, et quid protestantes objiciant.

Protestantes catholicis vitio solent vertere, quòd cùm Ecclesiæ infallibilitatem agnoscant, de ejus infallibilitatis subjecto nihil certi habeant, cùm pars in papâ etiam solo, pars in conciliis œcumenicis, pars in Ecclesiâ toto orbe diffusâ infallibilitatem collocent. Horum ergò gratiâ nobis fœdum incerti animi vitium atque apertam repugnantiam objiciunt. Neque animadvertere volunt, eas sententias, quas repugnantes putant, communi omnibus dogmate ac veritate niti. Qui enim papam vel solum putant esse infallibilem quantò magis cùm synodum consentientem habeat? Qui verò synodum, quantò magis Ecclesiam quam ipsa synodus repræsentet? Aperta ergò calumnia est, quòd nos catholici de infallibilitatis subjecto nihil certi habeamus, cùm pro indubitato apud nos habeatur, et Ecclesiam catholicam et concilium eam repræsentans infallibilitate gaudere : concilium autem œcumenicum legitimum illud esse cui tota Ecclesia et pro œcumenico se gerenti communicet, et rebus dijudicatis adhærescendum sentiat; ut concilii auctoritas ipsa Ecclesiæ universæ auctoritate et consensione constet; imò verò ipsissima sit catholicæ Ecclesiæ auctoritas.

Tale ergò concilium pro infallibili habemus, exemplo majorum; quâ de re facilè possem ex antiquis œcumenicis synodis tanquàm ex decretis communibus perscribere auctoritates; sed apud viros bonos ac pacificos, quales in hoc negotio postulamus, satis certum fore putamus, ab omni antiquitatis memoriâ eam fuisse semper synodorum generalium reverentiam, ut quæ judicassent, de iis rursùs quærere piaculi instar haberetur, atque omnes catholici prolatam sententiam pro divino testimonio susciperent. Horum igitur exemplo et ipsa *Confessio Augustana* ad œcumenicam synodum appellabat, et altera pars protestantium quæ *Argentinensem Confessionem* simul edidit et obtulit, in suâ peroratione idem professa est [1]. Consentiebant catholici; ut profectò post tantum tamque firmum totius christianitatis consensum, non jam de ipsius concilii irretractabili auctoritate, sed de ejus constituendi optimâ et legitimâ ratione quæratur.

ARTICULUS V.

De Romano Pontifice.

Futuram synodum ad quam provocabat utraque pars protestantium à Pontifice Romano convocandam facilè assentiebantur. Atque ipse Lutherus, anno 1537, edidit *Articulos Smalcaldicos* exhibendos concilio per Paulum III « Mantuæ indicto, et quocumque loco et tempore congregando, cùm, inquit, nobis quoque sperandum esset ut ad concilium etiam vocaremur, vel metuendum ne non vocati damnaremur [2]. » Ergò et hanc synodum agnoscebat Lutherus, in quâ causam diceret, licet à papâ convocandam, et sub eo profectò congregandam; et quanquam in eodem conventu se papæ infensissimum præbuit, profitetur tamen se non ausurum abesse ab eâ synodo quam papa congregaret.

---

[1] *Conf. quat. civ. in perorat.* Vid *Synt. Conf.*, part. I, p. 199. — [2] *Præf. ad Art. Smalcald.*, in lib. *Conc.* p. 298.

Sanè Philippus Melanchthon, unus lutheranorum doctissimus ac moderatissimus, Romani pontificis primatum in *Articulis* quoque *Smalcaldicis* suâ subscriptione agnoscendum duxit his verbis : « Ego Philippus Melanchthon, de pontifice statuo, si Evangelium admitteret, posse superioritatem in episcopos, quam alioquin habet jure humano, etiam à nobis permitti [1]. » Ergò superioritatem papæ, salvâ quidem doctrinâ, facilè profitetur ex se esse legitimam, jure saltem humano, adeòque retinendam.

Extant ejusdem viri in eam rem passim egregia monumenta, præsertim in responsione ad Joannem Bellæum, quâ et *Monarchiam papæ* utilissimam decernebat ad doctrinæ consensionem, ejusque superioritatem inter articulos facilè conciliabiles reponebat; qui si perpendisset antiquorum conciliorum acta, quæ integra habemus ab Ephesinâ primâ ad septimam usque synodum, profectò fateretur Romanæ superioritati nec divinam auctoritatem defuisse; neque quidquam postulamus à *Confessionis Augustanæ* defensoribus, quàm ut animum adhibeant sententiis adversùs Nestorium et Dioscorum Ephesi et Chalcedone latis [2]. Ibi enim perspicient tantarum synodorum auctoritatibus superioritatem papæ in Petro institutam, à Petro propagatam, et in Sede apostolicâ eminentem tantâ evidentiâ, ut nihil ampliùs desiderare possimus. Quo semel constituto, nihil obstat quin christiani omnes « Romano pontifici Petri successori et Christi vicario veram obedientiam spondeant, » ut est in *Confessione* Pii IV positum. Profectò enim valebit illud Pauli : « Obedite præpositis vestris [3]. » Quòd si omnibus, quantò magis illi quem præpositis quoque præpositum ab omni antiquitate, ac primis etiam generalibus conciliis agnitum esse constiterit?

Neque hîc disputamus, aut locos omnes referimus; sed ex communibus decretis pauca quædam et brevia annotamus quæ ad certam et expeditam pacem facile sufficiant. Articulos verò tot labentibus sæculis in scholis catholicis innoxiè disputatos nec memorandos hîc putamus, cùm eos non pertinere ad fidei et communionis ecclesiasticæ rationem, ut jam cæteros omittamus, car-

---

[1] In subscript. *Art. Smalcad.*, in lib. *Conc.* p. 338. — [2] *Ephes conc.* act. 1; *Chalced. Conc.* act. III et IV. — [3] *Hebr.*, XIII, 17.

dinalis Perronius[1], et ipse Duvallius Romanæ auctoritatis defensor acerrimus [2]; ac ne Gallos tantùm commemoremus, imprimis Adrianus Florentius Doctor Lovaniensis, mox Adrianus VI [3], ac fratres Walemburgici [4], clarissima inter Germanos atque inter episcopos nomina, demonstrarint.

Nos quoque omnium infimos doctrinam catholicam in rebus controversis exponentes, ac tantorum virorum vestigiis inhærentes, Innocentius XI, nostramque *Expositionem*, binis datis Brevibus die IV Januarii MDLXXVIII, et XII Julii MDCLXXIX, luculentissimè et cumulatissimè comprobavit. Intellexit enim optimus ac verè sanctissimus pontifex, non licuisse nobis eam præcludere viam desertoribus nostris ad castra redituris, quam tanti doctores omnibus protestantibus, ac magnis etiam inter hos regibus patefecerint. Nobis ergò necessaria, perspicuè quidem sed modestè dicentibus, Sedis apostolicæ non defuit auctoritas, quæ suæ sibi conscia majestatis, certa et apud omnes confessa, sibi ad regendas ecclesias omninò sufficere statuit, reliquis suo loco et ordine relictis. Atque hæc dicta sunto adversùs Melanchthonem aliosque protestantes, qui invidiosissimè de pontificiâ potestate, falsa veris, dubiis certa misceant [5].

Summa sit, pontificiam potestatem uniendis ecclesiis et Christi fidelibus natam, diligi, coli, suscipi oportere ab omnibus qui pacem catholicam untitatemque diligunt.

[1] Du Perron, *Rép. au Roi de la Grande-Bret.; Ep. à Casaub.*, liv. IV, édit. d'Antoine Estienne, p. 858.— [2] Duval., *Elench.*, p. 9 et 68. Id. tract. *De sup. R. P. potest.*, part. *IV*, qu. VII, p. 843, ib. qu. VIII. p. 845 et 855, ib. part. *II*, qu. I, p. 751. ibid. part. *II*, qu. II, edit. 1614, p. 233. Paris, 1636. Tom. poster. p. 757, ibid. q. V, p. 768, ibid., part. *IV*, q. VI, p. 839, 840 et 841, ib. qu. X, conclus. 2, p. 858, et alibi passim. — [3] Adrianus VI, in IV. *De Confirmat.*— [4] Walemburg., tom. II, tract. III, *De Eccles.* part. *III. De immobili Cathol. fidei fundam.*, p. 134. n. 6, 8 et 10; *Cont. hær. fid.*, part. *II*, cap. II, p. 146, n. 11, 12, 22, 23. *De Defens.* Bellarm., tom. II, ad lib. II, cap. II, n. 13. Ibid., Grets., col. 1012, n, 14, 15, 16, 17, 27, 33.— [5] *Apol.*tit. *De Eccles.*, in lib. *Conc.*, p. 149.

TERTIA PARS.

DE DISCIPLINÆ REBUS, AC TOTA HAC TRACTATIONE ORDINANDA.

ARTICULUS PRIMUS.

Quid ergò agendum ex antecedentibus. Summa dictorum de fide.

Cùm præcedente fidei declaratione constet præcipuas controversias ex concilii Tridentini decretis, *Confessionisque Augustanæ*, *Apologiæ*, aliisque lutheranorum actis authenticis, esse compositas, ex his æstimari potest quid sit de aliis judicandum. Summa ergò dictorum hæc erit.

I.

Nullum in synodo Tridentinâ nodum esse cujus non in eâdem synodo solutionem inveniant : si *Confessio* ejusque *Apologia* bonâ fide consulantur, difficillima quæque componi, et ea fundamenta poni è quibus nostra dogmata perspicuè deducantur. Nam justificationem Spiritui intùs operanti tribuunt, neque à regeneratione aut sanctificatione distinguunt.

II.

Bonorum operum post justificationem merita probant.

III.

Absolutionem et Ordinationem inter sacramenta habent : ab aliis sacramentis recto intellectu non abhorrent.

IV.

Liturgiam Græcam, in eâque panis et vini veram ac realem in corpus et sanguinem transmutationem laudant : concomitantiam probant : substantialia sacramentorum distinguunt ab accessoriis, sive accidentariis; neque oblationem ac sacrificium respuunt: orationes pro mortuis adversùs Aerium ut utiles admittunt, quo purgatorii summa continetur.

V.

Fidei quæstiones ad concilia œcumenica referunt; ab Ecclesiâ vetere, ab Ecclesia catholicâ, ab Ecclesiâ Romanâ dissentire nolunt.

VI.

Bernardum, Dominicum, Franciscum, Missam indubiè, et assentientibus quibusque christianis, celebrantes, nec modò voventes continentiam, sed etiam suadentes, atque omnia nostra sectantes, Sanctorum numero reponunt.

VII.

Si hodiernarum quoque patriarchalium sedium ratio habeatur, secunda Nicæna synodus recipietur, omnes ferè controversias ipsa Liturgia decidet, Romana Liturgia cum orientalibus Liturgiis gemina restituetur, omnia probabuntur quæ Latinis Græcisque communia sunt.

VIII.

De papâ fidem nostram ex conciliorum Ephesini et Chalcedonensis decretis utrique parti communibus, eorumque perspicuis verbis facilè conteximus.

IX.

Si quartum et quintum quoque sæculum veneremur, fatentibus protestantibus, de cultu reliquiarum et Sanctorum invocatione constabit.

X.

Justificationis doctrinam Tridentinæ conformem dabimus, ex communibus decretis, illis scilicet quæ adversùs pelagianos in conciliis Carthaginensi ac Milevitano, atque item Arausicano II, adversùs pelagianos definita sunt. Fidem nostram ex eorum ac sancti Augustini verbis atque sententiis contextam agnoscent.

Hùc accedant de Sanctorum cultu, de imaginibus, aliisque pacificæ ac luculentæ interpretationes, atque annotationes ex locis in *Apologiâ* indicatis; jam si non omnia, certè summa confecta sunt.

ARTICULUS II.

De disciplinæ rebus quæ à protestantibus postulari, quæ à Romano pontifice concedi posse videantur.

Jam fide constitutâ, sequentibus postulatis cum Sede apostolicâ pertractandis locus erit, posito discrimine inter civitates et regiones in quibus nullus sedet catholicus episcopus, ac sola viget *Augustana Confessio,* et aliàs.

I.

Ut in illis quidem superintendentes, subscriptâ formulâ, suisque ad Ecclesiæ communionem adductis, à catholicis episcopis, si idonei reperiantur, ritu catholico in episcopos ordinentur, in aliis pro presbyteris consecrentur, et catholico episcopo subsint.

II.

In eodem priore casu, ubi scilicet sola viget *Confessio Augustana* nullique catholici episcopi sedem obtinent, si ipsis ita videatur, ac Romanus pontifex, consultis etiam Germaniæ ordinibus, approbaverit, novi episcopatus fiant et ab antiquis sedibus distrahantur; ministri item in presbyteratum catholico ritu ordinentur et sub episcopo curati fiant : iidem novi episcopatus catholico archiepiscopo tribuantur.

III.

Novis episcopis ac presbyteris quàm optimè fieri poterit reditus assignentur : sedulò agatur cum Romano pontifice ut de bonis ecclesiasticis lis nulli moveatur.

IV.

Episcopi Confessionis Augustanæ, si qui sunt, de quorum successione et legitimâ ordinatione constiterit, rectam fidem professi suo loco maneant; idem de presbyteris esto judicium.

V.

Missæ solemnes ritu catholico, verbi divini prædicatione post lectum Evangelium pro more interjectâ, celebrentur, commendentur, frequententur: in divinis officiis vernaculâ linguâ quædam concinantur, posteà quàm examinata et approbata fuerint: Scriptura in linguam vernaculam versa emendataque, ac detractis additionibus, quàlis est vocis illius, *sola fides,* in ipso Pauli textu, et aliis ejusmodi, inter manus plebis maneat, publicè etiam legi possit destinatis horis.

VI.

Communicaturi quicumque, ut id faciant in solemni Missâ ac fidelium cœtu sedulò invitentur: de hâc communione sæpè celebrandâ in eamque praxim instituendâ vitâ plebs seriò doceatur: si desint communicantes, haud minùs Missæ fiant, ac celebrans ipse communicet, omnibus presbyteris eo ritu celebrare liceat, pietatis studio, non quæstu; neque presbyteri tolerentur quibus victûs ratio in solâ Missarum celebratione sit posita.

VII.

Novi episcopatus seu novæ parochiæ ne monachorum ac monialium cœtus cogantur admittere: ad eos amplectendos adhortationibus, castisque et castigatis ad sui instituti originalem ritum moribus invitentur.

VIII.

A Sanctorum ac reliquiarum atque imaginum cultu, superstitiosa quæque et ad lucrum composita, ex concilii Tridentini placitis [1], atque ibidem traditâ episcopis autoritate, arceantur.

IX.

Publicæ preces, *Missales,* ac *Rituales* libri, *Breviaria,* etc. Parisiensis, Rhemensis, Viennensis, Rupellensis, Aurelianensis, atque aliarum nobilissimarum Ecclesiarum, Cluniacensis quoque

---
[1] Sess. xxv. *De invoc.,* etc.

Archimonasterii totiusque ejus Ordinis exemplo, meliorem in formam componantur : dubia, suspecta, spuria, superstitiosa tollantur ; priscam pietatem omnia redoleant.

X.

Constitutâ fide, diligenter tractetur cum romano Pontifice, an, et quibus conditionibus, et in quorum gratiam usus calicis concedatur : ejus rei gratiâ proferantur exempla majorum ac præsertim Pii IV, post concilium Tridentinum : imprimis sacramenti ac divini calicis reverentiæ consulatur.

XI.

Illud etiam diligentissimè quæratur, nùm ecclesiastico decori conveniat, ut superintendentibus ac ministris in presbyteros aut etiam in episcopos ex hujus pacti formulâ ordinandis, quandiù erunt superstites sua conjugia relinquantur.

XII.

Episcopi constituantur secundùm canones, multâ probatione, ætate maturâ.

ARTICULUS III.

De Concilio Tridentino.

Operosissimam plerisque protestantibus visam quæstionem de recipiendo concilio Tridentino, ultimo loco ponimus. Ac primùm certum est hanc synodum in fidei rebus ab omnibus catholicis pro œcumenicâ atque irretractabili habitam.

Non desunt ex protestantibus, qui arbitrentur ab eâ sententiâ procul abesse Gallos, sæpè professos eam synodum non esse in regno receptam; sed id intelligendum de solâ disciplinâ liberâ, de quâ recipiendâ, propter diversas morum locorumque rationes, illæsâ dogmatum fide, sæpè variari contigit.

Nihil ergò unquàm fiet, aut à romano Pontifice, aut à quoquam unquàm catholico, quo Tridentina de fide decreta labefactentur ; ne non extingui schisma, sed majore impetu integrari incipiat, ut suprà diximus[2]. Una restat via, ut declarationis in modum omnia componantur.

Sanè protestantes moderatiores illos jam huic synodo placabiliores esse oportet, posteà quàm ejus dogmata recto atque obvio intellectu, antiqua et sana visa sunt, ut coortæ dissensiones non tam in synodum quàm in partium studia crudis adhuc odiis, conjiciendæ videantur. Vel illud attendant, quàm moderatè, quàm sanctè Tridentini Patres *Indulgentiarum usum*, undè exortum erat incendium, definiverint[2], atque etiam illud. « Quâ moderatione eas juxta veterem et probatam in Ecclesiâ consuetudinem adhiberi oporteret, ne nimiâ facilitate ecclesiastica disciplina enervetur, » procul etiam abjectis et episcoporum diligentiâ observatis « abusibus, pravis quæstibus, aliisque corruptelis quæ irrepserunt. »

Cæterùm, quicumque pacificâ mente non invidiosas historias, sed ipsa concilii decreta perlegerint, facilè intelligent hujus auctoritatem eò vel maximè valituram, ut proterva et in pravas novitates, etiam inter catholicos, eruptura ingenia, suis coercita limitibus teneantur, neve aliis quibuscumque suas opiniones obtrudant. Deniquè protestantes eam synodum quam à se alienam putant, intelligendo et approbando suam faciant.

Multis sanè documentis liquet Hispaniarum ecclesias orthodoxas certis impedimentis ad sextam synodum neque convenisse, neque vocatas fuisse. Quid ergò egerunt cùm ad eas à Leone II et Benedicto II illa perlata est? nempè id, ut ejus synodi gesta « synodicâ iterùm examinatione decreta, vel communi omnium conciliorum (Hispanicorum scilicet) judicio comprobata, salubri etiam divulgatione in agnitionem plebium transeant[3]. » Sic synodum quam non nóverant suam esse fecerunt. Quo etiam ritu aliæ synodi, ipsaque adeò Constantinopolitana I synodus ab Occidentalibus adoptata, in secundi œcumenici concilii nomen ac titulum crevit. Sic quintam synodum, absque Sede apostolicâ celebratam, eadem Sedes probando fecit suam. Septimam quoque synodum ab eâdem Sede apostolicâ, totâque orientali Ecclesiâ

[1] Sup., I, part. — [2] Sess. xxv, Decr. *de Indulg*.— [3] *Epist. Leon.* II, 45. *Conc. Tolet.*, xiv, cap, iv. v. Labb., tom. VI, col. 1249, etc.

confirmatam, post aliquot difficultates verborum ac disciplinæ potiùs quàm rerum ac dogmatum, gallicana, quæ non interfuerat, et tota occidentalis suscepit Ecclesia ; quâ consensione ejus auctoritas ut in Oriente, ita toto in Occidente eò usquè invaluit, ut nunquàm posteà in dubium revocaretur.

Quòd autem protestantes objiciunt, concilium Tridentinum non esse œcumenicum, eò quòd in illo cum catholicis episcopis ipsi non sederint judices, sed ab adversâ parte latum sit judicium ; huic profectò querelæ si daretur locus, nulla unquàm concilia extitissent aut extare possent ; cùm nec Nicæna synodus novatianos ac donatistas, aut alios jam ab Ecclesiâ quocumque modo separatos admiserit judices, neque unquàm hæretici nisi à catholicis judicari possunt, neque qui ab Ecclesiâ secesserunt, nisi ab iis qui unitatem servant. Neque lutherani cùm zuinglianos, factis synodis, condemnarent [1], eos assessores habuere ; nec æquitas sinebat à catholicâ Ecclesiâ haberi judices etiam episcopos Anglicos, Danicos, Suecios, aperta odia professos ; quippe qui ab Ecclesiâ romanâ ut impiâ, ut idololatricâ, ut antichristianâ recessissent ; nedùm Germaniæ protestantis ministros aut superintendentes, qui ne quidem essent episcopi ; cùm solis episcopis locum in synodo deberi universa antiquitas fateatur.

Sed hæc contentiosa omittamus. Accedant, discutiant, privatim examinent, æquas et commodas ex ipso concilio repetitas declarationes admittant, acta sua symbolica conferant cum synodi nostræ decretis, pacificum et catholicum induant animum ; sic Tridentinam synodum sibi quoque haud ægrè œcumenicam facient.

ARTICULUS IV ET ULTIMUS.

Summa dictorum, ac de difficultatibus superandis.

Maxima difficultas, infixam pectori à cunabulis penitùsque visceribus inolitam atque concretam excutere religionem : ingens opus, imò vero « datum optimum, donumque perfectum, descendens à Patre luminum [2], » nec ab homine expectandum.

Et jam pro suâ clementiâ Pater misericordiarum curandis vul-

[1] Lib. Conc. pass. — [2] Jac., 1, 17.

neribus deplorandæ discessionis duo opportunissima remedia contulit : alterum, ut intellectu facile esset perspicere pro secessionis causis multa nobis fuisse imputata, quæ vel mera commenta essent, vel ex privatorum doctorum opinionibus translata in Ecclesiam, nunquàm approbante eâ, imò verò potiùs vel maximè repudiante, editis castissimis et utilissimis concilii Tridentini præsertim de justificatione decretis. Quanquàm autem à nobis de horum magna pars non indiligenter patefacta est, innumerabilia supersunt haud minoris momenti : ex quibus id inferimus, his remotis obstaculis ac recognitis iis quæ falsò imputata sint, facilè coalituram pacem, et proclivem reditum esse oportere filiorum ad patres qui profectò nostri fuerunt. Beatum autem illum et à Domino benedictum prædicabimus, qui « convertet cor patrum ad filios et cor filiorum ad patres [1] : » et iterùm alia Scriptura dicit : « Et congregabuntur filii Juda et filii Israel pariter, et ponent sibimet caput unum [2]. »

Alterum remedium longè convenientissimum et commodissimum est hoc : in protestantium libris symbolicis atque in ipsâ maximè *Confessione Augustanâ* ejusque *Apologiâ*, Deo ita providente, tot ac tantas veritatis catholicæ retentas esse reliquias, ut ex his viri boni ad omnia nostra facilè reducantur, relicto illis filo, quo ex tortuosis ac deviis itineribus extricati, in antiquas planasque semitas revocari possint.

Id autem erit commodissimum, quòd vix ulla nova decreta condi, sed per expositoriam ac declaratoriam viam aptas et consentaneas interpretationes afferri oporteat, ut *Confessionis Augustanæ* defensores ad se ultrò rediisse et sua constituta pandisse videantur.

Neque necesse est, ut universæ simul *Confessioni Augustanæ* per Germaniam addictæ ecclesiæ de his in commune consulant : sint tantùm aliqui, bono Deo inspirante, principes, qui fraterno et christiano animo audiant, meditentur, sua quoque proponant (neque enim ii sumus qui tantam rem uno velut ictu expediri posse credamus), suæ deniquè salutis ipsi curam gerant, cæteris consilio, tractatu et exemplo prosint.

[1] *Malac*, III, 6. — [2] *Ose.*, I, 11.

Nos autem minimi, qui sanè in hanc partem nostra vel maxima studia contulimus, indefesso animo nostram qualemcumque operam pollicemur ; et jam, Deo dante, in *Historiâ* nostrâ *variantis doctrinæ Ecclesiarum Protestantium*, multa retulimus, quæ à lutheranorum dogmate dehortentur ac deterreant ; errores videlicet gravissimos ac manifestissimos, imprimis hos quatuor.

I. Quòd ubique professi, se tenere antiquorum Patrum ac maximè sancti Augustini tutam, præsertim in articulo de justificatione doctrinam, eam tamen sectentur, quam, fatente Melanchthone, hujus fidei post Lutherum assertore præcipuo, antiquitati atque imprimis sancto Augustino ignotam esse constet.

II. Quòd bona opera, in Evangelio sub interminatione damnationis æternæ toties imperata et mandata, non sint necessaria, aut certè non ad salutem, quòdque contraria sententia Scripturis atque omnibus christianis probatissima, meritò condemnetur.

III. Quòd à fatalibus ac stoicis ferreisque necessitatibus libero arbitrio primùm impositis, ad inflandas liberi arbitrii vires, atque ad ipsum semipelagianismum publicè deflexerint.

IV. Quòd auctore Luthero, in explicandâ Christi hominis majestate, amplexi sint ubiquitatem, à reliquorum christianorum ac doctissimorum etiam lutheranorum, ipsiusque adeò Melanchthonis sensibus penitùs abhorrentem.

Quæ alibi demonstrata apertiorem in lucem educere in promptu est. Sed hæc sponte corruere, quàm à nobis confutari malumus ; placetque omninò inire potiùs consilia pacis, et commodissimis quibusque rationibus mitigare offensiones animorum. Cæterùm, illud in catholicâ parte vel commodissimum putamus, quòd, cùm de tantis rebus, seu fidem, seu disciplinam spectent, ad romanum Pontificem, tanquàm ad antesignanum, more majorum, referri oporteat, is nobis obtigit Pontifex, qui et doctissimus ac perspicacissimus, omnia docenda et agenda pervideat, idemque insigni pietate ad optima quæque promptissimus, omnia christianæ rei et paci profutura concedat.

EXPLICATIO ULTERIOR

METHODI REUNIONIS ECCLESIASTICÆ,

Occasione eorum instituta quæ illustrissimo et reverendissimo D. Jacobo Benigno Episcopo Meldensi moderaté non minùs quàm eruditè ad eamdem annotare placuit.

AUCTORE MOLANO.

PROLOGUS.

Dici non potest quantà cum animi voluptate semel atque iterùm ac sæpiùs perlegerim, quæ ad *Cogitationes meas privatas* reunionis ecclesiasticæ methodum concernentes, annotare studio curæque habuit illustrissimus et reverendissimus D. Episcopus Meldensis, vir non in Galliâ duntaxat suâ, sed in nostrâ etiam Germaniâ dudum merito suo celeberrimus. Non poteram nisi egregia mihi polliceri, de *Doctrinæ catholicæ Expositionis* auctore, tot episcoporum, archiepiscoporum, cardinalium, ipsius deniquè summi Pontificis Innocentii XI, νῦν ἐν ἁγίοις, calculo comprobatæ. Quæ sanè spei votorumque præsumptio adeò me non fefellit, ut lectis omnibus cum curâ, pro incolumitate tanti auctoris vota facere, Deumque venerari non dubitaverim, ut præsuli tam benè affecto et à studio partium tam alieno, pacem insuper et veritatem ex æquo bonâ fide sectanti, ætatem ad annos Nestoris, hoc est, quàm longissimè prorogare ne dedignetur.

Scriptum ipsum quod attinet, occupatum id est primâ ac secundâ suî parte, in examinandâ meâ methodo, quam multis dubiis videri obnoxiam, in quibusdam prorsùs impossibilem, uti arbitratur vir illustrissimus. Id mirum atque improvisum adeò mihi non accidit, ut mirarer potiùs, si, non dico in omnibus, quod ne sperare quidem debui, sed in plerisque paria mecum sentiret. Eorum enim, qui ab utràque dissidentium parte, ad concordiam ecclesiasticam animum in hunc usque diem applicuere, observare licet, nonnullos zelum habentes, sed scientià ac rerum usu destitutum, palinodiam vel urgere manifestò, vel post ingentem apparatum, mellitosque verborum globulos, ac dicta quasi sesamo ac papavere sparsa, datis unâ manu quæ mox aliâ tollantur, nihil tamen aliud denique intendere, quàm ut ad prætensi erroris revocationem discordes suaviter inducant : alios conciliationem suam superstruere, datis quasi ex concessis hypothesibus, quæ ab alterâ parte nihil minùs quàm admittantur : alios in cothurni modum, qui cuivis pedi sit aptari potis, sub generalium quarumdam formularum involucro, simpliciorum conscientiis struere insidias, nec in re ipsâ, sed solo verborum cortice pacem moliri : alios denique dictatoriâ quâdam auctoritate, sua de pace consilia parti adversæ obtrusum ire, et pro illis tanquàm pro aris et focis pugnare; hoc est, negotium pacis in novæ litis materiam convertere, et sic in universum à viâ maximè regiâ prorsùs declinare, seque necessitatibus non necessariis jugiter involvere.

Cùm igitur, his diligenter animadversis, appareat, in cassum laborare qui tramitem hunc insistunt, rem aliâ prorsùs viâ aggrediendam esse censui; datâque mihi notabili occasione primùm, à serenissimo Brunsw. et Lun. duce domino Joh. Frederico Principe romano-catholico (cuique aio æternum benè sit), deindè à serenissimo electore Brunswico-Luneburgico, domino Ernesto Augusto, domino meo clementisssimo, post septimestrem ferè disquisitionem cum celeberrimo quodam Germaniæ episcopo in timore Dei institutam, frustrà tentatis recentiorum agendi modis, de aliâ methodo, in verâ quidem antiquitate fundatâ, sed quæ propter novum applicandi modum, nova videri queat, serio cogitare, ac loca nullius antè trita solo calcare cœpi, reque ipsâ tandem deprehendi, si neutra pars contra conscientiam in se quippiam admittere debeat, et protestantes securitati suorum dogmatum, quibus propter obstans divinum mandatum renuntiare non licet, consulere velint, illos vel hâc aut simili ratione in gratiam cum romanâ Ecclesiâ redire debere, vel si præter spem mater erga pristinos suos filios, haud iniqua petentes, se difficilem sit præbitura, hoc ipso de pace ecclesiasticâ spem nobis præcludi, remque omnem, sine metu schismatis, committendam Deo ; cùm sufficiat ad tranquillandas conscientias, omnemque vel suspicionem schismatis amovendam, nos à parte nostrâ eò usque processisse, quousque erat possibile, futurâ apud eos solos schismatis culpâ, qui aliquid in suâ potestate positum, scientes et admoniti, prætermisere.

In quâ equidem sententiâ (hâc nimirùm aut æquipollente viâ progrediendum in negotio pacis) lectione scripti illustrissimi ac reverendissimi D. Episcopi Meldensis quamlibet egregii meque plurima docentis, magnoperè confirmatum esse, sicubi hâc vice professus fuero, convenientissima illa conscientiæ meæ vox est.

Quod tamen non ita capiendum, ac si utilitati, addo et necessitati methodi expositoriæ, optimi Antistitis, scripti sui parte tertiâ luculenter traditæ, mihique ex suprà laudatâ ejus *Expositione* dudùm notæ, vel tantillùm cupiam derogatum ; quin potiùs in eâ sum sententiâ, si rem totam absolveret expositoria illa methodus, et ostenderet in omnibus articulis controversis, à concilio Tridentino sub anathemate definitis, ad veram Ecclesiæ romanæ mentem explicatis, nullam superesse realem inter partes controversiam, injurium fore in Deum et Ecclesiam, quisquis illam ambabus ulnis non fuerit amplexatus, utpotè, non meâ duntaxat, sed reliquis omnibus hucusquè excogitatis ad reunionem methodis multis modis præstabiliorem. Quid enim opus postulatis ? quid conventibus ? quid secretis cum summo Pontifice, Imperatore, præcipuisque terrarum dominis de agendi modo tractationibus ? quid suspensione Tridentini ? quid celebrando novo concilio ? si quidem liquidò queat ostendi, ecclesiarum nostrarum doctores concilii Tridentini canones intellexisse perperàm, atque adeò insontes postulasse errorum, qui nemini eorum in mentem unquàm venerint ; quod quidem in thesi tam clarum est, ut si quis syllogismo rem velit complecti, ego majoris illius certitudinem cum cujusvis axiomatos evidentiâ comparare non sim dubitaturus. Verùm enim verò, quæstio omnis erit de minore ; ubi tamen iterùm largior, multas quæstiones, de quibus inter nos conten-

EXPLICATIO ULTERIOR, PROLOGUS.

tionis serra sesqui-sæculari spatio est reciprocata, per dictam methodum conciliari posse, imò ab illustrissimo domino Episcopo actu jam esse conciliatas, tam in *Expositione doctrinæ catholicæ*, quàm in hoc, quod præ manibus habemus, doctissimo illius scripto, ut in calce totius hujus scriptionis videbitur.

Addo quod secundùm ductum hujus methodi, invictissimi piissimique Imperatoris nostri desiderio facturus satis, in aliâ quâdam scriptione meâ, Vienniam dimidiâ sui parte jam tùm missâ, quinquaginta circiter plerasque omnes momenti maximi quæstiones inter nos hactenùs controversas, bono cum Deo, jam tùm conciliaverim. Ad unum tamen omnes, hâc viâ, controversos inter Romanam nostrasque ecclesias articulos, esse sublatos, aut conciliari posse, ne ipsum credo *Expositionis* auctorem eruditissimum esse asseveraturum. Agitur itaque inter nos, non de expositoriæ methodi bonitate et excellentiâ, quam iniquus sit qui non agnoscat; sed hoc in quæstionem venit : an methodus illa sit adæquata, et ad omnes controversias nostras ita se extendat, ut non opus habeat summus Pontifex per syncatabasin largiri protestantibus quosdam articulos, quorum retractationem persuasi illi fuerint conscientiis suis adversari, aut quorumdam decisionem differre in concilium legitimum? De quo in progressu harum observationum mentem meam candidè aperiam, visurus eâdem operâ, an dubiis circa nostram methodum ab illustrissimo viro motis, si non omni, aliquâ saltem ex parte fieri queat satis. Faxit Deus *Princeps pacis* ut ad structuram sanctuarii concordiæ, et ego symbolam aliquam, si non in auro, argento, ære, purpurâ, hyacintho, ac bysso, saltem *in caprarum pilis* adsportare, ac pro virili portione meâ, tenuique talento, ad minimum conatum aliquem juvandi Ecclesiam ostendere, et per hoc schismatis culpam, christianæ charitati, ex doctrinâ divi Pauli, tantoperè adversam, à me penitùs amoliri queam.

EXCERPTA EX HAC ULTERIORI EXPLICATIONE.

De conciliis œcumenicis in genere, et in specie de concilio Tridentino.

De conciliis œcumenicis legitimè celebratis, sive quinque illa sint, sive plura, in genere dico : Christus per omnia sæcula adest suæ Ecclesiæ, neque unquàm permittet ut Ecclesia universalis in concilio aliquid fidei contrarium pronuntiet. Inde tamen non sequitur errores et abusus interdùm non prævalere ; ponamque concilium Tridentinum esse legitimum. Nonne Scoti sententia de meritis operum promissionem divinam supponens, ibi est definita [1], et nihilominùs tamen prævalet, quæ communior vocatur Gibboni de Burgos in luthero-calvinismo suo schismatico quidem, sed reconciliabili, doctrina Vasquesii ?

Consonam esse judicat vir illustrissimus et suam et meam sententiam de formulis compellandi Sanctos, quomodolibet conceptis, intercessionaliter explicandis, concilio Tridentino. Eo tamen non obstante, notorii sunt circa hunc cultum abusus, de quibus non solùm Germaniæ princeps Hassiacus Ernestus, ex reformato factus romano-catholicus, in suo vero, sincero et discreto catholico perquàm liberè conquestus est in facie totius Ecclesiæ ; sed et, cùm querelæ illæ Romæ nondùm sint exauditæ, scriptor alius Germanus libellum edidit sub titulo : *Monitorum salutarium Beatæ Virginis Mariæ ad cultores sui indiscretos.* Tribuituris Domino Adamo Widelkels jurisconsulto Coloniensi, prodiitque anno 1673, Gandavi, auctoris romano-catholici auspiciis, postquàm in publicationem libelli consenserant J. Gillemanus sacræ theologiæ licentiatus et archipresbyter librorumque censor, Godofredus Molang, Wernerus Franken, Henricus Patricius, Joh. Folch, doctores Colonienses, imò ipse Petrus de Walembourg episcopus Mysiensis, suffraganeus Coloniensis, Paulus Aussemius, ejusdem archidiœcesis vicarius in spiritualibus. Eumdem librum postmodùm recudi fecit et calculo suo comprobavit in Belgio gallico illustrissimus dominus Episcopus Tornacensis.

Synodi septimæ, quæ *Nicæna* II vocatur, auctoritas, ut in eâ

[1] Vide *Sent. Meld. Episc.*, II, 31, ubi soluta est objectio.

contineantur egregia quædam, datâ occasione meritò citanda ac laudanda, in dubium tamen meritò vocatur, cùm maxima pars Occidentis ei contradixerit. Sanè, quæ de imaginibus decrevit, excusari fortassè possunt, certè per omnia laudari admodùm non possunt. Undè etiam factum ut, in synodo Francofurtanâ, cui trecenti circiter Galliæ, Germaniæ et Italiæ episcopi interfuere, Nicænum illud II fuerit improbatum. Non ignoro quidem quid obtendat Alanus Copus, eumque secutus Gregorius de Valentiâ, lib. II, *de Idololatriâ*, cap. VII, « quasi Francofurdiana illa synodus non damnaverit hanc Nicænam, quæ VII vulgò vocatur, sed aliam pseudosynodum iconomachorum. » Vi autem veritatis adactus, pro communi sententiâ tot veterum auctoritatibus roboratâ stat Bellarminus, libro II, *de Imaginibus Sanctorum*, capite XIV, his verbis : « Auctores antiqui omnes conveniunt in hoc, quòd in concilio Francofurdiensi, sit reprobata synodus VII, quæ decreverat imagines adorandas. Ita Hincmarus, Aimonius, Rhegino, Ado et alii passim docent. Dicere autem hos omnes mentiri, vel libros eorum esse corruptos, ut Alanus Copus dicit, videtur mihi paulò durius. »

Dissimulare interim ego non possum Francofurtanam hanc synodum processisse longiùs quàm par erat, sententiamque Græcorum in Nicæno II, de adoratione imaginum, in duriorem partem accepisse, quæ commodam fortè interpretationem admisisset, idque factum occasione versionis latinæ actorum dictæ illius synodi, quam ex collatione cum textu græco, minùs fidelem esse cuivis vel obiter inspicienti patebit.

Ad verba illustrissimi domini Episcopi : « Dura conditio, ne provocetur ad decreta concilii Tridentini vel aliorum in quibus protestantium dogmata sunt condemnata [1]. » Esto dura, sed quantò duriùs exigi à nobis quippiam contra conscientiam, quodque patratum æternâ nos salute excludat, et æternæ damnationis reos faciat? Iterùm dico, si, quemadmodùm nonnulla ab illustrissimo domino Episcopo, multa etiam à me producta in medium, per methodum expositoriam sunt conciliabilia, ita per eamdem methodum expositoriam ostendi queat, salvo concilio Tridentino,

[1] Num. 44.

manere posse protestantes in suâ sententiâ, verbi gratiâ, de præcepto [communionis sub utràque, rati haberi posse ordinationes
eorum hactenùs factas, et si quæ sunt alia in Tridentino sub anathemate credi jussa, nec protestantibus probata, tunc cesset
sequestratio dicti concilii, utpotè cujus anathemata nos non feriant.
Quòd si autem methodus expositoria ad hos similesve articulos se
non extendat, aut concedenda nobis erit desiderata sequestratio,
aut pacis tractatus habebit suum finem. Implicat enim contradic-
tionem manifestam, protestantes reunionem quærere cum Ecclesiâ
Romanâ salvâ conscientiâ, et eos tamen, pro obtinendâ reunione
obligari ad probationem concilii Tridentini decernentis, verbi
gratiâ, communionem sub utràque specie à Christo non esse
præceptam, cùm tamen illam præceptam esse statuant, et persuasi sint, veritatem hanc agnitam et probatam, sine certæ damnationis periculo negare se non posse.

Quod tamen non ita capiendum ac si conciliorum verè œcume-
nicorum auctoritati derogare quippiam ego velim. Nequaquàm
Tridentini suspensionem aut sequestrationem peto, quoniam
nostris [ne quidem pro legitimo, nedùm œcumenico habetur.
Quandò [itaque protestantes profitentur se utramque speciem à
Christo præceptam firmiter credere, faciunt hoc innixi argumento
suprà proposito; in eàque suâ sententiâ mirum in modum confir-
mantur, quòd videant in nullo legitimo concilio contrarium esse
definitum, seque certos esse, in nullo tali concilio contrarium
definitum iri. Sanè si Ecclesia in conciliis certò et indisputabiliter
œcumenicis, qualia sunt, omnium partium consensu, Nicænum,
Constantinopolitana tria, Chalcedonense et Ephesinum, decidisset
contrarium, dubium non est, quin contraria illa decisio fuisset
præponderatura. Quemadmodùm autem persuasi sunt invariate
Confessionis Augustanæ socii, nunquàm fore ut legitimum uni-
versale concilium statuat præsentiam corporis Christi in cœnâ
esse tantùm figuratam, ita persuasi etiam sunt, nunquàm fore ut
tale concilium statuat, usum specierum esse indifferentem; è
quibus sequitur posse hæc duo stare simul : firmiter persuasum
esse de aliquâ sententiâ, et tamen auctoritati legitimorum conciliorum se submittere. Nam qui de suâ sententiâ firmiter est per-

suasus, et propter Christi promissionem legitimum concilium supponit in fide errare non posse, is non potest non firmiter esse persuasus decisionem talis concilii sententiæ suæ essefavituram.

Ad viri illustrissimi numerum XLVIII, postulatum illustrissimi ac reverendissimi domini Episcopi conceditur, applicatio concedi non potest : neque enim protestantes ullius concilii extra controversiam legitimi et œcumenici decreta rescindi postulant. Nicænum secundum recusavit magna pars Occidentis : Latina illa Lateranensia, Lugdunensia, Constantiense, Basileense, Florentinum, ut alia taceam, Oriens non agnoscit, et inter ipsos doctores Occidentis de nonnullis litigatur, probantibus Gallis Constantiense et Basileense, quod Romanæ Curiæ non probatur. Tridentino et Oriens et magna pars Occidentis, non postliminio duntaxat, sed durante adhuc illius celebratione, ex sonticis causis contradixit.

Quidquid igitur hìc objicitur, facilem haberet solutionem, si ad has disputationes descendere velimus. Cùm autem fixum sit apud protestantes se pacem contra conscientiam cum dispendio salutis nunquàm esse quæsituros, cessat disquisitionis illius necessitudo. Si ostendere poterit expositoria methodus vibratos in Tridentino anathematismos non ferire protestantes, res foret longè facilior : quod nisi fiat, et vel unicus, tractis quamlibet reliquis omnibus in bonum sensum, supersit articulus sub anathemate credi jussus; est conscientiæ nostræ, sive rectæ, sive insuperabiliter erroneæ adversus, communio, verbi gratià, sub utràque, quam à Christo præceptam esse sumus persuasi, tunc sensus communis dictitat, vel seponendum esse concilium Tridentinum, vel omnem de pace tractationem fore irritam. Fac enim, auctoritatem dicti concilii in ordine ad protestantes non seponi, sed in valore suo permanere, tunc ex illius decreto credere, et contrarium sentientes anathematis reos arbitrari tenebuntur, communionem sub utràque à Christo non esse præceptam, cùm tamen eam à Christo præceptam in conscientiâ suâ sint convicti, et in schismate mori innoxiè, quàm agnitæ huic veritati et hinc dependenti amicitiæ divinæ renuntiare malint, memores illius verbi dominici : « Vos amici mei estis, si feceritis quæ præcipio vobis [1]. »

[1] *Joan.*, XV, 14.

De talibus ergò ne cogitandum quidem nobiscum acturis cum fructu; mirorque illustrissimum ac reverendissimum dominum Episcopum, virum cæterà æquissimum, in largiendo Germanis calice et seponendo Tridentino tam esse difficilem; cùm hæc duo inter prima præsulum Germanicorum, quibuscum ego hactenùs egi, oblata fuerint, quæ ipsi nobis, nondùm talia petentibus, certè tamen petituris, provisionaliter, quantùm in ipsis, suà sponte largirentur, largienda certè extra omnem dubitationis aleam collocarent.

Ad numerum LI, agnoscit reverendissimus et illustrissimus dominus Episcopus anathematismos Ephesinæ synodi, à sancto Cyrillo suggestos, postmodùm fuisse suspensos, nec à Joanne Antiocheno ejusque sequacibus, etiam post factam reconciliationem fuisse agnitos. Quantò faciliùs idem concedi poterit de anathematismis Tridentinis, in quibusdam Ecclesiæ Romanæ regnis et provinciis, nec in hunc usque diem, bonâ fide, et per publicam magistratùs civilis declarationem receptis, et contra quasdam quæstiones vel scholasticas vel planè otiosas, hoc est, nullam christianismi praxim regulantibus aut regulare idoneis, vibratis : ex quorum numero est, controversia de valore Baptismi Joannitici, quam in praxi nullius esse valoris, satis indè patet, quòd nemo à sancto Joanne baptizatus supersit, cui scrupulus suboriri queat, ritè fuerit baptizatus necne.

Ibidem ad verba *tertium exemplum* : maximi profectò momenti est exemplum, quod ex divite antiquitatis suæ ecclesiasticæ penu suppeditat nobis illustrissimus dominus Episcopus de Gregorio Magno et quintâ synodo, cujus auctoritas, permittente romano Pontifice, apud Longobardos accipere illam detrectantes, dubia mansit atque suspensa. Nam licèt nihil ea synodus novi definisse concedatur, non id tamen in quæstione est hâc vice ; sed hoc disquiritur, quomodò cum illis agi queat, ut pertinaces atque adeò hæretici non videantur, qui synodum aliquam, verbi gratiâ, Tridentinam, œcumenicam esse tantâ rationis specie non agnoscunt. Hoc itaque exemplo admisso, etiam novè à synodo sive ad fidem sive ad personas pertinentia definita, synodum illam, hanc ipsam ob causam non agnoscentes, pro hæreticis æquè haberi non poterunt. Fatendum interim ad suspensionem perveniri facilius, ubi de personis tantùm agitur.

Ad numerum LIV, Græcos paulò ante concilium Lugdunense II cessisse in iis, quæ ipsis cum Latinis erant controversa, nescio an satis planum sit. Esto autem admittatur (quod proptereà facio non gravatim, quia hæc de Tridentini auctoritate disputatio cordi mihi non est, tam firmiter quàm de quâvis Euclidæâ demonstratione persuaso, aut seponendum esse Tridentinum, aut in cassum nos laboraturos) : esto, inquam, admittatur ; quòd si fiat, eò magis mirum erit, nihil tale ab eis ipso in limine exactum, cùm Ferrariæ et Florentiæ in unam synodum convenirent ; eòque magis consideratione dignum est, et ad rem nostram pertinens, quòd appareat lugdunense illud concilium, quoad Græcos, à Latinis, intuitu novi habendi concilii, in suspenso fuisse relictum. Ergò non est contra modum agendi catholicum, concilium, vel integrum, vel ejus partem in suspenso relinqui. Sed hæc obiter.

Ad numeros LXII et LXIII : *Ergò*, inquis, *conclamatum pacis negotium*. Hæc objectio est valdè rationabilis, responsioque numero LXIII et sequentibus quibusdam numeris data, et bona est, et moderata, et christiano præsule dignissima, quæ hùc redit : ad manus itaque sumendam methodum expositoriam, et videndum an dogmata controversa, explicatione dilucidâ et declaratione commodâ, componi possint. Ubi quidem censet vir optimus, usque adeò totum jam processisse negotium, ut declarationis hujus articulos plurimos eosque gravissimos, non aliis quàm meis verbis contexturum se spondeat. « Adducantur, addit, etiam tridentina synodus, *Augustana Confessio*, aliique lutheranorum libri symbolici, utriusque partis fidei testes, » etc. Optimè ; ad viam pacis sternendam conducere talia certissimum est ; adæquatam verò esse methodum illam expositoriam, et ad omnes articulos controversos ita se extendere, ut non opus sit largiri quædam protestantibus, nec opus habeant sive romano-catholici sive protestantes articulorum quorumdam revocatione, id credo ne ipsum quidem dicturum virum illustrissimum.

Ad numerum LXIV et reliquos in genere quæ tertiam scripti hujus partem constituunt : cùm illustrissimus et reverendissimus dominus Episcopus hàc in parte methodi suæ expositoriæ vires experiatur, et per commodam interpretationem concilii Tridentini, nostrorumque librorum symbolicorum, id fecerit quod doctissimus Angliæ cancellarius Baco de Verulamio, in libro suo, *de Augmentis Scientiarum* inter desiderata tùm temporis collocavit, pro insigni illà operà laboranti, et in partes, proh dolor! scissæ Ecclesiæ Christi præstitâ, ipsius illustrissimi et reverendissimi charitati gratiæ meritò sunt agendæ. Sed et ego cumulandis observationibus jam supersedere et receptui canere possim, nisi occurrerent nonnulla in quibus mentem meam, forsitan quòd illam non satis clarè exposuerim, in omnibus assecutum haud esse videri queat. Quibus breviter ostensis, nihil superest, nisi appendix de concilio Tridentino et horum laborum nostrorum fructus, messis puta uberrima, articulorum hactenùs controversorum inter partes, quæ per methodum expositoriam commodasque declarationes, ad minimum inter nos, per Dei gratiam aut jam sunt compositi, aut componi queant.

Quæ enim hoc in loco de concilio Tridentino vir reverendissimus ex professo in medium protulit, ea non mihi, sed nobilissimo domino Leibnizio nostro sunt opposita, ad quæ cùm is dubio procul sit responsurus, ego nihil reponam, nisi paucula quædam historica, nullo alio fine, nisi ut hinc evadat manifestum nihil iniquum postulari à protestantibus, quandò petunt sequestrationem concilii Tridentini.

Ad ea quæ numero CI et sequentibus ad finem usque continentur domino Leibnizio opposita, nihil ego repono, unum pro nostrâ intentione argumentum in medium producere contentus; quod concilium, etiam quoad doctrinam, non in omnibus Ecclesiis romano Pontifici subjectis, auctoritate publicâ est receptum, et in quo protestantes vel planè non, vel non sufficienter sunt auditi, illius sepositionem si urgent protestantes, concordiæ studiosi, nihil petunt absurdi aut iniqui : atqui concilium Tridentinum, etc. Ergò, etc.

Major est manifesta. Ut enim de primâ ratione nihil dicam, sola certè secunda foret sufficiens ad rejectionem, nedùm sepositionem aut suspensionem anathematum talis concilii; cum sit nullitas manifesta, sententiam pronuntiare contra reum, qui cùm audiri cupiat, vel planè non, vel non sufficienter sit auditus. Auctoritatis publicæ de industriâ facio mentionem in majore; cùm aliud sit recipi concilium, et decreta ejus pro veris haberi à prælatis et clero reliquo, aliud sit recipi auctoritate publicâ, quod in regnis fit per decretum regis, in archiepiscopatibus et episcopatibus, per synodum provincialem, minimùm diœcesanam.

Minor probatur quoad prius membrum : quia in Germaniâ concilium illud nondùm est universaliter receptum. In Moguntinâ certè diœcesi sub quâ tanquàm suffraganei stant episcopus Argentoratensis, Augustanus, Curiensis, Eistatensis, Herbipolensis, Hildesheimensis, Spirensis, Paderbornensis, Vormatiensis et alii, receptum non esse hoc concilium, docuit me dominus Leibnizius noster, sic ab ipso electore et archiepiscopo Moguntino Joanne Philippo principe maximo edoctus, cui in juventute suâ fuit à consiliis. Undè etiam fieri putatur, quod nuntius apostolicus in Germaniâ, nunquàm in diœcesi Moguntinâ, quæ aliàs citra controversiam prima est in nostro Imperio, sed constanter in Coloniensi resideat, cujus archiepiscopi et electores, cùm ante tempus concilii Tridentini in hunc usque diem ferè semper fuerint Bavariæ duces, in Bavariâ autem dictum concilium solemniter sit receptum, ego indè colligo aut minimum præsumo, in Coloniensi diœcesi id publicâ auctoritate receptum fuisse. Recordor etiam Moguntinos, quoties illos desiderium invadit celebrandi synodum provincialem, qualis licentia à Curiâ Romanâ ægrè solet impetrari, obtentui interdùm sumpsisse, quòd operam dare velint, in tali synodo, ut concilium Tridentinum auctoritate publicâ in totâ diœcesi recipiatur. Sed hæc obiter.

Cardinalis Pallavicinus, *Historiæ concilii Tridentini*, lib. XXIV, cap. XI et XII, sollicitè congerens eos, qui concilii auctoritatem agnoscentes, solemniter illud receperunt, et in ditionibus suis promulgare fecerunt, non ausus est nominare nisi regem Hispaniarum Philippum, Venetos, provincias Austriacæ familiæ hæreditarias, et Poloniam. De Germaniâ promittit caput XII, § IV, se amplissimè dicturum : reverâ autem § XI, aut nihil dicit, præterquàm quòd in Cæsaris provinciis hæreditariis Tridentinum sit receptum, aut si per alias catholicas provincias etiam Moguntinam diœcesim intelligit, quod res est, non dicit.

Videas hinc in Germaniâ, decreto, verbi gratiâ, de non ducendâ uxore novâ, superstite adulterâ, quod in Florentino prudenter sepositum, in Tridentino, Græcis inauditis, audacter definitum, insuper habito, ad secunda interdùm vota transiri, ejusque transgressores nihilominùs in Ecclesiâ Romanâ tolerari, et ad confessiones et Eucharistiam admitti. Colonelli locum tenentem in exercitu suo habet serenissimus Elector noster, cui nomen *Ballincourt*, nobilem Alsaticum, Ecclesiæ Romanæ seriò aliàs addictum. Is quoad thorum et mensam ab uxore adulterâ in Alsatiâ per sententiam absolutus, hîc apud nos Hannoveræ, ante sex vel septem annos, duxit aliam, et post fata secundæ, tertiam insuper, superstite in hunc usque diem primâ uxore adulterâ. Rogatus à me quî fiat quòd sacris non excluderetur à suis, post hanc publicæ legis violationem, respondit id indè esse, quòd Tridentinum in Germaniâ non ubique sit receptum, atque adeò factum suum improbari à suo quidem confessionario quòd concilii anathematismis faveat, sed tolerari.

Sed nec in Galliâ, per decretum alicujus regis, à Parlamento verificatum, unquàm fuisse receptum concilium Tridentinum equidem hactenùs fui persuasus. Non desunt, qui arbitrantur, inquit illustrissimus et reverendissimus Episcopus, num. CI, « synodum Tridentinam in Galliâ non esse receptam ; sed id intelligendum de solâ disciplinâ, non autem extendendum ad firmam et irrefragabilem regulam fidei. » Sanè, distinctionis hujus factâ mentione nullâ, Pallavicinus negat à Gallis receptum esse Tridentinum, libro XXIV, capite XI, per totum. Esto autem, si non in Galliâ, alibi certè valere distinctionem hanc, patet indè, quædam decreta Tridentini, ad disciplinam putà pertinentia posse seponi, salvâ auctoritate debitâ conciliis in universum. Quidni ergò liceat petere protestantibus suspensionem anathematum ejusdem Tridentini, contra dogmata super quibus ne auditi quidem sunt?

An concilium Tridentinum auctoritate publcâ in Galliâ sit receptum necne, facti quæstio est, de quâ, cum tanto viro, qualis est illustrissimus dominus Episcopus fidem debeam derogare causæ nihil suppetit. Postquàm autem nullum hactenùs diploma regium prodiit in lucem, publicæ illius receptionis testis, postquàm insuper à negantium parte stat ipse cardinalis Pallavicinus, in nequiorem spero partem non accipiet vir optimus, si ad modum dubii, cujus solutionem petere liceat, proponantur, quæ de eâdem recenset, quisquis is est, qui sub ficto nomine Petri Ambruni ad *Veteris Testamenti criticam Historiam* P. Simonii respondet, editionis Gallicæ Simonianæ Roterodamensis de anno 1689, pag. 9, verbis sequentibus.

« Quelque grande que soit son érudition (loquitur de Patre Simonio), je crois qu'il auroit de la peine de faire voir que les décisions du concile de Trente sont généralement reçues dans toutes les églises, puisqu'on n'y sait pas même s'il y a eu un concile de Trente. Ce concile même, qu'on nous veut faire croire être la pure créance de l'Eglise, n'est point reçu en France; et ainsi on n'a aucune raison de nous le proposer comme une règle, à laquelle nous devons nous soumettre aveuglément. Je sais qu'on répond ordinairement à cela qu'il est reçu pour ce qui regarde les points de la foi, bien qu'il ne soit pas reçu dans les matières de discipline; mais cette distinction, dont tout le monde se sert est sans aucun fondement, parce qu'il n'a point été reçu plutôt pour la foi que pour la discipline. Si cela est, qu'on nous produise la publication de ce concile, ou un acte qui nous montre qu'il a été veritablement reçu et publié. Car, selon les règles du droit, un concile ne peut faire loi, s'il n'a été publié. Il n'y a pas encore beaucoup d'années que dans une assemblée du clergé de France, on délibéra pour présenter une requête au Roi, afin que ce concile fût reçu, quant à ce qui regarde la foi seulement; mais quelques délibérations que les prélats aient faites là-dessus, la Cour n'a jamais voulu écouter leurs requêtes. Il n'y a eu que la Ligue qui le publia dans Paris et dans quelques autres églises de France, sous l'autorité du duc de Mayenne. Je demande donc au Père Simon où il prendra sa tradition? S'il me dit : Dans l'Eglise, ce mot est trop général : s'il ajoute que l'Eglise a décidé dans les conciles ce qu'on devoit croire, je le prie de me marquer dans quels conciles ? Nous venons de voir que le concile de Trente n'oblige en conscience, de tous les François, que les seuls ligueurs qui l'ont reçu. »

Minor probatur, quoad secundum membrum ex illustrissimo Thuano, *Historiæ suæ* libro VIII, ad annum 1551, editionis Francofurtensis, fol. 380. « Wurtembergici legati Tridentum veniunt, sub exitum septembris, Theodoricus Pleningerus et Johannes Hechtinus, quibus mandatum erat, ut confessionem scripto comprehensam publicè exhiberent, eò venturos theologos dicerent, modò ipsis juxta concilii Basileensis formulam idoneè caveretur. Cùm Monfortium comitem Cæsaris legatum convenissent, et exhibito diplomate, quid in mandatis haberent exposuissent, ille, ante omnia legatum pontificium ipsis adeundum persuadere conatur. Verùm ii veriti, si cum legato pontificio rem communicassent, ne eo ipso, jus illi ac præcipuam cognoscendi auctoritatem tribuere viderentur, magno fortassè suæ causæ præjudicio, suspenderunt judicium, dùm datis ad ducem Wurtembergicum litteris, quid fieri in eo vellet, ex ipso intelligerent. Interim à Wurtembergico litteræ venerunt; sed seriùs, quàm ut ad VI kal. decembris, ut jubebantur, in consessu publico Confessio exhiberi posset. Igitur legati cardinalem Tridentinum adeunt, quòd Monfortius abesset, et pro communis patriæ charitate et amicitiâ, quæ ipsi cum principe suo intercedebat, ut publicè audiantur, postulat. Ille, re cum legato pontificio communicatâ, litteris etiam mandati, ut majorem fidem faceret, exhibitis, renuntiat indignari legatum pontificium, quòd qui doctrinæ regulam et modum accipere humiliter atque obtemperare deberent, scriptum ullum offerre, et majoribus sese quasi præscribere quidquam auderent. Ita legatos ad Franciscum Toletanum remittit, à quo variis ludificationibus, extracto tempore, dùm intereà etiam Argentinenses à Guillelmo Pictavio pari arte eluderentur, nihil eo anno impetrari ab ipsis potuit. Pontifex sub id tempus tredecim cardinales, omnes Italos creat, tutum potentiæ suæ munimentum, quòd à Germanis ac Hispanis episcopis ac theologis sibi metueret, ne cùm de morum emendatione ageretur, auctoritati Pontificis detrahi paterentur. » Hactenùs ille.

Cùm itaque reliqui in Germaniâ protestantes, ex hoc specimine satis animadverterent, quid sibi sperandum à tali concilio, in quo insuper nihil à Patribus ibidem congregatis, sed « omnia magis Romæ quàm Tridenti agebantur, et quæ publicabantur magis Pii IV placita quàm concilii Tridentini decreta jure existimabantur, » uti habent verba oratorum Caroli IX christianissimi Galliarum regis, denuntiantium, et mense septemb. anno 1563 quàm solemnissimè protestantium, « quæcumque in hoc conventu, hoc est, solo Pii nutu et voluntate decernebantur et publicabantur, ea, neque regem christianissimum probaturum, neque Ecclesiam Gallicanam pro decreto œcumenici concilii habituram; » hinc factum ut plerique electorum, principum, et statuum Imperii protestantium in tali concilio comparere detrectantes, communi deniquè consensu librum ediderint, quo causas reddunt repudiati concilii Tridentini, cujus exemplaria cùm sint in omnium manu, exscribere hîc nihil attinet.

Possem, corollarii loco, adjicere judicia de concilio Tridentino, virorum in Ecclesiâ Romanâ doctissimorum, putà Edmundi Richerii, Claudii Espencæi, Andreæ Duditii Episcopi Quinquecclesiensis, Innocentii Gentiletti, Polani Suavis à Josseratio haud ita pridem gallicè versi, et contra Pallavicinum vindicati, ac Cæsaris Aquilii libro *de Tribus historicis concilii Tridentini*, ad quem de la Mothe-Josserat sæpè provocat; sed talibus ad hominem argumentis pugnare non est meum.

EPILOGUS.

Deo gratias. Scribi cœptum in cœnobio meo Luccensi tempore Quadragesimali, et utcumquè absolutum in Hebdomadâ sanctâ, pridiè festi Paschatis, salutis verò anno 1693, quandò ad Vesperam, ex Breviario sancti nostri Ordinis Cisterciensis, in hunc modum oratur.

« Spiritum nobis, Domine, tuæ charitatis infunde, ut quos paschalibus sacramentis satiasti, tuâ facias pietate concordes, per Dominum nostrum Jesum Christum Filium tuum, qui tecum vivit et regnat in unitate ejusdem Spiritùs sancti Deus, per omnia sæcula sæculorum. Amen. »

Revisum deinceps Hannoveræ, in bibliothecâ meâ, et nonnullis in locis auctum, quibusdam etiam correctum, mense junio. Descriptum mense julio, et ad finem perductum ipsis calendis augusti, M. DC. XCIII.

Benedicamus Domino. Alleluia.
Deo gratias. Alleluia, allcluia.

NOUVELLE EXPLICATION

DE LA MÉTHODE QU'ON DOIT SUIVRE

POUR PARVENIR

A LA RÉUNION DES ÉGLISES

Au sujet des Réflexions également savantes et modérées, que M. l'évéque de Meaux a bien voulu faire sur cette Méthode.

PAR MOLANUS, ABBÉ DE LAKKUM.

PROLOGUE.

J'ai lu et relu avec un singulier plaisir les *Réflexions*, que M. de Meaux, prélat aussi célèbre en Allemagne qu'il l'est en France, a daigné faire sur mes *Pensées particulières* au sujet de la méthode qu'on peut employer pour parvenir à la réunion. Je ne pouvois rien attendre que d'excellent de l'auteur de l'*Exposition de la Doctrine catholique*, dont l'ouvrage a eu l'approbation d'un grand nombre d'évêques, d'archevêques, de cardinaux, et enfin du défunt pape Innocent XI. J'ai été tellement satisfait des *Réflexions* de M. de Meaux, qu'après les avoir lues avec toute l'attention possible, je n'ai point balancé à faire des vœux ardens pour la conservation de ce savant évêque; et j'ai prié le Seigneur de prolonger les jours d'un prélat si bien disposé, si éloigné de tout esprit de parti, et qui cherche de si bonne foi la vérité et la paix.

Il examine, dans les premières parties de son ouvrage, la méthode que je propose, qui lui paroît sujette à beaucoup de difficultés, et même impraticable en quelques points. Cela ne me surprend pas : je m'étonne, au contraire, que nous soyons si parfaitement d'accord, non sur tous les chefs, ce que je n'ai jamais dû espérer, mais pourtant sur le plus grand nombre.

Car quand je considère les différentes méthodes employées jusqu'à présent par ceux qui de part et d'autre ont voulu travailler à la réunion, je trouve que les uns pleins de zèle, mais sans science et sans expérience, ont ou exigé sans détour des rétractations de leurs adversaires, ou tâché de les amener doucement à ce point, en employant des discours pompeux, de belles paroles et des raisonnemens ajustés avec art, au moyen desquels ils retenoient d'une main ce qu'ils sembloient donner de l'autre : que d'autres supposant comme avoué ce que leurs adversaires contestoient, ont bâti sur ce fondement de vains projets de conciliation : que d'autres ont fait illusion aux simples, en débitant de ces maximes vagues qu'on peut appliquer à tout, et de ces grands lieux communs sur la paix, qui ne renferment que des mots, et rien de plus : que d'autres enfin ont cru qu'un ton impérieux en imposeroit à leurs adversaires, qui n'oseroient refuser d'admettre des projets de conciliation qu'ils verroient défendre avec autant d'ardeur que s'il s'agissoit de toute la religion. Ces différentes méthodes, loin de procurer la paix, n'étoient propres qu'à faire naître de nouvelles contestations, parce qu'en général on s'écartoit du droit chemin, et que l'on s'engageoit sans nécessité dans des circuits qui n'avoient point d'issue.

Il paroît, tout bien examiné, que ce seroit travailler en vain que de suivre ces mêmes routes. J'ai donc cru devoir m'en frayer une autre. Le sérénissime duc de Brunswick et de Lunebourg, Jean-Frédéric, catholique romain, à qui je souhaite toutes sortes de prospérités, est le premier qui m'ait fourni l'occasion d'entrer dans cette carrière : je m'y suis ensuite engagé par les ordres de mon sérénissime souverain Ernest-Auguste, de Brunswick-Lunebourg, électeur de Saxe; et j'ai discuté les matières, en la présence de Dieu, pendant l'espace de sept mois avec un illustre prélat d'Allemagne (*a*).

L'épreuve que nous avons faite de l'inutilité des méthodes employées par les controversistes modernes, m'a prouvé que je devois en prendre une autre, qui pourra paroître nouvelle à cause du nouvel usage que j'en fais, mais qui pourtant a son fondement dans l'antiquité la plus respectable. J'ai donc songé sérieusement à suivre une route dans laquelle personne n'avoit encore marché, et je me suis enfin convaincu, par l'examen du fond des choses, que si de part et d'autre on ne veut rien faire contre sa conscience, et que si les protestans veulent conserver dans leur entier des dogmes que la loi de Dieu leur défend d'abandonner, ils ne peuvent se réunir avec l'Eglise romaine qu'en suivant cette méthode ou quelque autre semblable. S'il arrivoit contre nos espérances que l'Eglise romaine se rendît difficile à ses anciens enfans, qui ne lui demandent rien que de juste, nous n'aurions dès lors aucune espérance de parvenir à la paix, et il ne nous resteroit plus qu'à laisser à Dieu le soin de la procurer, sans craindre d'être coupables du crime de schisme, puisqu'il nous suffiroit, pour tranquilliser nos consciences et nous mettre à l'abri du schisme, d'avoir fait toutes les avances qu'il nous étoit permis de faire. Dans ce cas, le crime du schisme retomberoit sur ceux qui, de leur plein gré et malgré nos sollicitations, auroient refusé de faire ce qui dépendoit entièrement d'eux.

L'excellent ouvrage de M. l'évêque de Meaux, dans lequel j'ai trouvé beaucoup à m'instruire, m'a pleinement confirmé dans l'opinion où je suis, qu'il faut traiter l'affaire de la réunion suivant le plan que je propose ou un autre semblable. En faisant une déclaration précise sur ce sujet, je ne fais que manifester le témoignage intérieur de ma conscience.

Cependant je ne prétends pas qu'il ne soit utile et même nécessaire d'employer la méthode de l'*Exposition*, que l'illustre prélat propose avec beaucoup de netteté dans la troisième partie de son ouvrage. Son livre de l'*Exposition de la Doctrine catholique* m'a-

---

(*a*) Christophe, évêque de Neustadt.

voit fait connoître, il y a longtemps, l'avantage de cette méthode ; je suis même convaincu que si la méthode de l'*Exposition* satisfaisoit à tout, et que s'il étoit possible de prouver, en l'employant, que l'Eglise romaine entend tous les articles de nos controverses, définis par le concile de Trente sous peine d'anathème, dans un sens qui lève de part et d'autre toutes les difficultés, ce seroit faire injure à Dieu et à l'Eglise que de ne se pas empresser de prendre cette méthode, puisqu'elle seroit de beaucoup préférable, je ne dis pas à la mienne, mais à toutes celles dont on s'est servi jusqu'à présent. En effet il n'y auroit plus de demandes à faire, d'assemblées à tenir, de négociations secrètes à traiter avec le Pape, avec l'Empereur et avec les plus puissans princes : il ne faudroit plus parler ni de suspendre le concile de Trente, ni d'assembler un nouveau concile. Tout cela deviendroit inutile, dès qu'on pourroit prouver clairement que nos docteurs ont mal pris le sens des décrets de Trente, et qu'ils ont faussement imputé aux catholiques des erreurs qui ne leur sont jamais venues dans l'esprit. Ce que je dis est si évident, que si je mettois ce raisonnement en forme de syllogisme, la majeure paroîtroit aussi incontestable que l'axiome le plus certain ; mais la mineure souffre beaucoup de difficulté. J'avoue néanmoins qu'on peut, par la méthode de l'*Exposition*, concilier beaucoup de questions agitées avec feu de part et d'autre depuis un siècle et demi ; et que même un grand nombre ont été conciliées par M. l'évêque de Meaux, tant dans son livre de l'*Exposition*, etc. que dans l'excellent ouvrage que j'ai actuellement devant les yeux, comme je le ferai voir à la fin de cet écrit.

J'ajoute que, pour satisfaire au désir de notre invincible et pieux Empereur, j'ai concilié avec l'aide de Dieu, en employant cette méthode, cinquante points des plus importans de nos controverses, dans un autre écrit, dont j'ai envoyé une partie à Vienne. Mais je ne crois pas que personne, sans en excepter le savant auteur de l'*Exposition*, etc., ose dire que tous les points contestés entre Rome et nous puissent sans exception être conciliés par cette méthode. Il ne s'agit donc pas, entre nous, de savoir si la méthode de l'*Exposition* est bonne et excellente (il y auroit de l'injustice à n'en pas convenir); mais il s'agit de décider si elle est toujours suffisante, et si l'on peut l'appliquer à tous les points de nos controverses; de sorte qu'il ne soit pas nécessaire que le Pape ait la condescendance d'en abandonner quelques-uns, que les protestans ne croient pas pouvoir rétracter en conscience, et d'en renvoyer quelques autres à la décision d'un concile légitime. Je dirai naturellement, dans la suite de ces observations, ce que je pense sur cet article, et je tâcherai de résoudre en même temps au moins une partie des difficultés que le savant prélat a formées contre ma méthode. Plaise à Dieu, le souverain maître de la paix, de me faire contribuer à la construction du sanctuaire de la concorde. Si je ne puis donner de l'or, de l'argent, de l'airain, de l'hyacinthe, de la pourpre, de l'écarlate, qu'au moins je fournisse des poils de chèvre, afin de faire voir de mon mieux, suivant mes foibles talens, combien je souhaite de venir au secours de l'Eglise, et par là de me justifier pleinement du crime de schisme, crime tout à fait opposé, selon la doctrine de saint Paul, à la charité chrétienne.

EXTRAIT DE CETTE NOUVELLE EXPLICATION.

Des conciles œcuméniques en général, et en particulier du concile de Trente.

Je dis en général au sujet des conciles généraux légitimement assemblés, soit qu'il y en ait seulement cinq ou un plus grand nombre, que Jésus-Christ assiste son Eglise dans tous les siècles, et qu'il ne permettra jamais que l'Eglise universelle définisse dans un tel concile rien qui soit contraire à la foi; mais cela n'empêche pas que les erreurs et les abus ne prévalent quelquefois. Supposons le concile de Trente légitime, et qu'il a décidé en faveur du sentiment de Scot (a) sur le mérite des bonnes œuvres, sentiment qui suppose une promesse de la part de Dieu, cela n'empêche pas que la doctrine de Vasquez ne soit devenue la plus commune, comme Gilbert de Burgos [1] l'observe dans son *Luthero-Calvinisme.*

(a) Molanus répète ici une objection que M. de Meaux avoit réfutée dans son Ecrit latin, n. 30. J'y renvoie le lecteur. (*Edit. de Leroi*.)

[1] De l'ordre des ermites de saint Augustin, professeur dans l'université d'Erford.

M. de Meaux croit que son sentiment et le mien, sur les formules d'invoquer les Saints[1], qu'on doit toujours entendre, de quelque façon qu'elles soient conçues, dans le sens d'une simple intercession, est conforme aux décisions de Trente; et cependant combien y a-t-il d'abus notoires sur ce culte (a) ! Le prince Ernest de Hesse, qui de luthérien s'est fait catholique romain, se plaignit hautement de ces abus à la face de toute l'Eglise, dans son *Catholique véritable, sincère et discret;* mais comme Rome n'avoit aucun égard à ses plaintes, un autre écrivain allemand publia un livre sous ce titre : *Avis salutaires de la sainte Vierge à ses dévots indiscrets.* On attribue cet ouvrage à M. Adam Widelkels, jurisconsulte de Cologne. Il parut à Gand en 1673, par l'autorité d'un catholique romain, et muni des approbations de J. Gillemans, licencié en théologie, archiprêtre et censeur des livres; de Geoffroy Molang; de Werner Franken; d'Henri Patrice, et de J. Folch, docteurs de Cologne. On y voit même celles de Pierre de Walembourg, évêque de Mysie, suffragant de Cologne, et de Paul Aussemius, archidiacre et grand vicaire de la même ville. M. l'évêque de Tournay (b) a depuis autorisé cet ouvrage, en le faisant imprimer dans la Flandre françoise.

Le VII° concile, qu'on nomme communément le II° de Nicée, contient d'excellentes choses; c'est pour cela qu'on le cite dans l'occasion, quoiqu'on puisse d'ailleurs révoquer en doute son autorité, puisqu'une grande partie de l'Occident refusa de le reconnoître. J'avoue qu'on peut peut-être excuser ses décret sur les images; mais je soutiens qu'on ne peut pas les approuver tous indistinctement. Aussi ce concile fut-il rejeté par celui de Francfort, composé d'environ trois cents évêques françois, allemands et italiens. Je sais qu'Alain Copus, et après lui Grégoire de Valence[2], prétendent que « ce fut un certain faux concile des iconomaques, et non le II° de Nicée, autrement appelé le VII° concile, que con-

---

[1] N. XXXVIII. — [2] Greg. de Val., *De idol.*, lib. II, c. VII.

(a) Lorsqu'une pratique est bonne et qu'on en abuse, il faut demander qu'on corrige les abus. Au reste on abuse des meilleures choses, de l'Ecriture et des sacremens; mais les abus n'autorisent jamais à faire schisme, comme M. Bossuet l'a prouvé dans tous ses écrits de controverse. (*Edit. de Leroi.*)

(b) Choiseul du Plessis-Praslin.

damnèrent les Pères de Francfort; » mais le sentiment commun est si certain et appuyé sur tant de témoignages anciens, que Bellarmin n'a pu s'empêcher de l'embrasser. Voici ses paroles : « Tous les auteurs conviennent que le concile de Francfort rejeta le viie concile, parce qu'il avoit décidé qu'il falloit adorer les images. C'est ce que disent Hincmar, Aimoin, Rhéginon, Adon et d'autres. Il me paroît dur de dire avec Alain Copus, ou que ces auteurs mentent, ou que leurs livres ont été falsifiés [1].

Je ne puis cependant disconvenir que le concile de Francfort n'ait été trop loin. Il prit, dans le sens le plus rigoureux, la doctrine établie par les Grecs du iie concile de Nicée sur l'adoration des images, qu'on pouvoit interpréter favorablement. Le concile de Francfort devoit recourir au texte grec du concile de Nicée, et ne s'en pas tenir à la version latine, dont l'inexactitude est palpable (a).

Je viens à ce que dit M. l'évêque de Meaux, que « les protestans exigent une condition bien dure, en demandant qu'on ne fasse point usage des décrets du concile de Trente, et des autres conciles qui auroient condamné leurs dogmes [2]. » La condition est dure, je l'avoue; mais il seroit encore plus dur de vouloir nous obliger à des choses qui seroient contre notre conscience, et que nous ne pourrions faire sans risquer notre salut éternel, et nous rendre dignes de la damnation. Je le répète, s'il est possible de faire voir par la méthode de l'*Exposition*, comme M. de Meaux et moi l'avons déjà fait sur un grand nombre d'articles, que les protestans peuvent, sans donner atteinte au concile de Trente, demeurer dans leurs sentimens, et croire, par exemple, que la communion sous les deux espèces est de précepte, que les ordinations qu'ils ont faites jusqu'à présent sont valides, et ainsi des

---

[1] Bellarm., l. II. *De imag.*, c. xiv. — [2] N. xliv.

(a) Ce que dit Molanus, que le concile de Francfort n'avoit pas pris les décrets du VIIIe concile dans leur véritable sens, résout absolument sa difficulté ; et je m'étonne qu'un homme si habile ait pu insister sur une objection qui se détruit d'elle-même. Un concile n'est censé œcuménique que quand les églises catholiques ont concouru à le rendre tel par une approbation authentique de ses décrets, soit pendant ou après sa tenue. Ainsi le premier concile de Constantinople, composé des seuls Grecs, devint œcuménique par l'approbation postérieure des églises d'Occident. (*Édit. de Leroi*).

autres points, dont le concile de Trente exige la croyance sous peine d'anathème, et qui ne sont point approuvés par les protestans ; dès lors il ne faut plus parler de suspendre le concile, puisque ses anathèmes ne portent pas contre nous ; mais s'il est impossible de concilier ces articles et d'autres semblables par la méthode de l'*Exposition*, il faut ou nous accorder la suspension du concile, ou renoncer à toute négociation de paix. Car il est visible que ces deux propositions sont contradictoires : les protestans se réuniront avec l'Eglise romaine, sans rien faire contre leur conscience ; et cependant, pour parvenir à cette réunion, ils seront obligés d'approuver le concile de Trente, qui décide, par exemple, que Jésus-Christ n'a pas fait un précepte de la communion sous les deux espèces, quoiqu'ils soient intimement convaincus que cette communion est de précepte, et qu'ils ne peuvent nier une vérité si manifeste et si solidement établie, sans s'exposer à la damnation éternelle (a).

Il ne s'ensuit pas de là que je veuille diminuer en rien l'autorité des conciles vraiment œcuméniques. Si je demande qu'on suspende et qu'on mette à l'écart celui de Trente, c'est que, bien loin de le croire œcuménique, nous ne le tenons pas même pour légitime. Ainsi lorsque les protestans font profession de croire fermement que Jésus-Christ a commandé la communion sous les deux espèces, ils fondent leur croyance sur les raisons qu'on a dites ; et ce qui contribue beaucoup à les confirmer dans leur sentiment, c'est qu'ils voient qu'aucun concile légitime n'a décidé le contraire, et qu'ils tiennent pour certain qu'aucun concile, qui aura ce caractère, ne le décidera. En effet si l'Eglise avoit décidé dans un concile indubitablement œcuménique, tels que le sont, de l'aveu de tous les partis, le premier de Nicée, les trois de Constantinople, celui de Chalcédoine et celui d'Ephèse, le contraire de ce que prétendent les protestans, il n'est pas douteux que cette décision ne dût l'emporter. Mais les défenseurs de la *Confession d'Augsbourg*,

---

(a) Molanus incidente et insiste sur un point particulier de peu d'importance au fond, de l'aveu même de Luther, et sur lequel il seroit facile de se concilier, si les luthériens vouloient l'examiner sans prévention. Voyez l'Ecrit latin de M. Bossuet, n. LXXXI ; son *Traité de la Communion sous les deux espèces*, et sa *Défense* de ce Traité.

dont la doctrine est invariable, sont aussi convaincus que jamais un concile vraiment œcuménique ne décidera qu'il est indifférent de recevoir une ou deux espèces, qu'ils le sont que jamais un tel concile ne décidera que Jésus-Christ dans la Cène est seulement présent en figure. Il résulte de là qu'on peut être fermement persuadé de la vérité d'une doctrine, et cependant se soumettre à l'autorité des conciles légitimes. Car celui qui croit fermement que son sentiment est vrai, et qui d'ailleurs est bien convaincu qu'en vertu des promesses de Jésus-Christ un concile légitime ne peut errer sur les points de foi, celui-là ne peut pas ne pas tenir pour certain qu'un tel concile décidera toujours en faveur de ce qu'il croit (a).

On accorde à M. l'évêque de Meaux sa demande [1], mais on ne peut lui accorder l'application qu'il en fait; car les protestans n'exigent pas qu'on annulle les décrets d'aucun concile, reconnu pour incontestablement légitime et œcuménique. Une grande partie de l'Occident a rejeté le second de Nicée, et l'Orient ne reconnoît pas ceux de Latran, de Lyon, de Constance, de Bâle et autres tenus par les Latins. On dispute même en Occident sur plusieurs de ces conciles. Les François comptent, parmi les conciles généraux, ceux de Constance et de Bâle, que la cour de Rome n'approuve pas. Quant à celui de Trente, tout l'Orient, auquel une grande partie de l'Occident s'est jointe, s'y est opposé pendant sa tenue et depuis, en fondant cette opposition sur des raisons très-solides (b).

Il me seroit aisé de répondre aux difficultés qu'on fait sur ce su-

[1] N. 48.

(a) Bossuet a dit, dans son *Traité de la Communion* et dans sa *Défense*, pourquoi l'Eglise ancienne n'a rien décidé dans ses conciles touchant la communion sous une ou sous deux espèces; c'est qu'il n'y avoit point de contestation sur ce sujet, et que d'ailleurs le point étoit décidé par la pratique constante depuis l'origine du christianisme. (*Edit. de Leroi*.)

(b) Le concile de Constance est reconnu pour œcuménique à Rome même, comme M. Bossuet l'a prouvé dans sa *Défense* des quatre articles, liv. V, et dans sa Dissertation intitulée : *Gallia orthodoxa*. Le même M. Bossuet prouve, *ibid.*, liv. VI, que les premières sessions du concile de Bâle sont universellement reçues dans l'Eglise catholique. Quant au concile de Trente, les Grecs schismatiques le rejettent pour les mêmes raisons que les protestans. Les raisons des protestans étant renversées par Bossuet, celles des Grecs ne subsistent plus. (*Edit. de Leroi*).

jet, si je voulois entrer dans cette discussion ; mais cela devient inutile, dès que les protestans refusent tout accommodement, qui se feroit aux dépens de leur conscience et en mettant leur salut en danger. L'accord seroit beaucoup plus facile, si l'on pouvoit faire voir, par la méthode de l'*Exposition,* que les anathèmes de Trente ne tombent point sur les protestans; mais c'est en vain qu'on donnera un sens favorable à la plupart des articles, s'il en reste un seul que le concile ordonne de croire sous peine d'anathème, et que nous ne croyions pas pouvoir admettre en conscience, soit que nous ayons raison, ou que notre conscience soit invinciblement erronée; tel qu'est par exemple, l'article de la communion sous les deux espèces, que nous croyons être de précepte. Le bon sens dicte que dans ce cas, tout projet de conciliation s'en ira en fumée, si l'on ne met à l'écart le concile de Trente. En effet si l'autorité du concile de Trente ne peut être suspendue à l'égard des protestans, il faut donc qu'ils croient, conformément à ses décrets, que Jésus-Christ n'a point ordonné la communion sous les deux espèces, et que ceux qui pensent autrement sont frappés d'anathème, quoiqu'ils soient intimement convaincus que Jésus-Christ a ordonné de communier ainsi, et qu'il vaut mieux pour eux mourir dans un schisme, dont ils ne sont pas coupables, que de renoncer à cette vérité connue et à l'amitié de Dieu, qui dépend de leur persévérance à la défendre, suivant cette parole du Seigneur : *Vous serez mes amis, si vous faites ce que je vous commande*[1].

Si l'on veut donc traiter efficacement avec nous, il ne faut pas même songer à exiger de telles choses ; et je suis d'autant plus surpris que M. l'évêque de Meaux, si équitable dans tout le reste, fasse tant de difficulté d'accorder aux Allemands la coupe et la suspension du concile de Trente, que ces deux articles nous ont été offerts dès le commencement par les évêques d'Allemagne, avec lesquels j'ai traité. Ces évêques, en prévenant nos demandes, et en nous accordant d'eux-mêmes par provision ces articles autant qu'il dépendoit d'eux, ne doutoient pas le moins du monde que nous ne dussions les obtenir (*a*).

[1] *Joan.,* XV, 14.
(*a*) Ou l'abbé Molanus n'a pas pris le vrai sens des avances faites par des pré-

M. de Meaux convient[1] que les anathématismes dressés par saint Cyrille et approuvés par le concile d'Ephèse, furent suspendus de manière que même après la réunion Jean d'Antioche et les évêques de son parti ne les admirent pas. A combien plus forte raison peut-on accorder la suspension des anathématismes de Trente, puisque des provinces entières et des royaumes de l'Eglise romaine ne les ont pas encore reçus nettement, en les faisant publier par l'autorité des cours séculières, et que d'ailleurs ils sont quelquefois lancés au sujet de certaines questions, ou pu-

[1] Num. 51.

lats allemands, ou il n'a pas bien entendu ce que M. de Meaux propose dans son Ecrit latin. Ce prélat met expressément l'usage du calice au nombre des choses que les protestans peuvent obtenir de l'Eglise romaine; et il consent que, dans la discussion des dogmes, le concile de Trente ne soit point cité en preuve, mais seulement comme le témoignage des sentimens de l'Eglise romaine; ce qui est mettre clairement le concile à l'écart et le suspendre par rapport aux protestans. Car il consent qu'on ait pour eux la même condescendance que l'on eut pour Jean d'Antioche et pour les évêques de son parti, qui s'étoient séparés du concile d'Ephèse; pour Théodelinde, reine des Lombards, qui ne vouloit pas reconnoître le V⁰ concile; pour les calixtins, qui refusoient de se soumettre aux décisions du concile de Constance, etc. Voyez l'Ecrit latin, n. L. et suiv. Il est vrai que M. de Meaux ne prétendoit point déroger à l'autorité du concile de Trente, quoiqu'il consentît de ne le pas faire valoir contre les protestans dans l'examen des dogmes qu'ils contestoient, comme saint Augustin ne prétendoit pas déroger à l'autorité du concile de Nicée, lorsqu'il s'engageoit à ne pas employer ce concile contre Maximin. Voyez ce que dit sur cela M. Bossuet, dans sa *Défense de la Tradition et des* SS. *Pères*, liv. II, chap. XIX, et dans la note mise à cet endroit, et encore dans la Dissertation intitulée : *De Professoribus*, etc., part. I. chap. V. M. Molanus ne pouvoit rien exiger de plus du savant prélat, sans l'obliger à renoncer aux principes universellement reçus dans la communion romaine. Il est encore vrai que M. de Meaux, en mettant l'usage du calice au nombre des choses indifférentes, que l'Eglise romaine pouvoit accorder aux protestans, vouloit que ceux-ci reconnussent que la communion sous les deux espèces n'étoit pas de précepte, et qu'une seule espèce suffisoit pour faire une communion entière; et certainement il ne pouvoit aller plus loin sans renverser les principes de sa propre Eglise. Il n'est pas vraisemblable que les prélats allemands aient prétendu en accorder davantage; et ces mots : *In largiendo calicis usu et seponendo Tridentino*, dont se sert l'abbé de Lokkum, n'expriment au fond que ce que M. Bossuet offroit aux luthériens sur ces deux articles. Le témoignage M. de Leibniz, qui ne peut être suspect, ne permet pas de soupçonner l'évêque de Neustadt d'avoir été plus loin que M. de Meaux sur l'article de la suspension du concile de Trente. Voici les paroles de M. de Leibniz dans une lettre à madame de Brinon, qu'on trouvera dans la IIᵉ partie de ce recueil : « Il faut rendre cette justice à M. de Neustadt, qu'il souhaiteroit fort de pouvoir disposer les protestans..... à tenir le concile de Trente pour ce qu'il le croit être; c'est-à-dire pour universel, et qu'il y eût moyen de leur faire voir qu'ils ont lieu de se contenter des expositions, etc. » Je conclus de là que l'évêque de Neustadt n'avoit pas d'autres principes que M. de Meaux, et travailloit sur le même plan à l'ouvrage de la réunion. (*Edit. de Leroy.*)

rement scolastiques, ou tout à fait inutiles, lesquelles ne règlent point, et même ne sont pas de nature à pouvoir régler la conduite des chrétiens; telle qu'est, par exemple, la question de la validité du baptême de saint Jean. Pour faire voir l'inutilité de cette question, il suffit d'observer que n'y ayant plus personne au monde qui ait reçu le baptême de saint Jean, personne par conséquent ne peut être inquiet de la validité de son baptême (a).

Le troisième exemple que M. de Meaux tire de l'antiquité, dont il a une si parfaite connoissance, est très-important. Le voici. Saint Grégoire le Grand suspendit, à l'égard des Lombards, le cinquième concile qu'ils refusoient de recevoir. Il est vrai que ce concile n'avoit rien défini de nouveau; mais ce n'est pas ce dont il s'agit ici : il s'agit seulement d'examiner comment il faut s'y prendre, afin que ceux qui fondés sur de bonnes raisons, ne veulent point reconnoître un certain concile, par exemple celui de Trente, pour œcuménique, ne soient pas regardés comme opiniâtres et hérétiques. Or l'exemple proposé prouve qu'on ne peut regarder comme hérétiques ceux qui refusent de recevoir un certain concile à cause de ses nouvelles décisions, soit sur la foi ou sur les personnes. J'avoue toutefois qu'il est plus facile de suspendre un concile dont les décrets ne roulent que sur les personnes.

Je ne sais si ce que M. de Meaux dit des Grecs[1] est bien prouvé, qu'un peu avant la tenue du second concile de Lyon, ils s'étoient rendus sur tous les articles contestés entre eux et les Latins; mais je n'ai point de peine à supposer le fait, parce que je n'entre pas volontiers dans la dispute sur l'autorité du concile de Trente, étant aussi convaincu que je le serois d'une démonstration d'Euclide, que nous travaillons en vain, si l'on ne convient pas de la suspension des décrets de ce concile. Je suppose donc le fait tel qu'on le dit, et je n'en suis que plus surpris de voir qu'on n'ait rien exigé de semblable des mêmes Grecs, quand on les admit à Ferrare et à Florence comme membres d'un même concile avec

[1] Num. 44.

(a) Voyez la lettre de M. de Meaux sur l'autorité du concile de Trente, seconde partie de ce recueil, lettre XL, où il résout cette difficulté proposée par Leibniz dans sa réponse à M. Pirot. (*Note de Leroi.*)

les Latins. Cette dernière circonstance est très-importante pour notre question, et mérite d'autant plus d'être bien pesée, qu'il paroît que les Latins, qui se proposoient de tenir un nouveau concile, consentirent à suspendre celui de Lyon par rapport aux Grecs ; ce qui prouve qu'il n'est pas contre les maximes des catholiques de suspendre un concile en tout ou en partie. Cela soit dit en passant (*a*).

« L'affaire de la réunion, direz-vous, est donc sans ressource? » M. de Meaux se propose cette difficulté [1], à laquelle il fait une réponse bonne, modérée et digne d'un prélat chrétien. Elle consiste à dire qu'il faut en venir à la méthode de l'*Exposition*, et examiner si l'on ne peut pas concilier les points qui nous divisent, par des éclaircissemens et par des déclarations. Il trouve que l'affaire est déjà si fort avancée, qu'il s'engage à dresser une déclaration de doctrine sur un très-grand nombre des principaux points, composée de mes propres paroles. « Qu'on prenne, ajoute-t-il, le concile de Trente d'une part, et de l'autre la *Confession d'Augsbourg* et les autres livres symboliques des luthériens, qui sont les garans de la doctrine des deux partis, etc. » Cela est très-bon pour acheminer la paix ; mais je ne crois pas que l'illustre prélat, lui-même, prétende que cette méthode satisfasse à tout, qu'on puisse l'appliquer à tous les articles de nos controverses; de sorte qu'il ne soit point nécessaire de rien accorder aux protestans, et qu'il ne faille pas, que ni les protestans ni les catholiques révoquent aucun point de leur doctrine.

La troisième partie de l'ouvrage de M. de Meaux [2] est employée à faire un essai de la méthode de l'*Exposition*. Ce prélat, en interprétant favorablement le concile de Trente et nos livres symboliques, a trouvé ce que le savant Bacon de Vérulam, chancelier d'Angleterre, disoit dans son livre *de Augmentis Scientiarum*, qu'on n'avoit point encore trouvé de son temps. On ne peut trop remercier cet illustre évêque de sa charité, qui le porte à rendre

---

[1] Num. 62, 63. — [2] Num. 64 et seq.

(*a*) Toutes ces difficultés s'évanouissent, parce qu'elles ne sont bâties sur rien, dès qu'on fait attention que M. de Meaux consentoit à ne pas faire plus d'usage des décrets de Trente contre les protestans, que saint Augustin n'en faisoit de ceux de Nicée contre les ariens. (*Edit. de Leroi.*)

dans cette occasion un service signalé à l'Eglise de Jésus-Christ, déchirée par le schisme. Je pourrois finir ici mes observations, s'il ne se trouvoit quelques endroits de mon écrit, dans lesquels, faute apparemment de m'être bien exprimé, M. de Meaux ne paroît pas avoir saisi ma pensée. Cela étant fait en peu de mots, il ne me reste plus qu'à parler du concile de Trente, et à considérer le fruit qu'on peut tirer de nos travaux, puisque par la méthode de l'*Exposition* il se trouve que beaucoup d'articles, qui jusqu'à présent ont fait l'objet des disputes de part et d'autre, sont heureusement conciliés, ou le peuvent être aisément, au moins entre M. de Meaux et moi.

Ce que l'illustre prélat dit sur le concile de Trente[1], est moins contre moi que contre M. de Leibniz. Comme je ne doute point que M. de Leibniz n'y réponde, je me contente de faire quelques observations historiques, dans la seule vue de prouver que les protestans ne sont point injustes, lorsqu'ils demandent la suspension du concile de Trente.

Je me borne donc à ce seul argument, pour répondre à ce que le prélat dit contre M. de Leibniz, à la fin de son écrit. Les protestans modérés n'exigent rien d'injuste et de déraisonnable, en demandant qu'on mette à l'écart un concile qui n'a pas été reçu, même quant à la doctrine, par l'autorité publique dans toutes les églises soumises au Pontife romain, et dans lequel les protestans n'ont pas été pleinement et suffisamment entendus : or ces deux choses sont vraies du concile de Trente : donc, etc.

La majeure de ce syllogisme est évidente. Car pour ne rien dire du premier grief, le second suffit pour autoriser, non-seulement à suspendre les anathématismes d'un concile, mais même à le rejeter tout à fait, puisqu'une sentence prononcée contre un accusé, qui demande d'être entendu et qu'on refuse d'entendre pleinement et suffisamment, est manifestement nulle. Je parle dans ma majeure de l'autorité publique, parce que autre chose est qu'un concile et ses décrets soient reçus par les évêques et par le reste du clergé, autre chose qu'ils le soient par l'autorité publique ; je veux dire dans les royaumes par des décrets émanés du prince,

[1] Num. 101 et seq.

et dans les archevêchés et évêchés par les synodes provinciaux ou au moins diocésains.

La preuve de la première partie de la mineure se tire de ce que le concile de Trente n'est pas encore universellement reçu en Allemagne, au moins dans la province de Mayence, dont les suffragans sont les évêques de Strasbourg, de Wirtzbourg, de Wormes, de Spire, d'Augsbourg, d'Eichstet, de Constance, de Hildesheim, de Paderborn, de Coire, etc. C'est un fait que j'apprends de M. de Leibniz, qui le tient du prince Jean-Philippe, électeur et archevêque de Mayence, dont il a été conseiller dans sa jeunesse. On croit même que c'est pour cela que le nonce du Pape, en Allemagne, ne fait jamais sa résidence dans l'électorat de Mayence, qui est sans difficulté le premier de l'Empire, mais dans celui de Cologne. Les archevêques électeurs de Cologne ont presque toujours été tirés, dès avant le concile de Trente et depuis jusqu'à présent, de la famille électorale de Bavière : or, comme le concile a été reçu solennellement en Bavière, j'en conclus, ou j'en conjecture au moins, qu'il a été publié à Cologne par l'autorité publique. Observez encore que quand les archevêques de Mayence veulent tenir des conciles provinciaux, ce que la Cour de Rome n'accorde jamais qu'avec peine, ils prennent pour prétexte de travailler dans ce concile à faire recevoir celui de Trente dans toute la province par l'autorité publique. C'est ce que j'ai cru devoir faire remarquer en passant (*a*).

Le cardinal Pallavicin, qui fait une liste exacte de tous les princes qui ont reçu solennellement le concile de Trente [1] et qui l'ont fait publier dans leurs Etats, n'a osé nommer que Philippe II, roi d'Espagne, les Vénitiens, les pays héréditaires de la maison d'Autriche et la Pologne. Il promet, il est vrai, de parler au long de la réception du concile en Allemagne; mais en effet, ou il n'en dit rien, sinon qu'il est reçu dans les pays héréditaires de l'Empereur; ou s'il entend par les autres provinces catholiques, l'archevêché de Mayence, il avance un fait contraire à la vérité.

---

[1] *Hist. Conc. Trid.*, lib. XXIV, cap. xi, xii; *Ibid.*, cap. xii, n. 4; *Ibid.*, n. 11.

(*a*) L'auteur ne prouve rien, puisqu'il ne prouve pas, comme il l'avoit promis, que le concile de Trente n'est pas reçu *quant à la doctrine*. (*Edit. de Leroi.*)

C'est pour cela qu'en Allemagne on n'a point d'égard à la décision mise prudemment à l'écart, dans le concile de Florence, et faite à Trente avec hardiesse, sans avoir entendu les Grecs, par laquelle il est défendu de se remarier du vivant d'une femme dont on s'est séparé pour cause d'adultère. On se remarie, dis-je, en Allemagne malgré ce décret; et l'Eglise romaine tolère ceux qui le font, et même les admet à la confession et à la communion. M. Ballincourt, gentilhomme d'Alsace et lieutenant-colonel dans l'armée de notre électeur, est bon catholique romain; cependant ayant obtenu en Alsace une sentence qui le séparoit de corps et de biens de sa femme convaincue d'adultère, il se remaria à Hanovre, il y a six ou sept ans; et depuis, cette seconde femme étant morte, il en épousa une troisième du vivant de la première. Je lui demandai comment on pouvoit l'admettre dans son Eglise à la participation des sacremens malgré l'infraction d'une loi si authentique, et il me répondit que son confesseur, approbateur des anathématismes de Trente, blâmoit sa conduite; mais pourtant qu'il la toléroit, parce que le concile n'étoit pas universellement reçu en Allemagne (a).

(a) Leibniz, dans sa Dissertation contre le discours de M. Pirot, n. 17, propose la même difficulté qui, comme on va voir, porte à faux. Elle suppose que le concile a condamné sous peine d'anathème le sentiment des Grecs sur le divorce pour cause d'adultère, ce qui n'est pas, l'anathème ne tombant, ni sur les Grecs, ni sur ceux qui penseroient comme eux, mais uniquement sur les luthériens, et sur ceux qui, à leur exemple, « auroient la témérité d'accuser l'Eglise d'erreur, lorsqu'elle enseigne, conformément à la doctrine de l'Evangile et des apôtres, que le mariage ne peut être dissous par l'adultère de l'un des deux époux. » (*Conc. Trid.*, sess. XXIV, can. 7). Les termes du canon sont exprès, et l'intention du concile est certaine. On peut voir dans Pallavicin et dans Fra-Paolo (Pallav., l. XXII, cap. IV, n. 17; Fra-Paol., lib. VIII), les raisons qui déterminèrent les Pères de Trente à dresser le canon dans la forme où il est, très-différente de celle, dans laquelle il avoit d'abord été proposé; et le P. le Courrayer lui-même ne peut s'empêcher de reconnoître que « le concile ne fait que justifier la pratique romaine, sans condamner celle qui lui est opposée. » (Note 66 sur le liv. VIII de Fra-Paolo, tom. II, p. 685.)

On n'a donc pas décidé hardiment à Trente ce qu'on avoit eu la prudence de laisser indécis à Florence, comme M. Molanus le reproche. On a tenu dans les deux conciles une conduite uniforme. A Florence, les Latins reprochèrent aux Grecs que leur pratique étoit contraire à cette parole de Jésus-Christ : « Que l'homme ne sépare pas ce que Dieu a uni » (*Matth.*, XIX, 6); ce qui n'empêcha pas Eugène IV de dire, « que par la grace de Dieu les deux Églises étoient unies dans une même foi : *Dei beneficio sumus in fide conjuncti* (Tom. XV, Conc. Labb., col. 526). A Trente, le concile déclare ce que l'Eglise enseignoit conformément à la doctrine de l'Evangile et des apôtres, et ne frappe d'a-

J'ai toujours été persuadé que le concile de Trente n'a jamais été reçu en France par un édit du roi, vérifié en parlement. « Il se trouve des personnes, dit M. de Meaux[1], qui croient que le concile de Trente n'est pas reçu en France, ce qui n'est vrai qu'en ce qui regarde la discipline et non la règle ferme et inviolable de la foi. » Pallavicin ne fait point cette distinction, lorsqu'il dit indéfiniment que le concile n'est pas reçu en France. Mais supposons

[1] Num. 101.

nathème que ceux qui taxent d'erreur le sentiment de l'Eglise : ce que les Grecs n'avoient jamais fait, et ce qui étoit le crime des luthériens.

« La décision du concile, dit le savant abbé Renaudot (*Perpét. de la Foi*, tom. V, p. 151), dans un ouvrage généralement approuvé, est très-prudente, puisqu'elle justifie la doctrine ancienne de l'Eglise, que les luthériens attaquoient témérairement, sans donner aucune atteinte directe ni indirecte à la pratique des Grecs comme l'Eglise grecque, même depuis le schisme, n'a pas condamné dans les Latins l'opinion qu'ils avoient que le lien du mariage n'étoit pas rompu pour cause d'adultère. »

Aussi M. Bossuet ne touche-t-il pas à cette question dans sa réponse à M. Molanus; quoiqu'il y propose une déclaration de foi, que les luthériens doivent donner à l'Eglise pour rentrer dans sa communion, et que dans cette déclaration il y ait un article sur le mariage. Si quelques théologiens particuliers, si M. Pirot, comme l'assure M. de Leibniz, a dit qu'après la définition du concile de Trente et auprès de ceux qui le tiennent pour œcuménique, on ne sauroit douter *sans hérésie* de l'indissolubilité du lien du mariage nonobstant l'adultère, il faut entendre ce terme d'*hérésie* d'une hérésie matérielle, qui consiste à soutenir de bonne foi un sentiment contraire à l'Ecriture et à la tradition, et non d'une hérésie formelle, dont on n'est coupable que lorsqu'on défend une doctrine condamnée par l'autorité et la concorde très-parfaite de l'Eglise universelle; autrement la censure seroit excessive. En effet on voit, même depuis le concile de Trente, des conciles particuliers user de la même tolérance envers les Grecs. Dans deux synodes de l'archevêché de Montréal en Sicile, l'un tenu en 1638 sous le cardinal de Torres, et l'autre en 1653, sous le cardinal Montalto (*Syn. Montereg.* I, an. 1638, p. 81, 2, ann. 1653, p. 45, *apud Renaud., ubi sup.*, p. 452), entre plusieurs reproches qu'on y fait aux Grecs, on n'en voit point sur le divorce ; et si dans le second on veut réprimer les abus auxquels la trop grande facilité des divorces donnoit lieu, on n'y dit rien de la cause d'adultère. Les Pères se contentent de dire qu'ils ne doivent point approuver qu'on rompe si facilement les mariages des Grecs et que, pour obvier à cet abus, ils déclarent nulles les séparations quant au lien, faites sans jugement juridique et par une autorité privée. *Tam facile dirimi inter conjuges Græcos matrimonia approbare nullo modo debemus ; ideòque hucusque factas separationes quoad vinculum extrajudicialiter et auctoritate propriâ, nullas fuisse atque irritas declaramus.*

Il est donc manifeste que le concile de Trente n'a point proposé l'indissolubilité du mariage pour cause d'adultère, comme un article de foi. Par conséquent on l'accuse injustement d'avoir profité de l'absence des Grecs pour précipiter une décision qu'on n'avoit pas voulu faire à Florence; et c'est sans fondement qu'on prétend que ses décrets sur le dogme ne sont pas reçus par toute l'Eglise, parce qu'il se trouve encore des Etats catholiques où le divorce pour cause d'adultère est toléré. (*Edit. de Leroi*).

que si l'on n'a point pensé à cette distinction en France, on s'en soit servi ailleurs, il s'ensuit qu'on peut au moins suspendre les décrets de discipline de ce concile, sans déroger en général à l'autorité des conciles. Cela étant, pourquoi ne sera-t-il pas permis aux protestans de demander qu'on suspende les anathématismes prononcés à Trente, au sujet des dogmes sur lesquels ils n'ont pas été entendus (*a*)?

Rien ne m'oblige à disputer avec un prélat aussi illustre qu'est M. de Meaux sur cette question de fait, savoir, si l'autorité publique est intervenue en France pour y faire recevoir le concile de Trente. Mais puisque jusqu'à présent il n'a paru aucun édit du roi qui prouve une acceptation authentique, et que le cardinal Pallavicin est un de ceux qui nient que le concile ait été reçu en France, M. de Meaux voudra bien me permettre de proposer comme un doute, dont je demande l'éclaircissement, ce passage tiré d'une réponse faite, sous le nom supposé de Pierre d'Ambrun, à l'*Histoire critique du Vieux Testament* du Père Simon. Je cite l'édition françoise de Roterdam, de l'an 1689, p. 9. « Quelque grande que soit son érudition (l'auteur parle du P. Simon), je crois qu'il auroit de la peine de faire voir que les décisions du concile de Trente soient généralement reçues dans toutes les églises, puisqu'on n'y sait pas même s'il y a eu un concile de Trente. Ce concile même, qu'on nous veut faire croire être la pure créance de l'Eglise, n'est point reçu en France; et ainsi on n'a aucune raison de nous le proposer comme une règle, à laquelle nous devons nous soumettre aveuglément. Je sais qu'on répond ordinairement à cela qu'il est reçu pour ce qui regarde les points de la foi, bien qu'il ne soit pas reçu dans les matières de discipline; mais cette distinction, dont tout le monde se sert, est sans aucun fondement, parce qu'il n'a pas été reçu plutôt pour la foi que pour la discipline. Si cela est, qu'on nous produise la publication de ce concile, un acte qui nous montre qu'il a été véritablement reçu et pu-

---

(*a*) C'est, dit M. Bossuet, *Réflex.*, chap. VII, n. 1, « qu'il n'en est point de la foi comme des mœurs. Il peut y avoir des lois qu'il soit impossible d'ajuster avec les mœurs et les usages de quelques nations; mais pour la foi, comme elle est de tous âges, elle est aussi de tous les lieux. » Cette réponse est tranchante, et les objections les plus spécieuses ne peuvent en affoiblir la force. (*Édit. de Leroi.*)

blié. Car selon les règles du droit, un concile ne peut faire loi, s'il n'a été publié. Il n'y a pas encore beaucoup d'années que dans une assemblée du clergé de France, on délibéra pour présenter une requête au roi, afin que ce concile fût reçu, quant à ce qui regarde la foi seulement; mais quelques délibérations que les prélats aient faites là-dessus, la Cour n'a jamais voulu écouter leur requête. Il n'y a eu que la Ligue qui le publia dans Paris et dans quelques autres églises de France, sous l'autorité du duc de Mayenne. Je demande donc au Père Simon où il prendra sa tradition. S'il dit : Dans l'Eglise, ce mot est trop général; s'il ajoute que l'Eglise a décidé dans les conciles ce qu'on devoit croire, je le prie de me marquer dans quels conciles. Nous venons de voir que le concile de Trente n'oblige en conscience, de tous les François que les seuls ligueurs qui l'ont reçu (a). »

La preuve de la seconde partie de la mineure de mon raisonnement est fondée sur ces paroles du célèbre historien de Thou, sur l'année 1551. « Les envoyés, dit-il (b), du duc de Wittenberg, Thierri Penninger et Jean Hetclin arrivèrent à Trente sur la fin du mois de septembre. Ils avoient ordre de leur prince de présenter publiquement une profession de foi qu'ils apportoient par écrit, et de dire que lorsqu'on auroit donné aux théologiens de leur pays un sauf-conduit, semblable à celui qu'avoit accordé le concile de Bâle, ils ne manqueroient pas de venir. Après cela, étant allés trouver le comte de Montfort, ambassadeur de l'Em-

---

(a) Ce raisonnement iroit à prouver que le premier concile de Nicée n'est pas reçu; car combien de chrétiens *ne savent pas même s'il y a eu un concile de Nicée!* Pour ce qui est de cette acceptation authentique qu'exige le théologien protestant, elle est nécessaire pour les lois de discipline, et non pour celles de la foi, qui ne sont pas uniquement fondées sur la décision d'un tel concile général, puisque le concile ne peut rien décider sur le dogme que ce que la tradition a appris d'âge en âge depuis les apôtres. Vouloir assujettir la foi à l'ordre judiciaire et à des formalités, c'est l'avilir. On sait indépendamment de toute publication faite dans la forme judiciaire, qu'un concile est reçu par rapport aux dogmes, lorsque toutes les églises catholiques s'accordent à le citer dans le occasions comme ayant une autorité que personne ne conteste, ni ne pe contester. Or c'est ainsi qu'on cite le concile de Trente dans toutes les égli catholiques. Sa publication par des édits et déclarations des rois n'ajoute donc qu'une formalité d'autant moins nécessaire, que les décrets de foi dépendent point des ordonnances des princes séculiers.

(b) Thuan. l. VIII, fol. 380. *Edit. Francf.* Nous copions la version de te histoire publiée en 1734.

pereur, et lui ayant communiqué leurs ordres, le comte fut d'avis qu'avant toutes choses ils vissent le légat du Pape ; mais comme ils craignirent que leur conférence avec lui ne leur fût préjudiciable, parce qu'il eût semblé par là qu'ils reconnoissoient le Pape pour leur principal juge, ils différèrent jusqu'à ce qu'ils sussent l'intention de leur maître, à qui ils écrivirent.

» Cependant la dépêche du duc de Wittenberg arriva, mais trop tard pour que ces ambassadeurs pussent présenter, selon ses ordres, sa Confession de foi dans l'assemblée que l'on tint le 25 novembre. Comme le comte de Montfort étoit absent, ils s'adressèrent au cardinal de Trente, et le conjurèrent, par ce qu'il devoit à leur patrie commune et par les liaisons d'amitié qu'il avoit avec leur prince, de leur faire accorder une audience publique. Le cardinal en parla au légat, et lui montra l'ordre qu'avoient reçu les ambassadeurs, afin qu'il ajoutât plus de foi à sa demande ; mais le légat tint ferme, et leur fit répondre par le cardinal qu'il étoit indigné de voir que ceux qui devoient recevoir avec soumission la règle de leur créance et s'y conformer, osassent présenter aucun écrit, comme s'ils vouloient donner des lois à ceux qui avoient droit de leur en imposer. Il les renvoya ainsi au cardinal de Tolède, qui les amusa avec adresse pour prolonger le temps. Guillaume de Poitiers, troisième ambassadeur impérial, en usa de même avec ceux de Strasbourg ; les uns ni les autres ne purent rien obtenir cette année. Le Pape créa dans le même temps treize cardinaux tous Italiens, pour être les soutiens de sa puissance, parce qu'il appréhendoit que les évèques et les théologiens d'Allemagne et d'Espagne ne blessassent son autorité, quand on souscriroit l'article de la réformation des mœurs. » Ainsi parle l'historien de Thou (a).

Les autres protestans d'Allemagne jugèrent par là ce qu'ils avoient à espérer d'un concile dont les Pères qui le composoient

(a) Ce fait, en le supposant tel qu'il est rapporté par de Thou, ne prouveroit rien autre chose, sinon que le légat eut peut-être tort dans une occasion particulière, ce qui ne peut retomber sur tout le concile. D'ailleurs qui ne sait les chicanes et les longueurs employées par les protestans pour lasser la patience du concile ? Après avoir promis cent et cent fois de se présenter au concile et y avoir toujours manqué, ils ont mauvaise grace de dire qu'on n'a pas voulu les entendre. (*Edit. de Leroi.*)

n'avoient aucun pouvoir, puisque tout se faisoit à Rome et rien à Trente, et que les décrets qu'on y publioit étoient moins ceux du concile que de Pie IV, comme le dirent les ambassadeurs du roi très-chrétien Charles IX, qui déclarèrent au mois de septembre 1563, dans une protestation solennelle, que le roi très-chrétien n'approuveroit pas et que l'Eglise gallicane ne recevroit pas comme décrets d'un concile œcuménique, ce qu'on publioit à Trente au gré du Pape et par sa seule volonté. En conséquence la plupart des électeurs, princes et Etats protestans de l'Empire, refusèrent de venir à un tel concile, et se concertèrent pour publier un écrit [1] qui contenoit les raisons pour lesquelles ils rejetoient le concile de Trente. Il seroit inutile de faire des extraits de cet écrit, qui est entre les mains de tout le monde.

Je pourrois ajouter ici le jugement qu'ont porté du concile de Trente des catholiques très-savans, tels qu'Edmond Richer, Claude d'Espence, André Duditius, évêque de Cinq-Eglises, Innocent Gentillet, Fra-Paolo, dont l'histoire a été traduite depuis peu en françois par Josserat (a), qui prend sa défense contre Pallavicin, et enfin César Aquilius dans son livre *des trois Historiens du concile de Trente*, que Josserat cite souvent; mais je n'aime point à me servir de ces sortes d'argumens, qu'on appelle *ad hominem*.

CONCLUSION.

Rendons graces à Dieu. J'ai commencé cet écrit pendant le Carême, dans mon abbaye de Lokkum, et je l'ai achevé dans la Semaine sainte, la veille de Pâques de l'an 1693, jour auquel, suivant le bréviaire de Cîteaux, on dit cette oraison à Vêpres :

« Seigneur, répandez sur nous votre Esprit de charité, afin qu'après nous avoir rassasiés des sacremens de la Pâque, vous nous fassiez la grace d'établir entre nous la concorde. C'est ce que nous vous demandons par votre Fils Jésus-Christ Notre-Seigneur, qui étant Dieu, vit et règne avec vous dans l'unité du même Saint-Esprit, pendant tous les siècles des siècles. Amen. »

---

[1] *Mém. présenté à l'Empereur à la diète de Francfort.*

(a) De la Mothe Josserat est le même qu'Amelot de la Houssaye.

J'ai depuis revu cet écrit à Hanovre, et j'y ai fait quelques additions et corrections au mois de juin : je l'ai mis au net au mois de juillet, et je l'ai enfin entièrement achevé le premier août M. DC. XCIII.

Bénissons Dieu, ALLELUIA.
Rendons graces à Dieu, ALLELUIA (*a*).

(*a*) Molanus accompagna cet écrit de trois Dissertations latines, qui faisoient partie du grand ouvrage qu'il avoit envoyé à Vienne, dans lequel il prétendoit avoir concilié cinquante articles de nos controverses. Nous ne croyons pas devoir grossir ce *Recueil* de ces trois Dissertations, qui sont fort longues, et d'un latin dur et obscur, et qui d'ailleurs n'ont été envoyées à M. de Meaux que comme un échantillon d'un plus grand ouvrage. Si les protestans d'Allemagne jugent à propos de publier l'ouvrage entier, nous le lirons volontiers, et nous applaudirons aux efforts faits par le savant auteur pour parvenir à la réunion. En attendant, nous nous contenterons de donner les titres des trois Dissertations trouvées dans les papiers de M. de Meaux, et d'y ajouter en peu de mots le sentiment du théologien luthérien sur les questions qu'il traite dans ces Dissertations.

PRIMA CONTROVERSIA.

De sacrificio Missæ.

Non est realis, sed duntaxat verbalis.

SECUNDA CONTROVERSIA.

De ratione formali justificationis, sive in quo consistat justificatio hominis peccatoris coràm Deo.

Postquàm una pars alteram intellexit, non ampliùs realis, sed adeò verbalis est, ut mirum videatur qui fieri potuerit, ut super tali quæstione præter omnem necessitatem inter partes tanto temporis intervallo fuerit pugnatum.

TERTIA CONTROVERSIA.

De absoluta certitudine conversionis, pœnitentiæ, absolutionis, fidei, justificationis, sanctificationis, deniquè salutis æternæ.

Partim nulla nobis et cum romanâ Ecclesiâ controversia, partim non realis, sed duntaxat verbalis. (*Edit. de Leroi.*)

SUMMA CONTROVERSIÆ

DE EUCHARISTIA

Inter quosdam religiosos et me.

AUCTORE MOLANO (a).

Licèt plurimi dicant Christum esse in hoc mysterio prout sol irradiat cubiculum, existimo tamen simile esse dissimile, Solemque justitiæ adesse non præsentiâ virtutis solùm, quæ est omnibus sacramentis et sacris communis, sed virtute præsentiæ personalis, includentis totum Christum et totum Christi; ita ut corpus Christi in cœlo, in cruce, et in arà modaliter, non substantialiter et numericè distinctum existat: in cruce modo naturali et cruento, in cœlo visibili et glorioso, in altari modo invisibili, incruento et gratioso, sed semper idem corpus.

Cum itaque Ecclesiæ Orientalis et Occidentalis Patribus agnosco realem alterationem significatam per terminos TRANSMUTATIONIS, TRANSELEMENTATIONIS, TRANSSUBSTANTIATIONIS, quos Græci exprimunt per μετουσίωσιν; undè post verba Dominica congruè prolata, significatur hoc totum virtute unionis realiter esse quod non erat, adorabilis scilicet Jesus. Verùm cùm hìc visibilia et invisibilia concurrant, in quo composito necessariò sequitur mutatio, quæritur qualis sit hæc mutatio in partibus componentibus?

Pro responso, termini *ad quem* et *à quo* considerentur. *Ad quem*, est corpus Christi, quod ut glorificatum, idcircò ingenera-

---

(a) L'éditeur qui a publié cet écrit pour la première fois dit dans une longue note, qu'il « l'a trouvé parmi les papiers de M. de Meaux, dans le portefeuille du *Projet de réunion*, etc. C'est, continue M. l'abbé Leroi, le résultat de plusieurs disputes que l'auteur avoit eues au sujet de la présence réelle avec quelques religieux. Il y a lieu de croire que ces religieux étoient les capucins de Hanovre, et surtout le célèbre P. Denis, auteur du *Via pacis*, cité si souvent avec éloge par Molanus et Leibnitz, et même par Bossuet, » etc.

bile et incorruptibile. Quâ cum variatione existat in altari, varii variè opinantur. Communiter dicitur fieri per productionem aut reproductionem. At Scotus cum Bellarmino et aliis dicunt non produci nec reproduci, sed adduci per novam unionem vel conservationem cum hoc quod sentitur et videtur. Nùm hæc sint admittenda, doctiores hisce cùm invenientur determinent. Tales enim in Ecclesiâ coryphæi cùm discrepent, propriam ignorantiam non erubescens, nec anathema metuens confiteor.

Quòd ad terminum *à quo*, panem videlicet et vinum, quanta in his detur mutatio? Respondeo, hoc esse mysterium magnum, superans hominum captum, forsitan et angelorum. Quis igitur vel quantus sum ego humi reptitans vermiculus, qui gigantæo conatu audeam imponere Pelion Ossæ? Quis sum ego homuncio in naturâ vermium et ranarum ignarus, quàmque noctivolans, et ad solem lippiens sum ego vespertilio, qui offuscato rationis lumine hanc sacrilegè attentem introspicere arcam mysteriis plenam? Atheniensi igitur, ipso Gentium non renuente Doctore, litans altari, piè adoro quod simplex ignoro; nec contra me, ut opinor, concilium militat Tridentinum. Si enim canon quem intelligo sine rigore, sumatur in rigore, contrarium, scilicet nullam dari vel posse dari transsubstantiationem, non dico. Audax enim est illud Japeti genus, quod Omnipotenti sicut et Herculi imponit terminos : *Nec plus ultrà*. Verè tamen dubito nùm hæc dissertatio : utrùm hìc detur mutatio physica, non sit quæstio magis philosophica quàm theologica. Distinctio enim inter substantiam et accidentia, materiam et formam, quantitatem et materiam quam nominant primam, vel suppositum quoddam, quod nec est quantitativum, nec sensibile, et forsitan cognoscibile tantùm instar entis rationis, alter fœtus ejusdem cerebri est, ex Aristotelis lacunis hausta, quæ multipartitos habet patronos et antagonistas. Difficultatum itaque, si non contradictionum conglomerato præviso agmine, talia disquirere ex fide non teneor; licètque concilia duo utantur termino *transsubstantiationis*, non sonus, sed sensus; non verba, sed scopus est spectandus, quem conjicio, magis esse ad adstruendam veritatem præsentiæ corporis Christi contra figurizantes, quàm ad determinationem modi, multò minùs modalitatis hujus modi; cùm simplex Christi Sponsa per decem vel duodecim sæcula, fide, sine philosophiâ ex hoc verè divino vixerit cibo, qui est cibus Domini et cibus Dominus.

Quamvis enim hoc sit mysterium super superlativè magnum, ut tamen argutè contra calvinianos argumentatur, si mysterium consistat in figurâ, instar hederæ pro vino vendibili, mysterium est nullum : ita ego similiter applico : si præsentia non tantùm credatur, sed pariter modus intelligatur, mysterium aut est nullum aut parvum. Nec sum adeò Lynceus, ut videam quæ major sit necessitas cognoscere quomodo terminus *à quo* quàm terminus *ad quem* mutatur. Unum vos confitemini vos ignorare, et ego alterum Deo cognitum et congruum cognoscere remitto. Quocircà si simus pacifici (virtus et finis sacrificii) veniam petimusque damusque vicissim. Quod ad me igitur, qui non sum de gente figuratorum, nullam faciens distinctionem, inter *Hic est Christus in coenâ*, et *Hoc est corpus meum;* dialecticis sepositistricis, ut vanam sapientibus philosophiam, campique Martii, quem licèt intelligerem non amo, sepositâ curâ, sat esse opinor, Christi gloriosum corpus, non seorsim et in sensu diviso, sed conjunctim et in sensu composito, unâ cum gloriosâ animâ et adorandâ divinitate, in hoc stupendo mysterio summâ cum humilitate, timore et tremore agnoscere, ut Deum factum refugium meum.

Hæc pauca consideranda significo, quò faciliùs Ecclesiæ decisivo submittam sigillo, contra quam nemo sobrius.

RÉSULTAT D'UNE CONTROVERSE

TOUCHANT L'EUCHARISTIE

Agitée entre quelques Religieux et moi.

PAR MOLANUS.

Quoique plusieurs théologiens, pour expliquer la présence de Jésus-Christ dans l'Eucharistie, disent qu'il y est de la même manière que le soleil est dans un lieu qu'il éclaire, je suis convaincu que la comparaison, juste en quelque chose, ne l'est pas en tout point. En effet le Soleil de justice n'est pas seulement présent dans l'Eucharistie par sa vertu, comme il l'est dans tous les autres sacremens et dans tout ce qui concerne le culte divin ; mais il y est en personne : de sorte que l'Eucharistie renferme Jésus-Christ tout entier, et tout ce qui constitue cet Homme-Dieu. Je m'explique, et je dis que le corps de Jésus-Christ est précisément et substantiellement le même sur l'autel que dans le ciel et sur la croix ; mais qu'il y est d'une manière différente. Il étoit sur la croix d'une manière naturelle et sanglante : il est dans le ciel d'une manière visible et glorieuse, au lieu qu'il est sur l'autel d'une manière invisible, non sanglante et accessible (*a*) ; mais c'est toujours le même corps.

Je reconnois donc avec les Pères des deux Eglises d'Orient et d'Occident, le changement réel opéré dans l'Eucharistie, qu'on exprime par les mots de *Transmutation*, *Transélémentation*, *Transsubstantiation*, que les Grecs rendent par celui de μετουσίωσις, ce qui signifie qu'après que les paroles du Seigneur ont été prononcées, il se trouve réellement sur l'autel, en vertu de l'union

---

(*a*) Je crois devoir traduire ainsi le mot *gratiosus*, qui peut souffrir plusieurs explications. (*Edit. de Leroi.*)

avec les espèces sensibles (a), ce qui n'y étoit pas ; je veux dire la personne adorable de Jésus-Christ. Mais comme des choses visibles et des invisibles se rencontrent ici, et que leur réunion entraîne nécessairement quelque changement, on demande quelle sorte de changement est opéré dans les parties qui composent l'Eucharistie.

Je réponds qu'il faut faire attention aux deux termes *ad quem* et *à quo*. Le terme *ad quem* est le corps de Jésus-Christ, qui maintenant glorieux, est par conséquent ingénérable et incorruptible. Les sentimens sont partagés sur la manière dont se fait le changement sur l'autel. L'opinion la plus commune est que le changement s'opère par *production* ou *reproduction*; mais Scot, Bellarmin et d'autres docteurs soutiennent que le corps de Jésus-Christ n'est ni *produit* ni *reproduit*, et l'un dit que Jésus-Christ devient présent par une nouvelle union avec des élémens sensibles et visibles ; et l'autre, qu'en se rendant présent, il conserve les accidens de ces élémens. Je laisse à ceux qui seront plus habiles que ces auteurs à décider si l'on doit admettre l'une ou l'autre de ces opinions. Mais puisque des docteurs si accrédités dans l'Eglise pensent différemment sur ce point, je ne rougirai pas d'avouer mon ignorance, et je crois qu'un tel aveu ne peut m'attirer d'anathème.

Venons au terme *à quo*, qui n'est autre que le pain et le vin. Si l'on me demande jusqu'à quel point le changement se fait en eux, je réponds que c'est un grand mystère, qui passe l'intelligence des hommes et peut-être celle des anges. Qui suis-je, moi, petit ver qui rampe sur la terre (b), pour entreprendre témérairement de pénétrer un tel abîme? Qui suis-je, encore un coup, moi dont l'esprit est si borné, que je ne puis atteindre à connoître la nature des insectes ; moi, qui semblable aux oiseaux nocturnes, ai les yeux trop foibles pour soutenir l'éclat du soleil? Qui suis-je avec ma raison ténébreuse, pour oser par un attentat sacrilège

---

(a) C'est là le fond de l'erreur luthérienne, que M. Bossuet s'applique particulièrement à réfuter dans sa Réponse à cet Ecrit. (*Edit. de Leroi.*)

(b) Je ne rends point à la lettre les expressions trop emphatiques de l'auteur ; et je me donne la même liberté dans la suite sur des expressions triviales et basses. (*Edit. de Leroi.*)

regarder curieusement dans cette arche pleine de mystères? Je dis donc comme les Athéniens, et l'Apôtre des Gentils ne s'y oppose pas, que j'adore sur l'autel un Dieu qui s'y rend présent d'une façon que j'ignore. Et quand on prendroit à la rigueur le canon du concile de Trente, que j'interprète bénignement, ce canon ne seroit point contre moi; car je ne dis rien qui lui soit opposé, dès que je ne prétends pas qu'il n'y a point ou qu'il ne peut y avoir de *transsubstantiation*. En effet il faut être d'une audace extrême pour fixer des bornes à la toute-puissance de Dieu. Mais je doute beaucoup si l'on ne doit pas ranger cette question, savoir si dans l'Eucharistie il s'opère un changement physique, au nombre de celles qui appartiennent plutôt à la philosophie qu'à la théologie. Car la distinction entre la substance et les accidens, la matière et la forme, la quantité et la matière qu'on nomme première, et qu'on suppose être un certain suppôt qui n'est, pour parler avec l'Ecole, ni quantitatif ni sensible et qui peut-être n'est connu que comme un être de raison; tout cela, dis-je, vient de la même source, c'est-à-dire de la doctrine d'Aristote, qui a ses défenseurs et ses contradicteurs. Or la foi ne m'oblige pas à entrer dans la discussion de ces difficultés, ou, pour parler plus exactement, de ces contradictions que j'aperçois en foule. Et quoique deux conciles emploient le mot *transsubstantiation*, il ne faut pas tant s'arrêter au son et au terme, qu'au sens et au but que ces conciles se sont proposés. Je crois donc qu'ils avoient plutôt en vue d'établir la vérité de la présence réelle du corps de Jésus-Christ dans l'Eucharistie contre ceux qui ne le croient présent qu'en figure (a), que de déterminer comment cela s'opère, et encore moins la manière d'être de Jésus-Christ dans ce sacrement. En effet l'Epouse de Jésus-Christ, sans le secours de la philosophie, s'est nourrie pendant dix ou douze siècles dans la simplicité de la foi de cette divine nourriture, qui tout à la fois est la nourriture que le Seigneur nous présente, et le Seigneur même qui devient notre nourriture.

J'ajoute que, quoique ce soit ici le mystère des mystères, cependant comme on dit fort bien aux calvinistes qu'il n'y a plus de mystère, s'ils le font consister à mettre dans le sacrement une

(a) Les calvinistes. (*Edit. de Leroi.*)

simple figure, semblable à ces signes arbitraires dont les hommes sont convenus, je dis de même qu'on réduit le mystère à rien, ou presque à rien, si, non content de croire la présence réelle, on prétend encore comprendre la manière dont elle se fait. Franchement je n'ai pas assez de pénétration pour voir que l'on soit plus obligé de connoître quelle sorte de changement se fait dans le terme *à quo* que dans le terme *ad quem*. Vous avouez votre ignorance sur l'une de ces choses, et moi je ne me mets point en peine de pénétrer l'autre, qui me paroît ne pouvoir être connue que de Dieu. Si donc nous aimons la paix (qui est le fruit et la fin du sacrifice de l'autel), nous n'aurons point de dispute sur ce sujet. Quant à moi, je ne suis point du nombre de ceux qui croient que Jésus-Christ n'est présent qu'en figure dans l'Eucharistie, et je ne mets aucune différence entre ces expressions : Jésus-Christ *est ici dans la Cène*, et ces autres : *Ceci est mon corps*. Mettant à l'écart les subtilités de la dialectique, que je regarde comme une fausse philosophie, je n'aime point à disputer sur ces sortes de questions, quand bien même j'en aurois une parfaite connoissance. Je pense qu'il me suffit de reconnoître avec humilité et tremblement, que dans ce redoutable mystère le corps glorieux de Jésus-Christ est présent, non-seulement dans ce qu'on appelle le *sens divisé*, mais encore dans le *sens composé*, c'est-à-dire avec sa sainte ame et sa divinité; de sorte qu'il y est pour moi *un Dieu devenu mon refuge*.

Voilà en abrégé ce que je laisse à bien examiner, et ce que je soumets à la décision de l'Eglise, contre laquelle un homme sage ne peut s'élever.

JUDICIUM

DE

SUMMA CONTROVERSIÆ DE EUCHARISTIA.

AUCTORE MELDENSI EPISCOPO.

Hæc summa de reali præsentiâ Corporis Christi verissima tradit : Θεολογικώτατα, ορθοδοξώτατα.

Rectè docet de reproductione et adductione scholasticorum sententias inter ἀδιάφορα relinquendas.

De transsubstantiatione rectum illud quod est in *Summâ* : « Agnosco realem alterationem significatam per terminos *Transmutationis, Transelementationis, Transsubstantiationis*, quam Græci dicunt μετουσίωσιν. »

De termino *ad quem* hujus alterationis seu transmutationis, nempè corpore et sanguine Christi, rectè et præclarè docet.

De termino *à quo*, nempè pane et vino, ait « esse mysterium magnum superans hominum captum, fortè et angelorum ; » quod quidem explicatione indiget. Nam res ipsa certa ex Ecclesiæ decretis; modus autem faciendi rem theologorum disputationi relictus.

Res ipsa, inquam, certa per Ecclesiæ decreta : nempè Tridentinum, sess. XIII, can. II, anathema dicit « ei qui dixerit in sacrosancto Eucharistiæ sacramento remanere substantiam panis et vini, etc; negaveritque mirabilem illam et singularem conversionem totius substantiæ panis in Corpus, et totius vini in Sanguinem, manentibus duntaxat speciebus panis et vini. » Qui canon Tridentinus respondet capiti IV ejusdem sessionis, titulo *de Transsubstantiatione*.

Quo decreto clarum est, nullam partem substantiæ panis et

vini in Sacramento remanere; cùm tota substantia panis et vini in corpus et sanguinem Christi convertatur. Manifesta ergò est Ecclesiæ sententia, de quà præclarè *Summæ* auctor ait contra eam *neminem esse sobrium.*

Congruit Tridentinum decretum cum Lateranensi sub Innocentio III, cap. ɪ *de Fide Catholicâ.*

Congruit et confessioni fidei Berengarii Turonensis, in quâ confitetur « panem et vinum substantialiter converti in propriam et veram ac vivificatricem carnem et sanguinem Jesu Christi; » quæ confessio edita est ab eodem Berengario in concilio Romano VI, cùm hæresim suam secundò ejuravit.

Quare si quis aliquam partem substantiæ panis aut vini remanere dixerit, sive ea materia sit, sive forma, apertissimis verbis ab Ecclesiâ condemnatur.

Sanè « quæ distinctio sit inter substantiam et accidentia, materiam et formam, quantitatem et materiam quam vocant primam, » meritò *Summæ* auctor refert inter quæstiones *philosophicas magis quàm theologicas.*

Interim certum illud, substantiæ panis et vini partem remanere nullam, quocumque nomine appelletur; alioqui falsum esset decretum Ecclesiæ de totâ substantiâ immutatâ, speciebus tantùm remanentibus.

Quo etiam constat mutationem illam verè esse physicam, hoc est realem et veram, non moralem aut impropriè dictam; cùm sit rei ipsius in aliam rem vera conversio.

Quin etiam auctor pius et eruditus confitetur « realem alterationem significatam per terminos *transmutationis, transelementationis,* etc. » Realis autem alteratio procul dubio est physica mutatio. Certum ergò ex ipso auctore est intervenire in pane et vino mutationem physicam, quæ non sit simplex alteratio ad qualitatem aut accidens spectans, sed vera ac realis in ipsâ substantiâ mutatio aut conversio.

Neque hoc ad modum pertinet, sed ad rem ipsam; cùm Ecclesia clarè definiverit rem ipsam, sive substantiam panis et vini, converti, transmutari, transsubstantiari.

Ad modum quidem pertinet, an transsubstantiatio sit annihilatio, quod negat sanctus Thomas. Item ad modum pertinet, cujus naturæ sint illæ species quæ remanent, aliaque ejusmodi; sed fieri mutationem substantiæ in substantiam, est ipsa res quæ fit, non rei conficiendi modus.

Congruunt Ecclesiæ decretis antiqua illa dicta Patrum Orientalium æquè ac Occidentalium : « Qui apparet panis, non est panis, sed corpus Christi : quod apparet vinum non esse vinum, sed sanguinem Christi : tam verè mutari panem in corpus, et vinum in sanguinem, quàm verè mutata est à Christo aqua in vinum : adesse Spiritum sanctum, velut ignem invisibilem, quo panis et vinum depascantur, consumantur, ut olim victimæ cœlestis ignis descendit, » et cætera ejusmodi, quæ veram, physicam et substantialem indicant conversionem. Quæ omnia eo nituntur, quod Christus non dixerit : *Illic,* sive in re tali *est corpus meum;* quæ locutio conjunctionem panis cum corpore efficeret; sed *Hoc est corpus meum,* quo Patres omnes, atque Ecclesia semper intellexerit id fieri, ut corpus Christi jam esset illa substantia, quæ anteà panis erat, conversione verâ, non conjunctione.

Hæc est procul dubio vera et catholica fides, quam *Summæ* auctor sequendam tam piè profitetur.

Cæterùm, si quid adhuc obscurum est, exponere non gravabimur.

JUGEMENT

SUR LE

RÉSULTAT D'UNE CONTROVERSE TOUCHANT L'EUCHARISTIE,

PAR L'ÉVÊQUE DE MEAUX.

Ce petit ouvrage ne contient rien que de très-véritable sur la présence réelle du corps de Jésus-Christ dans l'Eucharistie. Il est tout à la fois et très-théologique et très-orthodoxe.

L'auteur a raison de mettre au nombre des opinions indifférentes les sentimens opposés des scolastiques de la reproduction ou de l'abduction.

Il ne dit rien qui ne soit exact sur la transsubstantiation par ces paroles : « Je reconnois un changement réel opéré dans l'Eucharistie, qu'on exprime par les mots de *transmutation, transélémentation, transsubstantiation,* que les Grecs rendent par celui de μετουσίωσις. »

Il n'avance rien non plus que d'exact et de bon sur le terme *ad quem* du changement ou de la transmutation, lequel terme est le corps et le sang de Jésus-Christ.

Sur le terme *à quo,* qui est le pain et le vin, il dit que « c'est un grand mystère, qui passe l'intelligence des hommes et peut-être celle des anges ; » ce qui a besoin de quelque explication. Car il faut dire que par les décrets de l'Eglise, la chose même est certaine, quoique la manière dont elle se fait soit abandonnée aux disputes des théologiens.

Je dis que par les décrets de l'Eglise, la chose même est certaine. Voici le décret du concile de Trente, session XIII, canon II : « Si quelqu'un dit que la substance du pain et du vin reste dans le très-saint sacrement de l'Eucharistie ;… et nie l'admirable et singulier changement de toute la substance du pain au corps, et de toute la substance du vin au sang, de sorte qu'il ne reste du pain et du vin que les seules apparences :… qu'il soit anathème. » Ce canon du concile de Trente répond au chapitre IV de la même session, qui porte pour titre : *De la transsubstantiation.*

Suivant ce canon, il est clair qu'il ne reste rien dans l'Eucharistie de la substance du pain et du vin, puisque toute la substance du pain et du vin est changée au corps et au sang de Jésus-Christ. On voit donc évidemment quel est le sentiment de l'Eglise, *contre laquelle,* dit fort bien l'auteur, *un homme sage ne peut s'élever.*

Le décret du concile de Trente est conforme à celui du concile de Latran tenu sous Innocent III, chapitre I, *De la foi catholique.*

Il est pareillement conforme à la profession de foi de Bérenger de Tours, dans laquelle il confesse « que le pain et le vin deviennent par un changement de substance, la vraie et propre chair et le propre sang de Jésus-Christ. » Bérenger fit cette profession de foi dans le sixième concile de Rome, lorsqu'il y abjura pour la seconde fois son hérésie.

L'Eglise condamne donc expressément ceux qui diroient qu'il reste dans l'Eucharistie quelque chose de la substance du pain ou du vin, soit qu'ils nommassent cette substance *matière*, ou seulement *forme*.

Certainement l'auteur a raison de prétendre que les questions qu'on forme pour distinguer « la substance et les accidens, la matière et la forme, la quantité et la matière qu'on nomme première, appartiennent plutôt à la philosophie qu'à la théologie. » Mais il n'en est pas moins certain, de quelque terme qu'on se serve pour exprimer la substance du pain et du vin, qu'il n'en reste pas la moindre partie : autrement l'Eglise auroit fait une fausse décision, en disant que toute la substance est changée et qu'il ne reste que les apparences.

En conséquence je dis qu'il est certain que le changement est vraiment physique, je veux dire réel et véritable, et non pas seulement moral et en prenant le terme de *changement* dans un sens impropre, puisque c'est un vrai changement d'une chose en une autre.

Le pieux et savant auteur avoue « qu'il se fait un changement réel, qu'on exprime par les mots de *transmutation*, etc. » Or un changement réel est sans doute un changement physique. Il est donc certain par l'auteur même, qu'il se fait dans le pain et dans le vin un changement physique, non une sorte de changement qui n'affecte que la qualité et les accidens, mais un changement réel et effectif, en vertu duquel une substance devient une autre substance.

Il s'agit ici de la chose même, et non simplement de la manière dont elle se fait, puisque l'Eglise a clairement décidé la chose même, en exprimant le changement du pain et du vin par les mots de *transmutation, transélémentation, transsubstantiation*.

J'avoue qu'il s'agit de la manière dans cette question, savoir si par la transsubstantiation la matière du pain et du vin est réduite au néant, ce que saint Thomas nie, et dans cette autre : de quelle nature sont les espèces qui restent? et dans quelques autres questions semblables ; mais quand on parle du changement d'une substance en une autre substance, il s'agit de la chose même, et non de la manière dont elle se fait.

Les décrets de l'Eglise sur ce point sont conformes à ces expressions employées également par les anciens Pères de l'Orient et de l'Occident : « Ce qui paroît pain n'est pas pain, mais le corps de Jésus-Christ : ce qui paroît vin, n'est pas vin, mais le sang de Jésus-Christ : le pain est changé au corps, et le vin au sang, aussi véritablement que dans les noces de Cana l'eau fut changée en vin par Jésus-Christ : le Saint-Esprit est présent ; et par sa vertu comme par un feu invisible, le pain et le vin sont dévorés, sont consumés, de la même manière que la victime d'Elie, sur laquelle le feu du ciel descendit. » Ces expressions et d'autres semblables marquent un changement véritable, physique et substantiel. Et toute cette doctrine est fondée sur ce que Jésus-Christ n'a pas dit : *Ici*, ou : dans une telle chose *est mon corps*; ce qui auroit exprimé que le corps étoit joint au pain ; mais : *Ceci est mon corps;* par où l'Eglise et tous les Pères ont toujours entendu que la substance, qui auparavant étoit pain, devenoit le corps de Jésus-Christ : ce qui ne se peut opérer que par un changement réel, et non par l'union des deux substances.

Telle est certainement la foi catholique, que le pieux auteur fait profession de vouloir suivre.

Au reste, si l'on trouve encore quelques difficultés dans ce que je viens de dire, je les éclaircirai volontiers.

EXECUTORIA

Dominorum Legatorum, super compactatis data Bohemis, et expedita in formâ quæ sequitur, anno 1636 (a).

In nomine Domini nostri Jesu Christi, qui est amator pacis et veritatis, et pro unitate christiani populi preces porrexit ad Patrem. Nos Philibertus, Dei et apostolicæ Sedis gratiâ, episcopus Constantiensis, provincæ Rhotomagensis; Joannes de Polomar, archidiaconus Barchinonensis, apostolici Palatii causarum auditor, Decretorum doctor; Martinus Bernerius, decanus Turonensis; Tilmanus, propositus Sancti Forini de Confluentiâ, Decretorum doctor; Ægidius Carlerii, decanus Cameracensis; et Thomas Haselbach, sacræ theologiæ professor Viennensis, sacri generalis concilii Basiliensis ad regnum Bohemiæ et marchionatum Moraviæ, legati destinati, auctoritate sacri concilii, recipimus et acceptamus unitatem et pacem, per dictos regnum Bohemiæ et marchionatum Moraviæ acceptas, factas et firmatas, secundùm quod utrique parti constat, per litteras indè confectas, cum universo populo christiano. Tollimus omnes sententias censuræ, et plenariam abolitionem facimus. Item auctoritate Dei omnipotentis et beatorum apostolorum Petri et Pauli, et dicti sacri generalis concilii, pronuntiamus veram, perpetuam, firmam, bonam et christianam pacem dictorum regni et marchionatûs, cum reliquo universo populo christiano; mandantes auctoritate prædictâ universis christiani orbis principibus, et aliis Christi fidelibus universis, cujuscumque statûs, gradûs et præeminentiæ aut dignitatis existant, quatenùs dictis regno et marchionatui bonam,

---

(a) Nous donnons cette pièce telle qu'elle fut envoyée d'Allemagne par Leibniz, après l'avoir collationnée dans Goldast, *de Offic., Elect. Bohem.*; Francof., 1627. p. 173. (*Edit. de Leroi.*)

firmam et christianam pacem observent. Neque pro causis dissensionum, pro difficultatibus aliquibus circa materias fidei et quatuor articulorum dudùm exortas et agitatas (cùm jam sint per dicta capitula complanatæ), aut pro eo quod communicarunt, communicant, et communicabunt sub utrâque specie, juxta formam dictorum capitulorum, eos invadere, offendere, infamare, aut injuriari præsumant. Sed ipsos Bohemos et Moravos tanquàm fratres, bonos et catholicos Ecclesiæ orthodoxæ filios, reverentes et obedientes eidem habeant, et firmâ dilectione contractent : hoc declarato expressè, quòd si aliquis contrà faceret, non intelligatur pax ipsa violata, sed debeat fieri de illo emenda condigna.

Cùmque (prout in dictis capitulis continetur) circa materiam communionis sub utrâque specie, sit hoc modo concordatum, quòd dictis Bohemis et Moravis, suscipientibus ecclesiasticam unitatem et pacem, realiter et cum effectu, et in omnibus aliis quàm in usu communionis utriusque speciei, fidei et ritui universalis Ecclesiæ conformibus : « Illi et illæ, qui talem usum habent, » communicabunt sub utrâque specie, « cum auctoritate Domini nostri Jesu Christi et Ecclesiæ veræ sponsæ ejus. Et articulus ille in sacro concilio discutietur ad plenum quoad materiam de præcepto ; et videbitur, quid circa illum articulum pro veritate catholicâ sit tenendum et agendum, pro utilitate et salute populi christiani. »

Et omnibus maturè et digestè pertractatis, nihilominùs si in desiderio habendi dictam communionem sub duplici specie perseveraverint, hoc eorum ambasiatoribus indicantibus, sacrum concilium sacerdotibus dictorum regni et marchionatùs, communicandi sub utrâque specie populum, eas videlicet personas, quæ in annis discretionis reverenter et devotè postulaverint, facultatem pro eorum utilitate et salute, *in Domino largietur.* Hoc semper observato, quòd sacerdotes sic communicantibus semper dicant, « quod ipsi debent firmiter credere, quod non sub specie panis caro tantùm, nec sub specie vini sanguis tantùm ; sed sub quâlibet specie est integer et totus Christus. »

Et juxta dictorum compactatorum formam, dictis Bohemis et Moravis suscipientibus ecclesiasticam unitatem et pacem, realiter et cum effectu, et in omnibus aliis, quàm in usu communionis utriusque speciei, fidei et ritui universalis Ecclesiæ conformibus; illi et illæ qui talem usum habent, valeant communicare sub duplici specie, cum auctoritate Domini nostri Jesu Christi et Ecclesiæ, veræ Sponsæ ejus. Hoc expressè declarato, quòd per verbum *fidei*, suprà et infrà positum, intelligunt et intelligi volunt veritatem primam et omnes alias credendas veritates, secundùm quod manifestantur in Scripturis sacris et doctrinâ Ecclesiæ sanè intellectis. Item, cum dicitur *de ritibus universalis Ecclesiæ*, intelligunt et intelligi volunt, non de ritibus specialibus, de quibus in diversis provinciis diversa servantur; sed de ritibus, qui communiter et generaliter circa divina servantur. Et quòd postquàm in nomine regni et marchionatùs in universitate hoc suscipietur, si aliqui in divinis celebrandis non statim suscipiant ritus, qui generaliter observantur, proptereà non fiat impedimentum pacis nec unitatis.

Idcircò reverendis in Christo Patribus, archiepiscopo Pragensi, et Olomucensi et Luthomislensi episcopis, qui sunt vel qui pro tempore erunt, universis et singulis ecclesiarum prælatis curam habentibus animarum, in virtute sanctæ obedientiæ districtè præcipiendo mandamus, quatenùs illis personis, *quæ usum habent communicandi sub duplici specie,* juxta formam in *dicto capitulo* contentam, sacrum Eucharistiæ sacramentum *sub duplici specie*, requisiti, prout ad unumquemque pertinet aut pertinebit, in futurum ministrent, et pro necessitate plebis, ut non negligatur, faciant ministrari, et his nullatenùs resistere aut contrà ire præsumant.

Scholares quoque, qui communicaverunt, et deinceps juxta dictorum capitulorum formam communicare volent, et etiam cùm promoti fuerint, et ad eos ex officio pertinebit aliis ministrare sub duplici specie, proptereà à promotione ad sacros ordines non prohibeant; sed si aliud canonicum non obsistat, eos ritè promoveant eorum episcopi. Quòd si quisquam contra hoc facere præsumpserit, per ejus superiorem debitè puniatur; ut, pœnâ docente, cognoscat quàm grave sit auctoritatem *sacri concilii generalis habere contemptam*. Universis quoque et singulis cu-

juscumque statùs, præeminentiæ aut conditionis existant, præsentium tenore districtè præcipiendo mandamus, quatenùs dictis
Bohemis et Moravis servantibus ecclesiasticam unitatem, et uten-
tibus communione sub duplici specie, modo et formâ prædictis,
nemo audeat improperare, aut eorum famæ vel honori detra-
here.

Item, quòd ambasiatores dicti regni et marchionatùs, ad sacrum concilium, Deo propitio, feliciter dirigendi, et omnes qui de
eodem regno vel marchionatu dictum sacrum concilium adire
voluerint, securè poterunt ordinato et honesto modo proponere
quidquid difficultatis occurrat circa materias fidei, sacramentorum, vel rituum Ecclesiæ, vel etiam pro reformatione Ecclesiæ in
capite et in membris; et, *Spiritu sancto dirigente,* fiet secundùm
quod justè et rationabiliter ad Dei gloriam et ecclesiastici statùs
debitam honestatem fuerit faciendum.

Item, recognoscimus in gestis apud Pragam in schedulâ, quæ
incipit : *Hæc sunt responsa : Actum per Reverendum in Christo
Patrem dominum Philibertum,* etc. : *Hanc responsionem scriptam,* etc. : *Primò dixerunt* (a), etc., quòd non est intentionis
sacri concilii permittere communionem sub duplici specie, permissione tolerantiæ, vel sicut Judæis permissus fuit libellus re-
pudii. Quia cùm sacrum concilium viscera maternæ pietatis ex-
hibere dictis Bohemis et Moravis intendat, non est intentionis
concilii permittere tali permissione, quæ peccatum non excludat;
sed taliter elargitur quòd *auctoritate Domini nostri Jesu Christi
et Ecclesiæ veræ Sponsæ suæ sit licita,* et dignè sumentibus utilis
et salutaris.

Quoniam ita concordati sumus cum gubernatore, baronibus et
aliis, quòd per illas formas in hâc et in aliâ litterâ conceptas et
scriptas, dicta compactata ad executionem deducantur, et in illis

---

(a) On cite ici plusieurs pièces qui ne se trouvent pas dans la collection du
P. Labbe. Il seroit à souhaiter qu'on recueillît en Allemagne et ailleurs les pièces
sur le concile de Bâle, échappées aux recherches de ce savant jésuite, et qu'on
les fît imprimer par forme de supplément à sa collection. (*Edit. de Leroi.*)
Mansi en a recueilli plusieurs dans le quatrième volume de son *Supplément à
l'édition des Conciles,* donnée à Venise par Coleti, qui avoit déjà réuni celles que
dom Martène avoit publiées dans son *Amplissima Collectio,* et dans son *Thesaurus Anecdotorum.* (*Edit de Déforis.*)

formis ambæ partes resedimus. Item, in litteris ab utrâque parte ad invicem apponantur in testimonium, ad partium petitionem, sigilla serenissimi domini Imperatoris, et illustrissimi domini Ducis Austriæ Alberti. Ambasiatoribus regni Bohemiæ ad sacrum concilium destinandis, dabimus salvum conductum eo modo, quo dedimus dominis Matthiæ, Procopio et Martino. Dabimus bullam sacri concilii, in quâ inserentur compactata et confirmabuntur. Item, aliam bullam in quâ inseretur littera pro executione compactatorum, per nos facta cum ratificatione. Quandò datæ fuerint nobis litteræ regni, et facta fuerit obedientia, nos dabimus litteram, per quam promittemus quòd, quàm citò commodè poterimus, procurabimus habere à sacro concilio dictas duas bullas : et hæc littera erit munita sigillis regni, et serenissimi domini Imperatoris et illustrissimi domini Ducis in testimonium. Simili modo petimus salvum conductum, si nos vel aliqui ex nobis velint transire ad regnum. In quorum fidem et testimonium, nos Philibertus, episcopus Constantiensis præfatus ; Joannes de Polomar, auditor; et Tilmanus, præpositus sancti Florini, vice et nomine omnium aliorum collegarum nostrorum, in absentiâ suorum sigillorum, præsentes has litteras dedimus, sigillorum nostrorum munimine roboratas (a).

SENTENCE EXÉCUTOIRE

Rendue par les légats du concile de Bâle, au sujet du traité conclu avec les Bohémiens, et expédiée dans la forme qui suit, l'an 1636.

Au nom de Notre-Seigneur Jésus-Christ, qui chérit la paix, et qui a offert ses prières à son Père pour l'union du peuple chrétien.

(a) *In alio autem codice sic habetur :* in quorum omnium et singulorum fidem et testimonium, has nostras litteras sigillis nostris fecimus communiri. Et ad majorem evidentiam, robur et firmitatem sigilla serenissimi domini Sigismundi, Romanorum Imperatoris, et illustrissimi Principis domini Alberti, ducis Austriæ

Nous Philibert par la grace de Dieu et du Saint Siége apostolique, évêque de Coutances, de la province de Rouen; Jean de Polomar (*a*), archidiacre de Barcelone, auditeur de la chambre apostolique, docteur en droit canon; Martin Bernerius, doyen de Tours; Tilman, prévôt de Saint-Florin de Coblentz, docteur en droit canon; Gilles Charlier, doyen de Cambray; et Thomas Haselbach, professeur en théologie à Vienne, légats du saint concile général de Bâle, dans le royaume de Bohême et le marquisat de Moravie, acceptons et recevons, par l'autorité du saint concile, les articles d'union et de paix avec tout le peuple chrétien, tels qu'ils ont été dressés, acceptés et confirmés dans lesdits royaume et marquisat de Bohême et de Moravie, ainsi qu'il est constaté par les lettres écrites de part et d'autre. Nous abrogeons toutes les censures prononcées, et les abolissons pleinement; déclarant par l'autorité de Dieu tout-puissant, des bienheureux apôtres saint Pierre et saint Paul et du sacré concile, que lesdits royaume et marquisat jouiront désormais d'une paix véritable, perpétuelle, ferme, constante et chrétienne, avec les autres peuples chrétiens. Ordonnons par l'autorité ci-dessus, à tous les princes du monde chrétien et à tous autres fidèles de quelque état, condition et dignité qu'ils soient, de garder inviolablement et de bonne foi la paix chrétienne avec lesdits royaume et marquisat, et de ne les point attaquer, offenser, diffamer ou injurier sous prétexte des disputes ci-devant agitées au sujet de quelques difficultés sur des matières de foi et sur les quatre articles (lesquelles difficultés sont maintenant aplanies par la convention ci-devant stipulée), non plus que sous prétexte que les Bohémiens et les Moraviens ont communié par le passé, et continueront dans la suite conformément à ladite convention à communier sous les deux espèces. Voulons qu'on traite avec affection et fraternellement les Bohémiens et les Moraviens, et qu'on les regarde comme bons catholiques, et comme des enfans pleins de respect et d'obéissance pour

---

et marchionis Moraviæ, ad instantes preces nostras sunt præsentibus appensa. Datum Iglaviæ Olomucensis diœcesis, die quintâ mensis julii, anno Domini 1436.

(*a*) Les noms paroissent estropiés, ou dans Goldast ou dans l'appendice au concile de Bâle du P. Labbe. Au lieu de *Polomar*, le P. Labbe lit *Polemar*, et ensuite *Berruier*, au lieu de *Bernerius*. (*Edit. de Leroi.*)

l'Eglise leur Mère. Déclarons expressément que si quelqu'un enfreint cette ordonnance, il sera puni comme sa faute le mérite, et l'on ne regardera pas cette infraction de quelques particuliers comme une rupture de la paix.

Au sujet de la communion sous les deux espèces, nous, ainsi qu'il est stipulé dans les articles, par l'autorité de Jésus-Christ Notre-Seigneur et de l'Eglise sa véritable Epouse, accordons aux Bohémiens et aux Moraviens de l'un et de l'autre sexe (lesquels prouvent par des effets qu'ils embrassent sincèrement la réunion et la paix avec l'Eglise, dont ils suivent la foi et les rits, excepté dans la manière de communier), la permission de communier sous les deux espèces conformément à leur usage; réservant au saint concile la discussion finale de ce qui est de précepte à cet égard, lequel concile décidera ce que la vérité catholique oblige de croire, et ce qu'on doit observer pour l'utilité et le salut du peuple chrétien.

Après que toutes choses auront été mûrement et solidement discutées, si les peuples desdits royaume et marquisat persistent à désirer de communier sous les deux espèces, le saint concile ayant égard à ce que diront leurs ambassadeurs, permettra dans le Seigneur aux prêtres de donner la communion sous les deux espèces, pour l'utilité et le salut de ces peuples, à ceux qui la demanderont avec respect et dévotion. Cependant les prêtres auront grand soin de dire à ceux auxquels ils donneront ainsi la communion, qu'ils doivent croire d'une foi ferme, que la chair n'est pas seule sous l'espèce du pain, ni le sang seul sous l'espèce du vin; mais que Jésus-Christ est tout entier sous chaque espèce.

Nous ordonnons, par l'autorité de Jésus-Christ Notre-Seigneur et de l'Eglise sa véritable Epouse, que, selon la teneur de la convention, les Bohémiens et les Moraviens de l'un et de l'autre sexe, lesquels prouvent par des effets qu'ils embrassent sincèrement la réunion et la paix avec l'Eglise, dont ils suivront la foi et les rits, excepté dans la manière de communier, puissent continuer à communier sous les deux espèces : déclarant expressément que par le mot *foi*, employé ci-dessus et dans la suite, on entend et l'on doit entendre la vérité première, laquelle est le fondement et la base des autres vérités manifestées dans l'Ecriture sainte, interprétée conformément à la doctrine de l'Eglise : qu'on entend aussi et qu'on doit entendre par ces mots : *Rits de l'Eglise universelle*, non les rits particuliers qui varient dans les différens lieux, mais ceux qui sont communément et généralement observés dans la célébration des saints mystères. Et après que cette déclaration aura été reçue en général au nom du royaume de Bohême et du marquisat de Moravie, s'il arrive que quelques particuliers ne suivent pas aussitôt, dans la célébration des saints mystères, certains rits universellement observés, cette contravention ne mettra pas obstacle à la paix et à la réunion.

C'est pourquoi nous ordonnons en vertu de la sainte obéissance, aux révérends Pères en Jésus-Christ, l'archevêque de Prague, et les évêques d'Olmutz et de Littomissel, présens et à venir, et à tous et chacun des pasteurs ayant charge d'ames, d'administrer sur la réquisition de ceux à qui il appartient ou appartiendra, le sacrement de l'Eucharistie sous les deux espèces, ainsi qu'il est dit dans la convention, c'est-à-dire à ceux qui sont dans cet usage, et de ne point négliger de le faire administrer de la sorte, partout où la nécessité des peuples le requerra : et qu'aucun ne soit assez téméraire pour agir autrement que le porte la présente ordonnance, ou pour s'opposer à son exécution.

Les étudians (a) qui auront communié, et qui conformément à la convention voudront dans la suite communier sous les deux espèces, dans la résolution, lorsqu'ils seront parvenus au saint ministère, de donner aux autres la communion de cette sorte, ne pourront pour cette raison être éloignés des saints ordres ; et nous voulons que leurs évêques les y élèvent, s'il n'y a point d'autre empêchement canonique. Si quelqu'un a la témérité d'agir contre cette ordonnance, qu'il soit puni par son supérieur comme sa faute le mérite, afin qu'il connoisse par la sévérité du châtiment, quel crime commettent ceux qui méprisent l'autorité du saint concile général. Nous ordonnons pareillement par ces présentes, à toute personne de quelque état, dignité et condition qu'elle soit, de ne

---

(a) Le mot *scholares* ne peut être traduit autrement. Il est clair qu'il s'agit ici de ceux qui étudioient pour se disposer à l'état ecclésiastique. (*Edit. de Leroi.*)

faire aucun reproche aux Bohémiens et aux Moraviens unis à l'Eglise, qui communient sous les deux espèces en la manière marquée ci-dessus, et de ne point attaquer leur honneur et leur réputation.

Nous voulons que les ambassadeurs desdits royaume et marquisat, qui, comme nous l'espérons de la bonté de Dieu, seront envoyés au saint concile, et tous autres de ce royaume et marquisat qui voudront y venir, aient une pleine liberté de proposer modestement leurs difficultés, tant sur les matières dèla foi, des sacrement et des rits ecclésiastiques, que même sur la réformation de l'Eglise dans son Chef et dans ses membres, et l'on fera, sous la direction du Saint-Esprit, ce qui sera juste et raisonnable pour la gloire de Dieu et le règlement de la discipline ecclésiastique.

Nous reconnoissons que dans les Actes passés à Prague, dont l'un commence par ces mots : *Hæc sunt responsa*, et finit ainsi : *Actum per Reverendum in Christo Patrem D. Philibertum;* et les autres : *Hanc responsionem scriptam, etc. Primò dixerunt, etc.*, le saint concile n'entend pas permettre la communion sous les deux espèces par simple tolérance, et de la manière que le divorce étoit permis aux Juifs. Car le saint concile, qui veut donner aux Bohémiens et aux Moraviens des marques éclatantes de sa grande tendresse, n'a pas intention de leur permettre une chose qu'ils ne pourroient faire sans péché : il leur permet, par l'autorité de Jésus-Christ et de l'Eglise sa véritable Epouse, la communion sous les deux espèces; parce qu'elle est licite, utile et salutaire à ceux qui la reçoivent dignement.

Nous sommes convenus avec le gouverneur, les barons et autres, que les articles de la convention seroient exécutés selon la forme et teneur du présent décret, et d'un autre acte de même genre ; et nous nous en tenons de part et d'autre à ladite forme et teneur. Nous sommes pareillement convenus que, pour autoriser ces actes respectifs, on y apposera, sur la réquisition des parties, les sceaux du sérénissime Empereur et du très-illustre Albert, duc d'Autriche. Nous donnerons un sauf-conduit à ceux qui seront envoyés au saint concile en qualité d'ambassadeurs du royaume de Bohême, semblable à celui par nous ci-devant donné à Matthias, à Procope et à Martin. Nous remettrons aussi une bulle du saint concile, dans laquelle seront insérés et confirmés les articles de la convention. Nous y ajouterons une autre bulle dans laquelle notre décret, touchant l'exécution desdits articles, sera inséré et confirmé. Lorsqu'on nous aura mis entre les mains l'acte par lequel le royaume promet obéissance, nous nous engagerons par écrit à faire toute la diligence possible pour obtenir au plus tôt du saint concile les deux bulles ci-dessus mentionnées; et notre écrit sera muni des sceaux du sérénissime Empereur et du très-illustre duc d'Autriche. Nous demandons pareillement un sauf-conduit pour ceux d'entre nous qui voudront aller en Bohême. Philibert, évêque de Coutances; Jean de Polomar, auditeur de la chambre apostolique; Tilman, prévôt de Saint-Florin, avons donné les présentes pour faire foi de ce que dessus, tant en notre nom qu'au nom de nos collègues absens, dont nous n'avons pas les sceaux; et nous avons fait apposer les nôtres (a).

ANNOTATIONES D. LEIBNIZII,

IN PACTA CUM BOHEMIS, SUPERIUS RELATA.

Hæc *Compactata* fuere approbata à concilio Basileensi, et ab ipso Pontifice Eugenio IV.

Imprimis memorabile est *quæstionem de præcepto* (utrùm scilicet utriusque speciei usus omnibus christianis præceptus sit) relictam in his concordatis indecisam, et ad futuram concilii definitionem fuisse remissam; tametsi constaret quid jam pronuntiasset synodus Constantiensis: quoniam scilicet ejus auctoritatem Bohemi non agnoscebant.

Undè intelligitur posse Pontificem maximum hodiè eodem jure

(a) *Dans un autre exemplaire on lit* : En foi de tout ce que dessus, nous avons fait apposer nos sceaux au présent Acte. Et pour plus grande certitude, force et autorité, on y a ajouté sur nos instantes prières, les sceaux du sérénissime Sigismond, Empereur romain, et du très-illustre Albert, duc d'Autriche et marquis de Moravie. Donné à Iglaw, diocèse d'Olmutz, le 5 du mois de juillet 1436.

uti, et sepositis apud protestantes Tridentinis decretis, conciliare eos cum reliquis ecclesiis, et controversias quasdam superfuturas, non obstantibus Tridentinæ synodi definitionibus vel anathematismis, ad futuri concilii œcumenici irrefragabilia statuta remittere, eaque videtur unica superesse schismatis sine vi ac multâ sanguinis effusione tollendi via.

Et quod uni regno eique non integro, sacræ pacis amore, et servandarum animarum gratiâ olim concessùm est, multò gravioribus causis videntur impetrare debere protestantes, tot regna, magnamque Europæ partem complexi, et totum propè septentrionem meridionaliori tractui Europæ, gentesque plerasque Germanicas Latinis opponentes. Ut adeò sine ipsis aliquid de totâ Ecclesiâ velle statuere, neque æquum satis, neque admodùm efficax futurum videatur. Et consultiùs futurum sit ejusdem, quem paulò antè nominavimus, Eugenii IV tractandæ pacis rationem imitari, qui Græcos licèt toties in Occidente damnatos et calamitatibus fractos, ac propemodùm supplices, non superbè rejecit, aut alienis decretis parere jussit; sed in ipsum concilium Florentinum sententiam dicturos admisit.

OBSERVATIONS DE M. DE LEIBNIZ,

SUR L'ACTE CI-DESSUS RAPPORTÉ.

Cette convention fut approuvée par le concile de Bâle, et même par le pape Eugène IV.

Il est surtout remarquable que la question touchant le précepte (savoir s'il est ordonné à tous les chrétiens de communier sous les deux espèces), resta indécise dans l'Acte de convention, et fut renvoyée à la définition du futur concile, quoiqu'on sût fort bien ce que le concile de Constance avoit déjà prononcé; ce qu'on fit par ménagement pour les Bohémiens, qui ne reconnoissoient pas l'autorité de ce concile.

Or le souverain Pontife a le même droit aujourd'hui, et peut par conséquent réunir les protestans à l'Eglise catholique romaine, en mettant à l'écart les décrets de Trente, et en renvoyant certains points de controverse au jugement irréfragable du futur concile général, sans avoir égard aux décisions et anathématismes du concile de Trente. Ce moyen paroît le seul propre à extirper le schisme sans violence et sans effusion de sang.

Si le désir de la paix et du salut des ames d'un seul royaume, ou plutôt d'une partie d'un royaume, fut autrefois un motif assez puissant pour engager à une telle condescendance, combien est-il plus juste d'en user aujourd'hui de même avec les protestans, qui remplissent tant de royaumes et une partie considérable de l'Europe, qui peuvent opposer presque tout le Nord à la partie plus méridionale de l'Europe, et la plupart des nations germaniques aux peuples latins? Il n'est, ce semble, ni juste ni utile de vouloir décider sans eux des points qui intéressent l'Eglise universelle. Si l'on veut parvenir à une paix solide, il seroit beaucoup plus sage de prendre pour modèle la conduite d'Eugène IV, dont on vient de parler. Ce pape, loin de rejeter avec hauteur les Grecs tant de fois condamnés en Occident, et qui réduits à une extrême misère, venoient alors en qualité de supplians chercher auprès de lui quelque ressource, n'exigea pas même qu'ils se soumissent aux décrets des conciles auxquels ils n'avoient point eu de part, mais les admit en qualité de juges dans le concile de Florence.

RECUEIL

DE DISSERTATIONS ET DE LETTRES

CONCERNANT

UN PROJET DE RÉUNION DES PROTESTANS D'ALLEMAGNE,

DE LA CONFESSION D'AUGSBOURG,

A L'EGLISE CATHOLIQUE.

SECONDE PARTIE

QUI CONTIENT LES LETTRES.

LETTRE PREMIÈRE.

LEIBNIZ A MADAME DE BRINON.

A Hanovre, 16 juillet 1691.

Madame,

C'est beaucoup que vous ayez jugé ma lettre digne d'être lue ; mais c'est trop que vous l'ayez lue à madame l'abbesse. On doit craindre les lumières de cette grande princesse, surtout quand on écrit aussi mal que je fais ; et ce que votre bonté vous fait paroître supportable, sera condamné d'un juge plus sévère.

Madame la duchesse, qui a lu avec plaisir la belle lettre dont vous m'avez honoré, a remarqué avec cette pénétration qui lui est ordinaire, que le récit mémorable des motifs du changement de feu Madame votre mère a quelque chose de commun avec ce qu'on rapporte de feu Madame la princesse Palatine, dans le sermon funèbre fait par M. Fléchier, si je ne me trompe (*a*). Il faut avouer que le cœur humain a bien des replis, et que les persuasions sont comme les goûts : nous-mêmes ne sommes pas

() Il se trompe en effet ; l'*Oraison funèbre* est de Bossuet.

toujours dans une même assiette ; et ce qui nous frappe dans un temps, ne nous touchoit point dans l'autre. Ce sont ce que j'appelle les raisons inexplicables : il y entre quelque chose qui nous passe. Il arrive souvent que les meilleures preuves du monde ne touchent point, et que ce qui touche n'est pas proprement une preuve.

Vous avez raison, Madame, de me juger catholique dans le cœur ; je le suis même ouvertement : car il n'y a que l'opiniâtreté qui fasse l'hérétique ; et c'est de quoi, grace à Dieu, ma conscience ne m'accuse point. L'essence de la catholicité n'est pas de communier extérieurement avec Rome ; autrement ceux qui sont excommuniés injustement cesseroient d'être catholiques malgré eux et sans qu'il y eût de leur faute. La communion vraie et essentielle, qui fait que nous sommes du corps de Jésus-Christ, est la charité. Tous ceux qui entretiennent le schisme par leur faute, en mettant des obstacles à la réconciliation, contraires à la charité, sont véritablement des schismatiques : au lieu que ceux qui sont prêts à faire tout ce qui se peut pour entretenir encore la communion extérieure, sont catholiques en effet. Ce sont des principes dont on est obligé de convenir partout. Vous me ferez, Madame, la justice de croire que je ne ménage rien quand il s'agit de l'intérêt de Dieu ; et je ne ferois pas scrupule de confesser devant les hommes ce que je juge important à mon salut, ou à celui des autres : outre que je suis dans un pays où la juste modération, en matière de religion, est dans son souverain degré, au delà de ce que j'ai pu remarquer partout ailleurs, et où la déclaration qu'on peut faire en ces matières ne fait tort à personne. Je ne suis pas homme à trahir la vérité pour quelque avantage ; et je me fie assez à la Providence, pour ne pas appréhender les suites d'une profession sincère de mes sentimens. Mais j'aurois mauvaise grace de faire le brave ici, et de m'attribuer un courage dont on n'a pas besoin, par les bontés que nos souverains témoignent aux honnêtes gens, de quelque religion qu'ils soient.

De plus, Madame, c'est par ordre du Prince que les théologiens de ce pays ont donné une déclaration de leurs sentimens à M. l'évêque de Neustadt, autorisé en quelque façon de l'Empereur, et même du Pape, touchant les moyens de lever le schisme. Cet évêque en a été très-satisfait, et même la cour de Rome en a été ravie. J'ai fort applaudi à cette déclaration, qui nous délivre entièrement de l'accusation du schisme, et qui met dans leur tort tous ceux qui peuvent faire cesser les obstacles contraires aux conditions raisonnables qu'on y a attachées, et qui ne le voudront pas faire. Je crois, Madame, vous avoir déjà entretenue de cette affaire. Que pouvons-nous faire davantage? Les églises d'Allemagne, non plus que celles de France, ne sont pas obligées de suivre tous les mouvemens de celle d'Italie. Comme la France auroit tort de trahir la vérité pour reconnoître l'infaillibilité de Rome, car elle imposeroit à la postérité un joug insupportable : de même on auroit tort en Allemagne d'autoriser un concile, lequel, tout bien fait qu'il est, semble n'avoir pas tout ce qu'il faut pour être œcuménique.

Quand tout ce qu'il y a dans le concile de Trente seroit le meilleur du monde, comme effectivement il y a des choses excellentes, il y auroit toujours du mal de lui donner plus d'autorité qu'il ne faut, à cause de la conséquence. Car ce seroit approuver et confirmer un moyen de faire triompher l'intrigue, si une assemblée dans laquelle une seule nation est absolue, pouvoit s'attribuer les droits de l'Eglise universelle ; ce qui pourroit tourner un jour à la confusion de l'Eglise, et faire douter les simples de la vérité des promesses divines. J'ai déjà écrit à M. Pelisson qu'autant que je puis apprendre, la nation françoise n'a pas encore reconnu le concile de Trente pour œcuménique ; et en Allemagne, l'archidiocèse de Mayence, duquel sont les évêques de notre voisinage, ne l'a pas encore reçu non plus. On est redevable à la France d'avoir conservé la liberté de l'Eglise contre l'infaillibilité des papes ; et sans cela je crois que la plus grande partie de l'Occident auroit déjà subi le joug ; mais elle achèvera d'obliger l'Eglise catholique, en continuant dans cette fermeté nécessaire contre les surprises ultramontaines, qu'elle a montrée autrefois en s'opposant à la réception du concile de Trente ; ce qu'elle n'a pas encore rétracté ; et rien n'est survenu qui doive la faire changer de sentiment. C'est ainsi qu'on peut moyenner la paix de l'Eglise, sans faire tort à ses droits ; au lieu qu'il sera difficile de procurer la réunion par une autre voie. Car il semble que, le destin mis a part, le meilleur remède pour guérir la plaie de l'Eglise seroit un concile bien autorisé ; et nos théologiens ont cru que même on pourroit rétablir préalablement la communion ecclésiastique, en convenant de certains points, et en remettant d'autres à la décision de ce concile ; ce que les docteurs considérables de Rome même ont jugé faisable, par des raisons que je crois avoir expliquées dans une de mes précédentes.

Je joins ici le pouvoir que l'Empereur vient de donner à M. l'évêque de Neustadt (a), dont j'ai déjà parlé : et par ce pouvoir il est autorisé à traiter avec les protestans des terres héréditaires, conformément aux projets dont il étoit convenu avec les théologiens de Brunswick ; car ce que cet évêque m'a envoyé depuis peu y convient entièrement. Je souhaite, pour la gloire du Roi et pour le succès de l'affaire, que la France y prenne part : elle est la plus propre à être en ceci la médiatrice des nations, et de réconcilier l'Italie avec l'Allemagne : lorsque le Roi se mêle de quelque chose, il semble qu'elle est presque faite. C'est à M. l'évêque de Meaux, à M. Pelisson et à d'autres grands hommes de cette espèce, de faire ménager des occasions qui ne se présentent peut-être qu'une fois dans un siècle. Votre éminente vertu, Madame, qu'on voit éclater par un zèle si pur et si judicieux, sera d'un grand poids pour ranimer le leur. Je suis avec respect, Madame, votre, etc.

Leibniz.

LETTRE II.

Mme LA DUCHESSE DE HANOVRE A Mme L'ABBESSE DE MONTBUISSON.

(EXTRAIT.)

10 Septembre 1691.

J'ai envoyé la lettre de madame de Brinon à Leibniz, qui est présentement dans la bibliothèque de Wolfenbuttel. Je ne sais si elle

---

(a) L'acte qui renferme ce plein pouvoir se trouve au commencement des pièces sur la réunion des protestans, vol. XVII, p. 358.

a lu un livre où il y a le voyage d'un nonce au mont Liban, où il a reçu les Grecs dans l'Eglise catholique, dont la différence est bien plus grande que la nôtre avec votre église; et on les a laissés, comme vous verrez dans cette histoire, comme ils étoient, donnant la liberté à leurs prêtres de se marier, et ainsi du reste. C'est pour cela que je ne sais pas la raison pourquoi nous ne serions pas reçus aussi bien qu'eux, la différence étant bien moindre. Mais comme vous dites que chez vous il y en a qui y sont contraires, c'est aussi la même chose parmi nous; ce qui me fait appréhender que quand on voudra s'accorder sur les points dont notre abbé Molanus de Lokkum est convenu avec quelques autres des églises luthériennes, il y en aura d'autres qui y seront contraires; et ainsi ce seroit comme une nouvelle religion. Je crois avoir envoyé autrefois à M. l'évêque de Meaux tous les points dont l'on est convenu avec M. l'évêque de Neustadt, où M. Pelisson les pourra avoir, s'ils ne sont pas perdus. Si madame de Brinon avoit donné les livres de M. de Meaux à M. de la Neuville, il les auroit apportés ici; s'il n'est pas parti, cela se pourroit faire encore. Une difficulté que je trouve encore, si on nous accorde ce que nous demandons pour rentrer dans le giron de l'Eglise, les catholiques pourroient dire: Nous voulons qu'on nous accorde les mêmes choses. Il n'y a que les princes qui puissent mettre ordre à cela, chacun dans son pays. Je ne crois pas que Leibniz ait lu les livres de M. de Meaux; mais la réponse à Jurieu est celle où la duchesse l'a fort admiré, comme aussi le *Catéchisme* du Père Canisi jésuite, qu'on a traduit en allemand.....

LETTRE III.

BOSSUET A MADAME DE BRINON.

29 septembre 1691.

Je me souviens bien, Madame, que madame la duchesse d'Hanovre m'a fait l'honneur de m'envoyer autrefois les articles qui avoient été arrêtés avec M. l'évêque de Neustadt (*a*); mais comme

(*a*) Ce sont les articles intitulés : Regulæ circa christianorum reunionem, vol. XVII, p. 360.

cette affaire ne me parut pas avoir de la suite, j'avoue que j'ai laissé échapper ces papiers de dessous mes yeux, et que je ne sais plus où les retrouver : de sorte qu'il faudroit, s'il vous plaît, supplier très-humblement cette princesse de nous renvoyer ce projet d'accord. Car encore qu'il ne soit pas suffisant, c'est quelque chose de fort utile que de faire les premiers pas de la réunion, en attendant qu'on soit disposé à faire les autres. Les ouvrages de cette sorte ne s'achèvent pas tout d'un coup, et l'on ne revient pas aussi vite de ses préventions qu'on y est entré. Mais pour ne se pas tromper dans ces projets d'union, il faut être bien averti qu'en se relâchant selon le temps et l'occasion sur les articles indifférens et de discipline, l'Eglise romaine ne se relâchera jamais d'aucun point de la doctrine définie, ni en particulier de celle qui l'a été par le concile de Trente.

M. de Leibniz objecte souvent à M. Pelisson que ce concile n'est pas reçu dans le royaume. Cela est vrai pour quelque partie de la discipline indifférente, parce que c'est une matière où l'Eglise peut varier. Pour la doctrine révélée de Dieu et définie comme telle, on ne l'a jamais altérée; et tout le concile de Trente est reçu unanimement à cet égard, tant en France que partout ailleurs. Aussi ne voyons-nous pas que ni l'Empereur ni le Roi de France, qui étoient alors et qui concouroient au même dessein de la réformation de l'Eglise, aient jamais demandé qu'on en réformât les dogmes ; mais seulement qu'on déterminât ce qu'il y avoit à corriger dans la pratique, ou ce qu'on jugeoit nécessaire pour rendre la discipline plus parfaite. C'est ce qui se voit par les articles de réformation qu'on envoya alors de concert, pour être délibérés à Trente, qui tous ou pour la plupart, étoient excellens; mais dont plusieurs n'étoient peut-être pas assez convenables à la constitution des temps. C'est ce qu'il seroit trop long d'expliquer ici, mais ce qu'on peut tenir pour très-certain.

Quant au voyage d'un nonce au mont Liban, où madame la duchesse d'Hanovre dit qu'on a reçu les Grecs à notre communion, je ne sais rien de nouveau sur ce sujet-là. Ce qui est vrai, c'est, Madame, que le mont Liban est habité par les Maronites, qui sont, il y a longtemps, de notre communion et conviennent en tout et partout de notre doctrine. Il n'y a pas à s'étonner qu'on les ait reçus dans notre Eglise sans changer leurs rits, et peut-être même qu'on n'a été que trop rigoureux sur cela. Pour les Grecs, on n'a jamais fait de difficulté de laisser l'usage du mariage à leurs prêtres. Pour ce qui est de le contracter depuis leur ordination, ils ne le prétendent pas eux-mêmes. On sait aussi que tous leurs évêques sont obligés au célibat, et que pour cela ils n'en font point qu'ils ne les tirent de l'ordre monastique, où l'on en fait profession. On ne les trouble pas non plus sur l'usage du pain de l'Eucharistie, qu'ils font avec du levain : ils communient sous les deux espèces, et on leur laisse sans hésiter toutes leurs coutumes anciennes. Mais on ne trouvera pas qu'on les ait reçus dans notre communion, sans en exiger expressément la profession des dogmes qui séparoient les deux églises, et qui ont été définis conformément à notre doctrine dans les conciles de Lyon et de Florence. Ces dogmes sont la procession du Saint-Esprit, du Père et du Fils, la prière pour les morts, la réception dans le ciel des ames suffisamment purifiées, et la primauté du Pape établie en la personne de saint Pierre. Il est, Madame, très-constant qu'on n'a jamais reçu les Grecs qu'avec la profession expresse de ces quatre articles, qui sont les seuls où nous différons. Ainsi l'exemple de leur réunion ne peut rien faire au dessein qu'on a. L'Orient a toujours eu ses coutumes, que l'Occident n'a pas improuvées; mais comme l'Eglise d'Orient n'a jamais souffert qu'on s'éloignât en Orient des pratiques qui y étoient unanimement reçues, l'Eglise d'Occident n'approuve pas que les nouvelles sectes d'Occident aient renoncé d'elles-mêmes et de leur propre autorité, aux pratiques que le consentement unanime de l'Occident avoit établies. C'est pourquoi nous ne croyons pas que les luthériens ni les calvinistes aient dû changer ces coutumes de l'Occident tout entier; et nous croyons au contraire que cela ne doit se faire que par ordre, et avec l'autorité et le consentement du chef de l'Eglise. Car sans subordination, l'Eglise même ne seroit rien qu'un assemblage monstrueux, où chacun feroit ce qu'il voudroit, et interromproit l'harmonie de tout le corps.

J'avoue donc qu'on pourroit accorder aux luthériens certaines choses qu'ils semblent désirer beaucoup, comme sont les deux espèces; et en effet, il est bien constant que les papes, à qui les Pères de Trente avoient renvoyé cette affaire, les ont accordées depuis le concile à quelques pays d'Allemagne qui les demandoient. C'est sur ce point et sur les autres de cette nature, que la négociation pourroit tomber. On pourroit aussi convenir de certaines explications de notre doctrine; et c'est, s'il m'en souvient bien, ce qu'on avoit fait utilement en quelques points dans les articles de M. de Neustadt. Mais de croire qu'on fasse jamais aucune capitulation sur le fond des dogmes définis, la constitution de l'Eglise ne le souffre pas; et il est aisé de voir que d'en agir autrement, c'est renverser les fondemens, et mettre toute la religion en dispute. J'espère que M. de Leibniz demeurera d'accord de cette vérité, s'il prend la peine de lire mon dernier écrit contre le ministre Jurieu que je vous envoie pour lui. Je vois dans la lettre de madame la duchesse d'Hanovre, qu'on a vu à Zell les réponses que j'ai faites à ce ministre, et que madame la duchesse de Zell ne les a pas improuvées. Si cela est, il faudroit prendre soin de lui faire tenir ce qui lui pourroit manquer de ces réponses, et particulièrement tout le sixième *Avertissement*. Voilà, Madame, l'éclaircissement que je vous puis donner sur la lettre de madame la duchesse d'Hanovre, dont madame de Maubuisson a bien voulu que vous m'envoyassiez l'extrait. Si elle juge qu'il soit utile de faire passer cette lettre en Allemagne, elle en est la maîtresse.

Quant aux autres difficultés que propose M. de Leibniz, il en aura une si parfaite résolution par les réponses de M. Pelisson, que je n'ai rien à dire sur ce sujet. Ainsi je n'ajouterai que les assurances de mes très-humbles respects envers madame d'Hanovre, à qui je me souviens d'avoir eu l'honneur de les rendre autrefois à Maubuisson; et je conserve une grande idée de l'esprit d'une si grande princesse. C'est, Madame, votre très-humble serviteur,

J.-Bénigne Bossuet, Ev. de Meaux.

Du 29 septembre 1691.

LETTRE IV.

LEIBNIZ A MADAME DE BRINON.

29 septembre 1691.

Madame,

Aussitôt que nous avons appris que ce qu'on avoit envoyé autrefois à M. l'évêque de Meaux, touchant la négociation de M. de Neustadt (a), ne se trouve pas, M. l'abbé Molanus, qui est le premier des théologiens de cet état, et qui a eu le plus de part à cette affaire, y a travaillé de nouveau. J'envoie son écrit à M. l'évêque de Meaux (b), et je n'y ai pas voulu joindre mes réflexions; car ce seroit une témérité à moi de me vouloir mettre entre deux excellens hommes, dans une matière qui regarde leur profession. Cependant comme vous avez la bonté, Madame, de souffrir mes discours, qui ne peuvent être recommandables que par leur sincérité, je dirai quelque chose à vous, sur cette belle lettre de M. de Meaux que vous nous avez communiquée, et dont en mon particulier je vous ai une très-grande obligation, aussi bien qu'à cet illustre prélat, qui marque tant de bonté pour moi.

M. de Meaux dit, I : « Que ce projet donné à M. de Neustadt ne lui paroît point encore suffisant ; II. Qu'il ne laisse pas d'être fort utile, parce qu'il faut toujours quelque commencement; III. Que Rome ne se relâchera jamais d'aucun point de la doctrine définie par l'Eglise, et qu'on ne sauroit faire aucune capitulation là-dessus; IV. Que la doctrine définie dans le concile de Trente est reçue en France et ailleurs par tous les catholiques romains; V. Qu'on peut satisfaire aux protestans, à l'égard de certains points de discipline et d'explication, et qu'on l'avoit fait utilement en quelques-uns touchés dans le Projet de M. de Neustadt. » Voilà les propositions substantielles de la lettre de M. de Meaux, que je tiens toutes très-véritables. Il n'y en a qu'une seule encore, dans

---

(a) L'écrit intitulé *Regulæ*, dont il a déjà été parlé.
(b) C'est celui qui a pour titre : *Cogitationes privatæ*. On l'a donné dans la première partie. (*Édit. de Leroi.*)

cette même lettre, qu'on peut mettre en question ; savoir si les protestans ont eu droit de changer de leur autorité quelques rits reçus dans tout l'Occident. Mais comme elle n'est pas essentielle au point dont il s'agit, je n'y entre pas.

Quant aux cinq propositions susdites (autant que je comprends l'intention de M. de Neustadt et de ceux qui ont traité avec lui), ils ne s'y opposent point, et il n'y a rien en cela qui ne soit conforme à leurs sentimens : surtout la troisième, qu'on pourroit croire contraire à de tels projets d'accommodement, ne leur pouvoit être inconnue ; M. de Neustadt, aussi bien que M. Molanus et une partie des autres qui avoient traité cette affaire, ayant régenté en théologie dans des universités. On peut dire même qu'ils ont bâti là-dessus, parce qu'ils ont voulu voir ce qu'il étoit possible de faire entre des gens qui croient avoir raison chacun, et qui ne se départent point de leurs principes ; et c'est ce qu'il y a de singulier et de considérable dans ce projet. Ils ne nièrent point non plus la première ; car ils n'ont regardé leur projet que comme un pourparler ; pas un n'ayant charge de son parti de conclure quelque chose. La seconde et la cinquième contiennent une approbation de ce qu'ils ont fait, qui ne sauroit manquer de leur plaire. Je conviens aussi de la quatrième ; mais elle n'est pas contraire à ce que j'avois avancé. Car quoique le royaume de France suive la doctrine du concile de Trente, ce n'est pas en vertu de la définition de ce concile, et on n'en peut pas inférer que la nation françoise ait rétracté ces protestations ou doutes d'autrefois, ni qu'elle ait déclaré que ce concile est véritablement œcuménique. Je ne sais pas même si le Roi voudroit faire une telle déclaration, sans une assemblée générale des trois États de son royaume ; et je prétends que cette déclaration manque encore en Allemagne, même du côté du parti catholique. Cependant il faut rendre cette justice à M. l'évêque de Neustadt, qu'il souhaiteroit fort de pouvoir disposer les protestans et tous les autres à tenir le concile de Trente pour ce qu'il le croit être, c'est-à-dire pour universel ; et qu'il y eût moyen de leur faire voir qu'ils ont lieu de se contenter des expositions aussi belles et aussi modérées que celles que M. de Meaux en a données, de l'aveu de Rome même. C'est même une chose à laquelle je crois que M. de Neustadt travaille encore effectivement. Il m'avoua d'avoir extrêmement profité de cet ouvrage (a), qu'il considère comme un des plus excellens moyens de retrancher une bonne partie des controverses.

Mais comme il en reste quelques-unes, où il n'y a pas encore eu moyen de contenter les esprits par la seule voie de l'explication, telle qu'est, par exemple, la controverse de la transsubstantiation, la question est : Si nonobstant des dissensions sur certains points qu'un parti tient pour vrais et définis et que l'autre ne tient pas pour tels, il seroit possible d'admettre ou de rétablir la communion ecclésiastique : je dis *possible* en soi-même d'une possibilité de droit, sans examiner ce qui est à espérer dans le temps et dans les circonstances où nous sommes. Ainsi il s'agit d'examiner si le schisme pourroit être levé par les trois moyens suivans joints ensemble. Premièrement, en accordant aux protestans certains points de discipline, comme seroient les deux espèces, le mariage des gens d'église, l'usage de la langue vulgaire, etc... ; et secondement, en leur donnant des expositions sur les points de controverse et de foi, telles que M. de Meaux en a publiées, qui font voir du moins de l'aveu de plusieurs protestans habiles et modérés, que des doctrines prises dans ce sens, quoiqu'elles ne leur paroissent pas encore toutes entièrement véritables, ne leur paroissent pas pourtant damnables non plus : et troisièmement, en remédiant à quelques scandales et abus de pratique, dont ils se peuvent plaindre, et que l'Eglise même et des gens de piété et de savoir de la communion romaine désapprouvent; en sorte qu'après cela les uns pourroient communier chez les autres, suivant les rits de ceux où ils vont, et que la hiérarchie ecclésiastique seroit rétablie : ce que les différentes opinions sur les articles encore indécis empêcheroient aussi peu que les controverses sur la grace, sur la probabilité morale, sur la nécessité de l'amour de Dieu et autres points; ou que le différend qu'il y a entre Rome et la France touchant les quatre articles du clergé de cette nation, ont pu empêcher l'union ecclésiastique des disputans, quoique peut-être quelques-uns de ces points agités dans l'Eglise romaine, soient

(a) *L'Exposition de la doctrine de l'Eglise catholique.*

aussi importans pour le moins que ceux qui demeureroient encore en dispute entre Rome et Augsbourg : à condition pourtant qu'on se soumettroit à ce que l'Eglise pourroit décider quelque jour dans un concile œcuménique nouveau, autorisé dans les formes, où les nations protestantes réconciliées interviendroient par leurs prélats et surintendans généraux reconnus pour évêques, et même confirmés de Sa Sainteté, aussi bien que les autres nations catholiques.

C'est ainsi que l'état de la question sur la négociation de M. de Neustadt et de quelques théologiens de la Confession d'Augsbourg, assemblés à Hanovre par l'ordre de Monseigneur le Duc, doit être entendu, pour en juger équitablement, et pour ne pas imputer à ces Messieurs ou d'avoir par là trahi les intérêts de leur parti et renoncé à leurs Confessions de foi, ou d'avoir bâti en l'air. Car quant à ces théologiens de la Confession d'Augsbourg, ils ont cru être en droit de répondre affirmativement, bien qu'avec quelque limitation, à cette question, après avoir examiné les explications et déclarations autorisées qu'on a données dans l'Eglise romaine, qui lèvent, selon ces Messieurs, tout ce qu'on pourroit appeler erreur fondamentale.

M. de Neustadt de son côté a eu en main des résolutions affirmatives de cette même question, données par des théologiens graves de différens ordres, ayant parlé plutôt en se rapportant aux sentimens d'autrui que de son chef. Et voici ce que j'ai compris de la raison de l'affirmative : c'est qu'on peut souvent se tromper, même en matière de foi, sans être hérétique ni schismatique, tandis qu'on ne sait pas et qu'on ignore invinciblement que l'Eglise catholique a défini le contraire, pourvu qu'on reconnoisse les principes de la catholicité, qui portent que l'assistance que Dieu a promise à son Eglise, ne permettra jamais qu'un concile œcuménique s'éloigne de la vérité en ce qui regarde le salut. Or ceux qui doutent de l'œcuménicité d'un concile ne savent point que l'Eglise a défini ce qui est défini dans ce concile : et s'ils ont des raisons d'en douter, fort apparentes pour eux, qu'ils n'ont pu surmonter après avoir fait de bonne foi toutes les diligences et recherches convenables, on peut dire qu'ils ignorent invinciblement que le concile dont il s'agit est œcuménique : et pourvu qu'ils reconnoissent l'autorité de tels conciles en général, ils ne se trompent en cela que dans le fait, et ne sauroient être tenus pour hérétiques.

Et c'est dans cette assiette d'esprit que se trouvent les églises protestantes, qui peuvent prendre part à cette négociation, lesquelles se soumettant à un véritable concile œcuménique futur, à l'exemple de la *Confession d'Augsbourg* même ; et déclarant de bonne foi qu'il n'est pas à présent en leur pouvoir de tenir celui de Trente pour tel, font connoître qu'ils sont susceptibles de la communion ecclésiastique avec l'Eglise romaine, lors même qu'ils ne sont pas en état de recevoir tous les dogmes du concile de Trente. Après cela, jugez, Madame, si l'on n'a point fait du côté de notre Cour et de nos théologiens toutes les démarches qu'il leur étoit possible de faire en conscience pour rétablir l'union de l'Eglise, et si nous n'avons pas droit d'en attendre autant de l'autre côté. En tout cas, si on n'y est pas en humeur ou en état d'y répondre, les nôtres ont du moins gagné ce point, que leur conscience est déchargée, qu'ils sont allés au dernier degré de condescendance, *usque ad aras*, et que toute imputation de schisme est visiblement injuste à leur égard.

Enfin la question étant formée comme j'ai fait, on demande, non pas si la chose est praticable à présent ou à espérer ; mais si elle est loisible en elle-même, et peut être même commandée en conscience, lorsqu'on rencontre toutes les dispositions nécessaires pour l'exécuter. Si ce point de droit ou de théorie étoit établi, cela ne laisseroit pas d'être de conséquence ; et la postérité en pourroit profiter, quand le siècle qui va bientôt finir ne serait pas assez heureux pour en avoir le fruit. Il n'en faut pourtant pas encore désespérer tout à fait. La main de Dieu n'est pas raccourcie : l'Empereur y a de la disposition ; le pape Innocent XI et plusieurs cardinaux, généraux d'ordres, le Maître du sacré palais et théologiens graves, après l'avoir bien comprise, se sont expliqués d'une manière très-favorable. J'ai vu moi-même la lettre originale de feu révérend Père Noyelles, général des jésuites, qui ne sauroit être plus précise : et on peut dire que si le Roi, et les prélats et théologiens qu'il entend sur ces matières s'y joignoient, l'affaire seroit plus que faisable; car elle seroit presque faite, surtout si Dieu donnoit un bon moyen de rendre le calme à l'Europe. Et comme le Roi a déjà écouté autrefois les sentimens de M. l'évêque de Meaux sur cette sainte matière, ce digne prélat, après avoir examiné la chose avec cette pénétration et cette modération qui lui est ordinaire, aura une occasion bien importante et peu commune de contribuer au bien de l'Eglise et à la gloire de Sa Majesté : car l'inclination seule de ce monarque seroit déjà capable de nous faire espérer un si grand bien, dont on ne sauroit se flatter sans son approbation.

En attendant, on doit faire son devoir par des déclarations sincères de ce qui se peut ou doit faire; et si le parti catholique romain autorisoit des déclarations dont leurs théologiens ne sauroient disconvenir dans le fond, il est sûr que l'Eglise en tireroit un fruit immense; et que bien des personnes de probité et de jugement, et peut-être des nations et provinces entières, avec ceux qui les gouvernent, voyant la barrière levée, feroient conscience de part et d'autre de demeurer dans la séparation, etc.

Leibniz.

LETTRE IV.

LEIBNIZ A MADAME DE BRINON.

Si je ne vous avois point d'autre obligation, Madame, que celle de m'avoir procuré l'honneur de la connoissance d'un homme aussi illustre que M. Pelisson, je ne pourrois pas me dispenser de m'adresser à vous-même, pour vous en faire mes remercimens en forme; mais vos bontés vont bien au delà. On pouvoit connoître M. Pelisson, sans connoître tout son mérite; et vous avez fait, Madame, qu'il s'est abaissé jusqu'à m'instruire; ce qu'il a fait sans doute par la déférence qu'on a partout pour vos éminentes vertus. Je suis bien aise de le contenter en quelque chose, et de lui donner au moins des preuves de ma sincérité. Si l'on parloit toujours aussi rondement que nous faisons, ce seroit le moyen de finir les controverses : car on reconnoîtroit bientôt la vérité, ou du moins l'indéterminabilité de la question, lorsque les moyens de connoître la vérité nous manquent; ce qui suffiroit pour notre repos : car Dieu ne nous a pas promis de nous instruire sur tout ce que nous serions bien aises de savoir, et le privilége de l'Eglise ne va qu'à ce qui importe au salut.

M. Pelisson prend droit sur ce que je lui ai accordé, et je ne me rétracte point. Suivant ses paroles, je conviens d'une Eglise, et d'une Eglise visible à laquelle il faut tâcher de se joindre, et y faire tout ce qu'on peut; qu'elle doit avoir le pouvoir d'excommunier les rebelles; qu'on doit obéissance aux supérieurs que Dieu y a établis; qu'il faut conserver un esprit de docilité pour eux, et un esprit de charité pour ceux dont on est séparé. Il reste seulement de voir si ces considérations portent avec elles une nécessité indispensable de retourner à la communion des supérieurs ecclésiastiques, qu'on reconnoissoit autrefois : en sorte qu'on ne sauroit être sauvé autrement.

Mais il me semble que la question est toute décidée par l'aveu de ceux qui reconnoissent des hérétiques matériels, ou des hérétiques de nom et d'apparence, comme M. Pelisson l'explique fort bien; c'est-à-dire, des gens qui paroissent être hors de l'Eglise, et y sont pourtant en effet; ou bien, qui sont hors de la communion visible de l'Eglise, mais étant dans une ignorance ou erreur invincible, sont jugés excusables : et s'ils ont d'ailleurs la charité et la contrition, ils sont dans l'Eglise virtuellement, et *in voto*, et se sauvent aussi bien que ceux qui y sont visiblement. Monseigneur le landgrave Erneste, qui a fort travaillé sur les controverses, et a fait paroître autant de zèle que qui que ce soit pour la réunion des protestans, ne laisse pas de demeurer d'accord de tout ceci; et il a entendu dire ces choses en termes formels au cardinal Sforza Pallavicini, et au Père Honoré Fabri, pénitencier de Saint-Pierre, qu'il avoit pratiqué à Rome. Et moi je puis dire avoir entendu soutenir la même chose à des docteurs catholiques romains très-habiles. Aussi M. Pelisson ne s'y oppose point : mais il explique cette doctrine, afin qu'on n'en abuse pas; et il n'admet parmi les hérétiques matériels, que ceux qui ne savent point que les dogmes qu'ils rejettent en matière de foi, soient la doctrine de l'Eglise catholique.

Appliquons cette restriction aux protestans, et nous trouverons qu'ils sont de ce nombre. On sait les plaintes qu'ils ont faites contre le concile de Trente avec beaucoup d'apparence, pour lui disputer la qualité d'œcuménique. On n'ignore pas les protestations solennelles de la nation françoise contre ce concile, qui n'ont pas encore été rétractées; quoique le clergé ait fait son possible pour le faire reconnoître. Ce n'est pas une chose nouvelle qu'on dispute sur l'universalité des conciles : ceux de Constance et de Bâle ne sont pas reconnus en Italie, ni le dernier concile de Latran en France : et quoique les papes, par le moyen de la profession de foi, aient tenté de faire reconnoître indirectement le concile de Trente, je ne sais pourtant si cela suffit; au moins la noblesse et le tiers-état, avec les cours souveraines, ne le croyoient pas encore dans l'assemblée des Etats du royaume, qui fut tenue après la mort de Henri IV. Je sais que des docteurs catholiques ont avoué qu'un protestant qui seroit porté à se soumettre aux décisions de l'Eglise catholique, mais qui se trompant dans le fait ne croiroit pas que le concile de Trente eût été œcuménique, ne seroit qu'un hérétique matériel. Il est vrai qu'il paroît beaucoup de sagesse et de bon ordre dans les actes de ce concile, quoiqu'il y ait quelque mondanité entremêlée : et où est-ce qu'on n'en trouve point? C'est pourquoi je ne suis pas du nombre de ceux qui s'emportent contre le concile de Trente : cependant il me semble qu'on aura bien de la peine à prouver qu'il est œcuménique. Et peut-être que c'est par un secret de la Providence, qui a voulu laisser cette porte ouverte, pour moyenner un jour la réconciliation par un autre concile plus autorisé et moins italien.

Mais quand le concile de Trente auroit toutes les formalités requises, il y a encore une autre importante considération; c'est que peut-être ses décisions ne sont pas si contraires aux protestans, que l'on s'imagine. Ses canons sont souvent couchés d'une manière à recevoir plusieurs sens; et les protestans se pourroient croire en droit de recevoir celui qu'ils jugent le plus convenable, jusqu'à la décision de l'Eglise dans un concile général futur, où les églises protestantes prétendront avec raison d'être admises parmi les autres églises particulières. Cassandre et Grotius ont trouvé que le concile de Trente n'est pas toujours fort éloigné de la Confession d'Augsbourg. Le Père Dez qui prêchoit à Strasbourg sur cette Confession, sembloit favoriser ce sentiment, et en tiroit des conséquences à sa mode; et bien des protestans ont cru que l'*Exposition* de monseigneur l'évêque de Meaux leur revenoit assez. Ainsi il n'est pas aisé de prouver aux protestans qu'ils nient ce qu'ils savent être décidé par l'Eglise catholique.

Aussi semble-t-il que c'est plutôt la pratique des abus dominans, que les protestans croient reconnoître parmi ceux qui communient avec Rome, que les dogmes spéculatifs, qui empêchent la réunion. Qui ne sait que la question sur la justification fut crue autrefois des plus importantes? Et cependant de la manière qu'on s'explique aujourd'hui, il ne semble pas difficile de convenir là-dessus. L'on sait quelles limites on donne en France à l'autorité des papes et des autres pasteurs; combien les rois qui connoissent Rome, sont jaloux de leurs droits : et de la manière que l'honneur rendu aux créatures s'explique dans la théorie, conformément au concile de Trente, il paroît très-excusable. Mais la pratique est assez souvent fort éloignée de la théorie. Il se passe bien des choses autorisées publiquement dans l'Eglise romaine, qui alarment la conscience des gens de bien parmi les protestans, et leur paroissent abominables, ou sont au moins très-dangereuses : je laisse à M. Jurieu le soin de les exagérer; car pour moi je souhaiterois plutôt de les adoucir. Ce sont ces pratiques qui empêchent la réunion, plus que les dogmes. Dieu est un Dieu jaloux de son honneur, et il semble que c'est le trahir que de dissimuler en certaines rencontres. Ainsi tout ce qu'on peut dire à l'avantage des décisions de l'Eglise catholique, n'empêche pas qu'un homme de bien ne puisse être alarmé des abus qui se répandent dans l'Eglise, sans que l'Eglise catholique les approuve; et il paroît en certaines rencontres qu'on est obligé de témoigner son déplaisir. Que si des nations ou des provinces entières s'élèvent contre ces désordres, et qu'on prétende là-dessus les retrancher de la communion; il semble qu'une excommunication si injuste ne leur sauroit nuire ; et qu'eux-mêmes ne sont pas obligés de recevoir les excommunians à leur communion, ou, ce qui est la même chose, de retourner à la leur, jusqu'à ce qu'on lève le sujet de leurs plaintes : d'autant qu'ils se plaignent de choses que le concile de Trente n'a pas osé approuver depuis, ou qu'il a plutôt désapprouvées, quoique sans effet dans la pratique. On ne s'élève donc pas contre l'Eglise catholique, mais contre quelques nations ou églises particulières mal réglées; quoiqu'il arrive peut-être que le siége patriarcal de l'Occident, et même la métropolitaine de l'univers y soit comprise, qu'on ne doit considérer que comme particulière à l'égard des abus qu'elle tolère. On peut dire en effet que le foible et les intérêts des nations s'y mêlent. Les Italiens et les Espagnols donnent fort dans l'extérieur, et MM. les Italiens se font quelquefois un point de politique de soutenir Rome; aussi profitent-ils le plus de ses avantages. Ils seroient peut-être bien aises que tous les autres fussent leurs dupes, et surtout ceux du Nord; cela est naturel. Mais la nation françoise devroit se joindre avec la nation germanique, pour remettre l'Eglise dans son lustre, à l'exemple de l'ancien concile de Francfort ; et il faudroit profiter de la conjoncture de quelque pape bien intentionné, qui se souviendroit plutôt d'être père commun, que d'être Romain ou Toscan. Je suis assuré que parmi les Italiens, dans Rome même, et entre les prélats, on trouveroit bien des gens de doctrine et de probité, qui contribueroient de bon cœur à la réforme de l'Eglise, s'ils voyoient quelque apparence de succès. Il faut même rendre cette justice à la ville de Rome, que tout y va bien mieux qu'autrefois; qu'on n'y est pas trop favorable aux bagatelles de dévotion; et qu'elle pourra peut-être un jour recouvrer l'honneur qu'elle avoit dans les anciens temps, de donner bon exemple et de servir de règle.

Mettant donc le concile de Trente à part pour les raisons susdites, on peut dire que l'Eglise catholique n'a pas excommunié les protestans. Si quelque Eglise italienne le fait, on lui peut dire qu'elle passe son pouvoir, et ne fait que s'attirer une excommunication réciproque, à peu près comme disoient un jour (a) des

(a) C'étoient les évêques du parti de Louis le Débonnaire, qui parloient ainsi,

évêques françois à l'égard d'un pape : *Si excommunicaturus venit, excommunicatus abibit* : « S'il vient pour excommunier, il s'en ira excommunié. » Et lorsqu'une église particulière excommunie quelqu'autre église particulière ou quelque nation, et même quand une église métropolitaine excommunie une église qui est sous elle, ou bien quand un évêque excommunie quelque prince ou particulier de son diocèse, les sentences ne sont pas des oracles : elles peuvent avoir des défauts, non-seulement de nullité, mais encore d'injustice. Car quoique les arrêts des juges séculiers soient exécutés par les hommes, il ne faut pas s'imaginer que Dieu exécute contre les ames les sentences injustes des ecclésiastiques : c'est ici que la condition *Clave non errante* a lieu. Tout ce que opère l'autorité du supérieur ecclésiastique est qu'on lui doit obéir autant qu'on peut, sauf sa conscience; ce qui est déjà beaucoup : et c'est à peu près comme les canons disent à l'égard des sermens, qu'on doit les garder, autant qu'on peut, sans préjudicier à son ame. Ce n'est donc pas anéantir l'autorité des ecclésiastiques ou des sermens, que de les ainsi limiter. On sait assez quelle déférence on a en France et ailleurs pour les excommunications fulminées dans la bulle *In Cœnâ Domini*, et pour les décrets de l'inquisition de Rome. Je ne dis donc rien en cela, que les catholiques romains, et des canonistes, particulièrement ceux de France, ne reconnoissent. Je suis bien éloigné de vouloir éluder l'autorité de l'Eglise et des ecclésiastiques, par une interprétation que M. Pelisson me prête; comme si la restriction, que je donne à la force des excommunications et autres arrêts des supérieurs ecclésiastiques, se réduisoit à ce beau privilége : Vous jugerez bien, quand vous jugerez bien. Car je distingue entre le corps de l'Eglise, qu'on n'accorde pas avoir jamais prononcé contre les protestans, et entre les supérieurs ecclésiastiques hors du corps, qui ne sauroient être infaillibles, et dont les excommunications sont semblables à celles dont le procureur général d'un grand roi a appelé depuis peu au concile général futur.

Après les choses que je viens de dire, il n'est pas nécessaire

à l'occasion des menaces qu'on prétendoit que Grégoire IV, attaché à Lothaire, avoit faites de les excommunier. (*Edit. de Déforis.*)

d'examiner les questions difficiles, qu'on peut former touchant le salut de ceux qui font tout ce qu'ils peuvent pour croire à l'Eglise catholique, sans en venir à bout, ni comment ils sont dans l'Eglise *in voto*. Car le cas des protestans est tout autre, comme je viens de l'expliquer; et ils ne rejettent que ce qu'ils croient contraire à la doctrine de l'Eglise de Dieu. Je passe aussi plusieurs beaux endroits de l'écrit de M. Pelisson, de peur d'aller trop loin : mais je ne saurois passer des choses très-considérables qu'il dit dans le dernier article, sans faire là-dessus quelque réflexion. Il accorde que l'Eglise a besoin de réformation à l'égard des abus de pratique; que le peuple fait quelquefois un grand abus des images; que le temps est venu où la lecture des livres sacrés ne sera plus défendue; qu'il n'est pas hors d'apparence qu'on pourroit rétablir l'ancienne liberté de communier sous les deux espèces, au moins quatre ou cinq fois l'année, d'autant que les protestans ne communient guère davantage, pourvu qu'on le demande avec la soumission nécessaire; il ne doute point que les princes protestans ne l'obtiennent pour eux et pour leurs Etats, en rentrant dans la communion de l'Eglise romaine. Nous avons vu, dit-il, il n'y a pas dix ans, quand on ne convertissoit les gens en France que par la persuasion et par les graces, ce projet non-seulement écouté à la Cour, et approuvé de nos plus saints prélats, mais en état d'être reçu à Rome, si nos régales et nos franchises ne fussent venues à la traverse.

A propos de cette considération de M. Pelisson, je dirai que lorsque M. l'évêque de Tina, maintenant de Neustadt en Autriche, étoit ici par ordre de l'Empereur pour des vues toutes semblables, j'envoyai moi-même sa lettre à M. l'évêque de Meaux, où il lui donnoit part de sa négociation. Cet illustre prélat en ayant parlé au Roi, répondit que Sa Majesté, bien loin d'y être contraire, goûtoit ces pensées et les favoriseroit. Quelques années après, la négociation de M. de Neustadt avec nos théologiens ayant eu des suites considérables, et M. de Meaux l'ayant su par une lettre de notre incomparable duchesse, que Madame lui avoit montrée, il en félicita M. de Neustadt, et répéta les premières expressions. En effet, on peut dire que, depuis le colloque de Ratisbonne du siècle passé, rien n'avoit été fait de plus praticable, ni de plus ajusté aux principes des deux partis. Le feu pape en témoigna quelque satisfaction, aussi bien que des généraux de quelques grands ordres, et autres personnes de grande autorité. Mais ces régales et ces franchises vinrent encore ici à la traverse. Il semble que les offres de M. de Meaux ne furent pas assez suivies, et que quelques-uns se firent un point de politique de contre-carrer tout ce qu'ils croyoient pouvoir être goûté du feu pape, ou recommandé par l'Empereur; comme si les jalousies d'état devoient lever toute communication et concurrence dans les matières les plus saintes et les plus innocentes. Cependant on peut dire que la glace a été rompue : peut-être que les temps propres à poursuivre ces desseins viendront un jour, et que la postérité nous en saura quelque gré. Il est vrai qu'on y devroit songer de part et d'autre un peu plus qu'on ne fait, au lieu d'entretenir cette funeste séparation, qui ne sauroit être assez pleurée de toutes nos larmes, pour me servir de l'expression touchante de M. Pelisson.

Au reste, je vous assure, Madame, et vous pouvez assurer M. Pelisson, qu'il n'y a rien moins que les considérations de quelque agrandissement temporel de la part de nos princes, qui empêche la paix de l'Eglise. Ils ont fait des pas désintéressés, qui marquent leurs intentions généreuses et sincères, et qui leur donnent droit d'attendre des dispositions réciproques de la part de ceux de l'autre communion, suivant les apparences qu'on leur avoit fait voir, auxquelles Monseigneur le Duc, dont les lumières et les sentimens héroïques sont assez reconnus, avoit cru devoir répondre par une facilité toute chrétienne. Cette princesse, à qui M. Pelisson donne avec raison le titre de grande et d'incomparable, a eu quelque part à ces bons desseins, et en a été remerciée. Plût à Dieu que la force des expressions de M. Pelisson, et les raisons de ces grands prélats, qui paroissent animés du même esprit que lui, puissent gagner quelque chose sur les personnes puissantes de leur côté, pour faire revivre nos espérances. Les malheurs des temps s'y opposent, je l'avoue; mais peut-être reverrons-nous encore la sérénité et le calme. Je ne désespère pas entièrement du soulagement des maux de l'Europe, quand je considère que Dieu peut nous le donner, en tournant comme il faut pour cela le cœur d'une seule personne, qui semble avoir le bonheur et le malheur des hommes entre ses mains. On peut dire que ce monarque, car il est aisé de juger de qui je parle, fait lui seul le destin de son siècle; et que la félicité publique pourroit naître de quelques heureux momens, quand il plaira à Dieu de lui donner une réflexion convenable. Je crois que pour être assez touché, il n'auroit besoin que de connoître sa puissance; car il ne manquera jamais de vouloir le bien qu'il jugera pouvoir faire : et si cette prudence réservée et scrupuleuse, qu'il fait paroître au milieu des plus grands succès dont un homme est capable, lui avoit permis de croire qu'il dépendoit de lui seul de rendre le genre humain heureux, sans que qui que ce soit eût été en état de l'empêcher et de l'interrompre, je tiens qu'il n'auroit pas balancé un seul moment. Et s'il considéroit que c'est le comble de la grandeur humaine de pouvoir, comme lui, faire le bien général des hommes, il jugeroit bien aussi que le suprême degré de la félicité seroit de le faire en effet. Les éloges gâtent les princes foibles : mais ce grand roi a besoin de comprendre toute l'étendue des siens, pour faire ce qu'il peut, et pour connoître tout ce qu'il peut faire. Voilà un endroit où l'éloquence inimitable de M. Pelisson pourroit triompher, en persuadant au Roi qu'il est plus grand qu'il ne pense, et par conséquent qu'il est au-dessus de certaines craintes pour le bien de son Etat, qui pourroient le détourner des vues plus grandes et plus héroïques, dont l'objet est le bien du monde. Quel panégyrique peut-on se figurer plus magnifique et plus glorieux, que celui dont le succès seroit suivi de la tranquillité de l'Europe, et même de la paix de l'Eglise !

LETTRE V.

LEIBNIZ A MADAME DE BRINON.

De Hanovre, le 17 décembre 1691.

Madame,

Voici enfin une partie de l'écrit de M. l'abbé Molanus : le reste suivra bientôt. J'avoue de l'avoir promis il y a longtemps, et d'y avoir manqué plusieurs semaines de suite ; mais ce n'étoit pas ma faute, ni celle de M. Molanus non plus. Je puis lui rendre témoignage qu'il y a travaillé à diverses reprises ; mais qu'il a été interrompu par des occupations indispensables. Je vous supplie, Madame, de faire tenir ma lettre (a) à M. de Meaux, avec l'écrit latin ci-joint. Je vous envoie en même temps mes réflexions (b), que j'avois faites il y a plusieurs semaines. C'est pour vous donner des preuves du zèle avec lequel je serai toujours, Madame, votre, etc.

LEIBNIZ.

P. S. Je ne sais si je dois oser vous supplier de faire rendre la ci-jointe à M. de Larroque, qui est connu de M. de Meaux et de M. Pelisson.

LETTRE VI.

LEIBNIZ A BOSSUET.

De Hanovre, le 28 décembre 1691.

Monseigneur,

Je ne doute point que vous n'ayez reçu la première partie de l'éclaircissement que vous aviez demandé, touchant un projet de réunion qui avoit été négocié ici avec M. l'évêque de Neustadt (c) : car je l'avois adressé à madame de Brinon, avec une lettre que j'avois pris la liberté de vous écrire, pour me conserver l'honneur de vos bonnes graces, et pour vous témoigner le zèle avec lequel je souhaite d'exécuter vos ordres.

Je vous envoie maintenant le reste de cet éclaircissement fait par le même théologien, qui vous honore infiniment ; mais qui désire avec raison, comme j'ai déjà marqué, que ceci ne se publie point, d'autant qu'on en est convenu ainsi avec M. de Neustadt. Nous attendrons votre jugement, qui donnera un grand jour à cette matière importante. Au reste je me rapporte à ma

---

(a) Cette lettre ne s'est point trouvée parmi les papiers de Bossuet. (*Leroi.*)
(b) Ce sont apparemment celles qu'on trouve dans la lettre précédente.
(c) Il s'agit des *Cogitationes privatæ*, de Molanus.

précédente, et je suis avec respect, Monseigneur, votre très-humble, etc.

Geoffroi-Guillaume Leibniz.

P. S. Je prie Dieu que l'année où nous allons entrer vous soit heureuse, et accompagnée de toutes sortes de prospérités, avec la continuation *ad multos annos.*

LETTRE VII.

LEIBNIZ A BOSSUET.

(EXTRAIT.)

Sans date.

Monseigneur,

Il eût été à souhaiter que l'*Histoire de la réformation d'Allemagne* que M. de Seckendorf vient de publier eût paru plus tôt. Quelque habile que soit M. Burnet, je trouve que les protestans d'Allemagne n'ont plus sujet de porter envie aux Anglois. L'auteur qui a été autrefois premier ministre d'un duc de Saxe, nous donne là dedans la connoissance d'une infinité de faits importans qu'il a tirés des archives. Il m'écrit lui-même d'y avoir employé plus de quatre cents volumes manuscrits. Il est difficile de dire s'il y a plus d'érudition ou plus de jugement. Ce n'est pas qu'il n'y ait rien où l'on puisse trouver à redire dans un si grand ouvrage, ni que l'auteur soit sans aucune prévention. Mais du moins je crois qu'il est difficile qu'un auteur qui prend parti hautement puisse écrire avec plus de modération.

Je parle de cet ouvrage parce qu'il se peut que vous ne l'ayez pas encore vu.

Je suis avec respect, Monseigneur,

Vostre très-humble et très-obéissant serviteur,

Leibniz.

LETTRE VIII.

BOSSUET A LEIBNIZ.

A Versailles, ce 10 janvier 1692.

Monsieur,

J'ai reçu, par l'entremise de madame de Brinon, la lettre que vous m'avez fait l'honneur de m'écrire, qui est si honnête et si obligeante, que je ne puis assez vous en remercier, ni assez vous témoigner l'estime que je fais de tant de politesse et d'honnêteté, jointe à un si grand savoir et à de si bonnes intentions pour la paix du christianisme. Les articles de M. l'abbé Molanus seront, s'il plaît à Dieu, un grand acheminement à un si bel ouvrage. J'ai lu ce que vous m'en avez envoyé avec beaucoup d'attention et de plaisir, et j'en attends la suite, que vous me faites espérer, avec une extrême impatience. Ce sera quand j'aurai tout vu que je pourrai vous en dire mon sentiment; et je croirois mon jugement trop précipité, si j'entreprenois de le porter sur la partie avant que d'avoir vu et compris le tout. Pour la même raison, Monsieur, il est assez difficile de répondre précisément à ce que vous dites à madame de Brinon, dans la lettre qu'elle m'a communiquée, puisque tout dépendant de ce projet, il faut l'avoir vu tout entier avant que de s'expliquer sur cette matière.

Tout ce que je puis dire en attendant, c'est, Monsieur, que si vous êtes véritablement d'accord des cinq propositions mentionnées dans votre lettre (a), vous ne pouvez pas demeurer longtemps dans l'état où vous êtes sur la religion : et je voudrois bien seulement vous supplier de me dire premièrement si vous croyez que l'infaillibilité soit tellement dans le concile œcuménique, qu'elle ne soit pas encore davantage, s'il se peut, dans tout le corps de l'Eglise, sans qu'elle soit assemblée ; secondement si vous croyez qu'on fût en sûreté de conscience après le concile de Nicée et de Chalcédoine, par exemple, en demeurant d'accord que le concile œcuménique est infaillible, et mettant toute la dispute

(a) Lettre III, à madame de Brinon.

à savoir si ces conciles méritoient le titre d'œcuméniques; troisièmement s'il ne vous paroît pas que, réduire la dispute à cette question, et se croire par ce moyen en sûreté de conscience, c'est ouvrir manifestement la porte à ceux qui ne voudront pas croire aux conciles, et leur donner une ouverture à en éluder l'autorité ; quatrièmement si vous pouvez douter que les décrets du concile de Trente soient autant reçus en France et en Allemagne parmi les catholiques, qu'en Espagne et en Italie, en ce qui regarde la foi ; et si vous avez jamais ouï un seul catholique qui se crût libre à recevoir ou ne recevoir pas la foi de ce concile; cinquièmement, si vous croyez que dans les points que ce concile a déterminés contre Luther, Zuingle et Calvin, et contre les Confessions d'Augsbourg, de Strasbourg et de Genève, il ait fait autre chose que de proposer à croire à tous les fidèles ce qui étoit déjà cru et reçu, quand Luther a commencé de se séparer : par exemple, s'il n'est pas certain qu'au temps de cette séparation, on croyoit déjà la transsubstantiation, le sacrifice de la messe, la nécessité du libre arbitre, l'honneur des Saints, des reliques, des images, la prière et le sacrifice pour les morts, et en un mot, tous les points pour lesquels Luther et Calvin se sont séparés. Si vous voulez, Monsieur, prendre la peine de répondre à ces cinq questions avec votre brièveté, votre netteté et votre candeur ordinaires, j'espère que vous reconnoîtrez facilement que quelque disposition qu'on ait pour la paix, on n'est jamais vraiment pacifique et en état de salut, jusqu'à ce qu'on soit actuellement réuni de communion avec nous.

Je verrois, au reste, avec plaisir l'*Histoire de la Réformation d'Allemagne* de M. de Seckendorf (*a*), si elle pouvoit venir jusqu'en ce pays, supposé qu'elle fût écrite en une langue que j'entendisse, et je puis vous assurer par avance que si cette histoire est véritable, il faudra nécessairement qu'elle se trouve conforme à celle des *Variations*, que j'ai pris la liberté de vous envoyer; puisque je n'y donne rien pour certain que ce qui est avoué par

---

(*a*) Tous les éditeurs disent ici, après Leroi : « Apparemment que M. de Leibniz parloit de cette histoire dans sa lettre à M. de Meaux, que nous n'avons pas. » Nous avons donné, dans la lettre précédente, de Leibniz, le passage qui mentionne l'*histoire* de Seckendorf.

les adversaires. C'est, Monsieur, à mon avis, la seule méthode sûre d'écrire de telles histoires, où la chaleur des partis feroit trouver sans cela d'inévitables écueils.

Excusez, Monsieur, si je vous entretiens si longtemps. Ce n'est pas seulement par le plaisir de converser avec un homme comme vous; mais c'est que j'espère que nos entretiens pourront avoir des suites heureuses pour l'ouvrage que vous et M. l'abbé Molanus avez tant à cœur. Il ne me reste qu'à vous témoigner la joie que je ressens des choses obligeantes que madame la duchesse d'Hanovre daigne me dire par votre entremise, et de vous supplier de l'assurer de mes très-humbles respects, en l'encourageant toujours à ne se rebuter jamais des difficultés qu'elle trouvera dans l'accomplissement du grand ouvrage dont Dieu lui a inspiré le dessein. Je connois, il y a longtemps, la capacité et les saintes intentions de M. l'évêque de Neustadt. Je suis avec toute l'estime possible, Monsieur, votre très-humble serviteur,

† J.-Bénigne, Ev. de Meaux.

LETTRE IX.

LEIBNIZ A BOSSUET.

A Hanovre, 8 (18) janvier 1692.

Monseigneur,

Je vous dois de grands remercimens de votre présent (*a*), qui ne m'a été rendu que depuis quelques jours. Tout ce qui vient de votre part est précieux, tant en soi qu'à cause de son auteur : mais le prix d'un présent est encore rehaussé par la disproportion de celui qui le reçoit; et une faveur dont le plus grand prince se tiendroit honoré, est une grace infiniment relevée à l'égard d'un particulier aussi peu distingué que moi.

Je ne doute point que vous n'ayez fait l'effort, dans l'*Histoire des Variations*, de rapporter exactement les faits. Cependant comme votre ouvrage ne fait voir que quelques imperfections qu'on a remarquées dans ceux qui se sont mêlés de la Réforme, il

(*a*) L'*Histoire des Variations*.

semble que celui de M. de Seckendorf, étoit nécessaire pour les montrer aussi de leur bon côté. Il est vrai qu'il ne dissimule pas des choses que vous reprenez, et il me paroît sincère et modéré pour l'ordinaire. Peut-être qu'il y a quelques endroits un peu durs qui lui sont échappés : mais il est difficile d'être toujours réservé, quand on a devant ses yeux tant de passages des adversaires infiniment plus choquans. Et qui est-ce qui peut être toujours sur ses gardes dans un si grand ouvrage? car ce sont deux volumes *in-folio*; et le livre s'est grossi par l'insertion des extraits d'une infinité de pièces, dont une bonne partie n'étoit pas imprimée. Tout l'ouvrage est écrit en latin. S'il y avoit occasion de l'envoyer en France, je n'y manquerois pas. Cependant je m'imagine qu'on l'y recevra bientôt de Hollande.

Vous avez reçu cependant la suite du discours de M. l'abbé Molanus. Mais les questions que vous me proposez, Monseigneur, à l'occasion de cela, me paroissent un peu difficiles à résoudre; et je souhaiterois plutôt votre instruction là-dessus. La première de ces questions traite du sujet de l'infaillibilité, si elle réside proprement et uniquement dans le concile œcuménique, ou si elle appartient encore au corps de l'Eglise, c'est-à-dire, comme je l'entends, aux opinions qui y sont reçues le plus généralement. Mais puisque dans l'Eglise romaine on n'est pas encore convenu du vrai sujet ou siége radical de l'infaillibilité, les uns le faisant consister dans le Pape, les autres dans le concile, quoique sans le Pape, et que les auteurs qui ont écrit de l'analyse de la foi, sont infiniment différens les uns des autres : je serois bien empêché de dire comment on doit étendre cette infaillibilité encore au delà, savoir, à un certain sujet vague, qu'on appelle le *corps de l'Eglise*, hors de l'assemblée actuelle : et il me semble que la même difficulté se rencontreroit dans un état populaire, prenant le peuple hors de l'assemblée des Etats. Il y entre encore cette question difficile : S'il est dans le pouvoir de l'Eglise moderne ou d'un concile, et comment, de définir comme de foi ce qui autrefois ne passoit pas encore dans l'opinion générale pour un point de foi; et je vous supplie de m'instruire là-dessus. On pourroit dire aussi que Dieu a attaché une grace ou promesse particulière aux assemblées de l'Eglise; et comme on distingue entre le Pape qui parle à l'ordinaire et entre le Pape qui prononce *ex cathedrâ*, quelques-uns pourroient aussi considérer les conciles comme la voix de l'Eglise *ex cathedrâ*.

Quant à la seconde question : Si un homme qui, après le concile de Nicée ou de Chalcédoine, auroit voulu mettre en doute l'autorité œcuménique de ces conciles, eût été en sûreté de conscience, on pourroit répondre plusieurs choses; mais je vous représenterai seulement ceci, pour recevoir là-dessus des lumières de votre part. Premièrement, il semble qu'il soit difficile de douter de l'autorité œcuménique de tels conciles, et je ne vois pas ce que l'on pourroit dire à l'encontre de raisonnable, ni comment on trouvera des conciles œcuméniques, si ceux-ci ne le sont pas. Secondement, posons le cas qu'un homme de bonne foi y trouve de grandes apparences à l'encontre; la question sera si les choses définies par ces conciles étoient déjà auparavant nécessaires au salut ou non. Si elles l'étoient, il faut dire que les apparences contraires à la forme légitime du concile ne sauveront pas cet homme : mais si les points définis n'étoient pas nécessaires avant la définition, je dirois que la conscience de cet homme est en sûreté.

A la troisième question : Si une telle excuse n'ouvre point la porte à ceux qui voudront ruiner l'autorité des conciles, j'oserois répondre que non, et je dirai que ce seroit un scandale plutôt pris que donné. Il s'agit de la mineure, ou du fait particulier d'un certain concile : savoir, s'il a toutes les conditions requises à un concile œcuménique, sans que la majeure de l'autorité des conciles en reçoive de la difficulté. Cela fait seulement voir que les choses humaines ne sont jamais sans quelque inconvénient, et que les meilleurs règlemens ne sauroient exclure tous les abus *in fraudem legis*. On ne sauroit rejeter en général l'exception du juge incompétent ou suspect, bien que les chicaneurs en abusent. Rien n'est sujet à de plus grands abus que la torture ou la question des criminels; cependant on auroit bien de la peine à s'en passer entièrement. Un homme peut s'inscrire en faux contre une écriture qui ressemble à la sienne, et demander la comparaison des écritures. Cela donne moyen de chicaner contre le droit le plus liquide ; mais on ne sauroit pourtant retrancher ce remède en général. J'avoue qu'il est dangereux de fournir des prétextes pour douter des conciles : mais il n'est pas moins dangereux d'autoriser des conciles douteux, et d'établir par là un moyen d'opprimer la vérité.

Quant à la quatrième question : Si je doute que les décrets du concile de Trente soient aussi bien reçus en France et en Allemagne qu'en Italie ou en Espagne, je pourrois me rapporter au sentiment de quelques docteurs espagnols ou italiens, qui reprochent aux François de s'éloigner en certains points de la doctrine de ce concile, par exemple, à l'égard de ce qui est essentiel à la validité du mariage : ce qui n'est pas seulement de discipline, mais encore de doctrine, puisqu'il s'agit de l'essence d'un sacrement. Mais sans m'arrêter à cela, je répondrai, comme j'ai déjà fait : quand toute la doctrine du concile de Trente seroit reçue en France, qu'il ne s'ensuit point qu'on l'ait reçue comme venue du concile œcuménique de Trente, puisqu'on a si souvent mis en doute cette qualité de ce concile.

La cinquième question est d'une plus grande discussion : Savoir, si tout ce qui a été défini à Trente passoit déjà généralement pour catholique et de foi avant cela, lorsque Luther commença d'enseigner sa doctrine. Je crois qu'on trouvera quantité de passages de bons auteurs, qui ont écrit avant le concile de Trente, et qui ont révoqué en doute des choses définies dans ce concile. Les livres des protestans en sont pleins, et il est très-sûr que depuis on n'a plus osé parler si librement. C'est pourquoi les livres, appelés *Indices expurgatorii*, ont trouvé tant de choses à retrancher dans les auteurs antérieurs. Je crois qu'un passage d'un habile homme, comme Erasme, mérite autant de réflexion que quantité d'écrivains du bas ordre, qui ne font que se copier les uns les autres. Mais quand on accorderoit que toutes ces décisions passoient déjà pour véritables, selon la plus commune opinion, il ne s'ensuit point qu'elles passoient toujours pour être de foi ; et il semble que les anathèmes du concile de Trente ont bien changé l'état des choses. Enfin quand ces décisions auroient déjà été enseignées comme de foi par la plupart des docteurs, on retomberoit dans la première question, pour savoir si ces sortes d'opinions communes sont infaillibles, et peuvent passer pour la voix de l'Eglise.

En écrivant ceci, je reçois l'avis que vous me donnez, Monseigneur, d'avoir reçu le reste de l'écrit de M. l'abbé Molanus. Nous attendrons la grace, que vous nous faites espérer, de voir votre jugement là-dessus. Je ne doute point qu'il ne soit aussi équitable que solide. On a fait ici de très-grands pas pour satisfaire à ce qu'on a jugé dû à la charité et à l'amour de la paix. On s'est approché des bords de la rivière de Bidassoa, pour passer un jour dans l'île de la Conférence (*a*). On a quitté exprès toutes ces manières qui sentent la dispute, et tous ces airs de supériorité que chacun a coutume de donner à son parti; *et quidquid ab utrâque parte dici potest, etsi ab utrâque parte verè dici non possit;* cette fierté choquante, ces expressions de l'assurance où chacun est en effet, mais dont il est inutile et même déplaisant de faire parade auprès de ceux qui n'en ont pas moins de leur part. Ces façons servent à attirer de l'applaudissement des lecteurs entêtés; et ce sont ces façons qui gâtent ordinairement les colloques, où la vanité de plaire aux auditeurs et de paroître vainqueur, l'emporte sur l'amour de la paix : mais rien n'est plus éloigné du véritable but d'une conférence pacifique. Il faut qu'il y ait de la différence entre des avocats qui plaident et entre des entremetteurs qui négocient. Les uns demeurent dans un éloignement affecté et dans des réserves artificieuses; et les autres font connoître, par toutes leurs démarches, que leur intention est sincère et portée à faciliter la paix. Comme vous avez fait louer votre modération, Monseigneur, en traitant les controverses publiquement, que ne doit-on pas attendre de votre candeur, quand il s'agit de répondre à celle des personnes qui marquent tant de bonnes intentions? Aussi peut-on dire que le blâme de la continuation du schisme doit tomber sur ceux qui ne font pas tout ce qu'ils peuvent pour le lever, surtout dans les occasions qui les doivent inviter et qu'à peine un siècle a

---

(*a*) Les conférences entre le cardinal Mazarin et don Louis de Haro, pour pacifier la France et l'Espagne, se tinrent dans l'île des Faisans, située au milieu de la Bidassoa.

coutume d'offrir. Quand il n'y auroit que la grandeur et les lumières infiniment relevées de votre Monarque si capable de faire réussir ce qu'il approuve, jointes aux dispositions d'un Pape, qui semble avoir la pureté du zèle d'Innocent XI sans en avoir l'austérité, vous jugeriez bien qu'il seroit inexcusable de n'en point profiter.

Mais vous voyez qu'il y a encore d'autres raisons qui donnent de l'espérance. Un Empereur des plus éclairés dans les affaires qui aient jamais été, et des plus zélés pour la foi, y contribue; un prince protestant des plus propres par son mérite personnel et par son autorité de faire réussir une grande affaire, y prend quelque part; des théologiens séculiers et réguliers, célèbres de part et d'autre, travaillent à aplanir le chemin, et commencent d'entrer en matière par l'unique ouverture que la nature des choses y semble avoir laissée, pour se rapprocher sans que chacun s'éloigne de ses principes. Votre réputation y peut donner le plus grand poids du monde; et vous vous direz assez à vous-même, sans moi, que plus on est capable de faire du bien et que ce bien est grand, plus on est responsable des omissions.

Toute la question se réduit à ce point essentiel de votre côté : S'il seroit permis en conscience aux églises unies avec Rome d'entrer en union ecclésiastique avec les églises soumises aux sentimens de l'Eglise catholique, et prêtes à être même dans la liaison de la hiérarchie romaine; mais qui ne demeurent pas d'accord de quelques décisions, parce qu'elles sont portées, par des apparences très-grandes et presque insurmontables à leur égard, à ne point croire que l'Eglise catholique les ait autorisées, et qui d'ailleurs demandent une réformation effective des abus que Rome même ne peut approuver. Je ne vois pas quel crime votre parti commettroit par cette condescendance. Il est sûr qu'on peut entretenir l'union avec de telles gens, qui se trompent sans malice. Les points spéculatifs, qui resteroient en contestation, ne paroissent pas des plus importans, puisque plusieurs siècles se sont passés, sans que les fidèles en aient eu une connoissance fort distincte. Il me semble qu'il y a des contestations tolérées dans la communion romaine, qui sont autant ou peut-être plus importantes que celles-là : et j'oserois croire que si l'on feignoit que les églises septentrionales fussent unies effectivement avec les vôtres, à ces opinions près, vous seriez fâché de voir rompre cette union, et que vous dissuaderiez la rupture de tout votre pouvoir à ceux qui la voudroient entreprendre.

Voilà sur quoi tout roule à présent. Car de parler de rétractations, cela n'est pas de saison. Il faut supposer que de l'un et de l'autre côté on parle sincèrement : et puisqu'on s'est épuisé en disputes, il est bon de voir une fois ce qu'il est possible de faire sans y entrer, sauf à les diminuer par des éclaircissemens, par des réformations effectives des abus reconnus, et par toutes les démarches qu'on peut faire en conscience, et par conséquent qu'on doit faire s'il est possible pour faciliter un si grand bien ; en attendant que l'Eglise par cela même soit mise en état de venir à une assemblée, par laquelle Dieu mette fin au reste du mal. Mais je m'aperçois de la faute que je fais de m'étendre sur des choses que vous voyez d'un clin d'œil, et mieux que moi. Je prie Dieu de vous conserver longtemps, pour contribuer au bien des ames, tant par vos ouvrages que par l'estime que le plus grand, ou pour parler avec M. Pelisson, le plus roi entre les rois a conçue de votre mérite. Je ne saurois mieux marquer que par un tel souhait le zèle avec lequel je suis, Monseigneur, votre très-humble et obéissant serviteur,

Geoffroy-Guillaume de Leibniz.

P. S. Il est peut-être inutile que je dise que ce qu'on vous envoie, Monseigneur, peut encore être communiqué à M. Pelisson, dont on se promet le même ménagement.

LETTRE X.

BOSSUET A LEIBNIZ.

A Versailles, 17 janvier 1692.

Monsieur,

J'ai reçu avec votre lettre du 28 décembre la seconde partie du projet de réunion, et je vous en donne en même temps avis. Vous aurez vu, par ma précédente, la réception de la première partie. Le premier loisir que j'aurai sera employé à vous dire mon sentiment avec une entière ingénuité. Vous me ferez, Monsieur, beaucoup de plaisir d'assurer M. l'abbé Molanus de l'estime que j'ai pour lui et de ma parfaite reconnoissance pour les bontés dont il m'honore. Nous lui garderons fidèlement tout le secret qu'il nous demande, et nous nous estimons très-honoré de ce qu'il veut bien nous le confier. Pour moi, je puis vous dire avec combien de cordialité et d'estime je suis, Monsieur,

Votre très-humble serviteur,

Bénigne, Ev. de Meaux.

LETTRE XI.

BOSSUET A LEIBNIZ.

A Meaux, 30 mars 1692.

Monsieur, je suis obligé de vous dire que madame la marquise de Béthune m'a dit à Chantilly, où je fus saluer le Roi lorsqu'il y passa pour aller commander ses armées en personne, qu'elle avoit un livre à me rendre de la part de madame la duchesse d'Hanovre. Ce m'est un grand honneur qu'une telle princesse veuille bien se souvenir de moi. J'ai reçu le livre par la voie de M. Pelisson, comme vous aviez pris la peine de me le mander. Il me semble qu'il démontre parfaitement que les catholiques ont très-bien connu, et devant et après Luther, la justification gratuite et la confiance en Jésus-Christ seul ; et cela étant, je ne sais si on peut lire sans quelque honte les menteries de Luther et de ses disciples et même celles de la *Confession d'Augsbourg* et de l'*Apologie*, où l'on parle toujours de cet article comme du grand article de la réforme luthérienne, entièrement oublié dans l'Eglise.

J'ai voulu, Monsieur, lire tout ce livre avant que de faire mettre au net ma réponse sur le projet d'union (*a*), pour voir si elle me donneroit lieu d'y ajouter quelque chose. Vous

(a) Sur les *Cogitationes privatæ* de Molanus.

l'aurez dans peu, s'il plaît à Dieu ; je suis fâché de faire si long-temps attendre si peu de chose, vous voyez bien les raisons du délai et j'espère qu'on me le pardonnera (*a*).....

Je suis et serai toujours avec une estime et une inclination particulière,

Monsieur, votre très-humble serviteur.

J. Bénigne, Ev. de Meaux.

LETTRE XII.

MADAME DE BRINON A BOSSUET.

Ce 5 avril 1692.

Madame la duchesse d'Hanovre commençoit à s'impatienter, Monseigneur, de ce que vous ne disiez mot sur les écrits de M. l'abbé Molanus, et elle en tiroit quelque mauvais présage : mais la lettre que vous écrivez à M. Leibniz, que j'ai lue à madame de Maubuisson, comme Votre Grandeur me l'a ordonné, la rassurera. Par malheur pour la diligence elle a attendu ici quatre jours, parce que la poste d'Allemagne ne part que deux fois la semaine. Il me semble, Monseigneur, que Dieu m'a associée au grand ouvrage de la réunion des protestans d'Allemagne, puisqu'il a permis qu'on m'ait adressé les premières objections pour les envoyer à M. Pelisson, et que depuis j'ai eu l'honneur de faire tenir les lettres de part et d'autre, et d'en écrire quelquefois moi-même, qui n'ont pas été inutiles pour réveiller du côté de l'Allemagne leurs bons desseins.

Je me suis sentie, Monseigneur, pressée intérieurement, et Dieu veuille que ce soit son Esprit qui m'ait conduite, d'écrire à M. Leibniz, pour l'engager à prendre garde de revenir à l'Eglise avec un cœur contrit et humilié, sans lui faire de conditions onéreuses, comme est celle qu'il demande de la réformation des abus, que l'Eglise souhaite plus qu'eux dans ses enfans.

(*a*) Leibniz avoit parlé à Bossuet, comme il en parloit à tout le monde, de sa dynamique, qu'il qualifioit de philosophie. Avant de finir, Bossuet répond à Leibniz, quelques mots sur cette grande découverte, l'assurant qu'il l'étudieroit au premier moment de loisir, et que rien ne l'empêchera d'être son disciple.

Je lui mande, le plus doucement qu'il m'est possible, qu'elle n'a point attendu après la réunion des protestans, pour réformer les abus que l'intérêt, d'un côté, et la simplicité du peuple peut avoir établis dans le culte extérieur que nous rendons aux Saints; que tous les pasteurs vigilans y travaillent sans relâche, et que depuis que j'ai l'usage de ma raison, j'ai toujours ouï blâmer et reprendre sévèrement dans l'Eglise la superstition : mais qu'il n'est pas facile de remédier à plusieurs abus sur lesquels tout le monde n'entend pas raison; que la foi des particuliers ne doit point être intimidée là-dessus puisque les fautes sont personnelles, et que Dieu ne nous jugera que sur nos devoirs, et non pas sur ceux des autres; que c'est à lui de séparer la zizanie d'avec le bon grain; et que pour ne donner aucun prétexte à la désunion des chrétiens il avoit souffert dans sa compagnie et dans celle de ses apôtres le plus méchant homme du monde, qui étoit Judas. Je lui dis que revenant à l'Eglise dans l'unique motif de se réunir à son Chef, et de cesser d'être schismatique, il falloit imiter l'enfant prodigue, dire simplement : « J'ai péché, et je ne suis pas digne d'être appelé votre enfant, » ce qui seroit propre à exciter notre Mère à tuer le veau gras en leur faveur, c'est-à-dire à leur accorder avec charité tout ce qui ne choqueroit pas la religion en chose essentielle.

J'ai cru qu'étant, comme je suis, une personne sans conséquence, je pouvois sans rien risquer écrire bonnement à M. Leibniz, qui est le plus doux du monde et le plus raisonnable, ce qui me paroissoit de sa proposition de réformer l'Eglise, eux qui n'ont erré que pour l'avoir voulu faire mal à propos. Je me suis déjà aperçu que quelques autres petits avis, que je lui ai donnés à la traverse, n'ont pas fait de mal dans les suites, et qu'il est impossible que ma franchise puisse rien troubler. Au contraire il m'en saura gré, ce me semble, de la manière dont Dieu m'a fait la grace de lui tourner cela; et puis une personne comme moi est sans conséquence pour eux. Je suis ravie, Monseigneur, que vous soyez content de M. l'abbé Molanus : c'est un homme en qui madame la duchesse d'Hanovre a une fort grande confiance. Dieu veuille bénir tous vos soins et toutes nos prières. Je suis avec un très-profond respect, votre très-humble et très-obéissante servante,

Sr. M. de Brinon.

LETTRE XIII.

LEIBNIZ A BOSSUET.

A Hanovre, ce 18 avril 1692.

Monseigneur,

Je ne veux pas tarder un moment de répondre à votre lettre pleine de bonté, d'autant qu'elle m'est venue justement le lendemain du jour où je m'étois avisé d'un exemple important, qui peut servir dans l'affaire de la réunion. Vous avez toutes les raisons du monde de dire qu'on ne doit point prendre pour facile ce qui dans le fond ne l'est point. Je vous avoue que la chose est difficile par sa nature et par les circonstances, et je ne me suis jamais figuré de la facilité dans une si grande affaire. Mais il s'agit d'établir avant toutes choses ce qui est possible ou loisible. Or tout ce qui a été fait, et dont il y a des exemples approuvés dans l'Eglise, est possible; et il semble que le parti des protestans est si considérable, qu'on doit faire pour eux tout ce qui se peut. Les calixtins de Bohême l'étoient bien moins : ce n'étoit qu'une partie d'un royaume. Cependant vous voyez par la lettre exécutoriale des députés du concile de Bâle, que je joins ici, qu'en les recevant on a suspendu à leur égard un décret notoire du concile de Constance : savoir, celui qui décide que l'usage des deux espèces n'est pas commandé à tous les fidèles. Les calixtins ne reconnoissant point l'autorité du concile de Constance et n'étant point d'accord avec ce décret, le pape Eugène et le concile de Bâle passèrent par-dessus cette considération, et n'exigèrent point d'eux de s'y soumettre ; mais renvoyèrent l'affaire à une nouvelle décision future de l'Eglise. Ils mirent seulement cette condition, que les calixtins réunis devoient croire ce qu'on appelle la concomitance, ou la présence de Jésus-Christ tout entier sous chacune des espèces, et admettre par conséquent que la communion sous une espèce est entière et valide, pour parler ainsi, sans être obligés de croire qu'elle est licite. Ces concordats entre les députés du concile et ceux des Etats calixtins de la Bohême et de la Moravie, ont été ratifiés par le concile de Bâle. Le pape Eugène en fit connoître sa joie par une lettre écrite aux Bohémiens : encore Léon X longtemps après déclara qu'il les approuvoit, et Ferdinand promit de les maintenir. Cependant ce n'étoit qu'une poignée de gens : un seul Zisca les avoit rendus considérables : un seul Procope les maintenoit par sa valeur : pas un prince ou Etat souverain, point d'évêque ni d'archevêque n'y prenoit part. Maintenant c'est quasi tout le Nord qui s'oppose au Sud de l'Europe ; c'est la plus grande partie des peuples germaniques opposée aux Latins. Car l'Europe se peut diviser en quatre langues principales, la grecque, la latine, la germanique et la sclavonne. Les Grecs, les Latins et les Germains font trois grands partis dans l'Eglise : la sclavonne est partagée entre les autres. Car les François, Italiens, Espagnols, Portugais, sont Latins et Romains : les Anglois, Ecossois, Danois, Suédois sont Germains et protestans : les Polonois, Bohémiens et Russes ou Moscovites sont Sclavons ; et les Moscovites avec les peuples de la même langue qui ont été soumis aux Ottomans, et une bonne partie de ceux qui reconnoissent la Pologne, suivent le rit grec.

Jugez, Monseigneur, si la plus grande partie de la langue germanique ne mérite pas pour le moins autant de complaisance qu'on en a eu pour les Bohémiens. Je vous supplie de bien considérer cet exemple, et de me dire votre sentiment là-dessus. Ne vaudroit-il pas mieux pour Rome et pour le bien général de regagner tant de nations, quand on devroit demeurer en différend sur quelques opinions durant quelque temps, puisqu'il est vrai que ces différends seroient encore moins considérables que quelques-uns de ceux qui sont tolérés dans l'Eglise romaine, tel qu'est, par exemple, le point de la nécessité de l'amour de Dieu et le point du probabilisme, pour ne rien dire du grand différend entre Rome et la France? Je ne désespère pas cependant. Si l'affaire étoit traitée comme il faut, je crois que les protestans pourroient un jour s'expliquer sur les dogmes encore plus favorablement qu'il ne semble d'abord, surtout s'ils voyoient des marques d'un véritable zèle pour la réforme effective des abus reconnus, particulièrement en matière de culte. Et en effet, je suis persuadé en général qu'il y a plus de difficulté dans les pratiques que dans les doctrines.

Le Père Denis, capucin, a été lecteur de théologie, et maintenant il est gardien à Hildesheim. Dans sa *Via pacis*, il traite de la justification, du mérite des œuvres et matières semblables, et allègue un grand nombre de passages des auteurs de son parti, qui parlent d'une manière que les protestans peuvent approuver.

J'ai eu l'honneur de parler des sciences avec M. de la Loubère; mais je croyois que c'étoit plutôt de mathématiques que de philosophie. Il est vrai que j'ai encore fort pensé autrefois sur la dernière, et que je voudrois que mes opinions fussent rangées pour pouvoir être soumises à votre jugement. Si vous ne me sembliez ordonner d'en toucher quelque chose, je croirois qu'il seroit mal à propos de vous en entretenir. Car quoique vous soyez profond en toutes choses, vous ne pouvez pas donner du temps à tout dans le poste élevé où vous êtes. Or pour ne rien dire de la physique particulière, quoique je sois persuadé que naturellement tout est plein et que la matière garde sa dimension, je crois néanmoins que l'idée de la matière demande quelque autre chose que l'étendue, et que c'est plutôt l'idée de la force qui fait celle de la substance corporelle, et qui la rend capable d'agir et de résister. C'est pourquoi je crois qu'un parfait repos ne se trouve nulle part, que tout corps agit sur tous les autres à proportion de la distance; qu'il n'y a point de dureté ni de fluidité parfaite, et qu'ainsi il n'y a point de premier ni de second élément : qu'il n'y a point de portion de matière si petite, dans laquelle il n'y ait un monde infini de créatures. Je ne doute point du système de Copernic; je crois avoir démontré que la même quantité de mouvement ne se conserve point, mais bien la même quantité de force. Je tiens aussi que jamais changement ne se fait par saut (par exemple, du mouvement au repos, ou au mouvement contraire), et qu'il faut toujours passer par une infinité de degrés moyens, bien qu'ils ne soient pas sensibles : et j'ai quantité d'autres maximes semblables, et bien des nouvelles définitions, qui pourroient servir de fondement à des démonstrations. J'ai envoyé quelque chose à M. Pelisson (sur ses ordres) touchant la force, parce qu'elle sert à éclaircir la nature du corps; mais je ne sais si cela mérite que vous jetiez les yeux dessus.

J'ajouterai un mot de M. de Seckendorf. Son livre est long; mais cela n'est pas un défaut à l'égard des choses qui sont bonnes. Cependant je l'exhortai d'abord à en donner un abrégé; ce qui se fera bientôt. Il y a une infinité de choses qui n'étoient pas bien connues. Je ne sais si on se peut plaindre de l'ordre; car il suit celui des temps. On reconnoît partout la bonne foi et l'exactitude. Il pouvoit retrancher bien des choses; mais c'est de quoi je ne me plains jamais, surtout à l'égard des livres qui ne sont pas faits pour le plaisir. Il y a de bons registres. Le style, les expressions, les réflexions marquent le jugement et l'érudition de l'auteur. Son âge avancé a fait qu'il s'est borné à la mort de Luther; et pour aller à la *Formule de concorde*, il auroit fallu avoir à la main les archives de la Saxe électorale, comme il a eu celles de la Saxe ducale. Avec toute la grande opinion que j'ai du savoir, des lumières et de l'honnêteté de M. de Seckendorf, je lui trouve quelquefois des sentimens et des expressions rigides : mais c'est en conséquence du parti, et il ne faut pas trouver mauvais qu'une personne parle suivant sa conscience. Aussi sait-on assez que les Saxons supérieurs sont plus rigides que les théologiens de ces provinces de la Basse-Saxe.

Pour ce qui est de l'*Histoire de la Concorde*, les deux livres contraires, l'un d'Hospinien, appelé *Concordia discors*, l'autre de Hutterus, appelé *Concordia concors*, opposé au premier, en rapportent beaucoup de particularités. Je m'imagine qu'il y aura des gens qui se chargeront de la continuation de l'*Histoire de M. de Seckendorf*. Je demeure d'accord qu'il y a beaucoup de choses dans le livre de celui-ci, qui regardent plutôt le cabinet que la religion; mais il a cru avec raison que cela serviroit à faire mieux connoître la conduite des princes protestans, d'autant plus que ceux qui tâchent de la décrier prétendent que le contre-coup en doit rejaillir sur la religion. Puisque madame la marquise de Béthune passe par ici, je profite de l'occasion pour vous envoyer le livre du Père Denis, et j'adresserai le paquet à M. Pelisson.

J'ai oublié de dire ci-dessus que je demeure d'accord que tout se fait mécaniquement dans la nature; mais je crois que les principes mêmes de la mécanique, c'est-à-dire les lois de la nature, à l'égard de la force mouvante, viennent des raisons supérieures et d'une cause immatérielle, qui fait tout de la manière la plus parfaite : et c'est à cause de cela, aussi bien que de l'infini enveloppé en toutes choses, que je ne suis pas du sentiment d'un habile homme, auteur des *Entretiens de la pluralité des Mondes* (*a*), qui dit à sa marquise, qu'elle aura eu sans doute une plus grande opinion de la nature, que maintenant qu'elle voit que ce n'est que la boutique d'un ouvrier; à peu près comme le roi Alphonse, qui trouva le système du monde fort médiocre. Mais il n'en avoit pas la véritable idée; et j'ai peur que le même ne soit arrivé à cet auteur, tout pénétrant qu'il est, qui croit à la cartésienne que toute la machine de la nature se peut expliquer par certains ressorts ou élémens. Mais il n'en est pas ainsi; et ce n'est pas comme dans les montres, où l'analyse étant poussée jusqu'aux dents des roues, il n'y a plus rien à considérer. Les machines de la nature sont machines partout, quelque petite partie qu'on y prenne; ou plutôt, la moindre partie est un monde infini à son tour, et qui exprime même à sa façon tout ce qu'il y a dans le reste de l'univers. Cela passe notre imagination : cependant on sait que cela doit être; et toute cette variété infiniment infinie est animée dans toutes ses parties par une sagesse architectonique plus qu'infinie. On peut dire qu'il y a de l'harmonie, de la géométrie, de la métaphysique, et, pour parler ainsi, de la morale partout; et ce qui est surprenant, à prendre les choses dans un sens, chaque substance agit spontanément comme indépendante de toutes les autres créatures, bien que dans un autre sens toutes les autres l'obligent à s'accommoder avec elles : de sorte qu'on peut dire que toute la nature est pleine de miracles, mais de miracles de raison, et qui deviennent miracles, à force d'être raisonnables, d'une manière qui nous étonne. Car les raisons s'y poussent à un progrès infini, où notre esprit, bien qu'il voie que cela se doit,

(*a*) M. de Fontenelle.

ne peut suivre par sa compréhension. Autrefois on admiroit la nature sans y rien entendre, et on trouvoit cela beau. Dernièrement on a commencé à la croire si aisée, que cela est allé à un mépris, et jusqu'à nourrir la fainéantise de quelques nouveaux philosophes, qui s'imaginèrent en savoir déjà assez. Mais le véritable tempérament est d'admirer la nature avec connoissance, et d'y reconnoître que plus on y avance, plus on découvre de merveilleux; et que la grandeur et la beauté des raisons mêmes est ce qu'il y a de plus étonnant et de moins compréhensible à la nôtre. Je suis allé trop loin, en voulant remplir le vide de ce papier. J'en demande pardon, et je suis avec zèle et reconnoissance, Monseigneur, votre très-obéissant serviteur,

LEIBNIZ.

LETTRE XIV.

BOSSUET A PELISSON.

Ce 7 mai 1692.

J'ai vu, Monsieur, la pièce que vous envoie M. Leibniz sur les calixtins. Il n'y paroît autre chose qu'une sainte économie du concile et de ses légats, pour les attirer à cette sainte assemblée. La discussion qu'on leur offre dans le concile de Bâle n'est pas une discussion entre les juges, comme si la chose étoit encore en suspens après le jugement de Constance; mais une discussion amiable entre les contredisans pour les instruire. Cela n'est rien moins qu'une suspension du concile de Constance. Les calixtins cependant s'obligeoient à consulter le concile : ils y venoient pour y être enseignés. On espéroit qu'en y comparoissant, la majesté, la charité, l'autorité du concile qu'ils reconnoissoient, acheveroient leur conversion : finalement la question, qu'on remettoit au concile, y fut terminée par une décision conforme en tout point à celle du concile de Constance.

Si cette affaire eut peu de succès, ce ne fut pas la faute du concile, qui poussa la condescendance jusqu'au dernier point où l'on pouvoit aller, sans blesser la foi et l'autorité des jugemens de l'Eglise. Voilà ce qu'il est aisé de justifier par pièces. Si vous savez quelque chose de particulier sur ce fait, vous m'obligerez de m'en faire part avant que j'envoie ma réponse. Il faut aussi bien observer que les calixtins ne demandoient pas de prendre séance dans le concile; mais qu'eux et leurs prêtres reconnoissoient celui de Bâle, qui n'étoit composé que de catholiques. Voilà, Monsieur, la substance de ma réponse, que je vous enverrai enrichie de vos avis, si vous en avez quelques-uns à me donner. Si vous croyez même qu'il presse de faire quelque réponse, vous pouvez faire passer cette lettre à M. Leibniz. Il verra du moins qu'on fait attention à ses remarques. Celle qu'il fait sur le concile de Florence, où les Grecs sont admis à décider la question avec les Latins dans la session publique, seroit quelque chose, si ce n'étoit qu'avant que de les y admettre, on étoit convenu de tout avec eux dans les disputes et congrégations tenues entre les prélats. Tout cela est expliqué dans mes *Réflexions sur l'Ecrit de M. l'abbé Molanus*. Si ma réponse est tardive, il le faut attribuer aux occupations d'un diocèse; et si elle est un peu longue, c'est qu'il a fallu travailler, non pas seulement à montrer les difficultés, mais à proposer de notre côté les expédiens. S'il vous en vient d'autres que ceux que je propose, je profiterai de vos lumières; mon esprit, comme le vôtre, étant de pousser la condescendance jusqu'à ses dernières limites, autant qu'il dépend de nous.

Quand vous aurez reçu le livre du capucin, intitulé : *Via pacis*, que M. Leibniz veut bien vous envoyer pour moi, je vous prie de m'en donner avis.

La pièce de M. Leibniz est en substance dans Raynaldus; et si je m'en souviens bien, dans les Conciles du Père Labbe. Mais je ne l'avois pas vue si entière qu'il vous l'envoie; et il seroit curieux pour l'histoire de savoir d'où elle est prise (*a*) : du reste elle est conforme à tout ce qu'on a déjà. Elle pourroit être aussi dans Cochlæus, que je n'ai point ici. J'attends, Monsieur, une réponse. Vous ne parlez point si vous serez du voyage. J'aurois bien de

---

(*a*) Elle est mot à mot, comme je l'ai remarqué, dans Goldast. Voyez ma première note sur cette pièce. (*Edit. de Leroi.*)

la joie de vous embrasser à Chantilly, où je me rendrai, s'il plaît à Dieu.

J. Bénigne, Ev. de Meaux.

LETTRE XV.

PELISSON A BOSSUET.

A Paris, ce 19 juin 1692.

Je dois réponse, Monseigneur, à la dernière de vos lettres; mais il n'y avoit rien de pressé, et j'attendois votre écrit. Il est venu ces jours passés, et m'a trouvé embarrassé de beaucoup d'affaires pour autrui, que je ne pouvois interrompre : de sorte que j'ai failli à vous le renvoyer sans le voir, de peur de vous le faire trop attendre; sachant bien que c'est un honneur et un plaisir que vous avez voulu me faire, mais dont vous n'aviez aucun besoin, ni ne pouviez tirer aucun avantage. Cependant j'ai mieux aimé prendre le parti de le voir à diverses reprises, et de vous en renvoyer la moitié, et avec fort peu de remarques et assez inutiles. Votre ecclésiastique m'ayant dit qu'il pouvoit s'en retourner vendredi, qui est demain, je verrai le reste incessamment, et en ferai un autre paquet ou rouleau cacheté, que j'enverrai à votre hôtel. Toute cette première partie m'a semblé très-bien entendue et très-propre à faire un bon effet, nonobstant les grandes difficultés du dessein, que vous remarquez vous-même, mais qui ne doivent pas nous faire perdre courage.

Je suis bien aise que vous ayez trouvé bon et utile le livre du Capucin. Il faut vous dire, Monseigneur, qu'un gentilhomme suédois, nommé Micander, homme de quelque littérature, mais que je ne connoissois pas, ayant lu le livre *de la Tolérance des Religions* (a), vint céans avec un religieux de l'abbaye, qui y laissa un billet et un écrit latin qu'il me prioit de voir, parce que le gentilhomme partoit dans trois jours pour l'Angleterre. L'écrit étoit un projet d'accommodement : le titre portoit qu'il étoit fait par un évêque catholique; mais il se trouva

---

(a) Pelisson est auteur de ce livre (*Edit. de Leroi.*)

que l'écriture étoit très-mauvaise, pleine d'abréviations, et telle enfin que je me fis beaucoup de mal aux yeux et à la tête pour en avoir voulu déchiffrer quatre ou cinq pages. Le Suédois vint me dire adieu en partant ; je le lui rendis : il me promit de m'en envoyer copie de Hollande où il doit passer. Il me dit que l'auteur étoit l'évêque de Neustadt. Je ne sais si vous n'avez point vu cela autrefois. L'écrit commençoit par l'exemple de la défense du sang et des choses étouffées, que les apôtres ont autorisée pour un temps, encore qu'ils ne la crussent pas bonne, et le reste de ce que j'ai vu, avoit aussi beaucoup de rapport à l'écrit de l'abbé Molanus.

J'écrirai à M. de Leibniz au premier moment de loisir que je trouverai ; car je lui dois une réponse. Je lui demanderai d'où il a pris ce qu'il vous a envoyé du concile de Bâle. Il m'en a fait un grand article à moi-même ; mais vous y avez si bien et si parfaitement répondu, que je le renverrai simplement à votre écrit. Je vous rends, Monseigneur, mille très-humbles graces de toutes vos bontés, et suis toujours à vous avec tout le respect possible.

PELISSON-FONTANIER.

LETTRE XVI.

LEIBNIZ A PELISSON.

(EXTRAIT.)

Ce 3 juillet 1692.

Nous avons appris que les *Réflexions* de M. l'évêque de Meaux sont achevées ; et nous espérons, Monsieur, que vous nous communiquerez vos propres pensées sur le même sujet, et que vous nous direz surtout votre sentiment sur la condescendance du concile de Bâle envers les calixtins, qui lui a fait suspendre à leur égard les décrets du concile de Constance, contre ceux qui soutenoient que les deux espèces étoient *ex præcepto ;* ce qui paroît être *in terminis* le cas que nous traitons, et non une simple concession de l'usage des deux espèces, sur laquelle il ne peut y avoir de difficultés.

Nous nous attendons qu'on viendra à l'essentiel de la question ; savoir, si ceux qui sont prêts à se soumettre à la décision de l'Eglise, mais qui ont des raisons de ne pas reconnoître un certain concile pour légitime, sont véritablement hérétiques ; et si une telle question n'étant que de fait, les choses ne sont pas à leur égard *in foro poli*, et lorsqu'il s'agit de l'affaire de l'Eglise et du salut, comme si la décision n'avoit pas été faite, puisqu'ils ne sont pas opiniâtres. La condescendance du concile de Bâle semble appuyée sur ce fondement.

LETTRE XVII.

LEIBNIZ A MADAME DE BRINON.

(EXTRAIT.)

3 juillet 1692.

Je voudrois, dans les matières importantes, un raisonnement tout sec, sans agrément, sans beautés, semblable à celui dont les gens qui tiennent des livres de compte ou les arpenteurs se servent à l'égard des nombres et des lignes. Tout est admirable dans M. de Meaux et M. Pelisson : la beauté et la force de leurs expressions, aussi bien que leurs pensées, me charment jusqu'à me lier l'entendement. Mais quand je me mets à examiner leurs raisons en logicien et en calculateur, elles s'évanouissent de mes mains ; et quoiqu'elles paroissent solides, je trouve alors qu'elles ne concluent pas tout à fait tout ce qu'on en veut tirer. Plût à Dieu qu'ils pussent se dispenser d'épouser tous les sentimens de parti. On a souvent décidé des questions non nécessaires. Si ces décisions se pouvoient sauver par des interprétations modérées, tout iroit bien. On ne pourra du moins, ce semble, guérir les défiances des protestans que par la suspension de certaines décisions. Mais la question est, si l'Eglise en pourra venir là sans faire tort à ses droits. J'ai trouvé un exemple formel, où l'Eglise l'a pratiqué ; sur quoi nous attendons le sentiment de M. de Meaux et de M. Pelisson, et surtout le reste de l'écrit de M. Molanus.

Nous espérons que tant nos écrits que les censures seront ménagées et tenues secrètes, hors à des personnes nécessaires. Publier ces choses sans sujet, c'est en empêcher l'effet. C'est pourquoi madame la duchesse a été surprise de voir par la lettre de madame sa sœur (l'abbesse de Maubuisson), qu'on pensoit à les imprimer. Peut-être y a-t-il du malentendu (a). En tout cas, je vous supplie, Madame, de faire connoître l'importance du secret, afin que ni M. l'évêque de Neustadt ni M. Molanus n'aient sujet de se plaindre de moi.

LETTRE XVIII.

MADAME DE BRINON A BOSSUET.

Juillet 1692.

Voilà, Monseigneur, une lettre que j'ai reçue de M. Leibniz depuis deux heures ; je l'envoie aussitôt à notre cher ami M. Pelisson, pour vous la faire tenir. Je crois qu'il est bon que vous lisiez la lettre qu'il m'écrit, dont je tire un bon et un mauvais augure, selon qu'il est plus ou moins sincère. C'est un homme dont l'esprit naturel combat contre les vérités surnaturelles, et qui attribue à l'éloquence les traces que la vérité fait dans son esprit ; mais quand la grace voudra bien venir au secours de ses doutes, j'espère, Monseigneur, qu'il sera moins vacillant. Je mande à M. Pelisson la route que je voudrois bien que pût prendre votre réponse à M. Molanus. J'espère que Votre Grandeur nous l'aura fait traduire, et c'est cette traduction qui a fait l'équivoque dont M. Leibniz se plaint. Je suis persuadée Monseigneur, que plus cette affaire se rend difficile, et plus votre courage augmente pour la soutenir. C'est une œuvre qui doit être traversée : mais avec tout cela j'espère qu'elle réussira, et que Dieu bénira votre zèle et celui de M. Pelisson, qui est capable de faire un miracle, s'il est joint à la foi qui est nécessaire pour son accomplissement. Je vous demande, Monseigneur, votre bénédiction et

(a) M. de Meaux ayant promis de traduire en françois ses *Réflexions* composées en latin pour les théologiens d'Hanovre, comme il fit en effet en faveur de madame la duchesse de Hanovre, cela fit croire que c'étoit pour les imprimer, ce qu'il n'avoit pas dessein de faire et ce qu'il ne fit pas non plus. (*Édit. de Leroi.*)

la participation que vous m'avez promise en vos prières et en vos bonnes graces. De ma part, je prie Dieu qu'il vous conserve, et qu'il vous sanctifie de plus en plus.

Sœur DE BRINON.

LETTRE XIX.

LEIBNIZ A BOSSUET.

A Hanovre, ce 13 juillet 1692.

MONSEIGNEUR,

Je suis bien aise que le livre du révérend Père Denis, gardien des capucins de Hildesheim, ne vous a point déplu. Ce Père est de mes amis, et il étoit autrefois à Hanovre dans l'hospice que les capucins avoient ici du temps de feu Monseigneur le duc Jean-Frédéric. Il se contente de faire voir que les bons sentimens ont été en vogue depuis longtemps dans son parti, sans en tirer aucune fâcheuse conséquence contre la Réforme, comme il semble que vous faites, Monseigneur, dans la lettre que vous me faites l'honneur de m'écrire. Les protestans raisonnables, bien loin de se fâcher d'un tel ouvrage, en sont réjouis; et rien ne leur sauroit être plus agréable, que de voir que les sentimens qu'ils jugent les meilleurs soient approuvés jusque dans l'Eglise romaine. Ils ont déjà rempli des volumes de ce qu'ils appellent catalogues des témoins de la vérité; et ils n'appréhendent point qu'on en infère l'inutilité de la Réforme. Au contraire rien ne sert davantage à leur justification que les suffrages de tant de bons auteurs, qui ont approuvé les sentimens qu'ils ont travaillé à faire revivre, lorsqu'ils étoient comme étouffés sous les épines d'une infinité de bagatelles, qui détournoient l'esprit des fidèles de la solide vertu et de la véritable théologie.

Erasme et tant d'autres excellens hommes, qui n'aimoient point Luther, ont reconnu la nécessité qu'il y avoit de ramener les gens à la doctrine de saint Paul; et ce n'étoit pas la matière, mais la forme qui leur déplaisoit dans Luther. Aujourd'hui que la bonne doctrine sur la justification est rétablie dans l'Eglise romaine, le malheur a voulu que d'autres abus se sont agrandis; et que par les confraternités et semblables pratiques, qui ne sont pas trop approuvées à Rome même, mais qui n'ont que trop de cours dans l'usage public, le peuple fut détourné de cette adoration en esprit et en vérité, qui fait l'essence de la religion. Plût à Dieu que tous les diocèses ressemblassent à ce que j'entends dire du vôtre, et de quelques autres gouvernés par de grands et saints évêques! Mais les protestans seroient fort malavisés, s'ils se laissoient donner le change là-dessus. C'est cela même qui les doit encourager à presser davantage la continuation de ces fruits des travaux communs des personnes bien intentionnées; et vous, Monseigneur, avec vos semblables (dont il seroit à souhaiter qu'il y en eût beaucoup à présent, et qu'il y eût sûreté d'en trouver toujours beaucoup dans le temps à venir), vous vous devez joindre avec eux en cela, sans entrer dans la dispute sur la pointille; savoir, à qui on en est redevable, si les protestans y ont contribué, ou si on savoit déjà les choses avant eux. Ces questions sont bonnes pour ceux qui cherchent plutôt leur honneur que celui de Dieu, et qui font entrer partout l'esprit de secte ou, ce qui est la même chose, de l'autorité et gloire humaine.

Je suis ravi d'apprendre que vos *Réflexions* sur l'écrit de M. l'abbé de Lokkum sont achevées. Nous vous supplions d'y joindre votre sentiment sur l'exemple du pape Eugène et du concile de Bâle, qui jugèrent que les décrets du concile de Constance ne les devoient point empêcher de recevoir à la communion de l'Eglise les calixtins de Bohême, qui ne pouvoient pas acquiescer à ces décrets sur la question du précepte des deux espèces. Cet exemple m'étant venu heureusement dans l'esprit, je m'étois hâté de vous l'envoyer, parce que c'est notre cas *in terminis;* et je croyois qu'il pourroit diminuer la répugnance que vous pourriez avoir contre la suspension des décrets d'un concile où les protestans trouvent encore plus à dire que les calixtins contre celui de Constance. Mais nous nous assurons surtout que vous aurez la bonté de ménager ces écrits-là, afin qu'ils ne passent point en d'autres mains. C'est la prière que je vous ai faite d'abord, et vous y aviez acquiescé. Il ne s'agit pas ici de disputer et de faire des livres; mais d'apprendre les sentimens, et ce que chacun juge pouvoir faire de part et d'autre. En user autrement, ce seroit gâter la chose, au lieu de l'avancer. Madame la duchesse de Zell a lu particulièrement votre *Histoire des Variations*. Je n'ai pas encore eu l'honneur de la voir depuis qu'elle m'a renvoyé cet ouvrage; mais je sais déjà qu'elle estime beaucoup tout ce qui vient de votre part.

Vous avez sans doute la plus grande raison du monde d'avoir du penchant pour cette philosophie, qui explique mécaniquement tout ce qui se fait dans la nature corporelle; et je ne crois pas qu'il y ait rien où je m'éloigne beaucoup de vos sentimens. Bien souvent je trouve qu'on a raison de tous côtés, quand on s'entend; et je n'aime pas tant à réfuter et à détruire qu'à découvrir quelque chose et à bâtir sur les fondemens déjà posés. Néanmoins s'il y avoit quelque chose en particulier que vous n'approuviez pas, je m'en défierois assurément, et j'implorerois le secours de vos lumières, qui ont autant de pénétration que d'étendue. Un seul mot de votre part peut donner autant d'ouvertures que les grands discours de quelque autre. Je suis entièrement, Monseigneur, votre très-humble et très-obéissant serviteur,

LEIBNIZ.

LETTRE XX.

BOSSUET A LEIBNIZ.

A Versailles, ce 27 juillet 1692.

MONSIEUR,

Après vous avoir marqué la réception de votre lettre du 13, je commencerai par vous dire qu'on n'a pas seulement songé à imprimer ni l'Ecrit de M. l'abbé Molanus ni mes *Réflexions*. Tout cela n'a passé ni ne passera en d'autres mains qu'en celles que vous avez choisies vous-même pour nous servir de canal, qui sont celles de madame de Brinon. Tout a été communiqué selon le projet à M. Pelisson seul : et madame de Brinon m'écrit qu'on vous a bien mandé que je traduisois les écrits latins pour les deux princesses;

mais non pas qu'on eût parlé d'impression. Nous regardons ces écrits de même œil que vous, non pas comme des pièces qui doivent paroître, mais comme une recherche particulière de ce qu'on peut faire de part et d'autre, et jusqu'où il est permis de se relâcher sans blesser ni affoiblir en aucune sorte les droits de l'Eglise et les fondemens sur lesquels se repose la foi des peuples. Je traiterai cette matière avec toute la simplicité possible; et j'examinerai en particulier ce que vous avez proposé des conciles de Constance et de Bâle, avec toute l'attention que vous souhaitez, sans me fonder sur aucune autre chose que sur les Actes. On achève d'écrire mes *Réflexions* : si vous prenez la peine de considérer tout ce qui a retardé cet ouvrage, j'espère que vous me pardonnerez le délai.

Ce que j'ai remarqué, Monsieur, sur l'Ecrit du Père Denis, est bien éloigné de la pointille de savoir à qui est dû l'honneur des éclaircissemens qu'on a apportés à la matière de la justification ; mais voici uniquement où cela va : si la doctrine qui a donné le sujet premièrement aux reproches, et ensuite à la rupture de Luther, a toujours été enseignée d'une manière orthodoxe dans l'Eglise romaine, et si l'on ne peut montrer qu'elle y ait jamais dérogé par aucun acte; donc tout ce qu'on a dit et fait pour la rendre odieuse au peuple, venoit d'une mauvaise volonté et tendoit au schisme. Les confréries que vous alléguez, premièrement n'ont rien qui soit contraire à la véritable doctrine de la justification; et d'ailleurs il est inutile de les alléguer comme une matière de rupture, puisqu'après tout personne n'est obligé d'en être. Au reste avec le principe que vous posez, que dans les siècles passés on a fait beaucoup de décisions inutiles, on iroit loin; et vous voyez qu'en venant à la question : Quand est-ce qu'on a commencé à faire de ces décisions? il n'y a rien qu'on ne fasse repasser par l'étamine : de sorte qu'avec cette ouverture, on ne trouvera point de décision dont on ne puisse éluder l'autorité, et qu'il ne restera plus de l'infaillibilité de l'Eglise que le nom. Ainsi ceux qui comme vous, Monsieur, font profession de la croire et de se soumettre à ses conciles, doivent croire très-certainement que le même Esprit qui l'empêche de diminuer la foi, l'empêche aussi d'y rien ajouter; ce qui fait qu'il n'y a non plus de décisions inutiles que de fausses.

Je ne réponds rien sur ce que vous voulez bien penser de mon diocèse. C'est autre chose de corriger les abus autant qu'on le peut, autre chose d'apporter du changement à la doctrine constamment et unanimement reçue. Les gens de bien qui aiment la paix auroient pu se joindre à vos réformateurs, s'ils s'en étoient tenus au premier : mais le second étoit trop incompatible avec la foi des promesses faites à l'Eglise; et s'y joindre, c'étoit rendre tout indécis, comme l'expérience ne l'a que trop fait connoître. Il faut donc chercher une réunion qui laisse en son entier ce grand principe de l'infaillibilité de l'Eglise, dont vous convenez; et l'Ecrit de M. l'abbé Molanus donne un grand jour à ce dessein. Vous y contribuez beaucoup par vos lumières, et j'espère que dans la suite vous ferez encore plus.

Il n'est encore rien venu à moi de votre philosophie. Je vous rends mille graces de toutes vos bontés, et je finis en vous assurant de l'estime avec laquelle je suis, Monsieur, votre très-humble serviteur,

J. Bénigne, év. de Meaux.

LETTRE XXI.

BOSSUET A LEIBNIZ.

A Versailles, 26 août 1692.

Monsieur,

Je ne veux pas laisser partir mon écrit sans l'accompagner des marques de mon estime envers vous et M. l'abbé Molanus. J'espère que Dieu bénira vos bonnes intentions, auxquelles je me suis conformé autant que j'ai pu. Il ne faudra pas, Monsieur, se rebuter quand on ne s'entendroit pas d'abord en quelques points. C'est ici un ouvrage de réflexion et de patience, et déjà il est bien certain que suivant les sentimens de M. l'abbé, l'affaire est plus qu'à demi faite. Au reste vous ne direz pas, à cette fois, que l'éloquence surprenne l'esprit ou enveloppe les choses. Le style, comme l'ordre, est tout scholastique. Il a fallu à la fin lâcher des mots que j'avois évités dans tout le reste du discours, parce qu'on n'auroit pas satisfait à vos questions sans cela. La charité et l'estime n'en sont pas moins dans le cœur, et je suis avec passion,

Votre très-humble serviteur,

Bénigne, év. de Meaux.

LETTRE XXII.

BOSSUET A LEIBNIZ.

Versailles, ce 28 août 1692.

Monsieur,

J'accompagne encore de cette lettre la version que je vous envoie de l'Ecrit de M. l'abbé Molanus et du mien (a). Ce qui m'a déterminé à la faire, c'est le désir que j'ai eu que Madame la duchesse d'Hanovre pût entrer dans nos projets. Je demande pardon à M. l'abbé Molanus de la liberté que j'ai prise d'abréger un peu son Ecrit. Pour mes *Réflexions,* il m'a été d'autant plus libre de leur donner un tour plus court, que par là loin de rien ôter du fond des choses, il me paroît au contraire que j'ai rendu mon dessein plus clair.

Je me suis cru obligé, dans l'Ecrit latin, de suivre une méthode scolastique, et de répondre pied à pied à tout l'Ecrit de M. l'abbé, pour y remarquer ce qui m'y paroissoit praticable ou impraticable. Il a fallu après cela en venir à dire mon sentiment; mais tout cela est tourné plus court dans l'Ecrit françois et j'espère que ceux qui auront lu le latin ne perdront pas tout à fait leur temps à y jeter l'œil.

Voilà, Monsieur, ce que j'ai pu faire pour entrer dans les desseins d'union : mais je ne puis vous dissimuler qu'un des plus grands obstacles que j'y vois est dans l'idée qui paroît dans plusieurs protestans, sous le beau prétexte de la simplicité de la doc-

---

(a) Il s'agit de la version des *Cogitationes privatæ* de Molanus, et des *Réflexions* de Bossuet sur cet écrit. Voir vol. XVII, p. 394.

trine chrétienne, d'en vouloir retrancher tous les mystères, qu'ils nomment subtils, abstraits et métaphysiques, et réduire la religion à des vérités populaires. Vous voyez où nous mènent ces idées; et j'ai deux choses à y opposer du côté du fond : la première, que l'Evangile est visiblement rempli de ces hauteurs, et que la simplicité de la doctrine chrétienne ne consiste pas à les rejeter ou à les affoiblir, mais seulement à se renfermer précisément dans ce qui en est révélé, sans vouloir aller plus avant et aussi sans demeurer en arrière; la seconde, que la véritable simplicité de la doctrine chrétienne consiste principalement et essentiellement à toujours se déterminer, en ce qui regarde la foi, par ce fait certain : Hier on croyoit ainsi ; donc encore aujourd'hui il faut croire de même.

Si l'on parcourt toutes les questions qui se sont élevées dans l'Eglise, on verra qu'on les y a toujours décidées par cet endroit-là : non qu'on ne soit quelquefois entré dans la discussion pour une plus pleine déclaration de la vérité, et une plus entière conviction de l'erreur; mais enfin on trouvera toujours que la raison essentielle de la décision a été : On croyoit ainsi quand vous êtes venus; donc à présent vous croirez de même, ou vous demeurerez séparés de la tige de la société chrétienne. C'est ce qui réduit les décisions à la chose du monde la plus simple; c'est-à-dire au fait constant et notoire de l'innovation, par rapport à l'état où l'on avoit trouvé les choses en innovant.

C'est ce qui fait que l'Eglise n'a jamais été embarrassée à résoudre les plus hautes questions, par exemple celles de la Trinité, de la grace, et ainsi du reste, parce que lorsqu'on a commencé à les émouvoir, elle en trouvoit la décision déjà constante dans la foi, dans les prières, dans le culte, dans la pratique unanime de toute l'Eglise. Cette méthode subsiste encore dans l'Eglise catholique : c'est donc elle qui est demeurée en possession de la véritable simplicité chrétienne. Ceux qui n'y peuvent entrer sont bien loin du royaume de Dieu, et doivent craindre d'en venir enfin à la fausse simplicité, qui voudroit qu'on laissât la foi des hauts mystères à la liberté d'un chacun.

Au reste les luthériens, quoiqu'ils se vantent d'avoir ramené les dogmes des chrétiens à la simplicité primitive de l'Evangile, s'en sont visiblement éloignés; et c'est de là que sont venus leurs raffinemens sur l'ubiquité, sur la nécessité des bonnes œuvres, sur la distinction de la justification d'avec la sanctification, et sur les autres articles où nous avons vu que tout consiste en pointille, et qu'ils en sont revenus à nos expressions et à nos sentimens, lorsqu'ils ont voulu parler naturellement.

Je prends, Monsieur, la liberté de vous dire ces choses en général, comme à un homme que son bon esprit fera aisément entrer dans le détail nécessaire; et je finirai cette lettre en vous avançant deux faits constans : le premier, qu'on ne trouvera dans l'Eglise catholique aucun exemple où une décision ait été faite autrement qu'en maintenant le dogme qu'on trouvoit déjà établi; le second, qu'on n'en trouvera non plus aucun où une décision déjà faite ait jamais été affoiblie par la postérité.

Il ne me reste qu'à vous supplier de vouloir bien avertir vos grandes princesses, si elles jettent les yeux sur mes *Réflexions*, qu'il faudra qu'elles se résolvent à me pardonner la sécheresse à laquelle il a fallu se réduire dans cette manière de traiter les choses. Vous en savez les raisons, et sans perdre le temps à m'en excuser, je vous dirai seulement toute l'estime avec laquelle je suis, Monsieur, votre très-humble serviteur,

J. BÉNIGNE, év. de Meaux.

LETTRE XXIII.

LEIBNIZ A BOSSUET.

A Hanovre, ce 1er novembre 1692.

MONSEIGNEUR,

J'ai eu enfin le bonheur de recevoir des mains de M. le comte Balati, vos *Réflexions* importantes sur l'Ecrit de M. l'abbé Molanus, avec ce que vous m'avez fait la grace de m'écrire en particulier. Ce n'est que depuis quelques jours que nous avons reçu tout cela; je le donnai d'abord à M. Molanus; et nous le parcourûmes ensemble sur-le-champ avec cette avidité que l'auteur, la matière et notre attente avoient fait naître. Cependant nous reconnûmes fort bien que des méditations aussi profondes et aussi solides que les vôtres, doivent être lues et relues avec beaucoup d'attention ; c'est à quoi nous ne manquerons pas aussi. Madame la duchesse encore aura cette satisfaction, et Monseigneur le duc lui-même en voudra être informé. C'est déjà beaucoup qu'il paroît que vous approuvez assez la conciliation de tant d'articles importans, et M. Molanus en est ravi. Nous ne doutons point que votre dessein ne soit de donner encore des ouvertures convenables, surtout à l'égard des points où les conciliations n'ont point de lieu, et dont nous ne saurions encore nous persuader qu'ils aient été décidés par l'Eglise catholique. Nous tâcherons d'apprendre ces ouvertures en méditant votre écrit ; et s'il en est besoin, j'espère que vous nous permettrez de demander des éclaircissemens.

Je toucherai maintenant ce que vous m'écrivez, Monseigneur, sur quelques points de mes lettres, où je ne me suis pas assez expliqué. Quand j'y parlois des décisions superflues, je n'entendois pas celles de l'Eglise et des conciles œcuméniques, mais bien celles de quelques conciles particuliers, ou des papes, ou des docteurs. Je n'avois allégué les confréries, entre autres, que parce qu'il semble que des abus s'y pratiquent publiquement ; à quoi il est bon de remédier, pour montrer qu'on a des intentions sincères.

Quant à l'obstacle que vous craignez, Monseigneur, de la part de plusieurs protestans, dont vous croyez que le penchant va à réduire la foi aux notions populaires et à retrancher les mystères, je vous dirai que nous ne remarquons pas ce penchant dans nos professeurs : ils en sont bien éloignés, et ils donnent plutôt dans l'excès contraire des subtilités, aussi bien que vos scolastiques. Il y a bien à dire à ceci : « Hier on croyoit ainsi ; donc aujourd'hui il faut croire de même. » Car que dirons-nous, s'il se trouve qu'on en croyoit autrement avant-hier ? Faut-il toujours canoniser les opinions qui se trouvent les dernières ? Notre-Seigneur réfuta bien celles des pharisiens : *Olim non erat sic*. Un tel axiome sert à autoriser les abus dominans. En effet cette raison est provisionnelle, mais elle n'est point décisive. Il ne faut pas avoir égard seulement à nos temps et à notre pays, mais à toute l'Eglise et surtout à l'antiquité ecclésiastique. J'avoue cependant que ceux qui ne sont pas en état d'approfondir les choses, font bien de suivre ce qu'ils trouvent. Je ne sais s'il n'y a pas des instances contraires à cette thèse, qui suppose, *qu'on a toujours maintenu ce qu'on trouvoit déjà établi* : car ce qu'on a décidé contre les monothélites paroissoit auparavant fort douteux ; d'autant qu'on ne s'étoit point avisé de songer à cette question : S'il y a une ou deux volontés en Jésus-Christ. Encore aujourd'hui, je gage que si on demandoit à des gens qui ne savent point l'histoire ecclésiastique, quoique d'ailleurs instruits dans les dogmes, s'ils croient une ou deux volontés en Jésus-Christ, on trouvera bien des monothélites. Que dirons-nous du second concile de Nicée, que vos Messieurs veulent faire passer pour œcuménique? A-t-il trouvé le culte des images établi? Il s'en faut beaucoup. Irène venoit de l'établir par la force; les iconodules et les iconoclastes prévaloient tour à tour; et le concile de Francfort, qui tenoit le milieu, s'opposa formellement à celui de Nicée, de la part de la France, de l'Allemagne et de la Bretagne. Aujourd'hui l'Eglise de France paroît assez éloignée des sentimens de ses ancêtres assemblés dans ce concile, lesquels se seroient bien récriés, s'ils avoient vu ce qu'on pratique souvent maintenant dans leurs églises. Je ne sais si cela se peut nier entièrement; quoique je ne veuille blâmer que les abus qui dominent. Je vous demande pardon, Monseigneur, de la liberté que je prends de vous dire ces choses. Je ne vois pas moyen de les dissimuler, lorsqu'il s'agit de parler exactement et sincèrement ; si ces axiomes avancés dans votre lettre étoient universels et démontrés, nous n'aurions plus le mot à dire, et nous serions véritablement opiniâtres. Je suis avec respect, Monseigneur, votre très-humble et très-obéissant serviteur,

Leibniz.

P. S. Je crois que sans la décision de l'Eglise, les scolastiques disputeroient jusqu'au jour du jugement, s'il y a deux différentes actions complètes dans la personne de Jésus-Christ, ou s'il n'y en a qu'une. Je sais par expérience que des personnes de bon esprit et d'ailleurs instruites sur la foi, quand on leur a proposé cette question : Si les deux volontés, savoir, la divine et l'humaine, exercent ensemble un seul acte, ou deux, sans leur rien dire de ce qui s'est passé là-dessus dans l'Eglise, se sont trouvées embarrassées. Il ne s'agit, dit-on, que de savoir s'il y a une ame humaine en Jésus-Christ; mais les monothélites ne le savoient-ils pas? Les facultés, dit-on, sont données pour l'acte, mais les adversaires en pouvoient demeurer d'accord; car ils pouvoient dire que la faculté de l'ame concourt à l'acte commun des deux natures.

Plusieurs scolastiques ont soutenu qu'il n'est pas vrai que la matière ou que la forme agisse, mais que l'action appartient au composé; et ils l'ont entendu de même à l'égard du corps et de l'ame, dans l'état de l'union naturelle.

Les adversaires pouvoient dire aussi qu'en vertu de l'union personnelle, qui fait que la nature humaine n'a pas sa propre subsistance qu'elle auroit sans cela naturellement, on doit juger que des actions naturelles de l'ame humaine n'auront pas en elles ce qui les rend complètes, non plus que la nature qui est leur principe; et ce complément, tant du suppôt que de son action, se trouve dans le Verbe. Et si les actions ne se doivent attribuer *in concreto* qu'au suppôt, ils diront que l'action, qui s'attribue proprement à une nature abstraite, est incomplète, et qu'ils n'entendent parler que de celle qui s'attribue proprement *in concreto*, lorsqu'ils n'en admettent qu'une; que sans cela on viole l'union des natures, et qu'on établit le nestorianisme par conséquence et sans y penser. Aussi sait-on que les monothélites imputoient autant le nestorianisme à leurs adversaires que ceux-ci leur imputoient l'eutychianisme. Je tiens que les monothélites ne raisonnoient pas exactement dans le fond; mais je tiens aussi qu'ils ne manquoient pas d'apparences très-plausibles, ni même d'autorités qu'on sait qu'ils alléguoient. Car il est ordinaire qu'avant une question émue et éclaircie, les auteurs n'en parlent pas avec toute l'exactitude qui seroit à désirer, témoin le pélagianisme et autres erreurs. Il y a mille difficultés chez les philosophes à l'égard du concours de Dieu avec les créatures.

Quelques-uns ont cru que la créature n'agissoit point du tout; d'autres ont cru que l'action de Dieu devenoit celle des créatures par leur réception, et y trouvoit sa limitation. On a douté aussi quelle pouvoit être l'action de Dieu, si c'étoit un être créé ou incréé, ou si ce n'étoit pas l'action même de la créature, en tant qu'elle dépend de Dieu : et la difficulté devient encore plus grande, lorsque Dieu concourt avec une créature qui lui est unie personnellement, et qui n'a qu'en lui sa subsistance ou son suppôt.

LETTRE XXIV.

BOSSUET A LEIBNIZ.

Meaux, 27 décembre 1692.

Monsieur,

Parmi tant de belles choses dont M. Pelisson m'a régalé en m'envoyant trois de vos lettres, j'ai trouvé quelques plaintes contre moi, qui, toutes modestes qu'elles sont, n'ont pas laissé de me faire beaucoup de peine. Mais je ne puis me résoudre à me défendre contre vous. Renvoyez à M. Pelisson mon apologie, qu'il a déjà commencée avec tant de bonté, et je vous dirai seulement que je suis prêt à effacer tout ce qui vous a déplu.

Au lieu, Monsieur, de répondre à ces plaintes, je vous dois de grands remercîmens pour deux lettres que vous avez pris la peine de m'écrire. Vous me donnez une joie extrême en me disant que vous et M. l'abbé de Lokkum étiez contens de la première vue de mes *Réflexions*. J'espère que la seconde et la troisième vous feront encore entrer plus avant dans ma pensée. Vous m'apprenez une chose qui me ravit : c'est que mon écrit sera vu nonseulement de vos incomparables princesses, mais encore d'un prince aussi éclairé et aussi sage que le vôtre. Je ne connois personne plus capable que ce grand prince d'entrer dans un dessein comme celui-ci ni de l'appuyer davantage, et il ne reste qu'à prier Celui qui tient les cœurs en sa main d'ouvrir le sien à la vérité.

Vous me demandez, Monsieur, dans une des lettres dont vous

m'honorez, s'il ne pourroit pas y avoir des instances contraires à ce que je crois avoir été invariable dans l'Eglise, qui est qu'on a toujours maintenu ce qu'on a trouvé établi en matière de foi, car c'est ainsi qu'il le faut entendre. Je vous réponds hardiment, Monsieur, que jamais vous ne trouverez d'exemple contraire. Vous alléguez celui des monothélites et vous demandez si, de bonne foi, on s'est toujours avisé que Jésus-Christ eût deux volontés. Cela dépend de savoir si on s'est toujours avisé qu'il y eût deux natures, la divine et l'humaine, et en toutes deux une volonté visiblement renfermée là dedans : on pensera aussitôt qu'il n'y a pas d'ame, que de penser que cette ame ni n'entend ni ne veut rien. On entend dire tant de Jésus-Christ : Je veux, ou : Je ne veux pas, dans les choses qui le regardent en qualité d'homme, qu'on ne peut douter de lui non plus que des autres hommes, qu'ils ne soient voulans ; ce qui est penser en termes formels qu'ils ont une volonté, et si on ne s'avise pas toujours de dire que Jésus-Christ a une volonté humaine, non plus que de dire qu'il a une ame humaine, c'est que cela se présente naturellement à l'esprit et qu'on n'a pas besoin de s'expliquer une chose si manifeste.

Il faut que les hérétiques qui ont pu douter d'une vérité si sensible aient fait à leur esprit de ces violences que se font ceux que leur orgueil ou leur curiosité embrouille et confond. Pour ce qui regarde les images, qui est le second exemple que vous produisez, il est bien certain que nos Pères, qui tinrent le concile de Francfort, et qui s'opposèrent si longtemps au second concile de Nicée, ne le rejetèrent que sur un malentendu ; car c'est un fait bien constant qu'ils honoroient les reliques et qu'ils adoroient la croix de ce genre d'adoration que le concile second de Nicée a établi pour les images. Il n'y a personne qui ne sache ce que le fameux Anastase, bibliothécaire de l'Eglise romaine, leur reprochoit : « Vous voulez bien, disoit-il, vous prosterner devant l'image de la croix, et vous ne voulez pas en faire autant devant l'image de Jésus-Christ même ! Est-ce donc que sa croix vous paroît d'une plus grande dignité que sa personne, ou que l'image de l'une soit plus digne de vénération que celle de l'autre? » Il est donc clair que dans le fond ils recevoient ce culte relatif, qui faisoit la question de ces temps-là. S'ils rejetoient le concile de Nicée, c'est qu'ils croyoient, comme ils le déclarent dans le concile de Francfort, qu'on y adoroit les images comme on y adoroit la Trinité; c'étoit donc visiblement un malentendu, dont aussi on est revenu naturellement quand on a bien compris le vrai état de la question. La diversité qui étoit dans le surplus n'étoit que de pure discipline, et on voit par ce qui vient d'être dit, ce qui est incontestable entre personnes de bonne foi, qu'ils étoient d'accord du fond. Du reste le concile de Nicée second n'étoit pas encore reconnu. Nos Pères n'y avoient pas assisté, et de tous les évêques d'Occident le Pape fut le seul qu'on y appela. C'est donc un de ces conciles qui n'a été réputé pour général que par le consentement subséquent, encore qu'il ne le fût dans son origine non plus que beaucoup d'autres qui ont depuis été très-reçus. Ainsi je vous dirai encore une fois, Monsieur, que la maxime est constante, qu'en matière de dogmes de foi, ce qui a été cru un jour l'a été et le sera toujours; autrement la chaîne de la succession seroit rompue, l'autorité anéantie et la promesse détruite. Je vois, Monsieur, dans votre lettre à M. Pelisson, que vous croyez que je n'ai pas voulu expliquer tout ce que je sais sur ce que vous m'avez objecté du concile de Bâle. Je vous assure que j'ai dit très-sincèrement tout ce que j'avois dans le cœur. Encore l'ai-je prouvé par les Actes. J'ai dit que le nouvel examen et la nouvelle discussion que le concile de Bâle vouloit faire du décret de Constance étoient une discussion et un examen, non de doute, mais de plus grand éclaircissement; j'ai rapporté les paroles où le concile s'explique ainsi et en mêmes termes. Qu'y a-t-il donc à dire à cela? Rien du tout, Monsieur, et vous le direz comme moi quand il vous plaira de vous élever au-dessus de la prévention; mais il faut que Dieu s'en mêle, et j'espère qu'il le fera : il a mis dans les esprits de nos Cours de trop favorables dispositions. M. l'abbé de Lokkum a fait des pas très-essentiels; vous-même, vous pensez trop bien de l'autorité des conciles pour demeurer en si beau chemin. Tout ce qui peut rester de difficulté est infiniment au-dessous de celles qui sont résolues par les expositions de

M. l'abbé et par la propre *Confession d'Augsbourg* et nos autres livres symboliques. Je trancherai hardiment le mot : il faut, ou fermer les yeux aux conséquences les plus naturelles, ou sortir du luthéranisme; il faut, dis-je, ou faire des pas vers nous ou reculer en arrière, ce que Dieu ne permettra pas. Ne craignez point, Monsieur, qu'on demeure court de notre côté. Vous dites à M. Pelisson que s'il ne s'agissoit que d'exposition, j'aurois tout gagné, et j'ose vous dire, Monsieur, que ce n'est que de cela qu'il s'agit. Les difficultés sont résolues dans le fond par les principes posés de votre côté; il n'y a plus qu'à en faire l'application, et vous serez catholique. Ne vous lassez donc point, Monsieur, de travailler à cet ouvrage, et je vous promets que nous ne nous lasserons point de vous seconder. C'en est trop, mais je n'ai pu refuser ces réflexions à vos lettres (*a*)...

Je suis de toute mon ame, Monsieur, votre très-humble serviteur,

J. Bénigne. év. de Meaux.

LETTRE XXV.

LEIBNIZ A BOSSUET (*b*).

Hanovre, le 29 mars 1693.

Monseigneur,

Je suis d'autant plus sensible, pour mon particulier, à la perte que nous avons faite dans la mort de M. Pelisson, que j'ai joui bien peu de temps d'une si belle et si importante connoissance. Il pouvoit rendre de grands services au public, et ne manquoit pas de lumières ni d'ardeur, et il y avoit sans doute bien peu de

---

(*a*) Les quelques mots retranchés se rapportent à la dynamique, c'est-à-dire au système physique de Leibniz.

(*b*) Tous les éditeurs disent après l'abbé Leroy : « Cette lettre en suppose une précédente de Bossuet, dans laquelle le prélat répondoit aux objections que Leibniz prétendoit tirer de la condamnation des monothélites dans le sixième concile, et du culte des images établi dans le second concile de Nicée. Mais nous n'avons point trouvé dans les papiers de M. de Meaux la lettre à laquelle il est visible que Leibniz répond ici. » Nous avons donné cette lettre immédiatement avant celle-ci; c'est la XXIVᵉ.

gens de sa force. Mais enfin il faut s'en remettre à Dieu, qui sait choisir le temps et les instrumens de ses desseins, comme bon lui semble. Madame de Brinon m'a fait l'honneur de me communiquer une lettre que vous lui avez écrite, pour désabuser les gens de certains faux bruits qui ont couru. Pour moi, si j'ai cru que M. Pelisson se trompoit en certains points de religion, je ne l'ai jamais cru hypocrite. J'ai aussi reçu une feuille imprimée, que M. le landgrave Erneste m'a envoyée. Je crois qu'elle est venue de France. Elle tend à justifier la mémoire de cet excellent homme contre les imputations de la *Gazette de Roterdam*; mais il me semble que l'auteur de la feuille n'étoit pas parfaitement informé, et il l'avoue lui-même. Madame de Brinon me mande que par ordre du Roi, les papiers de feu M. Pelisson sur la religion ont été mis entre vos mains; sans doute le Roi ne les pouvoit mieux placer. Elle ajoute que ce qu'il avoit écrit sur l'histoire de Sa Majesté a été donné à M. Racine, qui est chargé de ce travail. J'avois moi-même quelques vues pour l'histoire du temps; et M. Pelisson, par la bonté qu'il avoit pour moi, alloit jusqu'à me faire espérer du secours et des informations sur le fond des choses; mais je crains que sa mort ne me prive de cet avantage, comme elle m'a privé d'autres lumières que j'attendois de sa correspondance, si ce n'est que vous, Monseigneur, ne trouviez quelque occasion d'y pourvoir.

Madame de Brinon ne me pouvoit rien mander de plus propre à me consoler que ce qu'elle me fit connoître de la bonté que vous voulez avoir, Monseigneur, de vous mettre en quelque façon à la place de M. Pelisson, quand il s'agira de me favoriser. Cependant vos bontés ont déjà assez paru à mon égard en plusieurs occasions; et je ménagerai vos graces comme il faut, sachant que vos importantes fonctions vous laissent peu à vous-même.

C'est cette considération qui m'avoit fait différer de répondre à votre lettre extrêmement obligeante et pleine d'ailleurs de considérations importantes et instructives, pour ne pas revenir trop souvent. Maintenant je vous dirai, Monseigneur, que la réplique de M. l'abbé Molanus sera bientôt achevée. Comme il a la direction des églises du pays, il a été bien distrait; et afin de finir, il se retire exprès à son abbaye pour quelques semaines pendant le carême, qui chez nous, suivant le vieux style, est venu cette fois bien plus tard que chez vous. Je ne renouvelle pas les petites plaintes que j'avois cru avoir sujet de faire. Il est vrai que si la censure fût allée au général, sans me frapper nommément en particulier, je n'aurois pas eu besoin d'apologie.

Quand j'accorderois cette observation, qu'on a toujours maintenu ce qu'on a trouvé établi en matière de foi, cela ne suffiroit pas pour en faire une règle pour toujours. Car enfin les erreurs peuvent commencer une fois à régner tellement, qu'alors on sera obligé de changer de conduite. Je ne vois pas que les promesses divines infèrent le contraire. Cependant l'observation même, qui est de fait, me paroît encore douteuse. Par exemple, je tiens que toute l'ancienne Eglise ne croyoit pas le culte des images permis : et si quelqu'un des anciens martyrs revenoit ici, il se trouveroit bien surpris. Cependant l'Orient ayant changé peu après là-dessus, le dogme combattu longtemps par l'inclination qui porte les hommes à l'extérieur, a été enfin renversé par le second concile de Nicée, qui se sert de textes pour appuyer sa prétention : et malgré la meilleure partie de l'Occident, qui s'y opposoit dans le concile de Francfort, Rome donna là-dedans. Votre remarque, Monseigneur, sur le concile de Nicée, est considérable. L'argument *ad hominem* d'Anastase le Bibliothécaire, pris de l'adoration de la croix déjà reçue, prouve seulement que les abus s'autorisent les uns les autres. On avoit été plus facile sur la croix, d'autant que ce n'est pas la ressemblance d'une chose vivante : par après on a joint l'image ou effigie de Jésus-Christ à la croix pour l'adorer; et enfin on s'est laissé aller jusqu'aux images des simples créatures, en adorant celles des Saints; ce qui étoit le comble.

J'ai de la peine à croire que les Pères de Francfort eussent permis le culte des images, sous condition d'une adoration inférieure. Ils ont donc tort de n'avoir pas marqué qu'ils entroient dans un tempérament qui se présentoit naturellement à ceux qui y avoient de l'inclination. Mais ils jugeoient tout autrement : ils croyoient *principiis esse obstandum*. Si on l'avoit fait de bonne heure, le christianisme ne seroit point devenu méprisable dans l'Orient, et Mahomet n'auroit point prévalu.

L'autre question étoit : Si l'on n'a pas reçu quelquefois des sentimens, comme de foi, qui n'étoient pas établis auparavant. J'avois apporté l'exemple de la condamnation des monothélites. Vous répondez, Monseigneur, qu'accordant que Jésus-Christ a véritablement la nature humaine aussi bien que la divine, il falloit accorder qu'il a deux volontés. Mais voilà une autre question, sur la conséquence de laquelle les plus habiles gens de ce temps-là ne demeuroient point d'accord. Il s'agit du dogme même, s'il étoit établi; de plus, la conséquence souffre bien des difficultés, et dépend d'une discussion profonde de métaphysique, et je suis comme persuadé que si la chose n'avoit été décidée, les scolastiques se seroient trouvés partagés sur cette question. Il ne s'agit pas de la volonté *in actu primo*, qui est une faculté inséparable de la nature humaine; mais de l'action de vouloir, *quæ potest indigere complemento à sustentante Verbo; ita ut ab utrâque resultet unica actio, cùm dici soleat actiones esse suppositorum.*

Quant au concile de Bâle, il lui étoit permis de parler comme vous dites, Monseigneur; et si l'on faisoit un traité semblable avec les protestans, il seroit permis à chaque parti de dire que la discussion future des points qui resteroient à décider, seroit une discussion d'éclaircissement, et non pas de doute, chacun ayant la croyance que l'opinion qu'il tient véritable prévaudra. Ce seroit donc assez que vos Messieurs fissent ce qu'on fit à Bâle. J'ai cru que la seule exposition ne suffisoit pas, entre autres parce qu'il y a des questions qui ne sont pas de théorie seulement, mais encore de pratique. J'avoue aussi, Monseigneur, que je ne vois pas comment de certains principes accordés, il s'ensuive qu'on doive tout accorder de votre côté : au contraire j'ose dire que je crois voir clairement l'obligation où l'on est d'offrir ce que fit le pape Eugène avec le concile de Bâle, à l'égard des calixtins. En vérité, je ne crois pas qu'autrement il y ait moyen de venir à une réunion, qui soit sans contrainte. Cependant il faut pousser la voie de l'exposition aussi loin qu'il est possible, et je ne crois pas que personne vous y surpasse. Aussi M. Molanus tâchera de vous y seconder; et pour moi, je contribuerai au moins par mes applaudissemens, ne le pouvant pas par mes lumières trop courtes. Je suis avec un attachement parfait, Monseigneur, votre très-humble et très-obéissant serviteur (a).....

LEIBNIZ.

LETTRE XXVI.

LEIBNIZ A BOSSUET.

5 juin 1693.

Je me rapporte à une lettre assez ample, que je me suis donné l'honneur de vous écrire il y a quelque temps (b). Je croyois cependant vous envoyer la réponse de M. l'abbé de Lokkum; et en effet j'en ai lu déjà la plus grande partie. Mais comme il est souvent très-occupé, ayant la direction de notre consistoire et de tant d'églises, il n'a pas encore pu finir. Ce sera pourtant dans peu; car il se presse effectivement pour cela le plus qu'il peut. La réponse sera bien ample, et contiendra bien des bonnes choses.

En attendant cet ouvrage, qui sera *gravis armaturæ miles*, je vous envoie, Monseigneur, *velitem quemdam*. C'est ma réponse au discours de M. l'abbé Pirot, touchant l'autorité du concile de Trente, que je soumets aussi à votre jugement, et vous supplie de la lui faire tenir. Je suis avec beaucoup de zèle, Monseigneur, votre très-humble et très-obéissant serviteur,

LEIBNIZ.

LETTRE XXVII.

MADAME DE BRINON A BOSSUET.

Ce 5 août 1693.

Madame la duchesse de Brunswick m'a envoyé, Monseigneur, cette grande lettre de M. Leibniz; elle souhaiteroit fort que Votre

---

(a) Leibniz s'empresse de revenir à la fin de sa lettre, sur *la nature et la force des corps*; il raconte longuement les difficultés que sa *Dynamique* rencontre en France, devant l'Académie des sciences.

(b) Sans doute la lettre précédente, du 9 mars.

Grandeur voulût y répondre. Je crains que M. Leibniz n'embarrasse sa foi par ses subtilités, et qu'il ne veuille aussi essayer de vous faire parler à un autre qu'à lui sur le concile de Trente : car assurément ce que vous lui en avez dit, et M. Pirot aussi, lui devroit suffire. J'ai mandé toujours d'avance à cette duchesse, qui est fort goûtée des protestans, que la matière du concile de Trente étoit épuisée et décidée entre Votre Grandeur et M. Leibniz : que s'il étoit de bonne foi, il n'avoit qu'à lui montrer ce que vous aviez pris la peine de lui en écrire ; que vous n'auriez rien davantage à lui dire là-dessus. Mais comme je doute fort qu'il montre à son Altesse sérénissime ce que Votre Grandeur lui en a écrit, et M. Pirot aussi, avant que notre illustre ami M. Pelisson fût mort, je vous supplie très-humblement, Monseigneur, de me faire l'honneur de m'écrire quelque chose là-dessus, que je puisse envoyer en Allemagne à madame la duchesse de Brunswick, afin qu'elle voie que je n'ai pas manqué de vous envoyer la lettre de M. Leibniz, comme elle me l'a ordonné, et qu'elle puisse elle-même savoir à quoi s'en tenir sur le concile de Trente. Elle m'écrit qu'elle est fort surprise d'apprendre qu'il n'est pas reçu en France, aussi bien sur les dogmes que sur la politique. Je serois très-fàchée, dans l'estime et l'amitié que j'ai pour cette duchesse et dans l'intégrité où je connois sa foi, qu'on la pût séduire en ce dangereux pays sur la moindre chose. C'est ce qui fait, Monseigneur, que j'ai recours à vous, afin que vous lui donniez quelque antidote contre ce poison. Je m'aperçois que M. Leibniz a des correspondances avec quelques docteurs, qui l'instruisent de tout, bien ou mal : c'est ma pensée ; peut-être que je me trompe ; mais il me semble que ce jugement n'est point téméraire. Je vous demande toujours la continuation de votre bienveillance.

LETTRE XXVIII.

LEIBNIZ A BOSSUET

SUR LE MÉMOIRE DU DOCTEUR PIROT

touchant l'autorité du concile de Trente (a).

I. La Dissertation de M. l'abbé Pirot sur l'autorité du concile de Trente en France, ne m'a point paru prolixe; et quand j'étois à la dernière feuille, j'en cherchois encore d'autres. Il y a plusieurs faits importans éclaircis en aussi peu de mots qu'il est possible : et les discussions des faits demandent plus d'étendue que les raisonnemens. Je lui suis infiniment obligé de la peine qu'il a prise, principalement pour mon instruction, lui qui est si capable d'instruire le public. Je souhaiterois qu'il me fût possible, dans l'état de distraction où je me trouve maintenant, d'entrer assez avant dans cette discussion des faits pour profiter davantage de ses lumières; mais ne pouvant pas aller si loin, je m'attacherai principalement aux conséquences qu'on en tire.

II. Le concile de Trente a eu deux buts : l'un de décider ou de déclarer ce qui est de foi et de droit divin; l'autre, de faire des règlemens ou lois positives ecclésiastiques. On demeure d'accord, de part et d'autre, que les lois positives tridentines ne sont pas reçues en France sur l'autorité du concile, mais par des constitutions particulières ou règlemens du royaume; et sur ce que le concile de Trente décide comme de foi ou de droit divin, M. l'abbé Pirot m'assure qu'il n'y a point de catholique romain en France qui ne l'approuve, et je veux le croire. On demandera donc en quoi je ne suis pas encore tout à fait convaincu; le voici : c'est premièrement qu'on peut tenir une opinion pour véritable, sans être assuré qu'elle est de foi. C'est ainsi que le clergé de France tient les quatre propositions, sans accuser d'hérésie les

(a) Tous les éditeurs disent qu'ils « n'ont pu recouvrer le mémoire de l'abbé Pirot. » Leibniz a résumé selon ses convenances, dans le dessein d'y répondre, l'écrit du savant théologien catholique. Nous ne croyons pas que son analyse succincte mérite d'être mise sous les yeux du lecteur; et si nous publions sa réponse, c'est que Bossuet doit s'en occuper.

docteurs italiens ou espagnols, qui sont d'un autre sentiment. Secondement, qu'on peut approuver comme de foi tout ce que le concile a défini comme tel, non pas en vertu de la décision de ce concile, ou comme si on le reconnoissoit pour œcuménique ; mais parce qu'on en est persuadé d'ailleurs. Troisièmement, quand il n'y auroit point de particulier en France qui osât dire qu'il doute de l'œcuménicité du concile de Trente, cela ne prouve point encore que la nation l'a reçu pour œcuménique. Les lois doivent être faites dans les formes dues. Ces mêmes personnes qui, maintenant qu'elles sont dispersées, paroissent être dans quelque opinion, pourroient se tourner tout autrement dans l'assemblée. On en a eu des exemples dans les élections et dans les jugemens rendus par quelques tribunaux ou parlemens, dont les membres sont entrés dans le conseil avec des sentimens bien différens de ceux que certains incidens ont fait naître dans la délibération même. C'est aussi en cela que le Saint-Esprit a privilégié particulièrement les assemblées tenues en son nom, et que la direction divine se fait connoître ; et cette considération a même quelque lien dans les affaires humaines. Par exemple, quand un roi de la Grande-Bretagne voulut amasser les voix des provinces pour trouver là-dedans un préjugé à l'égard du parlement, cette manière de savoir la volonté de la nation ne fut point approuvée ; d'autant que plusieurs n'osent point se déclarer quand on les interroge ainsi, et que les cabales ont trop beau jeu, outre que les lumières s'entre-communiquent dans les délibérations communes.

III. Pour éclaircir davantage ces trois doutes, qui me paroissent très-raisonnables, je commencerai par le dernier, savoir, par le défaut d'une déclaration solennelle de la nation. M. l'abbé Pirot donne assez à connoître qu'il a du penchant à ne pas croire qu'il y ait jamais eu un édit de Henri III, touchant la réception du concile de Trente en ce qui est de foi. Un acte public de cette force ne seroit pas demeuré dans le silence ; les registres et les auteurs en parleroient : cependant il n'y a que M. de Marca seul qui dise l'avoir vu, à qui la mémoire peut avoir rendu ici un mauvais office. Mais quand il y auroit eu une telle déclaration du Roi, il la faudroit voir, pour juger si elle ordonne proprement que le concile de Trente doit être tenu pour œcuménique ; car autre chose est recevoir la foi du concile, et recevoir l'autorité du concile.

IV. Quant à la profession de foi de Henri IV, je parlerai ci-dessous de celle qu'il fit à Saint-Denis ; et cependant j'accorde que la seconde, que MM. du Perron et d'Ossat firent en son nom à Rome, a été conforme incontestablement au formulaire de Pie IV. Je ne veux pas aussi avoir recours à la chicane, comme si le roi eût révoqué ou modifié, par quelque acte inconnu ou réservation cachée, ce qui avoit été fait par lesdits du Perron et d'Ossat, bien qu'il y ait eu bien des choses dans cette absolution de Rome, qui sont de dure digestion ; et particulièrement cette prétendue nullité de l'absolution de l'archevêque de Bourges, dont je ne sais si l'Eglise de France demeurera jamais d'accord : comme si les papes étoient juges et seuls juges des rois, et d'une manière toute particulière à l'égard de leur orthodoxie. Dirons-nous que, par cette ratification, Henri IV a soumis les rois de France à ce joug ? Je crois que non, et je m'imagine qu'on aura recours ici à la distinction entre ce qu'un roi fait pour sa personne et entre ce qu'il fait pour sa couronne, entre ce qu'il fait dans son cabinet et entre ce qu'il fait *ex throno*, pour avoir un terme qui réponde ici à ce que le Pape fait *ex cathedrâ*. Un Pape pourra faire une profession de sa foi, sans qu'il déclare *ex cathedrâ* la volonté qu'il a de la proposer aux autres. Nous savons assez le sentiment du pape Clément VIII sur la matière *de Auxiliis* ; il s'est assez déclaré contre Molina : mais les jésuites, qui tiennent le Pape infaillible, lorsqu'il prononce *ex cathedrâ*, ne jugent pas que celui-ci ait rien prononcé contre eux ; et on en demeure d'accord. Ainsi la profession de Henri IV ne sauroit avoir la force d'une déclaration du royaume de France à l'égard de l'œcuménicité du concile de Trente : elle prouve seulement que Henri IV en son particulier, ou plutôt ses procureurs ont déclaré tenir le concile de Trente pour œcuménique ; et ce n'est qu'un aveu de son opinion là-dessus. Ainsi je n'ai pas besoin d'appuyer ici sur la clause qui le dispense de l'obligation de porter ses sujets à la même foi, sachant bien que ce ne fut qu'à l'occasion des religionnaires que le Pape l'en dispensa, bien qu'en effet la dispense soit générale, et qu'il ne faille pas juger des actes solennels par leur occasion, mais par leur teneur précise ; surtout *in iis quæ sunt stricti juris, nec amplianda, nec restringenda*, tel qu'est ce qui emporte l'introduction d'une nouvelle décision dans l'Eglise à l'égard des articles de foi. Mais encore, quand le roi se seroit obligé de porter ses sujets à la récognition de l'autorité œcuménique du concile de Trente, sans en excepter d'autres que les religionnaires, ce ne seroit pas une déclaration du royaume, mais une obligation dans le roi, de faire ce qu'il pourroit raisonnablement pour y porter son peuple ; ce qui n'excluroit nullement une assemblée des Etats, ou au moins des notables des trois Etats.

V. Quand il n'y auroit point eu autrefois de déclaration solennelle de la France contre le concile de Trente, il semble néanmoins qu'il faudroit toujours une déclaration solennelle pour ce concile, afin que son autorité y soit établie, à cause des doutes où le monde a toujours été là-dessus. Ainsi quand j'ai dit que la déclaration solennelle doit être levée par une autre déclaration solennelle, c'est seulement pour aggraver cette nécessité. Et quand ces déclarations solennelles contraires auroient quelque défaut de formalité, cela ne nuiroit pas à mon raisonnement. Car il ne s'agit pas ici de l'établissement de quelque droit, ou qualité de droit ; mais seulement de ce qui fait paroître la volonté des hommes : à peu près comme un testament défectueux ne laisse pas de marquer la volonté du testateur. Ainsi l'esprit de la nation, ou de ceux qui la représentent, paroissant avoir été contraire au concile de Trente, on a d'autant plus besoin d'une déclaration bien expresse pour marquer le retour et la repentance de la même nation.

VI. Mais considérons un peu les actes publics, faits de la part de la France contre ce concile, tirés des *Mémoires* que MM. du Puy ont publiés. Le premier Acte est la protestation du roi Henri II, lue dans le concile même par M. Amiot. Le roi y déclare tenir cette assemblée sous Jules III, pour une convention particulière, et nullement pour un concile général. M. Amiot avoit une lettre de créance du roi pour être ouï dans le concile ;

et cela autorise sa protestation, bien que ladite lettre ne parlât point de la protestation : ce qu'on fit exprès sans doute, pour empêcher les Pères de rejeter d'abord la lettre, et de renvoyer le porteur sans l'entendre ; et apparemment il ne voulut point attendre la réponse du concile, parce qu'il ne s'attendoit à rien de bon : aussi n'avoit-il rien proposé qui demandât une réponse. Ensuite de cette protestation, les François ne se trouvèrent point à cette convocation, et ne reconnurent pas les six séances tenues sous Jules III, tout comme les Allemands ne reconnurent point ce qui s'étoit fait auparavant sous Paul III, après la translation du concile faite malgré l'Empereur. Nous verrons après si cette protestation a été levée ensuite. Or dans les séances contestées par les François, on avoit entrepris de régler des points fort importans, comme sont l'Eucharistie et la pénitence ; et M. l'abbé Pirot le reconnoît lui-même.

VII. La seconde protestation des François fut faite dans la troisième convocation sous Pie IV, à cause de la partialité que le Pape et le concile témoignoient pour l'Espagne à l'égard du rang ; et les ambassadeurs de France se retirèrent à Venise, tant à cause de cela que parce qu'on n'avoit pas assez d'égard à Trente à l'autorité du roi, aux libertés de l'Eglise gallicane, et à l'opposition que les François faisoient à la prétendue continuation du concile ; soutenant toujours que ce qui avoit été fait sous Jules III ne devoit pas être reconnu, et que la convocation sous Pie IV étoit une nouvelle indication. Il est vrai que les prélats françois restèrent au concile, et donnèrent leur consentement à ce qui y fut arrêté, et même à ce qui avoit été arrêté dans les convocations précédentes, sans excepter ce qui s'étoit fait sous Jules III. Mais on voit cependant que les ambassadeurs du roi n'approuvoient ni ce que faisoit le concile, ni la qualité qu'il prenoit ; et bien que la harangue sanglante que M. du Ferrier un des ambassadeurs avoit préparée, n'ait pas été prononcée, elle ne laisse pas de témoigner les sentimens de l'ambassade et l'état véritable des choses, que les hommes ne découvrent souvent que dans la chaleur des contestations. Elle dit : *Cùm tamen nihil à vobis, sed omnia magis Romæ quàm Tridenti agantur, et hæc quæ publicantur magis*

Pii IV placita, quàm concilii Tridentini decreta jure existimentur, denuntiamus ac testamur, quæcumque in hoc concilio, hoc est Pii IV motu decreta sunt et publicata, decernentur et publicabuntur, ea neque Regem christianissimum probaturum, neque Ecclesiam gallicanam pro decretis œcumenicæ synodi habituram. Il est vrai que la même harangue devoit déclarer le rappel des prélats françois, qui ne fut point exécuté : mais quoiqu'on en soit venu à des tempéramens pour ne pas rompre la convocation, la vérité du fait demeure toujours, que la France ne croyoit pas cette convocation assez libre pour avoir la qualité de concile œcuménique.

La protestation que MM. Pibrac et du Ferrier, ambassadeurs de France, ont faite ensuite, avant que de se retirer, déclare formellement qu'ils s'opposent aux décrets du concile. Il est vrai qu'ils allèguent pour raison le peu d'égard qu'on a pour la France et pour les rois en général; mais quoique la raison soit particulière, l'opposition ne laisse pas d'être générale. De dire que cet acte n'ait pas été fait au nom du roi, c'est à quoi je ne vois point d'apparence : car les ambassadeurs n'agissent pas en leur nom dans ces rencontres; ils n'ont pas besoin d'un nouveau pouvoir ou aveu pour tous les actes particuliers. Le roi leur ordonnant de demeurer à Venise, a approuvé publiquement leur conduite; et les sollicitations du cardinal de Lorraine pour les faire retourner au concile, furent sans effet outre qu'on reconnoît qu'ils avoient ordre du roi de protester et de se retirer. On a laissé les prélats françois pour éviter le blâme et pour donner moyen au Pape et au concile de corriger les choses insensiblement et sans éclat, en rétablissant dans le concile la liberté des suffrages, et tout ce qui étoit convenable pour lui donner une véritable autorité. Le défaut d'enregistrement de la protestation faite par M. du Ferrier et le refus qu'il fit d'en donner copie, ne rend pas la protestation nulle; et on ne peut pas même dire qu'un tel acte demeure comme en suspens, jusqu'à ce qu'on trouve bon de l'enregistrer et d'en communiquer des copies, puisqu'il porte lui-même avec soi toutes les solennités nécessaires pour subsister. Le refus des copies vint apparemment de ce qu'on vouloit adoucir les choses et dorer la pillule, et encore pour ne pas donner sujet à des contestations nouvelles. C'est ainsi que les ambassadeurs de Bavière et de Venise ayant protesté dans le même concile l'un contre l'autre à cause du rang contesté entre eux, refusèrent d'en donner copie, comme le cardinal Pallavicin le rapporte. Mais quand la protestation seroit nulle à cause des défauts de formalité, j'ai déjà dit que le sentiment des ambassadeurs et de la Cour ne laisse pas de marquer la vérité des choses; et les lettres que les ambassadeurs écrivirent de Venise au roi, font connoître qu'ils ne trouvoient pas à propos de retourner à Trente et d'assister à la conclusion du concile, pour ne pas paroître l'approuver, et pour ne pas donner la main à la prétendue continuation, ni aller contre la protestation de Henri II, outre les autres raisons qu'ils alléguèrent dans leur lettre au roi Charles IX.

VIII. La ratification du concile entier et de toutes ses séances depuis le commencement jusqu'au dernier Acte, faite en présence des prélats françois et de leur consentement, sans excepter même les sessions tenues sous Jules III sans les François, contre la protestation de Henri II, ne suffit pas à mon avis pour lever les oppositions de la nation françoise. Ces prélats n'étoient point autorisés à venir à l'encontre de la déclaration de la nation faite par le roi. Leur silence et même leur consentement peut témoigner leur opinion; mais non pas l'approbation de l'Eglise et nation gallicane. La conduite du cardinal de Lorraine n'a pas été approuvée; et les autres furent entraînés par son autorité : outre que ces sortes de ratifications *in sacco,* en général et sans discussion, ou pour parler avec nos anciens jurisconsultes, *per aversionem,* sont sujettes à des surprises et à des subreptions. Il falloit reprendre toutes les matières qui avoient été traitées en l'absence de la nation françoise, aussi bien que les matières traitées en l'absence de la nation allemande; et après une délibération préalable, faire des conclusions convenables pour suppléer au défaut de l'absence de ces deux grandes nations.

IX. Tout ce que je viens de dire, depuis le troisième paragraphe, tend à justifier ce que j'ai dit de la déclaration solennelle de la nation, qui bien loin de se trouver pour le concile, se trouve plutôt contraire à son autorité, quand même j'accorderois que les particuliers ont été et sont persuadés que ce concile est véritablement œcuménique. Cependant je ne vois rien encore qui m'oblige d'accorder cela : assurément ce n'étoit pas le sentiment de MM. Pibrac et du Ferrier. Il semble qu'on reconnoît aussi que ce n'étoit pas celui du feu président de Thou, ni de MM. du Puy. J'ai vu des objections d'un auteur catholique romain contre la réception du concile de Trente, faites pendant la séance des Etats, l'an 1615, avec des réponses assez importantes, le tout inséré dans un volume manuscrit, sur l'assemblée du clergé de l'an 1614 et 1615.

Ces objections marquent assez que l'auteur ne tient pas ce concile pour œcuménique; à quoi l'auteur des réponses n'oppose que des pétitions de principe. J'ai lu ce que les députés du tiers-état ont opiné entre eux sur l'article du concile. Quelques-uns demeurent en termes généraux, refusant d'entrer en matière, soit parce qu'on étoit sur le point de finir leurs cahiers, qu'ils devoient présenter au roi, soit, disent-ils, parce que les François ne sont pas à présent plus sages qu'ils étoient il y a soixante ans; et que leurs prédécesseurs apparemment avoient eu de bonnes raisons de ne pas consentir à la réception du concile, qu'on n'avoit pas maintenant le loisir d'examiner. Quelques-uns disent qu'on reçoit la foi du concile de Trente; mais non pas les règlemens de discipline. J'ai remarqué qu'il y en a eu un, et il me semble que c'est Miron lui-même, président de l'assemblée, qui dit en opinant que le concile est œcuménique; mais que cela nonobstant, il n'est pas à propos maintenant de parler de sa réception. Cependant je ne vois pas que d'autres en aient dit autant. Charles du Moulin, auteur catholique romain et fameux jurisconsulte, a écrit positivement, si je ne me trompe, contre l'autorité du concile de Trente : ce qui a fait que les Italiens l'ont pris pour protestant; et que ses livres sont tellement *inter prohibitos primæ classis,* que j'ai vu que lorsqu'on donne licence à Rome de lire des livres défendus, Machiavel et du Moulin sont ordinairement exceptés. L'on en trouvera sans doute encore bien d'autres déclarés contre le concile. M. Vigor en paroît être, et peut-être M. de Launoi lui-même, à considérer son livre : *De potestate Regis circa validitatem matrimonii;* et les modernes, qui se rapportent aux raisons et considérations de leurs ancêtres, témoignent assez de laisser au moins ce point en suspens. La foiblesse du gouvernement de Catherine de Médicis et ses enfans, a fait que le clergé de son autorité privée a introduit en France la *Profession de foi* de Pie IV, et obligé tous les bénéficiers et ceux qui ont droit d'enseigner de faire cette profession; par une entreprise semblable à celle qui porta Messieurs du clergé, dans leur assemblée de 1615, à déclarer, quant à eux, le concile de Trente pour reçu. Je crois que Messieurs des conseils et parlemens et les gens du roi dans les corps de justice, n'approuvent guère ni l'un ni l'autre.

X. Or, pour revenir enfin à ma première distinction, ces catholiques romains, qui doutent de l'autorité du concile de Trente, peuvent pourtant demeurer d'accord de tout ce qu'il a défini comme de foi. Ils peuvent approuver la foi du concile de Trente, sans recevoir le concile de Trente pour règle de foi ; et ils peuvent même approuver les décrets du concile, sans approuver qu'on y attache les anathèmes, ni qu'on exige des autres l'approbation des mêmes décrets sous peine d'hérésie. Car on n'est pas hérétique quand on se trompe sur un point de fait, tel qu'est l'autorité d'un certain concile prétendu œcuménique. C'est ainsi que les ultramontains et citramontains ont été et sont en dispute touchant les conciles de Constance et de Bâle, ou au moins touchant leurs parties, et touchant celui de Pise et le dernier de Latran. Et apparemment la reine Catherine de Médicis, avec son conseil, étoit dans le sentiment que je viens de dire sur le concile de Trente, lorsque pour donner raison du refus qu'elle fit de la réception de ce concile, elle allégua qu'il empêcheroit la réunion des protestans, comme M. l'abbé Pirot l'avoue, et reconnoît que le prétexte étoit beau ; marque qu'elle désiroit un concile plus libre, plus autorisé et plus capable de donner satisfaction aux protestans, et qu'alors la difficulté n'étoit pas seulement sur la discipline.

XI. Cela peut suffire maintenant, sur ce que M. l'abbé Pirot dit dans son discours, de l'autorité du concile de Trente en France. Je vois qu'il suppose qu'en Allemagne tout le concile de Trente passe pour œcuménique, nonobstant les oppositions que l'empereur Charles V avoit faites contre la translation du concile. Cependant ayant été autrefois moi-même au service d'un électeur de Mayence, qui est le premier prélat de l'Allemagne et dont la juridiction ecclésiastique est la plus étendue, j'ai appris que le concile de Trente n'a pas encore été reçu dans l'archidiocèse de Mayence, ni dans les évêchés qui reconnoissent cet archevêque. Je crois l'avoir entendu de la bouche du feu électeur Jean-Philippe, dont le savoir et la prudence sont connus. La même chose m'a été confirmée par ses ministres. Je ne suis pas bien informé de ce qui s'est fait dans les autres églises métropolitaines d'Allemagne : mais je suis porté à en croire autant de quelques-unes, parce qu'autrement il auroit fallu des synodes provinciaux pour cette introduction, dont cependant on n'a point de connoissance.

XII. Au reste les protestans ont publié plus d'une fois les raisons qu'ils avoient de ne pas déférer à ce concile. Je n'y veux point entrer; et je dirai seulement ici qu'outre l'opposition faite par l'empereur Charles V contre ce qui s'étoit passé à Boulogne, il falloit que Pie IV tâchât de faire remettre les choses, à l'égard des Allemands, aux termes où Charles V les avoit mises lorsque les ambassadeurs et les théologiens des protestans alloient à Trente : ce qui ayant été sans suite à cause de la guerre survenue, devoit être par après réintégré. Mais la cour de Rome étoit bien aise de s'en être dépêtrée; et ce fut avec une étrange précipitation que les grandes controverses furent dépêchées à Trente par une troupe de gens dévoués à Rome et peu zélés pour le véritable bien de l'Eglise, qui appréhendoient davantage de choquer Scot ou Cajétan que d'offenser irréconciliablement des nations entières. Car ils se moquoient des peuples éloignés qui ne les touchoient guère, pendant qu'ils ménageoient des moines ; parce qu'il y en avoit beaucoup dans leur assemblée, et qu'ils les voyoient considérés dans les pays d'où étoient les prélats qui remplissoient le concile. Ainsi ces messieurs ne faisoient pas la moindre difficulté de trancher net sur des questions de la dernière importance, qui étoient en controverse avec les protestans, et que les anciens Pères n'avoient pas osé déterminer, et parloient ambigument et avec beaucoup de réserve de ce qui étoit en dispute entre les scolastiques.

XIII. Il semble même qu'ils vouloient profiter de ces momens favorables, que les temps et les conjonctures leur fournissoient, lorsque les protestans et presque toutes les nations du Nord étoient absentes, aussi bien que les Grecs et les Orientaux; qu'il y avoit un roi d'Espagne entêté des moines, dont les sentimens étoient bien éloignés de ceux de l'empereur son père; et que la France étoit gouvernée par une femme italienne et par les princes de la maison de Lorraine, qui avoient leur but. Ainsi ces prélats, italiens pour la plupart, toujours entêtés de certaines opinions chimériques, que les autres sont des barbares et qu'il appartient à eux de gouverner le monde; bien aises d'avoir les coudées franches et de voir en quelque façon dans l'opinion de bien des gens le pouvoir de l'Eglise universelle déposé entre leurs mains, au lieu qu'à Constance et à Bâle les autres nations balançoient fort et obscurcissoient même l'autorité des Italiens : ces prélats, dis-je, soutenus et animés par la direction de Rome, taillèrent en plein drap, et firent des décisions à outrance à l'égard de la foi, sans vouloir ouïr des oppositions; et au lieu d'une réforme véritable des abus dominans dans l'Eglise, ils consumèrent le temps en des matières qui ne touchoient que l'écorce, pour se tirer bientôt d'affaire et apaiser le monde, qui avoit été dans l'attente de quelque chose de grand de la part de ce concile. Aussi peut-on dire que bien des choses empirèrent quand il fut terminé; que Rome triompha de joie d'être sortie sans dépens de cette grande affaire et d'avoir maintenu toute son autorité; que l'espérance de la réconciliation fut perdue; que les abus jetèrent des racines plus fortes; que les religieux par le moyen des confréries et de mille inventions, portèrent la superstition plus loin qu'elle n'avoit jamais été, au grand déplaisir des personnes bien intentionnées; que personne n'osa plus ouvrir la bouche, parce qu'on le traitoit d'abord d'hérétique, au lieu qu'auparavant des Erasmes et des Vivès, tout estimés qu'ils étoient dans l'Eglise romaine, n'avoient pas laissé de s'ouvrir sur les erreurs et les abus des moines et des scolastiques qu'on vit alors canonisés, tandis que plusieurs honnêtes gens et bons auteurs furent marqués au coin de l'hérésie par ces nouveaux juges. La France presque seule alors pouvoit et devoit maintenir la liberté de l'Eglise, contre cette conspiration d'une troupe de prélats et de docteurs ultramontains, qui étoient comme aux gages des légats du Pape : mais la foiblesse du gouvernement et l'ascendant du cardinal de Lorraine, lièrent les mains aux bien intentionnés. Cependant Dieu voulut que la victoire ne fût pas entière; que le génie libre de la nation françoise ne fût pas tout à fait supprimé; et que nonobstant les efforts des papes et du cardinal de Lorraine, la réception du concile ne passât jamais.

XIV. Quelqu'un dira qu'on n'a pas besoin du consentement des nations; que les seuls prélats ou évêques convoqués par le Pape, sont de l'essence d'un concile œcuménique; et que ce qu'ils décident doit être reçu, sous peine de damnation éternelle, comme la voix du Saint-Esprit, sans s'arrêter aux intérêts des couronnes ou nations. Il semble que c'étoit le sentiment de l'évêque de Beauvais, dans la harangue qu'il fit aux députés du tiers-état, l'an 1615. C'est aussi l'opinion de l'auteur des *Réponses* pour la réception du concile, contre les objections dont j'ai parlé ci-dessus, et même les ambassadeurs de France, retirés à Venise, écrivirent au roi leur maître, que les ambassadeurs n'assistoient pas aux anciens conciles; et quelques députés du tiers-état disent en opinant, que les conciles n'ont pas besoin de réception, et s'étonnent qu'on la demande; mais c'est pour éviter cette réception qu'ils le disent.

Je réponds qu'il semble en effet que les seuls évêques ou pasteurs des peuples doivent avoir voix délibérative et décisive dans les conciles : mais cela ne se doit point prendre avec cette précision métaphysique, que les affaires humaines n'admettent point. Il faut des préparatifs avant que de venir à ces délibérations décisives; et les puissances séculières, en personne ou par leurs ambassadeurs, y doivent avoir une certaine concurrence à l'égard de la direction. Il est convenable que les prélats soient autorisés des nations, et même que les prélats se partagent et délibèrent par nation, afin que chaque nation faisant convenir ceux de son corps et communiquant avec les autres, on prépare le chemin à l'accord général de toute l'assemblée. C'est ainsi qu'on en usa à Constance, et je me suis étonné plusieurs fois de ce que l'Empereur et la France ne tâchèrent pas d'obliger les papes à suivre cet exemple à Trente. Les choses auroient tourné tout autrement; et peut-être les nations allemande et angloise, avec le reste du Nord, n'en seroient pas venus à cette séparation entière qu'on ne sauroit assez déplorer, et de laquelle la cour de Rome ne se soucioit plus guère, aimant mieux les perdre et garder un plus grand pouvoir sur ceux qu'elle retenoit que de les retenir tous aux dépens de son autorité. Mais je crois qu'en effet les papes, craignant déjà assez la tenue d'un concile général, n'y seroient venus qu'à l'extrémité, si on les avoit obligés à cette forme; et leur bonheur fut le malheur commun, en ce que les deux puissances principales de la chrétienté étoient toujours brouillées ensemble.

XV. Quant à l'assistance de la puissance séculière, on ne sauroit disconvenir à l'égard des anciens conciles que l'indiction dépendoit de l'Empereur, et que les empereurs ou leurs légats avoient proprement la direction du concile pour y maintenir l'ordre. Presque toute l'Eglise étoit comprise dans l'Empire romain : les Perses étoient encore idolâtres; les rois des Goths et des Vandales étoient ariens; les Axumites ou Abyssins, et quelques autres peuples semblables, convertis depuis peu par des évêques de l'Empire romain, n'y faisoient pas grande figure, et venoient plutôt pour apprendre que pour enseigner. Enfin les légats des empereurs avoient encore grande influence sur la conclusion finale du concile, qu'ils pouvoient avancer ou suspendre. Le Pape s'est attribué une partie de ce pouvoir depuis la décadence de l'Empire romain : le reste doit être partagé entre les puissances souveraines ou grands Etats qui composent l'Eglise chrétienne; en sorte néanmoins que l'Empereur y ait quelque préciput, comme premier chef séculier de l'Eglise : et les ambassadeurs, qui représentent leurs maîtres dans les conciles, forment un corps ensemble dans lequel se trouve le droit des anciens empereurs romains ou de leurs légats : et le moyen le plus commode de maintenir le droit de leur influence, est celui des nations, puisque chaque nation et couronne a un rapport particulier à ses souverains et à ceux qui les représentent. Cela n'est pas assujettir l'Eglise universelle aux souverains; mais c'est trouver un juste tempérament entre la puissance ecclésiastique et séculière, et employer toutes les voies de la prudence pour disposer les choses à une bonne fin.

XVI. On me dira peut-être que tout ceci est fort bon, mais nullement nécessaire. Je ne veux point disputer présentement, quoiqu'il y ait peut-être quelque chose à dire à l'égard de l'indiction d'un concile, où le concours des souverains pourroit paroître essentiel; mais je dirai seulement à l'égard du concile de Trente, qu'afin qu'un concile soit œcuménique, il ne faut pas qu'une nation ou deux y dominent : il faut que le nombre des prélats des autres nations y soit assez considérable pour s'entre-balancer; afin qu'on puisse reconnoître la voix de toute l'Eglise, à laquelle Dieu a promis particulièrement son assistance, outre que dans les conciles il s'agit souvent de la tradition, de laquelle une ou deux nations ne sauroient rendre un bon témoignage. Or il faut reconnoître que les Italiens dominoient proprement à Trente, et qu'après eux les Espagnols se faisoient considérer, que les François n'y faisoient pas grande figure, et que les Allemands, qui devoient surtout être écoutés, n'en faisoient point du tout. Mais l'Eglise grecque particulièrement ne devoit pas être négligée, à cause des traditions anciennes dont elle peut rendre témoignage contre les opinions nouvelles, reçues et devenues communes parmi les Latins, par l'ascendant qu'y avoient pris les ordres mendians et les scolastiques sortis de ces ordres, souvent bien éloignés de l'ancien esprit de l'Eglise.

XVII. Ainsi on peut dire que les prélats n'étoient pas en nombre suffisant, à proportion des nations, pour représenter l'Eglise œcuménique : et afin de balancer les Italiens et les Espagnols, il falloit bon nombre, non-seulement de François, qui, avec lesdits Italiens et Espagnols, composent proprement la langue latine; mais encore de la langue allemande, sous laquelle on peut comprendre encore les Anglois, Danois, Suédois, Flamands, et de la langue sclavonne, qui comprend les couronnes de Pologne et de Bohême, et autres peuples, et qui se pourroit associer les Hongrois, pour ne rien dire des Grecs et des Orientaux. Et il ne sert de rien de répliquer qu'une bonne partie de ces peuples est séparée de l'Eglise : car c'est prendre pour accordé ce qui est en question ; et de dire qu'on les a cités, cela n'est rien. Il falloit prendre des mesures pour qu'ils pussent venir honnêtement et sûrement, et sans vouloir les traiter en condamnés. On en sut bien prendre avec les Grecs dans le concile de Ferrare ou de Florence ; et le prétendu schisme où l'on veut que les Grecs se trouvent enveloppés n'empêcha pas leurs prélats d'entrer dans le concile, et de traiter avec les Latins d'égal à égal. On les ménagea même dans les matières qu'on a précipitées à Trente sans ménagement ; et M. l'abbé Pirot a bien remarqué qu'on ne voulut rien décider à Florence, en présence des Grecs, à l'égard de la dissolution du mariage par adultère. Quelle apparence donc de le décider par après dans un autre concile en leur absence, sans aucune communication avec eux ? C'est cependant ce que le concile de Trente n'a pas fait scrupule de faire, passant ainsi par-dessus toutes les formes. C'étoit apparemment pour contrecarrer davantage les protestans : car on prenoit plaisir de les condamner en toutes les rencontres ; comme si on étoit bien aise de se défaire des gens et des peuples, dont la cour de Rome craignoit quelque préjudice à son autorité. On a coutume de dire qu'il y avoit peu d'Occidentaux au grand concile de Nicée ; mais le nombre ne fait rien, quand le consentement est notoire, au lieu qu'il faut entendre les gens lorsque leur dissension est connue. Mais j'ai déjà dit que le concile de Trente étoit plutôt un synode de la nation italienne, où l'on ne faisoit entrer les autres que pour la forme et pour mieux couvrir le jeu ; et le Pape y étoit absolu. C'est ce que les François déclarèrent assez dans les occasions, lorsqu'on avoit mis leur patience à bout par quelque entreprise contraire à cette couronne. Qu'ils l'aient fait en forme due ou non, par des harangues prononcées ou seulement projetées, par des protestations enregistrées ou non enregistrées, avouées ou non avouées ; qu'on ait rappelé les prélats françois, ou qu'on les y ait laissés : cela ne fait rien à la vérité des choses, et ne lève pas les défauts essentiels qui se trouvoient dans le concile.

XVIII. Je ne m'étois proposé que de parler de l'autorité du concile de Trente en France ; mais j'ai été insensiblement porté à parler de l'autorité de ce concile en elle-même à l'égard de la forme. Ainsi, pour achever, je veux encore dire quelque chose de sa matière et de ses décisions. J'ai été bien aise d'apprendre par la dissertation de M. l'abbé Pirot, en quoi l'on croit proprement que le concile de Trente a fait de nouvelles décisions en matière de foi. Je sais que les sentimens sont assez partagés là-dessus, mais le jugement d'un sorboniste aussi célèbre et aussi éclairé que lui me paroîtra toujours très-considérable. Il rapporte donc qu'après la définition du concile de Trente et auprès de ceux qui le tiennent pour œcuménique, on ne sauroit douter sans hérésie d'aucuns des livres, ni d'aucune partie des livres compris dans le volume de l'Ecriture sainte, sans en excepter même *Judith*, *Tobie*, la *Sagesse*, l'*Ecclésiastique*, les *Machabées*, et sans en excepter encore le reste d'*Esther*, le *Cantique des Enfans*, l'histoire de Susanne, celle de l'histoire de Bel et du Dragon, aussi bien que la prophétie de Baruch ; qu'on ne sauroit plus douter que la justification se fait par une qualité inhérente, ni que la foi justifiante est distinguée de la confiance en la miséricorde divine, ni du nombre septenaire des sacremens, de l'intention du ministre y requise ; de la nécessité absolue du baptême ; de la concomitance du corps et du sang de Jésus-Christ dans l'Eucharistie avec sa divinité ; de la matière, forme et ministre des sacremens ; de l'indissolubilité du lien du mariage nonobstant l'adultère.

XIX. Je crois qu'on y pourroit ajouter encore d'autres points : par exemple, la distinction entre le baptême de saint Jean-Baptiste et celui de Notre-Seigneur, établie avec anathème ; la confirmation de quelques canons de saint Augustin et du concile d'Orange sur la grace ; et selon les jésuites ou leurs partisans, la suffisance de l'attrition jointe avec le sacrement de pénitence. Selon les protestans et même selon quelques catholiques romains, qui doutent de l'autorité de quelques conciles antérieurs, on y pourroit encore joindre bien d'autres articles. Mais en général on peut dire que plusieurs propositions reçues dans l'Occident avant ce concile, n'ont commencé que par lui à être établies sous peine d'hérésie et d'anathème.

XX. Mais tout cela, bien loin de servir à la louange du concile de Trente, doit rendre tant les catholiques romains que les protestans plus difficiles à le reconnoître. Nous n'avons peut-être que trop de prétendues définitions en matière de foi. On devoit se tenir à la tradition et à l'antiquité, sans prétendre de savoir et d'enjoindre aux autres, sous peine de damnation, des articles dont l'Eglise s'étoit passée depuis tant de siècles, et dont les saints et grands hommes de l'antiquité chrétienne n'étoient nullement instruits ni persuadés. Pourquoi rendre le joug des fidèles plus pesant, et la réconciliation avec les protestans plus difficile? Quel besoin de canoniser l'histoire de Judith et autres semblables, malgré les grandes difficultés qu'il y a à l'encontre? Et quelle apparence que nous en puissions plus savoir que l'Eglise au temps de saint Jérôme, vu que tout ce qui est de foi divine, tandis que nous manquons de révélations nouvelles, ne nous sauroit être appris que par l'Ecriture sainte ou par la tradition de l'ancienne Eglise? Et si nous nous tenons à la règle de Vincent de Lérins, touchant ce qu'on doit appeler *catholique*, ou même à ce que dit la *Profession* de Pie IV, qu'il ne faut jamais interpréter l'Ecriture que *juxta unanimem consensum Patrum*, et enfin à ce que Henri Holden, Anglois, docteur sorboniste, si je m'en souviens bien, a écrit de l'analyse de la foi contre les sentimens du Père Gretser, jésuite : toutes ces décisions seront en danger de perdre leur autorité. Surtout il falloit bien se donner de garde d'y attacher indifféremment des anathèmes. George Calixte, un des plus savans et des plus modérés théologiens de la Confession d'Augsbourg, a bien représenté dans ses *Remarques sur le concile de Trente* et dans ses autres ouvrages, le tort que ce concile a fait à l'Eglise par ses anathématismes.

XXI. Cependant je crois que bien souvent on pourroit venir au secours du concile par une interprétation favorable. J'ai vu un essai de celles d'un protestant, et j'en vois des exemples parmi ceux de la communion de Rome. En voici deux assez considérables. Les protestans ont coutume de se récrier étrangement contre ce concile, sur ce qu'il fait dépendre la validité du sacrement de l'intention du ministre. Ainsi, disent-ils, on aura toujours sujet de douter si on est baptisé ou absous. Cependant je me souviens d'avoir vu des auteurs catholiques romains qui le prenoient tout autrement; et lorsqu'un prince de leur communion, dans une lettre que j'eus l'honneur de recevoir de lui, cotoit parmi les autres différends celui de l'intention du ministre, je lui en marquai mon opinion. Il eut de la peine à y ajouter foi : mais ayant consulté un célèbre théologien aux Pays-Bas, il en eut cette réponse, que j'avois raison; que plusieurs catholiques romains étoient de cette opinion; qu'elle avoit été soutenue en Sorbonne, et même qu'elle y étoit la mieux reçue; qu'effectivement un baptême comique n'étoit pas valide; mais aussi que, lorsqu'on fait tout ce que l'Eglise ordonne, la seule substraction interne du consentement ne nuisoit point à l'intention, et n'étoit qu'une protestation contraire au fait. L'autre exemple pourra être la suffisance de l'attrition avec le sacrement. J'avoue que le concile de Trente paroît la marquer assez clairement, chapitre IV de la session XIV, et les jésuites prennent droit là-dessus. Cependant ceux qu'on appelle *Jansénistes* s'y sont opposés avec tant de force et de succès, que la chose paroît maintenant douteuse, surtout depuis que les papes mêmes ont ordonné que les parties ne se déchireroient plus, et ne s'accuseroient plus d'hérésie sur cet article. Cela fait voir que bien des choses passent pour décidées dans le concile de Trente, qui ne le sont peut-être pas autant qu'on le pense. Ainsi, quelque autorité qu'on donne au concile de Trente, il sera nécessaire un jour de venir à un autre concile plus propre à remédier aux plaies de l'Eglise.

XXII. Toutes ces choses étant bien considérées, et surtout l'obstacle que le concile de Trente apporte à la réunion étant mûrement pesé, on jugera peut-être que c'est par la direction secrète de la Providence que l'autorité du concile de Trente n'est pas encore assez reconnue en France, afin que la nation françoise, qui a tenu le milieu entre les protestans et les romanistes outrés, soit plus en état de travailler un jour à la délivrance de l'Eglise, aussi bien qu'à la réintégration de l'unité. Aux Etats de l'an 1614 et 1615, le clergé avoit manqué en ce qu'il avoit différé de parler de ce point de la réception du concile jusqu'à la fin des Etats : autrement, autant que je puis juger par ce qui se passa dans le tiers-état, on seroit entré en matière ; et je crois que le clergé, qui avoit déjà gagné la noblesse, l'auroit emporté. Mais j'ai déjà dit, et je le dis encore, qu'il semble que Dieu ne l'a point voulu, afin que le royaume de France conservât la liberté, et demeurât en état de mieux contribuer un jour au rétablissement de l'unité ecclésiastique par un concile plus convenable et plus autorisé. Aussi mettant à part la force des armes, il n'est pas vraisemblable que, sans un concile nouveau, la réconciliation se fasse, ni que tant de grandes nations, qui remplissent quasi tout le Nord, sans parler des Orientaux, se soumettent jamais aveuglément au bon plaisir de quelques Italiens, uniques auteurs du concile de Trente. Je ne le dis par aucune haine contre les Italiens. J'y ai des amis : je sais par expérience qu'ils sont mieux réglés aujourd'hui et plus modérés qu'ils ne paroissoient être autrefois ; et même j'estime leur habileté à se mettre en état de gouverner les autres par adresse, au défaut de la force des anciens Romains. Mais enfin il est permis à ceux du Nord d'être sur leurs gardes, pour ne pas être les dupes des nations que leur climat rend plus spirituelles. Pour assurer la liberté publique de l'Eglise dans un concile nouveau, le plus sûr sera de retourner à la forme du concile de Constance en procédant par nations, et d'accorder aux protestans ce qu'on accordoit aux Grecs dans le concile de Florence.

XXIII. J'ajouterai un mot de la puissance indirecte de l'Eglise sur le temporel des souverains, puisque M. l'abbé Pirot a voulu faire des réflexions sur ce que j'avois dit à cet égard. J'ai vu la consultation de M. d'Ossat, qui porte pour titre : *Utrùm Henricus Borbonius sit absolvendus et ad regnum dispensandus ;* où il semble qu'il a voulu s'accommoder aux principes de la cour de Rome où il étoit, selon le proverbe, *Ulula cum lupis.* Le cardinal du Perron, dans sa *Harangue* prononcée devant les députés du tiers-état, pouvoit se borner à démontrer qu'il ne falloit pas faire une loi en France, par laquelle les docteurs ultramontains et le Pape même seroient déclarés hérétiques : mais il alla plus avant, et fit assez connoître son penchant à croire que les princes chrétiens perdent leur état par l'hérésie. Ce n'est pas à moi de prononcer sur des questions si délicates. Cependant, exceptant ce qui peut avoir été réglé par les lois fondamentales de quelques Etats ou royaumes, j'aime mieux croire que régulièrement les sujets se doivent contenter de ce qu'on les affranchit de l'obéissance active, sans qu'ils se puissent dispenser de la passive; c'est-à-dire qu'il leur doit être assez de ne pas obéir aux commandemens des souverains, contraires à ceux de Dieu, sans qu'ils aient droit de passer à la rébellion pour chasser un prince qui les incommode ou qui les persécute. Il sera difficile de sauver ce qu'on dit dans le troisième concile de Latran sous Alexandre III, ni ce qu'on a fait dans le premier concile de Lyon sous Innocent IV. Cependant le soin que M. l'abbé Pirot prend en faveur de ces deux conciles est fort louable. Mais sans parler de la déposition des princes et de l'absolution des sujets de leur serment de fidélité, on peut former des questions où la puissance indirecte de l'Eglise sur les matières temporelles paroît plus raisonnable : par exemple, si quelque prince exerçoit une infinité d'actions cruelles contre les églises, contre les innocens, contre ceux qui refuseroient de donner leur approbation expresse à toutes ses méchancetés : on demande si l'Eglise pourroit déclarer pour le salut des ames, que ceux qui assistent ce prince dans ses violences péchent grièvement et sont en danger de leur salut; et si elle pourroit procéder à l'excommunication, tant contre ce prince que contre ceux de ses sujets qui lui donneroient assistance, non pas pour se maintenir dans son royaume et dans ses autres droits, mais pour continuer les maux que nous venons de dire. Car ce cas ne paroît pas contraire à l'obéissance passive : et c'est à cet égard que j'ai parlé de la puissance indirecte de l'Eglise sur les matières temporelles, pour ne rien dire à présent des lois ecclésiastiques, des mariages et autres matières semblables.

XXIV. Avant que de conclure, je satisferai, comme hors d'œuvre, à la promesse que j'ai faite ci-dessus, de dire ce que j'ai appris de la profession de foi que Henri IV avoit faite à Saint-Denis, quand l'archevêque de Bourges l'eut réconcilié avec l'Eglise. J'ai lu un volume manuscrit, contenant tout ce qui concerne l'absolution de Henri IV, tant à Saint-Denis qu'à Rome. Les six premières pièces du volume appartiennent à l'absolution de Saint-Denis. Il y a premièrement la promesse du roi, à son avénement à la couronne, de maintenir la religion catholique romaine, 4 d'août 1589; secondement, Acte par lequel quelques princes, ducs et autres seigneurs françois le reconnoissent pour roi, conformément à l'Acte précédent de la même date; troisièmement, le procès-verbal de ce qui se passa à Saint-Denis à l'instruction et absolution du roi, du 22 au 25 juillet 1593; quatrièmement, promesse que le roi donna par écrit, signée de sa main et contre-signée du sieur Ruzé son secrétaire d'Etat, après avoir fait l'abjuration et reçu l'absolution comme dessus, du 25 juillet 1593; cinquièmement, profession de foi, faite et présentée par le roi lors de son absolution; sixièmement, discours de M. du Mans pour l'absolution du roi.

Le procès-verbal susdit marque que les prélats délibérèrent si on ne renverroit pas l'affaire à Rome : mais enfin ils conclurent, à cause de la nécessité du temps, du péril ordinaire de mort auquel le roi était exposé par la guerre, et de la difficulté d'aller ou d'envoyer à Rome, mais surtout pour ne pas perdre la belle occasion de la réunion d'un si grand prince, que l'absolution lui seroit donnée à la charge que le roi enverroit envers le Pape ; et ces raisons sont étendues plus amplement dans le discours de M. du Mans. Il y est aussi marqué que les prélats assemblés pour l'instruction et réconciliation du roi, firent dresser la profession de foi à la demande réitérée du roi, qui fut lue et approuvée de toute l'assemblée comme conforme à celle du concile. Cependant il est très-remarquable que cette profession, toute conforme qu'elle est en tout autre point avec celle de Pie IV, en est notablement différente dans les seuls endroits dont il s'agit, savoir en ce qu'elle ne fait pas la moindre mention du concile de Trente. Car les articles en question de ladite *Profession* de Pie IV disent : *Omnia et singula quæ de peccato originali et justificatione in sacrosanctâ tridentinâ Synodo definita et declarata fuerunt, amplector et recipio ;* et plus bas : *Cætera item omnia à sacris canonibus et œcumenicis conciliis, ac præcipuè à sacrosanctâ Tridentinâ synodo tradita, definita et declarata indubitanter recipio atque profiteor; simulque contraria omnia, atque hæreses quascumque ab Ecclesiâ damnatas, rejectas et anathematizatas, ego pariter damno, rejicio et anathematizo :* au lieu que la profession de foi de Henri IV, omettant exprès le concile de Trente dans tous ces deux endroits, dit ainsi : « Je crois aussi et embrasse tout ce qui a été défini et déclaré par les saints conciles touchant le péché originel et la justification; » et plus bas : « J'approuve sans aucun doute et fais profession de tout ce qui a été décidé et déterminé par les saints canons et conciles généraux, et rejette, réprouve et anathématise tout ce qui est contraire à iceux, et toutes hérésies condamnées, rejetées et anathématisées par l'Eglise. » On ne sauroit concevoir ici une faute du copiste, puisqu'elle seroit la même en deux endroits. Je ne crois pas aussi qu'il y ait de la falsification : car l'exemplaire vient de bon lieu. Ainsi je suis porté à croire que ces prélats mêmes, qui eurent soin de cette instruction et abjuration du roi, trouvèrent bon de faire abstraction du concile de Trente, dont l'autorité étoit contestée en France : et cela fait assez connoître que le doute où l'on étoit là-dessus, ne regardoit pas seulement ses règlemens sur la discipline, mais qu'il s'étendoit aussi à son autorité en ce qui est de la foi.

J'ajouterai encore cette réflexion, que si le concile de Trente avoit été reçu pour œcuménique par la nation françoise, on n'auroit pas eu besoin d'en solliciter la réception avec tant d'empressement. Car quant aux lois positives ou de discipline, que ce concile a faites, elles étoient presque toutes reçues ou recevables en vertu des ordonnances, excepté ce qui paroissoit éloigné des libertés gallicanes, que le clergé même ne prétendoit pas faire recevoir. Il paroît donc qu'on a eu en vue de faire recevoir le concile pour œcuménique et règle de foi; que c'est ainsi que la reine Catherine de Médicis l'a entendu, en alléguant pour raison de son refus l'éloignement de la réconciliation des protestans que cela causeroit; et que les prélats françois assemblés à Saint-Denis l'ont pris de même, et ont cru une telle réception encore douteuse, lorsqu'ils ont omis tout exprès la mention du concile dans la profession de foi qu'ils demandèrent à Henri IV.

LETTRE XXX.

BOSSUET A LEIBNIZ

SUR LE MÉMOIRE DU DOCTEUR PIROT.

Entre juin et octobre 1693.

En relisant la lettre de M. Leibniz du 29 mars 1693, j'ai trouvé que sans m'engager à de longues dissertations, qui ne sont plus nécessaires après tant d'explications qu'on a données, je pouvois résoudre trois de ses doutes.

Le premier sur le culte des images. Ce culte n'a rien de nouveau, puisque pour peu qu'on le veuille définir, on trouvera qu'il a pour fin d'exciter le souvenir des originaux ; et qu'au fond cela (a) est compris dans l'adoration de l'arche d'alliance, et dans l'honneur que toute l'antiquité a rendu aux reliques et aux choses qui servent aux ministères divins. Ainsi on trouvera dans toute l'antiquité des honneurs rendus à la croix, à la crèche de Notre-Seigneur, aux vaisseaux sacrés, à l'autel et à la table sacrée, qui sont de même nature que ceux qu'on rend aux images. L'extension de ces honneurs aux images a pu être très-différente, selon les temps et les raisons de la discipline ; mais le fond a si peu de difficulté, qu'on ne peut assez s'étonner comment des gens d'esprit s'y arrêtent tant.

Le second doute regarde l'erreur des monothélites. Avec la permission de M. Leibniz, je m'étonne qu'il regarde cette question comme dépendante d'une haute métaphysique. Il ne faut que savoir qu'il y a une ame humaine en Jésus-Christ, pour savoir en même temps qu'il y a une volonté; non-seulement en prenant la volonté pour la faculté et le principe, mais encore en la prenant pour l'acte, les facultés n'étant données que pour cela.

Ce qu'il dit, que les actions sont des suppôts selon l'axiome de

(a) *Var.* : Et que cela en substance.

l'Ecole, ne signifie rien autre chose, sinon qu'elles lui sont attribuées *in concreto*; mais non pas que chaque partie n'exerce pas son action propre, comme en nous le corps et l'ame le font. Ainsi dans la personne de Jésus-Christ, le Verbe, qui ne change point, exerce toujours sa même action : l'ame humaine exerce la sienne sous la direction du Verbe; et cette action est attribuée au même Verbe, comme au suppôt. Mais que l'ame demeure sans son action (*a*), c'est une chose si absurde en elle-même, qu'on ne la comprend pas. Aussi paroît-il clairement, par les témoignages rapportés dans le concile vi et par une infinité d'autres, qu'on a toujours cru deux volontés, même quant à l'acte, en Jésus-Christ : et si quelques-uns ont cru le contraire, c'est une preuve que les hommes sont capables de croire toute absurdité, quand ils ne prennent pas soin de démêler leurs idées : ce qui paroît à la vérité dans toutes les hérésies; mais plus que dans toutes les autres, dans celle des eutychiens, dont celle des monothélites est une annexe.

Pour le concile de Bâle, son exemple prouve qu'on peut offrir aux protestans un examen par manière d'éclaircissement, et non par manière de doute, puisqu'il paroît par les termes que j'en ai rapportés qu'on excluoit positivement le dernier. Si l'on prétend qu'il ne puisse y avoir de réunion qu'en présupposant un examen par forme de doute sur les questions résolues à Trente, il faut avouer dès à présent qu'il n'y en aura jamais : car l'Eglise ne fera point une chose, sous prétexte de réunion, qui renverseroit les fondemens de l'unité. Ainsi les protestans de bonne foi, et encore plutôt ceux qui croient, comme M. Leibniz, l'infaillibilité de l'Eglise, doivent entrer dans l'expédient de terminer nos disputes par forme d'éclaircissement : et ce qui prouve qu'on peut aller bien loin par là, c'est le progrès qu'on feroit en suivant les explications de M. l'abbé Molanus.

Pour donner une claire et dernière résolution des doutes que l'on propose sur le concile de Trente, il faut présupposer quelques principes.

Premièrement, que l'infaillibilité que Jésus-Christ a promise à

(*a*) *Var.* : sans son action naturelle.

son Eglise réside primitivement dans tout le corps, puisque c'est là cette Eglise qui est bâtie sur la pierre, à laquelle le Fils de Dieu a promis que les portes d'enfer ne prévaudroient point contre elle.

Secondement, que cette infaillibilité, en tant qu'elle consiste, non à recevoir, mais à enseigner la vérité, réside dans l'ordre des pasteurs, qui doivent successivement et de main en main succéder aux apôtres, puisque c'est à cet ordre que Jésus-Christ a promis qu'il seroit toujours avec lui : « Allez, enseignez, baptisez : je suis toujours avec vous; » c'est-à-dire, sans difficulté, avec vous qui enseignez et qui baptisez, et avec vos successeurs que je considère en vous comme étant la source de leur vocation et de leur ordination, sous l'autorité et au nom de Jésus-Christ.

Troisièmement, que les évêques ou pasteurs principaux, qui n'ont pas été ordonnés par et dans cette succession, n'ont point de part à la promesse, parce qu'ils ne sont pas con'enus dans la source de l'ordination apostolique, qui doit être perpétuelle et continuelle, c'est-à-dire sans interruption : autrement cette parole : « Je suis avec vous jusqu'à la consommation des siècles, » seroit inutile.

Quatrièmement, que les évêques ou pasteurs principaux qui auroient été ordonnés dans cette succession, s'ils renonçoient à la foi de leurs consécrateurs, c'est-à-dire à celle qui est en vigueur dans tout le corps de l'épiscopat et de l'Eglise, renonceroient en même temps à la promesse, parce qu'ils renonceroient à la succession, à la continuité, à la perpétuité de la doctrine : de sorte qu'il ne faudroit plus les réputer pour légitimes pasteurs, ni avoir aucun égard à leurs sentimens, parce qu'encore qu'ils conservassent la vérité de leur caractère que leur infidélité ne peut pas anéantir, ils n'en peuvent conserver l'autorité, qui consiste dans la succession, dans la continuité, dans la perpétuité qu'on vient d'établir.

Cinquièmement, que les évêques ou les pasteurs principaux, établis en vertu de la promesse et demeurant dans la foi et dans la communion du corps où ils ont été consacrés, peuvent témoigner leur foi, ou par leur prédication unanime dans la dispersion de l'Eglise catholique, ou par un jugement exprès dans une assemblée légitime. Dans l'une et l'autre considération, leur autorité est également infaillible, leur doctrine également certaine : dans la première, parce que c'est à ce corps ainsi dispersé à l'extérieur, mais uni par le Saint-Esprit, que l'infaillibilité de l'Eglise est attachée; dans la seconde, parce que ce corps étant infaillible, l'assemblée qui le représente véritablement, c'est-à-dire le concile, jouit du même privilége, et peut dire à l'exemple des apôtres : « Il a semblé bon au Saint-Esprit et à nous. »

Sixièmement, la dernière marque que l'on peut avoir que ce concile ou cette assemblée représente véritablement l'Eglise catholique, c'est lorsque tout le corps de l'épiscopat, et toute la société qui fait profession d'en recevoir les instructions, l'approuve et le reçoit ; c'est là, dis-je, le dernier sceau de l'autorité de ce concile et de l'infaillibilité de ses décrets, parce qu'autrement, si l'on supposoit qu'il se pût faire qu'un concile ainsi reçu errât dans la foi, il s'ensuivroit que le corps de l'épiscopat, et par conséquent l'Eglise ou la société qui fait profession de recevoir les enseignemens de ce corps, se pourroit tromper; ce qui est directement opposé aux cinq articles précédens, et notamment au cinquième.

Ceux qui ne voudront pas convenir de ces principes ne doivent jamais espérer aucune union avec nous, parce qu'ils ne conviendront jamais qu'en paroles de l'infaillibilité de l'Eglise, qui est le seul principe solide de la réunion des chrétiens.

Ces six articles suivent si clairement et si nécessairement l'un de l'autre dans l'ordre avec lequel ils ont été proposés, qu'ils ne font qu'un même corps de doctrine, et sont en effet renfermés dans celui-ci du Symbole : *Je crois l'Eglise catholique*, qui veut dire, non-seulement : Je crois qu'elle est; mais encore : Je crois ce qu'elle croit; autrement, c'est ne la pas croire elle-même, c'est ne pas croire qu'elle est, puisque le fond, et pour ainsi dire la substance de son être, c'est la foi qu'elle déclare à tout l'univers; de sorte que si la foi que l'Eglise prêche est vraie, elle constitue une vraie Eglise; et si elle est fausse, elle en constitue une fausse. On peut donc tenir pour certain qu'il n'y aura jamais d'accord véritable que dans la confession de ces six principes, desquels nous ne pouvons non plus nous départir que de l'Evangile, puisqu'ils en contiennent la solide et inébranlable promesse, d'où dépendent toutes les autres et toutes les parties de la profession chrétienne.

Cela posé, il est aisé de résoudre tous les doutes qu'on peut avoir sur le concile de Trente en ce qui regarde la foi ; étant constant qu'il est tellement reçu et approuvé à cet égard dans tout le corps des églises qui sont unies de communion à celle de Rome et que nous tenons les seules catholiques, qu'on n'en rejette non plus l'autorité que celle du concile de Nicée. Et la preuve de cette acceptation est dans tous les livres des docteurs catholiques, parmi lesquels il ne s'en trouvera jamais un seul, où lorsqu'on objecte une décision du concile de Trente en matière de foi, quelqu'un ait répondu qu'il n'est pas reçu : ce qu'on ne fait nulle difficulté de dire de certains articles de discipline, qui ne sont pas reçus partout. Et la raison de cette différence, c'est qu'il n'est pas essentiel à l'Eglise que la discipline y soit uniforme non plus qu'immuable ; mais au contraire la foi catholique est toujours la même.

Qu'ainsi ne soit, je demande qu'on me montre un seul auteur catholique, un seul évêque, un seul prêtre, un seul homme, quel qu'il soit, qui croie pouvoir dire dans l'Eglise catholique : Je ne reçois pas la foi de Trente : On peut douter de la foi de Trente. Cela ne se trouvera jamais. On est donc d'accord sur ce point, autant en Allemagne et en France qu'en Italie et à Rome même, et partout ailleurs : ce qui enferme la réception incontestable de ce concile en ce qui regarde la foi.

Toute autre réception (*a*) qu'on pourroit demander n'est pas nécessaire : car s'il falloit une assemblée pour accepter le concile, il n'y a pas moins de raison de n'en demander pas encore une autre pour accepter celle-là : et ainsi de formalité en formalité et d'acceptation en acceptation, on iroit jusqu'à l'infini. Et le terme où il faut s'arrêter, c'est de tenir pour infaillible ce que l'Eglise, qui est infaillible, reçoit unanimement, sans qu'il y ait sur cela aucune contestation dans tout le corps.

(*a*) *Var.* : Toute autre réception d'une assemblée.

Par là on voit qu'il importe peu qu'on ait protesté contre ce concile une fois, deux fois, tant de fois que l'on voudra : car outre que ces protestations n'ont jamais regardé la foi, il suffit qu'elles demeurent sans effet par le consentement subséquent; ce qui ne dépend d'aucune formalité, mais de la seule promesse de Jésus-Christ et de la seule notoriété du consentement universel.

On dit que tel pourra convenir de la doctrine du concile, qui ne conviendra pas de ses anathèmes; mais c'est une illusion : car c'est une partie de la doctrine, de décider si elle est digne ou non digne d'anathème. Ainsi dès que l'on convient de la doctrine d'un concile, ses anathèmes très-constamment passent avec elle en décisions.

On trouve de l'inconvénient à faire passer et recevoir tout d'un coup tant d'anathèmes. On n'y en trouveroit point, si l'on songeoit que ces anathèmes, que l'on a prononcés à Trente en si grand nombre, dépendent après tout de cinq ou six points, d'où tous les autres sont si clairement et si naturellement dérivés, qu'on voit bien qu'ils ne peuvent être révoqués en doute, sans y révoquer aussi le principe d'où ils sont tirés. Ainsi pour affermir la foi de ces principes, il n'a pas été moins nécessaire d'affermir celle de ces conséquences, et d'en faciliter la croyance par des décisions expresses et particulières.

Et pour s'arrêter à un des exemples que l'auteur de la réponse à M. Pirot semble trouver l'un des plus forts, il juge que la distinction du baptême de Jésus-Christ d'avec celui de saint Jean-Baptiste, n'est pas un article d'une importance à être établi sous peine d'anathème. Mais si l'on rejetoit cet anathème, on rejetteroit en même temps celui qui regarde l'institution divine et efficace des sacremens, outre que la distinction de ces deux baptêmes est formelle dans les paroles de Jésus-Christ et des apôtres.

J'allègue cela pour exemple; mais il seroit aisé de faire voir que tous les anathèmes du concile dépendent de cinq ou six articles principaux; et c'est à l'Eglise à juger de la liaison de ces anathématismes particuliers avec ces principes généraux, puisque cela fait une partie de la doctrine, et qu'avec la même autorité que l'Eglise emploie à juger de ces articles principaux, elle juge aussi de tous ceux qui sont nécessaires pour leur servir de rempart, et qui doivent faire corps avec eux ; autrement il n'y auroit point d'infaillibilité. Exemple : par la même autorité avec laquelle l'Eglise a jugé que Jésus-Christ est Dieu et Homme, elle a jugé qu'il avoit une ame humaine aussi bien qu'un corps ; et par la même autorité avec laquelle elle a jugé qu'il avoit une ame humaine, elle a jugé qu'il y avoit dans cette ame un entendement et une volonté humaine, tout cela étant renfermé dans cette décision : Dieu s'est fait Homme. Il en est de même de tous les autres articles décidés : et s'il y en a eu un plus grand nombre décidés à Trente, c'est que ceux qu'il y a fallu condamner avoient remué plus de matières ; et que pour ne donner pas lieu à renouveler les hérésies, il a fallu en éteindre jusqu'à la moindre étincelle. Et sans entrer dans tout cela, il est clair que si la moindre parcelle des décisions de l'Eglise est affoiblie, la promesse est démentie, et avec elle tout le corps de la révélation.

Il ne sert de rien de dire que les protestans, un si grand corps, n'ont point consenti au concile de Trente ; au contraire qu'ils le rejettent, et que leurs pasteurs n'y ont point été reçus, pas même ceux qui avoient été ordonnés dans l'Eglise catholique, comme ceux de Suède et d'Angleterre. Car par l'article quatrième, les évêques, quoique légitimement ordonnés, s'ils renoncent à la foi de leurs consécrateurs et du corps de l'épiscopat auquel ils avoient été agrégés, comme ont fait très-constamment les Anglois, les Danois et les Suédois, dès-là ils ne sont plus comptés comme étant du corps, et l'on n'a aucun égard à leurs sentimens. A plus forte raison n'en a-t-on point à ceux des pasteurs qui ont été ordonnés dans le cas de l'article troisième et hors de la succession.

Ainsi l'on n'a pas besoin d'entrer dans la discussion de tous les faits, très-curieusement et très-doctement, mais très-inutilement recherchés dans la réponse à M. Pirot. Tout cela est bon pour l'histoire particulière de ce qui pourroit regarder le concile de Trente : mais tout cela ne fait rien à l'essentiel de son autorité ; et tout dépend de savoir s'il est effectivement reçu ou non ; c'est-à-dire s'il est écrit dans le cœur de tous les catholiques et dans la croyance publique de toute l'Eglise, que l'on ne peut ni l'on ne doit s'opposer à ses décisions, ni les révoquer en doute. Or cela est très-constant, puisque tout le monde l'avoue et que personne ne réclame. Il est donc incontestable que le concile de Trente a reçu ce dernier sceau, qui est expliqué dans l'article sixième, qui renferme en soi la vertu, et qui est le clair résultat des cinq autres, comme les cinq autres s'entre-suivent mutuellement les uns les autres, ainsi qu'il a été dit.

Et si l'on répond que les décisions de ce concile sont reçues, non pas en vertu du concile même; mais à cause qu'on croyoit auparavant les points de doctrine qu'elles établissent, tant pis pour celui qui rejetteroit ces points de doctrine, puisqu'il avoueroit que c'étoit donc la foi ancienne; que le concile l'a trouvée déjà établie, et n'a fait que la déclarer plus expressément contre ceux qui la rejetoient : ce qui en effet est très-véritable, non-seulement de ce concile, mais encore de tous les autres.

Enfin il ne s'agit plus de délibérer si l'on recevra ce concile ou non : il est constant qu'il est reçu en ce qui regarde la foi. Une *Confession de foi* a été extraite des paroles de ce concile : le Pape l'a proposée; tous les évêques l'ont souscrite et la souscrivent journellement; ils la font souscrire à tout l'ordre sacerdotal. Il n'y a là ni surprise ni violence; tout le monde tient à gloire de souscrire : dans cette souscription est comprise celle du concile de Trente. Le concile de Trente est donc souscrit de tout le corps de l'épiscopat et de toute l'Eglise catholique. Nous faire délibérer après cela si nous recevrons le concile, c'est nous faire délibérer si nous croirons l'Eglise infaillible, si nous serons catholiques, si nous serons chrétiens.

Non-seulement le concile de Trente, mais tout Acte qui seroit souscrit de cette sorte par toute l'Eglise, seroit également ferme et certain. Lorsque les pélagiens furent condamnés par le pape saint Zozime, et que tous les évêques du monde eurent souscrit à son décret, ces hérétiques se plaignirent qu'on avoit extorqué une souscription des évêques particuliers : *De singularibus episcopis subscriptio extorta est :* on ne les écouta pas. Saint Augustin leur soutint qu'ils étoient légitimement et irrémédiablement condamnés [1]. Si les Actes qui les condamnoient furent ensuite approuvés par le concile œcuménique d'Ephèse, ce fut par occasion, ce concile étant assemblé pour une autre chose. Le concile d'Orange, dont il est fait mention dans la *Réponse*, n'étoit rien moins qu'universel. Il contenoit des chapitres que le Pape avoit envoyés : à peine y avoit-il douze ou treize évêques dans ce concile. Mais parce qu'il est reçu sans contestation, on n'en rejette non plus les décisions que celles du concile de Nicée, parce que tout dépend du consentement. L'auteur même de la *Réponse* reconnoît cette vérité : « Le nombre ne fait rien, dit-il, quand le consentement est notoire. » Il n'y avoit que peu d'évêques d'Occident dans le concile de Nicée : il n'y en avoit aucun dans le concile de Constantinople : il n'y avoit dans celui d'Ephèse et dans celui de Chalcédoine que les seuls légats du Pape, et ainsi des autres. Mais parce que tout le monde consentoit ou a consenti après, ces décrets sont les décrets de tout l'univers. Si l'on veut remonter plus haut, Paul de Samosate n'est condamné que par un concile particulier tenu à Antioche ; mais parce que le décret en est adressé à tous les évêques du monde, et qu'il en a été reçu (car c'est là qu'est toute la force, et sans cela l'adresse ne serviroit de rien), ce décret est inébranlable. Quelle assemblée a-t-on faite pour le recevoir ? Nulle assemblée : le consentement universel est notoire. Alexandre d'Alexandrie dit, avec l'applaudissement de toute l'Eglise, que Paul de Samosate étoit condamné par tous les évêques du monde, quoiqu'il n'y en eût aucun Acte ; et une telle condamnation est sans appel et sans retour.

Je ne dis pas qu'on ne puisse et qu'on ne doive quelquefois s'assembler en corps, ou pour former des décisions, ou pour accepter celles qui auront déjà été formées. On le peut, dis-je, et on le doit faire quelquefois, ou pour faciliter la réception des articles résolus, ou pour mieux fermer la bouche aux contredisans. Mais cela n'est point nécessaire, quand la réception est constante d'ailleurs, comme l'est celle du concile de Trente, quand ce ne seroit que par la souscription qu'on en fait journellement et sans aucune contestation.

[1] S. August., lib. IV, *Cont. duas Epist. pelagianor.*, cap. XII, n. 34.

Qu'importe après cela d'examiner si dans la profession de foi, qu'on fit souscrire à Henri le Grand à Saint-Denis, on avoit exprimé le concile de Trente ; ou si par condescendance et pour empêcher de nouvelles noises et de nouvelles chicanes, on avoit trouvé à propos d'en taire le nom? En vérité, je n'en sais rien, et je ne sais aucun moyen de m'en assurer, puisque les historiens n'en disent mot et que les Actes originaux ne se trouvent plus : mais aussi tout cela est inutile. En quelque forme que ce grand roi eût souscrit, il demeuroit pour constant qu'il avoit souscrit à la foi qu'on avoit à Rome, autant qu'à celle qu'on avoit en France, puisque personne ne doutoit que ce ne fût la même en tout point. La foi ne dépend point de ces minuties. Ou l'Eglise consent ou non : c'est ce qu'on ne peut ignorer ; c'est d'où tout dépend.

On parle de Bâle et de Constance, où l'on opina par nations : une seule nation ne dominoit pas ; l'une contre-balançoit l'autre. Tout cela est bon ; mais cette forme n'est pas nécessaire. Il y avoit à Ephèse deux cents évêques d'Orient contre deux ou trois d'Occident ; et à Chalcédoine, six cents encore contre deux ou trois. Disoit-on que les Grecs dominassent? Ainsi, que les Italiens aient été à Trente en plus grand nombre, ils ne nous dominoient pas pour cela : nous avions tous la même foi. Les Italiens ne disoient pas une autre messe que nous ; ils n'avoient point un autre culte, ni d'autres sacremens, ni d'autres rituels, ni des temples ou des autels destinés à un autre sacrifice. Les auteurs, qui de siècle en siècle, avoient soutenu contre tous les novateurs les sentimens dans lesquels on se maintenoit, n'étoient pas plus italiens que françois ou allemands. Une partie des articles résolus à Trente, et la partie la plus essentielle, avoit déjà été déterminée à Constance, où l'on avoue que les nations étoient également fortes. Quant aux points qui restent encore contestés, il est bien aisé de les connoître. Ce qui est reçu unanimement a le vrai caractère de la foi : car si la promesse est véritable, ce qui est reçu aujourd'hui l'étoit hier, et ce qui l'étoit hier l'a toujours été.

Le concile de Trente, dit l'auteur de la *Réponse*, est devenu par la multiplicité de ses décisions un obstacle invincible à la réunion. Au contraire la révocation ou la suspension de ce concile feroit seule cet obstacle. Qu'on me trouve un moyen de faire un Acte ferme, si le concile de Trente reçu et souscrit de toute l'Eglise catholique, est mis en doute.

Mais vous supposez, direz-vous, que vous êtes seuls l'Eglise catholique. Il est vrai, nous le supposons; nous l'avons prouvé ailleurs : mais il suffit ici de le supposer, parce que nous avons affaire à des personnes qui en veulent venir avec nous à une réunion, sans nous obliger à nous départir de nos principes.

Mais, dira-t-on, à la fin avec ce principe, il n'y aura donc jamais de réunion. C'est en quoi est l'absurdité, qu'on pense pouvoir établir une réunion solide sans établir un principe qui le soit. Or le seul principe solide, c'est que l'Eglise ne peut errer : par conséquent qu'elle n'erroit pas quand on a voulu la réformer dans sa foi : autrement ce n'eût pas été la réformer, mais la dresser de nouveau ; de sorte qu'il y avoit une manifeste contradiction dans les propres termes de cette réformation, puisqu'il falloit supposer que l'Eglise étoit et qu'elle n'étoit pas. Elle étoit, puisqu'on ne vouloit pas dire qu'elle fût éteinte, et qu'on ne le pouvoit dire sans anéantir la promesse; elle n'étoit pas, puisqu'elle étoit remplie d'erreurs. La contradiction est beaucoup plus grande à présent que l'on convient de l'infaillibilité de l'Eglise, puisqu'il faut dire en même temps qu'elle est infaillible et qu'elle se trompe, et unir l'infaillibilité avec l'erreur.

Il est vrai qu'on répond qu'en convenant de l'infaillibilité de l'Eglise, on dispute seulement d'un fait, qui est de savoir si un tel concile est œcuménique. Mais ce fait entraîne une erreur de toute l'Eglise, si toute l'Eglise reçoit comme décision d'un concile œcuménique ce qui est si faux ou si douteux, qu'il en faut encore délibérer dans un nouveau concile.

Pour nous recueillir, il n'y a rien à espérer pour la réunion, quand on voudra supposer que les décisions de foi du concile de Trente peuvent demeurer en suspens. Il faut donc, ou se réduire à des déclarations qu'on pourra donner sur les doutes des protestans conformément aux décrets de ce concile et des autres conciles généraux, ou attendre un autre temps et d'autres dispositions de la part des protestans.

Et de la part des catholiques, nous avons proposé deux moyens pour établir la réception du concile de Trente dans les matières de foi : le premier, que tous les catholiques en conviennent comme d'une règle. Dans toute contestation, si un catholique oppose une décision de Trente, l'autre catholique ne répond jamais qu'elle n'est pas reçue : par exemple, dans la dispute de Jansénius, on lui objecte que le concile de Trente, session VI, chapitre xi et canon 28, est contraire à sa doctrine ; il reçoit l'autorité, et convient de la règle. Voilà le premier moyen. Le second : il y a une réception et souscription expresse du concile : tous les évêques et tous ceux qui sont constitués en dignité reçoivent et souscrivent la *Confession de foi* dressée par Pie IV; Confession qui est un extrait des décisions du concile, et dans laquelle la foi du concile est souscrite expressément en deux endroits : nul ne réclame; tout le monde signe : donc ce concile est reçu unanimement en matière de foi : et l'on ne peut le tenir en suspens, quoiqu'il n'y ait point peut-être en France, ou ailleurs, d'Acte exprès pour le recevoir; et la manière dont constamment il est reçu est plus forte que tout Acte exprès.

On en revient souvent, ce me semble, et plus souvent qu'il ne conviendroit à des gens d'esprit, à certaines dévotions populaires, qui semblent tenir de la superstition. Cela ne fait rien à la réunion, puisque tout le monde demeure d'accord qu'elle ne peut être empêchée que par des choses auxquelles on soit obligé dans une communion. Mais en tout cas, pour étouffer tous ces cultes ou ambigus ou superstitieux, loin qu'il faille tenir en suspens le concile de Trente, il n'y a qu'à l'exécuter, puisque premièrement il a donné des principes pour établir le vrai culte sans aucun mélange de superstition ; et que secondement (*a*), il a donné aux évêques toute l'autorité nécessaire pour y pourvoir.

Et quant à la réformation de la discipline, il n'y auroit pour la rendre parfaite qu'à bâtir sur les fondemens du concile de Trente, et ajouter sur ces fondemens ce que la conjoncture des temps n'a peut-être pas permis à cette sainte assemblée.

(*a*) *Var.* : Et qu'en outre.

LETTRE XXXI.

BOSSUET A LEIBNIZ.

A Meaux, ce 15 août 1693.

Voilà, Monsieur, la réponse à la réponse qu'on a faite à M. Pirot (a), et que vous m'avez envoyée sur le concile de Trente : assurez-vous que c'est un point fixé sur lequel on ne passera jamais de notre part. J'aurois beaucoup de choses à dire sur les lettres que vous avez pris la peine de m'écrire; mais il faut donner des bornes à ces disputes quand les choses en sont venues à un certain point d'éclaircissement. J'attends avec patience et impatience tout ensemble le nouvel écrit de M. l'abbé Molanus : s'il y avance autant qu'il l'a fait dans le premier, la réunion sera aisée, et il ne sera plus besoin de nous contester la réception du concile dont le fond sera déjà accepté dans les articles les plus essentiels. J'ai vu au reste, Monsieur, dans quelques petits voyages que je fais à Paris, un excellent homme, qui est M. l'abbé Bignon, que j'ai trouvé bien informé de votre mérite et très-porté à vous donner toutes les marques possibles de son estime. Pour moi, je suis et serai toujours avec une estime que rien n'altérera jamais, Monsieur, votre très-humble serviteur.

J. Bénigne, évêque de Meaux.

LETTRE XXXII.

LEIBNIZ A BOSSUET.

Sans date.

Pour le faire court, d'autant qu'il semble que cela est désiré de ceux qui supposent avoir donné une claire et dernière résolution, je ne veux pas éplucher les six principes, qui ne sont pas sans quelques obscurités et doutes, peut-être même du côté de ceux

---

(a) C'est l'*Explicatio ulterior methodi reunionis*.

qui les avancent ou du moins dans leur parti, quoiqu'ils soient couchés avec beaucoup de savoir et d'adresse. Je viendrai d'abord à ce qu'on dit pour les appliquer au concile de Trente, et je réduis le tout à deux questions.

L'une, si le concile de Trente est reçu de la nation françoise; l'autre, quand il seroit reçu de toutes les nations unies de communion avec Rome, s'il s'ensuit que ce concile ne sauroit demeurer en suspens à l'égard des protestans, en cas de quelque réunion. La première question étoit proprement agitée entre M. l'abbé Pirot et moi; mais il semble qu'on en fait maintenant un accessoire. J'avois prouvé, par plusieurs raisons, que le concile de Trente n'avoit pas été jugé autrefois reçu dans ce royaume, pas même en matière de foi; entre autres preuves, parce que la reine Catherine de Médicis, en refusant de le faire publier, allégua que cela rendroit la réunion des protestans trop difficile; *item*, parce que plusieurs des principaux prélats de France assemblés pour l'instruction de Henri IV, se servirent en effet du formulaire de la *Profession de foi* de Pie IV, pour le proposer au roi; mais après en avoir rayé exprès deux endroits qui font mention de l'autorité du concile de Trente, comme je l'ai trouvé dans un livre manuscrit tiré des archives, où le procès-verbal tout entier est mis assez au long; *item,* parce que ceux qui pressoient la réception du concile témoignoient assez qu'il ne s'agissoit pas de la discipline, puisque les ordonnances avoient déjà autorisé les points de discipline recevables en France, et qu'on demeuroit d'accord que les autres ne seroient point introduits par la réception, pour ne pas répéter les déclarations solennelles de la France, faites par la bouche de ses ambassadeurs, contre l'autorité de ce concile, qu'on ne reconnoissoit nullement pour un concile libre. On ne dit rien à toutes ces choses, sinon que le concile de Trente a été reçu en France par un consentement subséquent. On ajoute seulement, à l'égard de la profession de Henri le Grand à Saint-Denis, que les historiens ne parlent point de cette particularité que j'avois remarquée, que les Actes originaux ne se trouvent plus. Passe pour les historiens; mais quant aux originaux, je ne sais d'où l'on juge qu'ils ne subsistent plus. Je jugerois plutôt le contraire, et je m'imagine que les archives de France en pourroient fournir des pièces en bonne forme. En tout cas, je crois qu'il y en a des copies assez authentiques pour prouver au défaut des originaux, d'autant que le manuscrit que j'ai vu vient de bon lieu.

Je viens au consentement subséquent, auquel on a recours. Mais il semble que ce consentement subséquent, quand il seroit prouvé, ne sauroit lever les difficultés; car la France d'aujourd'hui peut-elle mieux savoir si le concile de Trente a été libre et si l'on y a procédé légitimement, que la France du siècle passé et que les ambassadeurs présens au concile, qui ont protesté contre par ordre de la Cour? J'avoue que la France peut toujours déclarer qu'elle reçoit ou a reçu la foi du concile; mais quand elle déclareroit aujourd'hui qu'elle reçoit l'autorité du concile, cela ne guériroit de rien, à moins qu'on ne trouve qu'elle a plus de lumières aujourd'hui qu'alors, sur le fait du concile, puisque c'est du fait dont il s'agit. Les députés du tiers-état, qui disoient l'an 1614 que les François d'alors n'étoient pas plus sages que leurs ancêtres, avoient raison dans cette rencontre de se servir d'une maxime qui d'ailleurs est assez sujette aux abus.

Mais voyons comment ce consentement subséquent se prouve. On avoue qu'il n'y a aucun Acte authentique de la nation, qui déclare un tel consentement. On est donc contraint de recourir au sentiment des particuliers et à la *Profession de foi* de Pie IV, qui se fait en France, comme ailleurs, par ceux qui ont charge d'ames et quelques autres. Quant au sentiment des particuliers, je veux croire qu'il n'y en a aucun en France qui ose dire que le concile de Trente n'est point œcuménique, en parlant de sa propre opinion, excepté peut-être ces nouveaux convertis, qui n'ont pas été obligés à la Profession de Pie IV. Je le veux croire, dis-je, bien qu'en effet je ne sache pas si la chose seroit tout à fait sûre. S'il falloit opiner dans les cours souveraines, peut-être qu'il y auroit des gens qui ne le nieroient et ne l'affirmeroient pas, remettant la chose à une plus ample discussion et à une décision authentique de la nation : et il semble que le tiers-état n'a pas encore renoncé au droit de dire ce qu'il dit l'année 1614. Il semble aussi que tous les François du parti de Rome, soit anciens ou nouvellement convertis, qui n'ont pas encore fait ladite *Profession de foi,* ont droit d'en dire autant, sans que Messieurs du clergé, qui ne sont que le tiers de la nation en ceci, leur puissent donner de loi là-dessus. Et même, parmi les théologiens, je me souviens que quelque auteur a reproché à feu M. de Launoi, qu'il n'avoit pas eu égard à la décision du concile de Trente sur le sujet du divorce par adultère, qui est pourtant accompagnée d'anathème. Je me rapporte à ce qui en est.

Mais accordons qu'aucun François n'oseroit disconvenir que le concile de Trente est œcuménique : il ne sera pas obligé de dire pour cela que le concile de Trente est suffisamment reconnu en France pour œcuménique ; car il y entre une question de droit qui paroît recevoir de la difficulté : savoir, si cela fait autant qu'une déclaration de la nation. En effet s'il s'agissoit de la foi, j'accorderois plus volontiers que l'opinion de tous les particuliers vaut autant qu'une déclaration du corps ; mais il s'agit ici d'un fait : savoir, si l'on a procédé légitimement à Trente, et si le concile qu'on y a tenu a toutes les conditions d'un concile œcuménique. On m'avouera que l'opinion de tous les juges interrogés en particulier, quand elle seroit déclarée par leurs écrits particuliers, ne seroit nullement un arrêt jusqu'à ce qu'ils se joignent pour en former un. Ainsi tout ce qu'on allègue du consentement de l'Eglise, qui fait proprement qu'une doctrine est tenue pour catholique, quand il n'y auroit point de concile, et qui peut même adopter la doctrine des conciles particuliers, ne convient point à la question : Si la nation françoise a reçu le concile de Trente pour œcuménique, et légitimement tenu. Je ne veux pas répéter ce que j'ai dit dans ma première *Réponse,* pour montrer qu'on doit être fort sur ses gardes à l'égard de ces consentemens des particuliers recueillis par des voies indirectes et moins authentiques.

Du sentiment des particuliers, venons à la *Profession de foi* de Pie IV, introduite en France par l'adresse du clergé, sans l'intervention de l'autorité suprême, ou plutôt contre son autorité, puisqu'on savoit que les rois et les Etats généraux du royaume n'étoient pas résolus de déclarer ce qui s'y dit du concile. La question est : Si cela peut passer pour une réception du concile.

J'oserois dire que non ; car comme c'est une matière de fait dont les nations ont droit de juger, si un concile a été tenu comme il faut, ce n'est pas seulement au clergé qu'il appartient de prononcer : et tout ce qu'il peut introduire là-dessus ne sauroit faire préjudice à la nation, non plus que l'entreprise du même clergé, qui après le refus du tiers-état, s'avança jusqu'à déclarer de son chef que le concile étoit reçu; ce qu'on a eu l'ingénuité de ne pas approuver. On voit par là combien on doit être sur ses gardes contre ces sortes d'introductions tacites, indirectes et artificieuses, qui peuvent être extrêmement préjudiciables au bien du peuple de Dieu, en empêchant sans nécessité la paix de l'Eglise et en établissant une prévention qu'on défend après avec opiniâtreté parce qu'on s'en fait un point d'honneur et même un point de religion.

Il reste maintenant la seconde question : Posé qu'un concile soit reçu, ou que la foi d'un concile soit reçue dans toute la communion romaine, s'il s'ensuit que l'autorité ou les sentimens de ce concile ne sauroient demeurer en suspens à l'égard des protestans, qui pourtant croient avoir de grandes raisons de n'en point convenir. J'avois répondu que cela ne s'ensuit point; et entre autres raisons, j'avois allégué l'exemple formel du concile de Bâle encore uni avec le pape Eugène, qui déclara recevoir les calixtins de Bohême à sa communion, nonobstant le refus qu'ils firent de se soumettre à l'autorité du concile de Constance, qui avoit décidé qu'il est licite de prendre la communion sous une seule espèce.

Je ne vois pas qu'on y réponde; mais on croit avoir trouvé un autre tour pour l'éviter. Voici comment on raisonne : Le consentement général de l'Eglise catholique est infaillible, soit qu'elle s'explique dans un concile œcuménique, ou que d'ailleurs sa doctrine soit notoire; donc les protestans, qui ne veulent pas se soumettre aux sentimens de l'Eglise romaine, qui est seule catholique, sont par cela même irréconciliables. C'est parler rondement; mais la supposition est un peu forte, et on le reconnoît en se faisant cette objection : « Mais vous supposez, direz-vous, que vous êtes seuls l'Eglise catholique. Il est vrai que nous le supposons; nous l'avons prouvé ailleurs : mais il suffit de le supposer, parce que nous avons affaire à des personnes qui en veulent venir avec nous à une réunion, sans nous obliger à nous départir de nos principes. »

J'avoue que cette manière de raisonner m'a surpris, comme si toutes les suppositions ou conclusions prétendues, qu'on suppose avoir prouvées ailleurs, étoient des principes, ou comme si nous avions déclaré vouloir consentir à tous leurs principes, par cela seul que nous voulons consentir qu'ils les gardent jusqu'à ce qu'un concile légitime les établisse ou les réforme, comme nous prétendons aussi garder les nôtres de même. Il me semble qu'il y a bien de la différence entre suivre un principe, et consentir que d'autres ne s'en départent point. Supposons que le concile de Trente soit le principe de l'Eglise romaine, et que la *Confession d'Augsbourg* soit le principe des protestans (je parle des principes secondaires), des personnes de mérite des deux côtés avoient jugé que la réunion, à laquelle on peut penser raisonnablement, se doit pouvoir faire sans obliger l'un ou l'autre parti à se départir de ses principes et livres symboliques, ou de certains sentimens dont il se tient très-assuré. On a prouvé, par l'exemple du concile de Bâle, que cela est faisable dans la communion romaine. On avoue pourtant que cette communion a un autre principe, dont elle est obligée d'exiger la créance; c'est l'infaillibilité de l'Eglise catholique, soit qu'elle s'explique légitimement dans un concile œcuménique, ou que son consentement soit notoire, suivant les règles de Vincent de Lérins, que George Calixte, un des plus célèbres auteurs protestans, a trouvées trèsbonnes. On peut convenir de ces points de droit ou de foi sur l'article de l'Eglise, quoiqu'on ne soit pas d'accord touchant certains faits ; savoir, si un tel concile a été légitime, ou si une telle communion fait l'Eglise ; et par conséquent, si une telle opinion sur la doctrine ou sur la discipline est le sentiment de l'Eglise : pourvu cependant que la dissension ne soit que sur des points dont on avoue qu'on pouvoit les ignorer sans mettre son salut en compromis, avant que le sentiment de l'Eglise là-dessus ait été connu. Car on suppose que la réunion ne se sauroit faire qu'en obviant de part et d'autre aux abus de doctrine et de pratique, que l'un ou l'autre parti tient pour essentiels. Aussi n'offrons-nous de faire que ce que nous croyons que la partie adverse est obligée de faire aussi ; c'est-à-dire de contribuer à la réunion, autant que chacun croit qu'il lui est permis dans sa conscience ; et ceux qui s'opiniâtrent à refuser ce qu'ils pourroient accorder, demeurent coupables de la continuation du schisme.

Je pourrois faire des remarques sur plusieurs endroits de la réplique à laquelle je viens de répondre ; mais je ne veux encore toucher qu'à quelques endroits plus importans, à l'égard de ce dont il s'agit. On dit que s'il faut venir un jour à un autre concile, on pourroit encore disputer sur les formalités. Mais c'est pour cela qu'on en pourroit convenir, même avant la réunion. Il peut y avoir de la nullité dans un arrêt, sans qu'on puisse alléguer contre celui qui allègue cette nullité, qu'ainsi il pourroit révoquer en doute tous les autres arrêts : car il ne pourra pas toujours avoir les mêmes moyens. J'avois dit que le concile de Trente a été un peu trop facile à venir aux anathèmes, et j'avois allégué les décisions sur le baptême de saint Jean-Baptiste et sur le divorce en cas d'adultère. On ne dit rien sur la seconde ; et on répond sur la première que sans cela l'institution divine du baptême de Jésus-Christ seroit rejetée : mais il n'est pas aisé d'en voir la conséquence. On nous nie aussi que les Italiens aient dominé à Trente : c'est pourtant un fait assez reconnu. On ne sauroit dire aussi qu'on n'y ait décidé que des choses établies déjà, puisqu'on demeure d'accord, par exemple, que la condamnation du divorce, en cas d'adultère, n'avoit pas encore paru établie dans le concile de Florence (a). On dit aussi que les dévotions populaires, qui semblent tenir de la superstition, ne doivent pas empêcher la réunion, parce que, dit-on, tout le monde demeure d'accord qu'elle ne peut être empêchée que par des choses auxquelles on soit obligé dans une communion. Mais je ne sais d'où l'on a pris cette maxime : au moins nous n'en demeurons nullement d'accord ; et on ne sauroit aisément entrer dans une communion où des abus pernicieux sont autorisés, qui font tort à

(a) Voyez la note déjà indiquée, ci-dessus, p. 218.

l'essence de la piété. A quoi tient-il qu'on n'y remédie, puisqu'on le peut et qu'on le doit faire?

LETTRE XXXIII.

LEIBNIZ A MADAME DE BRINON.

23 octobre 1693.

Madame,

Quand je n'aurois jamais rien vu de votre part que la dernière lettre, j'aurois eu de quoi me convaincre également de votre charité et de votre prudence, qui vous font tourner toutes les choses du bon côté, et prendre en bonne part ce que j'avois dit peut-être avec un peu trop de liberté. Vous imitez Dieu, qui sait tirer le bien du mal. Nous le devons faire dans les occasions; et puisqu'il y a un schisme depuis tant d'années, il faut le faire servir à lever les causes qui l'on fait naître. Les abus et les superstitions en ont été la principale. J'avoue que la doctrine même de votre Eglise en condamne une bonne partie; mais pour venir à la réforme effective d'un mal enraciné, il faut de grands motifs, tel que pourra être la réunion des peuples entiers. Si on la prévient, pour ne paroître point y avoir été poussés par les protestans, nous ne nous en fâcherons pas. La France y pourra le plus contribuer, et il y a en cela de quoi couronner la gloire de votre grand monarque.

Vous dites, Madame, que toutes les superstitions imaginables ne sauroient excuser la continuation du schisme. Cela est vrai de ceux qui l'entretiennent; il est très-sûr qu'une Eglise peut être si corrompue, que d'autres églises ne sauroient entretenir communion avec elle; c'est lorsqu'on autorise des abus pernicieux. J'appelle *autoriser* ce qu'on introduit publiquement dans les églises et dans les confréries. Ce n'est pas assez qu'on n'exige pas de nous de pratiquer ces choses; c'est assez qu'on exige de nous d'entrer en communion avec ceux qui en usent ainsi, et d'exposer nos peuples et notre postérité à un mal aussi contagieux que le sont les abus dont ils ont été à peine affranchis après tant de travaux.

L'union est exigée par la charité ; mais ici elle est défendue par la suprême loi, qui est celle de l'amour de Dieu, dont la gloire est intéressée dans ces connivences.

Mais quand tous ces abus seroient levés d'une manière capable de satisfaire les personnes raisonnables, il reste encore le grand empêchement ; c'est que vos Messieurs exigent de nous la profession de certaines opinions que nous ne trouvons ni dans la raison, ni dans l'Ecriture sainte, ni dans la voix de l'Eglise universelle. Les sentimens ne sont point arbitraires. Quand je le voudrois, je ne saurois donner une telle déclaration sans mentir. C'est pourquoi quelques théologiens graves de votre parti ont renouvelé un tempérament pratiqué déjà par leurs ancêtres ; et j'avoue que c'est là le véritable chemin : et cela, joint à une déclaration efficace contre les abus pernicieux, peut redonner la paix à l'Eglise. En espérer d'autres voies, je parle des voies amiables, c'est se flatter. Nous avons fait dans cette vue des avances, qu'on n'a point faites depuis les premiers auteurs de la Réforme ; mais nous en devons attendre de réciproques. C'est à cela, Madame, qu'il est juste que vous tourniez vos exhortations et celles des personnes puissantes par leur rang et par leur mérite, dont vous possédez les bonnes graces. Madame de Maubuisson a déjà fait des démarches importantes : son esprit et sa piété étant élevés autant que sa naissance, elle a des avantages merveilleux pour rendre un grand service à l'Eglise de Dieu. Je tiens, Madame, que votre entremise pourroit avoir un grand effet de plusieurs façons. Nous ne serons jamais excusables, si nous laissons perdre des conjonctures si favorables. Il y a chez vous un roi qui est en possession de faire ce qui étoit impossible à tout autre, et dont on m'assure que les lumières, qui vont de pair avec la puissance, sont fort tournées du côté de Dieu. Il y a chez nous un prince des plus éclairés, qui a de l'autorité, et surtout de l'inclination pour ces bons desseins : l'électrice son épouse et madame de Maubuisson contribueront beaucoup à entretenir nos espérances. Ajoutez-y des théologiens aussi éclairés que l'est M. l'évêque de Meaux, et aussi bien disposés que l'est M. l'abbé Molanus, dont la doctrine est aussi grande que la sincérité.

Il est vrai que M. de Meaux a fait paroître des scrupules que d'autres excellens hommes n'ont point eus : c'est ce qui nous a donné de la peine, et pourra faire quelque tort. Mais j'espère que ce n'aura été qu'un malentendu ; car si l'on croit obtenir un parfait consentement sur toutes les décisions de Trente, adieu la réunion : c'est le sentiment de M. l'abbé de Lokkum, qu'on ne doit pas même penser à une telle soumission. Ce sont des conditions véritablement onéreuses, ou plutôt impossibles. C'est assez pour un véritable catholique, de se soumettre à la voix de l'Eglise, que nous ne saurions reconnoître dans ces sortes de décisions. Il est permis à la France de ne pas reconnoître le dernier concile de Latran et autres ; il est permis aux Italiens de ne point reconnoître celui de Bâle : il sera donc permis à une grande partie de l'Europe de demander un concile plus autorisé que celui de Trente, sauf à d'autres de le reconnoître en attendant mieux. Il est vrai que M. de Meaux n'a pas encore nié formellement la proposition dont il s'agit ; mais il a évité de s'expliquer assez là-dessus. Peut-être que cela tient lieu de consentement, sa prudence trop réservée ne lui ayant pas permis d'aller à une telle ouverture. Il a même dit un mot qui semble donner dans notre sens. Je crois qu'une ouverture de cœur est nécessaire pour avancer ces bons desseins. On en a fait paroître beaucoup de notre côté : et en tout cas, nous avons satisfait à notre devoir, ayant mis bas toutes les considérations humaines ; et notre conscience ne nous reproche rien là-dessus. Je joins un grand paquet pour M. l'évêque de Meaux. Si ce digne prélat veut aller aussi loin qu'il peut, il rendra un service à l'Eglise, qu'il est difficile d'attendre d'aucun autre : et c'est pour cela même qu'on le doit attendre de sa charité, que son mérite éminent en rendra responsable. Nous attendons l'arrivée de madame la duchesse douairière, qui nous donnera bien de la joie. Il y a longtemps que cette princesse, dont la vertu est si éminente, m'a donné quelque part dans ses bonnes graces. Peut-être que son voyage servira encore à nos bons desseins. Je suis avec zèle, Madame, votre très-humble et très-obéissant serviteur,

Leibniz.

LETTRE XXXIV.

MADAME DE BRINON A BOSSUET.

Ce 5 novembre 1693.

Voilà M. Leibniz qui revient à vous, Monseigneur, et qui, grace à Dieu, ne veut point quitter la partie. Le commencement de la lettre qu'il vous écrit, qu'il m'a envoyée toute ouverte, m'a donné quelque frayeur; mais en avançant je n'ai rien trouvé de désespéré. Je laisse à Votre Grandeur à faire les réflexions qu'il convient sur une si importante affaire. Je lui dirai seulement que je souhaite de tout mon cœur qu'elle couronne tous les services qu'elle a rendus à l'Eglise, par la plus digne et la plus belle action qu'un grand prélat puisse faire.

Vous avez un beau champ, si M. le nonce est habile; mais je meurs de peur que non : je vous dis cela tout bas. Si vous trouviez, Monseigneur, que les choses que les protestans demandent se pussent accorder, comme il seroit à souhaiter, il me semble que vous devriez faire agir le Roi, et tirer de sa toute-puissance tous les moyens qui peuvent être propres à ce grand dessein. Le clergé n'y peut-il pas quelque chose? Rome, qui est pour nous dans un si beau chemin, désire ardemment cette réunion; et vous n'aurez pas sans doute oublié que le feu Pape en a écrit à madame de Maubuisson, pour la remercier de ce qu'il avoit appris qu'elle contribuoit à ce grand dessein et pour l'encourager à le suivre jusqu'au bout, promettant d'y donner les mains de tout son pouvoir.

Madame de Maubuisson, à laquelle je lis tout ce qui vient d'Allemagne, croit que vous avez écrit quelque lettre que nous n'avons pas vue. Je lui ai dit qu'il me paroissoit que vous m'aviez fait l'honneur de me les envoyer toutes ouvertes.

Quoi qu'il en soit, Monseigneur, ne souffrez pas que nos frères vous échappent : soutenez les moyens dont Votre Grandeur a fait la proposition, puisque cela est si agréable aux protestans; et laissons-leur mettre un pied dans notre bergerie; ils y auront bientôt tous les deux. Je dis cela à propos de ce qu'ils demandent qu'on ne les contraigne pas de souscrire au concile de Trente présentement. Dieu ne fait pas tout d'un coup ses plus grands ouvrages, quoiqu'il agisse sur nous avec une pleine puissance : il semble que son autorité souveraine ménage toujours notre foiblesse.

Il nous apprend par là, ce me semble, qu'il faut toujours prendre ce que nos frères offrent de nous donner, en attendant que Dieu perfectionne cet ouvrage, pour lequel je ne puis douter que vous n'ayez, Monseigneur, une affection bien pleine du désir de cette réunion, où vous voyez que les protestans vous appellent.

C'est assez vous marquer que la divine Providence vous a choisi pour la faire réussir. Tous les chemins vous sont ouverts, tant du côté de l'Eglise que de celui de la Cour : vous êtes dans l'une et dans l'autre si considéré et si approuvé, qu'on ne peut douter que vous ne puissiez beaucoup faire avec l'aide de celui à qui rien ne peut résister. Je suis toute attendrie de la persévérance avec laquelle ces honnêtes protestans reviennent à nous : l'esprit de Jésus-Christ est plein d'une charitable condescendance, pourvu qu'on ne choque pas la vérité. Au nom de Dieu, Monseigneur, livrez-vous un peu à cet ouvrage, et voyez tout ce qui peut contribuer à le faire réussir. Si vous jugez que je le doive, j'en écrirai à la personne qui pourroit vous faciliter les moyens, et je pourrois lui marquer ce que Votre Grandeur m'ordonneroit de lui dire, en cas que vous ne puissiez pas lui parler vous-même ; ce qui seroit, ce me semble, le meilleur. Je suis avec un grand respect, de Votre Grandeur, la très-humble et très-obéissante servante,

Sœur de Brinon.

LETTRE XXXV.

LEIBNIZ A BOSSUET.

23 octobre 1693.

Monseigneur,

Je voudrois pouvoir m'abstenir d'entrer en matière dans cette lettre : je sens bien qu'elle ne devroit contenir que des marques d'un respect que je souhaiterois pouvoir porter jusqu'à une déférence entière à l'égard même des sentimens, si cela me paroissoit possible ; mais je sais que vous préférerez toujours la sincérité aux plus belles paroles du monde, que le cœur désavoue. Ce qui nous a donné de la peine, et particulièrement à M. l'abbé de Lokkum, qui avoit fait paroître tant d'ouverture et tant de sincérité, c'est cette réserve scrupuleuse qu'on remarque, Monseigneur, dans vos lettres et dans la *Réponse* à son Ecrit, qui vous a fait éviter l'éclaircissement dont il s'agissoit chez nous, sur le pouvoir que l'Eglise a de faire à l'égard des protestans, ce que le concile de Bâle a fait envers d'autres, quoique d'excellens théologiens de votre parti n'aient point fait les difficiles là-dessus. M. l'abbé étoit supris de voir qu'on donnoit un autre tour à la question, comme si nous demandions à vos Messieurs de renoncer aux décisions qu'ils croient avoir été faites, ou de les suspendre à leur propre égard ; ce qui n'a nullement été notre intention, non plus que celle des Pères de Bâle n'a été de se départir des décisions de Constance, lorsqu'ils les suspendoient à l'égard des Bohémiens réunis.

Mais nous avons surtout été étonnés de la manière dont notre sentiment a été pris dernièrement, dans la réplique que j'ai reçue touchant la réception du concile de Trente en France, comme si nous nous étions engagés à nous soumettre à tous les principes du parti romain, lorsque nous avions dit seulement qu'une réunion raisonnable se devoit faire sans obliger l'un ou l'autre parti de se départir par avance de ses principes ou livres symboliques. Je crois que cela vient de ce que l'auteur de cette réplique n'a pas été informé à fond de nos sentimens, puisqu'aussi bien on avoit désiré qu'ils ne fussent communiqués qu'aux personnes dont on étoit convenu. Mais cela étant, il étoit juste qu'on ne permît point que de si étranges sentimens nous fussent attribués. Je doute que jamais théologien protestant, depuis Mélanchthon, soit allé au delà de cette franchise pleine de sincérité, que M. l'abbé de Lokkum a fait paroître dans cette rencontre, quoique son exemple ait été suivi depuis de quelques autres du premier rang. Mais ayant fait des réflexions sur vos *Réponses*, il a souvent été en doute du fruit qu'il doit attendre, en cas qu'on s'y arrête. Car étant persuadé autant, suivant ses propres termes, qu'on le pourroit être d'une démonstration de mathématique, que les seules expositions ne sauroient lever toutes les controverses, avant l'éclaircissement qu'on dit attendre d'un concile général, il est persuadé aussi qu'à moins d'une condescendance préalable, qui soit semblable à celle des Pères de Bâle, il n'y a rien à espérer.

Ces sortes de scrupules étoient fort capables de ralentir notre ardeur pleine de bonne intention, sans votre dernière qui nous a remis en espérance, lorsque vous dites, Monseigneur, qu'on ne viendra jamais de votre part à une nouvelle discussion par forme de doute, mais bien par forme d'éclaircissement. J'ai pris cela pour le plus excellent expédient que vous pouviez trouver sur ce sujet. Il n'y a rien de si juste que cette distinction, et rien de si convenable à ce que nous demandons : aussi tous ceux qui entrent dans une conférence, ou même dans un concile, avec certains sentimens dont ils sont persuadés, ne le font pas par manière de doute, mais dans le dessein d'éclaircir et de confirmer leur sentiment; et ce dessein est commun aux deux partis. C'est Dieu qui doit décider la question par le résultat d'un concile œcuménique, auquel on se sera soumis par avance : et quoique chacun présume que le concile sera pour ce qu'il croit être conforme à la vérité salutaire, chacun est pourtant assuré que ce concile ne sauroit faillir, et que Dieu fera à son Eglise la grace de toucher ceux qui ont ces bons sentimens, pour les faire renoncer à l'erreur lorsque l'Eglise universlle aura parlé. C'étoit sans doute le sentiment des Pères de Bâle, lorsqu'ils déclarèrent recevoir ceux qui paroissoient animés de cet esprit; et si vous croyez, Monseigneur, que l'Eglise d'à présent les pourroit imiter après les préparations convenables, nous avouerons que vous aurez jeté un fondement solide de la réunion, sur lequel on bâtira avec beaucoup de succès, suivant votre excellente méthode d'éclaircissement, qui servira à y acheminer les choses. Car plus on diminuera les controverses, et moins celles qui resteront seront capables d'arrêter la réunion effective. Mais si la déclaration préliminaire que je viens de dire est refusée, nous ne pouvons manquer de juger qu'on a fermé la porte. Car l'ouverture et la condescendance en tout ce qui est loisible, doit être réciproque : sans cela, le parti qui fait seul les frais des avances se préjudicie ; et les particuliers qui font des démarches de leur côté, sans en attendre de proportionnées de l'autre, s'exposent à faire tort à leur parti, ou du moins à en essuyer des reproches qui ne seront pas sans quelque justice. Aussi ne seroit-on pas allé si loin sans les déclarations formelles de quelques éminens théologiens de votre parti, dont il y en a un qui dit en termes exprès dans son écrit : *Quòd circa paucas quæstiones minùs principales, ubi Tridentini cum aliis confessionibus unio expressa fieri non posset, fieri debeat saltem implicita. Hæc autem, inquit, in hoc consistit, quòd partes circa difficultatem remanentem paratæ esse debent illa tandem acceptare quæ per legitimum et œcumenicum concilium decidentur, aut actu decisa esse demonstrabuntur. Interim utrinquè quietabuntur per exemplum unionis sat manifestum inter Stephanum Papam et sanctum Cyprianum*[1]. Il allègue

[1] M. de Leibniz nous auroit fait plaisir de nommer ces *théologiens éminens*. Il dit sur ce même sujet dans sa lettre à madame de Brinon, du 29 septembre 1691, que plusieurs théologiens graves de la communion romaine sont de son avis; et il cite une lettre d'un Père Noyelles, qu'on dit avoir été le onzième ou douzième général des Jésuites, qui selon lui ne sauroit être plus précise. Que le passage latin copié par Leibniz, soit du Père Noyelles ou d'un autre auteur, il n'est pas possible d'en approuver la décision, qui tout au moins est fort obscure. En effet il faudroit expliquer quelles sont les *questions moins principales* dont veut parler cet auteur. S'il met dans ce rang celle de la communion sous les deux espèces, telle qu'elle est agitée par les protestans contre les catholiques, il est certain qu'il se trompe ; et que c'est une question très-importante de savoir

aussi l'exemple de la France, dont l'union avec Rome n'est pas empêchée par la dissension sur la supériorité du Pape ou du concile ; et il en infère que, nonobstant les contestations moins principales qui pourroient rester, la réunion effective se peut, et quand tout y sera disposé, se doit faire.

C'est du côté des vôtres qu'on a commencé de faire cette ouverture ; et ces Messieurs qui l'ont faite ont eu raison de croire qu'on gagneroit beaucoup en obtenant une soumission effective des nations protestantes à la hiérarchie romaine, sans que les nations de la communion romaine soient obligées de se départir de quoi que ce soit, que leur Eglise enseigne ou commande. Ils ont bien jugé qu'il étoit plutôt permis aux protestans de faire les difficiles là-dessus ; et que pour eux, c'étoit une nécessité indispensable de leur offrir cela, pour entrer en négociation et pour donner l'espérance de quelque succès. Si vous ne rejetez point cette thèse, Monseigneur, que nous considérons comme la base de la négociation pacifique, il y aura moyen d'aller bien avant : mais sans cela, nous nous consolerons d'avoir fait ce qui dépendoit de nous ; et le blâme du schisme restera à ceux qui auront

---

si l'Eglise a violé un commandement exprès de Jésus-Christ et donné un sacrement imparfait, en communiant dans tous les siècles les malades, les solitaires, les enfans et même assez souvent les fidèles pendant les persécutions, sous une seule espèce. On peut consulter le *Traité de la Communion* de M. de Meaux, et la *Défense* de ce *Traité*. (Ci-dessus, tom. XVI). On ne sauroit aussi deviner ce que l'auteur entend par une *réunion implicite*. Ce sont là des mots vides de sens ; et je soutiens qu'il ne peut y avoir de réunion entre les catholiques et les protestans, tandis qu'ils seront aussi étrangement divisés qu'ils le sont sur des points de doctrine. Tenons-nous-en à celui de la communion. Les protestans soutiennent que la communion sous les deux espèces est d'une nécessité indispensable, et que cette nécessité est tellement fondée sur un précepte formel de Jésus-Christ, qu'ils ne peuvent abandonner cette pratique, sans risquer leur salut éternel. Les catholiques croient fermement le contraire, et ont pour eux les décisions de deux conciles œcuméniques. En quoi consistera donc la *réunion implicite* sur cet article ? On cite l'exemple de saint Cyprien et de saint Etienne ; mais la cause de saint Cyprien étoit toute différente de celle des protestans. Le saint martyr se trompoit sur une question obscurcie par une coutume qu'il trouvoit établie : cette question n'avoit jamais été agitée : l'on ne pouvoit par conséquent lui opposer *l'autorité et la concorde parfaite de l'Eglise universelle*, suivant l'expression de saint Augustin : d'ailleurs saint Cyprien, en défendant son erreur, ne rompit point l'unité ; de sorte qu'il n'avoit pas besoin d'être réuni, puisqu'il n'avoit jamais été séparé. La cause des protestans a tous les caractères opposés. Il est inutile d'entrer dans un plus grand détail sur une matière qui ne peut être raisonnablement contestée. (*Edit. de Leroi.*)

refusé des conditions raisonnables. Peut-être qu'on s'étonnera un jour de leur scrupulosité, et qu'on voudroit acheter pour beaucoup que les choses fussent remises aux termes qu'on dédaigne d'accepter à présent, sur une persuasion peu sûre de tout emporter sans condition, dont on s'est souvent repenti. La providence ne laissera pas de trouver son temps, quand elle voudra se servir d'instrumens plus heureux : *Fata viam invenient*. Cependant vous aurez la bonté, Monseigneur, de faire ménager ce qu'on a pris la liberté de vous envoyer sur ce sujet; et M. l'abbé Molanus ne laissera pas d'achever ce qu'il prépare sur votre *Réponse*, où ses bonnes intentions ne paroîtront pas moins que dans son premier Écrit. Je tâche de le fortifier dans la résolution qu'il a prise d'y mettre la dernière main malgré la difficulté qu'il y a trouvée, depuis qu'on avoit mis en doute contre son attente une chose qu'il prenoit pour accordée, et qu'il a raison de considérer comme fondamentale dans cette matière. Peut-être que, suivant votre dernier expédient, il se trouvera qu'il n'y a eu que du malentendu; ce que je souhaite de tout mon cœur. Enfin, Monseigneur, si vous allez aussi loin que vos lumières et votre charité le peuvent permettre, vous rendrez à l'Eglise un service des plus grands, et d'autant plus digne de votre application, qu'on ne le sauroit attendre aisément d'aucun autre.

Je vous remercie, Monseigneur, de la bonté que vous avez eue de m'assurer les bontés d'une personne aussi excellente que l'est M. l'abbé Bignon, à qui je viens d'écrire sur ce fondement. Il n'a point été marqué de qui est l'Ecrit sur la notion du corps; mais il doit venir d'une personne qui a médité profondément sur la matière, et dont la pénétration paroît assez. J'ai inséré dans ma réponse une de mes démonstrations sur la véritable estime de la force contre l'opinion vulgaire, mais sans l'appareil qui seroit nécessaire pour la rendre propre à convaincre toutes sortes d'esprits. Je suis avec beaucoup de vénération, Monseigneur, votre très-humble et très-obéissant serviteur,

Leibniz.

LETTRE XXXVI.

LEIBNIZ A Mme LA DUCHESSE DE BRUNSWICK.

A Hanovre, ce 2 juillet 1694.

Madame,

Votre Altesse Sérénissime ayant paru surprise de ce que j'avois dit sur le concile de Trente, comme s'il n'étoit pas reçu en France pour règle de foi, j'ai jugé qu'il étoit de mon devoir de lui en rendre raison ; et j'ai cru que votre Altesse Sérénissime le prendroit en bonne part, son zèle pour l'essentiel de la foi étant accompagné de lumières qui la lui font distinguer des abus et des additions. Je sais bien qu'on a insinué cette opinion dans les esprits, que ce concile est reçu en France pour règle de foi, et non pas pour règle de discipline ; mais je ferai voir que la nation n'a déclaré ni l'un ni l'autre, quoiqu'on ait usé d'adresse pour gagner insensiblement ce grand point, que les prétendus zélés ont toujours cherché à faire passer : et c'est pour cela même qu'il est bon qu'on s'y oppose de temps en temps, afin d'interrompre la prescription, de peur qu'ils n'obtiennent leur but par la négligence des autres. Car c'est par cette négligence du bon parti que ces zélotes ont gagné bien d'autres points : par exemple, le second concile de Nicée, tenu pour le culte des images, a été désapprouvé hautement par le grand concile d'Occident tenu à Francfort sous Charlemagne. Cependant le parti des dévotions mal entendues, qui a ordinairement le vulgaire de son côté, étant toujours attentif à faire valoir ce qu'il s'est mis en tête et à profiter des occasions où les autres se relâchent, a fait en sorte qu'il n'y a presque plus personne dans la communion de Rome qui ose nier que le concile de Nicée soit œcuménique.

Rien ne doit être plus vénérable en terre que la décision d'un véritable concile général ; mais c'est pour cela même qu'on doit être extrêmement sur ses gardes, afin que l'erreur ne prenne pas les livrées de la vérité divine. Et comme on ne reconnoîtra pas un homme pour plénipotentiaire d'un grand prince, s'il n'est autorisé par des preuves bien claires, et qu'on sera toujours plus disposé en cas de doute à le récuser qu'à le recevoir, on doit à plus forte raison user de cette précaution envers une assemblée de gens qui prétendent que le Saint-Esprit parle par leur bouche : de sorte qu'il est plus sûr et plus raisonnable en cas de doute de récuser que de recevoir un concile prétendu général. Car alors, si l'on s'y trompe, les choses demeurent seulement aux termes où elles étoient avant ce concile, sauf à un concile futur, plus autorisé, d'y remédier. Mais si l'on recevoit un faux concile et de fausses décisions, on feroit une brèche irréparable à l'Eglise, parce qu'on n'ose plus révoquer en doute ce qui passe pour établi par l'Eglise universelle, qu'un tel concile représente.

Avant que de prouver ce que j'ai promis, il faut bien former l'état de la question, pour éviter l'équivoque. Je demeure d'accord que les doctrines du concile de Trente sont reçues en France ; mais elles ne sont pas reçues comme des doctrines divines ni comme de foi, ni par conséquent comme d'un concile œcuménique. L'équivoque qui est là-dedans trompe bien des gens. Quand ils entendent dire que l'Eglise de France approuve ordinairement les dogmes de Trente, ils s'imaginent qu'elle se soumet aux décisions de ce concile comme œcuménique, et qu'elle approuve aussi les anathèmes que ce concile a prononcés contre les protestans ; ce qui n'est point. Moi-même, je suis du sentiment de ce concile en bien des choses ; mais je ne reconnois pas pour cela son autorité ni ses anathèmes.

Voici encore une adresse dont on s'est servi pour surprendre les gens. On a fait accroire aux ecclésiastiques qu'il est de leur intérêt de poursuivre la réception du concile de Trente ; et c'est pour cela que le clergé de France, gouverné par le cardinal du Perron, dans les Etats du royaume tenus immédiatement après l'assassinat de Henri IV, sous une reine italienne et novice au gouvernement, fit des efforts pour procurer cette réception : mais le tiers-état s'y opposant fortement et le clergé ne pouvant obtenir son dessein dans l'assemblée des Etats, il osa déclarer de son autorité privée qu'il vouloit tenir ce concile pour reçu ; ce qui étoit une entreprise blâmée des personnes modérées. C'est à la nation, et non au clergé seul, de faire une telle déclaration; et c'est suivant cette maxime que le clergé s'est laissé induire, par les partisans de Rome, d'obliger tous ceux qui ont charge d'ame, à faire la *Profession de foi* publiée par Pie IV, dans laquelle le concile de Trente est autorisé en passant. Mais cette introduction particulière, faite par cabale et par surprise contre les déclarations publiques, ne sauroit passer pour une réception légitime, outre que ce qui se dit en passant est plutôt une supposition où l'on se rapporte à ce qui en est, qu'une déclaration indirecte.

Après avoir prévenu ces difficultés et ces équivoques, je viens à mes preuves, et je mets en fait qu'il ne se trouvera jamais aucune déclaration du roi, ni de la nation françoise, par laquelle le concile de Trente soit reçu.

Au contraire les ambassadeurs de France déclarèrent dans le concile même qu'ils ne le tenoient point pour libre, ni ses décisions pour légitimes, et que la France ne les recevroit pas; et là-dessus ils se retirèrent. Une déclaration si authentique devroit être levée par une autre déclaration authentique.

Par après, les nonces des Papes sollicitant toujours la réception du concile en France, la reine Catherine de Médicis, qui étoit une princesse éclairée, répondit que cela n'étoit nullement à propos, parce que cette réception rendroit le schisme des protestans irrémédiable : ce qui fait voir que ce n'est pas sur la discipline seulement, mais encore sur la foi qu'on a refusé de reconnoître ce concile.

Pendant les troubles, la ligue résolut la réception du concile de Trente; mais le parti fidèle au roi s'y opposa hautement.

J'ai remarqué un fait fort notable, que les auteurs ont passé sous silence. Henri IV se réconciliant avec l'église de France et faisant son abjuration à Saint-Denis, demanda que l'archevêque de Bourges et autres prélats assemblés pour son instruction, lui dressassent un formulaire de la foi. Cette assemblée lui prescrivit la *Profession* susdite du pape Pie IV; mais après y avoir rayé exprès les deux endroits où il est parlé du concile de Trente; ce qui fait voir incontestablement que cette assemblée ecclésiastique ne tenoit pas ce concile pour reçu en France et comme règle de la foi, puisqu'elle le raya, lorsqu'il s'agissoit d'en prescrire une au roi de France.

Après la mort de Henri le Grand, le tiers-état s'opposa à la réception, comme j'ai déjà dit, nonobstant que le clergé eût assuré qu'on ne recevroit pas une discipline contraire aux libertés de l'Eglise gallicane. Et comme les autres règlemens de Trente étoient déjà reçus en France par des ordonnances particulières, on voit qu'il ne s'agissoit plus de discipline, qui étoit ou déjà reçue ou non recevable; mais qu'il s'agissoit de faire reconnoître le concile de Trente pour œcuménique, c'est-à-dire pour règle de la foi.

Les auteurs italiens soutiennent hautement que l'ordonnance publiée en France sur la nullité des mariages des enfans sans demander le consentement de père et de mère, est contraire à ce que le concile de Trente a décidé comme de droit divin; et ils soutiennent qu'il n'appartient pas aux lois séculières de changer ce qui est de l'essence d'un sacrement; mais l'ordonnance susdite est toujours demeurée en vigueur.

Je pourrois alléguer encore bien des choses sur ce point, si je n'aimois la brièveté et si je ne croyois pas que ce que j'ai dit peut suffire. Je tiens aussi que les Cours souveraines et les procureurs généraux du roi n'accorderont jamais que le concile de Trente a été reçu en France pour œcuménique; et s'il y a eu un temps où le clergé de France s'est assez laissé gouverner par des intrigues étrangères pour solliciter ce point, je crois que maintenant que ce clergé a de grands hommes à sa tête, qui entendent mieux les intérêts de l'Eglise gallicane, ou plutôt de l'Eglise universelle, il en est bien éloigné; et ce qui me confirme dans cette opinion, c'est qu'on a proposé à des nouveaux convertis une profession de foi où il n'étoit pas fait mention du concile de Trente.

Je ne dis point tout cela par un mépris pour ce concile, dont les décisions pour la plupart ont été faites avec beaucoup de sagesse; mais parce qu'étant sûr que les protestans ne le reconnoîtront pas, il importe, pour conserver l'espérance de la paix de l'Eglise universelle, que l'Eglise de France demeure dans l'état qui la rend plus propre à moyenner cette paix, laquelle seroit sans doute une des plus souhaitables choses du monde, si elle pouvoit être obtenue sans faire tort aux consciences et sans blesser la charité. Je suis avec dévotion, Madame, de votre Altesse Sérénissime, le très-humble et très-fidèle serviteur,

LEIBNIZ.

P. S. Le cardinal Pallavicin, qui fait valoir le concile de Trente autant qu'il peut et marque les lieux où il a été reçu, ne dit point qu'il ait été reçu en France, ni pour règle de la foi ni pour la discipline ; et même cette distinction n'est point approuvée à Rome.

LETTRE XXXVII.

LEIBNIZ A BOSSUET (*a*).

A Hanovre, ce 12 juillet 1694.

MONSEIGNEUR,

Votre dernière a fait revivre nos espérances. M. l'abbé de Lokkum travaille fort et ferme à une espèce de liquidation des controverses qu'il y a entre Rome et Augsbourg, et il le fait par ordre de l'Empereur. Mais il a affaire à des gens qui demeurent d'accord du grand principe de la réunion, qui est la base de toute la négociation : et c'est sur cela qu'une convocation de nos théologiens avoit fait solennellement et authentiquement ce pas que vous savez, qui est le plus grand qu'on ait fait depuis la Réforme. Voici l'échantillon de quelques articles de cette liquidation, que je vous envoie, Monseigneur, de sa part. Il y en a jusqu'à cinquante qui sont déjà prêts. Ce qu'il avoit projeté sur votre excellent Écrit entre maintenant dans sa liquidation, qui lui a fait prendre les choses de plus haut et les traiter plus à fond ; ce qui servira aussi à vous donner plus de satisfaction un jour. Cependant je vous envoie aussi la préface de ce qu'il vous destinoit dès lors, et des passages où il s'expliquoit à l'égard du concile

---

(*a*) Tous les éditeurs de Bossuet font cette remarque : « On n'a point la lettre de M. de Meaux, à laquelle répond Leibniz. » Cette Lettre, qui est du 15 août 1693, nous l'avons donnée plus haut, p. 218.

de Trente ; et rien ne l'a arrêté que la difficulté qu'il voyoit naître chez vous sur ce concile, jugeant que si l'on vouloit s'y attacher, ce seroit travailler sans fruit et sans espérance, et même se faire tort de notre côté, et s'éloigner des mesures prises dans la convocation et du fondement qu'on y a jeté. Il espère toujours de vous une déclaration sur ce grand principe, qui le mette en état de se joindre à vous dans ce grand et pieux dessein de la réunion, avec cette ouverture de cœur qui est nécessaire. Il me presse fort là-dessus, et il est le plus étonné du monde de voir qu'on y fait difficulté, ceux qui ont fait la proposition de votre côté et qui ont fait naître la négociation, ayant débuté par cette condescendance, et ayant très-bien reconnu que sans cela il n'y auroit pas moyen d'entrer seulement en négociation.

Le grand article qu'on accorde de notre côté, est qu'on se soumette aux conciles œcuméniques et à l'unité hiérarchique ; et le grand article réciproque qu'on attend de votre côté, est que vous ne prétendiez pas que pour venir à la réunion, nous devions reconnoître le concile de Trente pour œcuménique, ni ses procédures pour légitimes. Sans cela M. de Molanus croit qu'il ne faut pas seulement songer à traiter, et que les théologiens de ce pays n'auroient pas donné leur déclaration ; et qu'ainsi lui-même ne peut guère avancer non plus, de peur de s'écarter des principes de cette convocation, où il a eu tant de part. Il s'agit de savoir si Rome, en cas de disposition favorable à la réunion et supposé qu'il ne restât que cela à faire, ne pourroit pas accorder aux peuples du Nord de l'Europe, à l'égard du concile de Trente, ce que l'Italie et la France s'accordent mutuellement sur les conciles de Constance, de Bâle et sur le dernier de Latran, et ce que le Pape avec le concile de Bâle ont accordé aux Etats de Bohême, *sub utrâque*, à l'égard des décisions de Constance. Il me semble, Monseigneur, que vous ne sauriez nier, *in thesi*, que la chose soit possible ou licite. Mais si les affaires sont déjà assez disposées, *in hypothesi*, c'est une autre question. Cependant il faut toujours commencer par le commencement, et convenir des principes, afin de pouvoir travailler sincèrement et utilement.

Puisque vous demandez, Monseigneur, où j'ai trouvé l'acte en forme, passé entre les députés du concile de Bâle et les Bohémiens, par lequel ceux-ci doivent être reçus dans l'Eglise sans être obligés de se soumettre aux décisions du concile de Constance, je vous dirai que c'est chez un auteur très catholique que je l'ai trouvé, savoir, dans les *Miscellanea Bohemica* du révérend P. Balbinus, jésuite des plus savans de son ordre pour l'histoire, qui a enrichi ce grand ouvrage de beaucoup de pièces authentiques, tirées des archives du royaume, dont il a eu l'entrée. Il n'est mort que depuis peu. Il donne aussi la lettre du pape Eugène, qui est une espèce de gratulation sur cet accord; car le Pape et le concile n'avoient pas rompu alors (a).....

N'ayant pas maintenant le livre du Père Balbinus, j'ai cherché si la pièce dont il s'agit ne se trouveroit pas dans le livre de Goldastus *de Regno Bohemiæ*. Je l'y ai donc trouvée, et l'ai fait copier telle qu'il la donne : mais il sera toujours à propos de recourir à Balbinus. Les *Compactata* mêmes se trouvent aussi dans Goldastus, qui disent la même chose et dans les mêmes termes, quant au point *de præcepto*. Peut-être que dans les archives de l'église de Coutances en Normandie, dont l'évêque a été le principal entre les légats du concile, ou parmi les papiers d'autres prélats et docteurs françois, qui ont été au concile de Bâle, on trouveroit plus de particularités sur toute cette négociation. Je suis avec zèle, Monseigneur, votre très-humble et obéissant serviteur,

LEIBNIZ.

LETTRE XXXVIII.

MADAME DE BRINON A BOSSUET.

Ce 18 juillet 1694.

Voilà enfin la réponse de M. l'abbé de Lokkum que je vous envoie, Monseigneur; Dieu veuille qu'elle soit telle que nous la devons désirer : j'espère que vous nous ferez voir la vôtre en

---

(a) Nous supprimons ici, avec tous les éditeurs, un long passage sur la dynamique.

françois. Madame de Maubuisson, qui n'a plus de sœur que madame la duchesse d'Hanovre, désire beaucoup que vous fassiez tout de votre mieux pour contribuer à cette réunion, que je crois qui ne sera pas bien aisée ; à moins que la pureté de vos bonnes intentions n'attire sur ce parti plus de vues droites qu'il n'y en a présentement parmi les luthériens, qui ne sont gouvernés que par leur politique, et non par l'esprit de Dieu. Madame la duchesse de Brunswick, qui les voit de près présentement, me mande qu'elle n'a jamais tant senti la vérité de notre religion que depuis qu'elle est parmi ces personnes, qui sont à ce qu'il lui paroît chacun les arbitres de leur foi, ne croyant que ce qu'il leur plaît de croire. Cependant le livre *de l'Eucharistie* de notre illustre mort (a) y fait des merveilles en quelque façon. M. Leibniz l'a lu en deux jours ; il le loue et l'admire. Le prince Christian, neveu de madame de Maubuisson, ne se peut lasser de l'entendre lire chez madame la duchesse d'Hanovre sa mère, qui le faisoit lire ; et lui, il disputoit, quoique luthérien, en notre faveur, avouant que tout ce qu'on y disoit du luthéranisme étoit vrai.

Quand de tout ce que vous avez fait, Monseigneur, et notre cher ami M. Pelisson, il n'en résulteroit que la conversion d'une ame, Dieu vous en tiendroit aussi bien compte que si vous aviez changé toute l'Allemagne, puisque vous avez assez travaillé pour que tous les hérétiques se rendent catholiques. Mais Dieu seul, qui peut ruiner leur orgueil qui les empêche de se soumettre à l'Eglise, à laquelle ils demandent des conditions onéreuses pour s'y rejoindre, peut donner l'accroissement à tout ce que vous avez semé. Ne vous rebutez donc pas, Monseigneur ; au contraire roidissez-vous contre le découragement, s'il vous en prenoit quelque envie. Madame la duchesse d'Hanovre mande à madame sa sœur que M. l'abbé de Lokkum et M. Leibniz veulent de bonne foi la réunion ; et madame la duchesse de Brunswick me le confirme. Quoique M. Leibniz ait un caractère bien différent de l'autre, cependant il me paroît qu'il ne veut pas quitter la partie : il a trop d'esprit pour ne se pas apercevoir qu'on le met plus dehors que dedans cette affaire ; mais il tâche de s'y raccrocher. Il ne m'a

(a) Pelisson.

point écrit cette fois, et j'ai reçu uniquement le paquet que je vous envoie par la poste, n'ayant point d'autre voie. Si vous me faites l'honneur de me communiquer quelque chose de tout cela, et que le paquet soit gros, je vous supplie, Monseigneur, de l'adresser à M. Desmarais, rue Cassette, faubourg Saint-Germain, notre correspondant.

Comme cette affaire me tient au cœur, j'ai demandé le sentiment d'un docteur de Sorbonne, de mes amis, sur ce qu'ils demandent de tenir indécise l'autorité du concile de Trente, jusqu'à ce que l'Eglise en ait décidé par un nouveau concile. L'on m'a répondu que pourvu qu'ils crussent la réalité de la présence de Jésus-Christ au saint Sacrement, de la manière que nous la croyons; qu'ils revinssent à l'Eglise avec un esprit de soumission pour tout ce qu'elle déclareroit dans le concile futur qu'ils demandent; qu'on ne doute pas que pour un si grand bien que la réunion, l'on ne leur accorde ce qu'ils désirent, pourvu que cette réunion fût sincère et du fond du cœur, et qu'elle ne soit pas un nouveau sujet de nous désapprouver dans les pratiques de notre religion. L'on dit même que tous les gens de bien, qui ont quelque autorité dans l'Eglise, s'emploieroient à leur obtenir ce qu'ils désirent, s'ils revenoient, comme je leur ai mandé autrefois, comme l'enfant prodigue, se jeter tête baissée entre les bras de leur mère, en confessant qu'ils ont péché. Mais c'est en cet endroit un coup de Dieu qu'il faut lui demander, l'humilité ne se trouvant guère dans un parti d'hérétiques, puisqu'elle est le caractère des vrais enfans de Dieu et de l'Eglise. J'espère, Monseigneur, que vous ferez de votre part tout ce qu'on doit attendre de votre zèle, de votre douceur et de votre charité.

Sœur DE BRINON.

LETTRE XXXIX.

BOSSUET A LEIBNIZ.

A Meaux, 12 août 1694.

Je garde, Monsieur, avec vous un trop long silence, dans l'attente où vous m'avez mis de la réponse de M. l'abbé de Lokkum.

Vous me faisiez l'honneur de me mander qu'elle étoit presque en état de nous être envoyée. Je crains que quelque indisposition ne l'ait encore retardée; car pour ce qui est de nos fâcheuses et cruelles guerres, quoiqu'elles pussent retarder l'effet de nos souhaits, elles ne doivent pas empêcher les particuliers pacifiques de préparer les choses : c'est ce que personne ne peut mieux faire que ce savant abbé. Pressez donc toujours sa réponse, je vous en conjure : s'il reste encore quelque chose à dire sur le concile de Trente et sur celui de Bâle, nous le ferons alors. J'ai toujours oublié de vous demander d'où étoit pris l'acte du dernier concile que vous nous avez envoyé : nous en savions le fond et nous en avions les principales clauses en divers endroits; mais nous n'avons pas encore reçu la pièce entière. Elle est fort belle, et il faudra la faire insérer dans l'édition des conciles.

Je suis toujours avec la même passion, Monsieur, votre très-humble serviteur.

Bénigne, év. de Meaux.

LETTRE XL.

MADAME DE BRINON A BOSSUET.

Ce 25 juin 1693.

Voilà une lettre, Monseigneur, de M. Leibniz, qui se réveille de temps en temps sur un sujet qui devroit l'empêcher de dormir. L'objection qu'il fait sur le concile de Trente ne me paroît pas malaisée à résoudre : car les évêques qui ont fait faire l'abjuration à Henri IV, pourroient avoir manqué en n'y voulant pas comprendre le concile de Trente, pour ne le pas effaroucher : cela ne prouveroit pas qu'il ne fût pas reçu en France sur les dogmes de la foi, comme il ne l'est pas sur quelques points de discipline. Ce n'est point à moi, Monseigneur, à entamer ces questions, ni à répondre à ce que m'en écrit M. Leibniz : cela regarde Votre Grandeur. Je voudrois pourtant bien voir ce qu'il vous en écrit et ce que vous lui répondrez, pour le lire à madame de Maubuisson, qui est pleine de bonnes lumières, et qui voit d'un coup d'œil le bien et le mal des choses.

Je crois, Monseigneur, que vous ne sauriez trop relever les bons desseins de M. de Lokkum, pour l'encourager à poursuivre la réunion et à venir des bonnes paroles aux bons effets. Car écrire et discourir toute la vie sur une chose qui ne peut plus se faire après la mort et de laquelle dépend le salut, c'est ce que je ne puis comprendre ; et je doute toujours qu'il y ait un commencement de foi dans l'ame des personnes qui veulent persuader qu'elles cherchent la vérité, quand tout cela se fait si à loisir et même avec quelque indifférence. Mais Votre Grandeur m'a déjà mandé qu'il falloit faire ce qui pouvoit dépendre de nous, et attendre de Dieu ce qui dépend de lui, comme est cette réunion qu'un intérêt temporel fait rechercher selon toutes les apparences : mais Dieu en saura bien tirer sa gloire et l'avantage de l'Eglise, pour laquelle Votre Grandeur a tant travaillé.

J'avois mandé à mademoiselle de Scudery que j'avois vu un petit manuscrit que M. Pirot avoit fait sur le concile de Trente, que M. Pelisson auroit bien voulu faire imprimer à la fin de son livre fait, ou peu s'en faut, sur l'Eucharistie : mais il faudroit auparavant qu'il fût rectifié, et qu'on n'y laissât aucun sujet de doute. Je l'ai lu lorsque le cher défunt me l'envoya pour le faire tenir en Allemagne : autant que je puis m'y connoître, je le trouvai bien fort. Je prie Dieu, Monseigneur, qu'il vous augmente de plus en plus ses divines lumières, et qu'il vous donne la persévérance qui vous est nécessaire, pour faire tout seul ce qui avoit paru devoir être fait avec le pauvre M. Pelisson, dont le mérite se reconnoît de plus en plus. Vous m'avez promis, Monseigneur, votre bienveillance et vos prières ; je vous supplie de vous en souvenir, et de croire que j'ai pour Votre Grandeur tout le respect et l'estime que doit avoir, votre très-humble et très-obéissante servante.

Sr. M. DE BRINON.

LETTRE XLI.

BOSSUET A LEIBNIZ.

11 janvier 1699.

Monsieur, j'ai vu entre les mains de M. le marquis de Torcy une de vos lettres à un de nos princes, dont on dit ici mille biens et dont les honnêtes gens célèbrent l'esprit et les droites intentions. Dans le compte que vous lui rendez du commerce que nous avons eu sur la religion, feu M. Pelisson et moi avec vous et M. l'abbé de Lokkum, vous semblez insinuer que ce commerce a cessé de mon côté tout à coup sans que vous en sachiez la véritable raison. Je vous assure, Monsieur, qu'il n'en faut point chercher d'autre que la guerre survenue, pendant laquelle je n'ai pas cru qu'il fût aisé de traiter de la réunion des esprits sur la religion. Maintenant que Dieu nous a rendu la paix, je loue sa bonté infinie du désir qu'elle vous a mis dans le cœur de reprendre cette affaire. J'approuve, Monsieur, le dessein d'y faire entrer quelque magistrat important, et il ne sera pas malaisé d'en trouver quelqu'un aussi propre à cette sainte négociation que le feu M. Pelisson. Quand vous en serez convenu, ce qui sera très-facile, avec M. le marquis de Torcy, qui prendra là-dessus les ordres du Roi, il faudra que vous trouviez bon que je lui donne communication de tout ce que nous avons écrit sur cette matière, vous, M. l'abbé de Lokkum et moi. Si vous voulez bien nous marquer en quoi vous croyez que je n'ai pas répondu à votre désir, je vous assure que j'y satisferai pleinement, sans aucune vue ni à droite ni à gauche, mais avec toute la droiture de bonne intention que vous pouvez désirer d'un homme qui ne peut jamais avoir de plus grande joie que celle de travailler avec de si habiles et de si honnêtes gens à refermer, s'il se peut, les plaies de l'Eglise encore toutes sanglantes par un schisme si déplorable. En votre particulier, Monsieur, je conserve toujours pour vous et pour vos travaux, dont il vous a plu me faire part, toute l'estime possible, et je suis avec une parfaite sincérité, Monsieur, votre très-humble serviteur,

J. Bénigne, év. de Meaux.

LETTRE XLII.

LEIBNIZ A BOSSUET.

Wolfenbuttel, ce 11 décembre 1699.

Monseigneur,

Lorsque j'arrivai ici, il y a quelques jours, Monseigneur le duc Antoine Ulric me demanda de vos nouvelles; et quand je répondis que je n'avois point eu l'honneur d'en recevoir depuis longtemps, il me dit qu'il vouloit me fournir de la matière pour vous faire souvenir de nous. C'est qu'un abbé de votre religion, qui est de considération et de mérite, lui avoit envoyé le livre que voici (a), qu'il avoit donné au public sur ce qui est de foi. Son Altesse Sérénissime m'ordonna de vous le communiquer pour le soumettre à votre jugement, et pour tâcher d'apprendre, Monseigneur, selon votre commodité, s'il a votre approbation, de laquelle ce prince feroit presque autant de cas que si elle venoit de Rome même, m'ayant ordonné de vous faire ses complimens et de vous marquer combien il honore votre mérite éminent.

Le dessein de distinguer ce qui est de foi de ce qui ne l'est point, paroît assez conforme à vos vues et à ce que vous appelez la méthode de l'*Exposition;* et il n'y a rien de si utile pour nous décharger d'une bonne partie des controverses, que de faire connoître que ce qu'on dit de part et d'autre n'est point de foi. Cependant son Altesse Sérénissime ayant jeté les yeux sur ce livre,

---

(a) Voici le titre de cet ouvrage : *Secretio eorum quæ de fide catholicâ, ab iis quæ non sunt de fide, in controversiis plerisque hoc sæculo motis, juxta regulam fidei ab Exc. D. Franc. Veronio Sacræ Theologiæ Doctore antehâc compilatam, ab omnibus Sorbon. Doctor. in plenâ congregatione Facultatis Theologiæ approbatam, necnon anno 1645 in gen. conventu ab universo Clero Gallic. receptam, ac per Illustr. et Doctiss. Wallenb. Episc. multùm laudatam, ex ipso concilio Tridentino et præfatâ regulâ compendiosè excerpta, anno Christi* 1699. 1 vol. in-16, sans nom d'auteur, de ville et d'imprimeur.

y a trouvé bien des difficultés. Car premièrement, il lui semble qu'on n'a pas assez marqué les conditions de ce qui est de foi, ni les principes par lesquels on le peut connoître; de plus, il semble, en second lieu, qu'il y a des degrés entre les articles de foi, les uns étant plus importans que les autres.

Si j'ose expliquer plus amplement ce que son Altesse Sérénissime m'avoit marqué en peu de mots, je dirai que pour ce qui est des conditions et principes, tout article de foi doit être sans doute une vérité que Dieu a révélée; mais la question est si Dieu en a seulement révélé autrefois, ou s'il en révèle encore; et si les révélations d'autrefois sont toutes dans l'Ecriture sainte, ou sont venues du moins d'une tradition apostolique : ce que ne nient point plusieurs des plus accommodans entre les protestans.

Mais comme bien des choses passent aujourd'hui pour être de foi, qui ne sont point assez révélées par l'Ecriture et où la tradition apostolique ne paroît pas non plus; comme, par exemple, la canonicité des livres que les protestans tiennent pour apocryphes, laquelle passe aujourd'hui pour être de foi dans votre communion contre ce qui étoit cru par des personnes d'autorité dans l'ancienne Eglise : comment le peut-on savoir, si l'on n'admet des révélations nouvelles, en disant que Dieu assiste tellement son Eglise qu'elle choisit toujours le bon parti, soit par une réception tacite ou droit non écrit, soit par une définition ou loi expresse d'un concile œcuménique? Où il est encore question de bien déterminer les conditions d'un tel concile, et s'il est nécessaire que le Pape prenne part aux décisions, pour ne rien dire du Pape à part, ni encore de quelque particulier qui pourroit vérifier ses révélations par des miracles. Mais si l'on accorde à l'Eglise le droit d'établir de nouveaux articles de foi, on abandonnera la perpétuité, qui avoit passé pour la marque de la foi catholique. J'avois remarqué autrefois que vos propres auteurs ne s'y accordent point et n'ont point les mêmes fondemens sur l'analyse de la foi, et que le P. Grégoire de Valentia, jésuite, dans un livre fait là-dessus, la réduit aux décisions du Pape, avec ou sans le concile; au lieu qu'un docteur de Sorbonne, nommé Holden, vouloit, aussi dans un livre exprès, que tout devoit avoir déjà été révélé aux apôtres, et puis propagé jusqu'à nous par l'entremise de l'Eglise; ce qui paroîtra le meilleur aux protestans. Mais alors il sera difficile de justifier l'antiquité de bien des sentimens, qu'on veut faire passer pour être de foi dans l'Eglise romaine d'aujourd'hui.

Et quant aux degrés de ce qui est de foi, on disputa dans le colloque de Ratisbonne de ce siècle entre Hunnius protestant et le Père Tanner jésuite, si les vérités de peu d'importance, qui sont dans l'Ecriture sainte, comme, par exemple, celle du chien de Tobie, suivant votre canon, sont des articles de foi, comme le Père Tanner l'assura. Ce qui étant posé, il faut reconnoître qu'il y a une infinité d'articles de foi qu'on peut, non-seulement ignorer, mais même nier impunément, pourvu qu'on croie qu'ils n'ont point été révélés : comme si quelqu'un croyoit que ce passage : *Tres sunt qui testimonium dant,* etc. [1] n'est point authentique, puisqu'il manque dans les anciens exemplaires grecs. Mais il sera question maintenant de savoir s'il n'y a pas des articles tellement fondamentaux, qu'ils soient nécessaires, *necessitate medii*; en sorte qu'on ne les sauroit ignorer ou nier sans exposer son salut, et comment on les peut discerner des autres.

La connoissance de ces choses paroît si nécessaire, Monseigneur, pour entendre ce que c'est que d'être de foi, que monseigneur le duc a cru qu'il falloit avoir recours à vous pour les bien connoître, ne sachant personne aujourd'hui dans votre église, qu'on puisse consulter plus sûrement, et se flattant sur les expressions obligeantes de votre lettre précédente, que vous aurez bien la bonté de lui donner des éclaircissemens. Je ne suis maintenant que son interprète, et je ne suis pas moins avec respect, Monseigneur, votre très-humble et très-obéissant serviteur,

LEIBNIZ.

[1] I *Joan.*, v, 7, 8.

LETTRE XLIII.

BOSSUET A LEIBNIZ.

A Meaux, ce 9 janvier 1700.

Monsieur,

Rien ne me pouvoit arriver de plus agréable que d'avoir à satisfaire, selon mon pouvoir, aux demandes d'un aussi grand prince que monseigneur le duc Antoine Ulric, et encore m'étant proposées par un homme aussi habile et que j'estime autant que vous. Elles se rapportent à deux points : le premier consiste à juger d'un livret intitulé, *Secretio*, etc.; ce qui demande du temps, non pour le volume, mais pour la qualité des matières sur lesquelles il faut parler sûrement et juste. Je supplie donc Son Altesse de me permettre un court délai, parce que n'ayant reçu ce livre que depuis deux jours, à peine ai-je eu le loisir de le considérer.

La seconde demande a deux parties, dont la première regarde les conditions et les principes par lesquels on peut reconnoître ce qui est de foi, en le distinguant de ce qui n'en est pas ; et la seconde observe qu'il y a des degrés entre les articles de foi, les uns étant plus importans que les autres.

Quant au premier point, vous supposez avant toutes choses comme indubitable, que tout article de foi doit être une vérité révélée de Dieu de quoi je conviens sans difficulté ; mais vous venez à deux questions, dont l'une est : « Si Dieu en a seulement révélé autrefois, ou s'il en révèle encore ; » et la seconde : « Si les révélations d'autrefois sont toutes dans l'Ecriture sainte, ou sont venues du moins d'une tradition apostolique, ce que ne nient point plusieurs des plus accommodans entre les protestans. »

Je réponds sans hésiter, Monsieur, que Dieu ne révèle point de nouvelles vérités qui appartiennent à la foi catholique, et qu'il faut suivre la règle de la perpétuité, qui avoit, comme vous dites très-bien, passé pour la règle de la catholicité, de laquelle aussi l'Eglise ne s'est jamais départie.

Il ne s'agit pas ici de disputer de l'autorité des traditions apostoliques, puisque vous dites vous-même, Monsieur, que les plus accommodans, c'est-à-dire, comme je l'entends, non-seulement les plus doctes, mais encore les plus sages des protestans ne les nient pas ; comme je crois en effet l'avoir remarqué dans votre savant Calixte et dans ses disciples. Mais je dois vous faire observer que le concile de Trente reconnoît la règle de la perpétuité, lorsqu'il déclare qu'il n'en a point d'autre que « ce qui est contenu dans l'Ecriture sainte, ou dans les traditions non écrites, qui reçues par les apôtres de la bouche de Jésus-Christ, ou dictées aux mêmes apôtres par le Saint-Esprit, sont venues à nous comme de main en main [1]. »

Il faut donc, Monsieur, tenir pour certain que nous n'admettons aucune nouvelle révélation, et que c'est la foi expresse du concile de Trente, que toute vérité révélée de Dieu est venue de main en main jusqu'à nous ; ce qui aussi a donné lieu à cette expression qui règne dans tout ce concile, que le dogme qu'il établit a toujours été entendu comme il l'expose : *Sicut Ecclesia catholica semper intellexit* [2]. Selon cette règle on doit tenir pour assuré que les conciles œcuméniques, lorsqu'ils décident quelque vérité, ne proposent point de nouveaux dogmes, mais ne font que déclarer ceux qui ont toujours été crus, et les expliquer seulement en termes plus clairs et plus précis.

Quant à la demande que vous me faites : « S'il faut, avec Grégoire de Valence, réduire la certitude de la décision à ce que prononce le Pape, ou avec ou sans le concile, » elle me paroît assez inutile. On sait ce qu'a écrit sur ce sujet le cardinal du Perron, dont l'autorité est de beaucoup supérieure à celle de ce célèbre jésuite, et pour ne point rapporter des autorités particulières, on voit en cette matière ce qu'enseigne et ce que pratique, même de nos jours et encore tout récemment, l'Eglise de France.

Nous donnerons donc pour règle infaillible, et certainement reconnue par les catholiques, des vérités de foi, le consentement unanime et perpétuel de toute l'Eglise, soit assemblée en concile, soit dispersée par toute la terre, et toujours enseignée par le même

[1] Sess. IV, Decret. *de Can. Scrip.* — [2] *Ibid.*

Saint-Esprit. Si c'est là, pour me servir de vos expressions, ce qui est le plus agréable aux protestans, bien éloignés de les détourner de cette doctrine, nous ne craignons point de la garantir comme incontestablement saine et orthodoxe.

« Mais alors, continuez-vous, il sera difficile de justifier l'antiquité de bien des sentimens, qu'on veut faire passer pour être de foi dans l'Eglise romaine d'aujourd'hui. »

Non, Monsieur, j'ose vous répondre avec confiance que cela n'est pas si difficile que vous pensez, pourvu qu'on éloigne de cet examen l'esprit de contention, en se réduisant aux faits certains.

Vous en pouvez faire l'essai dans l'exemple que vous alléguez, et qui est aussi le plus fort qu'on puisse alléguer, « de la canonicité des livres que les protestans tiennent pour apocryphes, laquelle passe aujourd'hui pour être de foi dans votre communion, contre ce qui étoit cru par des personnes d'autorité dans l'ancienne Eglise. » Mais, Monsieur, vous allez voir clairement, si je ne me trompe, cette question résolue par des faits entièrement incontestables.

Le premier est, que ces livres dont on dispute, ou dont autrefois on a disputé, ne sont pas des livres nouveaux ou nouvellement trouvés, auxquels on ait donné de l'autorité. La seconde *Lettre* de saint Pierre, celle *aux Hébreux*, l'*Apocalypse* et les autres livres qui ont été contestés, ont toujours été connus dans l'Eglise et intitulés du nom des apôtres, à qui encore aujourd'hui on les attribue. Si quelques-uns leur ont disputé ce titre, on n'a pas nié pour cela l'existence de ces livres, et qu'ils ne portassent cette intitulation, ou partout, ou dans la plupart des lieux où on les lisoit, ou du moins dans les plus célèbres.

Second fait : J'en dis autant des livres de l'Ancien Testament. La *Sagesse*, l'*Ecclésiastique*, les *Machabées* et les autres, ne sont pas des livres nouveaux : ce ne sont pas les chrétiens qui les ont composés : ils ont précédé la naissance de Jésus-Christ; et nos Pères les ayant trouvés parmi les Juifs, les ont pris de leurs mains pour l'usage et pour l'édification de l'Eglise.

Troisième fait : Ce n'est point non plus par de nouvelles révélations, ou par de nouveaux miracles qu'on les a reçus dans le canon. Tous ces moyens sont suspects ou particuliers, et par conséquent insuffisans à fonder une tradition et un témoignage de la foi. Le concile de Trente, qui les a rangés dans le canon, les y a trouvés, il y a plus de douze cents ans et dès le quatrième siècle, le plus savant sans contestation de toute l'Eglise.

Quatrième fait : Personne n'ignore le canon XLVII du concile III de Carthage, qui constamment est de ce siècle-là, et où les mêmes livres, sans en excepter aucun, reçus dans le concile de Trente, sont reconnus comme livres « qu'on lit dans l'Eglise sous le nom de divines Ecritures, et d'Ecritures canoniques. » *Sub nomine divinarum Scripturarum*, etc., *canonicæ Scripturæ*, etc.

Cinquième fait : C'est un fait qui n'est pas moins constant, que les mêmes livres sont mis au rang des saintes Ecritures, avec le *Pentateuque*, avec l'Evangile, avec tous les autres les plus canoniques, dans la réponse du pape Innocent I, à la consultation du saint évêque Exupère de Toulouse (*cap*. VII), en l'an 405 de Notre-Seigneur. Le décret du concile romain tenu par le pape saint Gélase, fait le même dénombrement au cinquième siècle, et c'est là le dernier canon de l'Eglise romaine sur ce sujet, sans que ses décrets aient jamais varié. Tout l'Occident a suivi l'Eglise romaine en ce point, et le concile de Trente n'a fait que marcher sur ses pas.

Sixième fait : Il y a des églises que dès le temps de saint Augustin on a regardées comme plus savantes et plus exactes que toutes les autres, *doctiores ac diligentiores Ecclesiæ* [1]. On ne peut dénier ces titres à l'Eglise d'Afrique, ni à l'Eglise romaine, qui avoit outre cela la principauté ou la primauté de la Chaire apostolique, comme parle saint Augustin : *In quâ semper apostolicæ Cathedræ viguit principatus*, et dans laquelle on convenoit, dès le temps de saint Irénée, que la tradition des apôtres s'étoit toujours conservée avec plus de soin.

Septième fait : Saint Augustin a pris séance dans ce concile, du moins il étoit de ce temps-là, et il en a suivi la tradition dans le livre de la *Doctrine chrétienne*, où nous lisons ces paroles « Tout le canon des Ecritures contient ces livres, cinq de Moïse, etc..., »

[1] *De Doct. Christ.*, lib. II, cap. XV, n. 22.

où sont nommés en même rang, « *Tobie*, *Judith*, deux des *Machabées*, la *Sagesse*, l'*Ecclésiastique*, quatorze *Epîtres* de saint Paul, et notamment celle *aux Hébreux*, » ainsi qu'elles sont comptées, tant dans le canon de Carthage que dans saint Augustin : « deux *Lettres* de saint Pierre, trois de saint Jean, et l'*Apocalypse* [1]. »

Huitième fait : Ces anciens canons n'ont pas été une nouveauté introduite par ces conciles et par ces papes : mais une déclaration de la tradition ancienne, comme il est expressément porté dans le canon déjà cité du concile III de Carthage : « Ce sont des livres, dit-il, que nos Pères nous ont appris à lire dans l'église, sous le titre d'Ecritures divines et canoniques, » comme marque le commencement du canon.

Neuvième fait : La preuve en est bien constante par les remarques suivantes. Saint Augustin avoit cité, contre les pélagiens, ce passage du livre de la *Sagesse :* « Il a été enlevé de la vie, de crainte que la malice ne corrompît son esprit [2]. » Les semi-pélagiens avoient contesté l'autorité de ce livre comme n'étant point canonique ; et saint Augustin répond « qu'il ne falloit point rejeter le livre de la *Sagesse*, qui a été jugé digne depuis une si longue antiquité, *tam longâ annositate*, d'être lu dans la place des lecteurs et d'être ouï par tous les chrétiens, depuis les évêques jusqu'aux derniers des laïques, fidèles, catéchumènes et pénitens, avec la vénération qui est due à l'autorité divine [3]. » A quoi il ajoute que ce livre doit être préféré à tous les docteurs particuliers parce que les docteurs particuliers les plus excellens et les plus proches du temps des apôtres, se le sont eux-mêmes préféré, et que produisant ce livre à témoin, ils ont cru ne rien alléguer de moins qu'un témoignage divin : » *Nihil se adhibere nisi divinum testimonium crediderunt*; répétant encore à la fin le grand nombre d'années, *tantâ annorum numerositate*, où ce livre a eu cette autorité. On pourroit montrer à peu près la même chose des autres livres, qui ne sont ni plus ni moins contestés que celui-là, et en faire remonter l'autorité jusqu'aux temps les plus voisins des apôtres, sans qu'on en puisse montrer le commencement.

---

[1] *De Doct. Christ.*, lib. II, cap. VIII, n. 13. — [2] *Sap.*, IV, 11. — [3] *De prædest. Sanct.*, cap. XIV, n. 27.

Dixième fait : En effet si l'on vouloit encore pousser la tradition plus loin, et nommer ces excellens docteurs et si voisins du temps des apôtres, qui sont marqués dans saint Augustin, on peut assurer qu'il avoit en vue le livre *des Témoignages* de saint Cyprien, qui est un recueil des passages de l'Ecriture, où à l'ouverture du livre, la *Sagesse*, l'*Ecclésiastique* et les *Machabées* se trouveront cités en plusieurs endroits avec la même autorité que les livres les plus divins, et après avoir promis deux et trois fois très-expressément dans les préfaces, de ne citer dans ce livre que des Ecritures prophétiques et apostoliques.

Onzième fait : L'Afrique et l'Occident n'étoient pas les seuls à reconnoître pour canoniques les livres que les Hébreux n'avoient pas mis dans leur canon. On trouve partout dans saint Clément d'Alexandrie et dans Origène, pour ne point parler des autres Pères plus nouveaux, les livres de la *Sagesse* et de l'*Ecclésiastique* cités avec la même autorité que ceux de Salomon, et même ordinairement sous le nom de Salomon même, afin que le nom d'un écrivain canonique ne leur manquât pas, et à cause aussi, dit saint Augustin, qu'ils en avoient pris l'esprit.

Douzième fait : Quand Julius Africanus rejeta dans le prophète Daniel l'histoire de Susanne, et voulut défendre les Hébreux contre les Chrétiens, on sait comme il fut repris par Origène. Lorsqu'il s'agira de l'autorité et du savoir, je ne crois pas qu'on balance entre Origène et Julius Africanus. Personne n'a mieux connu l'autorité de l'hébreu qu'Origène, qui l'a fait connoître aux églises chrétiennes; et sans plus de discussion, sa *Lettre à Africanus*, dont on nous a depuis peu donné le grec, établit le fait constant que ces livres, que les Hébreux ne lisoient point dans leurs synagogues, étoient lus dans les églises chrétiennes sans aucune distinction d'avec les autres livres divins.

Treizième fait : Il faut pourtant avouer que plusieurs églises ne les mettoient point dans leur canon, parce que dans les livres du Vieux Testament elles ne vouloient que copier le canon des Hébreux, et compter simplement les livres que personne ne contestoit, ni juif ni chrétien. Il faut aussi avouer que plusieurs savans, comme saint Jérôme et quelques autres grands critiques, ne vouloient point recevoir ces livres pour établir les dogmes; mais leur avis particulier n'étoit pas suivi, et n'empêchoit pas que les plus sublimes et les plus solides théologiens ne citassent ces livres en autorité, même contre les hérétiques, comme l'exemple de saint Augustin vient de le faire voir, pour ne point entrer ici dans la discussion inutile des autres auteurs. D'autres ont remarqué avant moi que saint Jérôme lui-même a souvent cité ces livres en autorité avec les autres Ecritures ; et qu'ainsi les opinions particulières des docteurs étoient, dans leurs propres livres, souvent emportées par l'esprit de la tradition et par l'autorité des églises.

Quatorzième fait : Je n'ai pas besoin de m'étendre ici sur le canon des Hébreux, ni sur les diverses significations du mot d'*apocryphe,* qui, comme on sait, n'est pas toujours également désavantageux. Je ne dirai pas non plus quelle autorité parmi les Juifs, après leur canon fermé par Esdras, pouvoient avoir, sous un autre titre que celui de *canonique,* ces livres qu'on ne trouve point dans l'hébreu. Je laisserai encore à part l'autorité que leur peuvent concilier les allusions secrètes qu'on remarque aux sentences de ces livres, non-seulement dans les auteurs profanes, mais encore dans l'Evangile. Il me semble que le savant évêque d'Avranches, dont le nom est si honorable dans la littérature, n'a rien laissé à dire sur cette matière ; et pour moi, Monsieur, je me contente d'avoir démontré, si je ne me trompe, que la définition du concile de Trente sur la canonicité des Ecritures, loin de nous obliger à reconnoître de nouvelles révélations, fait voir au contraire que l'Eglise catholique demeure toujours inviolablement attachée à la tradition ancienne, venue jusqu'à nous de main en main.

Quinzième fait : Que si enfin vous m'objectez que du moins cette tradition n'étoit pas universelle, puisque de très-grands docteurs et des églises entières ne l'ont pas connue, c'est, Monsieur, une objection que vous avez à résoudre avec moi. La démonstration en est évidente : nous convenons tous ensemble, protestans ou catholiques, également des mêmes livres du Nouveau Testament ; car je ne crois pas que personne voulût suivre encore les emportemens de Luther contre l'*Epître* de saint Jacques. Passons donc une même canonicité à tous ces livres, contestés autrefois ou non contestés : après cela, Monsieur, permettez-moi de vous demander si vous voulez affoiblir l'autorité ou de l'*Epître aux Hébreux*, si haute, si théologique, si divine; ou celle de l'*Apocalypse*, où reluit l'esprit prophétique avec autant de magnificence que dans Isaïe ou dans Daniel. Ou bien dira-t-on peut-être que c'est une nouvelle révélation qui les a fait reconnoître? Vous êtes trop ferme dans les bons principes pour les abandonner aujourd'hui. Nous dirons donc, s'il vous plaît, tous deux ensemble, qu'une nouvelle reconnoissance de quelque livre canonique, dont quelques-uns auront douté, ne déroge point à la perpétuité de la tradition, que vous voulez bien avouer pour marque de la vérité catholique. Pour être constante et perpétuelle, la vérité catholique ne laisse pas d'avoir ses progrès : elle est connue en un lieu plus qu'en un autre, plus clairement, plus distinctement, plus universellement. Il suffit, pour établir la succession et la perpétuité de la foi d'un Livre saint, comme de toute autre vérité, qu'elle soit toujours reconnue; qu'elle le soit dans le plus grand nombre sans comparaison; qu'elle le soit dans les églises les plus éminentes, les plus autorisées et les plus révérées : qu'elle s'y soutienne, qu'elle gagne et qu'elle se répande d'elle-même, jusqu'à tant que le Saint-Esprit, la force de la tradition et le goût, non celui des particuliers, mais l'universel de l'Eglise, la fasse enfin prévaloir, comme elle a fait au concile de Trente.

Seizième fait : Ajoutons, si vous l'avez agréable, que la foi qu'on a en ces livres nouvellement reconnus, a toujours eu dans les églises un témoignage authentique dans la lecture qu'on en a faite dès le commencement du christianisme, sans aucune marque de distinction d'avec les Livres reconnus divins : ajoutons l'autorité qu'on leur donne partout naturellement dans la pratique, comme nous l'avons remarqué; ajoutons enfin que le terme de *canonique* n'ayant pas toujours une signification uniforme, nier qu'un livre soit canonique en un sens, ce n'est pas nier qu'il ne le soit en un autre; nier qu'il soit, ce qui est très-vrai, dans le canon des Hébreux, ou reçu sans contradiction parmi les chrétiens, n'empêche pas qu'il ne soit au fond dans le canon de l'Eglise, par l'autorité que lui donne la lecture presque générale et par l'usage qu'on en faisoit par tout l'univers. C'est ainsi qu'il faut concilier, plutôt que commettre ensemble les églises et les auteurs ecclésiastiques, par des principes communs à tous les divers sentimens et par le retranchement de toute ambiguïté.

Dix-septième fait : Il ne faut pas oublier le fait que saint Jérôme raconte à tout l'univers, sans que personne l'en ait démenti, qui est que le livre de *Judith* avoit reçu un grand témoignage par le concile de Nicée. On n'aura point de peine à croire que cet infatigable lecteur de tous les livres et de tous les actes ecclésiastiques ait pu voir par ses curieuses et laborieuses recherches, auxquelles rien n'échappoit, quelque mémoire de ce concile, qui se soit perdu depuis. Ainsi ce savant critique, qui ne vouloit pas admettre le livre dont nous parlons, ne laisse pas de lui donner le plus grand témoignage qu'il pût jamais recevoir, et de nous montrer en même temps que, sans le mettre dans le canon, les Pères et les conciles les plus vénérables s'en servoient dans l'occasion, comme nous venons de le dire, et le consacroient par la pratique.

Dix-huitième fait : Quoique je commence à sentir la longueur de cette lettre, qui devient un petit livre contre mon attente, le plaisir de m'entretenir par votre entremise avec un prince qui aime si fort la religion, qu'il daigne même m'ordonner de lui en parler de si loin, me fera encore ajouter un fait qu'il approuvera. C'est, Monsieur, que la diversité des canons de l'Ecriture, dont on usoit dans les églises, ne les empêchoit pas de concourir dans la même théologie, dans les mêmes dogmes, dans la même condamnation de toutes les erreurs, et non-seulement de celles qui attaquoient les grands mystères de la Trinité, de l'Incarnation, de la Grace; mais encore de celles qui blessoient les autres vérités révélées de Dieu, comme faisoient les montanistes, les novatiens, les donatistes, et ainsi du reste. Par exemple la province de Phrygie, qui assemblée dans le concile de Laodicée, ne recevoit point en autorité, et sembloit même ne vouloir pas lire dans l'église quelques-uns des livres dont il s'agit, contre la coutume presque universelle des autres églises, entre autres de celles d'Occident, n'en condamnoit pas moins avec elles toutes les erreurs qu'on vient de marquer ; de sorte qu'en vérité il ne leur manquoit aucun dogme, encore qu'il manquât dans leur canon quelques-uns des livres qui servoient à les convaincre.

Dix-neuvième fait : C'est pour cela qu'on se laissoit les uns aux autres une grande liberté, sans se presser d'obliger toutes les églises au même canon, parce qu'on ne voyoit naître de là aucune diversité, ni dans la foi ni dans les mœurs : et la raison en étoit que les fidèles, qui ne cherchoient pas les dogmes de foi dans ces livres non canonisés en quelques endroits, les trouvoient suffisamment dans ceux qui n'avoient jamais été révoqués en doute ; et que même ce qu'on ne trouvoit pas dans les Ecritures en général, on le recouvroit dans les traditions perpétuelles et universelles.

Vingtième fait : Sur cela même nous lisons dans saint Augustin et dans l'un de ses plus savans écrits, cette sentence mémorable : « L'homme qui est affermi dans la foi, dans l'espérance et dans la charité, et qui est inébranlable à les conserver, n'a besoin des Ecritures que pour instruire les autres ; ce qui fait aussi que plusieurs vivent sans aucun livre dans les solitudes [1]. » On sait d'ailleurs qu'il y a eu des peuples qui, sans avoir l'Ecriture qu'on n'avoit pu encore traduire en leurs langues barbares et irrégulières, n'en étoient pas moins chrétiens que les autres : par où aussi l'on peut entendre que la concorde dans la foi, loin de dépendre de la réception de quelques livres de l'Ecriture, ne dépend pas même de toute l'Ecriture en général ; ce qui pourroit se prouver encore par Tertullien et par tous les autres auteurs, si cette discussion ne nous jetoit trop loin de notre sujet.

Vingt-unième fait : Que si enfin on demande pourquoi donc le concile de Trente n'a pas laissé sur ce point la même liberté que l'on avoit autrefois, et défend sous peine d'anathème de recevoir un autre canon que celui qu'il propose, session IV, sans vouloir rien dire d'amer, je laisserai seulement à examiner aux protestans modérés si l'Eglise romaine a dû laisser ébranler par les protestans le canon, dont, comme on a vu, elle étoit en possession avec tout l'Occident, non-seulement dès le quatrième siècle, mais encore dès l'origine du christianisme : canon qui s'étoit

[1] *De doct. christ.*, lib. I, n. 43.

affermi depuis par l'usage de douze cents ans sans aucune contradiction : canon enfin dont on prenoit occasion de la calomnier, comme falsifiant les Ecritures ; ce qui faisoit remonter l'accusation jusqu'aux siècles les plus purs ; je laisse, dis-je, à examiner, si l'Eglise a dû tolérer ce soulèvement, ou bien le réprimer par ses anathèmes.

Vingt-deuxième fait : Il n'est donc rien arrivé ici que ce que l'on a vu arriver à toutes les autres vérités, qui est d'être déclarées plus expressément, plus authentiquement, plus fortement par le jugement de l'Eglise catholique, lorsqu'elles ont été plus ouvertement, et, s'il est permis de dire une fois ce mot, plus opiniâtrément contredites ; en sorte qu'après ce décret, le doute ne soit plus permis.

Vingt-troisième fait : Je n'ai point ici à rendre raison pourquoi nous donnons le nom d'Eglise catholique à la communion romaine, ni le nom de concile œcuménique à celui qu'elle reconnoît pour tel. C'est une dispute à part, où l'on ne doit pas entrer ici ; et il me suffit d'avoir remarqué les faits constans d'où résultent l'antiquité et la perpétuité du canon dont nous usons.

Vingt-quatrième fait : Après tout, quelque inviolable que soit la certitude que nous y trouvons, il sera toujours véritable que les livres qui n'ont jamais été contestés ont dès là une force particulière pour la conviction, parce qu'encore que nul esprit raisonnable ne doive douter des autres après la décision de l'Eglise, les premiers ont cela de particulier, que procédant *ad hominem et ex concessis*, comme l'on parle, ils sont plus propres à fermer la bouche aux contredisans.

Voilà, Monsieur, un long discours, encore que je n'aie fait que proposer les principes. C'est à Dieu à ouvrir les cœurs de ceux qui le liront. Ce dont je vous prie, c'est de le présenter à votre grand prince, de prendre les momens heureux où son oreille sera plus libre, et enfin de lui faire regarder comme un effet de mon très-humble respect. Le reste se dira une autre fois, et bientôt, s'il plaît à Dieu. Je suis cependant, et serai toujours avec une estime et une affection cordiale, Monsieur, votre très-humble serviteur,   J. Bénigne, év. de Meaux.

LETTRE XLIV.

BOSSUET A LEIBNIZ.

A Versailles, 30 janvier 1700.

Monsieur,

Des deux difficultés que vous m'avez proposées dans votre lettre du 11 décembre 1699, de la part de votre grand et habile prince, la seconde regardoit les degrés entre les articles de foi, les uns étant plus importans que les autres; et c'est celle-là sur laquelle il faut tâcher aujourd'hui de le satisfaire.

Vous l'expliquez en ces termes : « Quant aux degrés de ce qui est de foi, on disputa dans le colloque de Ratisbonne de ce siècle, entre Hunnius protestant, et le Père Tanner jésuite, si les vérités de peu d'importance, qui sont dans l'Ecriture sainte, comme, par exemple, celle du chien de Tobie, sont des articles de foi, comme le Père Tanner l'assura : ce qui étant posé, il faut reconnoître qu'il y a une infinité d'articles de foi qu'on peut non-seulement ignorer, mais même nier impunément, pourvu qu'on croie qu'ils n'ont point été révélés; comme si quelqu'un croyoit que ce passage : *Tres sunt qui testimonium perhibent*, etc., n'est point authentique, puisqu'il manque dans les anciens exemplaires grecs. Il sera question maintenant de savoir s'il y a des articles tellement fondamentaux qu'ils soient nécessaires, *necessitate medii;* en sorte qu'on ne les sauroit ignorer ou nier sans exposer son salut, et comment on les peut discerner d'avec les autres. »

Il me semble premièrement, Monsieur, que si j'avois assisté à quelque colloque semblable à celui de Ratisbonne, et qu'il m'eût fallu répondre à la question du chien de Tobie, sans savoir ce que dit alors le Père Tanner, j'aurois cru devoir user de distinction. En prenant le terme d'*Article de foi* selon la signification moins propre et plus étendue, j'aurois dit que toutes les choses révélées de Dieu dans les Ecritures canoniques, importantes ou non importantes, sont en ce sens articles de foi; mais qu'en prenant ce terme d'*Article de foi* dans sa signification étroite et propre, pour des dogmes théologiques immédiatement révélés de Dieu, tous ces faits particuliers ne méritent pas ce titre.

Je n'ai pas besoin de vous dire que je compte ici parmi les dogmes révélés de Dieu, certaines choses de fait sur lesquelles roule la religion, comme la nativité, la mort et la résurrection de Notre-Seigneur. Les faits dont nous parlons ici, sont, comme je viens de le marquer, les faits particuliers. Il y en a de deux sortes : les uns servent à établir les dogmes par des exemples plus ou moins illustres, comme l'histoire d'Esther et les combats de David; les autres, pour ainsi parler, ne font que peindre et décrire une action, comme seroient, par exemple, la couleur des pavillons qui étoient tendus dans le festin d'Assuérus et les autres menues circonstances de cette fête royale; et de ce genre seroit aussi le chien de Tobie, aussi bien que le bâton de David, et si l'on veut la couleur de ses cheveux. Tout cela de soi est tellement indifférent à la religion, qu'on peut ou le savoir ou l'ignorer, sans qu'elle en souffre pour peu que ce soit. Les autres faits, qui sont proposés pour appuyer les dogmes divins, comme sont la justice, la miséricorde et la providence divine, quoique bien plus importans, ne sont pas absolument nécessaires, parce qu'on peut savoir d'ailleurs ce qu'ils nous apprennent de Dieu et de la religion.

Pour ce qui est de nier ces faits, la question se réduit à celle de la canonicité des livres dont ils sont tirés. Par exemple, si l'on nioit ou le bâton de David, ou la couleur de ses cheveux et les autres choses de cette sorte, la dénégation en pourroit devenir très-importante, parce qu'elle entraîneroit celle du *Livre des Rois,* où ces circonstances sont racontées.

Tout cela n'a point de difficulté, et je ne l'ai rapporté que pour toucher tous les points de votre lettre. Mais pour les difficultés qui regardent les vrais articles de foi et les dogmes théologiques, immédiatement révélés de Dieu, encore que la discussion en demande plus d'étendue, il est aisé d'en sortir.

Je rappelle tout à trois propositions : La première, qu'il y a des articles fondamentaux et des articles non fondamentaux; c'est-à-dire des articles dont la connoissance et la foi expresse est nécessaire au salut, et des articles dont la connnoissance et la foi expresse n'est pas nécessaire au salut.

La seconde, qu'il y a des règles pour les discerner les uns des autres.

La troisième, que les articles révélés de Dieu, quoique non fondamentaux, ne laissent pas d'être importans, et de donner matière de schisme, surtout après que l'Eglise les a définis.

La première proposition, qu'il y a des articles fondamentaux, c'est-à-dire dont la connoissance et la foi expresse est nécessaire au salut, n'est pas disputée entre nous. Nous convenons tous du Symbole attribué à saint Athanase, qui est l'un des trois reconnus dans la *Confession d'Augsbourg*, comme parmi nous ; et on y lit à la tête ces paroles : *Quicumque vult salvus esse*, etc. ; et au milieu : *Qui vult ergo salvus esse*, etc. ; et à la fin : *Hæc est fides catholica, quam nisi quisque, etc...., absque dubio in æternum peribit*.

Savoir maintenant si les articles contenus dans ce Symbole y sont reconnus nécessaires, *necessitate medii*, ou *necessitate præcepti*, c'est à mon avis en ce lieu une question assez inutile, et il suffira peut-être d'en dire un mot à la fin.

La seconde proposition, qu'il y a des règles pour discerner ces articles, n'est pas difficile entre nous, puisque nous supposons tous qu'il y a des premiers principes de la religion chrétienne qu'il n'est permis à personne d'ignorer ; tels que sont, pour descendre dans un plus grand détail, le Symbole des apôtres, l'Oraison Dominicale, et le Décalogue avec son abrégé nécessaire dans les deux préceptes de la charité, dans lesquels consiste, selon l'Evangile, toute la loi et les prophètes.

C'est de quoi nous convenons tous catholiques et protestans également : et nous convenons encore que le Symbole des apôtres doit être entendu comme il a été exposé dans le Symbole de Nicée, et dans celui qu'on attribue à saint Athanase.

On se peut réduire à un principe plus simple en disant que ce dont la connoissance et la foi expresse est nécessaire au salut, est cela même sans quoi on ne peut avoir aucune véritable idée du salut qui nous est donné en Jésus-Christ, Dieu voulant nous y amener par la connoissance, et non par un instinct aveugle, comme on feroit des bêtes brutes.

Dans ce principe si clair et si simple, tout le monde voit d'abord qu'il faut connoître la personne du Sauveur, qui est Jésus-Christ Fils de Dieu ; qu'il faut aussi connoître son Père qui l'a envoyé, avec le Saint-Esprit de qui il a été conçu et par lequel il nous sanctifie ; quel est le salut qu'il nous propose, ce qu'il a fait pour nous l'acquérir, et ce qu'il veut que nous fassions pour lui plaire : ce qui ramène naturellement l'un après l'autre les Symboles dont nous avons parlé, l'Oraison Dominicale et le Décalogue ; et tout cela, réduit en peu de paroles, est ce que nous avons nommé les premiers principes de la religion chrétienne.

La troisième proposition a deux parties : la première, que ces articles non fondamentaux, encore que la connoissance et la foi expresse n'en soit pas absolument nécessaire à tout le monde, ne laissent pas d'être importans. C'est ce qu'on ne peut nier, puisqu'on suppose ces articles révélés de Dieu, qui ne révèle rien que d'important à la piété, et dont aussi il est écrit : « Je suis le Seigneur ton Dieu, qui t'enseigne des choses utiles [1]. »

Ce fondement supposé, il y a raison et nécessité de noter ceux qui s'opposent à ces dogmes utiles, et qui manquent de docilité à les recevoir, quand l'Eglise les leur propose. La pratique universelle de l'ancienne Eglise confirme cette seconde partie de la proposition. Elle a mis au rang des hérétiques, non-seulement les ariens, les sabelliens, les paulianistes, les macédoniens, les nestoriens, les eutychiens, et ceux en un mot qui rejetoient la Trinité et les autres dogmes également fondamentaux ; mais encore les novatiens ou cathares, qui ôtoient aux ministres de l'Eglise le pouvoir de remettre les péchés, les montanistes ou cataphrygiens, qui improuvoient les secondes noces ; les aériens qui nioient l'utilité des oblations pour les morts, avec la distinction de l'épiscopat et de la prêtrise ; Jovinien et ses sectateurs, qui à l'injure du Fils de Dieu, nioient la virginité perpétuelle de sa sainte Mère, et jusqu'aux quartodécimans, qui aimant mieux célébrer la pàque avec les Juifs qu'avec les Chrétiens, tàchoient

[1] *Isa.*, XLVIII, 17.

de rétablir le judaïsme et ses observances, contre l'ordonnance des apôtres. Les auteurs opiniâtres de ces dogmes pervers ont été frappés par les Pères, par les conciles, quelques-uns même par le grand concile de Nicée, le premier et le plus vénérable des œcuméniques, parce qu'encore que les articles qu'ils combattoient ne fussent pas de ce premier rang qu'on appelle fondamentaux, l'Eglise ne devoit pas souffrir qu'on méprisât aucune partie de la doctrine céleste que Jésus-Christ et les apôtres avoient enseignée.

Si Messieurs de la Confession d'Augsbourg ne convenoient de ce principe, ils n'auroient pas mis au nombre des hérétiques, sous le nom de *sacramentaires*, Bérenger et ses sectateurs, puisque la présence réelle, qui fait leur erreur, n'est pas comptée parmi les articles fondamentaux.

L'Eglise fait néanmoins une grande différence entre ceux qui ont combattu ces dogmes utiles et nécessaires à leur manière, quoique d'une nécessité inférieure et seconde, avant ou depuis ses définitions. Avant qu'elle eût déclaré la vérité et l'antiquité ou plutôt la perpétuité de ces dogmes, par un jugement authentique, elle toléroit les errans, et ne craignoit point d'en mettre même quelques-uns au rang de ses Saints : mais depuis sa décision, elle ne les a plus soufferts ; et sans hésiter, elle les a rangés au nombre des hérétiques. C'est, Monsieur, comme vous savez, ce qui est arrivé à saint Cyprien et aux donatistes. Ceux-ci convenoient avec ce saint martyr dans le dogme pervers, qui rejetoit le baptême administré par les hérétiques : mais leur sort a été bien différent, puisque saint Cyprien est demeuré parmi les Saints, et les autres sont rangés parmi les hérétiques : ce qui fait dire au docte Vincent de Lérins, dans ce livre tout d'or, qu'il a intitulé : *Commonitorium*, ou Mémoire sur l'antiquité de la foi : « O changement étonnant ! Les auteurs d'une opinion sont catholiques, les sectateurs sont condamnés comme hérétiques : les maîtres sont absous, les disciples sont réprouvés : ceux qui ont écrit les livres erronés sont les enfans du royaume, pendant que leurs défenseurs sont précipités dans l'enfer. » Voilà des paroles bien terribles pour la damnation de ceux qui avoient opiniâtrément soutenu les dogmes que les Saints avoient proposés de bonne foi, dont on voit bien que la différence consiste précisément à avoir erré avant que l'Eglise se fût expliquée, ce qui se pouvoit innocemment ; et avoir erré contre ses décrets solennels, ce qui ne peut plus être imputé qu'à orgueil et irrévérence.

C'est aussi ce que saint Augustin ne nous laisse point ignorer, lorsque comparant saint Cyprien avec les donatistes : « Nous-mêmes, dit-il, nous n'oserions pas enseigner une telle chose » contre un aussi grand docteur que saint Cyprien, c'est-à-dire, la sainteté et la validité du baptême administré par les hérétiques, « si nous n'étions appuyés sur l'autorité de l'Eglise universelle, à laquelle il auroit très-certainement cédé lui-même, si la vérité éclaircie avoit été confirmée dès lors par un concile universel : » *Cui et ille procul dubio cederet, si quæstionis hujus veritas, eliquata et declarata per plenarium concilium, solidaretur* [1].

Telle est donc la différence qu'on a toujours mise entre les dogmes non encore entièrement autorisés par le jugement de l'Eglise, et ceux qu'elle a déclarés authentiquement véritables : et cela est fondé sur ce que, la soumission à l'autorité de l'Eglise étant la dernière épreuve où Jésus-Christ a voulu mettre la docilité de la foi, on n'a plus, quand on méprise cette autorité, à attendre que cette sentence : « S'il n'écoute pas l'Eglise, qu'il vous soit comme un païen et un publicain [2]. »

Il ne s'agit pas ici de prouver cette doctrine, mais seulement d'exposer à votre grand prince la méthode de l'Eglise catholique, pour distinguer parmi les articles non fondamentaux, les erreurs où l'on peut tomber innocemment, d'avec les autres. La racine et l'effet de la distinction se tirent principalement de la décision de l'Eglise. Nous n'avançons rien de nouveau en cet endroit, non plus que dans toutes les autres parties de notre doctrine. Les plus célèbres docteurs du quatrième siècle parloient et pensoient comme nous. Il n'est pas permis de mépriser des autorités si révérées dans tous les siècles suivans : et d'ailleurs quand saint Augustin assure que saint Cyprien auroit cédé à l'autorité de l'Eglise universelle, si sa foi s'étoit déclarée de son temps par un concile de toute la terre, il n'a parlé de cette sorte que sur les paroles ex-

---

[1] August., *de Bapt.*, lib. II, cap. IV, n. 5. — [2] *Matth.*, XVIII, 17.

presses de ce saint martyr, qui interrogé par Antonien son collègue dans l'épiscopat quelles étoient les erreurs de Novatien : « Sachez premièrement, lui disoit-il, que nous ne devons pas même être curieux de ce qu'il enseigne, puisqu'il est hors de l'Eglise : quel qu'il soit et quelque autorité qu'il s'attribue, il n'est pas chrétien, puisqu'il n'est pas dans l'Eglise de Jésus-Christ : » *Christianus non est, qui in Christi Ecclesia non est*[1]. Saint Augustin n'a pas tort de dire qu'un homme qui ne souffre pas qu'on juge digne d'examen une doctrine qu'on enseigne hors de l'Eglise, mais qui veut qu'on la rejette à ce seul titre, n'auroit eu garde de se soustraire lui-même à une autorité si inviolable.

Il n'est pas même toujours nécessaire, pour mériter d'être condamné, d'avoir contre soi une expresse décision de l'Eglise, pourvu que d'ailleurs sa doctrine soit bien connue et constante. C'est aussi pour cette raison que le même saint Augustin, en parlant du baptême des petits enfans, a prononcé ces paroles : « Il faut, dit-il, souffrir les contredisans dans les questions qui ne sont pas encore bien examinées, ni pleinement décidées par l'autorité de l'Eglise : » *In quæstionibus nondùm plenâ Ecclesiæ auctoritate firmatis*[2]. « C'est là, continue ce Père, que l'erreur se peut tolérer ; mais elle ne doit pas entreprendre d'ébranler le fondement de l'Eglise : » *Ibi ferendus est error, non usque adeò progredi debet, ut fundamentum ipsum Ecclesiæ quatere moliatur.*

On n'avoit encore tenu aucun concile pour y traiter expressément la question du baptême des petits enfans ; mais parce que la pratique en étoit constante et universelle, en sorte qu'il n'y avoit aucun moyen de la contester, loin de permettre de la révoquer en doute, saint Augustin la prêche hautement comme une vérité toujours établie, et dit que ce doute seul emporte le renversement du fondement de l'Eglise.

C'est à cause que ceux qui nient cette autorité sont proprement ces *esprits contentieux*, que l'Apôtre ne souffre pas dans les églises[3]. Ce sont ces frères, qui *marchent désordonnément*, et non pas selon la règle qu'il leur a donnée, dont le même Apôtre

---

[1] Cypr., epist. LII. — [2] August., serm. XIV, *De Verb. Apost.* — [3] I *Cor.*, XI, 16.

veut qu'on *se retire*[1]. On ne se doit retirer d'eux qu'à cause qu'ils se retirent les premiers de l'autorité de l'Eglise et de ses décrets, et se rangent au nombre de ceux qui *se séparent eux-mêmes*[2] : d'où l'on doit conclure qu'encore que la matière de leur dispute ne soit peut-être pas fondamentale, et du rang de celles dont la connoissance est absolument nécessaire à chaque particulier, ils ne laissent pas par un autre endroit d'ébranler le fondement de la foi, en se soulevant contre l'Eglise, et en attaquant directement un article du Symbole aussi important que celui-ci : Je crois l'Eglise catholique.

S'il faut maintenant venir à la connoissance nécessaire, *necessitate medii*, la principale de ce genre est celle de Jésus-Christ, puisqu'il est établi de Dieu comme l'unique moyen du salut, sans la foi duquel on est déjà jugé[3] et la colère de Dieu demeure sur nous. Il n'est pas dit qu'elle y tombe : mais qu'elle y demeure, parce qu'étant, comme nous le sommes, dans une juste damnation par notre naissance, Dieu ne fait point d'injustice à ceux qu'il y laisse. C'est peut-être à cet égard qu'il est écrit : « Qui gnore sera ignoré[4] : » et quoi qu'il en soit, qui ne connoît Jésus-Christ n'en est pas connu ; et il est de ceux à qui il sera dit au jugement : « Je ne vous connois pas[5]. »

On pourroit ici considérer cette parole de Notre-Seigneur : « La vie éternelle est de vous connoître, vous qui êtes le seul vrai Dieu, et Jésus-Christ que vous avez envoyé[6]. » Cependant, à parler correctement, il semble qu'on ne doit pas dire que la connoissance de Dieu soit nécessaire, *necessitate medii*, mais plutôt d'une nécessité d'un plus haut rang, *necessitate finis*, parce que Dieu est la fin unique de la vie humaine, le terme de notre amour et l'objet où consiste le salut : mais ce seroit inutilement que nous nous étendrions ici sur cette expression, puisqu'elle ne fait aucune sorte de controverse parmi nous.

Pour le livret intitulé : *Secretio*, etc., il est très-bon dans le fond. On en pourroit retrancher encore quelques articles : il y en auroit quelques autres à éclaircir un peu davantage. Pour en-

---

[1] II *Thess.*, III, 6. — [2] *Jud.*, 19. — [3] *Joan.*, III, 18, 36. — [4] I *Cor.*, XIV, 38. — [5] *Matth.*, VII, 23. — [6] *Joan.*, XVII, 3.

trer dans un plus grand détail, il faudroit traiter tous les articles de controverse ; ce que je pense avoir assez fait et avec toutes les marques d'approbation de l'Eglise, dans mon livre de l'*Exposition*.

Je me suis aussi expliqué sur cette matière dans ma *Réponse* latine à M. l'abbé de Lokkum. Si néanmoins votre sage et habile prince souhaite que je m'explique plus précisément, j'embrasserai avec joie toutes les occasions d'obéir à Son Altesse Sérénissime.

Rien n'est plus digne de lui que de travailler à guérir la plaie qu'a faite au christianisme le schisme du dernier siècle. Il trouvera en vous un digne instrument de ses intentions ; et ce que nous avons tous à faire dans ce beau travail est, en fermant cette plaie, de ne donner pas occasion au temps à venir d'en rouvrir une plus grande.

J'avoue au reste, Monsieur, ce que vous dites des anciens exemplaires grecs sur le passage, *Tres sunt*, etc. : mais vous savez aussi bien que moi, que l'article contenu dans ce passage ne doit pas être pour cela révoqué en doute, étant d'ailleurs établi non-seulement par la tradition des églises, mais encore par l'Ecriture très-évidemment. Vous savez aussi, sans doute, que ce passage se trouve reçu dans tout l'Occident ; ce qui paroît manifeste, sans même remonter plus haut, par la production qu'en fait saint Fulgence dans ses Ecrits, et même dans une excellente Confession de foi présentée unanimement au roi Hunéric par toute l'Eglise d'Afrique. Ce témoignage produit par un aussi grand théologien et par cette savante église, n'ayant point été reproché par les hérétiques, et au contraire étant confirmé par le sang de tant de martyrs, et encore par tant de miracles dont cette Confession de foi fut suivie, est une démonstration de la tradition, du moins de toute l'Eglise d'Afrique, l'une des plus illustres du monde. On trouve même dans saint Cyprien une allusion manifeste à ce passage, qui a passé naturellement dans notre *Vulgate*, et confirme la tradition de tout l'Occident. Je suis, Monsieur, votre très-humble serviteur,

J. Bénigne, év. de Meaux.

LETTRE XLV.

LEIBNIZ A BOSSUET.

Wolfenbuttel, 30 avril 1700.

Monseigneur,

Il y a plus de deux mois que j'ai écrit deux lettres très-amples pour répondre distinctement à deux des vôtres, que j'avois eu l'honneur de recevoir : sur ce qui est de foi en général, et sur l'application des principes généraux à la question particulière des livres canoniques de la Bible. J'avois laissé le tout alors à Wolfenbuttel, pour être mis au net et expédié ; mais j'ai trouvé en y arrivant présentement, que la personne qui s'en étoit chargée ne s'est point acquittée de sa promesse. C'est ce qui me fait prendre la plume pour vous écrire ceci par avance et pour m'excuser de ce délai, que j'aurai soin de réparer.

Je suis fâché cependant de ne pouvoir pas vous donner cause gagnée, Monseigneur, sans blesser ma conscience : car après avoir examiné la matière avec attention, il me paroît incontestable que le sentiment de saint Jérôme a été celui de toute l'Eglise, jusqu'aux innovations modernes qui se sont faites dans votre parti, principalement à Trente; et que les papes Innocent et Gélase, le concile de Carthage et saint Augustin ont pris le terme d'Ecriture canonique et divine largement, pour ce que l'Eglise a autorisé comme conforme aux Ecritures inspirées ou immédiatement divines ; et qu'on ne sauroit les expliquer autrement, sans les faire aller contre le torrent de toute l'antiquité chrétienne, outre que saint Augustin favorise lui-même avec d'autres cette interprétation. Ainsi à moins qu'on ne donne encore avec quelques-uns une interprétation de pareille nature aux paroles du concile de Trente, que je voudrois bien pouvoir souffrir, la conciliation par voie d'exposition cesse ici ; et je ne vois pas moyen d'excuser ceux qui ont dominé dans cette assemblée, du blâme d'avoir osé prononcer anathème contre la doctrine de toute l'ancienne Eglise. Je suis bien trompé si cela passe jamais, à moins que par un étrange renversement on ne retombe dans la barbarie, ou qu'un terrible jugement de Dieu ne fasse régner dans l'Eglise quelque chose de pire que l'ignorance ; car la vérité me semble ici trop claire, je l'avoue. Il me paroît fort supportable qu'on se trompe en cela à Trente ou à Rome, pourvu qu'on raye les anathématismes, qui sont la plus étrange chose du monde, dans un cas où il me paroît impossible que ceux qui ne sont point prévenus très-fortement se puissent rendre de bonne foi.

C'est avec cette bonne foi et ouverture de cœur que je parle ici, Monseigneur, suivant ma conscience. Si l'affaire étoit d'une autre nature, je ferois gloire de vous rendre les armes ; cela me seroit honorable et avantageux de toutes les manières. Je continuerai d'entrer dans le détail avec toute la sincérité, application et docilité possibles : mais en cas que, procédant avec soin et ordre, nous ne trouvions pas le moyen de convenir sur cet article, quand même il n'y en auroit point d'autre, quoiqu'il n'y en ait que trop, il faudra ou renoncer aux pensées *iréniques* là-dessus, ou recourir à la voie de l'exemple que je vous ai allégué autrefois, auquel vous n'avez jamais satisfait, et où vous n'avez voulu venir qu'après avoir épuisé les autres moyens, j'entends ceux de douceur : car quant aux voies de fait et guerres, je suppose que, suivant le véritable esprit du christianisme, vous ne les conseilleriez pas ; et que l'espérance qu'on peut avoir dans votre parti de réussir un jour par ces voies, laquelle, quelque spécieuse qu'elle soit, peut tromper, ne sera pas ce qui vous empêchera de donner les mains à tout ce qui paroîtra le plus propre à refermer la plaie de l'Eglise.

Monseigneur le Duc a pris garde à un endroit de votre lettre, où vous dites que cela ne se doit point faire d'une manière où il y ait danger ; que cette plaie se pourroit rouvrir davantage, et devenir pire : mais il n'a point compris en quoi consiste ce danger, et il a souhaité de le pouvoir comprendre ; car, non plus que vous, nous ne voulons pas des cures palliatives qui fassent empirer le mal. Je suis avec zèle, Monseigneur, votres très-humble et très-obéissant serviteur, LEIBNIZ.

LETTRE XLVI.

BOSSUET A LEIBNIZ.

A Versailles, ce 1ᵉʳ juin 1700.

Monsieur,

Votre lettre du 30 avril m'a tiré de peine sur les deux miennes, en m'apprenant non-seulement que vous les avez reçues, mais encore que vous avez pris la peine d'y répondre, et que je puis espérer bientôt cette réponse. Il ne serviroit de rien de la prévenir ; et encore que dès à présent je pusse peut-être vous expliquer l'équivoque du mot de *canonique*, qui à la fin se tournera contre vous, il vaut mieux attendre que vous ayez traité à fond ce que vous n'avez dit encore qu'en passant. Mais je ne puis tarder à vous expliquer l'endroit de ma lettre sur lequel Monseigneur le Duc veut être éclairci. J'ai donc dit que l'on tenteroit vainement des pacifications sur les controverses, en présupposant qu'il fallût changer quelque chose dans aucun des jugemens portés par l'Eglise. Car comme nos successeurs croiroient avoir le même droit de changer ce que nous ferions, que nous aurions eu de changer ce que nos ancêtres auroient fait, il arriveroit nécessairement qu'en pensant fermer une plaie, nous en rouvririons une plus grande. Ainsi la religion n'auroit rien de ferme ; et tous ceux qui en aiment la stabilité doivent poser avec nous pour fondement, que les décisions de l'Eglise, une fois données, sont infaillibles et inaltérables. Voilà, Monsieur, ce que j'ai dit et ce qui est très-véritable. Au reste à Dieu ne plaise que je sois capable de compter la guerre parmi les moyens de finir le schisme : à Dieu ne plaise, encore un coup, qu'une telle pensée ait pu m'entrer dans l'esprit, et je ne sais à quel propos vous m'en parlez.

Quant à l'endroit où vous dites que je n'ai pas répondu ou que j'ai différé de répondre, j'avoue que je ne l'entends pas ; je soupçonne seulement que vous voulez parler d'un acte du concile de Bâle, que vous m'avez autrefois envoyé. Mais assurément j'y ai répondu si démonstrativement dans mon Ecrit à M. l'abbé de Lokkum, que je n'ai rien à y ajouter. Je vous supplie donc, Monsieur, encore un coup, comme je crois l'avoir déjà fait, de repasser sur cette réponse, si vous l'avez, et de marquer les endroits où vous croyez que je n'aie pas répondu, afin que je tâche de vous satisfaire, ne désirant rien tant au monde que de contenter ceux qui cherchent le royaume de Dieu.

Permettez-moi de vous prier encore une fois, en finissant cette lettre, d'examiner sérieusement devant Dieu si vous avez quelque bon moyen d'empêcher l'état de l'Eglise de devenir éternellement variable, en présupposant qu'elle peut errer et changer ses décrets sur la foi. Trouvez bon que je vous envoie une *Instruction pastorale* que je viens de publier sur ce sujet-là (a); et si vous la jugez digne d'être présentée à votre grand et habile prince, je me donnerai l'honneur de lui en faire le présent dans les formes, avec tout le respect qui lui est dû. J'espère que la lecture ne lui en sera pas désagréable, ni à vous aussi : puisque cet Ecrit comprend la plus pure tradition du christianisme sur les promesses de l'Eglise. Continuez-moi l'honneur de votre amitié, comme je suis de mon côté avec toute sorte d'estime, Monsieur, votre très-humble serviteur,

J. Bénigne, évêque de Meaux.

LETTRE XLVII.

LEIBNIZ A BOSSUET.

A Wolfenbuttel, ce 14 mai 1700.

Monseigneur,

Vos deux grandes et belles lettres n'étant pas tant pour moi que pour Monseigneur le duc Antoine Ulric, je n'ai point manqué d'en faire rapport à Son Altesse Sérénissime, qui même a eu la satisfaction de les lire. Il vous en est fort obligé ; et comme il honore

---

(a) *Première Instruction pastorale sur les promesses de l'Eglise.*

extrêmement votre mérite éminent, il en attend aussi beaucoup pour le bien de la chrétienté, jugeant sur ce qu'il a appris de votre réputation et autorité que vous y pourriez le plus contribuer. Il seroit fâché de vous avoir donné de la peine, s'il ne se félicitoit de vous avoir donné en même temps l'occasion d'employer de nouveau vos grands talens à ce qu'il croit le plus utile et même très-conforme à la volonté du Roi, suivant ce que M. le marquis de Torcy avoit fait connoître.

Comme vous entrez dans le détail, j'avois supplié ce prince de charger un théologien de la discussion des points qui le demandent : mais il a eu ses raisons pour vouloir que je continuasse de vous proposer les considérations qui se présenteroient, et dont une bonne partie a été fournie par Son Altesse même : et pour moi, j'ai tâché d'expliquer et de fortifier ses sentimens par des autorités incontestables.

Il trouve fort bon que vous ayez choisi une controverse particulière, agitée entre les tridentins et les protestans : car s'il se trouve un seul point, tel que celui dont il s'agit ici, où il est visible que nous avons contre certains anathématismes prononcés chez vous des raisons qui, après un examen fait avec soin et avec sincérité, nous paroissent invincibles; on est obligé chez vous, suivant le droit et suivant les exemples pratiqués autrefois, de les suspendre à l'égard de ceux qui ne s'éloignent point pour cela de l'obéissance due à l'Eglise catholique.

I. Mais pour venir au détail de vos lettres, dont la première donne les principes qui peuvent servir à distinguer ce qui est de foi de ce qui ne l'est pas, et dont la seconde explique les degrés de ce qui est de foi : je m'arrêterai principalement à la première, où vous accordez d'abord, Monseigneur, que Dieu ne révèle point de nouvelles vérités qui appartiennent à la foi catholique; que la règle de la perpétuité est aussi celle de la catholicité; que les conciles œcuméniques ne proposent point de nouveaux dogmes; enfin que la règle infaillible des vérités de la foi est le consentement unanime et perpétuel de toute l'Eglise. J'avois dit que les protestans ne reconnoissent pour un article de la foi chrétienne que ce que Dieu a révélé d'abord par Jésus-Christ et ses apôtres; et je suis bien aise d'apprendre par votre déclaration, que ce sentiment est encore ou doit être celui de votre communion.

II. J'avoue cependant que l'opinion contraire, ce semble, d'une infinité de vos docteurs, me fait de la peine : car on voit que, selon eux, l'analyse de la foi revient à l'assistance du Saint-Esprit, qui autorise les décisions de l'Eglise universelle; ce qui étant posé, l'ancienneté n'est point nécessaire, et encore moins la perpétuité.

III. Le concile de Trente ne dit pas aussi qu'elles sont nécessaires, quoiqu'il dise, sur quelques dogmes particuliers, que l'Eglise l'a toujours entendu ainsi; car cela ne tire point à conséquence pour tous les autres dogmes.

IV. Encore depuis peu Georges Bullus, savant prêtre de l'Eglise anglicane, ayant accusé le Père Pétau d'avoir attribué aux Pères de la primitive Eglise des erreurs sur la Trinité, pour autoriser davantage les conciles à pouvoir établir et manifester, *constituere et patefacere*, de nouveaux dogmes; le curateur de la dernière édition des *Dogmes Théologiques* de ce Père, qui est apparemment de la même société, répond dans la préface : *Est quidem hoc dogma catholicæ rationis, ab Ecclesiâ constitui Fideî capita; sed proptereà minimè sequitur Petavium malis artibus ad id confirmandum usum.*

V. Ainsi le Père Grégoire de Valentia a bien des approbateurs de son *Analyse de la foi*; et je ne sais si le sentiment du cardinal du Perron, que vous lui opposez, prévaudra à celui de tant d'autres docteurs. Le cardinal d'ailleurs n'est pas toujours bien sûr; et je doute que l'Eglise de France d'aujourd'hui approuve la harangue qu'il prononça dans l'assemblée des Etats un peu après la mort de Henri IV, et qu'il n'auroit osé prononcer dans un autre temps que celui d'une minorité; car il passe pour un peu politique en matière de foi.

VI. De plus, suivant votre maxime, il ne seroit pas dans le pouvoir du Pape ni de toute l'Eglise, de décider la question de la conception immaculée de la sainte Vierge. Cependant le concile de Bâle entreprit de le faire : et il n'y a pas encore longtemps qu'un roi d'Espagne envoya exprès au Pape pour le solliciter à donner une décision là-dessus; ce qu'on entendoit sans doute sous anathème. On croyoit donc en Espagne que cela n'excède point le pouvoir de l'Eglise. Le refus aussi, ou le délai du Pape, n'étoit pas fondé sur son impuissance d'établir de nouveaux articles de foi.

VII. J'en dirai autant de la question *De auxiliis gratiæ,* qu'on dit que le pape Clément VIII avoit dessein de décider pour les thomistes contre les molinistes; mais la mort l'en ayant empêché, ses successeurs trouvèrent plus à propos de laisser la chose en suspens.

VIII. Il semble que vous-même, Monseigneur, laissez quelque porte de derrière ouverte, en disant que les conciles œcuméniques, lorsqu'ils décident quelque vérité, ne proposent point de nouveaux dogmes, mais ne font que déclarer ceux qui ont toujours été crus et les expliquer seulement en termes plus clairs et plus précis. Car si la déclaration contient quelque proposition qui ne peut pas être tirée, par une conséquence légitime et certaine, de ce qui étoit déjà reçu auparavant, et par conséquent n'y est point comprise virtuellement; il faudra avouer que la décision nouvelle établit en effet un article nouveau, quoiqu'on veuille couvrir la chose sous le nom de déclaration.

IX. C'est ainsi que la décision contre les monothélites établissoit en effet un article nouveau, comme je crois l'avoir marqué autrefois; et c'est ainsi que la transsubstantiation a été décidée bien tard dans l'Eglise d'Occident, quoique cette manière de la présence réelle et du changement ne fût pas une conséquence nécessaire de ce que l'Eglise avoit toujours cru auparavant.

X. Il y a encore une autre difficulté, sur ce que c'est que d'avoir été cru auparavant. Car voulez-vous, Monseigneur, qu'il suffise que le dogme que l'Eglise déclare être véritable et de foi ait été cru en un temps par quelques-uns, quels qu'ils puissent être, c'est-à-dire par un petit nombre de personnes et par des gens peu considérés; ou bien faut-il qu'il ait toujours été cru par le plus grand nombre, ou par les plus accrédités? Si vous voulez le premier, il n'y aura guère d'opinion qui n'ait toujours eu quelques sectateurs, et qui ne puisse ainsi s'attribuer une manière d'ancienneté et de perpétuité ; et par conséquent cette marque de la vérité, qu'on fait tant valoir chez vous, sera fort affaiblie.

XI. Mais si vous voulez que l'Eglise ne manque jamais de prononcer pour l'opinion qui a toujours été la plus commune ou la plus accréditée, vous aurez de la peine à justifier ce sentiment par les exemples. Car outre qu'il y a *opiniones communes contra communes*, et que souvent le grand nombre et les personnes les plus accréditées ne s'accordent pas, le mal est que des opinions qui étoient communes et accréditées, cessent de l'être avec le temps, et celles qui ne l'étoient pas le deviennent. Ainsi quoiqu'il arrive naturellement qu'on prononce pour l'opinion qui est la plus en vogue, lorsqu'on prononce néanmoins il arrive ordinairement que ce qui est *eudoxe* dans un temps étoit *paradoxe* auparavant, *et vice versâ*.

XII. Comme, par exemple, le règne de mille ans étoit en vogue dans la primitive Eglise, et maintenant il est rebuté. On croit maintenant que les anges sont sans corps, au lieu que les anciens Pères leur donnoient des corps animés, mais plus parfaits que les nôtres. On ne croyoit pas que les ames qui doivent être sauvées parviennent sitôt à la parfaite béatitude ; sans parler de quantité d'autres exemples.

XIII. D'où il s'ensuit que l'Eglise ne sauroit prononcer en faveur de l'incorporalité des anges, ou de quelque autre opinion semblable ; ou si elle le faisoit, cela ne s'accorderoit pas avec la règle de la perpétuité, ni avec celle de Vincent de Lérins, du *semper et ubique*, ni avec votre règle des vérités de foi, que vous dites être le consentement unanime et perpétuel de toute l'Eglise, soit assemblée en concile, soit dispersée par toute la terre. En effet cela est beau et magnifique à dire, tant qu'on demeure en termes généraux ; mais quand on vient au fait, on se trouve loin de son compte, comme il paroîtra dans l'exemple de la controverse des livres canoniques.

XIV. Enfin on peut demander si pour décider qu'une doctrine est de foi, il suffit qu'elle ait été simplement crue ou reçue auparavant, et s'il ne faut pas aussi qu'elle ait été reçue comme de foi. Car à moins qu'on ne veuille se fonder sur de nouvelles révélations, il semble que pour faire qu'une doctrine soit un article de foi, il faut que Dieu l'ait révélée comme telle, et que l'Eglise dépositaire de ses révélations, l'ait toujours reçue comme étant partie de la foi, puisqu'on ne pourroit savoir que par révélation si une doctrine est de foi ou non.

XV. Ainsi il ne semble pas qu'une opinion qui a passé pour philosophique auparavant, quelque reçue qu'elle ait été, puisse être proposée légitimement sous anathème ; comme, par exemple, si quelque concile s'avisoit de prononcer pour le repos de la terre contre Copernic, il semble qu'on auroit droit de ne lui point obéir.

XVI. Et il paroît encore moins qu'une opinion qui a passé longtemps pour problématique, puisse enfin devenir un article de foi par la seule autorité de l'Eglise, à moins qu'on ne lui attribue une nouvelle révélation en vertu de l'assistance infaillible du Saint-Esprit : autrement l'Eglise auroit d'elle-même un pouvoir sur ce qui est de droit divin.

XVII. Mais si nous refusons à l'Eglise la faculté de changer en article de foi ce qui passoit pour philosophique ou problématique auparavant, plusieurs décisions de Trente doivent tomber, quand même on accorderoit que ce concile est tel qu'il faut ; ce qui va paroître particulièrement, à mon avis, à l'égard des livres que ce concile a déclarés canoniques contre le sentiment de l'ancienne Eglise.

XVIII. Venons donc maintenant à l'examen de la question de ces Livres de la Bible, contredits de tout temps, à qui le concile de Trente donne une autorité divine, comme s'ils avoient été dictés mot à mot par le Saint-Esprit, à l'égal du *Pentateuque,* des *Evangiles* et autres livres reconnus pour canoniques du premier rang, ou *protocanoniques;* au lieu que les protestans tiennent ces livres contestés pour bons et utiles, mais pour ecclésiastiques seulement; c'est-à-dire dont l'autorité est purement humaine, et nullement infaillible.

XIX. J'étois surpris, Monseigneur, de vous voir dire que je verrois cette question clairement résolue par des faits incontestables en faveur de votre doctrine ; et je fus encore plus surpris en lisant la suite de votre lettre : car j'étois comme enchanté pendant la lecture ; et vos expressions et manières belles, fortes et plausibles, s'emparoient de mon esprit. Mais quand le charme de la lecture étoit passé, et quand je comparois de sang-froid les raisons et autorités de part et d'autre, il me semble que je voyois clair comme le jour, non-seulement que la canonicité des livres en question n'a jamais passé pour article de foi ; mais plutôt que l'opinion commune, et celle encore des plus habiles, a été toujours à l'encontre.

XX. Il y a même peu de dogmes si approuvés de tout temps dans l'Eglise que celui des protestans sur ce point ; et l'on pourroit écrire en sa faveur un livre de la perpétuité de la foi à cet égard, qui seroit surtout incontestable par rapport à l'Eglise grecque, depuis l'Eglise primitive jusqu'au temps présent : mais on la peut encore prouver dans l'Eglise latine.

XXI. J'avoue que cette évidence me fait de la peine ; car il me seroit véritablement glorieux d'être vaincu, Monseigneur, par une personne comme vous êtes. Ainsi si j'avois les vues du monde et cette vanité qui y est jointe, je profiterois d'une défaite qui me seroit avantageuse de toutes les manières ; et l'on ne me diroit pas pour la troisième fois : *Æneæ magni dextrâ cadis*. Mais le moyen de le faire ici sans blesser sa conscience, outre que je suis interprète en partie des sentimens d'un grand prince ? Je suivrai donc les vingt-quatre paragraphes de votre première lettre, qui regardent ce sujet ; et puis j'y ajouterai quelque chose du mien, quoique je ne me fonde que sur des autorités que Chemnice, Gérard, Calixte, Rainold et autres théologiens protestans ont déjà apportées, dont j'ai choisi celles que j'ai crues les plus efficaces.

XXII. Comme il ne s'agit que des livres de l'Ancien Testament, qu'on n'a point en langue originale hébraïque et qui ne se sont jamais trouvés dans le canon des Hébreux, je ne parlerai point des livres reçus également chez vous et chez nous. J'accorde donc que, suivant votre § 1, les livres en question ne sont point nouveaux, et qu'ils ont toujours été connus et lus dans l'Eglise chrétienne, suivant les titres qu'ils portent ; et § 2, que particulièrement la *Sagesse*, l'*Ecclésiastique*, *Judith*, *Tobie* et les *Machabées* ont précédé la naissance de Notre-Seigneur.

XXIII. Mais je n'accorde pas ce qui est dans le § 3, que le concile de Trente les a trouvés dans le canon, ce mot pris en rigueur depuis douze cents ans. Et quant à la preuve contenue dans le § 4, je crois que je ferai voir clairement ci-dessous que le concile III de Carthage, saint Augustin qui y a été présent, à ce qu'on croit, et quelques autres, qui ont parlé quelquefois comme eux et après eux, se sont servis des mots *canoniques* et *divins* d'une manière plus générale et dans une signification fort inférieure, prenant *canonique* pour ce que les canons de l'Église autorisent, et qui est opposé à l'*apocryphe* ou caché, pris dans un mauvais sens; et *divin*, pour ce qui contient des instructions excellentes sur les choses divines, et qui est reconnu conforme aux livres immédiatement divins.

XXIV. Et puisque le même saint Augustin s'explique fort nettement en d'autres endroits, où il marque précisément après tant d'autres l'infériorité de ces livres, je crois que les règles de la bonne interprétation demandent que les passages où l'on parle d'une manière plus vague, soient expliqués par ceux où l'auteur s'explique avec distinction.

XXV. On doit donner la même interprétation, § 5, à la lettre du pape Innocent I, écrite à Exupère évêque de Toulouse, en 405, et au décret du pape Gélase; leur but ayant été de marquer les livres autorisés ou canoniques, pris largement ou opposés aux apocryphes, pris en un mauvais sens, puisque ces livres autorisés se trouvoient joints aux livres véritablement divins, et se lisoient aussi avec eux.

XXVI. Cependant ces auteurs ou canons n'ont point marqué ni pu marquer en aucune manière contre le sentiment reçu alors dans l'Eglise, que les livres contestés sont égaux à ceux qui sont incontestablement canoniques, ou du premier degré; et ils n'ont point parlé de cette infaillibilité de l'inspiration divine, que les Pères de Trente se sont hasardés d'attribuer à tous les livres de la Bible, en haine seulement des protestans et contre la doctrine constante de l'Eglise.

XXVII. On voit en cela, par un bel échantillon, comment les erreurs prennent racine et se glissent dans les esprits. On change premièrement les termes par une facilité innocente en elle-même, mais dangereuse par la suite ; et enfin on abuse de ces termes pour changer même les sentimens, lorsque les erreurs favorisent les penchans populaires, et que d'autres passions y conspirent.

XXVIII. Je ne sais si, avec le § 6, on peut dire que les Eglises de Rome et d'Afrique, favorables en apparence, comme on vient d'entendre, aux livres contestés, étoient censées du temps de saint Augustin, *doctiores et diligentiores Ecclesiæ*; et que saint Augustin les a eues en vue, livre II, chapitre xv, *de Doctrinâ christianâ*, en disant que, lorsqu'il s'agit d'estimer l'autorité des Livres sacrés, il faut préférer ceux qui sont approuvés par les églises où il y a plus de doctrine et plus d'exactitude.

XXIX. Car les Africains étoient à l'extrémité de l'Empire, et n'avoient leur doctrine ou érudition que des Latins, qui ne l'avoient eux-mêmes que des Grecs. Ainsi on peut bien assurer que *doctiores Ecclesiæ* n'étoient pas la romaine ni les autres églises occidentales, et encore moins celles d'Afrique.

XXX. L'on sait que les Pères latins de ce temps n'étoient ordinairement que des copistes des auteurs grecs, surtout quand il s'agissoit de la sainte Ecriture. Il n'y a eu que saint Jérôme et saint Augustin à la fin, qui aient mérité d'être exceptés de la règle, l'un par son érudition, l'autre par son esprit pénétrant.

XXXI. Ainsi l'Eglise grecque l'emportoit sans doute du côté de l'érudition; et je ne crois pas non plus que l'Eglise romaine de ce temps-là puisse être comptée *inter ecclesias diligentiores*. Le faste mondain, *typhus sæculi*, le luxe et la vanité y ont régné de bonne heure, comme l'on voit par le témoignage d'Ammien Marcellin, païen, qui en blâmant ce qui se faisoit alors à Rome, rend en même temps un bon témoignage aux églises éloignées des grandes villes ; ce qui marque son équité sur ce point.

XXXII. Cette vanité, jointe au mépris des études, excepté celle de l'éloquence, n'étoit guère propre à rendre les gens diligens et industrieux. Il n'y a presque point d'auteur latin d'alors qui ait écrit quelque chose de tolérable sur les sciences, surtout de son chef. La jurisprudence même, qui étoit la véritable science des Romains, et presque la seule, avec celle de la guerre, où ils aient excellé suivant le bon mot de Virgile :

> Tu regere imperio populos, Romane, memento :
> Hæ tibi erunt artes [1],

étoit tombée, aussi bien que l'art militaire, avec la translation du siége de l'Empire. On négligeoit à Rome l'histoire ecclésiastique et les anciens monumens de l'Eglise ; et sans Eusèbe et quelques autres Grecs, nous n'en aurions presque rien. Ainsi avant l'irruption des Barbares, la barbarie étoit à demi formée dans l'Occident.

XXXIII. Cette ignorance, jointe à la vanité, faisoit que la superstition, vice des femmes et des riches ignorans, aussi bien que la vanité, prenoit peu à peu le dessus, et qu'on donna par après, en Italie principalement, dans les excès sur le culte surtout des images, lorsque la Grèce balançoit encore, et que les Gaules, la Germanie et la Grande-Bretagne étoient plus exemptes de cette corruption. On reçut la mauvaise marchandise d'un Isidorus Mercator ; et l'on tomba enfin en Occident dans une barbarie de théologie, pire que la barbarie qui y étoit déjà à l'égard des mœurs et des arts.

XXXIV. Encore présentement, s'il s'agissoit de marquer dans votre communion, *ecclesias doctiores et diligentiores*, il faudroit nommer sans doute celles de France et des Pays-Bas, et non pas celles d'Italie ; tant il est vrai qu'on s'étoit relâché depuis longtemps à Rome et aux environs à l'égard de l'érudition et de l'application aux vérités solides. Ce défaut des Romains n'empêche point cependant que cette capitale n'ait eu la primatie et la direction dans l'Eglise, après celle qu'elle avait eue dans l'Empire. L'érudition et l'autorité sont des choses qui ne se trouvent pas toujours jointes, non plus que la fortune et le mérite.

XXXV. Mais quand on accorderoit que saint Augustin avoit voulu parler des Eglises de Rome et d'Afrique, j'ai déjà fait voir que ces églises ne nous étoient pas contraires ; et de plus, saint

---

[1] *Æneid.*, lib. VI, vers. 851, 852.

Augustin ne parloit pas alors des livres véritablement canoniques, dont l'autorité ne dépend pas de si foibles preuves.

XXXVI. Pour ce qui est dit de l'autorité de saint Augustin, § 7, j'ai déjà répondu, comme aussi au texte du concile de Carthage, § 8 : mais je le ferai encore plus distinctement en son lieu, c'est-à-dire dans la lettre suivante. Il est vrai aussi, § 9, que saint Augustin ayant cité contre les pélagiens ce passage de la *Sagesse :* « Il a été enlevé de la vie, de crainte que la malice ne corrompît son esprit; » et que des prêtres de Marseille ayant trouvé étrange qu'il eût employé un livre non canonique dans une matière de controverse, il défendit sa citation : mais je ferai voir plus bas que son sentiment n'étoit pas éloigné du nôtre dans le fond.

XXXVII. Et quant aux citations de ces livres qui se trouvent chez Clément Alexandrin, Origène, saint Cyprien et autres, § 10 et 11, elles ne prouvent point ce qui est en question : les protestans en usent de même bien souvent. Saint Cyprien, saint Ambroise et le canon de la messe ont cité le quatrième *Livre d'Esdras,* qui n'est pas même dans votre canon; et le *Livre du Pasteur* a été cité par Origène et par le grand concile de Nicée, sans parler d'autres : et s'il y a des allusions secrètes que l'Evangile fait aux sentences des livres contestés entre nous, § 14, peut-être en pourra-t-on trouver qui se rapportent encore au quatrième *Livre d'Esdras,* sans parler de la prophétie d'Enoch citée dans l'*Epître* de saint Jude.

XXXVIII. Il est sûr qu'Origène a mis expressément les livres contestés hors du canon : et s'il a été plus favorable aux fragmens de Daniel dans une lettre écrite à Julius Africanus, que vous m'apprenez, § 12, avoir été publiée depuis peu en grec, c'est quelque chose de particulier.

XXXIX. Vous reconnoissez, Monseigneur, § 13, 15, que plusieurs églises et plusieurs savans, comme saint Jérôme, par exemple, ne vouloient point recevoir ces livres pour établir les dogmes; mais vous dites « que leur avis particulier n'a point été suivi. » Je montrerai bientôt que leur doctrine là-dessus étoit reçue dans l'Eglise; mais quand cela n'auroit point été, il suffiroit que des églises entières et des Pères très-estimés ont été d'un sentiment, pour en conclure que le contraire ne pouvoit être cru de foi de leur temps, et ne le sauroit être encore présentement, à moins qu'on n'accorde à l'Eglise le pouvoir d'en établir de nouveaux articles.

XL. Mais vous objectez, § 15, que par la même raison on pourroit encore combattre l'autorité de l'*Epître aux Hébreux* et de l'*Apocalypse* de saint Jean ; et qu'ainsi il faudra que je reconnoisse aussi, ou que leur autorité n'est point de foi, ou qu'il y a des articles de foi qui ne l'ont pas été toujours. Il y a plusieurs choses à répondre. Car premièrement les protestans ne demandent pas que les vérités de foi aient toujours prévalu, ou qu'elles aient toujours été reçues généralement : et puis il y a bien de la différence aussi entre la doctrine constante de l'Eglise ancienne, contraire à la pleine autorité des Livres de l'Ancien Testament, qui sont hors du canon des Hébreux, et entre les doutes particuliers que quelques-uns ont formés contre l'*Epître aux Hébreux*, ou contre l'*Apocalypse;* outre qu'on peut nier qu'elles sont de saint Paul ou de saint Jean, sans nier qu'elles sont divines.

XLI. Mais quand on accorderoit chez nous qu'on n'est pas obligé, sous peine d'anathème, de reconnoître ces deux livres pour divins et infaillibles, il n'y auroit pas grand mal. Le moins d'anathèmes qu'on peut, c'est le meilleur.

XLII. Vous essayez dans le même endroit, § 15, de donner une solution conforme à vos principes ; mais il semble qu'elle les renverse en partie. Après avoir dit, par forme d'objection contre vous-même, « que du moins cette tradition n'étoit pas universelle, puisque de très-grands docteurs et des églises entières ne l'ont pas connue, » vous répondez, « qu'une nouvelle reconnoissance de quelques livres canoniques, dont quelques-uns auront douté, ne déroge point à la perpétuité de la tradition, qui doit être la marque de la vérité catholique, laquelle, dites-vous, pour être constante et perpétuelle, ne laisse pas d'avoir ses progrès. Elle est connue en un lieu plus qu'en un autre, plus clairement, plus distinctement, plus universellement. Il suffit, pour établir la succession et la perpétuité de la foi d'un Livre saint, comme de toute autre vérité, qu'elle soit toujours reconnue, qu'elle soit dans le plus grand nombre sans comparaison, qu'elle le soit dans les églises les plus éminentes et les plus autorisées, les plus révérées, qu'elle s'y soutienne, qu'elle gagne et qu'elle se répande d'elle-même jusqu'au temps que le Saint-Esprit, la force de la tradition, le goût, non celui des particuliers, mais l'universel de l'Eglise, la fasse enfin prévaloir, comme elle a fait au concile de Trente. »

XLIII. J'ai été bien aise, Monseigneur, de répéter tout au long vos propres paroles. Il n'étoit pas possible de donner un meilleur tour à la chose. Cependant où demeurent maintenant ces grandes et magnifiques promesses qu'on a coutume de faire du *toujours et partout*, SEMPER TE UBIQUE, des vérités qu'on appelle catholiques, et ce que vous aviez dit vous-même ci-dessus, que la règle infaillible des vérités de la foi est le consentement *unanime* et *perpétuel* de toute l'Eglise? Le *toujours* ou la *perpétuité* se peut sauver en quelque façon et à moitié, comme je vais dire; mais le *partout* ou l'*unanime* ne sauroit subsister, suivant votre propre aveu.

XLIV. Je ne parle pas d'une unanimité parfaite; car j'avoue que l'exception des sentimens extraordinaires de quelques particuliers ne déroge point à celle dont il s'agit : mais je parle d'une unanimité d'autorité, à laquelle déroge le combat d'autorité contre autorité, quand on peut opposer églises à églises, et des docteurs accrédités les uns aux autres, surtout lorsque ces églises et ces docteurs ne se blâmoient point pour être de différente opinion, et ne contestoient et ne disputoient pas même : ce qui paroît une marque certaine, ou qu'on tenoit la question pour problématique et nullement de foi, ou qu'on étoit dans le fond du même sentiment, comme en effet saint Augustin à mon avis n'étoit point d'un autre sentiment que saint Jérôme.

XLV. Or ce que nous venons de dire étant vrai, la perpétuité même reçoit une atteinte. Car elle subsiste, à la vérité, à l'égard du dogme considéré comme une doctrine humaine, mais non pas à l'égard de sa qualité, pour être cru un article de foi divine. Et il n'est pas possible de concevoir comment la tradition continuelle sur un dogme de foi puisse être plus claire, onze ou douze siècles après, qu'elle ne l'étoit dans le troisième ou quatrième siècle de l'Eglise, puisqu'un siècle ne la peut recevoir que de tous les siècles précédens.

XLVI. Il se peut, je l'avoue, que quelquefois elle se conserve tacitement, sans qu'on s'avise d'y prendre garde ou d'en parler : mais quand une question est traitée expressément, en simple problème, entre les églises et entre les principaux docteurs, il n'est plus soutenable qu'elle ait été enseignée alors comme un article de foi connu par une tradition apostolique. Une doctrine peut avoir pour elle plus d'églises et plus de docteurs, ou des églises plus révérées et des docteurs plus estimés ; cela la rendra plus considérable : mais l'opinion contraire ne laissera pas que d'être considérable aussi, et elle sera hors d'atteinte, au moins pour lors et selon la mesure de la révélation qu'il y a alors dans l'Eglise, et même absolument, si l'on exclut les nouvelles révélations, ou inspirations en matière de foi. Car toutes ces églises, quoique partagées sur la question, convenoient alors qu'il n'y a aucune révélation divine là-dessus, puisque même les églises qui étoient les plus révérées et que vous faites contraires à d'autres, non-seulement n'exerçoient point de censures contre les autres et ne les blâmoient point ; mais ne travailloient pas même à les désabuser, quoiqu'elles sussent bien leur sentiment, qui étoit public et notoire.

XLVII. De sorte que si une doctrine combattue par des autorités si considérables et reconnue dans un temps pour n'être pas de foi, se soutient pourtant, se répand et gagne enfin le dessus de telle sorte que le Saint-Esprit et le goût présent universel de l'Eglise la font prévaloir jusqu'à être déclarée enfin article de foi par une décision légitime : il faut dire que c'est par une révélation nouvelle du Saint-Esprit, dont l'assistance infaillible fait naître et gouverne ce goût universel et les décisions des conciles œcuméniques ; ce qui est contre votre système.

XLVIII. J'ai parlé ici suivant votre supposition, que les livres en question ont eu pour eux la plus grande partie des chrétiens et les plus considérables églises et docteurs : mais en effet je crois que c'étoit tout le contraire ; ce qui ne s'accommode pas avec le principe du grand nombre, sur lequel certains auteurs ont voulu fonder depuis peu la perpétuité de leur croyance, contre le sentiment des antérieurs, tel qu'Alphonsus Tostatus, qui a dit : *Manet Ecclesia universalis in partibus illis quæ non errant, sive illæ sint plures numero quàm errantes, sive non* [1] ; où il suppose que le plus grand nombre peut tomber dans l'erreur.

XLIX. Mais il y a plus ici; et nous verrons par après, dans la lettre suivante, que non-seulement la plupart, et les plus considérables, mais tous en effet étoient du sentiment des protestans, qui pouvoit passer alors pour œcuménique.

L. Il est vrai, suivant votre § 16, que ces livres ont toujours été lus dans les églises, tout comme les Livres véritablement divins : mais cela ne prouve pas qu'ils étoient du même rang. On lit des prières et on chante des hymnes dans l'église, sans égaler ces prières et ces hymnes aux *Evangiles* et aux *Epîtres*. Cependant j'avoue que ces livres que vous recevez, ont eu ce grand avantage sur quelques autres livres, comme sur celui du *Pasteur,* et sur les epîtres de Clément *aux Corinthiens* et autres, qui ont été lus dans toutes les églises ; au lieu que ceux-ci n'ont été lus que dans quelques-unes : et c'est ce qui paroît avoir été entendu et considéré par ces anciens, qui ont enfin canonisé ces Livres, qu'ils trouvoient autorisés universellement; et c'est à quoi saint Augustin paroît avoir butté, en voulant qu'on estime davantage les livres reçus *apud Ecclesias doctiores et diligentiores.*

LI. Peut-être pourroit-on encore dire qu'il en est, en quelque façon, comme de la version Vulgate, que votre église tient pour authentique et pour ainsi dire pour canonique, c'est-à-dire autorisée par vos canons : mais je ne crois pas qu'on pense lui donner une autorité divine infaillible, à l'égard de l'original, comme si elle avoit été inspirée. En la faisant authentique, on déclare que c'est un livre sûr et utile ; mais non pas qu'elle est d'une autorité infaillible pour la preuve des dogmes, non plus que les livres qu'on avoit mêlés parmi ceux de la sainte Ecriture divinement inspirée.

LII. Il ne paroît pas qu'on puisse concilier les anciens, qui semblent se contrarier sur notre question, en disant avec le § 16,

[1] Prolog. II, *in Matth.*, quæst. IV.

que ceux qui mettent les livres de *Judith*, de *Tobie*, des *Machabées*, etc., hors du canon, l'entendent seulement du canon des Hébreux, et non pas du canon des chrétiens. Car ces auteurs marquent en termes formels que l'Eglise chrétienne ne reçoit rien du Vieux Testament dans son canon, que l'Eglise du Vieux Testament n'ait déjà reçu dans le sien. J'en apporterai les passages dans la lettre suivante.

LIII. Il faut donc recourir à la conciliation expliquée ci-dessus, savoir, que ceux qui ont reçu ces livres dans le canon, l'ont entendu d'un degré inférieur de canonicité : et cette conciliation, outre qu'elle peut seule avoir lieu et est fondée en raison, est encore rendue incontestable parce que quelques-uns de ces mêmes auteurs s'expliquent ainsi, comme je le ferai encore voir.

LIV. Je croirai volontiers, sur la foi de saint Jérôme, que le grand concile de Nicée a parlé avantageusement du livre de *Judith* : mais dans le même concile on a encore cité le livre du *Pasteur* d'Hermas [1], qui n'étoit guère moins estimé par plusieurs que celui de *Judith*. Le cardinal Baronius trompé par le passage de saint Jérôme, crut que le concile de Nicée avoit dressé un canon pour le dénombrement des saintes Ecritures, où le livre de *Judith* s'étoit trouvé : mais il se rétracta dans une autre édition, et reconnut que ce ne devoit avoir été qu'une citation de ce livre.

LV. Au reste vous soutenez vous-même, Monseigneur, § 18, que les églises de ces siècles reculés étoient partagées sur l'autorité des Livres de la Bible, « sans que cela les empêchât de concourir dans la même théologie; » et vous jugez bien que « cette remarque plaira à Monseigneur le Duc, » comme en effet rien ne lui sauroit plaire davantage que ce qui marque de la modération. Ils avoient raison aussi, puisqu'ils reconnoissoient, comme vous le remarquez, § 19, que cette diversité du canon, mais qui à mon avis n'étoit qu'apparente, ne faisoit naître aucune diversité dans la foi ni dans les mœurs. Or je crois qu'on peut dire qu'encore à présent la diversité du canon de vos églises et de la nôtre ne fait aucune diversité des dogmes. Et comme nous nous servirions de vos versions et vous des nôtres en un besoin, nous pourrions bien

---

[1] *Epist., pro Nicæn. Syn. decret.*

en user de même, sans rien hasarder, à l'égard des livres apocryphes que vous avez canonisés. Donc il semble que l'assemblée de Trente auroit bien fait d'imiter cette sagesse et cette modération des anciens, que vous recommandez.

LVI. J'avoue aussi, suivant ce qui est dit § 20, que non-seulement la connoissance du canon, mais même de toute l'Ecriture sainte, n'est point nécessaire absolument; qu'il y a des peuples sans Ecriture, et que l'enseignement oral ou la tradition peut suppléer à son défaut. Mais il faut avouer aussi que sans une assistance toute particulière de Dieu, les traditions de bouche ne sauroient aller dans des siècles éloignés sans se perdre ou sans se corrompre étrangement, comme les exemples de toutes les traditions qui regardent l'histoire profane, et les lois et coutumes des peuples, et même les arts et sciences, le montrent incontestablement.

Ainsi la Providence se servant ordinairement des moyens naturels et n'augmentant pas les miracles sans raison, n'a pas manqué de se servir de l'Ecriture sainte, comme du moyen plus propre à garantir la pureté de la religion contre les corruptions des temps : et les anathèmes prononcés dans l'Ecriture même contre ceux qui y ajoutent ou qui en retranchent, en font encore voir l'importance, et le soin qu'on doit prendre à [ne rien admettre dans le canon principal, qui n'y ait été d'abord. C'est pourquoi, s'il y avoit des anathèmes à prononcer sur cette matière, il semble que ce seroit à nous de le faire, avec bien plus de raison que les Grecs n'en avoient de censurer les Latins, pour avoir ajouté leur *Filioque* dans le Symbole.

LVII. Mais comme nous sommes plus modérés, au lieu d'imiter ceux qui portent tout aux extrémités, nous les blâmons; et par conséquent nous sommes en droit de demander, comme vous faites enfin vous-même § 21, « pourquoi le concile de Trente n'a pas laissé sur ce point la même liberté que l'on avoit autrefois, et pourquoi il a défendu sous peine d'anathème de recevoir un autre canon que celui qu'il propose [1]. » Nous pourrions même demander comment cette assemblée a osé condamner la doctrine cons-

[1] Sess. IV.

tante de l'antiquité chrétienne. Mais voyons ce que vous direz au moins à votre propre demande.

LVIII. La réponse est, § 21, que l'Eglise romaine, avec tout l'Occident, étoit en possession du canon approuvé à Trente depuis douze cents ans, et même depuis l'origine du christianisme, et ne devoit point se laisser troubler dans sa possession sans se maintenir par des anathèmes. Il n'y auroit rien à répliquer à cette réponse, si cette même Eglise avoit été depuis tant de temps en possession de ce canon comme certain et de foi ; mais c'étoit tout le contraire : et si, selon votre propre sentiment, l'Eglise étoit autrefois en liberté là-dessus, comme en effet rien ne lui avoit encore fait perdre cette liberté, les protestans étoient en droit de s'y maintenir avec l'Eglise, et d'interrompre une manière d'usurpation contraire, qui enfin pouvoit dégénérer en servitude, et faire oublier l'ancienne doctrine, comme il n'est arrivé que trop. Mais, qui plus est, il y avoit non-seulement une faculté libre, mais même une obligation ou nécessité de séparer les livres ecclésiastiques des Livres divinement inspirés : et ce que les protestans faisoient n'étoit pas seulement pour maintenir la liberté et le droit de faire une distinction juste et légitime entre ces livres, mais encore pour maintenir ce qui est du devoir et pour empêcher une confusion illégitime.

LIX. Mais vous ajoutez, § 22, qu'il n'est rien arrivé ici que ce que l'on a vu arriver à toutes les autres vérités, qui est d'être déclarées plus expressément, plus authentiquement, plus fortement par le jugement de l'Eglise catholique, lorsqu'elles ont été plus ouvertement et plus opiniâtrément contredites. Mais les protestans ont-ils marqué leur sentiment plus ouvertement, ou plutôt est-il possible de le marquer plus ouvertement et plus fortement que de la manière que l'ont fait saint Méliton, évêque de Sardes, et Origène, et Eusèbe, qui rapporte et approuve les autorités de ces deux ; et saint Athanase, et saint Cyrille de Jérusalem, et saint Epiphane, et saint Chrysostome, et le synode de Laodicée, et Amphilochius, et Rufin, et saint Jérôme, qui a mis un gardien ou suisse armé d'un casque à la tête des livres canoniques ; c'est son *Prologus Galeatus*, à qui il dit avoir donné ce nom exprès pour empêcher les livres apocryphes et les ecclésiastiques de se fourrer parmi eux; et après cela, est-il possible d'accuser les protestans d'opiniâtreté? ou plutôt est-il possible de ne pas accuser d'opiniâtreté et de quelque chose de pis ceux qui, à la faveur de quelques termes équivoques de certains anciens, ont eu la hardiesse d'établir dans l'Eglise une doctrine nouvelle et entièrement contraire à la sacrée antiquité, et de prononcer même anathème contre ceux qui maintiennent la pureté de la vérité catholique ? Si nous ne connoissions pas la force de la prévention et du parti, nous ne comprendrions point comment des personnes éclairées et bien intentionnées peuvent soutenir une telle entreprise.

LX. Mais si nous ne pouvons pas nous empêcher d'en être surpris, nous ne le sommes nullement de ce qu'on donne chez vous à votre communion le nom d'*Eglise catholique;* et je demeure d'accord de ce qui est dit, § 23, que ce n'est pas ici le lieu d'en rendre raison. Les protestans en donnent autant à leur communion. On connoît la *Confession catholique* de notre Gérard, et le *Catholique orthodoxe* de Morton, Anglois. Et il est clair au moins que notre sentiment, sur le canon des livres divinement inspirés, a toutes les marques d'une doctrine catholique, au lieu que la nouveauté introduite par l'assemblée de Trente a toutes les marques ici d'un soulèvement schismatique. Car que des novateurs prononcent anathème contre la doctrine constante de l'Eglise catholique, c'est la plus grande marque de rébellion et de schisme qu'on puisse donner. Je vous demande pardon, Monseigneur, de ces expressions indispensables, que vous connoissez mieux que personne ne pouvoir point passer pour téméraires, ni pour injurieuses dans une telle occasion.

LXI. Je ne vois donc pas moyen d'excuser la décision de Trente, à moins que vous ne vouliez, Monseigneur, approuver l'explication de quelques-uns qui croient pouvoir encore la concilier avec la doctrine des protestans, et qui malgré les paroles du concile, prétendent qu'on peut encore les expliquer comme saint Augustin a expliqué les siennes. En ce cas, il ne faudroit pas seulement donner aux Livres incontestablement canoniques un avantage *ad hominem,* comme vous faites § 24, mais absolument, en disant que le canon de Trente, comme celui d'Afrique, comprend également les livres infaillibles ou divinement inspirés, et les livres ecclésiastiques aussi, c'est-à-dire ceux que l'Eglise a déclarés authentiques et conformes aux Livres divins. Je n'ose point me flatter que vous approuviez une explication qui paroît si contraire à ce que vous venez de soutenir avec tant d'esprit et d'érudition : cependant il ne paroît pas qu'il y ait moyen de sauver autrement l'honneur des canons de Trente sur cet article.

Me voilà maintenant au bout de votre lettre, Monseigneur, dont je n'ai pu faire une exacte analyse, qu'en m'étendant bien plus qu'elle. Je suis bien fâché de cette prolixité; mais je n'y vois point de remède. Et cependant je ne suis pas encore au bout de ma carrière : car j'ai promis plus d'une fois de montrer en abrégé, autant qu'il sera possible, la perpétuité de la foi catholique conforme à la doctrine des protestans sur ce sujet. C'est ce que je ferai, avec votre permission, dans la lettre suivante, que je me donnerai l'honneur de vous écrire ; et cependant je suis avec zèle, Monseigneur, votre très-humble et très-obéissant serviteur,

Leibniz.

LETTRE XLVIII.

LEIBNIZ A BOSSUET

Wolfenbuttel, ce 24 mai 1700.

Monseigneur,

Vous aurez reçu ma lettre précédente, laquelle, toute ample qu'elle est, n'est que la moitié de ce que je dois faire. J'ai tâché d'approfondir l'éclaircissement que vous avez bien voulu donner sur ce que c'est d'être de foi, et surtout sur la question, si l'Eglise en peut faire de nouveaux articles : et comme j'avois douté s'il étoit possible de concilier avec l'antiquité tout ce qu'on a voulu définir dans votre communion depuis la réformation, et que j'avois proposé particulièrement l'exemple de la question de la canonicité de certains livres de la Bible, ce qui vous avoit engagé à examiner cette matière, j'étois entré avec toute la sincérité et docilité possible, dans tout ce que vous aviez allégué en faveur du sentiment moderne de votre parti. Mais ayant examiné non-seulement les passages qui vous paroissoient favorables, mais encore ceux qui vous sont opposés, j'ai été surpris de me voir dans l'impossibilité de me soumettre à votre sentiment; et après avoir répondu à vos preuves dans ma précédente, j'ai voulu maintenant représenter, selon l'ordre des temps, un abrégé de la perpétuité de la doctrine catholique sur le canon des Livres du Vieux Testament, conforme entièrement au canon des Hébreux. C'est ce qui fera le sujet de cette seconde lettre, qui auroit pu être bien plus ample, si je n'avois eu peur de faire un livre, outre que je ne puis presque rien dire ici qui n'ait déjà été dit. Mais j'ai tâché de le mettre en vue, pour voir s'il n'y a pas moyen de faire en sorte que des personnes appliquées et bien intentionnées puissent vider entre elles un point de fait, où il ne s'agit ni de mystère ni de philosophie, soit en s'accordant, soit en reconnoissant au moins qu'on doit s'abstenir de prononcer anathème là-dessus.

LXII (a). Je commence par l'antiquité de l'Eglise judaïque. Rien ne me paroît plus solide que la remarque que fit d'abord Monseigneur le Duc, que nous ne pouvons avoir les Livres divins de l'Ancien Testament, que par le témoignage et la tradition de l'Eglise de l'Ancien Testament; car il n'y a pas la moindre trace ni apparence que Jésus-Christ ait donné un nouveau canon là-dessus à ses disciples; et plusieurs anciens ont dit en termes formels, que l'Eglise chrétienne se tient à l'égard du Vieux Testament au canon des Hébreux.

LXIII. Or cela posé, nous avons le témoignage incontestable de Josèphe, auteur très-digne de foi sur ce point, qui dit dans son premier livre *Contre Appion*, que les Hébreux n'ont que vingt-deux Livres de pleine autorité; savoir, les cinq livres de Moïse qui contiennent l'histoire et les lois; treize livres, qui

---

(a) Toutes les éditions de Bossuet renferment la note que voici : « Leibniz a voulu suivre les numéros de sa lettre précédente, mais il s'est trompé; car ce numéro devroit être LXV, au lieu de LXII... » Ce sont les éditeurs qui se sont trompés, ce n'est point Leibniz. Leibniz a rectifié les numéros de sa première lettre dans le manuscrit original; mais les éditeurs ont suivi une copie qui ne porte point ces rectifications.

contiennent ce qui s'est passé depuis la mort de Moïse jusqu'à Artaxerxès, où il comprend *Job* et les Prophètes ; et quatre livres d'hymnes et admonitions, qui sont sans doute les *Psaumes* de David ; et les trois livres canoniques de Salomon, le *Cantique*, les *Paraboles* et l'*Ecclésiaste*.

LXIV. Josèphe ajoute que personne n'y a rien osé ajouter ni retrancher ou changer, et que ce qui a été écrit depuis Artaxerxès n'est pas si digne de foi. Et c'est dans le même sens qu'Eusèbe dit « que depuis le temps de Zorobabel jusqu'au Sauveur, il n'y a aucun volume sacré [1]. »

LXV. C'est aussi ce que confessent unanimement les Juifs que depuis l'auteur du premier livre des *Machabées* jusqu'aux modernes, l'inspiration divine ou l'esprit prophétique a cessé alors. Car il est dit, dans le livre des *Machabées*, « qu'il n'y a jamais eu une telle tribulation depuis qu'on n'a plus vu de prophète en Israël [2]. » Le *Sepher Olam*, ou la *Chronique des Juifs* avoue que la prophétie a cessé depuis l'an 52 des Mèdes et des Perses ; et Aben-Ezra, sur Malachie, dit que dans la mort de ce prophète, la prophétie a quitté le peuple d'Israël. Cela a passé jusqu'à saint Augustin, qui dit « qu'il n'y a point eu de prophète depuis Malachie jusqu'à l'avénement de Notre-Seigneur [3]. » Et conférant ces témoignages avec celui de Josèphe et d'Eusèbe, on voit bien que ces auteurs entendent toute inspiration divine, dont aussi l'esprit prophétique est la plus évidente preuve.

LXVI. On a remarqué que ce nombre de vingt-deux livres canoniques du Vieux Testament, que nous avons tous dans la langue originale des Hébreux, se rapportoit au nombre des lettres de la langue hébraïque. L'allusion est de peu de considération ; mais elle prouve pourtant que les chrétiens qui s'en sont servis, étoient entièrement dans le sentiment des protestans sur le canon ; comme Origène, saint Cyrille de Jérusalem, et saint Grégoire de Nazianze, dont il y a des vers, où le sens d'un des distiques est :

Fœderis antiqui duo sunt librique viginti.
Hebrææ quot habent nomina litterulæ.

[1] *Demonst. evang.*, lib. VIII. — [2] I *Mach.*, IX, 27. — [3] *De Civit. Dei*, lib. XVIII, cap. XLV, n. 1.

LXVII. Ces vingt-deux Livres se comptent ainsi chez les Juifs, suivant ce que rapporte déjà saint Jérôme dans son *Prologus Galeatus* : cinq de Moïse, huit prophétiques, qui sont *Josué, Juges,* avec *Ruth, Samuël, Rois, Isaïe, Jérémie, Ezéchiel,* et les douze petits prophètes ; et neuf hagiographes, qui sont *Psaumes, Paraboles, Ecclésiaste,* et *Cantique de Salomon, Job, Daniel, Esdras* et *Néhémie* pris ensemble ; enfin *Esther* et les *Chroniques.* Et l'on croit que les mots de Notre-Seigneur chez saint Luc se rapportent à cette division ; car il y a : « Il faut que tout ce qui est écrit dans la loi de Moïse, dans les prophètes et dans les *Psaumes,* s'accomplisse [1]. »

LXVIII. Il est vrai que d'autres ont compté vingt-quatre Livres ; mais ce n'étoit qu'en séparant en deux ce que les autres avoient pris ensemble. Ceux qui ont fait ce dénombrement l'ont encore voulu justifier par des allusions, soit aux six ailes des quatre animaux d'Ezéchiel, comme Tertullien ; soit aux vingt-quatre anciens de l'*Apocalypse,* comme le rapporte saint Jérôme dans le même Prologue, disant : *Nonnulli Ruth et Cinoth,* (les *Lamentations* de Jérémie détachées de sa prophétie) *inter hagiographa putant esse computandos, ac hos esse priscos legis libros viginti quatuor, quos sub numero viginti quatuor Seniorum* Apocalypsis *Joannes inducit adorantes Agnum.* Quelques Juifs devoient compter de même, puisque saint Jérôme dit, dans son *Prologue* sur Daniel : *In tres partes à Judæis omnis Scriptura dividitur, in Legem, in Prophetas et in Hagiographa; hoc est, in quinque, et in octo, et in undecim libros.* Ainsi il paroît que l'allusion aux six ailes des quatre animaux venoit des Juifs, qui avoient coutume de chercher leurs plus grands mystères cabalistiques dans les animaux d'Ezéchiel, comme l'on voit dans Maimonide.

LXIX. Venons maintenant de l'Eglise du Vieux Testament à celle du Nouveau, quoiqu'on voie déjà que les chrétiens ont suivi le canon des Hébreux : mais il sera bon de le montrer plus distinctement. Le plus ancien dénombrement des Livres divins qu'on ait, est celui de Méliton, évêque de Sardes, qui a vécu du temps de Marc-Aurèle, qu'Eusèbe nous a conservé dans son *Histoire*

[1] *Luc.,* XXIV, 44.

ecclésiastique [1]. Cet évêque, en écrivant à Onésimus, dit qu'il lui envoie les Livres de la sainte Ecriture, et il ne nomme que ceux qui sont reçus par les protestans, savoir, ces mêmes vingt-deux livres, le livre d'*Esther* paroissant avoir été omis par mégarde et par la négligence des copistes.

LXX. Le même Eusèbe nous a conservé au même endroit un passage du grand Origène, qui est de la préface qu'il avoit mise devant son *Commentaire sur les Psaumes*, où il fait le même dénombrement : le Livre des douze petits prophètes ne pouvant avoir été omis que par une faute contraire à l'intention de l'auteur, puisqu'il dit qu'il y a vingt-deux livres, savoir, autant que les Hébreux ont de lettres.

LXXI. On ne peut point douter que l'Eglise latine de ces premiers siècles n'ait été du même sentiment. Car Tertullien, qui étoit d'Afrique, et vivoit à Rome, en parle ainsi dans ses *Vers* (a) *contre Marcion :*

> Ast quater alæ sex veteris præconia verbi
> Testificantis ea quæ posteà facta docemur :
> His alis volitant cœlestia verba per orbem.
> . . . .
> Alarum numerus antiqua volumina signat, etc.

LXXII. On ne trouve pas que dans ces siècles d'or de l'Eglise, qui ont précédé le grand Constantin, on ait compté autrement. Plusieurs mettent le synode de Laodicée avant celui de Nicée ; et quoiqu'il paroisse postérieur, néanmoins il en a été assez proche, pour que son jugement soit cru celui de cette primitive Eglise. Or vous avez remarqué vous-même, Monseigneur, §. 18, que ce synode de Laodicée, dont l'autorité a été reçue généralement dans le code des canons de l'Eglise universelle, et ne doit pas être prise pour un sentiment particulier des églises de Phrygie, ne compte qu'avec les protestans, c'est-à-dire les vingt-deux livres canoniques du Vieux Testament.

LXXIII. De cela il est aisé de juger que les Pères du concile de

---

[1] Eus., *Hist. eccles.*, lib. IV, cap. v.

(a) Ces vers ne sont point de Tertullien, mais d'un écrivain bien inférieur à ce grand génie. *Voyez* les Remarques de Rigault. (*Edit. de Leroi*.)

Nicée ne pouvoient avoir été d'un autre sentiment que les protestans sur le nombre des livres canoniques, quoiqu'on y ait cité, comme les protestans font souvent aussi, le *Livre de Judith*, de même que le *Livre du Pasteur*. Les évêques assemblés à Laodicée ne se seroient jamais écartés du sentiment de ce grand concile; et s'ils avoient osé le faire, jamais leur canon n'auroit été reçu dans le code des canons de l'Eglise universelle. Mais cela se confirme encore davantage par les témoignages de saint Athanase, le meilleur témoin sans doute qu'on puisse nommer à l'égard de ce temps-là.

LXXIV. Il y a dans ses œuvres une *Synopse* ou abrégé de la sainte Ecriture, qui ne nomme aussi que vingt-deux Livres canoniques du Vieux Testament; mais l'auteur de cet ouvrage n'étant pas trop assuré, il nous peut suffire d'y ajouter le fragment d'une lettre circulaire aux églises, qui est sans doute de saint Athanase, où il a le même catalogue que celui de la *Synopse*, qu'il obsigne, s'il m'est permis de me servir de ce terme, par ces mots : *Nemo his addat, nec his auferat quicquam*. Et que cette opinion étoit également des orthodoxes ou homoousiens et de ceux qu'on ne croyoit pas être de ce nombre, cela paroît par Eusèbe, dans l'endroit cité ci-dessus de son *Histoire ecclésiastique*, où il rapporte et approuve les autorités des plus anciens.

LXXV. Ceux qui sont venus bientôt après, ont dit uniformément et unanimement la même chose. L'ouvrage catéchétique de saint Cyrille de Jérusalem a toujours passé pour très-considérable : or il spécifie justement les mêmes livres que nous, et ajoute qu'on doit lire les divines Ecritures, savoir, les vingt-deux Livres du Vieux Testament, que les soixante et douze interprètes ont traduits.

LXXVI. On a déjà cité un distique tiré du poëme que saint Grégoire de Nazianze a fait exprès sur le dénombrement des véritables Livres de l'Ecriture divinement inspirée : Περὶ τῶν γνησίων Βιβλίων τῆς θεοπνεύστου γραφῆς. Ce dénombrement ne rapporte que les livres que les protestans reconnoissent, et dit expressément qu'ils sont au nombre de vingt-deux.

LXXVII. Saint Amphiloche, évêque d'Iconie, étoit du même

temps et de pareille autorité. Il a aussi fait des vers, mais Iambiques, sur le même sujet, adressés à un Séleucus. Outre qu'il nomme les mêmes livres, il parle encore fort distinctement de la différence des livres qu'on faisoit passer sous le nom de la sainte Ecriture. Il dit qu'il y en a d'adultérins, qu'on doit éviter et qu'il compare avec de la fausse monnoie ; qu'il y en a de moyens ἐμμέσου:, et comme il dit, approchans de la parole de la vérité, γείτονας, voisins ; mais qu'il y en a aussi de divinement inspirés, dont il dit vouloir nommer chacun, pour les discerner des autres.

Ego Theopneustos singulos dicam tibi.

Et là-dessus il ne nomme du Vieux Testament, que ceux qui sont reçus par les Hébreux ; ce qu'il dit être le plus assuré canon des Livres inspirés.

LXXVIII. Saint Epiphane, évêque de Salamine dans l'île de Chypre, a fait un livre *Des poids et des mesures*, où il y a encore un dénombrement tout semblable des Livres divins du Vieux Testament, qu'il dit être vingt et deux en nombre ; et il pousse la comparaison avec les lettres de l'alphabet si loin, qu'il dit que, comme il y a des lettres doubles de l'alphabet, il y a aussi des Livres de la sainte Ecriture du Vieux Testament, qui sont partagés en d'autres Livres. On trouve la même conformité avec le canon des Hébreux dans ses *Hérésies* V et LXXVI.

LXXIX. Saint Chrysostome n'étoit guère de ses amis : cependant il étoit du même sentiment ; et il dit, dans sa quatrième *Homélie sur la Genèse*, que « tous les Livres divins, πᾶσαι αἱ θεῖαι βίβλοι, du Vieux Testament ont été écrits originairement en langue hébraïque ; et tout le monde, ajoute-t-il, le confesse avec nous : » marque que c'étoit le sentiment unanime et incontestable de l'Eglise de ce temps-là.

LXXX. Et afin qu'on ne s'imagine point que c'étoit seulement le sentiment des églises d'Orient, voici un témoignage de saint Hilaire, qui, dans la préface de ses *Explications des Psaumes*, où il paroît avoir suivi Origène, comme ailleurs, dit que le Vieux Testament consiste en vingt et deux Livres.

LXXXI. Jusqu'ici, c'est-à-dire jusqu'au commencement du cinquième siècle, pas un auteur d'autorité ne s'est avisé de faire un autre dénombrement. Car bien que saint Cyprien et le concile de Nicée, et quelques autres aient cité quelques-uns des livres ecclésiastiques parmi les Livres divins, l'on sait que ces manières de parler confusément, en passant, *et in sensu laxiore*, sont assez en usage, et ne sauroient être opposées à tant de passages formels et précis, qui distinguent les choses.

LXXXII. Je ne pense pas aussi que personne veuille appuyer sur le passage d'un recueil des coutumes et doctrines de l'ancienne Eglise, fait par un auteur inconnu, sous le nom des *Canons des Apôtres*, qui met les trois livres des *Machabées* parmi les Livres du Vieux Testament, et les deux *Epîtres* de Clément écrites aux Corinthiens, parmi ceux du Nouveau. Car outre qu'il peut parler largement, on voit qu'il flotte entre deux, comme un homme mal instruit excluant du canon *Sapientiam eruditissimi Siracidis*, qu'il dit être *extra hos*, mais dont il recommande la lecture à la jeunesse.

LXXXIII. Voici maintenant le premier auteur connu et d'autorité, qui traitant expressément cette matière, semble s'éloigner de la doctrine constante que l'Eglise avoit eue jusqu'ici sur le canon du Vieux Testament. C'est le pape Innocent I, qui répondant à la consultation d'Exupère évêque de Toulouse, l'an 405, paroît avoir été du sentiment catholique dans le fond : mais son expression équivoque et peu exacte a contribué à la confusion de quelques autres après lui, et enfin à l'erreur des Latins modernes ; tant il est important d'éviter le relâchement, même dans les manières de parler.

LXXXIV. Ce pape est le premier auteur qui ait nommé canoniques les Livres que l'Eglise romaine d'aujourd'hui tient pour divinement inspirés, et que les protestans, comme les anciens, ne tiennent que pour ecclésiastiques. Mais en considérant ses paroles, on voit clairement son but, qui est de faire un canon des Livres que l'Eglise reconnoît pour authentiques, et qu'elle fait lire publiquement comme faisant partie de la Bible. Ainsi ce canon devoit comprendre tant les Livres théopneustes ou divinement inspirés, que les livres ecclésiastiques, pour les distinguer tous ensemble des livres apocryphes, plus spécialement nommés ainsi, c'est-à-dire de ceux qui doivent être cachés et défendus comme suspects. Ce but paroît par les paroles expresses, où il dit : *Si qua sunt alia, non solùm repudianda, verùm etiam noveris esse damnanda.*

LXXXV. Non-seulement l'appellation de canoniques, mais encore de saintes et divines Ecritures étoit alors employée abusivement : et c'étoit l'usage de ces temps-là, de donner dans un excès étrange sur les titres et sur les épithètes. Un évêque étoit traité de *Votre Sainteté* par ceux qui l'accusoient et parloient de le déposer. Un empereur chrétien disoit : *Nostrum numen*, et ne laissoit presque rien à Dieu, pas même l'éternité. Il ne faut donc pas s'étonner des termes du concile III de Carthage, que d'autres croient avoir été le cinquième, ni les prendre à la rigueur, lorsque ce concile dit : *Placuit, ut præter Scripturas canonicas nihil in ecclesiâ legatur sub nomine divinarum Scripturarum.*

LXXXVI. Cela fait voir qu'on avoit accoutumé déjà d'appeler abusivement du nom d'Ecritures divines tous les livres qui se lisoient dans l'église, parmi lesquels étoient le *Livre du Pasteur*, et je ne sais quelle doctrine des apôtres διδαχὴ καλουμένη τῶν Ἀποςολων, dont parle saint Athanase dans l'*Epître* citée ci-dessus : *item*, les *Epîtres* de saint Clément aux Corinthiens, qu'on lisoit dans plusieurs Eglises, et particulièrement dans celle de Corinthe, surtout la première, suivant Eusèbe et suivant Denis, évêque de Corinthe, chez Eusèbe [1]. C'est pourquoi elle se trouvoit aussi jointe aux livres sacrés dans l'ancien exemplaire de l'église d'Alexandrie, que le patriarche Cyrille Lucaris envoya au roi de la Grande-Bretagne, Charles Ier. sur lequel elle a été ressuscitée et publiée.

LXXXVII. Tout cela fait voir qu'on se servoit quelquefois de ces termes d'une manière peu exacte ; et même Origène compte en quelque endroit le *Livre du Pasteur* parmi les Livres divins : ce qu'il n'entendoit pas sans doute dans le sens excellent et rigoureux. C'est sur le chap. xvi, verset 14, *aux Romains*, où il dit ; « Je crois que cet Hermas est l'auteur du livre qu'on appelle *le Pasteur*, qui est fort utile et me semble divinement inspiré. »

---

[1] Euseb., *Hist. Eccl.*, lib. III, cap. xu; lib. IV, cap. xxii.

LXXXVIII. On peut encore moins nous opposer la liste des Livres de l'Ecriture, qu'on dit que le pape Gélase a faite dans un synode romain, au commencement du cinquième siècle, où il en fait aussi le dénombrement d'une manière large, qui comprend les livres ecclésiastiques aussi bien que les Livres canoniques par excellence, et l'on voit clairement que ces deux papes et ces synodes de Carthage et de Rome vouloient nommer tout ce qu'on lisoit publiquement dans toute l'Eglise, et tout ce qui passoit pour être de la Bible, et qui n'étoit pas suspect ou apocryphe, pris dans le mauvais sens.

LXXXIX. Cependant il est remarquable que le pape Gélase et son synode n'ont mis dans leur liste que le premier des *Machabées*, qu'on sait avoir été toujours plus estimé que l'autre, saint Jérôme ayant remarqué que le style même trahit le second des *Machabées* et le livre de la *Sagesse*, et fait connoître qu'ils sont originairement grecs.

XC. Je ne vois pas qu'il soit possible qu'une personne équitable et non prévenue puisse douter du sens que je donne au canon des deux papes et du concile de Carthage. Car autrement il faudroit dire qu'ils se sont séparés ouvertement de la doctrine constante de l'Eglise universelle, du concile de Laodicée et de tous ces grands et saints docteurs de l'Orient et de l'Occident que je viens de citer ; en quoi il n'y a point d'apparence. Les erreurs ordinairement se glissent insensiblement dans les esprits, et elles n'entrent guère ouvertement par la grande porte. Ce divorce auroit été fait très-mal à propos, et auroit fait du bruit et fait naître des contestations.

XCI. Mais rien ne prouve mieux le sens de la lettre du pape Innocent I et de l'Eglise romaine de ce temps que la doctrine expresse, précise et constante de saint Jérôme, qui fleurissoit à Rome en ce temps-là même, et qui cependant a toujours soutenu que les Livres proprement divins et canoniques du Vieux Testament, ne sont que ceux du canon des Hébreux. Est-il possible de s'imaginer que ce grand homme auroit osé s'opposer à la doctrine de l'Eglise de son temps, et que personne ne l'en auroit repris, pas même Rufin, qui étoit aussi du même sentiment que lui, et tant d'autres adversaires qu'il avoit; et qu'il n'eût jamais fait l'apologie de son procédé, comme il fait pourtant en tant d'autres rencontres de moindre importance? Il est sûr que l'ancienne Eglise latine n'a jamais eu de Père plus savant que lui, ni de meilleur interprète critique ou littéral de la sainte Ecriture, surtout du Vieux Testament dont il connoissoit la langue originale : ce qui a fait dire à Alphonse Tostatus qu'en cas de conflit, il faut plutôt croire à saint Jérôme qu'à saint Augustin, surtout quand il s'agit du Vieux Testament et de l'Histoire, en quoi il a surpassé tous les docteurs de l'Eglise.

XCII. C'est pourquoi, bien que j'aie déjà parlé plus d'une fois des passages de saint Jérôme, entièrement conformes au sentiment des protestans, il sera bon d'en parler encore ici. J'ai déjà cité son *Prologus Galeatus,* qui est la préface des livres des *Rois;* mais qu'on met, suivant l'intention de l'auteur, au-devant des Livres véritablement canoniques du Vieux Testament, comme une espèce de sentinelle pour défendre l'entrée aux autres. Voici les paroles de l'auteur : *Hic Prologus Scripturarum quasi Galeatum Principium omnibus libris, quos de hebræo vertimus in latinum, convenire potest.* Il semble que ce grand homme prévoyoit que l'ignorance des temps et le torrent populaire forceroit la digue du véritable canon, et qu'il travailla à s'y opposer. Mais la sentinelle qu'il y mit avec son casque n'a pas été capable d'éloigner la hardiesse de ceux qui ont travaillé à rompre cette digue, qui séparoit le divin de l'humain.

XCIII. Or, comme j'ai dit ci-dessus [1], il comptoit tantôt vingt-deux, tantôt vingt-quatre Livres du Vieux Testament; mais en effet toujours les mêmes. Et ce qu'il écrit dans une lettre à Paulin, qu'on avoit coutume de mettre au-devant des Bibles avec le *Prologus Galeatus,* marque toujours le même sentiment. Il s'explique encore particulièrement dans ses préfaces sur *Tobie,* sur *Judith,* et ailleurs : *Quòd talium auctoritas ad roboranda ea quæ in contentionem veniunt minùs idonea judicatur* [2]. Et parlant du livre de Jésus, fils de Sirach, et du livre nommé faussement la *Sagesse de Salomon,* il dit : *Sicut Judith et Tobiæ et Machabæorum libros*

[1] N. 67, 68. — [2] *Præf. in Judith.*

legit quidem Ecclesia, sed eos in canonicas Scripturas non recipit; sic et hæc duo volumina legit ad œdificationem plebis, non ad auctoritatem ecclesiasticorum dogmatum confirmandam [1].

XCIV. Rien ne sauroit être plus précis; et il est remarquable qu'il ne parle pas ici de son sentiment particulier, ni de celui de quelques savans, mais de celui de l'Eglise : *Ecclesia*, dit-il, *non recipit*. Pouvoit-il ignorer le sentiment de l'Eglise de son temps? Ou pouvoit-il mentir si ouvertement et si impudemment, comme il auroit fait sans doute si elle avoit été d'un autre sentiment que lui? Il s'explique encore plus fortement dans la *Préface sur Esdras et Néhémie* : *Quæ non habentur apud Hebræos, nec de viginti quatuor senibus sunt*, (on a expliqué cela [1]) *procul abjiciantur;* c'est-à-dire loin du canon des Livres véritablement divins et infaillibles.

XCV. Je crois qu'après cela on peut être persuadé du sentiment de saint Jérôme et de l'Eglise de son temps; mais on le sera encore davantage, quand on considérera que Rufin son grand adversaire, homme savant et qui cherchoit occasion de le contredire, n'auroit point manqué de se servir de celle-ci, s'il avoit cru que saint Jérôme s'éloignoit du sentiment de l'Eglise. Mais bien loin de cela, il témoigne d'être lui-même du même sentiment, lorsqu'il parle ainsi dans son *Exposition du Symbole*, après avoir fait le dénombrement des Livres divins ou canoniques, tout comme saint Jérôme : « Il faut savoir, dit-il, qu'il y a des livres que nos anciens ont appelés, non pas canoniques, mais ecclésiastiques, comme la *Sagesse* de Salomon, et cette autre *Sagesse* du fils de Sirach, qu'il semble que les Latins ont appelée pour cela même du nom général d'*Ecclésiastique*; en quoi on n'a pas voulu marquer l'auteur, mais la qualité du Livre. *Tobie* encore, *Judith* et les *Machabées* sont du même ordre ou rang : et dans le Nouveau Testament, le *Livre pastoral* d'Hermas appelé les *Deux voies* et le *Jugement de Pierre* : livres qu'on a voulu faire lire dans l'église, mais qu'on n'a pas voulu laisser employer pour confirmer l'autorité de la foi. Les autres Ecritures ont été appelées *apocryphes*, dont on n'a pas voulu permettre la lecture publique dans les églises. »

[1] *Præf. in lib. Salom.* — [2] *Sup.*, n. 68.

XCVI. Ce passage est fort précis et instructif ; et il faut le conférer avec celui d'Amphilochius cité ci-dessus [1], afin de mieux distinguer les trois espèces d'Ecritures ; savoir : les divines ou les canoniques de la première espèce, les moyennes ou ecclésiastiques qui sont canoniques, selon le style de quelques-uns, de la seconde espèce, ou bien apocryphes selon le sens le plus doux ; et enfin les apocryphes dans le mauvais sens, c'est-à-dire, comme dit saint Athanase ou l'auteur de la *Synopse*, qui sont plus dignes d'être cachées, ἀποκρυφῆς, que d'être lues, et desquelles saint Jérôme dit, *Ep.* VII *ad Lætam : Caveat apocrypha* ; et sur *Isaïe*, LIV, 4 : *Apocryphorum deliramenta conficiant.*

Voici la représentation de ces degrés ou espèces :

Canoniques.

Proprement ou du premier rang.	Improprement ou d'un rang inférieur.	
Divins, ou infaillibles.	*Ecclésiastiques*, ou moyens.	*Défendus*, quant à la lecture publique.

Apocryphes.

	Improprement, ou dans le sens plus doux.	Plus proprement, ou dans le mauvais sens.

XCVII. Mais on achèvera d'être persuadé que la doctrine de l'église de ce temps étoit celle des protestans d'aujourd'hui, quand on verra que saint Augustin, qui parle aussi comme le pape Innocent I et le synode III de Carthage, où l'on croit qu'il a été, s'explique pourtant fort précisément en d'autres endroits, tout comme saint Jérôme et tous les autres. En voici quelques passages : « Cette Ecriture, dit-il, qu'on appelle des *Machabées*, n'est pas chez les Juifs comme la Loi, les Prophètes et les *Psaumes*, à qui Notre-Seigneur a rendu témoignage comme à ses témoins.

[1] N. 78.

Cependant l'Eglise l'a reçue avec utilité, pourvu qu'on la lise sobrement ; ce qu'on a fait principalement à cause de ces *Machabées*, qui ont souffert en vrais martyrs pour la loi de Dieu [1], etc. »

XCVIII. Et dans la *Cité de Dieu* : « Les trois Livres de Salomon ont été reçus dans l'autorité canonique ; savoir, les *Proverbes*, l'*Ecclésiaste*, et le *Cantique des cantiques*. Mais les deux autres qu'on appelle la *Sagesse* et l'*Ecclésiastique*, et qui à cause de quelque ressemblance du style, ont été attribués à Salomon (quoique les savans ne doutent point qu'ils ne soient point de lui), ont pourtant été reçus anciennement dans l'autorité par l'Eglise occidentale principalement..... Mais ce qui n'est pas dans le canon des Hébreux n'a pas autant de force contre les contredisans que ce qui y est [2]. » On voit par là qu'il y a selon lui des degrés dans l'autorité ; qu'il y a une autorité canonique dans le sens plus noble, qui n'appartient qu'aux véritables livres de Salomon, compris dans le canon des Hébreux ; mais qu'il y a aussi une autorité inférieure, que l'Eglise occidentale surtout avoit accordée aux livres qui ne sont pas dans le canon hébraïque, et qui consiste dans la lecture publique pour l'édification du peuple, mais non pas dans l'infaillibilité, qui est nécessaire pour prouver lesdogmes de la foi contre les contredisans.

XCIX. Et encore dans le même ouvrage : « La supputation du temps, depuis la restitution du temple, ne se trouve pas dans les saintes Ecritures qu'on appelle *canoniques* ; mais dans quelques autres que, non les Juifs, mais l'Eglise tient pour canoniques, à cause des admirables souffrances des martyrs [3], » etc. On voit combien saint Augustin est flottant dans ses expressions ; mais c'est toujours le même sens. Il dit que les *Machabées* ne se trouvent pas dans les saintes Ecritures qu'on appelle *canoniques ;* et puis il dit que l'Eglise les tient pour canoniques. C'est donc dans un autre sens inférieur, que la raison qu'il ajoute fait connoître : car les admirables exemples de la souffrance des martyrs, propres à fortifier les chrétiens durant les persécutions, faisoient juger que la lecture de ces livres seroit très-utile. C'est pour cela

---

[1] *Cont. Gaudent.*, lib. I, cap. XXXI, n. 38. — [2] *De Civit. Dei*, lib. XVII, c. XX. — [3] *Ibid.*, cap. XXXVI.

que l'Eglise les a reçus dans l'autorité et dans une manière de canon, c'est-à-dire comme ecclésiastiques ou utiles ; mais non pas comme divins ou infaillibles : car cela ne dépend pas de l'Eglise ; mais de la révélation de Dieu, faite par la bouche de ses prophètes ou apôtres.

C. Enfin saint Augustin, dans son livre de la *Doctrine chrétienne*, raisonne sur les livres canoniques dans un sens fort ample et général, entendant tout ce qui étoit autorisé dans l'Eglise. C'est pourquoi il dit que pour en juger, il faut en faire estime selon le nombre et l'autorité des églises : puis il vient au dénombrement : *Totus autem canon Scripturarum in quo istam considerationem versandam dicimus, his libris continetur*[1], etc. ; et il nomme les mêmes que le pape Innocent I : ce qui fait visiblement connoître qu'en parlant du canon, il n'entendoit pas seulement les Livres divins incontestables, mais encore ceux qu'on regardoit diversement, et qui avoient leur autorité de l'Eglise seulement ou des églises, et nullement d'une révélation divine.

CI. Après cela le passage de saint Augustin, où, dans la chaleur de l'apologie de sa citation il semble aller plus loin, ne sauroit faire de la peine. Vous aviez remarqué, Monseigneur, § 9, qu'il avoit cité contre les pélagiens ce passage de la Sagesse : *Raptus est ne malitia mutaret intellectum ejus*[2]. Quelques savans Gaulois avoient trouvé mauvais qu'il eût employé ce livre, lorsqu'il s'agissoit de prouver des dogmes de foi : *Tanquàm non canonicum definiebant omittendum*. Saint Augustin se défend dans son livre de la *Prédestination des Saints*[3]. Il ne dit pas que la *Sagesse* est égale en autorité aux autres ; ce qu'il auroit fallu dire, s'il avoit été dans les sentimens tridentins : mais il répond que quand elle ne diroit rien de semblable, la chose est assez claire en elle-même ; qu'elle doit cependant être préférée à tous les auteurs particuliers, *omnibus tractatoribus debere anteponi*, parce que tous ces auteurs, même les plus proches des temps des apôtres, avoient eu cette déférence pour ce livre : *Qui eum testem adhibentes, nihil se adhibere nisi divinum testimo-*

---

[1] *De Doct. Christ.*, lib. II, cap. VIII, n. 13. — [2] *Sap.*, IV, 11. — [3] *De prædest. Sanct.*, cap. XIV, n. 27.

nium crediderunt. Et un peu auparavant : *Meruisse in Ecclesiâ Christi tam longâ annositate recitari, et ab omnibus christianis cum veneratione divinæ auctoritatis audiri.*

CII. Ces paroles de saint Augustin paroîtroient étranges, d'autant qu'elles semblent contraires à la doctrine reçue dans l'Eglise, si l'on n'étoit déjà instruit de son langage par tous les passages précédens. Donc puisque aussi il n'est pas croyable que ce grand homme ait voulu s'opposer à lui-même et à tant d'autres, il faut conclure que cette autorité divine dont il parle ne peut être autre chose que le témoignage que l'Eglise a rendu au livre de la *Sagessse;* qu'il n'y a rien là que de conforme aux Ecritures immédiatement divines ou inspirées, puisqu'il avoit reconnu lui-même, dans son livre de la *Cité de Dieu*[1], que ce livre n'a reçu son autorité que par l'Eglise, surtout en Occident; mais qu'il n'a pas assez de force contre les contredisans, parce qu'il n'est pas dans le canon originaire du Vieux Testament. Et le même saint Augustin citant un livre de pareille nature[2], qui est celui du fils de Sirach, n'y insiste point, et se contente de dire que si on contredit à ce livre parce qu'il n'est pas dans le canon des Hébreux, il faudra au moins croire au *Deutéronome* et à l'Evangile qu'il cite après.

CIII. Ce qu'on a dit du sens de saint Augustin doit être encore entendu de ceux qui ont copié ses expressions par après, comme Isidore et Rabanus Maurus, et autres, lorsqu'ils parloient d'une manière plus confuse. Mais quand ils parloient distinctement, et traitoient la question de l'égalité ou inégalité des Livres de la Bible, ils continuoient à parler comme l'Eglise avoit toujours parlé; en quoi l'Eglise grecque n'a jamais biaisé. Et l'autorité de saint Jérôme a toujours servi de préservatif dans l'Eglise d'Occident, malgré la barbarie qui s'en étoit emparée. On a toujours été accoutumé de mettre son *Prologus Galeatus* et sa *Lettre à Paulin* à la tête de la sainte Ecriture, et ses autres Préfaces devant les livres de la Bible qu'elles regardent; où il s'explique aussi nettement qu'on a vu, sans que personne ait jamais osé, je ne dis pas condamner, mais critiquer même cette doctrine jus-

---

[1] *De civit. Dei*, lib. XVII, cap. XX, ubi sup. — [2] Lib. *de curâ pro Mortuis*, cap. XV.

qu'au concile de Trente, qui l'a frappée d'anathème par une entreprise des plus étonnantes.

CIV. Il sera à propos de particulariser tant soit peu cette conservation de la saine doctrine; car pour rapporter tout ce qui se pourroit dire il faudroit un ample volume. Cassiodore dans ses *Institutions*, a donné les deux catalogues, tant le plus étroit de saint Jérôme et de l'Eglise universelle, qui n'est que des Livres immédiatement divins, que la liste plus large de saint Augustin et des églises de Rome et d'Afrique, qui comprend aussi les livres ecclésiastiques.

CV. Junilius, évêque d'Afrique, fait parler un maître avec son disciple. Ce maître s'explique fort nettement, et sert très-bien à faire voir qu'on donnoit abusivement le titre de Livres divins à ceux qui, à parler proprement, ne le devoient point avoir. Discipulus : *Quomodò divinorum Librorum consideratur auctoritas ?* Magister : *Quia quidam perfectæ auctoritatis sunt, quidam mediæ, quidam nullius* [1]. Après cela on ne s'étonnera pas si quelques-uns, surtout les Africains, ont donné le nom de *divines Ecritures* aux livres qui dans la vérité n'étoient qu'ecclésiastiques.

CVI. Grégoire le Grand, quoique pape du siége de Rome et successeur d'Innocent I et de Gélase, n'a pas laissé de parler comme saint Jérôme : et il a montré par là que les sentimens de ses prédécesseurs devoient être expliqués de même ; car il dit positivement que les livres des *Machabées* ne sont point canoniques, *licèt non canonicos* [2]; mais qu'ils servent à l'édification de l'Eglise.

CVII. Il sera bon de revoir un peu les Grecs avant que de venir aux Latins postérieurs. Léontius, auteur du sixième siècle, parle comme les plus anciens. Il dit qu'il y a vingt-deux Livres du Vieux Testament, et que l'Eglise n'a reçu dans le canon que ceux qui sont reçus chez les Hébreux [3].

CVIII. Mais sans s'amuser à beaucoup d'autres, on peut se contenter de l'autorité de Jean de Damas, premier auteur d'un système de théologie, qui a écrit dans le huitième siècle, et que les Grecs plus modernes, et même les scolastiques latins ont suivi.

---

[1] Lib. *de Part. div. legis*, cap. vii. — [2] *Moral.*, lib. XIX, cap. xxi, n. 34. — [3] *De Sect.*, act. ii.

Cet auteur, dans son livre IV de la *Foi orthodoxe*[1], imitant, comme il semble, le passage allégué ci-dessus du livre d'Epiphane *des Poids et mesures*, ne nomme que vingt-deux Livres canoniques du Vieux Testament; et il ajoute que les livres des deux *Sagesses*, de celle qu'on attribue à Salomon et de celle du fils de Sirach, quoique beaux et bons, ne sont pas du nombre des canoniques, et n'ont pas été gardés dans l'arche, où il croit que les Livres canoniques ont été enfermés.

CIX. Pour retourner aux Latins, Strabus, auteur de la *Glose ordinaire*, qui a écrit dans le neuvième siècle, venant à la préface de saint Jérôme mise devant le livre de *Tobie*, où il y a ces paroles: *Librum Tobiæ Hebræi de catalogo divinarum Scripturarum secantes, iis quæ hagiographa memorant, manciparunt*, remarque ceci: *Potiùs et veriùs dixisset apocrypha, vel largè accepit hagiographa, quasi Sanctorum scripta, et non de numero illorum novem*, etc.

CX. Radulphus Flaviacensis, bénédictin du dixième siècle, dit au commencement de son livre quatorzième sur le *Lévitique:* « Quoiqu'on lise *Tobie*, *Judith* et les *Machabées* pour l'instruction, ils n'ont pas pourtant une parfaite autorité. »

CXI. Rupert, abbé de Tuits, parlant de la *Sagesse:* « Ce livre, dit-il, n'est pas dans le canon, et ce qui en est pris n'est pas tiré de l'Ecriture canonique[2]. »

CXII. Pierre le Vénérable, abbé de Cluny, écrivant une lettre contre certains, nommés *Pétrobrusiens*, qu'on disoit ne recevoir de l'Ecriture que les seuls Evangiles, leur prouve, en supposant l'autorité des Evangiles, qu'il faut donc recevoir encore les autres Livres canoniques.

Sa preuve ne s'étend qu'à ceux que les protestans reconnoissent aussi. Et quant aux ecclésiastiques, il en parle ainsi: « Après les Livres authentiques de la sainte Ecriture, restent encore six, qui ne sont pas à oublier, la *Sagesse*, *Jésus fils de Sirach*, *Tobie*, *Judith* et les deux des *Machabées*, qui n'arrivent pas à la sublime autorité des précédens, mais qui à cause de leur doctrine louable et nécessaire ont mérité d'être reçus par

---

[1] Cap. XVIII. — [2] Lib. III, *in Gen.*, cap. XXXI.

l'Eglise. Je n'ai pas besoin de vous les recommander ; car si vous avez quelque considération pour l'Eglise, vous recevrez quelque chose sur son autorité. » Ce qui fait voir que cet auteur ne considère ces livres que comme seulement ecclésiastiques.

CXIII. Hugues de Saint-Victor, auteur du commencement du douzième siècle, dans son livre *des Ecritures et Ecrivains sacrés*, fait le dénombrement des vingt-deux livres du Vieux Testament; et puis il ajoute : « Il y a encore d'autres livres, comme la *Sagesse* de Salomon, le livre de *Jésus fils de Sirach*, *Judith*, *Tobie* et les *Machabées* qu'on lit, mais qu'on ne met pas dans le canon [1] ; » et ayant parlé des écrits des Pères, comme de saint Jérôme, saint Augustin, etc., il dit que ces livres des Pères ne sont pas du texte de l'Ecriture sainte, « de même qu'il y a des livres du Vieux Testament qu'on lit, mais qu'on ne met pas dans le canon, comme la *Sagesse* et quelques autres. »

CXIV. Pierre Comestor, auteur de l'*Histoire Scolastique*, contemporain de Pierre Lombard, fondateur de la théologie scolastique, va jusqu'à corriger en critique le texte du passage de saint Jérôme, dans sa *Préface de Judith*, où il y a que *Judith* est entre les *hagiographes* chez les Hébreux, et que son autorité n'est pas suffisante pour décider des controverses. Pierre Comestor veut qu'au lieu d'*hagiographa*, on lise *apocrypha*, croyant que les copistes prenant les apocryphes en mauvais sens, ont corrompu le texte de saint Jérôme : *Apocrypha horrentes, eo rejecto, hagiographa scripsere*. Il semble que le passage de Strabus sur *Tobie* a donné occasion à cette doctrine.

CXV. Dans le treizième siècle fleurissoit un autre Hugo, dominicain, premier auteur des *Concordances sur la sainte Ecriture*, c'est-à-dire des allégations marginales des passages parallèles, fait cardinal par Innocent IV. On a de lui des vers, où après le dénombrement des Livres canoniques, suivant l'antiquité et les protestans, on trouve ceci :

> Lex vetus his libris perfectè tota tenetur ;
> Restant apocrypha : *Jesus, Sapientia, Pastor,*
> Et *Machabæorum* libri, *Judith* atque *Tobias*.

Cap. VI.

Hi, quia sunt dubii, sub Canone non numerantur;
Sed quia vera canunt, Ecclesia suspicit illos.

CXVI. Nicolas de Lyre, fameux commentateur de la sainte Ecriture du quatorzième siècle, commençant d'écrire sur les livres non canoniques, débute ainsi dans sa *Préface sur Tobie :* « Jusqu'ici j'ai écrit, avec l'aide de Dieu, sur les Livres canoniques ; maintenant je veux écrire sur ceux qui ne sont plus dans le canon. » Et puis, « bien que la vérité écrite dans les Livres canoniques précède ce qui est dans les autres, à l'égard du temps dans la plupart et à l'égard de la dignité en tous, néanmoins la vérité écrite dans les livres non canoniques est utile pour nous diriger dans le chemin des bonnes mœurs, qui mène au royaume des cieux. »

CXVII. Dans le même siècle, le glossateur du décret, qu'on croit être Jean Semeca, dit le Teutonique, parle ainsi : « La *Sagesse* de Salomon, et le livre de *Jésus fils de Sirach*, *Judith*, *Tobie* et le livre des *Machabées* sont apocryphes. On les lit ; mais peut-être n'est-ce pas généralement [1]. »

CXVIII. Dans le quinzième siècle, Antonin, archevêque de Florence, que Rome a mis au nombre des Saints, dans sa *Somme de théologie* [2], après avoir dit que la *Sagesse*, l'*Ecclésiastique*, *Judith*, *Tobie* et les *Machabées* sont apocryphes chez les Hébreux ; et que saint Jérôme ne les juge point propres à décider les controverses, ajoute que « saint Thomas, *in secundâ secundæ*, et Nicolas de Lyre, sur *Tobie*, en disent autant; savoir, qu'on n'en peut pas tirer des argumens efficaces en ce qui est de la foi, comme des autres Livres de la sainte Ecriture. Et peut-être, ajoute Antonin, qu'ils ont la même autorité que les paroles des Saints, approuvées par l'Eglise. »

CXIX. Alphonse Tostat, grand commentateur du siècle qui a précédé celui de la réformation, dit dans son *Defensorium*, « que la distinction des Livres du Vieux Testament en trois classes, faite par saint Jérôme dans son *Prologus Galeatus*, est celle de l'Eglise universelle; qu'on l'a eue des Hébreux avant Jésus-Christ, et

[1] Can. c, dist. 16. — [2] *Summa Theol.*, part. III, tit. 18, cap. VI, § 2.

qu'elle a été continuée dans l'Eglise [1]. » Il parle en quelques endroits comme saint Augustin, disant dans son Commentaire sur le *Prologus Galeatus*, que l'Eglise reçoit ces livres, exclus par les Hébreux, pour authentiques et compris au nombre des saintes Ecritures. Mais il s'explique lui-même sur *saint Matthieu* : « Il y a, dit-il, d'autres livres que l'Eglise ne met pas dans le canon, et ne leur ajoute pas autant de foi qu'aux autres : *Non recipientes non judicat inobedientes aut infideles* [2] ; elle ignore s'ils sont inspirés; » et puis il nomme expressément à ce propos la *Sagesse*, l'*Ecclésiastique*, les *Machabées*, *Judith* et *Tobie*, disant : *Quòd probatio ex illis sumpta sit aliqualiter efficax*. Et parlant des apocryphes, dont il n'est pas certain qu'ils ont été écrits par des auteurs inspirés, il dit « qu'il suffit qu'il n'y a rien qui soit manifestement faux ou suspect; qu'ainsi l'Eglise ne les met pas dans son canon et ne force personne à les croire; cependant elle les lit [3], etc.; » et puis il dit expressément au même endroit, qu'il n'est pas assuré que les cinq livres susdits soient inspirés : *De auctoribus horum non constat Ecclesiæ an Spiritu sancto dictante scripserint, non tamen reperit in illis aliquid falsum aut valdè suspectum de falsitate*.

CXX. Enfin dans le seizième siècle, immédiatement avant la réformation, dans la préface de la Bible du cardinal Ximenès, dédiée à Léon X, il est dit que les livres du Vieux Testament, qu'on n'a qu'en grec, sont hors du canon, et sont plutôt reçus pour l'édification du peuple que pour établir des dogmes.

CXXI. Et le cardinal Cajétan, écrivant après la réformation commencée, mais avant le concile de Trente, dit à la fin de son Commentaire sur l'*Ecclésiaste de Salomon*, publié à Rome en 1534 : « C'est ainsi que finit l'*Ecclésiaste* avec les livres de Salomon et de la *Sagesse*. Mais quant aux autres livres, à qui on donne ce nom, *qui vocantur libri sapientiales*, puisque saint Jérôme les met hors du canon qui a l'autorité de la foi, nous les omettrons, et nous nous hâterons d'aller aux oracles des prophètes. »

CXXII. Après ce détail de l'autorité de tant de grands hommes

---

[1] Part. II, cap. XXIII. — [2] Quæst. II. — [3] Anton. *Summa Theolog.*, part. II, cap. XIII, quæst. III.

de tous ces siècles, qui ont parlé formellement comme l'ancienne Eglise et comme les protestans, on ne sauroit douter, ce semble, que l'Eglise a toujours fait une grande différence entre les livres canoniques ou immédiatement divins, et entre d'autres compris dans la Bible, mais qui ne sont qu'ecclésiastiques : de sorte que la condamnation de ce dogme, que le concile de Trente a publiée, est une des plus visibles et des plus étranges nouveautés qu'on ait jamais introduites dans l'Eglise.

Il est temps, Monseigneur, que je revienne à vous, et même que je finisse; car votre seconde Lettre n'a rien qui nous doive arrêter, excepté ce que j'ai touché au commencement de ma première réponse. Au reste j'y trouve presque tout assez conforme au sens des protestans : car je n'insiste point sur quelques choses incidentes; et il suffit de remarquer que ce que vous dites si bien de l'autorité et de la doctrine constante de l'Eglise catholique, est entièrement favorable aux protestans et absolument contraire à des novateurs aussi grands que ceux qui étoient de la faction si désapprouvée en France, qui nous a produit les anathèmes inexcusables de Trente.

Je ne doute point que la postérité au moins n'ouvre les yeux là-dessus; et j'ai meilleure opinion de l'Eglise catholique et de l'assistance du Saint-Esprit, que de pouvoir croire qu'un concile de si mauvais aloi soit jamais reçu pour œcuménique par l'Eglise universelle. Ce seroit faire une trop grande brèche à l'autorité de l'Eglise et du christianisme même, et ceux qui aiment sincèrement son véritable intérêt s'y doivent opposer. C'est ce que la France a fait autrefois avec un zèle digne de louange, dont elle ne devroit pas se relâcher maintenant qu'elle a été enrichie de tant de nouvelles lumières, parmi lesquelles on vous voit tant briller.

En tout cas, je suis persuadé que vous et tout ce qu'il y a de personnes éclairées dans votre parti, qui ne sauroient encore surmonter les préventions où ils sont engagés, rendront assez de justice aux protestans pour reconnoître qu'il ne leur est pas moins impossible d'effacer l'impression de tant de raisons invincibles, qu'ils croient avoir contre un concile dont la matière et la forme paroissent également insoutenables. Il n'y a que la force, ou bien une indifférence peu éloignée d'une irréligion déclarée, qui ne se fait que trop remarquer dans le monde, qui puisse le faire triompher. J'espère que Dieu préservera son Eglise d'un si grand mal ; et je le prie de vous conserver longtemps, et de vous donner les pensées qu'il faut avoir pour contribuer à sa gloire autant que les talens extraordinaires qu'il vous a confiés vous donnent moyen de le faire. Et je suis avec zèle, Monseigneur, votre très-humble et très-obéissant serviteur,

LEIBNIZ.

LETTRE XLIX.

LEIBNIZ A BOSSUET.

A Brunswick, ce 3 septembre 1700.

Monseigneur,

Votre lettre du 1ᵉʳ juin ne m'a été rendue qu'à mon retour de Berlin, où j'ai été plus de trois mois, parce que Monseigneur l'électeur de Brandebourg m'y a fait appeler, pour contribuer à la fondation d'une nouvelle société pour les sciences, dont Son Altesse Electorale veut que j'aie soin. J'avois laissé ordre qu'on ne m'envoyât pas les paquets un peu gros ; et comme il y avoit un livre dans le vôtre, on l'a fait attendre plus que je n'eusse voulu. C'est de la communication de ce livre encore que je vous remercie bien fort ; et je trouve que par les choses et par le bon tour qu'il leur donne, il est merveilleusement propre pour le but où il est destiné, c'est-à-dire pour achever ceux qui chancèlent. Mais il ne l'est pas tant pour ceux qui sont dans une autre assiette d'esprit, et qui opposent à vos préjugés de belle prestance d'autres préjugés qui ne le sont pas moins, et la discussion même, qui vaut mieux que tous les préjugés. Cependant il semble, Monseigneur, que l'habitude que vous avez de vaincre, vous fait toujours prendre des expressions qui y conviennent. Vous me prédisez que l'équivoque de *canonique* se tournera enfin contre moi. Vous me demandez à quel propos je vous parle de la force, comme d'un moyen de finir le schisme. Vous supposez toujours qu'on reconnoît que l'Eglise a décidé, et après cela vous inférez qu'on ne doit point toucher à de telles décisions.

Mais quant aux Livres canoniques, il faudra se remettre à la discussion où nous sommes; et quant à l'usage de la force et des armes, ce n'est pas la première fois que je vous ai dit, Monseigneur, que si vous voulez que toutes les opinions qu'on autorise chez vous soient reçues partout comme des jugemens de l'Eglise, dictés par le Saint-Esprit, il faudra joindre la force à la raison.

En disputant, je ne sais si on ne pourroit pas distinguer entre ce qui se dit *ad populum*, et entre ce dont pourroient convenir des personnes qui font profession d'exactitude. Il faut *ad populum, phaleras*. J'y accorderois les ornemens, et je pardonnerois même les suppositions et pétitions de principe : c'est assez qu'on persuade. Mais quand il s'agit d'approfondir les choses et de parvenir à la vérité, ne vaudroit-il pas mieux convenir d'une autre méthode qui approche un peu de celle des géomètres, et ne prendre pour accordé que ce que l'adversaire accorde effectivement, ou ce qu'on peut dire déjà prouvé par un raisonnement exact? C'est de cette méthode que je souhaiterois de me pouvoir servir. Elle retranche d'abord tout ce qui est choquant; elle dissipe les nuages du beau tour, et fait cesser les supériorités que l'éloquence et l'autorité donnent aux grands hommes, pour ne faire triompher que la vérité.

Suivant ce style, on diroit qu'un tel concile a décidé ceci ou cela; mais on ne dira pas que c'est le jugement de l'Eglise, avant que d'avoir montré qu'on a observé, en donnant ce jugement, les conditions d'un concile légitime et œcuménique, ou que l'Eglise universelle s'est expliquée par d'autres marques ; ou bien, au lieu de dire l'Eglise, on diroit l'Eglise romaine.

Pour ce qui est de la réponse que vous nous avez donnée autrefois, Monseigneur, voici de quoi je me souviens. Vous aviez pris la question comme si nous voulions que vous deviez renoncer vous-même aux conciles que vous reconnoissez, et c'est sur ce pied-là que vous répondîtes à M. l'abbé de Lokkum. Mais je vous remontrai fort distinctement qu'il ne s'agissoit pas de cela;

et que les conciles, suivant vos propres maximes, n'obligent point là où de grandes raisons empêchent qu'on ne les reçoive ou reconnoisse ; et c'est ce que je vous prouvai par un exemple très-considérable. Avant que d'y répondre, vous demandâtes, Monseigneur, que je vous envoyasse l'acte public qui justifioit la vérité de cet exemple. Je le fis, et après cela le droit du jeu étoit que vous répondissiez conformément à l'état de la question qu'on venoit de former. Mais vous ne le fîtes jamais ; et maintenant, par oubli sans doute, vous me renvoyez à la première réponse, dont il ne s'agissoit plus.

Vous avez raison de me sommer d'examiner sérieusement devant Dieu s'il y a quelque bon moyen d'empêcher l'état de l'Eglise de devenir éternellement variable : mais je l'entends en supposant qu'on peut, non pas changer ses décrets sur la foi et les reconnoître pour des erreurs, comme vous le prenez, mais suspendre ou tenir pour suspendue la force de ses décisions en certains cas et à certains égards ; en sorte que la suspension ait lieu, non pas entre ceux qui les croient émanées de l'Eglise, mais à l'égard d'autres, afin qu'on ne prononce point anathème contre ceux à qui sur des raisons très-apparentes cela ne paroît point croyable, surtout lorsque plusieurs grandes nations sont dans ce cas, et qu'il est difficile de parvenir autrement à l'union sans des bouleversemens qui entraînent, non-seulement une terrible effusion de sang, mais encore la perte d'une infinité d'ames.

Eh bien, Monseigneur, employez-y plutôt vous-même vos méditations et ce grand esprit dont Dieu vous a doué : rien ne le mérite mieux. A mon avis, le bon moyen d'empêcher les variations est tout trouvé chez vous, pourvu qu'on le veuille employer mieux qu'on n'a fait, comme personne ne le peut faire mieux que vous-même. C'est qu'il faut être circonspect, et on ne sauroit l'être trop pour ne faire passer pour le jugement de l'Eglise que ce qui en a les caractères indubitables, de peur qu'en recevant trop légèrement certaines décisions, on n'expose et on n'affoiblisse par là l'autorité de l'Eglise universelle, plus sans doute incomparablement que si on les rejetoit comme non prononcées ; ce qui feroit tout demeurer sauf et en son entier : d'où il est manifeste qu'il vaut mieux être trop réservé là-dessus que trop peu. Tôt ou tard la vérité se fera jour ; et il faut craindre que lorsqu'on croira d'avoir tout gagné, quand c'est par des mauvais moyens, on aura tout gâté et fait au christianisme même un tort difficile à réparer. Car il ne faut pas se dissimuler ce que tout le monde en France et ailleurs pense et dit sans se contraindre, tant dans les livres que dans le public. Ceux qui sont véritablement catholiques et chrétiens en doivent être touchés, et doivent encore souhaiter qu'on ménage extrèmement le nom et l'autorité de l'Eglise, en ne lui attribuant que des décisions bien avérées, afin que ce beau moyen qu'elle nous fournit d'apprendre la vérité garde sans falsification toute sa pureté et toute sa force, comme le cachet du prince ou comme la monnoie dans un Etat bien policé : et ils doivent compter pour un grand bonheur et pour un coup de la Providence, que la nation gallicane ne s'est pas encore précipitée par aucun acte authentique, et qu'il y a tant de peuples qui s'opposent à certaines décisions de mauvais aloi.

Jugez vous-même, Monseigneur, je vous en conjure, lesquels sont meilleurs catholiques, ou ceux qui ont soin de la réputation solide et pureté de l'Eglise et de la conservation du christianisme, ou ceux qui en abandonnent l'honneur pour maintenir, au péril de l'Eglise même et de tant de millions d'ames, les thèses qu'on a épousées dans le parti. Il semble encore temps de sauver cet honneur, et personne n'y peut plus que vous. Aussi ne crois-je pas qu'il y ait personne qui y soit plus engagé par des liens de conscience, puisqu'un jour on vous reprochera peut-être qu'il n'a tenu qu'à vous qu'un des plus grands biens ait été obtenu. Car vous pouvez beaucoup auprès du roi dans ces matières, et l'on sait ce que le roi peut dans le monde. Je ne sais si ce n'est pas encore l'intérêt de Rome même : toujours est-ce celui de la vérité.

Pourquoi porter tout aux extrémités, et pourquoi récuser les voies qui paroissent seules conciliables avec les propres et grands principes de la catholicité, et dont il y a même des exemples? Est-ce qu'on espère que son parti l'emportera de haute lutte? Mais Dieu sait quelle blessure cela fera au christianisme. Est-ce qu'on craint de se faire des affaires ? Mais outre que la conscience passe toutes choses, il semble que vous savez des voies sûres et solides pour faire entrer les puissances dans les intérêts de la vérité. Enfin je crains de dire trop quand je considère vos lumières, et pas assez quand je considère l'importance de la matière. Il faut donc en abandonner le soin et l'effet à la Providence, et ce qu'elle fera sera le meilleur, quand ce seroit de faire durer et augmenter nos maux encore pour longtemps. Cependant il faut que nous n'ayons rien à nous reprocher. Je fais tout ce que je puis ; et quand je ne réussis pas, je ne laisse pas d'être très-content. Dieu fera sa sainte volonté, et moi j'aurai fait mon devoir. Je prie la divine bonté de vous conserver encore longtemps, et de vous donner les occasions, aussi bien que la pensée, de contribuer à sa gloire, autant qu'il vous en a donné les moyens. Et je suis avec zèle, Monseigneur, votre très-humble et très-obéissant serviteur,

LEIBNIZ.

P. S. Mon zèle et ma bonne intention ayant fait que je me suis émancipé un peu dans cette lettre, j'ai cru que je ne ménagerois pas assez ce que je vous dois, si je la faisois passer sous d'autres yeux en la laissant ouverte. J'ajoute encore seulement que toutes nos ouvertures ou propositions viennent de votre parti même. Nous n'en sommes pas les inventeurs. Je le dis, afin qu'on ne croie point qu'un point d'honneur ou de gloire m'intéresse à les pousser. C'est la raison, c'est le devoir.

LETTRE L.

LEIBNIZ A BOSSUET.

A Volfenbuttel, ce 21 juin 1701.

MONSEIGNEUR,

J'ai eu l'honneur d'apprendre de Monseigneur le prince, héritier de Wolfenbuttel, que vous aviez témoigné de souhaiter quelque communication avec un théologien de ces pays-ci. Son Altesse

Sérénissime y a pensé, et m'a fait la grace de vouloir aussi écouter mon sentiment là-dessus : mais on y a trouvé de la difficulté, puisque M. l'abbé de Lokkum même paroissoit ne vous pas revenir (a), que nous savons être sans contredit celui de tous ces pays-ci qui a le plus d'autorité, et dont la doctrine et la modération ne sont guère moins hors du pair chez nous. Les autres qui seront le mieux disposés, n'oseront pas s'expliquer de leur chef d'une manière où il y ait autant d'avances qu'on en peut remarquer dans ce qu'il vous a écrit. Et comme ils communiqueront avec lui auparavant et peut-être encore avec moi, il n'y a point d'apparence que vous en tiriez quelque chose de plus avantageux que ce qu'on vous a mandé. La plupart même en seront bien éloignés, et diront des choses qui vous accommoderont encore moins incomparablement; car il faut bien préparer les esprits pour leur faire goûter les voies de modération : outre qu'il faut, Monseigneur, que vous fassiez aussi des avances qui marquent votre équité; d'autant qu'il ne s'agit pas proprement dans notre communication que vous quittiez à présent vos doctrines, mais que vous nous rendiez la justice de reconnoître que nous avons de notre côté des apparences assez fortes pour nous exempter d'opiniâtreté, lorsque nous ne saurions passer l'autorité de quelques-unes de vos décisions. Car si voulez exiger comme articles de foi des opinions dont le contraire étoit reçu notoirement par toute l'antiquité, et tenu encore du temps du cardinal Cajétan immédiatement avant le concile de Trente ; comme est l'opinion que vous paroissiez vouloir soutenir, d'une parfaite et entière égalité de tous les livres de la Bible, qui me paroît détruite absolument et sans réplique par les

(a) Il est difficile de deviner sur quoi M. de Leibniz a pu soupçonner M. de Meaux de ne vouloir pas traiter avec Molanus, puisque ce prélat a toujours au contraire témoigné une estime toute particulière pour l'abbé de Lokkum, dont le savoir et la modération étoient en effet très-estimables. Si l'on veut examiner les choses de près, je crois qu'on soupçonnera plutôt M. de Leibniz d'avoir écarté Molanus, et de s'être mis à sa place fort mal à propos. Car il est certain que M. de Leibniz ne montre pas la même candeur et la même sincérité. Il chicane sur tout; il incidente à tout propos; il répète des objections déjà résolues, et paroît employer tout son esprit à éluder les réponses si satisfaisantes qu'on lui donnoit, et à faire naître de nouvelles difficultés, au lieu que Molanus ne cherchoit qu'à les aplanir. Cette lettre, ainsi que plusieurs autres qui l'ont précédée, n'est pleine, à proprement parler, que de chicanes, comme M. de Meaux le fait assez sentir dans sa Réponse. (*Édit. de Leroi.*)

passages que je vous ai envoyés, il est impossible qu'on vienne au but; car vous avez trop de lumières et trop de bonnes intentions pour conseiller des voies obliques et peu théologiques, et nos théologiens sont de trop honnêtes gens pour y donner. Ainsi je vous laisse à penser à ce que vous pourrez juger faisable; et si vous croyez pouvoir me le communiquer, j'y contribuerai sincèrement en tout ce qui dépendra de moi. Car bien loin de me vouloir approprier cette négociation, je voudrois la pouvoir étendre bien avant à d'autres; et je doute qu'on retrouve sitôt des occasions si favorables du côté des princes et des théologiens.

Vous m'aviez témoigné autrefois, Monseigneur, d'avoir pris en bonne part que j'avois conseillé qu'on y joignît de votre côté quelque personne des conseils du roi, versée dans les lois et droits du royaume de France, qui eût toutes les connoissances et qualités requises, et qui pourroit prêter l'oreille à des tempéramens et ouvertures où votre caractère ne vous permet pas d'entrer, quand même vous les trouveriez raisonnables; mais qui ne feroient point de peine à une personne semblable à feu M. Pelisson, ou au président Miron, qui parla pour le tiers-état en 1614. Car ces ouvertures pourroient être réconciliables avec les anciens principes et priviléges de l'église et de la nation françoise, appuyés sur l'autorité royale et soutenus dans les assemblées nationales et ailleurs; mais que votre clergé a tâché de renverser par une entreprise contraire à l'autorité du roi, qui ne seroit point soufferte aujourd'hui. Ainsi je suis très-content, Monseigneur, que vous demandiez des théologiens, comme j'ai demandé des jurisconsultes. La différence qu'il y a est que votre demande ne sert point à faciliter les choses, comme faisoit la mienne, et que vous avez en effet ce que vous demandez. Car ce que je vous ai mandé a été communiqué avec M. l'abbé de Lokkum, et en substance encore avec d'autres. Je suis avec tout le zèle et toute la déférence possibles, Monseigneur, votre très-humble et très-obéissant serviteur,

Leibniz.

LETTRE LI.

BOSSUET A LEIBNIZ.

A Germigny, ce 12 août 1701.

Monsieur,

Je vois dans la lettre dont vous m'honorez, du 21 juin de cette année, qu'on avoit dit à Monseigneur le prince, héritier de Wolfenbuttel, « que j'avois témoigné souhaiter quelque communication avec un théologien du pays où vous êtes; » et qu'on y trouvoit d'autant plus de difficulté « que M. l'abbé de Lokkum même ne sembloit pas me revenir. » C'est sur quoi je suis obligé de vous satisfaire; et puisque la chose a été portée à Messeigneurs vos princes, dans la bienveillance desquels j'ai tant d'intérêt de me conserver quelque part, en reconnoissance des bontés qu'ils m'ont souvent fait l'honneur de me témoigner par vous-même, je vous supplie que cette réponse ne soit pas seulement pour vous, mais encore pour leurs Altesses Sérénissimes.

Je vous dirai donc, Monsieur, premièrement, que je n'ai jamais proposé de communication que je désirasse avec qui que ce soit de delà, me contentant d'être prêt à exposer mes sentimens, sans affectation de qui que ce soit, à tous ceux qui voudroient bien entrer avec moi dans les moyens de fermer la plaie de la chrétienté. Secondement, quand quelqu'un de vos pays, catholique ou protestant, m'a parlé des voies qu'on pourroit tenter pour un ouvrage si désirable, j'ai toujours dit que cette affaire devoit être principalement traitée avec des théologiens de la Confession d'Augsbourg, parmi lesquels j'ai toujours mis au premier rang M. l'abbé de Lokkum, comme un homme dont le savoir, la candeur et la modération le rendoient un des plus capables que je connusse pour avancer ce beau dessein.

J'ai, Monsieur, de ce savant homme la même opinion que vous en avez; et j'avoue selon les termes de votre lettre « que de tous ceux qui seront le mieux disposés à s'expliquer de leur chef, aucun n'a proposé une manière où il y ait autant d'avances qu'on en peut remarquer dans ce qu'il m'a écrit. »

Cela, Monsieur, est si véritable, que j'ai cru devoir assurer ce docte abbé, dans la réponse que je lui fis il y a déjà plusieurs années, par M. le comte Balati, que s'il pouvoit faire passer ce qu'il appelle ses « Pensées particulières, » *Cogitationes privatæ*, à un consentement suffisant, je me promettois qu'en y joignant les remarques que je lui envoyois sur la *Confession d'Augsbourg* et les autres Écrits symboliques des protestans, l'ouvrage de la réunion seroit achevé dans ses parties les plus difficiles et les plus essentielles, en sorte qu'il ne faudroit à des personnes bien disposées que très-peu de temps pour le conclure.

Vous voyez par là, Monsieur, combien est éloigné de la vérité ce qu'on a dit comme en mon nom à Monseigneur le prince héritier, puisque, bien loin de récuser M. l'abbé de Lokkum, comme on m'en accuse, j'en ai dit ce que vous venez d'entendre, et ce que je vous supplie de lire à vos princes, aux premiers momens de leur commodité que vous trouverez.

Quand j'ai parlé des théologiens nécessaires principalement dans cette affaire, ce n'a pas été pour en exclure les laïques, puisqu'au contraire un concours de tous les ordres y sera utile, et notamment le vôtre.

En effet quand vous proposâtes, ainsi que vous le remarquez dans votre lettre, de nommer ici des jurisconsultes pour travailler avec les théologiens, vous pouvez vous souvenir avec quelle facilité on y donna les mains; et cela étant, permettez-moi de vous témoigner mon étonnement sur la fin de votre lettre, où vous dites « que ma demande ne sert point à faciliter les choses, comme faisoit la vôtre. » Vous semblez par là m'accuser de chercher des longueurs; à quoi vous voyez bien par mon procédé, tel que je viens de vous l'expliquer sous les yeux de Dieu, que je n'ai seulement pas pensé.

Quant à ce que vous ajoutez, que j'ai déjà ce que je demande, ou plutôt ce que je propose sans rien demander, c'est-à-dire un théologien, cela seroit vrai, si M. l'abbé de Lokkum paroissoit encore dans les dernières communications que nous avons eues ensemble, au lieu qu'il me semble que nous l'avons tout à fait perdu de vue.

Vous voyez donc, ce me semble, assez clairement que cette proposition tend plutôt à abréger qu'à prolonger les affaires ; et ma disposition est toujours, tant qu'il restera la moindre lueur d'espérance dans ce grand ouvrage, de m'appliquer sans relâche à le faciliter, autant qu'il pourra dépendre de ma bonne volonté et de mes soins.

Il faudroit maintenant vous dire un mot sur les avances que vous désireriez que je fisse, « qui, dites-vous, marquent de l'équité et de la modération. » On peut faire deux sortes d'avances : les unes sur la discipline, et sur cela on peut entrer en composition. Je ne crois pas avoir rien omis de ce côté-là, comme il paroît par ma réponse à M. l'abbé de Lokkum. S'il y a pourtant quelque chose qu'on y puisse encore ajouter, je suis prêt à y suppléer par d'autres ouvertures, aussitôt qu'on se sera expliqué sur les premières, ce qui n'a pas encore été fait. Quant aux avances que vous semblez attendre de notre part sur les dogmes de la foi, je vous ai répondu souvent que la constitution de l'Église romaine n'en souffre aucune, que par voie expositoire et déclaratoire. J'ai fait sur cela, Monsieur, toutes les avances dont je me suis avisé pour lever les difficultés qu'on trouve dans notre doctrine, en l'exposant telle qu'elle est : les autres expositions que l'on pourroit encore attendre, dépendant des nouvelles difficultés qu'on nous pourroit proposer. Les affaires de la religion ne se traitent pas comme les affaires temporelles, que l'on compose souvent en se relâchant de part et d'autre, parce que ce sont des affaires dont les hommes sont les maîtres. Mais les affaires de la foi dépendent de la révélation, sur laquelle on peut s'expliquer mutuellement pour se faire bien entendre ; mais c'est là aussi la seule méthode qui peut réussir de notre côté. Il ne serviroit de rien à la chose que j'entrasse dans les autres voies, et ce seroit faire le modéré mal à propos. La véritable modération qu'il faut garder en de telles choses, c'est de dire au vrai l'état où elles sont, puisque toute autre facilité qu'on pourroit chercher ne serviroit qu'à perdre le temps, et à faire naître dans la suite des difficultés encore plus grandes.

La grande difficulté à laquelle je vous ai souvent représenté qu'il falloit chercher un remède, c'est, en parlant de réunion, d'en proposer des moyens qui ne nous fissent point tomber dans un schisme plus dangereux et plus irrémédiable que celui que nous tâcherions de guérir. La voie déclaratoire que je vous propose évite cet inconvénient; et au contraire la suspension que vous proposez nous y jette jusqu'au fond, sans qu'on s'en puisse tirer.

Vous vous attachez, Monsieur, à nous proposer pour préliminaire la suspension du concile de Trente, sous prétexte qu'il n'est pas reçu en France. J'ai eu l'honneur de vous dire, et je vous le répéterai sans cesse, que sans ici regarder la discipline, il étoit reçu pour le dogme. Tous tant que nous sommes d'évêques, et tout ce qu'il y a d'ecclésiastiques dans l'Eglise catholique, nous avons souscrit la foi de ce concile. Il n'y a dans toute la communion romaine aucun théologien qui réponde aux décrets de foi qu'on en tire, qu'il n'est pas reçu dans cette partie : tous au contraire, en France ou en Allemagne, comme en Italie, reconnoissent d'un commun accord que c'est là une autorité dont aucun auteur catholique ne se donne la liberté de se départir. Lorsqu'on veut noter ou qualifier, comme on appelle, des propositions censurables, une des notes des plus ordinaires est qu'elle est contraire à la doctrine du concile de Trente : toutes les facultés de théologie, et la Sorbonne comme les autres, se servent tous les jours de cette censure; tous les évêques l'emploient, et en particulier, et dans les assemblées générales du clergé; ce que la dernière a encore solennellement pratiqué. Il ne faut point chercher d'autre acceptation de ce concile quant au dogme, que des actes si authentiques et si souvent réitérés.

Mais, dites-vous, « vous ne proposez que de suspendre les anathèmes de ce concile à l'égard de ceux qui ne sont pas persuadés qu'il soit légitime. » C'est votre réponse dans votre Lettre du 3 septembre 1700.

Mais au fond et quoi qu'il en soit, on laissera libre de croire, ou de ne croire pas ses décisions ; ce qui n'est rien moins, bien qu'on adoucisse les termes, que de lui ôter toute autorité. Et après tout, que servira cet expédient, puisqu'il n'en faudroit pas moins croire la transsubstantiation, le sacrifice, la primauté du Pape de droit divin, la prière des Saints et celle pour les morts, qui ont été définies dans les conciles précédens? Ou bien il faudra abolir par un seul coup tous les conciles, que votre nation, comme les autres, ont tenus ensemble depuis sept à huit cents ans. Ainsi le concile de Constance, où toute la nation germanique a concouru avec une si parfaite unanimité contre Jean Wiclef et Jean Hus, sera le premier à tomber par terre : tout ce qui a été fait, à remonter jusqu'aux décrets contre Bérenger, sera révoqué en doute, quoique reçu par toute l'Eglise d'Occident et en Allemagne comme partout ailleurs; les conciles que nous avons célébrés avec les Grecs n'auront pas plus de solidité. Le second concile de Nicée, que l'Orient et l'Occident reçoivent d'un commun accord parmi les œcuméniques, tombera comme les autres. Si vous objectez que les François y ont trouvé de la difficulté pendant quelque temps, M. l'abbé de Lokkum vous répondra que ce fut faute de s'entendre; et cette réponse contenue dans les Ecrits que j'ai de lui, est digne de son savoir et de sa bonne foi. Les conciles de l'âge supérieur ne tiendront pas davantage; et vous-même, sans que je puisse entendre pourquoi, vous ôtez toute autorité à la définition du concile VI, sur les deux volontés de Jésus-Christ, encore que ce concile soit reçu en Orient et en Occident sans aucune difficulté. Tout le reste s'évanouira de même, ou ne sera appuyé que sur des fondemens arbitraires. Trouvez, Monsieur, un remède à ce désordre, ou renoncez à l'expédient que vous proposez.

Mais, nous direz-vous, vous vous faites vous-mêmes l'Eglise, et c'est ce qu'on vous conteste. Il est vrai ; mais ceux qui nous le contestent, ou nient l'Eglise infaillible, ou ils l'avouent. S'ils la nient infaillible, qu'ils donnent donc un moyen de conserver le point fixe de la religion. Ils y demeureront courts ; et dès la première dispute l'expérience les démentira. Il faudra donc avouer l'Eglise infaillible : mais déjà sans discussion, vous ne l'êtes pas, vous qui ôtez constamment cet attribut à l'Eglise. La première chose que fera le concile œcuménique que vous proposez, sans vouloir discuter ici comment on le formera, sera de repasser et comme refondre toutes les professions de foi par un nouvel examen. Laissez-nous donc en place comme vous nous y avez trouvés, et ne forcez pas tout le monde à varier ni à mettre tout en dispute : laissez sur la terre quelques chrétiens qui ne rendent pas impossibles les décisions inviolables sur les questions de la foi, qui osent assurer la religion, et attendre de Jésus-Christ selon sa parole une assistance infaillible sur ces matières. C'est là l'unique espérance du christianisme.

Mais, direz-vous, quel droit pensez-vous avoir de nous obliger à changer plutôt que vous ? Il est aisé de répondre. C'est que vous agissez selon vos maximes, en offrant un nouvel examen, et nous pouvons accepter l'offre (*a*) : mais nous de notre côté, selon nos principes, nous ne pouvons rien de semblable ; et quand quelques particuliers y consentiroient, ils seroient incontinent démentis par tout le reste de l'Eglise.

Tout est donc désespéré, reprendrez-vous, puisque nous voulons entrer en traité avec avantage. C'est, Monsieur, un avantage qu'on ne peut ôter à la communion dont les autres se sont séparées, et avec laquelle on travaille à les réunir. Enfin c'est un avantage qui nous est donné par la constitution de l'Eglise où nous vivons et, comme on a vu, pour le bien commun de la stabilité du christianisme, dont vous devez être jaloux autant que nous.

A cela, Monsieur, vous opposez la convention, ou, comme on

(*a*) Déforis raconte, dans une longue note, comment son censeur vouloit lui faire retrancher cette phrase, et comment il refusa cette suppression. Cependant il admit la rectification que voici : « Vous agissez selon vos maximes en nous offrant un nouvel examen, et *en prétendant que* nous pouvons accepter l'offre. » On voit que le commentaire va droit à l'encontre du texte. La phrase de Bossuet doit manifestement se traduire de cette manière : « Vous nous proposez d'examiner de nouveau les dogmes du concile de Trente ; nous pouvons accepter cet examen, non pour nous, mais pour votre avantage ; non pour fortifier notre foi, mais pour dissiper vos doutes ; non pour vérifier les définitions du concile de Trente, mais pour vous amener à ses décisions. » Qu'y a-t-il de répréhensible dans cette doctrine ? Si nous ne pouvions examiner notre croyance avec ceux qui la combattent, pourquoi les disputes, les polémiques, les discussions, les apologies ? pourquoi l'enseignement de toutes les sciences théologiques ?

l'appeloit, le Compact accordé aux calixtins dans le concile de Bâle, par une suspension du concile de Constance; et vous dites que m'en ayant proposé l'objection, je n'y ai jamais fait de réponse. C'est ce qu'on lit dans votre lettre du 3 septembre 1700. Pardonnez-moi, Monsieur, si je vous dis que par là vous me paroissez avoir oublié ce que contenoit la réponse que j'envoyai à la Cour d'Hanovre par M. le comte Balati, sur l'Ecrit de M. l'abbé de Lokkum et sur les vôtres. Je vous prie de la repasser sous vos yeux; vous trouverez que j'ai répondu exactement à toutes vos difficultés, et notamment à celle que vous tirez du concile de Bâle. Si mon Ecrit est égaré, comme il se peut, depuis tant d'années, il est aisé de vous l'envoyer de nouveau, et de vous convaincre par vos yeux de la vérité de tout ce que j'avance aujourd'hui. Pour moi, je puis vous assurer que je n'ai pas perdu un seul papier de ceux qui nous ont été adressés, à feu M. Pelisson, et à moi, par l'entremise de cette sainte et religieuse princesse madame l'abbesse de Maubuisson, et que les repassant tous, je vois que j'ai satisfait à tout.

Vous-même, en relisant ces réponses, vous verrez en même temps, Monsieur, qu'encore que nous rejetions la voie de suspension comme impraticable, les moyens de la réunion ne manqueront pas à ceux qui la chercheront avec un esprit chrétien, puisque, bienloin que le concile de Trente y soit un obstacle, c'est au contraire principalement de ce concile que se tireront des éclaircissemens qui devront contenter les protestans, et qui à la fois seront dignes d'être approuvés par la chaire de saint Pierre et par toute l'Eglise catholique.

Vous voyez par là, Monsieur, quel usage nous voulons faire de ce concile. Ce n'est pas d'abord de le faire servir de préjugé aux protestans, puisque ce seroit supposer ce qui est en question entre nous. Nous agissons avec plus d'équité. Ce concile nous servira à donner de solides éclaircissemens de notre doctrine. La méthode que nous suivrons sera de nous expliquer sur les points où l'on s'impute mutuellement ce qu'on ne croit pas, et où l'on dispute faute de s'entendre. Cela se peut pousser si avant, que M. l'abbé de Lokkum a concilié actuellement les points si essentiels de la justification et du sacrifice de l'Eucharistie; et il ne lui manque, de ce côté-là, que de se faire avouer. Pourquoi ne pas espérer de finir par le même moyen, des disputes moins difficiles et moins importantes? Pour moi, bien certainement, je n'avance ni je n'avancerai rien dont je ne puisse très-aisément obtenir l'aveu parmi nous. A ces éclaircissemens on joindra ceux qui se tireront, non des docteurs particuliers, ce qui seroit infini, mais de vos livres symboliques. Vos Princes trouveront sans doute qu'il n'y a rien de plus équitable que ce procédé. Si l'on avoit fait attention aux solides conciliations que j'ai proposées sur ce fondement, au lieu qu'il ne paroît pas qu'on ait fait semblant de les voir, l'affaire seroit peut-être à présent bien avancée. Ainsi ce n'est pas à moi qu'il faut imputer le retardement. Si l'état des affaires survenues rend les choses plus difficiles; si les difficultés semblent s'augmenter au lieu de décroître, et que Dieu n'ouvre pas encore les cœurs aux propositions de paix si bien commencées, c'est à nous à attendre les momens que notre Père céleste a mis en sa puissance, et à nous tenir toujours prêts au premier signal à travailler à son œuvre qui est celle de la paix.

Je n'avois pas dessein de répondre à vos deux lettres sur le canon des Ecritures, parce que je craignois que cette réponse ne nous jetât dans des traités de controverse, au lieu que nous n'avions mis la main à la plume que pour donner des principes d'éclaircissement. Mais comme j'ai vu dans la dernère lettre dont vous m'honorez, que vous vous portez jusqu'à dire que vos objections contre le décret de Trente sont sans réplique, je ne dois pas vous laisser dans cette pensée. Vous aurez ma réponse, s'il plaît à Dieu, dès le premier ordinaire; et cependant je demeurerai avec toute l'estime possible, Monsieur, votre très-humble et très-obéissant serviteur,

J. Bénigne, év. de Meaux.

LETTRE LII.

BOSSUET A LEIBNIZ

Ce 17 août 1701.

Je ne croyois pas avoir encore à traiter cette matière avec vous, Monsieur, après les principes que j'avois posés : car de descendre au détail de cette matière, cela n'est pas de notre dessein, et n'opéreroit autre chose qu'une controverse dans les formes, ajoutée à toutes les autres. Ne nous jetons donc point dans cette discussion ; et voyons par les principes communs s'il est véritable que le décret du concile de Trente sur la canonicité des Livres de la Bible, soit détruit absolument et sans réplique par vos deux lettres du 14 et du 24 mai 1700, ainsi que vous l'assurez dans votre dernière lettre, qui est du 21 juin 1701. Il ne faut pas vous laisser dans cette erreur, puisqu'il est si aisé de vous donner les moyens de vous en tirer, et qu'il n'y a, en vous remettant devant les yeux les principes que vous posez, qu'à vous faire voir qu'ils sont tous évidemment contraires à la règle de la foi et, qui plus est, de votre aveu propre.

I. Ce que vous avez remarqué comme le plus convaincant, c'est que « nous exigeons comme articles de foi des opinions, dont le contraire étoit reçu notoirement par toute l'antiquité, et tenu encore du temps du cardinal Cajétan, immédiatement avant le concile de Trente [1]. » Vous alléguez sur cela l'opinion de ce cardinal, qui rejette du canon des Ecritures anciennes la *Sagesse*, l'*Ecclésiastique* et les autres livres semblables que le concile de Trente a reçus. Mais il ne falloit pas dissimuler que le même cardinal exclut du canon des Ecritures l'*Epître* de saint Jacques, celle de saint Jude, deux de saint Jean, et même l'*Epître aux Hébreux*, comme « n'étant ni de saint Paul, ni certainement canonique; en sorte qu'elle ne suffit pas à déterminer les points de la foi par sa seule autorité. »

Il se fonde comme vous sur saint Jérôme; et il pousse si loin

[1] Lettre de Leib., du 21 juin 1701.

sa critique, qu'il ne reçoit pas dans saint Jean l'histoire de la femme adultère comme tout à fait authentique, ni comme faisant une partie assurée de l'Evangile. Si donc l'opinion de Cajétan étoit un préjugé en faveur de ces exclusions, le concile n'auroit pas pu recevoir ces livres; ce qui est évidemment faux, puisque vous-même vous les recevez.

II. Vous voyez donc, Monsieur, que dans l'argument que vous croyez sans réplique, vous avez posé d'abord ce faux principe qu'il n'est pas permis de passer pour certainement canonique un livre dont il auroit été autrefois permis de douter.

III. J'ajoute que, dans tous vos autres argumens, vous tombez dans le défaut de prouver trop, qui est le plus grand où puisse tomber un théologien, et même un dialecticien et un philosophe, puisqu'il ôte toute la justesse de la preuve et se tourne contre soi-même. J'ajoute encore que vous ne donnez en effet aucun principe certain pour juger de la canonicité des saints Livres. Celui que vous proposez comme constamment reçu par toute l'ancienne Eglise pour les Livres de l'Ancien Testament, qui est de ne recevoir que les livres qui sont contenus dans le canon des Hébreux, n'est rien moins que constant et universel, puisque le plus ancien canon que vous proposez, qui est celui de Méliton chez Eusèbe [1], ne contient pas le livre d'*Esther*, quoique constamment reçu dans le canon des Hébreux.

IV. Après le canon de Méliton, le plus ancien que vous produisiez est celui du concile de Laodicée [2]; mais si vous aviez marqué que ce concile a mis dans son canon *Jérémie* avec *Baruch*, les *Lamentations*, l'*Epître* de ce prophète, où l'on voit avec les *Lamentations*, qui sont dans l'hébreu, deux livres qui ne se trouvent que dans le grec, on auroit vu que la règle de ce concile n'étoit pas le canon des Hébreux.

V. Le concile de Laodicée étoit composé de plusieurs provinces d'Asie. On voit donc par là le principe, non pas seulement de quelques particuliers, mais encore de plusieurs églises, et même de plusieurs provinces.

---

[1] Euseb., *Hist. Eccl.*, lib. IV, cap. XXVI. — [2] *Conc. Laod.*, can. LX; Lab., tom. 1, col. 1521.

VI. Le même concile ne reçoit pas l'*Apocalypse*, que nous recevons tous également, encore qu'il fût composé de tant d'églises d'Asie, et même de l'Eglise de Laodicée, qui étoit une de celles à qui cette divine révélation étoit adressée [1]. Nonobstant cette exclusion, la tradition plus universelle l'a emporté. Vous ne prenez donc pas pour règle le canon de Laodicée, et vous ne tirez pas à conséquence cette exclusion de l'*Apocalypse*.

VII. Vous produisez le dénombrement de saint Athanase dans le fragment précieux d'une de ses *Lettres pascales* [2], et l'abrégé ou *Synopse* de l'Ecriture [3], ouvrage excellent attribué au même Père ; mais si vous aviez ajouté que dans ce fragment, le livre d'*Esther* ne se trouve pas au rang des canoniques, le défaut de votre preuve eût sauté aux yeux.

VIII. Il est vrai que sur la fin il ajoute que pour une plus grande exactitude, il remarquera d'autres livres qu'on lit aux catéchumènes par l'ordre des Pères, quoiqu'ils ne soient pas dans le canon, et qu'il compte parmi ces livres celui d'*Esther*. Mais il est vrai aussi qu'il y compte en même temps la *Sagesse* de Salomon, la *Sagesse* de Sirach, *Judith* et *Tobie*. Je ne parle pas de deux autres livres dont il fait encore mention, ni de ce qu'il dit des apocryphes inventés par les hérétiques en confirmation de leurs erreurs.

IX. Pour la *Synopse*, qui est un ouvrage qu'on ne juge pas indigne de saint Athanase, encore qu'il n'en soit pas, nous y trouvons en premier lieu avec *Jérémie*, *Baruch*, les *Lamentations*, et la lettre qui est à la fin de *Baruch* [4], comme un ouvrage de Jérémie : d'où je tire la même conséquence que du canon de Laodicée.

X. En second lieu, *Esther* y est, mais non pas parmi les vingt-deux Livres du canon. L'auteur la met à la tête des livres de *Judith*, de *Tobie*, de la *Sagesse* de Salomon, et de celle de Jésus fils de Sirach [5]. Quoiqu'il ne compte pas ces livres parmi les vingt-deux Livres canoniques, il les range parmi les Livres du Vieux Testament qu'on lit aux catéchumènes : sur quoi je vous laisse à

---

[1] Vid. *Apoc.*, III, 14. — [2] Num. 74, S. Athan., *fragm. Epist. fest.* — [3] Tom. II, p. 126. — [4] *Ibid.*, p. 167. — [5] *Ibid.*, p. 129, 168.

faire telle réflexion qu'il vous plaira. Il me suffit de vous faire voir qu'il les compte avec *Esther*, et leur donne la même autorité.

XI. Vous alléguez le dénombrement de saint Grégoire de Nazianze, de l'Iambique III du même saint à Séleucus, que vous attribuez à Amphiloque [1]. Vous deviez encore ajouter que saint Grégoire de Nazianze omet le livre d'*Esther*, comme avoit fait Méliton, avec l'*Epître aux Hébreux* et l'*Apocalypse*, et laisse parmi les livres douteux ceux qu'il n'a pas dénommés.

XII. L'Iambique que vous donnez à Amphiloque, après le dénombrement des Livres de l'Ancien Testament, remarque que quelques-uns y ajoutent le livre d'*Esther*, le laissant par ce moyen en termes exprès parmi les douteux. Quant à l'*Epître aux Hébreux*, il la reçoit, en observant que quelques-uns ne l'admettent pas : mais pour ce qui est de l'*Apocalypse*, il dit que la plupart la rejettent.

XIII. Je vous laisse à juger à vous-même de ce qu'il faut penser de l'omission du livre d'*Esther*, que vous dites faite par mégarde et par la négligence des copistes dans le dénombrement de Méliton [2]. Foible dénouement s'il en fut jamais, puisque les passages de saint Athanase, de la *Synopse* et de saint Grégoire de Nazianze avec celui d'Amphiloque, font voir que cette omission avoit du dessein, et ne doit pas être imputée à la méprise à laquelle vous avez recours sans fondement. Ainsi le livre d'*Esther*, que vous recevez pour constamment canonique, demeure selon vos principes éternellement douteux, et vous ne laissez aucun moyen de le rétablir.

XIV. Vous répondez en un autre endroit que ce qui pouvoit faire difficulté sur le livre d'*Esther*, c'étoient les additions, sans songer que par la même raison, il auroit fallu laisser hors du canon *Daniel* comme *Esther*.

XV. Vous faites beaucoup valoir le dénombrement de saint Epiphane [3], qui dans les livres *des Poids et des mesures*, et encore dans celui des *Hérésies*, se réduit au canon des Hébreux pour les Livres de l'Ancien Testament.

[1] N. 74, Greg. Naz., *Carm.* XXXIII. — [2] *Sup.*, lett. du 24 mai 1700. — [3] N. 78.

Mais vous oubliez dans cette même hérésie LXXVI, qui est celle des anoméens, l'endroit où ce Père dit nettement à l'hérésiarque Aétius, « que s'il avoit lu les vingt-deux Livres de l'Ancien Testament, depuis la *Genèse* jusqu'au temps d'*Esther*, les quatre Evangiles, les quatorze *Epîtres* de saint Paul, avec les sept catholiques et l'*Apocalypse* de saint Jean, ensemble les livres de la *Sagesse* de Salomon et de Jésus fils de Sirach, enfin tous les Livres de l'Ecriture, il se condamneroit lui-même [1] » sur le titre qu'il donnoit à Dieu pour ôter la divinité à son Fils unique. Il met donc dans le même rang, avec les saints Livres de l'Ancien et du Nouveau Testament, les deux livres de la *Sagesse* et de l'*Ecclésiastique*; et encore qu'il ne les compte pas avec les vingt-deux qui composent le canon primitif qui est celui des Hébreux, il les emploie également, comme les autres Livres divins, à convaincre les hérétiques.

XVI. Toutes vos règles sont renversées par ces dénombremens des Livres sacrés. Vous les employez à établir que la règle de l'ancienne Eglise, pour les Livres de l'Ancien Testament, est le canon des Hébreux : mais vous voyez au contraire que ni on ne met dans le canon tous les livres qui sont dans l'hébreu, ni on n'en exclut tous ceux qui ne se trouvent que dans le grec; et qu'encore qu'on ne mette pas certains livres dans le canon primitif, on ne laisse pas d'ailleurs de les employer comme Livres divinement inspirés, pour établir les vrais dogmes et condamner les mauvais.

XVII. Votre autre règle tombe encore, qui consiste à ne recevoir que les livres qui ont toujours été reçus d'un consentement unanime, puisque vous recevez vous-même des livres que le plus grand nombre en certains pays, et des provinces entières avoient exclus.

XVIII. Je ne répéterai pas ce que j'ai dit d'Origène dans ma lettre du 9 janvier 1700 [2], et que vous avez laissé passer sans contradiction dans votre lettre du 14 mai 1700 [3], en répondant seulement que c'est là quelque chose de particulier. Mais quoi qu'il en soit, il y a ceci de général dans un auteur si ancien et si sa-

---

[1] Epiph., *Hær*. LXXVI, c. V. — [2] *Ibid.*, n. 10. — [3] *Ibid.*, n. 41.

vant, que les Hébreux ne sont pas à suivre dans la suppression qu'ils ont faite de ce qui ne se trouve que dans le grec, et qu'en cela il faut préférer l'autorité des chrétiens ; ce qui est décisif pour notre cause.

XIX. Pendant que nous sommes sur Origène, vous m'accusez du même défaut que je vous objecte, qui est celui de prouver trop ; et vous soutenez que les citations si fréquentes, dans les ouvrages de ce grand homme, de ces livres contestés, aussi bien que celles de saint Clément Alexandrin, de saint Cyprien et de quelques autres, ne prouvent rien, parce que le même Origène a cité le *Pasteur*, livre si suspect. C'est, Monsieur, ce qui fait contre vous, puisqu'en citant le *Pasteur* il y ajoute ordinairement cette exception : *Si cui tamen libellus ille suscipiendus videtur ;* restriction que je n'ai pas remarqué qu'il ajoutât, lorsqu'il cite *Judith*, *Tobie* et le livre de la *Sagesse ;* comme on le peut remarquer en plusieurs endroits, et notamment dans ses Homélies xxvii et xxxiii sur les *Nombres*, où les trois livres qu'on vient de nommer sont allégués sans exception, et en parallèle avec les livres d'*Esther*, du *Lévitique* et des *Nombres*, et même avec l'Evangile et les *Epîtres* de saint Paul.

XX. Vous aviez comme supposé votre principe dès votre lettre du 11 décembre 1699 ; et je vous avois représenté par ma réponse du 9 janvier 1700, n. xv, que cette difficulté vous étoit commune avec nous, puisque vous receviez pour certainement canoniques l'*Epître aux Hébreux* et les autres, dont vous voyez aussi bien que moi qu'on n'a pas plus été toujours d'accord que de la *Sagesse*, etc.

XXI. Si je voulois dire, Monsieur, que c'est là un raisonnement sans réplique, je le pourrois démontrer par la nullité évidente de vos réponses dans votre lettre du 14 mai 1700.

XXII. Vous en faites deux : la première dans l'endroit de cette lettre, où vous parlez en cette sorte : « Il y a plusieurs choses à répondre ; car premièrement les protestans ne demandent pas que les vérités de foi aient toujours prévalu, ou qu'elles aient toujours été reçues généralement[1]. » Dites-moi donc, je vous

---

[1] Lettre du 14 mai 1700, n. 43.

prie, quelle règle se proposent vos églises sur la réception des Ecritures canoniques. En savent-elles plus que les autres pour les discerner? Voudront-elles avoir recours à l'inspiration particulière des prétendus réformés, c'est-à-dire à leur fanatisme? C'est, Monsieur, ce que je vous laisse à considérer; et je vous dirai seulement que votre réponse est un manifeste abandonnement du principe que vous aviez posé comme certain et commun, dans votre lettre du 11 décembre 1699, qui a été le fondement de tout ce que nous avons écrit depuis.

XXIII. Je trouve une autre réponse dans la même lettre du 14 mai 1700, où vous parlez ainsi : « Il y a bien de la différence entre la doctrine constante de l'Eglise ancienne, contraire à la pleine autorité des Livres de l'Ancien Testament, qui sont hors du canon des Hébreux, et entre les doutes particuliers que quelques-uns ont formés contre l'*Epître aux Hébreux* et contre l'*Apocalypse*; outre qu'on peut nier qu'elles soient de saint Paul ou de saint Jean, sans nier qu'elles sont divines [1]. »

XXIV. Mais vous voyez bien en premier lieu, que ceux qui n'admettoient pas l'*Epître aux Hébreux* et l'*Apocalypse*, ne leur ôtoient pas seulement le nom de saint Paul ou de saint Jean, mais encore leur canonicité; et en second lieu, qu'il ne s'agit point ici d'un doute particulier, mais du doute de plusieurs églises, et souvent même de plusieurs provinces.

XXV. Convaincu par ces deux réponses, que vous avez pu aisément prévoir, vous n'en avez plus que de dire « que, quand on accorderoit chez les protestans qu'on n'est pas obligé sous anathème de reconnoître ces deux Livres (l'*Epître aux Hébreux* et l'*Apocalypse*) comme divins et infaillibles, il n'y auroit pas grand mal [2]. » Ainsi plutôt que de conserver les livres de la *Sagesse* et les autres, vous aimez mieux consentir à noyer sans ressource l'*Epître aux Hébreux* et l'*Apocalypse*, et par la même raison les *Epîtres* de saint Jacques, de saint Jean et de saint Jude. Le livre d'*Esther* sera entraîné par la même conséquence. Vous ne ferez point de scrupule de laisser perdre aux enfans de Dieu tant d'oracles de leur Père céleste, à cause qu'on aura souffert à Cajétan

[1] Lettre du 14 mai 1700, n. 43. — [2] N. 44.

et à quelques autres de ne les pas recevoir. On n'osera plus réprimer Luther, qui a blasphémé contre l'*Epître* de saint Jacques, qu'il appelle une *Epître de paille*. Il faudra laisser dire impunément à tous les esprits libertins, ce qui leur viendra dans la pensée contre deux Livres aussi divins que sont l'*Epître aux Hébreux* et l'*Apocalypse*; et l'on en sera quitte pour dire, comme vous faites en ce lieu, « que le moins d'anathèmes qu'on peut, c'est le meilleur. »

XXVI. L'Eglise catholique raisonne sur de plus solides fondemens, et met les doutes sur certains livres canoniques au rang de ceux qu'elle a soufferts sur tant d'autres matières, avant qu'elles fussent bien éclaircies et bien décidées par le jugement exprès de l'Eglise.

XXVII. Vous avez peine à reconnoître l'autorité de ces décisions. Vous comptez pour innovations, lorsqu'on passe en articles des points qu'on ne souffre plus qui soient contestés par ceux qu'on souffroit auparavant. Par là vous rejetez la doctrine constante et indubitable que j'avois tâché d'expliquer par ma lettre du 30 janvier 1700, à laquelle vous voulez bien que je vous renvoie, puisque après l'avoir laissée sans contradiction, vous déclarez sur la fin de votre lettre du 14 mai 1700, qu'au fond elle ne doit point nous arrêter.

XXVIII. Aussi cette doctrine est-elle certaine parmi les chrétiens. Personne ne trouve la rebaptisation aussi coupable dans saint Cyprien qu'elle l'a été dans les donatistes depuis la décision de l'Eglise universelle. Ceux qui ont favorisé les pélagiens et les demi-pélagiens avant les définitions de Carthage, d'Orange, etc., sont excusés, et non pas ceux qui l'ont fait depuis. Il en est ainsi des autres dogmes. Les décisions de l'Eglise, sans rien dire de nouveau, mettent dans la chose une précision et une autorité à laquelle il n'est plus permis de résister.

XXIX. Quand donc on demande ce que devient cette maxime : Que la foi est enseignée *toujours*, *partout* et *par tous*, il faut entendre ce *tous* du gros de l'Eglise : et je m'assure, Monsieur, que vous-même ne feriez pas une autre réponse à une pareille demande.

XXX. Il n'y a plus qu'à l'appliquer à la matière que nous traitons. L'Eglise catholique n'a jamais cru que le canon des Hébreux fût la seule règle, ni que pour exclure certains Livres de l'Ancien Testament de ce canon, qu'on appeloit le *Canon par excellence,* parce que c'étoit le premier et le primitif, on eût eu intention pour cela de les rayer du nombre des Livres que le Saint-Esprit a dictés. Elle a donc porté ses yeux sur toute la tradition; et par ce moyen elle a aperçu que tous les Livres qui sont aujourd'hui dans son canon, ont été communément et dès l'origine du christianisme, cités même en confirmation des dogmes les plus essentiels de la foi par la plupart des saints Pères. Ainsi elle a trouvé dans saint Athanase, au livre *Contre les Gentils,* la *Sagesse* citée en preuve indifféremment avec les autres Ecritures. On trouve encore dans sa première *Lettre à Sérapion,* aussi bien qu'ailleurs, le livre de la *Sagesse* cité sans distinction avec les livres les plus authentiques, en preuve certaine de l'égalité des attributs du Saint-Esprit avec ceux du Père et du Fils, pour en conclure la divinité. On trouvera le même argument dans saint Grégoire de Nazianze et dans les autres saints. Nous venons d'ouïr la citation de saint Epiphane contre l'hérésie d'Aétius, qui dégradoit le Fils de Dieu. Nous avons vu dans les lettres du 9 et du 30 janvier 1700, celle de saint Augustin contre les semi-pélagiens, et il y faudra bientôt revenir. Nous produirions aisément beaucoup d'exemples semblables.

XXXI. Pour marcher plus sûrement, on trouve encore des canons exprès et authentiques, où ces livres sont rédigés. C'est le pape saint Innocent, qui consulté par saint Exupère, a instruit en sa personne toute l'église gallicane de leur autorité, sans les distinguer des autres. C'est le troisième concile de Carthage, qui voulant laisser à toute l'Afrique un monument éternel des Livres qu'elle avoit reconnus de tout temps, a inséré dans son canon ces mêmes livres sans en excepter un seul, avec le titre d'*Ecritures canoniques*[1]. On n'a plus besoin de parler du concile romain sous le pape Gélase : il faut seulement remarquer que s'il ne nomme qu'un livre des *Machabées,* c'est visiblement au même

[1] *Conc. Carth.* III, can. 47; ., Labb., tom. II, col. 1177.

sens que dans la plupart des canons, les deux livres des *Paralipomènes* ne sont comptés que pour un, non plus que *Néhémias* et *Esdras*, et beaucoup d'autres, à cause, comme saint Jérôme l'a bien remarqué [1], qu'on en faisoit un même volume : ce qui peut d'autant plutôt être arrivé aux deux livres des *Machabées*, que dans le fond ils ne font ensemble qu'une même histoire.

XXXII. Vous voulez nous persuader que, sous le nom d'Ecriture canonique, on entendoit souvent en ce temps les Ecritures qu'on lisoit publiquement dans l'église, encore qu'on ne leur donnât pas une autorité inviolable : mais le langage commun de l'Eglise s'oppose à cette pensée, dont aussi il ne paroît aucun témoignage au milieu de tant de passages que vous produisez.

XXXIII. Je ne sais quelle conséquence vous voulez tirer dans votre lettre du 24 mai 1700, des paroles de saint Innocent I, qui ajoute au dénombrement des Ecritures la condamnation expresse des apocryphes : *Si qua sunt alia, non solùm repudianda, verùm etiam noveris esse damnanda.* Voici comment vous vous en expliquez : « En considérant ses paroles, qui sont celles qu'on vient d'entendre, on voit clairement son but, qui est de faire un canon des Livres que l'Eglise reconnoît pour authentiques, et qu'elle fait lire publiquement comme faisant partie de la Bible. Ainsi ce canon devoit comprendre tant les Livres théopneustes ou divinement inspirés, que les livres ecclésiastiques, pour les distinguer tous ensemble des livres apocryphes plus spécialement nommés ainsi ; c'est-à-dire de ceux qui devoient être cachés et défendus comme suspects [2]. »

XXXIV. J'avoue bien la distinction des livres apocryphes, qu'on défendoit expressément comme suspects, ou ainsi que nous l'avons vu dans le fragment de saint Athanase [3], comme inventés par les hérétiques. Ceux-ci devoient être spécialement condamnés, comme ils le sont par saint Innocent. On pouvoit aussi rejeter et en un sens condamner les autres, en tant qu'on les auroit voulu égaler aux Livres canoniques : mais quant à la distinction des livres authentiques et qui faisoient partie de la Bible, d'avec les Livres divinement inspirés, je ne sais où vous l'avez prise ; et

---

[1] Hieron., epist. L, *ad Paul.* — [2] N. 82. — [3] Sup., n. 8.

pour moi, je ne la vois nulle part. Car aussi quelle autorité avoit l'Eglise de faire que des livres, selon vous, purement humains et nullement infaillibles, fussent authentiques et méritassent d'être partie de la Bible [1]? Quelle est l'authenticité que vous leur attribuez, s'il n'est pas indubitable qu'ils sont sans erreur? L'Eglise les déclare utiles, dites-vous; mais tous les livres utiles font-ils partie de la Bible, et l'approbation de l'Eglise les peut-elle rendre authentiques? Tout cela ne s'entend pas; et il faut dire qu'être authentique, c'est selon le langage du temps, être reçu en autorité comme Ecritures divines. Je ne connois aucun livre qui fasse partie de la Bible que les Livres divinement inspirés, dont la Bible est le recueil. Les apocryphes qu'on a jugés supportables, comme pourroit être la prière de Manassès avec le troisième et le quatrième livre d'*Esdras*, sont bien aujourd'hui attachés à la Bible; mais ils n'en sont pas pour cela réputés partie, et la distinction en est infinie. Il en étoit de même dans l'ancienne Eglise, qui aussi ne les a jamais mis au rang des Ecritures canoniques dans aucun dénombrement.

XXXV. Je n'entends pas davantage votre distinction, de la manière que vous la posez, entre les livres que vous appelez ecclésiastiques et les Livres vraiment canoniques. Dans le livre que saint Jérôme a composé, *de Scriptoribus ecclesiasticis*, il a compris les apôtres et les évangélistes sous ce titre. Il est vrai qu'on peut distinguer les auteurs purement ecclésiastiques d'avec les autres. Mais vous ne montrerez jamais que la *Sagesse* et les autres Livres dont il s'agit soient appelés purement ecclésiastiques. Si vous voulez dire qu'on lisoit souvent dans les églises des livres qui n'étoient pas canoniques, mais qu'on pouvoit appeler simplement *ecclésiastiques*, comme les *Actes* des martyrs, j'en trouve bien la distinction dans le canon XLVII du concile III de Carthage : mais j'y trouve aussi que ce n'est point en ce rang qu'on mettoit la *Sagesse* et les autres livres de cette nature, puisqu'ils sont très-expressément nommés *canoniques*, et que le concile déclare en termes formels que ceux qui sont compris dans son canon, parmi lesquels se trouvent ceux-ci en parfaite égalité, sont les seuls

[1] Lettre du 14 mai 1700, n. 20.

qu'on lit sous le titre de canoniques, *Sub titulo canonicæ Scripturæ.*

XXXVI. Je ne puis donc dire autre chose, sur votre distinction de Livre inspiré de Dieu et de Livre authentique et qui fasse partie de la Bible, sinon qu'elle est tout à fait vaine ; et qu'ainsi en rangeant les livres dont vous contestez l'autorité au nombre des authentiques et faisant partie de la Bible, au fond vous les faites vous-même véritablement des Livres divins ou divinement inspirés et parfaitement canoniques.

XXXVII. Saint Augustin, qui étoit du temps et qui vit tenir le concile de Carthage, s'il n'y étoit pas en personne, a fait deux choses : l'une, de mettre lui-même ces livres au rang des Ecritures canoniques [1] ; l'autre, de répéter trente fois, que les Ecritures canoniques sont les seules à qui il rend cet honneur de les croire exemptes de toute erreur, et de n'en révoquer jamais en doute l'autorité [2] : ce qui montre l'idée qu'il avoit, et qu'on avoit de son temps, du mot d'*Ecritures canoniques.*

XXXVIII. Cependant c'est saint Augustin que vous alléguez dans votre lettre du 24 mai 1700 [3], pour témoin de ce langage que vous attribuez à l'Eglise. Voyons donc si vos passages seront sans réplique. « L'Ecriture des *Machabées*, dit saint Augustin, n'est pas chez les Juifs comme la loi et les prophètes ; mais l'Eglise l'a reçue avec utilité, pourvu qu'on la lise sobrement. La *Sagesse* et l'*Ecclésiastique* ne sont pas de Salomon ; mais l'Eglise, principalement celle d'Occident, les a reçus anciennement en autorité. Les temps du second temple ne sont pas marqués dans les saintes Ecritures, qu'on appelle *canoniques;* mais dans les livres des *Machabées*, qui sont tenus pour canoniques, non par les Juifs, mais par l'Eglise, à cause des admirables souffrances de certains martyrs [4]. »

XXXIX. Je vois, Monsieur, dans tous ces passages qu'on appelle particulièrement *canoniques* les Livres du canon des Hébreux, à cause que c'est le premier et le primitif, comme il a déjà été dit ; pour les autres, qui sont reçus anciennement en autorité par l'E-

---

[1] Lib. II *de Doct. Christ.*, cap. VIII, n. 12 et 13. — [2] Vid., epist. LXXXII, al. 19, n. 2 et 3. — [3] N. 99 et suiv. — [4] Aug., lib. II, *cont. Gaud.*, cap. XXIII; idem., *de Civit. Dei*, lib. XVII, cap. XX, *ibid.*, lib. XIII, cap. XIX, ubi sup.

glise, je vois aussi l'occasion qui l'y a rendue attentive, et qu'il les faut lire avec quelque circonspection, à cause de certains endroits qui, mal entendus, pourroient paroître suspects : mais que leur canonicité consiste précisément en ce qu'on les lit dans l'église, sans avoir dessein d'en recommander l'autorité comme inviolable ; c'est de quoi saint Augustin ne dit pas un mot.

XL. Et je vous prie, Monsieur, entendons de bonne foi quelle autorité saint Augustin veut donner à ces livres : premièrement, vous auriez pu nous avertir qu'au même lieu que vous alléguez [1] pour donner atteinte à la *Sagesse* et à l'*Ecclésiastique*, saint Augustin prétend si bien que ces Livres sont prophétiques, qu'il en rapporte deux prophéties très-claires et très-expresses : l'une, de la passion du Fils de Dieu ; l'autre, de la conversion des Gentils. Je n'ai pas besoin de les citer : elles sont connues, et il me suffit de faire voir que ce Père, bien éloigné de mettre leur canonicité en ce qu'on les lisoit dans l'église, comprenoit au contraire que de tout temps, comme il le remarque, on les lisoit dans l'église à cause qu'on les y avoit regardés comme prophétiques.

XLI. Venons à l'usage qu'il fait de ces livres, puisque c'est la meilleure preuve du sentiment qu'il en avoit. Ce n'est pas pour une fois seulement, mais par une coutume invariable, qu'il les emploie pour confirmer les vérités révélées de Dieu, et nécessaires au salut, par autorité infaillible. Nous avons vu son allégation du livre de la *Sagesse*. Il a cité avec le même respect l'*Ecclésiastique*, pour établir le dogme important du libre arbitre ; et il fait marcher ce livre indistinctement comme *Moïse* et les *Proverbes* de Salomon, avec cet éloge commun à la tête : « Dieu nous a révélé par ses Ecritures qu'il faut croire le libre arbitre ; et je vais vous représenter ce qu'il en a révélé par la parole, non des hommes, mais de Dieu : » *Non humano eloquio sed divino* [2]. Vous voyez donc que s'il a cité le livre de la *Sagesse* et celui de l'*Ecclésiastique*, ce n'est pas en passant ou par mégarde, mais de propos délibéré, et parce que chez lui c'étoit un point fixe de se servir authentiquement des livres du second canon, ainsi que des autres.

XLII. C'est dans ses derniers ouvrages qu'il a parlé le plus ferme

---

[1] *De Civit.*, lib. XVII, cap. xx. — [2] *De Grat. et lib. arb.*, cap. II, n. 2.

sur ce sujet : c'est-à-dire qu'il alloit toujours se confirmant de plus en plus dans la tradition ancienne ; et que plus il se consommoit dans la science ecclésiastique, plus aussi il faisoit valoir l'autorité de ces Livres.

XLIII. Ce qu'il y a ici de plus remarquable, c'est qu'il s'attacha à soutenir la divinité du livre de la *Sagesse*, après qu'elle lui eut été contestée par les fauteurs du sémi-pélagianisme ; et qu'au lieu de lâcher pied ou de répondre en hésitant, il n'en parla que d'un ton plus ferme.

XLIV. Après cela, Monsieur, pouvez-vous être content de votre réponse, lorsque vous dites, dans votre même lettre du 24 mai 1700[1], que saint Augustin a parlé si ferme de l'autorité de la *Sagesse* dans la chaleur de son *Apologie*, pendant que vous voyez si clairement que ce n'est pas ici une affaire de chaleur, mais de dessein et de raison, puisque ce grand homme ne fait que marcher sur les principes qu'il avoit toujours soutenus, et dans lesquels il s'affermissoit tous les jours, comme on fait dans les vérités bien entendues ?

XLV. Vous remarquez qu'il n'a pas dit que ce livre fût égal aux autres ; ce qu'il auroit fallu dire s'il eût été des sentimens tridentins. Mais ne voit-on pas l'équivalent dans les paroles où il inculque avec tant de force qu'on fait injure à ce livre, lorsqu'on lui conteste son autorité, puisqu'il a été écouté comme un témoignage divin ? Rapportons ses propres paroles : « On a cru, dit-il, qu'on n'y écoutoit autre chose qu'un témoignage divin[2], » sans qu'il y eût rien d'humain mêlé dedans. Mais encore, qui en avoit cette croyance ? Les évêques et tous les chrétiens, jusqu'au dernier rang des laïques, pénitens et catéchumènes. On eût induit les derniers à erreur, si on leur eût donné comme purement divin ce qui n'étoit pas dicté par le Saint-Esprit, et si l'on eût fait de l'autorité divine de ce livre comme une partie du catéchisme ? Après cela, Monsieur, permettez que je vous demande si c'est là ce que disent les protestans ; et si vous pouvez concilier l'autorité de ces livres, purement ecclésiastique et humaine, et nullement infaillible que vous leur donnez, avec celle d'un témoignage divin,

---

[1] N. 103. — [2] August., *de Præd. Sanct.*, cap. xiv, ubi sup.

unanimement reconnu par tous les ordres de l'Eglise, que saint Augustin leur attribue. C'est ici que j'espère tout de votre candeur, sans m'expliquer davantage.

XLVI. En un mot, saint Augustin ayant distingué, comme on a vu ci-dessus [1], aussi clairement qu'il a fait, la déférence qu'il rend aux auteurs qu'il appelle ecclésiastiques, *ecclesiastici tractatores*, et celle qu'il a pour les auteurs des Ecritures canoniques, en ce qu'il regarde les uns comme capables d'errer, et les autres non : dès qu'il met ces livres au-dessus des auteurs ecclésiastiques, et qu'il ajoute que ce n'est pas lui qui leur a donné ce rang, « mais les docteurs les plus proches du temps des apôtres, » *temporibus proximi apostolorum ecclesiastici tractatores*, il est plus clair que le jour qu'il ne leur peut donner d'autre autorité que celle qui est supérieure à tout entendement humain, c'est-à-dire toute divine et absolument infaillible.

XLVII. Vous pouvez voir ici, encore une fois, ce qui a déjà été démontré ci-dessus [2], combien vous vous éloignez de la vérité, en nous disant qu'en ce temps le livre de la *Sagesse* et les autres étoient mis simplement au rang des livres ecclésiastiques, puisque vous voyez si clairement saint Augustin, auteur de ce temps, les élever au-dessus de tous les livres ecclésiastiques, jusqu'au point de n'y écouter qu'un témoignage divin ; ce que ce Père n'a dit ni pu dire d'aucun de ceux qu'il appelle *ecclésiastiques*, à l'autorité desquels il ne se croit pas obligé de céder.

XLVIII. Quand vous dites dans votre même lettre du 24 mai 1700 [3], qu'il reconnoît dans ces livres seulement l'autorité de l'Eglise, et nullement celle d'une révélation divine, peut-être n'auriez-vous point regardé ces deux autorités comme opposées l'une à l'autre, si vous aviez considéré que le principe perpétuel de saint Augustin est de reconnoître sur les Ecritures l'autorité de l'Eglise comme la marque certaine de la révélation, jusqu'à dire, comme vous savez aussi bien que moi, qu'il ne croiroit pas à l'Evangile, si l'autorité de l'Eglise catholique ne l'y portoit [4].

XLIX. Que s'il a dit souvent avec tout cela, comme vous l'avez

[1] N. 23. — [2] N. 33, 35. — [3] N. 102. — [4] S. August., lib. *cont. Epist. Fundam.*, cap. v, n. 6.

remarqué, qu'on ne cite pas ces livres que les Hébreux n'ont pas reçus dans leur canon avec la même force que ceux dont personne n'a jamais douté, j'en dirai bien autant moi-même, et je n'ai pas feint d'avouer que les livres du premier canon sont en effet encore aujourd'hui cités par les catholiques avec plus de force et de conviction, parce qu'ils ne sont contestés ni par les Juifs, ni par aucun chrétien, orthodoxe ou non, ni enfin par qui que ce soit : ce qui ne convient pas aux autres. Mais si vous concluez de là que ces livres ne sont donc pas véritablement canoniques, les regardant en eux-mêmes, vous vous sentirez forcé, malgré vous, à rejeter la parfaite canonicité de l'*Apocalypse* et de l'*Epître aux Hébreux*, sous prétexte qu'on n'a pas toujours également produit ces divins Livres comme canoniques.

L. Puisque vous appuyez tant sur l'autorité de saint Jérôme, voulez-vous que nous prenions au pied de la lettre ce qu'il dit si positivement en plusieurs endroits : « que la coutume des Latins ne reçoit pas l'*Epître aux Hébreux* parmi les Ecritures canoniques : » *Latina consuetudo inter canonicas Scripturas non recipit*[1]? A la rigueur, ce discours ne seroit pas véritable. Le torrent des Pères latins comme des Grecs cite l'*Epître aux Hébreux* comme canonique, dès le temps de saint Jérôme et auparavant. Faudra-t-il donc démentir un fait constant? Ou plutôt ne faudra-t-il pas réduire à un sens tempéré l'exagération de saint Jérôme? Venons à quelque chose de plus précis. Quand saint Augustin, quand les autres Pères, et ce qu'il y a de plus fort, quand les papes et les conciles ont reçu authentiquement ces Livres pour canoniques, saint Jérôme avoit déjà écrit qu'ils n'étoient pas propres en matière contentieuse à confirmer les dogmes de la foi; mais l'Eglise, qui dans le fait voyoit en tant d'autres, les plus anciens, les plus éminens en doctrine, et en si grand nombre, une pratique contraire, n'a-t-elle pas pu expliquer bénignement saint Jérôme, en reconnoissant dans les Livres du premier canon une autorité plus universellement reconnue et que personne ne récusoit? Ce qui est vrai en un certain sens encore à présent, comme

---

[1] *In Isai.*, VI et VII, *inter Ep. Crit. Epist. ad Dard.;* et lib. II, *in Zachar.*, et alibi.

on vient de le voir, et ce que les catholiques ne contestent pas.

LI. On pourra donc dire que le discours de saint Jérôme est recevable en ce sens, d'autant plus que ce grand homme a comme fourni une réponse contre lui-même, en reconnoissant que le concile de Nicée avoit compté le livre de *Judith* parmi les saintes Ecritures [1], encore qu'il ne fût pas du premier canon.

LII. Vous conjecturez que ce grand concile aura cité ce livre en passant, sous le nom de sainte Ecriture, comme le même concile, à ce que vous dites, Monsieur, car je n'en ai point trouvé le passage, ou quelques autres auteurs auront cité le *Pasteur*, ou bien comme saint Ambroise a cité le quatrième livre d'*Esdras*. Mais je vous laisse encore à juger si une citation de cette sorte remplit la force de l'expression, où l'on énonce que le concile de Nicée a compté le livre de *Judith* parmi les saintes Ecritures. Que si vous me demandez pourquoi donc il hésite encore après un si grand témoignage, à recevoir ce livre en preuve sur les dogmes de la foi, je vous répondrai que vous avez le même intérêt que moi à adoucir ses paroles par une interprétation favorable, pour ne le pas faire contraire à lui-même. Au surplus, je me promets de votre candeur que vous m'avouerez que le *Pasteur*, et encore moins le quatrième livre d'*Esdras*, n'ont été cités ni pour des points si capitaux, ni si généralement, ni avec la même force, que les Livres dont il s'agit. Nous avons remarqué comment Origène cite le livre du *Pasteur* [2]. Il est vrai que saint Athanase cite quelquefois ce livre : mais il ne faut pas oublier comment; car au lieu qu'il cite partout le livre de la *Sagesse* comme l'Ecriture sainte, il se contente de dire, le *Pasteur, le très-utile livre du Pasteur*. Du moins est-il bien certain que jamais ni en Orient ni en Occident, ni en particulier ni en public, on n'a compris ces livres dans aucun canon ou dénombrement des Ecritures. Cet endroit est fort décisif pour empêcher qu'on ne les compare avec des livres qu'on trouve dans les canons si anciens et si authentiques, que nous avons rapportés.

LIII. Vous avez vu les canons que le concile de Trente a pris pour modèles. Je dirai à leur avantage qu'il n'y manque aucun

[1] *Præf. in Judith.* — [2] Suprà, n. 19.

des Livres de l'Ancien ou du Nouveau Testament. Le livre d'*Esther* y trouve sa place, qu'il avoit perdue parmi tant de Grecs : le Nouveau Testament y est entier. Ainsi déjà de ce côté-là, les canons que le concile de Trente a suivis sont sans reproche. Quand il les a adoptés ou plutôt transcrits, il y avoit douze cents ans que toute l'Eglise d'Occident, à laquelle depuis plusieurs siècles toute la catholicité s'est réunie, en étoit en possession ; et ces canons étoient le fruit de la tradition immémoriale, dès les temps les plus prochains des apôtres ; comme il paroît, sans nommer les autres, par un Origène et par un saint Cyprien, dans lequel on doit croire entendre tous les anciens évêques et martyrs de l'Eglise d'Afrique. N'est-ce pas là une antiquité assez vénérable ?

LIV. C'est ici qu'il faut appliquer cette règle tant répétée et tant célébrée par saint Augustin : « Ce qu'on ne trouve pas institué par les conciles, mais reçu et établi de tout temps, ne peut venir que des apôtres [1]. » Nous sommes précisément dans le même cas. Ce n'est point le concile de Carthage qui a inventé ou institué son canon des Ecritures, puisqu'il a mis à la tête que c'étoit celui qu'il avoit trouvé de toute antiquité dans l'Eglise. Il étoit donc de tout temps ; et quand saint Cyprien, quand Origène, quand saint Clément d'Alexandrie, quand celui de Rome (car comme les autres il a cité ces livres en autorité) ; en un mot, quand tous les autres ont concouru à les citer comme on a vu, c'étoit une impression venue des apôtres et soutenue de leur autorité, comme les autres traditions non écrites, que vous avez paru reconnoître dans votre lettre du premier décembre 1699, comme je l'ai remarqué dans les lettres que j'écrivis en réponse.

LV. Cette doctrine doit être commune entre nous ; et si vous n'y revenez entièrement, vous voyez que non-seulement les conciles seront ébranlés, mais encore que le canon même des Ecritures ne demeurera pas en son entier.

LVI. Cependant c'est pour un canon si ancien, si complet et de plus venu d'une tradition immémoriale, qu'on accuse d'innovation les Pères de Trente, au lieu qu'il faudroit louer leur vénération et leur zèle pour l'antiquité.

---

[1] Lib. IV, *de Bapt.*, cap. XXIV, n. 31 et alib. passim.

LVII. Que s'il n'y a point d'anathèmes dans ces trois anciens canons, non plus que dans tous les autres, c'est qu'on n'avoit point coutume alors d'en appliquer à ces matières, qui ne causoient point de dissension; chaque église lisoit en paix ce qu'elle avoit accoutumé de lire, sans que cette diversité changeât rien dans la doctrine, et sans préjudice de l'autorité que ces livres avoient partout, encore que tous ne les missent pas dans le canon. Il suffisoit à l'Eglise qu'elle se fortifiât par l'usage, et que la vérité prît tous les jours de plus en plus le dessus.

LVIII. Quand on vit à Trente que des livres canonisés depuis tant de siècles, non-seulement n'étoient point admis par les protestans, mais encore en étoient repoussés le plus souvent avec mépris et avec outrage, on crut qu'il étoit temps de les réprimer, de ramener les catholiques qui se licencioient, de venger les apôtres et les autres hommes inspirés dont on rejetoit les Ecrits, et de mettre fin aux dissensions par un anathème éternel.

LIX. L'Eglise est juge de cette matière comme des autres de la foi : c'est à elle de peser toutes les raisons qui servent à éclaircir la tradition, et c'est à elle à connoître quand il est temps d'employer l'anathème qu'elle a dans sa main.

LX. Au reste je ne veux pas soupçonner que ce soient vos dispositions peu favorables envers les canons de Rome et d'Afrique, qui vous aient porté à rayer ces églises du nombre de celles que saint Augustin appelle «les plus savantes, les plus exactes, les plus graves :» *Doctiores, diligentiores, graviores :* mais je ne puis assez m'étonner que vous ayez pu entrer dans ce sentiment. Où y a-t-il une église mieux instruite en toutes matières de dogmes et de discipline, que celle dont les conciles et les conférences sont le plus riche trésor de la science ecclésiastique, qui en a donné à l'Eglise les plus beaux monumens, qui a eu pour maîtres un Tertullien, un saint Cyprien, un saint Optat, tant d'autres grands hommes, et qui avoit alors dans son sein la plus grande lumière de l'Eglise, c'est-à-dire saint Augustin lui-même? Il n'y a qu'à lire ses livres *de la Doctrine chrétienne,* pour voir qu'il excelloit dans la matière des Ecritures comme dans toutes les autres. Vous voulez qu'on préfère les églises grecques : à la bonne heure ; recevez donc *Baruch* et la lettre de *Jérémie*, avec celles qui les ont mis dans leur canon. Rendez raison pourquoi il y en a tant qui n'ont pas reçu *Esther;* et cessez de donner pour règle de ces deux églises le canon hébreu où elle est. Dites aussi pourquoi un si grand nombre de ces églises ont omis l'*Apocalypse*, que tout l'Occident a reçue avec tant de vénération, sans avoir jamais hésité. Et pour Rome, quand il n'y auroit autre chose que le recours qu'on a eu dès l'origine du christianisme à la foi romaine, et dans les temps dont il s'agit à la foi de saint Anastase, de saint Innocent, de saint Célestin et des autres, c'en est assez pour lui mériter le titre que vous lui ôtez. Mais surtout on ne peut le lui disputer en cette matière, puisqu'il est de fait que tout le concile d'Afrique a recours au pape saint Boniface II, pour confirmer le canon du même concile sur les Ecritures, comme il est expressément porté dans ce canon même ; ce qui pourtant ne se trouva pas nécessaire, parce qu'apparemment on sut bientôt ce qu'avoit fait par avance saint Innocent sur ce point.

LXI. J'ai presque oublié un argument que vous mettez à la tête de votre lettre du 24 mai 1700, comme le plus fort de tous; c'est que depuis la conclusion du canon des Hébreux sous Esdras, les Juifs ne reconnoissoient plus parmi eux d'inspirations prophétiques ; ce qui même paroît à l'endroit du premier livre des *Machabées,* où nous lisons ces mots : « Il n'y a point eu de pareille tribulation en Israël, depuis le jour qu'Israël a cessé d'avoir des prophètes [1]. » Mais entendons-nous, et toute la difficulté sera levée. Israël avoit cessé d'avoir des prophètes, c'est-à-dire des prophètes semblables à ceux qui paroissent aux livres des *Rois,* et qui régloient en ce temps les affaires du peuple de Dieu avec des prodiges inouïs et des prédictions aussi étonnantes que continuelles, en sorte qu'on les pouvoit appeler aussi bien qu'Elie et Elisée *les conducteurs du char d'Israël* [2], je l'avoue : mais des prophètes, c'est-à-dire en général des hommes inspirés qui aient écrit les merveilles de Dieu, et même sur l'avenir, je ne crois pas que vous-même le prétendiez. Saint Augustin, non content de mettre les livres que vous contestez parmi les livres

---

[1] I *Mach.,* IX, 27. — [2] IV *Reg.,* II, 12 ; XIII, 14.

prophétiques, a remarqué en particulier deux célèbres prophéties dans la *Sagesse* et dans l'*Ecclésiastique;* et celle entre autres de la passion de Notre-Seigneur est aussi expresse que celles de David et d'Isaïe. S'il faut venir à Tobie, on y trouve une prophétie de la fin de la captivité, de la chute de Ninive et de la gloire future de Jérusalem rétablie [1], qui ravit en admiration tous les cœurs chrétiens; et l'expression en est si prophétique, que saint Jean l'a transcrite de mot à mot dans l'*Apocalypse* [2]. On ne doit donc pas s'étonner si saint Ambroise appelle Tobie un prophète, et son livre un livre prophétique [3]. C'est une chose qui tient du miracle, et qui ne peut être arrivée sans une disposition particulière de la divine Providence, que les promesses de la vie future, scellées dans les anciens livres, soient développées dans le livre de la *Sagesse* et dans le martyre des Machabées, avec presque autant d'évidence que dans l'Évangile; en sorte qu'on ne peut pas s'empêcher de voir qu'à mesure que les temps de Jésus-Christ approchoient, la lumière de la prédication évangélique commençoit à éclater davantage par une espèce d'anticipation.

LXII. Il est pourtant véritable que les Juifs ne purent faire un nouveau canon, non plus qu'exécuter beaucoup d'autres choses encore moins importantes, jusqu'à ce qu'il leur vînt de ces prophètes du caractère de ceux qui régloient tout autrefois avec une autorité manifestement divine; et c'est ce qu'on voit dans le livre des *Machabées* [4]. Si cependant cette raison les empêchoit de reconnoître ces livres par acte public, ils ne laissoient pas de les conserver précieusement. Les chrétiens les trouvèrent entre leurs mains; les magnifiques prophéties, les martyres éclatans et les promesses si expresses de la vie future, qui faisoient partie de la grace du Nouveau Testament, les y rendirent attentifs : on les lut, on les goûta, on y remarqua beaucoup d'endroits que Jésus-Christ même et ses apôtres sembloient avoir expressément voulu tirer de ces livres et les avoir comme cités secrètement; tant la conformité y paroissoit grande. Il ne s'agit pas de deux ou trois mots marqués en passant, comme sont ceux que vous alléguez de

---

[1] *Tob.*, XIII et XIV. — [2] *Apoc.*, XXII, 16 et seq. — [3] S. Ambr., *de Tob.*, part. I, n. 1. — [4] I *Mach.*, IV, 46; XIV, 41.

l'*Epître* de saint Jude : ce sont des versets entiers tirés fréquemment et de mot à mot de ces livres. Nos auteurs les ont recueillis; et ceux qui voudront les remarquer, en trouveront de cette nature un plus grand nombre et de plus près qu'ils ne pensent. Toutes ces divines conformités inspirèrent aux plus saints docteurs, dès les premiers temps, la coutume de les citer comme divins avec la force que nous avons vue. On a vu aussi que cette coutume ne pouvoit être introduite ni autorisée que par les apôtres, puisqu'on n'y remarquoit pas de commencement. Il étoit naturel en cet état de mettre ces livres dans le canon. Une tradition immémoriale les avoit déjà distingués d'avec les ouvrages des auteurs qu'on appeloit *ecclésiastiques* : l'Occident, où nous pouvons dire avec confiance que la pureté de la foi et des traditions chrétiennes s'est conservée avec un éclat particulier, en fit le canon; et le concile de Trente en a suivi l'autorité.

Voilà, Monsieur, les preuves constantes de la tradition de ce concile. J'aime mieux attendre de votre équité que vous les jugiez sans réplique que de vous le dire; et je me tiens très-assuré que M. l'abbé de Lokkum ne croira jamais que ce soit là une matière de rupture, ni une raison de vous élever avec tant de force contre le concile de Trente. Je suis avec l'estime que vous savez, Monsieur, votre très-humble serviteur,

J. Bénigne, év. de Meaux (*a*).

(*a*) Leibniz voulut avoir le dernier mot : il répondit à la lettre qu'on vient de lire, c'est-à-dire il y opposa un long tissu de redites, de chicanes, de sophismes et d'insinuations peu polies. Nous ne publierons point sa réponse, d'autant moins qu'elle n'est pas même mentionnée dans les précédentes éditions de Bossuet.

A l'époque où nous sommes arrivés, en 1701, le souverain pontife Clément XI voulut prendre connoissance des écrits composés par Bossuet pour la conciliation des églises; et plusieurs conversions s'opérèrent dans les cours protestantes d'Allemagne, entre autres celle du duc de Saxe-Gotha et celle du duc Antoine Ulrich.

ORDONNANCE

ET

INSTRUCTION PASTORALE

DE Mgr L'ÉVÊQUE DE MEAUX

SUR LES ÉTATS D'ORAISON.

Jacques-Bénigne, par la permission divine, Evêque de Meaux : à tous curés, confesseurs, supérieurs de communautés, et à tous prêtres de notre diocèse, Salut et bénédiction en Notre-Seigneur. Touchés des périls de ceux qui, « marchant, comme dit David, dans les grandes choses et dans des choses merveilleuses au-dessus d'eux[1], » recherchent dans l'oraison des sublimités que Dieu n'a point révélées, et que les Saints ne connoissent pas : bien informés d'ailleurs que ces dangereuses manières de prier introduites par quelques mystiques de nos jours, se répandoient insensiblement même dans notre diocèse, par un grand nombre de petits livres et écrits particuliers que la divine Providence a fait tomber entre nos mains : nous nous sommes sentis obligés à prévenir les suites d'un si grand mal. Nous y avons encore été excités par la vigilance et attention extraordinaire qui a paru sur cette matière dans la chaire de saint Pierre. On n'y eut pas plutôt aperçu le secret progrès de ces nouveautés, que le pape Innocent XI d'heureuse mémoire donna tous ses soins pour l'empêcher. Et d'abord il parut une lettre circulaire de l'éminentissime cardinal Cibo, chef de la Congrégation du saint Office, maintenant très-digne doyen du sacré Collége, pour avertir les évêques de prendre garde à une doctrine pernicieuse sur l'oraison, qui se répandoit en divers endroits d'Italie, et qu'on réduisit alors à dix-neuf articles principaux contenus dans la même lettre, en date de Rome, du 15 février 1687, en attendant un plus ample examen.

[1] *Psal.* cxxx, 1.

Pour s'opposer davantage à ce mystère d'iniquité, on arrêta à Rome celui qu'on en croyoit le principal promoteur, pour lui faire son procès, et il fut condamné pour plusieurs crimes, et pour avoir enseigné des propositions contraires à la foi et aux bonnes mœurs, au nombre de plus de cent, mentionnées dans le procès et décret de condamnation. On condamna aussi par un autre décret du 28 août 1687, soixante-huit propositions extraites des précédentes, où tout le venin de cette secte cachée étoit renfermé. Pour en rendre la condamnation plus solennelle, elle fut poussée jusqu'à une bulle pontificale, où il fut expressément déclaré que ces propositions étoient respectivement hérétiques, suspectes, erronées, scandaleuses, blasphématoires, avec d'autres grièves qualifications portées dans la même bulle.

Par la continuation de la même sollicitude, on a flétri par divers décrets plusieurs livres de toutes langues, où cette fausse oraison étoit enseignée. De grands évêques ont reçu l'impression que le Saint-Siége a donnée à toute la chrétienté, et ont suivi l'exemple de la mère et maîtresse des Eglises, parmi lesquels Monseigneur l'archevêque de Paris notre métropolitain, continuant à signaler son pontificat par la censure et condamnation de beaucoup d'erreurs, a fait paroître son zèle dans sa judicieuse ordonnance du 16 octobre 1694, où plusieurs propositions de ces faux mystiques sont proscrites sous de grièves qualifications, même comme condamnées par les conciles de Vienne et de Trente, sans approbation des autres, avec expresse condamnation de quelques livres où elles sont contenues, et défense de les retenir.

Animés par de tels exemples, et déterminés par diverses occasions que la Providence divine nous a fait naître, à nous appliquer avec un soin particulier à cette matière ; après en avoir conféré avec plusieurs docteurs en théologie, supérieurs de communautés, même avec de très-grands prélats consommés en piété et en savoir, et autres graves personnages exercés dans la conduite des ames ; après aussi avoir lu et examiné plusieurs livres et écrits particuliers où ces maximes dangereuses étoient enseignées : le saint nom de Dieu invoqué, nous nous sommes sentis pressés par la charité, en condamnant, comme nous faisons par ces présentes, cette doctrine réprouvée, de vous mettre en main des moyens pour en connoître les défenseurs et pour les convaincre.

Pour les connoître, nous vous avertissons en Notre-Seigneur d'observer ceux qui affectent dans leurs discours des élévations extraordinaires, et de fausses sublimités dans leur oraison.

Premièrement, lorsque sous prétexte d'honorer l'essence divine, ils excluent de la haute contemplation l'humanité sainte de Notre-Seigneur Jésus-Christ, comme si elle en étoit un empêchement, encore qu'elle soit la voie donnée de Dieu même pour nous élever à lui : et non-seulement ils éloignent cette sainte humanité; mais encore les attributs divins, même ceux qui sont les fondemens les plus essentiels et les plus communs de notre foi, tels que sont la toute-puissance, la miséricorde et la justice de Dieu. Ils éloignent par même raison les trois Personnes divines, encore que nous leur soyons expressément et distinctement consacrés par notre baptême, dont on ne peut supprimer le souvenir explicite sans renoncer au nom de chrétien : de sorte qu'ils mettent la perfection de l'oraison chrétienne à s'élever au-dessus des idées qui appartiennent proprement au christianisme; c'est-à-dire de celles de la Trinité et de l'Incarnation du Fils de Dieu.

Nous ne répétons qu'avec horreur cette parole d'un faux mystique de nos jours, qui ose dire que Jésus-Christ selon son humanité étant la voie, on n'a plus besoin d'y retourner lorsqu'on est arrivé, et que la boue doit tomber quand les yeux de l'aveugle sont ouverts. Le prétexte dont on se sert pour éloigner l'humanité sainte de Jésus-Christ avec les attributs essentiels et personnels, c'est que tout cela est compris dans la foi ou vue confuse, générale et indistincte de Dieu, sans songer que Jésus-Christ, qui a dit : *Vous croyez en Dieu,* ajoute tout de suite et en même temps : *Croyez aussi en moi*[1], pour nous apprendre que la foi au Médiateur doit être aussi explicite et aussi distincte que celle qu'on a en Dieu considéré en lui-même; ce qu'il confirme par cette parole : « La vie éternelle est de vous connoître, vous qui êtes le vrai Dieu, et Jésus-Christ que vous avez envoyé[2]; » et celle-ci de saint

[1] *Joan.,* XIV, 1. — [2] *Joan*, XVII, 3.

Paul : « Je ne connois qu'une seule chose, qui est Jésus-Christ, et Jésus-Chrit crucifié [1]. »

Un second effet de l'élévation affectée de ces nouveaux mystiques, est de marquer envers Dieu comme une fausse générosité et une espèce de désintéressement qui fait qu'on ne veut plus lui demander rien pour soi-même, pas même la rémission de ses péchés, l'avénement de son règne, et la grace de persévérer dans le bien, d'opérer son salut, non plus que lui rendre graces de tous ses bienfaits : comme si ce n'étoit pas honorer Dieu d'une manière très-pure et très-éminente, que de reconnoître l'excellence de sa nature bienfaisante, ou que le salut du chrétien ne fût pas le grand ouvrage de Dieu, et la parfaite manifestation et consommation de sa gloire, que ses enfans ne peuvent assez désirer ni demander.

C'est encore un semblable effet de ces élévations outrées, de reconnoître dans cette vie une pureté et perfection, un rassasiement, un repos qui suspend toute opération, et une sorte de béatitude qui rend inutiles les désirs et les demandes, malgré l'état de foiblesse, et au milieu des péchés et des tentations qui font gémir tous les saints, tant qu'ils demeurent chargés de ce corps de mort.

Pour troisième moyen de connoître ces faux docteurs, nous vous donnons le nouveau langage qui fait consister la perfection à supprimer tous les actes, notamment ceux que le chrétien excite en lui-même avec le secours de la grace prévenante : pour ne laisser aux prétendus parfaits qu'un seul acte produit une fois au commencement, qui dure ensuite sans interruption et sans besoin de le renouveler jusqu'à la fin de la vie par un consentement qu'on nomme passif, au préjudice du libre arbitre et des actes qu'il doit produire par l'exprès commandement de Dieu. Pour les exclure et tout ramener à ce prétendu acte unique, on emploie encore le terme de *simplicité;* comme si Dieu, qui nous a commandé d'être ses simples enfans, n'avoit pas en même temps commandé plusieurs actes très-distincts.

Cet acte, que ces nouveaux docteurs appellent l'*acte universel*,

[1] I *Cor.*, II, 2.

qui selon eux comprenant excellemment et éminemment tous les autres, exempte de les produire, est un prodige nouveau parmi les chrétiens : on n'en trouve aucun vestige, aucun trait dans les Livres sacrés ni dans la doctrine des Saints : David ne le connoît pas, puisqu'il s'excite lui-même à former tant d'actes divers et réitérés en disant : « Mon ame, bénis le Seigneur : Seigneur, je vous aimerai : Mon ame, pourquoi es-tu triste? Espère au Seigneur : Elève-toi, ma langue : élève-toi, ma lyre [1], » et le reste.

Jésus-Christ ignoroit aussi la perfection imaginaire de cet acte unique et universel, lorsqu'il oblige les plus parfaits à tant de demandes, notamment dans l'Oraison Dominicale. Aussi est-il vrai que les nouveaux mystiques par une idée de perfection inconnue jusques ici aux chrétiens, renvoient les Psaumes de David, et même la sainte prière qui nous a été enseignée par Notre-Seigneur, aux degrés inférieurs de l'oraison, et les excluent des états les plus éminens.

Nous voyons aussi que David, comme les autres prophètes, bien éloigné de supprimer dans la prière les efforts du libre arbitre pour demeurer en pure attente de ce que Dieu voudra opérer en nous, prévient la face du Seigneur par la publication de ses louanges, secrètement prévenu du doux instinct de sa grace, et il fait ce qu'il peut de son côté avec ce secours; ce qui lui fait dire ailleurs : « Votre serviteur a trouvé son cœur pour vous faire cette prière [2]; » et encore : « Seigneur, je rechercherai votre visage [3]; » et enfin : « Ne cessez jamais de chercher la face de Dieu, et de vous tourner vers lui [4]. »

Pour exclure tant d'actes commandés de Dieu, on se sert encore du mot de *silence* et d'*anéantissement*, dont on abuse pour induire la suppression de toute action et opération qu'on peut exciter avec la prévention de la grace, ou qu'on peut même apercevoir dans son intérieur : ce qui ne tend à rien moins qu'à les étouffer tout à fait, et ôter en même temps toute attention aux dons de Dieu, sous prétexte de ne s'attacher qu'à lui seul, contre cette parole expresse de saint Paul : « Nous avons reçu un es-

---

[1] *Psal.* CII, XVII, XLII, LVI, etc. — [2] II *Reg.*, VII, 27 — [3] *Psal.* XXVI, 8. — [4] *Psal.* CIV, 4.

prit qui vient de Dieu, pour connoître les choses que Dieu nous a données¹. » Nous ne voulons point parler ici des autres pernicieuses significations que quelques-uns donnent au mot de *néant* et d'*anéantissement*.

Vous aurez pour quatrième marque de cette doctrine outrée, les manières de parler dont on y use sur la mortification et sur l'application aux exercices particuliers des autres vertus, en les faisant regarder comme des pratiques vulgaires et au-dessous des parfaits; et la mortification en particulier comme chose qui met les sens en vigueur, loin de les amortir : contre les exemples des saints qui ont pratiqué les austérités comme un des moyens les plus efficaces pour abattre et humilier l'esprit et le corps, et contre la parole expresse de saint Paul, qui *châtie son corps et réduit en servitude son corps*², le frappe, le flétrit, le tient sous le joug. Le même Apôtre ne s'explique pas moins clairement sur l'exercice distinct et particulier des vertus; et saint Pierre n'est pas moins exprès sur cette matière, lorsqu'il nous apprend l'enchaînement des vertus par ces paroles : « Donnez tous vos soins pour joindre à votre foi la vertu : à la vertu la science : à la science la tempérance : à la tempérance la patience : à la patience la piété : à la piété l'amour de vos frères : à l'amour de vos frères la charité³. »

Enfin un cinquième effet de la doctrine que nous voulons vous faire connoître, est de ne louer communément que les oraisons extraordinaires : y attacher la perfection et la pureté : y attirer tout le monde avec peu de discernement, jusqu'aux enfans du plus bas âge : comme si on s'en pouvoit ouvrir l'entrée par de certaines méthodes qu'on propose comme faciles à tous les fidèles : ce qui fait aussi qu'on s'y ingère avec une témérité dont l'effet inévitable, principalement dans les communautés, est sous prétexte de s'abandonner à l'esprit de Dieu, de ne faire que ce qu'on veut, avec mépris de la discipline et des confesseurs et supérieurs ordinaires, quelque éclairés qu'ils soient d'ailleurs, pour chercher selon ses préventions et présomptions des guides qu'on croit plus experts.

¹ I *Cor.*, II, 12. — ² *Ibid.*, IX, 27. — ³ II *Petr.*, I, 5, 6, 7.

Nous omettons d'autres marques dont l'explication demanderoit un plus long discours. Celles-ci suffisent, et vous y trouverez comme cinq caractères sensibles qui vous aideront à connoître ceux dont nous voulons que vous observiez la conduite et évitiez les raffinemens. Mais pour vous faciliter le moyen de les convaincre, il faut vous avertir avant toutes choses de prendre garde de n'entamer pas la véritable spiritualité en attaquant la fausse qui fait semblant de l'imiter : à quoi nous ne voyons rien de plus utile que de vous mettre devant les yeux quelques vérités fondamentales de la religion, ordonnées à cette fin dans les articles suivans, que nous avons digérés avec une longue et mûre délibération, et avec tous les sages avis que nous vous avons déjà marqués : en apposant à chacun pour votre soulagement et plus grande facilité les qualifications convenables.

ARTICLES

SUR LES ÉTATS D'ORAISON.

I.

Tout chrétien en tout état, quoique non à tout moment, est obligé de conserver l'exercice de la foi, de l'espérance et de la charité, et d'en produire des actes comme de trois vertus distinguées.

II.

Tout chrétien est obligé d'avoir la foi explicite en Dieu tout-puissant, créateur du ciel et de la terre, rémunérateur de ceux qui le cherchent, et en ses autres attributs également révélés ; et à faire des actes de cette foi en tout état, quoique non à tout moment.

Les xxxiv articles délibérés à Issy, et signés par M. de Meaux, M. de Châlons aujourd'hui M. de Paris, M. de Cambray, et M. Tronson

III.

Tout chrétien est pareillement obligé à la foi explicite en Dieu, Père, Fils, et Saint-Esprit, et à faire des actes de cette foi en tout état, quoique non à tout moment.

IV.

Tout chrétien est de même obligé à la foi explicite en Jésus-Christ Dieu et Homme, comme Médiateur, sans lequel on ne peut approcher de Dieu, et à faire des actes de cette foi en tout état, quoique non à tout moment.

V.

Tout chrétien en tout état, quoique non à tout moment, est obligé de vouloir, désirer et demander explicitement son salut éternel, comme chose que Dieu veut, et qu'il veut que nous voulions pour sa gloire.

VI.

Dieu veut que tout chrétien en tout état, quoique non à tout moment, lui demande expressément la rémission de ses péchés, la grace de n'en plus commettre, la persévérance dans le bien, l'augmentation des vertus, et toute autre chose requise pour le salut éternel.

VII.

En tout état le chrétien a la concupiscence à combattre, quoique non toujours également; ce qui l'oblige en tout état, quoique non à tout moment, à demander force contre les tentations.

VIII.

Toutes ces propositions sont de la foi catholique, expressément contenues dans le Symbole des apôtres et dans l'Oraison Dominicale, qui est la prière commune et journalière de tous les enfans de Dieu : ou même expressément définies par l'Eglise, comme celle de la demande de la rémission des péchés et du don de persévérance et celle du combat de la convoitise, dans les conciles de Carthage, d'Orange et de Trente : ainsi les propositions contraires sont formellement hérétiques.

IX.

Il n'est pas permis à un chrétien d'être indifférent pour son salut, ni pour les choses qui y ont rapport : la sainte indifférence chrétienne regarde les événemens de cette vie (à la réserve du péché), et la dispensation des consolations ou sécheresses spirituelles.

X.

Les actes mentionnés ci-dessus ne dérogent point à la plus grande perfection du christianisme, et ne cessent pas d'être parfaits pour être aperçus, pourvu qu'on en rende graces à Dieu, et qu'on les rapporte à sa gloire.

XI.

Il n'est pas permis au chrétien d'attendre que Dieu lui inspire ces actes par voie et inspiration particulière; et il n'a besoin pour s'y exciter que de la foi qui lui fait connoître la volonté de Dieu signifiée et déclarée par ses commandemens, et des exemples des Saints, en supposant toujours le secours de la grace excitante et prévenante. Les trois dernières propositions sont des suites manifestes des précédentes, et les contraires sont téméraires et erronées.

XII.

Par les actes d'obligation ci-dessus marqués, on ne doit pas entendre toujours des actes méthodiques et arrangés; encore moins des actes réduits en formules et sous certaines paroles, ou des actes inquiets et empressés : mais des actes sincèrement formés dans le cœur, avec toute la sainte douceur et tranquillité qu'inspire l'esprit de Dieu.

XIII.

Dans la vie et dans l'oraison la plus parfaite, tous ces actes sont unis dans la seule charité, en tant qu'elle anime toutes les vertus et en commande l'exercice, selon ce que dit saint Paul : « La charité souffre tout, elle croit tout, elle espère tout, elle soutient tout. » On en peut dire autant des autres actes du chrétien, dont elle règle et prescrit les exercices distincts, quoiqu'ils ne soient pas toujours sensiblement et distinctement aperçus.

XIV.

Le désir qu'on voit dans les Saints, comme dans saint Paul et dans les autres, de leur salut éternel et parfaite rédemption, n'est pas seulement un désir ou appétit indélibéré, mais, comme l'appelle le même saint Paul, une bonne volonté que nous devons former et opérer librement en nous avec le secours de la grace, comme parfaitement conforme à la volonté de Dieu. Cette proposition est clairement révélée, et la contraire est hérétique.

XV.

C'est pareillement une volonté conforme à celle de Dieu et absolument nécessaire en tout état, quoique non à tout moment, de vouloir ne pécher pas; et non-seulement de condamner le péché, mais encore de regretter de l'avoir commis, et de vouloir qu'il soit détruit en nous par le pardon.

XVI.

Les réflexions sur soi-même, sur ses actes et sur les dons qu'on a reçus, qu'on voit partout pratiquées par les prophètes et par les apôtres pour rendre graces à Dieu de ses bienfaits, et pour autres fins semblables, sont proposées pour exemples à tous les fidèles, même aux plus parfaits; et la doctrine qui les en éloigne est erronée et approche de l'hérésie.

XVII.

Il n'y a de réflexions mauvaises et dangereuses, que celles où l'on fait des retours sur ses actions et sur les dons qu'on a reçus, pour repaître son amour-propre, se chercher un appui humain, ou s'occuper trop de soi-même.

XVIII.

Les mortifications conviennent à tout état du christianisme, et y sont souvent nécessaires : et en éloigner les fidèles sous prétexte de perfection, c'est condamner ouvertement saint Paul, et présupposer une doctrine erronée et hérétique.

XIX.

L'oraison perpétuelle ne consiste pas dans un acte perpétuel et unique qu'on suppose sans interruption, et qui aussi ne doive jamais se réitérer; mais dans une disposition et préparation habituelle et perpétuelle à ne rien faire qui déplaise à Dieu, et à faire tout pour lui plaire : la proposition contraire, qui excluroit en quelque état que ce fût, même parfait, toute pluralité et succession d'actes, seroit erronée et opposée à la tradition de tous les Saints.

XX.

Il n'y a point de traditions apostoliques que celles qui sont reconnues par toute l'Eglise, et dont l'autorité est décidée par le concile de Trente : la proposition contraire est erronée, et les prétendues traditions apostoliques secrètes seroient un piége pour les fidèles, et un moyen d'introduire toutes sortes de mauvaises doctrines.

XXI.

L'oraison de simple présence de Dieu, ou de remise et de quiétude, et les autres oraisons extraordinaires, même passives, approuvées par saint François de Sales et les autres spirituels reçus dans toute l'Eglise, ne peuvent être rejetées ni tenues pour suspectes sans une insigne témérité; et elles n'empêchent pas qu'on ne demeure toujours disposé à produire en temps convenable tous les actes ci-dessus marqués : les réduire en actes implicites ou éminens en faveur des plus parfaits, sous prétexte que l'amour de Dieu les renferme tous d'une certaine manière, c'est en éluder l'obligation, et en détruire la distinction qui est révélée de Dieu.

XXII.

Sans ces oraisons extraordinaires on peut devenir un très-grand saint, et atteindre à la perfection du christianisme.

XXIII.

Réduire l'état intérieur et la purification de l'ame à ces oraisons extraordinaires, c'est une erreur manifeste.

XXIV.

C'en est une également dangereuse d'exclure de l'état de contemplation les attributs, les trois Personnes divines et les mystères du Fils de Dieu incarné, surtout celui de la croix et celui de la résurrection; et toutes les choses qui ne sont vues que par la foi sont l'objet du chrétien contemplatif.

XXV.

Il n'est pas permis à un chrétien, sous prétexte d'oraison passive ou autre extraordinaire, d'attendre dans la conduite de la vie, tant au spirituel qu'au temporel, que Dieu le détermine à chaque action par voie et inspiration particulière : et le contraire induit à tenter Dieu, à illusion et à nonchalance.

XXVI.

Hors le cas et les momens d'inspiration prophétique ou extraordinaire, la véritable soumission que toute ame chrétienne même parfaite doit à Dieu, est de se servir des lumières naturelles et surnaturelles qu'elle en reçoit et des règles de la prudence chrétienne, en présupposant toujours que Dieu dirige tout par sa providence, et qu'il est auteur de tout bon conseil.

XXVII.

On ne doit point attacher le don de prophétie, et encore moins l'état apostolique, à un certain état de perfection et d'oraison; et les y attacher, c'est induire à illusion, témérité et erreur.

XXVIII.

Les voies extraordinaires, avec les marques qu'en ont données les spirituels approuvés, selon eux-mêmes sont très-rares, et sont sujettes à l'examen des évêques, supérieurs ecclésiastiques et docteurs, qui doivent en juger, non tant selon les expériences que selon les règles immuables de l'Ecriture et de la tradition; enseigner et pratiquer le contraire, est secouer le joug de l'obéissance qu'on doit à l'Eglise.

XXIX.

S'il y a ou s'il y a eu en quelque endroit de la terre un très-petit nombre d'ames d'élite, que Dieu par des préventions extraordinaires et particulières qui lui sont connues, meuve à chaque instant de telle manière à tous actes essentiels au christianisme et aux autres bonnes œuvres, qu'il ne soit pas nécessaire de leur rien prescrire pour s'y exciter, nous le laissons au jugement de Dieu; et sans avouer de pareils états, nous disons seulement dans la pratique, qu'il n'y a rien de si dangereux ni de si sujet à illusion que de conduire les ames comme si elles y étoient arrivées, et qu'en tout cas ce n'est point dans ces préventions que consiste la perfection du christianisme.

XXX.

Dans tous les articles susdits, en ce qui regarde la concupiscence, les imperfections et principalement le péché, pour l'honneur de Notre-Seigneur, nous n'entendons pas comprendre la très-sainte Vierge sa Mère.

XXXI.

Pour les ames que Dieu tient dans les épreuves, Job qui en est le modèle leur apprend à profiter du rayon qui revient par intervalles, pour produire les actes les plus excellens de foi, d'espérance et d'amour. Les spirituels leur enseignent à les trouver dans la cime et la plus haute partie de l'esprit. Il ne faut donc pas leur permettre d'acquiescer à leur désespoir et damnation apparente, mais avec saint François de Sales les assurer que Dieu ne les abandonnera pas.

XXXII.

Il faut bien en tout état, principalement en ceux-ci, adorer la justice vengeresse de Dieu, mais non souhaiter jamais qu'elle s'exerce sur nous en toute rigueur, puisque même l'un des effets de cette rigueur est de nous priver de l'amour. L'abandon du chrétien est de rejeter en Dieu toute son inquiétude, mettre en sa bonté l'espérance de son salut, et comme l'enseigne saint Augustin après saint Cyprien, lui donner tout : *Ut totum detur Deo.*

XXXIII.

On peut aussi inspirer aux ames peinées et vraiment humbles une soumission et consentement à la volonté de Dieu, quand même par une très-fausse supposition, au lieu des biens éternels qu'il a promis aux ames justes, il les tiendroit par son bon plaisir dans des tourmens éternels, sans néanmoins qu'elles soient privées de sa grace et de son amour (a) : qui est un acte d'abandon parfait et d'un amour pur pratiqué par des saints, et qui le peut être utilement avec une grace très-particulière de Dieu par les ames vraiment parfaites : sans déroger à l'obligation des autres actes ci-dessus marqués, qui sont essentiels au christianisme.

XXXIV.

Au surplus il est certain que les commençans et les parfaits doivent être conduits chacun selon sa voie par des règles différentes, et que les derniers entendent plus hautement et plus à fond les vérités chrétiennes.

Si vous pesez avec attention chacun des articles précédens, vous trouverez que, selon les règles de la plus commune théologie, il n'est pas permis de s'en éloigner, et qu'on ne le peut sans scandaliser toute l'Eglise.

Nous croyons aussi que ceux d'entre vous qui méditeront et étudieront ces articles, avec la grace de Dieu y trouveront un corps de doctrine qui ne laissera aucun lieu à celle des nouveaux mystiques, sans donner atteinte à celle des docteurs approuvés dont ils tâchent de se couvrir : et de peur qu'on ne les confonde, nous vous nommons expressément parmi les livres suspects et condamnés ceux-ci comme plus connus. *La Guide spirituelle,* de

---

(a) « L'acte marqué dans l'article 33, loin d'être d'obligation, doit être fait avec beaucoup de précaution. Je ne le trouve nulle part dans saint Augustin, ni rien d'approchant : cependant c'est lui, après les apôtres, qui est le docteur de la charité comme de la grace. » (Bossuet, *Lettre* 224 à Mme *d'Albert de Luynes,* Meaux, 17 mai 1695.) Voir ci-après, *Instruction sur les états d'oraison,* liv. X, n. 19.

Michel de Molinos : *La pratique facile pour élever l'ame à la contemplation*, par François Malaval : *Le moyen court et facile de faire oraison : La règle des associés à l'enfant Jésus : Le Cantique des Cantiques de Salomon, interprété selon les sens mystiques et la vraie représentation des états intérieurs* : avec un livre latin intitulé, *Orationis mentalis analysis*, etc., *per Patrem Dom Franciscum la Combe, Tononensem* : lesquels livres déjà notés par diverses censures, nous condamnons d'abondant comme contenant une mauvaise doctrine, et toutes ou les principales propositions ci-dessus par nous condamnées dans les articles susdits, sans approbation des autres livres. Nous défendons très-expressément la lecture de ces livres à tous ceux qui sont commis à notre conduite, sous toutes les peines de droit; et ordonnons sous les mêmes peines qu'ils seront remis entre nos mains, ou de nos vicaires généraux, ou des curés pour nous les remettre, aussi bien que les écrits particuliers qui se répandent secrètement en faveur de ces nouveautés.

Pour déraciner tout le doute qui pourroit rester sur cette matière, avec la grace de Dieu nous prendrons soin de vous procurer le plus tôt qu'il sera possible une instruction plus ample, où paroîtra l'application avec les preuves des susdits articles, encore qu'ils se soutiennent assez par eux-mêmes ; et ensemble les principes solides de l'oraison chrétienne selon l'Ecriture sainte et la tradition des Pères : enfin en suivant les règles et les pratiques des saints docteurs, nous tâcherons de donner des bornes à la théologie peu correcte, et aux expressions et exagérations irrégulières de certains mystiques inconsidérés ou même présomptueux, lesquelles nous pouvons ranger avec les *profanes nouveautés de langage* que saint Paul défend [1].

Nous avons évité exprès de vous parler dans cette *Instruction* de certaines propositions dont les oreilles chrétiennes sont trop offensées : Nous nous réservons à les noter si l'extrême nécessité le demande, ensemble à vous instruire sur toutes les autres propositions qui seront jugées nécessaires pour l'entière extinction de ces erreurs.

[1] I *Tim.*, VI, 20.

Mandons et ordonnons à tous curés, vicaires et prédicateurs, de publier dans leurs prônes et prédications notre présente *Ordonnance* et *Instruction*, aussitôt qu'elle leur sera adressée : Nous ordonnons pareillement qu'elle sera envoyée à toutes les communautés, afin que tout le monde veille contre ceux qui sous prétexte de piété et de perfection introduiroient insensiblement un nouvel Evangile.

Donné à Meaux, en notre palais épiscopal, le samedi seizième jour d'avril mil six cent quatre-vingt-quinze.

Signé † J. BÉNIGNE, Evêque de Meaux.

Et plus bas :
Par le commandement de mondit Seigneur,
ROYER.

INSTRUCTION

SUR

LES ÉTATS D'ORAISON,

OÙ SONT EXPOSÉES LES ERREURS DES FAUX MYSTIQUES DE NOS JOURS : AVEC
LES ACTES DE LEUR CONDAMNATION.

PRÉFACE

Où l'on pose les fondemens et l'on explique le dessein de cet ouvrage.

Si l'on croyoit, en lisant le titre de ce livre, que je voulusse y donner des règles pour tous les états d'oraison, ou des moyens pour y arriver et s'y bien conduire, on m'attribueroit un dessein trop vaste, et qui aussi est bien éloigné de ma pensée. Il faut se souvenir de l'occasion qui m'a engagé à traiter cette matière dans une *Ordonnance* et *Instruction pastorale,* et qui m'a fait promettre un traité plus ample sur un sujet si important. J'ai voulu exposer les excès de ceux qui abusent de l'oraison, pour jeter les ames, sous prétexte de perfection, dans des sentimens et dans des pratiques contraires à l'Evangile, et dans une cessation de plusieurs actes expressément commandés de Dieu et essentiels à la piété. Je les ai marqués dans l'*Instruction pastorale* autant que la brièveté d'un discours de cette nature le pouvoit permettre, et il s'agit maintenant de les expliquer plus à fond.

Il faudra aussi faire voir que les erreurs que l'on entreprend de combattre ne sont pas des erreurs imaginaires, mais qu'elles sont véritablement contenues dans un grand nombre de livres qu'on

<small>I. Dessein en général de cet ouvrage.</small>

trouve entre les mains de tout le monde, et qu'on lit d'autant plus qu'ils sont ordinairement fort petits.

Dans un temps où chacun se mêle de dogmatiser sur l'oraison, et où il n'y a presque point de directeur qui n'entreprenne d'en donner des règles par son propre esprit à ses pénitens et à ses pénitentes, celui qui doit traiter un si grand sujet, et que l'obligation de son ministère jointe aux besoins de l'Eglise obligent à s'expliquer sur cette matière, doit aussi avant toutes choses demander à Dieu son esprit de discernement et d'intelligence pour démêler le vrai d'avec le faux, et le certain ou le sûr d'avec le suspect et le dangereux. C'est ce que j'ai tâché de faire en toute simplicité, et je me confie en Notre-Seigneur, qu'il aura reçu mes vœux dans son sanctuaire.

II. Fausse règle de Molinos et de ses sectateurs, qui veulent tout rapporter à l'expérience.

Je me suis du moins proposé la règle sûre et invariable pour juger de toutes ces choses, qui est l'Ecriture sainte et la tradition. Molinos et ses sectateurs voudroient qu'on renvoyât tout à l'expérience ; et pour laisser un champ libre à leurs imaginations ils décrient la science et les savans. « Ces sçavans scolastiques, disent-ils, ne sçavent ce que c'est que se perdre en Dieu : » on fait accroire aux théologiens « qu'ils condamnent la science mystique, parce qu'ils n'y connoissent rien : » et on donne pour « règle sans exception, qu'il en faut sçavoir la pratique avant la théorie, et en ressentir les effets par la contemplation surnaturelle [1], » avant que de prononcer dessus. Parmi les soixante-huit propositions de cet auteur condamnées par la bulle d'Innocent XI d'heureuse mémoire, une des plus remarquables est la LXIVe où il dit que « les théologiens sont moins disposez à la contemplation que les ignorans, parce qu'ils ont moins de foy, moins d'humilité, moins de soin de leur salut ; et qu'ils ont la teste remplie de fantosmes, d'especes, d'opinions et de spéculations qui ferment l'entrée à la véritable lumière : » de là on conclut « qu'ils ne sont pas propres à juger de telles matieres, et que la contemplation ne reçoit point

[1] *Guide spir.*, liv. III, chap. XVII, XVIII.

d'autres juges que les contemplatifs. » C'étoit la iii⁰ des dix-neuf propositions qu'on envoya de Rome aux évêques pour les mettre en garde *contre les nouveaux contemplatifs*. Et c'est encore à présent ce qu'ils ont sans cesse à la bouche pour éluder les censures dont on les flétrit de tous côtés.

Gerson, que nos pères ont justement appelé *Docteur très-chrétien* tant à cause de sa piété que pour avoir été en son temps la lumière de ce royaume, remarquoit dès lors qu'un des artifices de ceux qui veulent se donner toute liberté d'enseigner ce qu'il leur plait sur une matière si cachée et si délicate, est d'en appeler toujours aux expériences [1]. Ils se proposent certaines personnes connues ou inconnues, qu'ils prétendent guidées de Dieu d'une façon particulière; et avec cette fragile autorité, ils récusent tous les juges qui ne leur sont pas favorables, sous prétexte qu'il ne sont pas expérimentés : ce qui ne tend à rien moins qu'à rendre ces nouveaux docteurs indépendans des censures et des jugemens de l'Eglise, parce qu'on ne saura jamais qui sont ces juges expérimentés dont il faudra suivre les sentimens, ni si les docteurs, les évêques ou les pasteurs ordinaires sont certainement de ce nombre. Mais il est clair indépendamment de ces prétendues expériences, qu'il y a des règles certaines dans l'Eglise pour juger des bonnes et mauvaises oraisons, et que toutes les expériences qui y sont contraires sont des illusions. On ne peut douter que les prophètes et les apôtres, que Dieu nous a donnés pour docteurs, n'aient été très-instruits et très-expérimentés dans ses voies : les saints Pères, qui les ont suivis et nous en ont expliqué la sainte doctrine, ont pris leur esprit; et animés de la même grace, ils nous ont laissé des traditions infaillibles sur cette matière comme sur toutes les autres qui regardent la religion. Voilà les expériences solennelles et authentiques sur lesquelles il se faut fonder, et non pas sur les expériences particulières qu'il

III. Observation de Gerson sur ceux qui renvoient tout à l'expérience : quelles sont les expériences sur lesquelles il se faut fonder.

---

[1] *Epist. ad fratr. Barth. Carthus.*, et lib. *de Dist. verar. vis. à falsis. cont. epist. Jo. de Schoen.* Edit. Ant. 1706, tom. I, col. 43, 59, 78.

est difficile ni d'attribuer ni de contester à personne par des principes certains.

<small>IV.
Suite des observations du même Gerson.</small>

Ce même docteur, pour réfuter ceux qui prétendoient que ces matières de l'oraison ne devoient point être *portées à l'école, mais seulement traitées par les hommes expérimentés dans cette pratique,* découvre les illusions où tombent ceux qui donnent pour toute raison « leurs expériences, et qui, transportés par des affections déréglées envers les vertus et par des idées indiscrètes de l'amour de Dieu, ont un zèle qui n'est pas selon la science [1]. » Il se trouve, ajoute-t-il, parmi eux « des femmes d'une incroyable subtilité, » dont les écrits quelquefois « contiennent de très-bonnes choses ; mais leur orgueil et la véhémence de leur excessive passion leur persuadant qu'elles jouissent de Dieu dès cette vie, elles disent des choses sur cette bienheureuse vision, que rien n'auroit égalées, si elles les avoient appliquées à la vie future [2]. » Je rapporte ces passages pour montrer jusqu'où peut aller l'esprit de séduction, et ensemble comme sous le nom de l'amour divin il s'introduit des excès qui détruisent la piété. C'est de là, dit ce pieux docteur, *que sont nés les béguards et les béguines,* dont on connoît les énormes excès ; mais Gerson les attaque ici par leur bel endroit, je veux dire par la trompeuse apparence de leur spécieux commencement, et il attaque en même temps les « autres semblables folies d'amans insensés que la science ne guide pas : *insanias amantium, imò et amentium, quia non secundùm scientiam :* d'où il conclut qu'il en falloit croire *les doctes théologiens* qui savoient les règles, plutôt que *les dévots* qui se glorifient de leur expérience.

<small>V.
Preuve par le concile de Vienne.</small>

C'est aussi ce qu'on pratiqua dans le concile de Vienne contre ces faux contemplatifs. A les entendre, ils étoient élevés à la plus sublime oraison, passifs sous la main de Dieu, transportés par un amour extatique et toujours mus par des impulsions et im-

---

[1] *Ep. Jα. de Schoen. et Resp. Gers., ibid.* lib. *de Dist. verar. vis à falsis,* etc.—
[2] *Ibid*, col. 55.

pressions divines. Mais encore qu'ils ne cessassent d'alléguer leurs expériences, on ne les écouta pas; et malgré ces épreuves tant vantées qu'on prit pour des tromperies du malin esprit, et en tout cas pour de vains transports d'une imagination échauffée, ils furent frappés d'un anathème éternel, dont ils furent plutôt abattus que convertis : laissant au monde un exemple des aveugles et opiniâtres engagemens où l'on entre, en préférant des expériences particulières et souvent trompeuses à la règle invariable de la tradition.

C'est par la même raison que sainte Thérèse a désiré à la vérité de trouver dans les directeurs la science et l'expérience, s'il se peut, unies ensemble; mais faute ou de l'une ou de l'autre, elle a préféré *le savant à celui qui n'est que spirituel*[1]. Ce passage n'est ignoré de personne; mais on n'a peut-être pas assez réfléchi sur les raisons de cette Sainte : l'une est que *l'homme d'oraison* renfermé dans son expérience, « s'il ne marche pas dans votre voie, comme il en sera surpris (par le défaut de science), il ne manquera pas de la condamner : » ce que les hommes savans et bien instruits de la règle ne feront pas : « l'autre, que la connoissance que leur science leur donne d'autres choses non moins admirables reçues dans l'Eglise, leur fait ajouter foi à celles que vous leur raconterez (de votre intérieur), quoiqu'elles ne leur soient pas encore connues [2]. »

VI. Sentiment de sainte Thérèse, qui préfère la science à l'expérience : et les raisons dont elle s'appuie.

Ainsi ce qu'on n'aura point expérimenté en soi-même, on le sentira dans les autres ou dans des cas approchans. La Sainte n'y met qu'une condition, qui est que ces savans que l'on consulte *soient gens de bien,* parce qu'alors en joignant ensemble la science et la vertu, ils seront *de ces spirituels,* au sens de saint Paul [3], *qui jugent de toutes choses,* sans que pour cela il soit nécessaire qu'ils soient arrivés à ces hautes spiritualités de ceux qu'on appelle *les grands Directeurs :* car on voit que le saint Apôtre dit bien *que le*

---

[1] *Chdt.*, 6ᵉ dem. chap. VIII. — [2] *Chdt.*, 5ᵉ dem. chap. I. — [3] I *Cor*, II, 15.

spirituel, dont il parle, *juge de tout;* mais non pas qu'il ait tout expérimenté par lui-même, ni que pour juger de chaque manière d'oraison, il faille qu'il y ait passé : autrement il faudroit aussi avoir éprouvé les extases pour en porter un jugement droit et discerner les bonnes d'avec les mauvaises ; et *le spirituel, qui juge de tout,* seroit uniquement celui qui auroit expérimenté toutes les oraisons extraordinaires : ce qui bien assurément n'est pas véritable.

Ces directeurs renommés dont on vante les expériences et qui ne doutent de rien, ignorent-ils que Dieu dont le bras s'étend au delà de toutes leurs épreuves, auxquelles, comme sainte Thérèse vient de nous le dire, ils veulent réduire les ames, les jette bien loin à l'écart et se plaît à les dérouter : en sorte que leurs expériences, qu'ils prenoient pour guides, ne serviront souvent qu'à les confondre, pendant que les savans hommes bien instruits des règles, pourvu seulement qu'ils soient humbles et que leur cœur soit droit avec Dieu, sauront bien quand il faudra ne pas juger, et jugeront aussi quand il le faudra, avec d'autant plus de sûreté, « que Dieu, dit sainte Thérèse, les ayant choisis pour être des lumières de son Eglise, ils ont cet avantage par-dessus les autres, que quand on leur propose quelques vérités, il les dispose à les recevoir [1] : « de sorte qu'en les suivant, ce n'est pas sur eux, mais sur Dieu seul qu'on s'appuie. Il ne faut pas oublier que la Sainte ajoute *qu'elle en peut bien parler par expérience:* et puisque c'est à l'expérience qu'on voudroit tout rapporter, on en peut croire la sienne.

VII. Comment Dieu cache aux ames simples leur oraison : et comment l'étude peut devenir une contempla-

C'est donc, pour ainsi parler, l'expérience elle-même qui empêche de tout donner à l'expérience : mais pour pénétrer au fond de cette matière, voici en dernier lieu une autre sorte d'expérience marquée par cette Sainte. C'est qu'on est contemplatif, sans le penser être : le dirai-je ? on est expérimenté sans le savoir : « Je sais, dit sainte Thérèse, une personne qui n'ayant jamais pu

[1] *Chât.,* 5⁸ dem., chap. I.

faire d'autre oraison que la vocale, possédoit toutes les autres; et quand elle vouloit prier d'une autre manière, son esprit s'égaroit de telle sorte qu'elle ne se pouvoit souffrir elle-même : mais plût à Dieu que nos oraisons mentales fussent semblables à l'oraison vocale qu'elle faisoit. Un jour, continue la Sainte, elle me vint trouver fort affligée de ce que ne pouvant faire une oraison mentale ni s'appliquer à la contemplation, elle se trouvoit réduite à faire souvent quelques oraisons vocales[1]. » A la fin pourtant il se trouva qu'elle étoit, sans y avoir seulement songé, dans la plus sublime contemplation. Ce sont les secrets et pour ainsi dire les jeux merveilleux de la sagesse éternelle, qui cache aux ames ce qu'elle leur donne, et qui leur fait rechercher la contemplation pendant qu'elles la possèdent : les gens savans sont soumis comme les autres à ces conduites cachées : Dieu les fait petits autant qu'il lui plaît, et ils ne trouvent en eux qu'ignorance et aveuglement. Par ces admirables ressorts de la divine sagesse, un bon et simple docteur, qui ne croira pas savoir prier autrement que le commun des fidèles, sans faire le grand directeur ni parler de son oraison ou raconter les expériences que les autres vantent, vous dira en simplicité ce que Dieu demande de vous : son étude, qui selon la règle de saint Augustin, n'est qu'une attention à la lumière éternelle, et un saint attachement de son cœur à celui qui est la vérité même, est une sorte de contemplation : quand il parlera de l'oraison, il croira parler du don d'autrui plutôt que du sien : plus ses épreuves lui paroissent foibles, ou plutôt moins il les connoît et moins il y songe, plus il se met en état de profiter de celles des autres; et en se laissant lui-même pour ce qu'il est aux yeux de Dieu, il annoncera la doctrine que les Ecritures apostoliques et la tradition des Saints lui auront apprise.

Qu'on ne croie pas toutefois que je rejette le secours de l'expérience : ce seroit manquer de sens et de raison : mais je dis que

[1] *Chem. de perf.*, chap. III.

subordonnée à la science théologique.

l'expérience, qui peut bien régler certaines choses, est subordonnée dans son tout à la science théologique, qui consulte la tradition et qui possède les principes. C'est ici une vérité constante et inébranlable qu'on ne peut nier sans erreur : le contraire, comme on a vu, est un moyen indirect de se soustraire au jugement de la saine théologie, et en général à l'autorité des jugemens ecclésiastiques.

IX. Division de cet ouvrage en cinq traités principaux

Appuyé sur ces solides fondemens, j'entrerai avec confiance dans cette matière; et pour y procéder avec ordre, je diviserai cet ouvrage en cinq traités. Je proposerai dans le premier, qui est celui-ci, les faux principes des mystiques de nos jours et leur mauvaise théologie, avec une juste censure de leurs erreurs. Pour les réfuter plus à fond, le second traité fera voir les principes communs de l'oraison chrétienne. Le troisième exposera par les mêmes règles les principes des oraisons extraordinaires, dont Dieu favorise quelques-uns de ses serviteurs. Les épreuves et les exercices feront le sujet du quatrième. Enfin je conclurai cet ouvrage en expliquant les sentimens et les locutions des saints docteurs dont les faux mystiques ont abusé, et partout je tâcherai d'empêcher que l'abus qu'ils en auront fait, ne fasse perdre le goût de la vérité. J'espère que par ce moyen le pieux lecteur n'aura rien à désirer sur cette matière : les erreurs seront découvertes : ceux qui manquent moins par malice que par imprudence se réjouiront d'être redressés : les ames simples et encore infirmes seront attirées à l'oraison, et celles qui y sont déjà exercées craindront moins de se livrer aux attraits divins. Dieu sait que ce n'est pas de moi-même, mais de la doctrine des Saints et de la force de la vérité que j'espère ces avantages.

X. Difficultés de cette matière.

Quoique mon dessein principal soit de répandre dans tous les cœurs les doux attraits de la parfaite oraison, néanmoins en divers endroits et surtout lorsqu'il s'agira de l'oraison qu'on nomme passive, je ne pourrai éviter l'abstraction et la sécheresse, qui dans un sujet si sublime et si délicat, accompagnent nécessairement les définitions et les résolutions précises. D'ailleurs il faudra entrer dans des matières que le monde ne goûte guère, et dont souvent il fait le sujet de ses railleries. On y traite ordinairement les contemplatifs de cerveaux foibles et blessés; les ravissemens, les extases et les saintes délicatesses de l'amour divin, de songes et de creuses visions. L'homme animal, comme dit saint Paul [1], qui ne veut ni ne peut entendre les merveilles de Dieu, s'en scandalise : ces admirables opérations du Saint-Esprit dans les ames, ces bienheureuses communications et cette douce familiarité de la sagesse éternelle, qui fait ses délices de converser avec les hommes, sont un secret inconnu, dont chacun veut raisonner à sa fantaisie. Parmi tant de différentes pensées qui se forment sur ce sujet dans tous les esprits, comment empêcherai-je la profanation du mystère de la piété, que le monde ne veut pas goûter? Dieu le sait, et il sait encore l'usage que je dois faire des contradictions ou secrètes ou déclarées qu'on trouve sur son chemin, dans une matière où tout le monde se croit maître, et où l'on ne voit que trop que les esprits prévenus se passionnent d'une étrange sorte pour leurs sentimens. Mais qu'importent ces oppositions à qui cherche la vérité? Dieu connoît ceux à qui il veut parler : il sait les trouver, et sait malgré tous les obstacles faire dans leurs cœurs, par nos foibles discours, les impressions qu'il a résolues. Son œuvre dont une partie et peut-être la principale, du moins la fondamentale, est de découvrir les erreurs, s'accomplit avec patience, et souvent s'avance davantage par les contradictions de ceux qui s'y opposent que par les applaudissemens de ceux qui l'approuvent. Marchons donc avec confiance, et n'épargnons rien pour prévenir le venin d'une doctrine qui ne cherche qu'à s'établir insensiblement sous couleur de piété. Plusieurs seront étonnés de la nécessité où je me suis mis d'exposer le sentiment de quelques pieux contemplatifs des derniers temps, dans la doctrine desquels le public s'intéresse peu, et que souvent il ne

[1] I *Cor.*, II, 14.

connoît guère : on me dira qu'après avoir établi la vérité révélée par l'Ecriture et par les Pères, je devois présupposer que ces spirituels s'y sont conformés, en tout cas qu'ils ont dû le faire; ainsi que je pouvois m'épargner le soin d'examiner leurs pensées, auxquelles aussi bien on ne se croit pas obligé de déférer beaucoup. Je ne sais que dire à cette objection, si ce n'est que la charité m'a inspiré un dessein plus étendu, et que je me suis proposé de ne laisser aucun refuge à ceux qui n'épargnent rien pour trouver des approbateurs à leurs nouveautés. Qu'on souffre donc ma diligence peut-être excessive : l'affaire est plus importante que ne le peuvent penser ceux qui n'en sont pas tout à fait instruits : et avant que de passer outre, j'en reviens à fléchir mes genoux devant Dieu Père de Notre-Seigneur Jésus-Christ, pour lui demander non-seulement la netteté et la précision, mais encore la simplicité et l'onction de sa grace, dans un ouvrage où il s'agit de parler au cœur plutôt qu'à l'esprit.

APPROBATION

DE MONSEIGNEUR L'ARCHEVÊQUE DE PARIS.

L'expérience nous apprend, aussi bien que l'Ecriture, que le démon a ses profondeurs comme Dieu, mais qu'elles sont d'une nature bien différente. Les conseils de Dieu étant conduits par une sagesse toute sainte et toute-puissante, tendent toujours à tirer le bien du mal même, au lieu que les artifices du démon ne vont qu'à tourner le bien en mal : lorsqu'il ne peut éloigner les ames du bien où la grace les attire, il en fait un mal par le poison qu'il y répand. C'est ce qu'il fait sur la matière de l'oraison depuis quelques années surtout. Comme il sait que la prière est le grand moyen de le désarmer et de tout obtenir de Dieu, ou il en dégoûte entièrement par le mépris qu'il en inspire aux enfans du siècle, et par les vaines craintes qu'il donne aux ames timides; ou il la corrompt par l'illusion. Il y a fait tomber plusieurs personnes, qui faute d'humilité ont donné dans le piége; l'orgueil les a séduites, et leur a fait enseigner une nouvelle spiritualité que les Saints n'ont point connue; elles se sont flattées de pouvoir par des méthodes de leur invention, rendre faciles et communs à tous le monde, les dons les plus précieux et les plus rares que le Saint-Esprit n'accorde qu'à quelques ames choisies que Dieu veut favoriser d'une manière particulière, sans manquer à ce qu'il a promis pour le salut des autres. Il faut donc faire connoître la fausseté de leurs maximes et les abus où elles jettent : il faut expliquer les mystères les plus profonds de l'amour divin, que l'Eglise ne découvre qu'avec réserve et à proportion de ses besoins, parce que les ames sensuelles n'en sont pas capables; mais elle le fait toujours sans dissimulation et sans artifice, parce qu'elle n'enseigne rien que de saint et qui ne soit digne de Dieu.

Il falloit pour traiter une matière si difficile et si délicate une main aussi habile que celle du grand prélat qui a composé cet ouvrage. Son nom seul porte avec soi son approbation et son éloge : car qui ne connoît sa profonde érudition, son zèle pour la vérité, son application continuelle à combattre les erreurs, et les autres qualités épiscopales dont Dieu l'a rempli? On en trouvera de nouvelles preuves dans ce livre, comme dans les autres excellens ouvrages qu'il a donnés au public. Ainsi ce n'est point assez de dire que nous n'y trouvons rien de contraire à la foi ni à la morale chrétienne : nous exhortons de plus les ames véritablement pieuses de le lire avec attention, et de se servir des pures lumières qu'elles y trouveront pour éviter les routes égarées de la fausse spiritualité, et pour marcher toujours dans la voie droite de la perfection. Donné à Paris, dans notre palais archiépiscopal, le douzième jour du mois de février, l'an de grace mil six cent quatre-vingt-dix-sept.

Signé † Louis Antoine, archevêque de Paris.

APPROBATION

DE MONSEIGNEUR L'ÉVÊQUE DE CHARTRES.

J'ai lu l'excellent livre intitulé : *Instruction sur les états d'Oraison, où sont exposées les erreurs des faux mystiques de nos jours, avec les actes de leur condamnation.* L'erreur des quiétistes y est démasquée, désarmée et invinciblement confondue. Monseigneur l'Evêque de Meaux, toujours attentif à défendre l'Eglise contre toute nouveauté, fait voir clairement où tendent leurs principes et le sens pernicieux de leurs maximes. Ils ont pensé ce qu'ils ont écrit, ce qu'ils ont tant de fois répété, ce qu'ils se sont efforcés de prouver, ce qu'ils ont expliqué par des comparaisons très-sensibles, ce qui forme leur système et ce qui est le sens de tous leurs ouvrages.

Qu'ils ne tentent donc plus de rappeler ici en leur faveur la fameuse distinction du droit et du fait; ce ne pourroit être qu'un artifice pour éluder les condamnations de l'Eglise, dans une occasion où les écrits condamnés parlent si clairement et d'une manière si peu équivoque.

Les légers correctifs qu'on y trouve quelquefois, et ceux-là même où ils semblent nier ce qu'ils assurent ailleurs, ne servent de rien pour leur excuse ; ils se sont par là préparé des évasions ; ils ont dit de bonnes choses pour faire passer les mauvaises ; et tout ce qu'on peut conclure de ces contrariétés, c'est qu'ils ont voulu se déguiser ; mais ils ont beau faire : il y a certains endroits dans leurs ouvrages qui en sont comme les chefs et le dénouement par où ils se découvrent malgré eux. On n'a par exemple qu'à les suivre dans les différens degrés de leur prétendue perfection, et à séparer comme ils font en chaque degré, le commencement, le progrès et le terme ; on trouvera que ce qu'ils semblent accorder à la vérité catholique dans le degré des plus parfaits n'est vrai, selon eux, que pour le commencement du degré, ou tout au plus dans le progrès qu'on y fait, et que quand enfin on est arrivé à leur terme, il n'y a plus rien à faire pour la créature ; qu'alors tout acte de vie chrétienne, quelque simple et délicat qu'il soit, est entièrement éteint ; et voilà la mort mystique, selon eux, qui conduit à la vie parfaite; mais c'est en effet la mort de la grace, qui mène à l'indifférence du salut et à la réprobation éternelle.

Ils ont eu la hardiesse d'appeler à leur défense les plus saints mystiques ; mais M. de Meaux a réparé l'injure faite à ces grands Saints, en montrant par eux-mêmes leurs véritables sentimens, et a confondu les novateurs par la foi et la tradition constante de l'Eglise.

Après les éclaircissemens de ce grand prélat, il est évident que cette nouveauté est le renversement de la foi et de la morale de l'Evangile. Luther et Calvin attaquèrent l'une et l'autre sous prétexte de réforme au commencement du siècle passé, et les faux mystiques d'aujourd'hui attentent la même chose sous le voile spécieux de la plus haute perfection. Il ne faut donc pas s'étonner si les calvinistes ont fait l'apologie de Molinos, et si les trembleurs d'Angleterre ont reçu dans leur communion les quiétistes fugitifs d'Italie.

C'est un monstre, que des chrétiens et des chrétiennes aient pu donner de tels excès au public sous les noms de la plus parfaite piété. Ils ont réduit l'exercice de la foi à des idées si confuses de la Divinité, et les pratiques de l'Evangile à une telle inaction et insensibilité, qu'un licencieux déiste, qui auroit voulu secouer le joug de la religion et étouffer les remords de sa conscience, n'auroit pu rien concerter de plus favorable à son libertinage.

Quelles suites d'une si énorme doctrine, et quand on ne les auroit pas prévues, en seroient-elles moins à craindre ? On sait quelle a été la vie de Molinos : Dieu punit souvent l'orgueil de l'esprit par les humiliations de la chair : *Evanuerunt in cogitationibus suis ; dicentes enim se esse sapientes, stulti facti sunt..... Tradidit illos Deus in reprobum sensum, ut faciant ea quæ non conveniunt.* On doit tout craindre quand on est superbe ; et l'orgueil peut-il monter plus haut en cette vallée de larmes que de s'attribuer une justice, un désintéressement, un rassasiement, une transformation si fort au-dessus de notre état présent ?

Prétendre avoir extirpé l'amour-propre, c'est sans doute le comble de l'amour-propre; et quelle plus grande marque en peuvent donner ces ames vaines, que leur folle présomption de n'avoir plus rien à demander à Dieu ? Il n'est point de chute honteuse où un tel excès d'orgueil ne puisse précipiter : et plaise au Seigneur que sous ces noms spécieux de *simplicité*, d'*enfance*, d'*obéissance trop aveugle*, de *néant*, il n'y ait rien de caché de ce que l'on a découvert ailleurs dans ces orgueilleuses et spirituelles singularités.

Après l'*Instruction* exacte qu'on donne ici sur un sujet si délicat et si important, nous espérons que toutes les personnes de bonne foi et de bon esprit, qui se seroient laissé prévenir par l'endroit spécieux de cette nouveauté, reviendront de leur prévention ; et que les auteurs mêmes des ouvrages condamnés détesteront avec humilité et sincérité leurs erreurs, si l'infaillibilité que quelques-uns d'entre eux s'attribuent, et le mépris qu'ils font de toute la terre n'oppose pas aux remèdes de l'Eglise un orgueilleux entêtement qui rende leur mal incurable.

Nous ne cesserons d'offrir à Dieu nos prières et nos sacrifices, pour qu'il détourne de dessus leurs têtes un si grand malheur, par une rétractation et une pénitence sincère, qui console Jésus-Christ et son Eglise de leurs égaremens passés. Que si au contraire ils continuoient de résister toujours opiniâtrément à la vérité, ainsi que Jannès et Mambrès résistèrent à Moïse, du moins leurs opinions insensées ne feront plus aucun progrès : car leur folie va être maintenant connue et détestée de tout le monde, comme le fut celle de ces magiciens : *Sed ultrà non proficient ; insipientia enim eorum manifesta erit omnibus, sicut et illorum fuit.*

C'est le grand fruit que nous avons tout lieu d'attendre de l'excellent livre de M. l'Evêque de Meaux, si rempli de la profondeur, de la lumière, de la pureté et de la force de la vérité catholique, dont ce grand prélat s'est toujours montré si utilement pour l'Eglise le zélé défenseur contre toute erreur qui l'a osé attaquer dans ces derniers temps. Fait à Chartres, ce troisième de mars mil six cent quatre-vingt-dix-sept.

Signé † Paul, évêque de Chartres.

LETTRE DE L'AUTEUR

A N. S. PÈRE LE PAPE.

Beatissime pater,

Ad pedes beatissimos appono librum pro defensione decretorum apostolicæ Sedis à me editum, et vix prælo subtractum. Quæ enim catholicam veritatem, quæ cathedræ Petri dignitatem majestamque spectant, ea christianis quidem omnibus, sed nobis potissimùm episcopis curæ esse oportet, qui in partem vocati sollicitudinis, plenitudinem potestatis colere debeamus. Et quidem, Pontifex sanctissime, quàm adversùs errores Romana vigilaret fides, recentissimo exemplo claruit, cùm in ipsam christianitatis arcem, id est in ipsam Urbem, sub orationis ac pietatis specie pestiferum virus latenter irreperet, ac magnam Italiæ partem flamma pervaderet. Sed error occultus non fefellit Petri Sedem, in quâ fides apostolico ore laudata, et Christi oratione firmata non potest sentire defectum. Statim enim Innocentius XI sanctæ recordationis, antecessor tuus, ab ipsâ Petri Sede, hoc est ab altiore loco speculæ pastoralis, classicum insonuit, et universos excitavit episcopos : quâ voce commoniti nos quoque insurreximus, zeloque zelati pro Domino Deo exercituum, in his quoque partibus comprimere conati sumus gliscentem hæresim, quæ per innumerabiles libellos longè latèque diffusa, ac ne latiùs spargeretur, ab apostolicâ Sede damnata est. Nos autem ultrò profitemur, Beatissime Pater, in damnandis propositionibus ac proscribendis libris, sanctissimæ Sedis decretis inhæsisse : et nunc toto hoc opusculo nihil aliud agimus, quàm ut id quod summâ auctoritate et æquitate est gestum, Scripturarum testimoniis, traditione Patrum ac veræ theologiæ decretis fulciatur : quæ promptâ et humili mente conantem, et sub tantæ Sedis auctoritate certantem procul dubio adjuvabis. Sanè diligenter cavendum est, ne in ipso orationis-fonte christiana pietas corrumpatur : id enim omninò agunt prædictorum libellorum, quos Sedes apostolica damnavit, auctores; ut gratuiti amoris specie, christianæ spei solatium, et sensus æternæ beatitudinis, quæ est ipse Deus noster, ipsa etiam sanctæ dilectionis incentiva languescant, ac sic tota pietas in argutiis inanibus, abstractisque et exsuccis conceptibus reponatur; satis superque se spirituales ac mysticos arbitrati, si à nemine capiantur, et in suis cogitationibus evanescant. Quæ si ratio invalescat, jam ad verba subtilia, novasque ac vanas voces apostolica illa, solida sinceraque pietas ac simplicitas redigetur, veræque virtutis studium refrigescet : quæ absint à temporibus tuis. Nos enim prædicamus Innocentium XII, veræ genuinæque pietatis exemplum, christiani gregis formam, episcoporum patrem, altorem pauperum, optimæ cujusque institutionis auctorem : qui pacem ecclesiis, pacem regnis afferat; Ecclesiæ gallicanæ, Regi nostro magno, optimo, verè christianissimo, ac Sedis apostolicæ veneratori præcipuo, totique florentissimo ac religiosissimo regno parentem se præbeat; Belgarum turbas componat; atque ad Sinenses usque ac remotissimas illas vastissimasque Orientis provincias apostolicæ providentiæ intendat aciem, ac cœlestis vineæ operariis partito labore partâque concordiâ ostium aperiat Evangelio. Quid superest, Beatissime Pater, nisi ut Sanctitati Tuæ omnibus votis incolumitatem apprecer, ejusque tutelæ commendem hoc opusculum meum pro sanctissimæ Sedis decretis, summâ quidem fiduciâ, sed interim demisso animo pugnaturum. Deniquè ut per omnia, in tuæ Sedisque apostolicæ potestate futurum esse me spondeam, ac per abbatem Bossuetum paternæ erga illum tuæ benevolentiæ memorem, tanquàm per alterum me, apostolicæ benedictionis munus accipiam,

BEATISSIME PATER,

Sanctitati Tuæ devotissimus et addictissimus servus et filius :

Signé † J. BENIGNUS, episcopus Meldensis.

Parisiis die 17 martii, an. Dom. 1697.

Et au-dessus : Sanctissimo Domino Domino INNOCENTIO Papæ XII.

BREF DE N. S. PÈRE LE PAPE.

A L'AUTEUR.

INNOCENTIUS PAPA XII.

Venerabilis Frater, salutem et apostolicam benedictionem. Etsi ad fraternitatem tuam peculiari quodam propensæ voluntatis sensu prosequendam valida nobis incitamenta non deerant à virtutibus, doctrinâ ac meritis, quibus præstas; acriores nihilominùs in idipsum stimulos addidit volumen quod in lucem nuper edidisti, quodque unà cum litteris obsequentibus erga nos significationibus refertis à dilecto filio abbate Bossueto accepimus. Quamobrem pro explorato habere poteris, non defutura tibi in occasionibus quæ se offerent, præcipua prædictæ voluntatis testimonia, cujus interim rei pignus apostolicam benedictionem fraternitati tuæ peramanter impertimur. Datum Romæ apud sanctam Mariam Majorem, sub annulo Piscatoris, die VI maii MDCXCVII, Pontificatûs nostri anno sexto.

Signé MARIUS SPINULA.

Et au-dessus : Venerabili Fratri JACOBO BENIGNO, Episcopo Meldensi.

INSTRUCTION

SUR

LES ÉTATS D'ORAISON.

PREMIER TRAITÉ.

OU SONT EXPOSÉES LES ERREURS DES FAUX MYSTIQUES DE NOS JOURS.

LIVRE PREMIER.

Les erreurs des nouveaux mystiques en général, et en particulier leur acte continu et universel.

Il y a déjà quelques siècles que plusieurs de ceux qu'on appelle *mystiques* ou *contemplatifs*, ont introduit dans l'Eglise un nouveau langage qui leur attire des contradicteurs. En voici un échantillon dans le livre de Jean Rusbroc, chanoine régulier de l'ordre de Saint-Augustin, prieur et fondateur du monastère de Vauvert, l'un des plus célèbres mystiques, qui mourut vers la fin du quatorzième siècle. Cet homme donc, dans son livre *de l'Ornement des Nopces spirituelles*, qui est son chef-d'œuvre, a avancé ces propositions, que Gerson, qui florissoit quelque temps après, lui a reprochées, « que non-seulement l'ame contemplative voit Dieu par une clarté qui est la divine essence, mais encore que l'ame même est cette clarté divine ; que l'ame cesse d'être dans l'existence qu'elle a eue auparavant en son propre genre ; qu'elle est changée, transformée, absorbée dans l'être divin, et s'écoule dans l'être idéal qu'elle avoit de toute éternité dans l'essence divine ; et qu'elle est tellement perdue dans cet abîme,

I. Observations générales sur le style des auteurs mystiques, et sur leurs exagérations depuis quelques siècles.

qu'aucune créature ne la peut retrouver : *Non est reperibilis ab ullâ creaturâ*[1]. » Quoi ! l'ange saint, qui est préposé à la conduite de cette ame, et les autres esprits bienheureux ne peuvent plus la distinguer de Dieu? Elle ne connoît pas elle-même sa distinction, ou comme parle cet auteur, son *altérité?* Elle ne sent plus de foiblesse ; elle ne sent même plus qu'elle est créature ? C'est lui donner plus qu'on ne peut avoir même dans le ciel; *et lorsque Dieu sera tout en tous*[2], ceux que l'Apôtre comprend sous le nom de *tous*, connoîtront qu'ils sont et demeurent plusieurs, bien que réunis à un seul Dieu. Quoiqu'à force de subtiliser et d'affoiblir les termes, on puisse à la fin peut-être réduire ces expressions de Rusbroc à quelque sens supportable, Gerson soutient que, malgré la bonne intention de celui qui s'en est servi, elles sont en elles-mêmes dignes de censure et propres à favoriser la doctrine des hérétiques, qui disoient que l'homme pouvoit être réellement changé en Dieu et en l'essence divine : mais sans entrer dans cette dispute, il me suffit ici de remarquer que cet auteur et ses semblables sont pleins d'expressions de cette nature, dont on ne peut tirer de bon sens que par de bénignes interprétations, ou pour parler nettement que par des gloses forcées. En effet il ne faut que lire les explications qu'un pieux chartreux de ce temps-là, en répondant à Gerson, donne aux paroles de Rusbroc dont il étoit disciple, pour être bientôt convaincu qu'on ne doit attendre ni justesse ni précision dans ces expressions étranges, mais les excuser tout au plus avec beaucoup d'indulgence.

II. Des livres attribués à saint Denys l'Aréopagite, que les mystiques ont pris pour modèle.

Ce qui paroît principalement leur avoir inspiré ce langage exagératif, c'est que prenant pour modèle les livres attribués à saint Denys l'Aréopagite (*a*), ils en ont imité le style extraordinaire, que Gerson a bien connu ; et selon le naturel de l'esprit humain, qui s'étant une fois guindé ne peut plus se donner de bornes, ils n'ont cessé d'enchérir les uns sur les autres : ce qui à la fin les a mis au rang des auteurs dont on ne fait point d'usage. Car qui connoît maintenant Harphius ou Rusbroc lui-même, ou les autres

---

[1] Gers., *ad Carthus.*, tom. I, col. 60 ; Rusb., *de Orn. spirit. nupt.*, III part., cap. II et III, etc. — [2] I *Cor.*, xv, 28.

(*a*) La critique moderne a prouvé l'authenticité de ces précieux ouvrages.

écrivains de ce caractère ? Non que la doctrine en soit mauvaise, puisque, comme l'a sagement remarqué le cardinal Bellarmin, elle est demeurée sans atteinte : ni que leurs écrits soient méprisables, puisque beaucoup de savans auteurs les ont estimés et en ont pris en main la défense : mais à cause qu'on n'a pu rien conclure de précis de leurs exagérations : de sorte qu'on a mieux aimé les abandonner, et qu'ils demeurent presque inconnus dans des coins de bibliothèques.

III. De l'autorité de ces écrivains : sentiment de Suarès.

De là aussi il est arrivé que leur autorité est fort petite, pour ne pas dire nulle dans l'école : tout ce qu'on y dit de plus favorable pour eux, c'est que ce sont des auteurs qu'il faut interpréter bénignement; et quand on objecte à Suarez l'autorité de Taulère, qui est pourtant à mon avis un des plus solides et des plus corrects des mystiques, il répond « que cet auteur ne parlant pas avec la précision et subtilité scolastique, mais avec des phrases mystiques, on ne peut pas faire grand fondement sur ses paroles, quand on voudroit déférer à son autorité [1]. »

IV. Les excuses qu'on leur donne réflexion de Gerson.

Ce qu'on dit de plus vraisemblable et de plus avantageux pour excuser leurs expressions exorbitantes, c'est qu'élevés à une oraison dont ils ne pouvoient expliquer les sublimités par le langage commun, ils ont été obligés d'enfler leur style pour nous donner quelque idée de leurs transports. Mais le saint homme Gerson, qui ne leur est point opposé, puisqu'il a fait expressément leur apologie, ne laisse pas de leur reprocher de pratiquer tout le contraire de Jésus-Christ et de ses apôtres, qui ayant à développer des mystères impénétrables et cachés à tous les siècles, les ont proposés en termes simples et vulgaires. Saint Augustin, saint Bernard, tous les autres Saints les ont imités ; au lieu, dit le docte et pieux Gerson [2], que ceux-ci dans une moindre élévation semblent ne songer qu'à percer les nues et à se faire perdre de vue par leurs lecteurs.

V. Autre exagération du même Rusbroc.

C'est de quoi je vais donner un second exemple tiré du même Rusbroc dans le même livre [3], plus étrange que le premier. Car en parlant d'un homme abandonné à Dieu afin qu'il fasse de lui

---

[1] Suar., *de Relig.*, cap. II ; lib. II, *de Orat. ment.*, cap. XII, n. 17. — [2] Ubi sup. — [3] *De Orn. spir. nupt.*, p. III.

tout ce qu'il voudra dans le temps et dans l'éternité, il dit que cela lui paroîtra meilleur, *Id meliùs ei sapiet*, que s'il pouvoit aimer Dieu éternellement : qui est une pensée qu'on ne peut comprendre ; car qu'y a-t-il au-dessus d'aimer Dieu d'un amour éternel ; c'est-à-dire de l'aimer comme les esprits bienheureux, comme l'ame sainte de Jésus-Christ, comme Dieu s'aime lui-même ? Cependant ce contemplatif trouve quelque chose de meilleur. Mais ce qu'il veut mettre à la place de cet amour éternel sera pourtant de l'amour ; cet amour en sera-t-il meilleur pour n'être pas éternel, et pour être de cette vie plutôt que de l'autre ? Quoi ! perdra-t-il son prix, parce qu'il sera immuable et béatifiant ? La proposition paroît étrange, mais ce n'est rien en comparaison de la raison qu'il en rend : « Car encore, continue-t-il, que de toutes les actions la plus agréable soit de louer Dieu, il est encore plus agréable d'être le propre bien de Dieu, parce que cela mène à lui plus profondément, et que c'est plutôt en recevoir l'opération que d'agir soi-même : *Passio potiùs est Dei quàm actio* : » comme si Dieu agissant en nous y pouvoit opérer quelque chose de meilleur en soi, ou qui nous unît davantage à lui, ou qui nous tînt davantage dans sa dépendance, que de se faire aimer et louer de nous par un éternel amour; ou bien qu'étant dans le ciel avec cet amour, il fallût encore rechercher des moyens imaginaires de s'en dépouiller : en sorte que par amour et par soumission à Dieu, on consentît de ne plus aimer, s'il le vouloit, ou d'aimer moins et d'avoir un genre d'amour plus imparfait que celui qui est éternel et béatifique : absurdités si étranges, qu'on ne sait par où elles ont pu entrer dans l'esprit d'un homme ; et néanmoins l'homme qui nous les propose, c'est Rusbroc, le plus célèbre de tous les mystiques de son temps et le maître de tous les autres ; le maître d'Henri Harphius qui l'a copié, et de Jean Taulère qui l'a suivi [1] : celui que ses disciples donnoient comme un homme immédiatement inspiré de Dieu, surtout dans le traité dont il s'agit [2]. Que de violens correctifs ne faut-il point apporter à ses propositions pour les rendre supportables ? Concluons donc, encore un coup, que si l'on ne trouve aux prodigieux discours de

---

[1] *Vit. Rusb.* per Surium. — [2] *Jo. de Schoen.*, ap. *Gers., ibid.*, col. 63.

Rusbroc et de ses semblables, de charitables adoucissemens qui les réduisent à de justes bornes, on se jette dans un labyrinthe dont on ne peut sortir.

Un des caractères de ces auteurs, c'est de pousser à bout les allégories ; je ne dis pas seulement en se jetant comme fait Rusbroc dans de vaines spéculations sur les planètes et leurs enfans, tirées des astrologues [1], mais en poussant les allégories jusqu'aux plus mauvaises conséquences ; comme quand le bon Arphius, en parlant des noces spirituelles de l'ame avec Jésus-Christ, dit et répète qu'elles produisent *une entière inséparabilité* [2] : ce qui étant pris à la lettre, ne seroit rien moins que l'hérésie de Calvin et de ses sectateurs.

VI. Autres exemples d'exagérations dans les mystiques.

Mais il ne faut pas pousser à toute rigueur des gens dont les intentions ont été meilleures que leurs expressions n'ont été exactes. Par exemple, quand Suson dit et inculque que les parfaits contemplatifs *ne ressentent plus aucune tentation* [3], il vaut mieux entendre qu'il parle ainsi, non absolument, mais par comparaison à d'autres états qui en sont plus travaillés, que de prendre au pied de la lettre une expression par où ces contemplatifs seroient tirés des communes infirmités de tous les justes, jusqu'à n'avoir plus besoin de l'Oraison Dominicale : ce qui est, comme on verra, un des excès où sont tombés les mystiques de nos jours.

On trouve dans un livre intitulé *Institutions de Taulère*, qui parmi les livres mystiques est un des plus estimés, une histoire assez étrange *d'un saint homme* [4], qui après avoir exposé dans son oraison qu'il ne vouloit plus de consolation sur la terre, entend le Père céleste qui lui dit : « Je vous donnerai mon Fils, afin qu'il vous accompagne toujours en quelque lieu que vous soyez : Non, mon Dieu, repartit ce saint homme, je désire demeurer en vous et dans votre essence même. Alors le Père céleste lui répondit : Vous êtes mon fils bien-aimé dans qui j'ai mis toute mon affection. »

VII. Etrange exagération dans les institutions de Taulère.

---

[1] *De contempl.*, cap. XXXII et seq., LXVIII, etc. — [2] *De Theol. myst.*, lib. I, cap. CI, fol. 124, 125. — [3] *Dial. cum sap. At.*, p. 413. — [4] *Instit. Taul.*, cap. I, edit. Paris, 1623, p. 676; traduct. de 1638, p. 21.

C'est assurément une étrange idée de refuser Jésus-Christ avec un *non* si formel et si sec, pour avoir l'essence divine. Craignoit-il d'en être privé ayant Jésus-Christ, et avoit-il oublié saint Paul qui nous dit : « Celui qui nous a donné son propre Fils, comment ne nous a-t-il pas donné toutes choses avec lui [1] ? » Combien de tours violens faut-il donner à son esprit, pour réduire ce discours à un bon sens? Mais quelle oreille chrétienne n'est point blessée de cette parole du Père éternel à celui qui refuse son Fils, en lui disant à lui-même : « Vous êtes mon fils bien-aimé dans qui j'ai mis mes complaisances? » En vérité cela est outré, pour ne rien dire de plus. Conclurons-nous pour cela qu'on enseigne à refuser le Fils de Dieu, ou bien qu'on lui égale une créature, en lui appliquant ce que le Père éternel n'a jamais dit qu'à son Fils unique? C'est à quoi ni le bon Taulère, ni Surius, qui a compilé ses *Institutions*, n'ont jamais songé. Je veux seulement conclure qu'une ardente imagination jette souvent ces auteurs dans des expressions absurdes, et qui sans rien vouloir diminuer de la réputation de Taulère, nous apprennent du moins à ne pas prendre au pied de la lettre tout ce qui lui est échappé.

Si je voulois recueillir toutes les façons de parler excessives et alambiquées, qui se trouvent dans cet écrivain et dans ses semblables, je ne finirois jamais ce discours. Il me suffit d'observer que les plus outrées sont celles que les mystiques de nos jours aiment le mieux : en sorte que leur caractère, je le puis dire sans crainte, c'est d'outrer ce qui l'est le plus, et d'enchérir au-dessus de tous les excès.

VIII. Autre exemple d'exagération dans ces auteurs

Enfin pour dernier exemple des exagérations dont je me plains, j'alléguerai ce que les mystiques répètent à toutes les pages, que la contemplation exclut non-seulement toutes images dans la mémoire et toutes traces dans le cerveau, mais encore toute idée dans l'esprit et toute espèce intellectuelle : ce qui est si insoutenable et si inintelligible, qu'en même temps qu'ils le disent, ils sont contraints de le détruire, non-seulement à l'égard des espèces et des idées intellectuelles, mais encore à l'égard des images même corporelles, puisque les livres où ils les excluent en sont tout rem-

[1] *Rom.*, VIII, 32.

plis; témoin Rusbroc dans celui des *Nopces spirituelles*, où en s'opposant à ces images de toute sa force, il ne peut écrire une page sans y revenir.

Tous les autres mystiques suivent son exemple : le plus sublime de tous les états d'union est en effet, et selon eux, celui où l'ame est élevée d'une façon particulière à la dignité d'Epouse de Jésus-Christ; mais ici n'emploie-t-on pas à chaque moment les images des fiançailles et des noces; de la chaste consommation de ce divin mariage; de la dot de l'ame mariée au Verbe, aussi bien que des présens qu'elle en reçoit; et cent autres de cette nature tirées des saintes Ecritures, et qu'on ne peut rejeter en aucun état, sans anéantir le sacré mystère du *Cantique des cantiques*?

Par une semblable exagération, les mystiques les plus sages inculquent sans cesse leur ligature ou suspension des puissances : si on les entend à la lettre, en certains états on n'est plus uni à Dieu par l'intelligence, par la volonté, par la mémoire; mais par la substance de l'ame : chose reconnue impossible par toute la théologie, qui convient que l'on ne peut s'unir à Dieu que par la connoissance et par l'amour, par conséquent par les facultés intellectuelles : et il est constant que les vrais mystiques dans le fond n'entendent pas autre chose, encore que leur expression porte plus loin.

Il falloit donc s'accoutumer à tempérer par de saintes interprétations les excessives exagérations de ces auteurs sur les états de contemplation ou d'oraison extraordinaire. On a fait tout le contraire, et les mystiques de nos jours, non contens de prendre à la lettre ces expressions, les ont poussées jusqu'à un excès qu'il n'y a plus moyen de supporter, et y ont ajouté des choses que personne n'avoit pensées avant eux; d'où sont enfin venues toutes les erreurs inconnues aux anciens mystiques, que nous allons exposer.

IX.
Erreur des mystiques de nos jours.

J'entreprends ici pour l'amour de Dieu et de son Eglise, un travail ingrat, qui est celui d'aller rechercher dans de petits livres de peu de mérite un nombre infini d'erreurs, qu'il faudroit ce semble plutôt laisser tomber d'elles-mêmes que de prendre soin de les réfuter, ou même de leur donner quelque sorte de réputa-

X.
Nécessité du présent Traité.

tion par nos censures. Plusieurs croiront que ces livres ne méritoient que du mépris, surtout celui qui a pour auteur François Malaval, un laïque sans théologie, et les deux qui sont composés par une femme, comme sont le *Moyen court et facile*, et l'*Interprétation sur le Cantique des cantiques*. On pourra dire qu'il suffiroit en tout cas, après les avoir notés, de faire paroître les actes où elle en a souscrit la condamnation, le reste ne méritant pas d'occuper des docteurs et encore moins des évêques : mais je ne suis pas de cet avis : j'entre au contraire dans les sentimens de tant de prélats et de papes mêmes, dont les judicieuses censures font voir de quelle importance leur a paru cette affaire ; et pour l'instruction du lecteur on les trouvera recueillies à la fin de cet ouvrage. Ceux qui veulent qu'on méprise tout, veulent en même temps laisser tout courir. Les saints Pères n'ont pas dédaigné d'attaquer les moindres écrits, quand ils les ont vus entre les mains de plusieurs et répandus dans le public. Dieu me préserve de la vanité de croire mon temps et mon travail plus précieux que celui de ces grands hommes : il ne faut pas mépriser le péril des ames, ni leur refuser les préservatifs nécessaires contre des livres qui corrompent en tant de manières la simplicité de la foi. Ces livres, quoique dans le fond j'en avoue le peu de mérite, ne sont pas écrits sans artifice : le mal qu'ils contiennent est adroitement déguisé : s'ils sont courts, ils remuent de grandes questions ; leur brièveté les rend plus insinuans : le nombre s'en multiplie au delà de toute mesure : on les trouve partout et en toutes mains. Ceux qui sont composés par une femme sont ceux qui ont le plus piqué la curiosité et qui ont peut-être le plus ébloui le monde : encore qu'elle en ait souscrit la condamnation, ils ne laissent pas de courir et de susciter des dissensions en beaucoup de lieux d'où il nous en vient de sérieux avis. Toute la nouvelle contemplation y a été renfermée, et réduite méthodiquement à certains chapitres. On y voit l'approbation des docteurs dont une apparence trompeuse a surpris la simplicité, et ce n'est pas sans raison que l'on appréhende de voir renaître en nos jours plusieurs erreurs de la secte des béguards.

XI.
Des bé-

Cette secte ne prétendoit pas se séparer de l'Eglise : elle se couloit dans son sein sous prétexte de piété : il y avoit au com- *guards et des béguines.* mencement plus d'ignorance et de témérité que de malice. C'étoit principalement des femmes qui dogmatisoient sous le *voile de la sainteté*, comme dit la Clémentine : *Cùm de quibusdam*[1]. On ne les épargna pas sous prétexte qu'elles étoient femmes et qu'elles étoient ignorantes. L'Eglise a vu dès son origine des femmes qui se disoient prophétesses [2], et les apôtres n'ont pas dédaigné de les noter. Ceux qui ont réfuté Montan, n'ont pas oublié dans leurs écrits ses prophétesses. Je ne parle pas des autres exemples que nous fournit l'histoire de l'Eglise : il ne faut pas toujours attendre que l'ignorance présomptueuse, qui est la mère de l'obstination, se tourne en secte formée ; et dès que le mal commence à se déclarer, la sollicitude pastorale le doit prévenir.

Je me sens donc obligé à découvrir celui qui est renfermé dans les livres censurés : et pour cela je ferai deux choses qui diviseront ce premier Traité en deux parties : la première qui occupera la plus grande partie de l'ouvrage, montrera la fausse idée de perfection que les nouveaux mystiques ou contemplatifs, connus sous le nom de *Quiétistes*, tâchent d'introduire ; et l'on verra dans la seconde en particulier l'abus que font ces nouveaux auteurs de l'oraison de quiétude, aussi bien que des expériences et la doctrine des saints qui l'ont pratiquée. *XII. Dessein particulier de ce premier Traité ; sa division générale : sujet des dix livres dont il est composé.*

On voit fort bien, sans que je le dise, qu'il y a des choses dans ce dessein qui demandent un peu d'étendue, dont la première est la nécessité de rapporter les passages des nouveaux auteurs pour justifier la vérité des censures, et de peur que quelqu'un ne croie qu'on leur en impose : la seconde, c'est qu'en découvrant le poison il faudra aussi commencer à proposer l'antidote et opposer la tradition à ces nouveautés : la troisième, qui ne sera pas la moins importante, c'est qu'il est de mon devoir d'ôter aux nouveaux mystiques quelques auteurs renommés dont ils s'appuient, et entre autres saint François de Sales, qu'ils ne cessent d'alléguer comme leur étant favorable, quoiqu'il n'y ait rien qui leur soit plus opposé que la doctrine et la conduite de ce saint évêque : et

[1] In Clement., tit. *de Religios. domib.*, lib. III, cap. 1. — [2] *Apoc.*, II, 20.

voilà en général ce que j'ai à faire dans ce Traité, qui est le premier des cinq que j'ai promis au public.

Pour en donner une idée encore plus particulière et aider en toutes manières autant qu'il sera possible le pieux lecteur, je lui propose d'abord en peu de paroles le sujet de chacun des dix livres dont ce Traité sera composé.

Dans le premier on verra, après une idée générale de ce qu'on appelle *quiétisme*, le premier principe de cette doctrine, qui consiste dans un certain acte continu et universel qu'on y établit, et qu'il faudra non-seulement expliquer, mais encore réfuter aussi brièvement qu'il sera possible.

Le plus dangereux effet de ce faux principe est d'induire la suppression des actes explicites; et premièrement de ceux de la foi tant envers les personnes divines, en y comprenant Jésus-Christ, c'est-à-dire le Fils de Dieu incarné, qu'envers les principaux attributs de Dieu, que nos nouveaux auteurs ne craignent pas d'ôter aux contemplatifs, sous prétexte de les attacher à la seule essence divine, et ce sera le sujet du second livre.

De la suppression des actes de foi, on passera dans le troisième livre à celle des désirs et des demandes, où les faux mystiques nous montrent quelque chose d'intéressé et de bas qui les rend indignes des ames sublimes : contre les exprès commandemens de l'Evangile.

Comme le prétexte de la suppression des demandes est une fausse conformité à la volonté de Dieu fort vantée par les nouveaux mystiques, on emploiera le quatrième livre à montrer combien elle est mal entendue, et à combien d'erreurs et d'illusions elle ouvre la porte.

On examine au cinquième livre les actes directs et réfléchis, distincts et confus, aperçus et non aperçus : par où l'on ôte aux nouveaux mystiques une fausse idée de recueillement et une source intarissable de fausses maximes, dont on ne peut expliquer ici tout le détail.

Avant que de passer outre à la découverte des erreurs, le sixième livre opposera à celles qu'on vient d'exposer la tradition des Saints.

On commence au septième livre à découvrir l'abus que font nos faux mystiques de l'oraison passive ou de quiétude, et on en expliquera la pratique et les vrais principes par la doctrine constante des mystiques véritables et approuvés; tels que sont le bienheureux Père Jean de la Croix et le vénérable Père Baltasar Alvarez, de la compagnie de Jésus, un des confesseurs de sainte Thérèse.

La doctrine de saint François de Sales et la conduite de la vénérable Mère de Chantal sa fille spirituelle, servant d'un vain refuge aux faux mystiques, le huitième et le neuvième livres seront utilement employés à expliquer les maximes de ce saint évêque, et ils seront soutenus par les sentimens conformes de sainte Thérèse, de sainte Catherine de Gênes et de quelques autres excellens spirituels.

Enfin dans le dernier livre, qui est l'un des plus importans, parce que c'est comme un résultat de la doctrine de tous les autres, on rendra raison des articles exposés dans les ordonnances de M. l'évêque de Châlons à présent archevêque de Paris, et de l'évêque de Meaux, et de toutes les qualifications qui y sont apposées aux propositions des quiétistes. On expliquera les rétractations et le moyen de connoître ceux qui persistent dans leurs maximes. Je propose d'abord cette analyse des dix livres de ce Traité, afin que les lecteurs, conduits par la main, entendent toutes les démarches qu'on leur fera faire, et connoissent le progrès de leurs connoissances : heureux si en même temps ils s'avancent dans l'union avec Dieu, qui est la fin de tout ce discours.

Pour maintenant entrer en matière, disons que l'abrégé des erreurs du quiétisme est de mettre la sublimité et la perfection dans des choses qui ne sont pas, ou en tout cas qui ne sont pas de cette vie : ce qui les oblige à supprimer dans certains états, et dans ceux qu'on nomme *parfaits contemplatifs,* beaucoup d'actes essentiels à la piété et expressément commandés de Dieu, par exemple, les actes de foi explicite contenus dans le Symbole des apôtres, toutes les demandes et même celles de l'Oraison Dominicale, les réflexions, les actions de graces, et les autres actes de cette nature qu'on trouve commandés et pratiqués dans toutes les

XIII. Idée générale de ce qu'on appelle quiétisme

pages de l'Ecriture, et dans tous les ouvrages des Saints. Ces sentimens en général prennent leur naissance de l'orgueil naturel à l'esprit humain, qui affecte toujours de se distinguer : et qui pour cette raison mêle partout, si l'on n'y prend garde, et même dans l'oraison, c'est-à-dire dans le centre de la religion, de superbes singularités. Mais pour en venir maintenant aux principes et aux conclusions particulières, les voici :

<small>XIV. Premier principe des nouveaux mystiques, que lorsqu'on s'est une fois donné à Dieu, l'acte en subsiste toujours s'il n'est révoqué, et qu'il ne le faut point réitérer ni renouveler</small>

Un des principes du quiétisme, et peut-être le premier de tous, est proposé en ces termes par le Père Jean Falconi, dans une lettre qu'on a imprimée à la fin du livret intitulé : *Moyen court*, etc. « Je voudrois, dit-il, que tous vos soins, tous vos mois, toutes vos années et vostre vie toute entiere fust employée dans un acte continuel de contemplation [1]. En cette disposition, continue-t-il, il n'est pas nécessaire que vous vous donniez à Dieu de nouveau, parce que vous l'avez déjà fait : où il apporte la comparaison d'un diamant, qu'on auroit donné à un amy : à qui aprés l'avoir mis entre les mains, il ne faudroit plus repeter tous les jours que vous luy donnez cette bague : il ne faudroit que la laisser entre ses mains sans la reprendre, parce que pendant que vous ne la luy ostez pas, et que vous n'en avez pas mesme le desir, il est toujours vray de dire que vous luy avez fait ce present, et que vous ne le révoquez pas [2]. » Ainsi en est-il, conclut cet auteur, du don que vous avez fait à Dieu de vous-même par un amoureux abandon.

La comparaison a paru si belle à nos nouveaux mystiques, qu'ils ne cessent de la répéter, et Molinos, qui l'a prise du Père Falconi, se la rend propre [3]. Par une semblable similitude, Malaval représente aussi qu'une épouse ne répète pas à chaque moment : Je suis à vous [4]; et tout cela pour montrer que content de s'être donné une fois à Dieu, on ne doit pas se mettre en peine de réitérer un acte si essentiel, ou craindre qu'il nous soit ôté, ni par les occupations de cette vie ni même par les péchés où nous tombons tous les jours, puisque de soi il est perpétuel s'il n'est révoqué, comme ce Père l'explique en ces termes : « Ce qui est de plus

---

[1] *Moyen court*, p. 141, 157 et suiv. — [2] *Ibid.*, p. 159. — [3] *Guid.*, liv. I, chap. XIII, XIV, XV. — [3] *Malaval*, I, p. 27.

important, c'est de n'oster plus à Dieu ce que nous luy avons donné, en faisant quelque chose notable contre son divin bon plaisir : car pourveu que cela n'arrive pas, l'essence et la continuation de vostre abandon et de vostre conformité au vouloir de Dieu dure toujours, parce que les fautes legéres que l'on fait sans y bien penser, ne détruisent pas le point essentiel de cette conformité [1]. »

Selon ces principes, il reprend ceux qui croient « que les exercices de la vie humaine interrompent cet acte d'amour continu [2]. » Parmi ces exercices de la vie humaine, il comprend les occupations les plus distrayantes. En effet c'est une maxime dans le quiétisme, que nulles distractions n'interrompent l'acte d'amour, et qu'encore que dans l'oraison on soit distrait jusqu'au point de ne plus du tout songer à Dieu, c'est foiblesse, c'est inquiétude de renouveler l'acte d'amour, parce que la distraction n'étant pas la révocation de cet acte, il a toujours subsisté pendant qu'on étoit ainsi distrait.

XV. Que cet acte continue toujours malgré les distractions, sans qu'elles obligent à le renouveler.

Il n'est pas même interrompu par le sommeil, autrement il faudroit du moins le renouveler tous les jours en s'éveillant, comme le pratiquent les Saints : mais c'est de quoi ce religieux ne dit pas un mot; il défend en général de jamais renouveler cet acte, si ce n'est dans le seul cas où on l'auroit révoqué : partout ailleurs, « vous n'avez, dit-il, qu'à demeurer là; gardez-vous de l'inquiétude et des efforts qui tendent à faire de nouveaux actes [3] : » gardez-vous-en par conséquent après le sommeil; car le renouvellement seroit trop fréquent, et on auroit tort d'appeler perpétuel ce qui cesseroit tant de fois et si longtemps. C'est pourquoi l'auteur du *Moyen court* dans son *Interprétation du Cantique des cantiques* [4], a trouvé que « les ames fort avancées dans l'oraison passive ou de quiétude, éprouvent une chose fort surprenante, qui est qu'elles n'ont la nuit qu'un demy-sommeil, et Dieu opère plus ce semble en elles durant la nuit et dans le sommeil que pendant le jour. » Ce n'est point à une grace extraordinaire et miraculeuse qu'elle attribue cet événement : c'est un effet de l'avancement dans certains états d'oraison; ce qui n'est qu'une

XVI. Qu'il subsiste pendant le sommeil.

[1] Falc., *ibid.*, 160. — [2] *Ibid.*, 161. — [3] *Ibid.*, 160. — [4] *Cant.*, chap. LV, v. 2, p. 111.

conséquence de ce qu'elle avoit dit au commencement [1], *que cet acte subsiste toujours parmi toutes choses;* et il le faut bien selon le principe, puisque dormir n'est pas révoquer ; et que l'ami à qui j'ai donné le diamant en demeure également possesseur, soit que je dorme, soit que je veille.

XVII. Combien il est grossier et absurde à Falconi et à Molinos, d'avoir comparé le don de sa liberté avec le don d'un diamant.

L'absurdité de cette doctrine se fait sentir d'abord aux plus ignorans. Attribuer une perpétuelle consistance, et même pendant le sommeil, ou parmi les plus grandes distractions, à un acte du libre arbitre, c'est confondre l'acte avec la disposition habituelle qu'il peut mettre dans le cœur. La comparaison du joyau donné, qui paroît si spécieuse aux quiétistes, est dans le fond bien grossière. C'est autre chose qu'une donation faite une fois ait un effet perpétuel, autre chose qu'un acte du libre arbitre de soi et par sa nature subsiste toujours. Il n'en est pas de même de donner sa volonté que de donner une bague ou quelque autre présent corporel. Car dès que l'on a donné en cette dernière manière, l'on ne peut plus soi-même révoquer le don : mais au contraire on ne peut que trop révoquer le don qu'on a fait à Dieu de sa liberté, et tous les actes par où l'on a tâché de l'en rendre maître : mais sans même les révoquer, d'autres actes, d'autres exercices les interrompent, et les font trop souvent oublier. Qui ne doit pas craindre que ce malheur ne lui arrive souvent? Qui ne doit point réchauffer une volonté languissante? On peut faire de si bon cœur le don d'une bague, qu'il n'y ait rien en nous qui y répugne : quoi qu'il en soit, lorsqu'on l'a livrée et qu'on en est venu à cet acte qui s'appelle *tradition*, on est tellement dessaisi, que nul acte, nulle répugnance contraire n'affoiblit pour peu que ce soit l'effet de ce don. Mais puis-je venir à bout, quelque bel acte que je fasse, de me dessaisir éternellement du libre arbitre que Dieu m'a donné, et qu'il ne veut point me ravir dans cette vie? Et puisque dans ce lieu d'exil, « où la chair convoite contre l'esprit, et l'esprit contre la chair [2], » le don de soi-même qu'on fait à Dieu par un acte de sa liberté est combattu, c'est l'exposer à se ralentir, à se changer, à se perdre, que de négliger de le renouveler souvent.

[1] *Cant.*, ch. LV, . 2, p. 3. — *Gal.*, v, 17.

L'objection de Malaval se résout par le même principe. Une femme, qui s'est une fois donnée dans le mariage par un légitime consentement, ne dit pas à chaque moment à son mari : Je suis à vous : ainsi en est-il d'une ame qui s'est une fois donnée à Jésus-Christ. C'est bien parler sans entendre que de raisonner de cette sorte. Cette femme est à son mari en deux manières, par le droit du nœud conjugal qui est perpétuel et irrévocable et qui subsiste de soi, soit qu'on le veuille, soit qu'on ne le veuille pas. Elle est à lui d'une autre sorte, par son cœur, par sa volonté, par son choix, qu'elle voudroit toujours faire quand elle seroit encore en sa liberté, et cette manière de se donner se renouvelle souvent. Il ne suffit pas d'avoir un amour habituel pour un père, pour une mère, pour une épouse, pour un ami, pour un bienfaiteur; il faut que l'habitude se réduise en acte : il faut de même réduire en acte la disposition habituelle à aimer Dieu et à se donner à lui. Otez-vous de l'esprit l'envie inquiète de vous tourmenter sans cesse à former de nouveaux actes, puisqu'après qu'ils ont été faits, on sent par expérience qu'ils subsistent longtemps en vertu : mais de vouloir donner pour règle qu'à moins qu'on révoque ces actes, ils soient de nature à subsister toute la vie et par là induire les ames à ne prendre jamais aucun soin de les renouveler, c'est introduire un relâchement qu'on ne peut assez condamner.

XVIII. Malaval introduit aussi mal à propos la comparaison d'un mari et d'une femme.

Aussi Rome a-t-elle flétri par décret exprès cet écrit du Père Falconi, et on trouve les propositions équivalentes à la sienne parmi les soixante-huit que le Pape a expressément condamnées, comme il paroît par les XII, XV, XVII, XXIV, XXV et autres semblables.

XIX. La proposition de Falconi expressément censurée à Rome.

Par ce principe, Falconi tombe dans l'erreur de mettre la perfection de cette vie dans un acte qui ne convient qu'à la vie future. Il est vrai, comme cet auteur l'enseigne après saint Thomas, que la vie des bienheureux esprits *n'est qu'un acte continué de contemplation et d'amour* [1] : mais de conclure la même continuité dans cette vie, où nous ne voyons qu'à travers un nuage et parmi des énigmes, *sous prétexte que la contemplation est plus durable* dans un même acte continué que dans plusieurs actes différens ; c'est de la terre faire le ciel et de l'exil la patrie.

XX. Cet acte continu et perpétuel de sa nature n'est que pour le ciel. Sentiment de saint Augustin remarqué par le Père Falconi, et celui des autres Pères.

[1] Falc., p. 157.

Le Père Falconi devoit avoir vu la réfutation de sa doctrine dans un passage de saint Augustin qu'il cite lui-même, puisqu'après avoir donné le chapitre x du livre ix de ses *Confessions*, comme une preuve que le *parfait abandon* qu'il veut établir est un paradis sur la terre : il ajoute que le même Père, au lieu qu'il en a cité, dit encore « que si cette contemplation étoit de durée, elle seroit quasi la même chose que celle dont les Saints jouissent au ciel [1] : » où il marque très-clairement que les actes d'une si sublime contemplation sont d'une courte durée ; et saint Augustin le répète en cent endroits ; tous les autres Pères le disent de même : saint Bernard inculque sans cesse qu'on ne jouit qu'en passant de cette parfaite contemplation, *raptim*. Saint Grégoire s'étoit servi de la même expression. Mais les quiétistes plus élevés que les plus grands saints et les plus parfaits contemplatifs, veulent introduire sur la terre ce qu'ils ont unanimement réservé au ciel.

XXI. Pourquoi les actes ne sont pas perpétués en cette vie

Après tout, il faudroit nous dire où l'on a pris ce nouveau principe, que tout acte dure de soi s'il n'est révoqué : car au contraire c'est un principe constant par la raison et par l'expérience, que tout acte est passager de soi, et qu'un acte perpétuel est un acte de l'autre vie. La raison en est qu'en l'autre vie l'ame entièrement réunie à son premier principe sans être partagée et appesantie par le corps, par les soins inévitables, par la concupiscence, par les tentations, par aucune distraction quelle qu'elle soit, agit de toute sa force ; et c'est pourquoi le précepte d'aimer Dieu de tout son cœur et de toute son intelligence, ayant alors son dernier accomplissement, cet acte d'amour ne peut souffrir d'interruption. Mais ici, où nous nous trouvons dans un état tout contraire, nos actes les plus parfaits, qui viennent toujours d'un cœur en quelque façon divisé, ne peuvent jamais avoir toute leur vigueur, et sont sujets à s'éteindre naturellement parmi les occupations de cette vie, si on les fait revivre. C'est pourquoi on ne prescrit rien tant au chrétien que le renouvellement des actes intérieurs.

XXII. Réponse des faux

Il ne faut pas écouter nos faux mystiques, lorsqu'ils répondent qu'aussi ne défendent-ils pas ces actes renouvelés au commun des

[1] Falc., p. 156.

chrétiens, mais seulement aux parfaits : c'est-à-dire, selon leur langage, à ceux qui sont élevés aux oraisons extraordinaires : car pour détruire cette réponse, il ne faut que demander à nos prétendus parfaits, si les justes qui vivent dans les voies communes n'accomplissent pas selon la mesure de cette vie le précepte d'aimer Dieu. Cet acte est un acte fort, puisqu'il consiste à aimer Dieu de toute sa force; pourquoi un acte si fort ne sera-t-il pas perpétuel, dans tous ceux qui le produisent? Il ne faudroit donc obliger personne à le renouveler, et la défense de réitérer les actes de charité devroit s'étendre à tous les justes qui conservent la grace de Dieu ; ce qui seroit un renversement de toute la morale chrétienne.

mystiques et démonstration contraire.

Pour une plus claire conviction de ceux qui nous disent des choses si étranges, demandons-leur si David n'avoit jamais fait d'actes d'amour quand il chanta de cœur et de bouche le psaume *Diligam te*[1], etc., où il commence par dire : « Mon Dieu, qui êtes ma force, mon appui, et mon seul Dieu, je vous aimerai, » et le reste ; ou s'il ne l'a pas réitéré quand il a dit et répété tant de fois : « Mon ame, bénis le Seigneur : mon ame, loue le Seigneur ! O Seigneur, mon ame a soif de vous ; en combien de manières et combien souvent, *quàm multipliciter*, ma chair même vous désire-t-elle[2] ? » Saint Paul n'avoit-il pas fait un acte fort, lorsqu'il demandoit à Jésus-Christ d'être délivré de cette importune tentation, et cependant il y revient par trois fois : *J'ai prié trois fois le Seigneur*[3], et on sait que trois fois, c'est très-souvent ; et cependant c'est un des parfaits, c'est un apôtre distingué entre tous les autres : et en un mot, c'est un saint Paul qui réitère cet acte. Mais Jésus-Christ vouloit-il foiblement sa passion quand il dit : « Je désire d'être baptisé d'un baptême[4] ; et encore : « Que votre volonté soit faite, et non pas la mienne ; » et cependant il revient aussi par trois fois à cette demande, et l'Evangile rapporte que « jusqu'à trois fois il répéta le même discours[5]. » Si l'on dit qu'il le fit pour notre exemple seulement, et encore en la personne des infirmes : j'ai bien ouï dire qu'il disoit en la personne des infirmes :

XXIII.
Exemple de l'Ecriture et de Jésus-Christ même.

---

[1] *Psal.* XVII. — [2] *Psal.* LXII, CII, CV, CXIV. — [3] II *Cor.*, XII, 8. — [4] *Luc.*, XII, 50. — [5] *Matth.*, XXVI, 39, 43, 44.

« Détournez de moi ce calice : » mais de dire et de répéter : « Que votre volonté soit faite, » ce n'est le langage des infirmes qu'au sens où tous les hommes le sont durant tout le cours de leur vie : si ce n'est qu'il faille excepter de cette loi ceux qui nous vantent une oraison continuelle de quiétude, et qui disent tout ce qui leur plaît autant sans preuve que sans règle.

<small>XXIV.
Le Père Falconi auteur de ce dogme : Molinos le suit : sa comparaison tirée de l'exemple d'un voyageur.</small> Au reste je dois avertir que je ne trouve personne, avant le Père Jean Falconi, qui ait enseigné le nouveau prodige de cet acte irréitérable : mais nous avons déjà vu que Molinos qui a embrassé cette doctrine [1], s'appuie sur l'autorité de Falconi, qui est bien fragile : il en adopte les termes : et il ajoute à la comparaison du joyau celle-ci d'un voyageur : « Il marche, dit-il, et sans avoir besoin de dire toujours : Je vais à Rome, il continue son voyage en vertu de la première résolution qu'il a faite d'y aller [2]. » Voilà comme ces spéculatifs, sans principe, sans autorité, ou de l'Ecriture ou des Pères, endorment les ames par des comparaisons qui flattent leur nonchalance. Il falloit songer que si le voyage étoit difficile et qu'il s'élevât à chaque pas de nouveaux obstacles, on auroit besoin souvent de ranimer son courage et comme de remonter son premier désir ; et quand même tout seroit facile et heureux, il ne faudroit pas pour cela s'imaginer qu'on allât tout seul, mais demander à Dieu qu'il lui plût nous continuer des forces proportionnées à la longueur du chemin, qui est une manière aussi solide que nécessaire de renouveler ses actes.

<small>XXV.
Le livre du Moyen court entre dans tous ces sentimens.</small> Molinos, dans les chapitres qu'on vient de marquer, ajoute à l'autorité du Père Falconi celle de saint François de Sales, dont nous parlerons en son lieu. Ceux qui ont fait imprimer le *Moyen court* ont aussi imprimé avec ce livret les mêmes autorités, tant celles de ce religieux que celles du saint évêque de Genève ; et on voit manifestement que dans la publication de ce petit livre on est entré dans le dessein de Molinos.

On voit aussi dans ce livre le même principe de la perpétuité de l'acte de *conversion*, par lequel on se donne une fois à Dieu : « Sitost, dit-on, que l'ame s'aperçoit qu'elle s'est détournée dans

---

[1] *Guid. spir.*, liv. I, chap. XIII-XV. — [2] *Ibid.*, p. 15, 65, 66.

les choses de dehors, il faut que par un acte simple, qui est un retour vers Dieu, elle se remette en luy ; puis son acte subsiste tant que sa conversion dure¹. » On ajoute par un sentiment assez extraordinaire, *que cet acte devient comme habituel*, à force de l'avoir réitéré ; de sorte qu'il ne faut plus le renouveler, comme il paroît par ces paroles : « L'ame ne doit pas se mettre en peine de chercher cet acte pour le former, parce qu'il subsiste ; elle trouve mesme qu'elle se tire de son état sous prétexte de le chercher, CE QU'ELLE NE DOIT JAMAIS FAIRE, puisqu'il subsiste en habitude, et qu'alors elle est dans la conversion et dans un amour habituel². » Si l'on vouloit dire seulement, comme l'enseigne la philosophie, que souvent par un seul acte très-fort on produit une habitude, on ne diroit rien que de commun, mais on veut que *l'acte subsiste ;* et encore qu'il y ait beaucoup d'ignorance à croire qu'il subsiste en habitude, puisque l'acte et l'habitude sont choses distinctes, on ne laisse pas d'assurer que *cet amour* qu'on nomme *habituel*, est à la fois actuel, puisque c'est un acte. C'est pourquoi on s'élève ensuite contre ceux qui cherchent cet acte, c'est-à-dire qui le renouvellent en leur faisant ce reproche : « On cherche un acte par un acte, au lieu de se tenir attaché par un acte simple avec Dieu³. »

Si on demande combien cet acte peut durer, on répondra selon ce principe « qu'il dureroit naturellement toute la vie, puisque l'homme s'estant donné à Dieu dans le commencement de la voye, afin qu'il fist de luy et en luy tout ce qu'il voudroit, il donna dès lors un consentement actif et général pour tout ce que Dieu feroit : » D'où l'on conclut « que dans la suite il suffit qu'il donne un consentement passif, afin qu'il ait une pleine et entiere liberté⁴. » Qu'on explique comme on voudra *ce consentement passif*, dont nous aurons à parler ailleurs ; toujours bien certainement ce n'est pas une réitération d'un acte qui subsiste de soi : c'est pourquoi aussi elle assure : « Lorsqu'on a facilité de faire des actes distincts, que c'est une marque que l'on s'estoit détourné⁵, » mais qu'au reste naturellement on ne renouvelle pas *l'acte direct*

XXVI.
Suite de la doctrine de ce livre.

---

¹ *Moyen court*, ch. XXII, p. 101. — ² *Ibid.*, p. 102. — ³ *Ibid.*, p. 103. — ⁴ *Ibid.*, ch. XXIV, p. 130. — ⁵ *Ibid.*, ch. XXIV, p. 103.

une fois produit, à moins qu'on l'ait *révoqué,* comme disoit Falconi : qui est ici ce qu'on appelle *se détourner.* L'acte donc subsiste toujours ; et à moins qu'on ne se détourne, il y a « un acte toujours subsistant, qui est un doux enfoncement en Dieu. »

On n'a donc qu'à s'y enfoncer une fois ; il ne faut plus après cela que laisser subsister son acte, sans se mettre en peine de le renouveler jamais ; et plus on aura de facilité à se passer de ce renouvellement, que la pratique et la doctrine de tous les Saints nous montrent si nécessaire, plus on sera assuré qu'on ne s'est point détourné de sa voie, ce qui est précisément la doctrine réprouvée du Père Falconi, qu'aussi pour cette raison on a imprimée avec le livre du *Moyen court,* comme étant visiblement du même dessein.

XXVII. Sentiment conforme de Malaval.

Par la même raison l'on y pouvoit joindre non-seulement Molinos, mais encore Malaval, avec son acte qu'il appelle *universel :* qui comprend éminemment tous les autres actes du chrétien, et exempte aussi de l'obligation de les pratiquer. Car c'est un acte « comme permanent, par une continuelle et insensible réitération, par une simple résolution de ne point sortir de la présence de Dieu, » le spirituel « s'y conserve incessamment, quoi qu'il fasse [1] : » aussi a-t-on vu, selon cet auteur, que l'Epouse ne dit plus à un cher Epoux : « Je me donne à vous [2] : » il suffit de l'avoir dit une fois ; c'est un acte qui ne passe point : *la protestation* une fois bien faite de vouloir entièrement être à Dieu, devient *habituelle,* c'est-à-dire dans ce langage, devient un acte *habituel* et continu ou, comme parle l'auteur, *un acte non interrompu,* non point par cette intention qu'on nomme *virtuelle ;* celle-là, dit-il, *ne suffit pas,* n'étant pas assez actuelle à son gré. C'est pourquoi il a inventé *une intention éminente ;* car il n'y a qu'à trouver un mot qui éblouisse le monde, c'en est assez pour dire sans preuve tout ce qu'on veut, et pour décharger les fidèles du soin de renouveler les actes les plus importans.

XXVIII. Observa-

Au reste pour bien entendre le sentiment de ces auteurs, je

---

[1] *Moyen court,* II part., p. 197, 198, 357, 361, 366, 390, 397, 417, 418, 431 ; I part., p. 29, 30, 32, 45, 46, etc., 66, 70. — [2] *Ibid.,* I part., p. 27 ; ci-dessus, chap. XIV.

dois ici avertir le sage lecteur qu'il ne faut point s'arrêter à certains petits correctifs qu'ils sèment deçà et delà dans leurs écrits ; mais regarder où va le principe, où portent les expressions, et quel est en un mot l'esprit du livre. Par exemple, on peut avoir remarqué que Malaval semble hésiter à nommer son *acte universel* absolument *permanent :* il est *comme permanent*, dit-il : mais il ajoute aussitôt après, et il répète sans fin, *qu'il est perpétuel, non interrompu,* et le reste qu'on vient de voir. Le principe porte là ; toute la suite du discours y conduit, et ces légers correctifs font voir seulement que ces auteurs ont senti quelquefois les excès où ils se jetoient, et en ont été étonnés. Souvent même ils semblent nier en un endroit ce qu'ils assurent en l'autre, pour se préparer des excuses et se donner des échappatoires. Il ne faut pas se persuader que parmi tant d'absurdités on puisse conserver une doctrine suivie : les principes fondamentaux du christianisme ne peuvent pas s'éloigner tout à fait de la pensée. De là vient qu'on trouve même dans les ariens, dans les pélagiens, dans les eutychiens, dans tous les autres hérétiques, des propositions ou échappées ou artificieuses, dans lesquelles ils semblent quitter leur erreur : à plus forte raison en doit-on trouver dans les nouveaux mystiques, où la teinture de la piété s'est encore plus conservée : la force de la vérité arrache toujours beaucoup de choses à ceux qui s'égarent, et il en faut dire quelquefois qui fassent passer les autres. L'Eglise sans s'y arrêter et sans chercher des excuses à ceux qui veulent tromper, a condamné les hérétiques par la force de leurs principes et par le gros de leurs expressions ; et tout ce qu'on pourra conclure de celles qui semblent contraires, c'est qu'ils ont voulu se déguiser.

 Quoi qu'il en soit, il est bien constant que la nouvelle oraison mystique tend à relâcher dans les parfaits le soin de renouveler les actes les plus essentiels à la piété. Falconi a ouvert la carrière ; Molinos l'a suivi en termes formels ; Malaval, qui a voulu quelquefois biaiser, ne laisse pas de s'expliquer clairement ; et pour le livre du *Moyen court,* la perpétuité des actes irréitérables de leur nature y est assurée à pleine bouche.

 . C'est encore une conséquence de cette doctrine, qu'il ne faut point se donner de peine pour se recueillir, quelque distrait et occupé qu'on ait été; car les actes bien faits une fois, comme l'est sans doute celui du recueillement produit au commencement de la vie intérieure, ne périssent point. Ainsi on n'a point à craindre de se dissiper, puisqu'à moins que de révoquer ses premiers actes, on y demeure toujours, en dormant et en veillant, occupé ou non occupé. Ce sont là les moyens faciles qu'on propose pour l'oraison, et on pousse la facilité jusqu'à exempter les prétendus parfaits du soin de renouveler leur recueillement : on porte insensiblement tout le monde au repos; et la réitération des actes étant selon ces principes une marque qu'on les a mal faits la première fois, autant qu'on veut avoir bien fait, autant veut-on éviter de les réitérer. Telles sont *les facilités* de la nouvelle méthode : en voici d'autres qui ne sont pas moins considérables.

LIVRE II.

De la suppression des actes de foi.

I. Dessein de ce second livre.

Nous entrons dans l'exposition d'une erreur des plus importantes de la nouvelle oraison : c'est que tous les actes explicites sur la Trinité, sur l'Incarnation, sur les attributs divins, sur les articles du *Credo*, sur les demandes du *Pater*, ne sont plus d'obligation pour ces prétendus parfaits : et la raison en est évidente; car s'il n'y a pour eux qu'un seul acte perpétuel et universel, ce seroit inutilement qu'on leur prescriroit tant d'actes de foi explicite, tant de demandes expresses; tout est renfermé pour eux dans *un acte confus et éminent,* où tous les autres se trouvent autant qu'il est nécessaire pour contenter Dieu, et ce sont les facilités que l'auteur du *Moyen court* nous vouloit donner.

Nous avons donc à faire voir par ordre que tous les actes énoncés dans le Symbole des apôtres, toutes les demandes formées dans l'Oraison Dominicale ne sont plus pour nos superbes parfaits. Commençons dans ce second livre par ce qui regarde les actes de foi, et en particulier les actes de foi sur la Trinité et sur l'Incarnation.

On en supprime l'obligation; le passage en est exprès, *sur le Cantique des cantiques*[1] : mais il en faut avant toutes choses bien expliquer le langage. On y distingue d'abord deux sortes d'union avec Jésus-Christ, l'une essentielle et l'autre personnelle : l'essentielle est celle où l'on est uni à l'essence de la divinité; la personnelle est celle où l'on est uni à la personne du Fils de Dieu. Cette union personnelle est encore double, parce qu'ou l'on s'unit à Jésus-Christ comme étant simplement le Verbe divin, ou bien l'on s'unit à lui comme étant aussi un homme parfait. Je n'allègue point ce langage pour le reprendre; car il ne faut jamais disputer des mots, mais tâcher de les bien entendre. Ceux-ci étant expliqués, il n'y a plus qu'à écouter ces mots de notre auteur : « L'on peut ici résoudre la difficulté de quelques personnes spirituelles, qui ne veulent pas que l'ame estant arrivée en Dieu (ce qui est l'état d'union essentielle), parle de Jésus-Christ et de ses états intérieurs, disant que pour une telle ame cet état est passé[2]. » Voilà du moins la difficulté bien proposée : il est question de savoir si l'ame unie à Dieu, *essence à essence,* qui est selon le langage de l'auteur la dernière et la plus parfaite union, peut encore *parler de Jesus-Christ* homme et de ses états intérieurs. En vérité est-ce là une question entre les chrétiens, et peut-on parmi eux chercher un état où il ne se parle plus de Jésus-Christ? Si l'on disoit qu'absorbé dans la divinité, il y a de certains momens où la pensée ne s'occupe pas d'un Dieu fait homme, il n'y auroit là rien d'impossible : mais il s'agit d'un état où *l'on ne parle plus de Jésus-Christ,* où par état on l'oublie, à cause *que cet état* (où l'on parle de Jésus-Christ) *est passé pour une telle ame :* au lieu de détester un tel état, sans même l'examiner, on se tourmente à justifier ceux qui veulent que cet état *où l'on parle* encore de Jésus-Christ soit un état passager. « Je conviens, dit cet auteur avec eux, que l'union à Jésus-Christ (comme personne divine) a precedé de tres longtemps l'union essentielle; » c'est-à-dire l'union à Jésus-Christ selon l'essence de sa divinité; dont on rend

II. Que la doctrine des nouveaux mystiques supprime l'union avec Jésus-Christ en qualité d'Homme-Dieu et de Personne divine : passage de *l'Interprétation sur les Cantiques*

[1] Chap. I, vers. 1. — [2] *Cant.*, p. 4-6.

cette raison, « que l'union à Jésus-Christ comme divine personne, s'éprouve dans l'union des puissances (qui est encore, selon ce langage, une sorte d'union inférieure.) ; et que l'union à Jésus-Christ Homme-Dieu est la première de toutes, et qu'elle se fait dès le commencement de la vie illuminative. » Voilà donc déjà deux degrés d'union avec Jésus-Christ très-distinctement marqués : l'un dès le commencement de la vie illuminative avec Jésus-Christ Homme-Dieu ; l'autre avec Jésus-Christ simplement comme personne divine, qui appartient à ceux dont l'avancement est déjà plus grand : à quoi si nous ajoutons le dernier degré où l'ame, dit-on, est arrivée *en Dieu seul*, c'est-à-dire à l'essence seule sans plus parler des personnes, on trouvera trois états. Le premier où l'on est uni à Jésus-Christ *Homme-Dieu*, qui est le plus imparfait de tout : le second où l'on est uni *à Jésus-Christ comme personne divine*, qui est à la vérité plus élevé, mais comme inférieur au troisième, que l'on explique en disant que *l'ame y est établie en Dieu par l'union essentielle*, et non plus par la personnelle comme auparavant.

Sans examiner en particulier ces raffinemens, ni les suites qu'on en propose, il nous suffit d'avoir vu trois états d'union avec Jésus-Christ, que l'on doit passer l'un après l'autre. L'union qu'on a avec lui *comme Homme-Dieu*, précède celle qu'on a avec lui simplement comme *personne divine*, en faisant abstraction de l'humanité ; et celle-ci précède, dit-on, *de très longtemps* celle qu'on a avec lui *selon l'essence divine*.

Ces trois degrés sont établis pour résoudre la difficulté de ceux qui veulent que dans l'union avec l'essence divine *on ne doive plus parler de Jésus-Christ et de ses états intérieurs*, parce qu'alors *cet état est passé*. Ainsi l'état, où *l'on parle encore de Jésus-Christ* comme homme est un état passager : l'état où *l'on s'y unit comme personne divine*, l'est aussi ; et le seul état permanent, aussi bien que parfait, est celui où l'on est uni à l'essence même de Dieu, sans plus *parler* de Jésus-Christ ou de ses états intérieurs, ni s'unir *à sa divine personne*.

III.
Réflexion
sur la

Voilà les prodiges de la nouvelle doctrine ; voilà les degrés de l'union avec Jésus-Christ établis ; de sorte que, dans le dernier degré où l'on s'unit *à son essence*, l'on cesse de s'unir à lui *comme personne divine*, et encore plus de s'y unir selon son humanité et ses états intérieurs. Si on cesse de s'unir à Jésus-Christ comme personne divine, on cesse par conséquent de s'unir de cette sorte au Père et au Saint-Esprit. Si on cesse de s'y unir, on cesse d'exercer sur ces divins objets aucun acte de foi explicite ; car ces actes nous uniroient. Par là on en veut venir comme à un état plus parfait à s'établir *en Dieu seul*, considéré selon son essence ; et on y veut imaginer plus de perfection qu'à s'unir à Dieu selon la distinction des trois Personnes divines. En effet nous verrons bientôt qu'on pousse le raffinement jusque-là, et même encore plus avant, puisqu'on trouve une espèce de perfection plus éminente dans l'exclusion des attributs divins, pour se réduire à la *nature confuse et indistincte* de l'essence seule. C'est le langage commun de tous nos nouveaux mystiques. Quand ils se croient arrivés, comme ils parlent, *en Dieu seul*, c'est redescendre que de contempler la Trinité ou l'Incarnation. L'on ne dit donc plus le *Credo*, et l'on se trouve trop parfait pour en produire les actes. Croiroit-on que les chrétiens pussent donner dans ces excès? Une prétendue *simplification*, une prétendue réduction de tous nos actes à un *acte perpétuel et universel*, a introduit ces prodiges.

Que si l'on peut encore douter des sentimens de ces auteurs, on n'a qu'à lire ces mots dans la même *Interprétation sur le Cantique* : « Dès que l'ame commence de recouler à son Dieu comme un fleuve dans son origine, elle doit estre toute perdue et abîmée en Dieu ; il faut mesme alors qu'elle perde la veuë aperceuë de Dieu, et toute connoissance distincte pour petite qu'elle soit [1]. » Il n'y a donc plus de distinction, je ne dis pas d'attributs, mais de personnes divines : ce qu'elle explique plus clairement en parlant ainsi : « Lorsque je parle de distinction, je ne l'entends pas de la distinction de quelque perfection divine en Dieu mesme ; car elle est perduë il y a longtemps [2]. » On perd donc bientôt ces distinctions des perfections divines ; « et dès les premiers absorbemens l'ame n'a qu'une veuë de foy confuse et generale de Dieu en luy, sans distinctions de perfections ni d'attributs relatifs ou absolus ;

[1] *Interprét. sur le Cantiq.*, chap. VI, vers. 4, p. 143. — [2] *Ibid.*, p. 144.

car une fois la distinction est alors entièrement ôtée : on ne distingue plus de personnes divines, par conséquent plus de Jésus-Christ; et tout cela qu'est-ce autre chose, sans exagérer, qu'un artifice de l'ennemi pour faire oublier les mystères du christianisme, sous prétexte de raffinement sur la contemplation ?

<small>V. Étranges paroles sur Jésus-Christ.</small>
Conformément à cette doctrine, on trouve dans un exemplaire très-bien avéré du manuscrit intitulé *les Torrens*, qui est du même auteur que le *Moyen court* et l'*Interprétation sur les Cantiques*, « qu'une ame sans avoir pensé à aucun état de Jésus-Christ depuis les dix et vingt ans, » trouve que toute la force en est « imprimée en elle par état, quoique l'ame dans toute sa voye n'ait point de veuë distincte de Jésus-Christ. » Vous le voyez, sage lecteur : qui ne pense *à aucun état* de Jésus-Christ, ne pense ni à sa croix ni à sa gloire : qui demeure *sans en avoir aucune veuë distincte*, ne songe ni s'il est distinctement le Fils de Dieu, la seconde personne de la Trinité, ni s'il est le Fils de l'homme, comme il s'appelle lui-même, qui nous a sauvés par son sang. Dans ces étranges sublimités, on passe tranquillement *les dix et les vingt ans* sans seulement penser à lui ni à aucun de ses états : et tout cela encore un coup, qu'est-ce autre chose sinon de faire servir la contemplation à une extinction totale de la foi explicite en Jésus-Christ?

<small>VI. Artifice des nouveaux mystiques pour éluder la foi explicite en Jésus-Christ.</small>
On dira que cette objection est prévue et résolue dans le *Moyen court* par ces paroles : « L'on m'objectera que par cette voye » (où l'on n'a que ces vues confuses et indistinctes de Dieu), « l'on ne s'imprimera pas les mystères ; c'est tout le contraire, ils sont donnez en réalité à l'ame, comme saint Paul dit qu'il les portoit sur son corps [1]. » Mais tout cela n'est qu'éluder : il ne s'agit pas de *porter sur son corps*, avec cet Apôtre, *la mort et les blessures de Jésus* [2]; mais de s'y unir par un acte de foi explicite, comme faisoit sans cesse et dans toutes ses Epîtres le même saint Paul, jusqu'à dire *qu'il ne savoit rien que Jésus-Christ*, non pas le voyant en Dieu par des vues confuses et générales, mais distinctement et expressément comme *crucifié : Jesum et hunc crucifixum* [3] : mais au contraire nos nouveaux mystiques donnent pour

---

[1] *Moyen court*, p. 32, 33. — [2] *Galat.*, VI, 17. — [3] 1 *Cor.*, II, 2.

règle [5], « que l'attention amoureuse à Dieu renferme toute dévotion particulière, et que qui est uni à Dieu seul (dans sa seule essence comme on a vu), par son repos en lui, est appliqué d'une manière plus excellente à tous les mystères [1]. » C'est là, encore une fois, un moyen pour éluder tout acte de foi en Jésus-Christ; c'est faire oublier à cette ame, qui croit être dans de sublimes oraisons, le besoin qu'elle a de sa grace et de sa médiation perpétuelle : c'est enfin ne le proposer à ces ames qu'en Dieu et en général, sans connoissance et application distincte, contre saint Paul qui disoit : *Je vis en la foi du Fils de Dieu qui m'a aimé et s'est donné pour moi* [2].

Ce n'est point satisfaire à la difficulté que d'ajouter, comme on fait, « que qui aime Dieu, aime ce qui est de lui : » car c'est précisément la même chose que ce que disoit Molinos : « Celui qui pense à Dieu et qui le regarde, pense et regarde Jésus-Christ [3]; » ce qui ne sort point d'un amour confus, où sans penser à Jésus-Christ par un acte de foi explicite, on croit tout faire en pensant à Dieu en général. Je ne veux pas dire qu'il faille astreindre les ames dans chaque moment de leur oraison à penser toujours actuellement à Jésus-Christ, encore moins à raisonner sur lui, puisque la foi n'a pas besoin de raisonnement. Les faux contemplatifs doivent savoir que ce n'est pas là ce qu'on leur demande : on leur dit et on leur répète que d'établir des oraisons où par état et comme de profession on cesse de penser à Jésus-Christ, à ses mystères, à la Trinité, sous prétexte de se perdre mieux dans l'essence divine, c'est une fausse piété et une illusion du malin esprit.

VII. Suite de ces artifices. Parole de Molinos.

Molinos, très-artificieux, a paru avoir de la peine à venir à ces explications, qui rendoient sa mystagogie odieuse; et il se contente ordinairement d'exclure la pensée distincte et particulière de Jésus-Christ, ou de ses mystères, et des personnes divines, en proposant, comme il fait sans cesse, *sa foy et sa connoissance generale et confuse* : autrement *sa foy amoureuse et obscure, sans aucune distinction des perfections et attributs* [4], comme la seule et perpétuelle action de contemplatif; ce qui emporte l'exclusion

VIII. Passages de Molinos

---

[1] *Moyen court*, p. 34. — [2] *Galat.*, II, 20. — [3] Sect. II, n. 12, p. 7. — [4] *Introd.*, sect. I, n. 1, p. 1; liv. I, ch. II, p. 44, etc.

des actes de foi explicite et distincte dans certains états. Mais à la fin il faut parler : et entraîné par la force de ses principes, il a prononcé les mots qu'on vient d'entendre : *Qui pense à Dieu pense à Jésus-Christ* [1]; à quoi il ajoute *qu'on ne se sert plus des moyens lorsqu'on a obtenu la fin* [2].

Il est vrai qu'il semble réduire l'exclusion de ces moyens à celle de la méditation discursive ; mais ses expressions aussi bien que ses principes vont plus loin, puisqu'il restreint l'ame *à la presence de la divinité, et à la connoissance generale et confuse que la foy luy en donne:* ce qui dans tout son langage ne contient que ces notions générales et indistinctes, où l'on ne voit ni personnes ni attributs divins.

IX. Passages de Malaval.

C'est précisément ce que disoit Malaval sur ces paroles de Jésus-Christ : *Je suis la voie;* où ce téméraire contemplatif interprète ainsi : « S'il est la voye, passons par luy [3]; » et il répète encore une fois un peu après : « Puisqu'il est la voye, passons par luy ; mais celuy qui passe toujours n'arrive jamais [4]; » à quoi il ajoute en d'autres endroits ces foibles comparaisons : « Que celuy qui est arrivé ne songe plus par quel chemin il a esté obligé de passer, fust-il un chemin pavé de marbre ou de porphyre, et que s'il pense quelquefois au chemin, c'est pour s'en souvenir, et non pas pour y retourner [5]. » Quelque insensée que soit cette expression, l'auteur enchérit encore par celle-ci : « Comme la boue tombe quand les yeux de l'aveugle sont ouverts, ainsi l'humanité s'évanouit pour atteindre à la divinité [6]. » Voilà les délicatesses de la nouvelle contemplation, et c'est ainsi qu'on apprend à y goûter Jésus-Christ.

X. Contrariété de cette doctrine et de celle de l'Evangile.

C'est l'esprit de Jésus-Christ et de l'Evangile, qu'un Dieu a voulu que *la plénitude de la divinité habitât corporellement* et expressément *en Jésus-Christ* [7], afin qu'on s'incorporât à l'homme semblable à nous, à qui nous touchons de si près, et qu'on le saisît pour ainsi dire par la foi, sans perdre la divinité qui lui est unie en unité de personne ; et cependant, selon ces docteurs, l'humanité de Jésus-Christ sera la boue, dont il faudra nous laver

---

[1] *Introd.*, sect. II, n. 12. — [2] *Ibid.*, n. 13. — [3] Malaval, II, p. 256. — [4] *Ibid.*, p. 266. — [5] P. 54. — [6] *Ibid.*, p. 140. — [7] *Col.*, II, 9.

pour avoir les yeux ouverts à la contemplation. Peut-on chercher des explications à ces paroles insensées, et qui jamais ouït parler d'un tel prodige?

Cependant il ne faut point s'en étonner, c'est la suite des principes de la nouvelle oraison. On s'y attache à *cet acte confus et universel, sans pensée quelconque qui soit distincte*[1] : où il n'y a que la seule notion de Dieu *d'une maniere obscure et universelle*[2]; et il y faut *tellement regarder Dieu sans aucune notion distincte*[3] : Dieu pur y est *tellement l'objet de la contemplation, et il se faut tellement garder d'y rien ajoûter à la simple veuë de Dieu*, que Jésus-Christ homme n'y peut entrer. Les Personnes divines n'y entrent non plus[4], puisqu'*on y doit considerer Dieu en luy-mesme sans attributs, sans aucune action distincte selon son essence*[5], et en tant qu'il a dit : *Je suis celui qui suis* : ou si l'on veut une autre phrase ; *on doit se le représenter sous la notion la plus universelle*, qui est celle *d'estre par essence*[6]. Or tout cela ne souffre point de distinction de personnes, par conséquent point de Jésus-Christ ; et ainsi, comme d'autres l'ont remarqué, un vrai adorateur de Dieu devroit suivre les notions les plus approchantes de celles des mahométans ou des Juifs, ou si l'on veut des déistes ; autrement il seroit dégradé de la haute contemplation, et il retomberoit dans ce qu'on appelle *multiplicité*.

XI. Cette doctrine des nouveaux mystiques est une suite nécessaire de leurs principes.

Je sais qu'on pourroit penser que cette doctrine n'a lieu que dans les temps de l'oraison : mais ceux qui se contenteront de cette réponse, seront peu instruits des secrets de la nouvelle doctrine, puisqu'on y enseigne que l'oraison des prétendus parfaits n'a point d'interruption, et que leur contemplation est perpétuelle ; réduite par conséquent à ces idées générales et indistinctes, où les Personnes divines n'entrent point, et où Jésus-Christ ne se trouve qu'en Dieu regardé confusément.

XII. Vaine échappatoire.

On a pu remarquer ici une autre sublimité ; c'est-à-dire une autre ignorance et un autre égarement de la nouvelle contemplation. C'est qu'après avoir laissé aux plus imparfaits les trois Personnes divines et l'Incarnation du Fils de Dieu, elle veut s'élever

XIII. Doctrine des nouveaux mystiques sur les attributs divins

---

[1] Majaval, I, p. 55. — [2] II, p. 186. — [3] *Ibid.*, p. 228, 273. — [4] *Ibid.*, p. 224. — [5] *Ibid.*, p. 221, 222, 226, 228. — [6] *Ibid.*, p. 232.

encore au-dessus de tous les attributs divins pour s'attacher à la seule essence : mais qu'est-ce que cette essence? Qui la connoît en cette vie? Qui peut se vanter d'y connoître certainement l'essence ou la substance d'aucune chose créée quelle qu'elle soit? Combien plus l'essence divine est-elle au-dessus de nos conceptions? Et si l'on dit que l'on ne parle ainsi que selon nos foibles manières de concevoir et selon les idées de l'Ecole, y convient-on de la notion où il faut mettre la raison essentielle et constitutive de Dieu, selon nos manières imparfaites de la connoître? Malaval, qui vient faire la leçon au monde et lui donner des idées nouvelles de la contemplation, ignore-t-il qu'une partie de l'Ecole établit l'essence de Dieu dans un acte d'une simple et pure intelligence? Ceux qui sont de ce sentiment sont-ils obligés de changer d'avis dans la contemplation, ou ne faut-il pas plutôt avouer qu'on y doit regarder Dieu d'une manière plus simple, et pour ainsi parler antérieure à la distinction de l'essence et des attributs? Cependant Malaval s'obstine à ne vouloir attacher la contemplation qu'à la seule essence de Dieu, en tant que par la pensée on la distingue de ses perfections; et la raison qu'il en rend, c'est *que les divines perfections ne sont que quelque chose de Dieu*[1], au lieu que l'essence est Dieu même : idée qui pour la sublime contemplation divise trop cette nature infinie, et en fait très-mal entendre la perfection.

XIV. Grossière idée sur le même sujet, dans l'Interprétation du Cantique des cantiques.

Mais c'est que toutes les fois qu'on se veut guinder au-dessus des nues on s'y perd, ou pour parler plus simplement, on manque de précision et de justesse, et on montre son ignorance. N'est-ce pas encore une belle idée dans l'*Explication du Cantique*, que celle où l'on nous dit « que les soixante forts d'Israël, ces vaillans guerriers qui gardent le lit de repos du veritable Salomon, sont les attributs divins qui environnent ce lit royal, et qui en empeschent l'accès à ceux qui ne sont pas entierement anéantis [2]. » C'est une bizarre pensée de détacher les attributs de Dieu d'avec lui-même, pour en faire les satellites qui le gardent; et une étrange ignorance de dire que ces attributs absolus ou relatifs indistinctement *empeschent* l'accès auprès de Dieu, et le repos dans son es-

[1] Malaval, I part., p. 47. — [2] Chap. III, n. 7, p. 74.

sence. Mais c'est une erreur extrême de vouloir insinuer par là que pour entrer dans la haute contemplation de l'essence de Dieu, il faille laisser les attributs au-dessous d'elle, et ne s'y attacher non plus que l'on fait aux gardes quand on est avec le roi. On dira qu'il ne faudroit point demander tant d'exactitude à une femme : je le veux, pourvu qu'on m'avoue qu'il ne falloit non plus avancer, comme on ose faire dès l'entrée de ce livre, que cette nouvelle explication, fautive par tant d'endroits, « ne peut estre que le fruit d'une assistance particuliere du Saint-Esprit [1]. »

XV. Passage de saint Clément d'Alexandrie.

Pour présenter quelque chose de plus utile et de plus agréable au lecteur, ennuyé peut-être aussi bien que moi du récit de tant de vaines subtilités, je le prie d'entendre un passage de saint Clément d'Alexandrie sur les noms et les attributs divins : « Dieu est infini, dit-il, et sans figure, et ne peut être nommé, quoique nous le nommions quelquefois improprement, comme quand nous le nommons Dieu ; et encore aussi que nous le nommions ou un, ou bon, ou intelligent, ou Celui qui est, ou Père, ou Dieu, ou Créateur, ou Seigneur, nous ne prétendons point par là dire son nom ; mais nous nous servons de tous ces beaux noms à cause de la disette de notre langage ; car aucun d'eux pris à part n'exprime Dieu, mais tous ensemble en indiquent la souveraine puissance [2]. » Voilà comme on est contraint, pour contempler et connoître la perfection de l'Etre divin, de conduire avec l'Ecriture son esprit par plusieurs idées, étant impossible d'en trouver aucune dont on soit content ; et celle-ci, *Celui qui est,* quoiqu'elle soit en effet la plus grande et la plus simple de toutes, étant rangée comme on vient de voir par ce docte Père avec les autres si défectueuses, dont le concours nous est nécessaire pour exprimer Dieu à notre manière imparfaite, il semble avoir voulu expressément réfuter la rêverie de Malaval et de ses semblables, qui s'attachent à cette idée : *Celui qui est,* pour exclure toutes les autres de la parfaite oraison et de l'état contemplatif.

On fait ici une objection qu'il ne faut pas dissimuler ; c'est que les scolastiques demeurent d'accord que la plus parfaite contemplation de la nature divine, est celle où on la regarde selon les

XVI. Objection tirée de la doctrine de Scot et de Suarès.

[1] *Cant.,* préf. — [2] *Strom.,* v, p. 587.

notions les moins resserrées, comme celle d'être, de vérité, de bonté, de perfection : tant à cause que ces notions sont en effet celles qui sont les plus pures, les plus intellectuelles, les plus abstraites, les plus élevées au-dessus de ces images corporelles que l'Ecole appelle fantômes ; qu'à cause aussi que par leur universalité elles font en quelque façon mieux entendre l'universelle perfection de Dieu dans toute son étendue, que ne font les idées plus particulières et plus restreintes, de juste, de sage, de saint. C'est l'excellente doctrine de Scot et de Suarez [1] ; et j'avoue que dans ces idées : *Dieu est l'être même, Dieu est la bonté,* ou comme il dit à Moïse, *il est tout le bien,* on lui attribue davantage d'une certaine manière les perfections infinies qui sont comprises confusément et universellement dans ces notions abstraites ; par où aussi l'on excite plus cette admiration, cet étonnement, ce silence par où commence la contemplation, et qui fait dire à David : « O Seigneur, notre Seigneur, que votre nom est admirable dans toute la terre [2] ! » et encore : « Le silence est votre louange [3]. »

XVII. On explique en quel sens les notions universelles sont les plus sublimes, sans pour cela ravilir les autres.

Mais cette doctrine est bien éloignée de celle des nouveaux mystiques, qui, sous prétexte qu'en un certain sens on attribue à Dieu plus de perfections dans les notions les plus générales, excluent de la contemplation celles qui sont plus particulières, comme celles de la justice, de la clémence et de la sainteté de Dieu ; en quoi leur erreur est visible, parce qu'encore qu'il soit beau de louer et d'admirer la grandeur de Dieu par ces notions générales, on a pour lui une admiration à sa manière aussi excellente, quand on contemple distinctement, et qu'on explique pour ainsi dire à son esprit étonné les perfections plus particulières de cet être infini. Car comme chacune de nos conceptions et toutes nos conceptions ensemble, ainsi que nous le disoit saint Clément d'Alexandrie, demeurent infiniment au-dessous de la perfection de l'être divin, l'Ecriture présente à notre esprit toutes les manières de le contempler, qui à la fin seront toutes également parfaites, parce qu'elles nous replongent toutes, pour ainsi parler, dans l'immensité de la perfec-

---

[1] Sect. I, n. 11, dist. 3, q. 3 ; Suarez, lib. II *de Orat. ment*, c. XIII, n. 19, 20. — [2] *Psal.* VIII, 1. — [3] *Psal.* LXIV, 1, juxt. Hebr.

tion de Dieu, et dans son incompréhensible vérité. Par exemple, qui oseroit dire qu'Isaïe et ses séraphins n'aient pas été élevés à la plus haute contemplation dans cette admirable vision de Dieu trois fois saint [1], ou que dans une vue si haute de sa sainteté ils ne se soient pas abîmés avec un amour immense dans cette profonde incompréhensibilité de l'Etre divin, puisque c'est ce qui les oblige à s'envelopper dans leurs ailes, et à s'en faire une couverture, c'est-à-dire à trouver toujours une ignorance infinie dans leurs plus sublimes pensées?

XVIII. Tous les attributs proposés dans le Symbole des apôtres comme l'objet de la foi et de la contemplation.

Par là on voit clairement que c'est une fausse subtilité et une erreur dangereuse des nouveaux mystiques, de renvoyer aux commençans la contemplation des attributs divins, et de réserver aux parfaits celle de l'essence seule. C'est faire pour les parfaits un autre symbole que celui qu'on a toujours révéré comme le Symbole des apôtres, puisque tous les attributs divins nous y sont clairement proposés comme l'unique fondement de notre espérance. Et d'abord la toute-puissance y est exprimée en termes formels, et déclarée par la création du ciel et de la terre; où l'éternité paroît aussi, puisque si Dieu n'étoit éternel et de soi-même, il seroit créé, et non créateur. La miséricorde s'y trouve dans ces paroles : *Je crois la rémission des péchés,* qui est le commencement des miséricordes de Dieu, comme on en voit la consommation dans l'article où est énoncée *la résurrection de la chair et la vie éternelle.* La justice est dans celle-ci : *Il viendra juger les vivans et les morts.* Là même se doit entendre en Dieu la parfaite compréhension de toutes choses, et même du secret des cœurs, puisque c'est par là que les hommes seront jugés, selon ce que dit saint Paul, « qu'il révélera ce qu'on croira avoir recélé dans les ténèbres, et mettra en évidence le secret des cœurs, et alors chacun recevra de Dieu la louange qu'il mérite [2]. » Ce qui induit l'immensité de l'Etre divin, présent à tous, sans qu'on puisse se soustraire à sa connoissance, à sa puissance, à sa providence, à sa justice. La vraie idée de la sainteté de Dieu est dans ces articles : *Je crois au Saint-Esprit, la communion des saints, la rémission des péchés;* où l'on nous montre que la sainteté de Dieu

[1] *Isa.*, VI. — [2] I *Cor.*, IV, 5.

consiste en ce qu'il est saint, non pas d'une sainteté empruntée, mais saint et sanctifiant; non sanctifié par l'infusion d'une sainteté étrangère, mais opérant par lui-même, avec la rémission des péchés, la communion des saints par la charité vivifiante et sanctifiante qui les unit entre eux et avec Dieu. On ne peut nier sans impiété que tous les fidèles ne soient obligés à concevoir, chacun selon leur mesure, ces divines perfections, renfermées si clairement dans le Symbole, sans lesquelles Dieu n'est pas Dieu, et son culte est anéanti. Que s'il y a quelques attributs plus cachés, et peut-être moins nécessaires à la connoissance de tous les particuliers, on sait en théologie qu'ils sont renfermés dans ceux-ci, que personne ne peut oublier sans mettre son salut en péril; qui est aussi la raison pour laquelle on les a mis si expressément dans le Symbole des apôtres.

Que s'ils sont l'objet de notre foi en tout état, ils le sont aussi de la contemplation, dont la foi est le fondement; et on ne peut s'élever au-dessus de la foi qui nous les propose, que par une fausse et imaginaire transcendance.

XIX. Frivole objection de quelques-uns sur les actes de foi explicite qui sont de nécessité de salut.

Dieu pardonne à ceux qui ont dit, ou qui disent peut-être encore, que pour établir la nécessité des actes de foi explicite dans les articles I, II, III, IV, V des ordonnances des 16 et 25 avril 1695 (a), on y a poussé trop avant les points de foi qu'il faut croire explicitement pour être sauvé : quelques-uns ont demandé entre autres choses si l'on pouvoit obliger des gens rustiques et grossiers à croire expressément la toute-puissance; et leur objection ne nous a pas été inconnue. Ceux qui l'ont faite devoient penser que les auteurs pour qui nous parlions ne sont pas de ces grossiers ni de ces rustiques qui peuvent en certains cas trouver leur excuse dans leur ignorance; mais au contraire qu'ils se prétendent les plus éclairés parmi les spirituels. Ils ne doivent donc pas ignorer qu'ils sont sujets au commandement d'avoir et d'exercer la foi catholique, du moins sur les points qui sont contenus dans le Symbole des apôtres. C'est pour eux principalement que le

(a) Ces ordonnances sont, d'abord celle qui se trouve plus haut, de Bossuet, puis celle de M. de Noailles, évêque de Châlons, pour la publication des articles d'Issy.

Symbole attribué à saint Athanase prononce qu'ils doivent croire explicitement la Trinité, l'Incarnation, les perfections ou les attributs de la nature divine, parmi lesquels est nommée la toute-puissance, *s'ils veulent être sauvés :* et en effet quel article est plus nécessaire que celui de la toute-puissance, sans lequel tout le Symbole est anéanti? Si Dieu n'est pas tout-puissant, il ne sera point créateur; Jésus-Christ ne sera pas né d'une Vierge; car il a fallu pour le faire croire à sa sainte Mère, que l'ange l'assurât que Dieu pouvoit tout [1]. Si Dieu n'est pas tout-puissant, ni Jésus-Christ n'est pas ressuscité, ni nous ne ressusciterons, ni nous ne serons sanctifiés dans le temps, ni nous n'aurons *la vie éternelle* au siècle futur. C'est aussi pour cette raison que la toute-puissance est expressément énoncée à la tête du Symbole, comme la base inébranlable de tout le reste. On n'oblige pas les simples à faire de sublimes raisonnemens sur cet attribut; mais il est sans doute que celui de tous que le peuple doit le mieux connoître, et connoît le mieux en effet, est celui-là. Car aussi comment pouvoit-il mettre en Dieu, en tout et partout, une espérance sans bornes, s'il ne savoit qu'il peut tout? Je relève expressément cette objection pour faire voir au pieux lecteur ce que peut sur certaines gens l'esprit de contradiction, qu'on pousse à l'extrémité dans notre siècle.

Au reste pour justifier les cinq articles de ces ordonnances dont il s'agit en ce lieu, on n'a pas besoin que les actes de foi explicite, auxquels on a obligé les nouveaux mystiques, soient nécessaires de nécessité de moyen; il suffit qu'ils soient nécessaires de nécessité de précepte, pour condamner ceux qui les omettent volontairement : mais quand on auroit enseigné que les actes exprimés dans ces cinq articles sont nécessaires de nécessité de moyen, on n'auroit pas sujet de s'en repentir, puisqu'après tout en cela on n'auroit fait autre chose que de suivre toute l'Ecole après saint Thomas, qui détermine clairement qu'il « est nécessaire de nécessité de salut de croire explicitement » l'Incarnation [2], à cause qu'elle propose en Jésus-Christ l'unique moyen de s'unir à Dieu. C'est par la même raison qu'il faut croire la Trinité, sans laquelle

---

[1] *Luc.*, I, 37. — [2] II^a II^æ, q. II, art. 7, 8.

Jésus-Christ n'est pas connu, non plus que le baptême qu'on reçoit en lui. Au même endroit[1], le même saint Thomas établit après saint Paul[2] que celui qui « veut s'approcher de Dieu doit croire qu'il est, et qu'il est rémunérateur de ceux qui le servent, » et cela explicitement, comme le conclut saint Thomas des paroles même de l'Apôtre ; car il seroit très-absurde de ne croire que confusément que Dieu est, ou qu'il est rémunérateur. Le même Docteur angélique démontre encore que tous les articles du Symbole doivent être connus par tous les fidèles[3] ; et l'article où est proposée la toute-puissance est un de ceux qu'il juge des plus nécessaires[4].

Si l'on en demande davantage, je veux bien encore ajouter que quelques-uns des casuistes relâchés ayant osé soutenir que « la foi explicite en Dieu rémunérateur n'étoit pas nécessaire de nécessité de moyen, mais seulement la foi en un seul Dieu, » toute l'Eglise s'est élevée contre ce blasphème, et cette erreur a été rangée parmi les soixante-cinq propositions réprouvées par Innocent XI d'heureuse mémoire[5], avec un applaudissement universel. Qu'on cesse donc de croire assez exercer la foi, en l'exerçant sur la divinité considérée indistinctement et en général, et qu'on sache qu'il est nécessaire à tout chrétien sans exception, de faire des actes exprès sur les autres points que nous avons remarqués : que si l'on demande quand, ce n'est pas là de quoi il s'agit en ce lieu, et on a dit ce qui suffisoit pour notre sujet dans l'article des ordonnances des 16 et 25 avril, où l'on a marqué qu'il falloit faire *ces actes en temps convenables*[6].

XX. *De la présence de Dieu, et si cet attribut est plus nécessaire que les autres à la contemplation.* Au reste on ne sait pourquoi nos faux mystiques en éloignant les attributs divins de ce qu'ils appellent la sublime contemplation, n'y en ont réservé qu'un seul, qui est celui de la présence de Dieu en nous et en toutes choses ; ou, comme parle Malaval, de Dieu « qui estant partout, est aussi par conséquent dans nostre ame[7] ; » ce qui lui fait définir la contemplation « un regard amoureux sur Dieu present : » et ailleurs, « un acte confus de Dieu

---

[1] II^a II^æ, quæst. II, art. 5. — [2] *Hebr.*, XI, 6. — [3] *Ibid.*, q. 1, art. 6, 7, 8. — [4] *Ibid.*, art. 8, ad. 2. — [5] Decr. Innoc. XI, 2 mart. 1679, prop. 25. — [6] Art. 21. — [7] Malaval, 1 part., p. 7. etc.

present ¹. » S'il faut s'attacher à l'essence, personne ne la constitue dans la présence de Dieu; s'il faut rappeler quelque attribut, on ne voit pas pourquoi celui-ci plutôt que les autres.

Mais pour ne point disputer du mot, expliquons en combien de sortes on conçoit que Dieu est présent. Premièrement il est présent dans toute créature animée et inanimée, sainte ou pécheresse, glorifiée ou damnée : ce n'est pas en cette manière que la foi de la présence de Dieu est la plus parfaite ; car il y faut ajouter d'abord que Dieu est présent comme la cause dont l'influence inspire partout l'être, le mouvement et la vie; qui est aussi l'idée de présence que saint Paul donnoit aux Athéniens, en disant que Dieu « distribue à tous la vie, la respiration et toutes choses ² : » d'où il concluoit qu'il n'est pas loin de nous. Mais il n'y a personne qui ne voie qu'en prenant la présence en cette sorte, on y joint nécessairement la toute-puissance, c'est-à-dire cette vertu créatrice et conservatrice par qui tout subsiste. Ce n'est pas là néanmoins encore ce qu'il y a de plus excellent dans la foi de la présence de Dieu : car saint Paul, qui parloit alors à des infidèles, ne leur parle que de la présence par laquelle il étoit en eux, et même dans les démons. Mais il y a une autre présence par laquelle il n'est que dans les saints, y opérant par une action immortelle la sainteté et la grace. C'est une telle présence qu'il faut avoir dans l'oraison, parce que c'est par la foi de cette présence qu'on prie Dieu en soi-même comme dans son temple, ce qui opère le parfait recueillement. Mais dès là on ajoute à la foi de la présence universelle celle de Dieu comme saint et comme sanctificateur, où se trouve encore une autre présence, ou plutôt une extension admirable de celle-ci : c'est que Dieu nous inspire la prière, qu'il nous fait prier, *qu'il prie en nous*, selon l'expression de saint Paul ³ ; et c'est là précisément la présence qu'on doit avoir en priant, puisque c'est celle qui nous unissant à l'auteur de la prière, nous y fait trouver la force et le vrai esprit de prier. C'est peu de croire que Dieu est présent : le premier sentiment de celui qui prie, c'est qu'il est écouté, et que l'oreille de celui qu'il appelle à son secours n'est pas éloignée; mais quand on le croit présent de cette pré-

¹ Malaval, II part., p. 404. — ² *Act.*, XVII, 25, 27, 28. — ³ *Rom.*, VIII, 27.

sence dont Jésus-Christ a dit à ses apôtres : « Demeurez en moi, et moi en vous : je suis le cep de la vigne, d'où vous tirez à chaque moment toute l'influence : vous ne pouvez rien sans moi : sans moi vous ne pouvez porter aucun fruit [1]. » Vous ne pouvez donc pas porter le fruit de la prière : je suis en vous pour vous l'inspirer, pour vous en dicter tous les sentimens, et le reste qui est renfermé dans ce grand acte de foi. Cette foi de la divine présence fait tout le fondement de l'oraison, ou pour mieux parler l'oraison entière. Or de dire qu'une telle foi choisisse parmi les attributs la présence universelle de Dieu en toutes choses pour en faire l'unique objet de la contemplation, c'est réduire la contemplation au moindre degré de la présence de Dieu. La vraie présence de Dieu, dont le contemplatif doit être imprimé, est celle de Dieu dans les ames comme leur sanctificateur et comme leur inspirant la prière; mais par là on doit avouer dans la plus sublime contemplation la présence d'un Dieu saint et sanctifiant, d'un Dieu juste et inspirant la justice, d'un Dieu tout-puissant qui opère dans les cœurs, d'un Dieu miséricordieux qui établit sa demeure dans les hommes dont le cœur est droit.

XXI.
Equivoque de l'acte confus démêlée.

Malgré l'ambiguïté des expressions de nos mystiques, je ne crois pas qu'ils puissent ou veuillent nier la nécessité et la perfection de cette présence dans la contemplation; et c'est en vain après cela qu'ils travaillent tant à l'exclusion des attributs, puisqu'il faut, malgré qu'on en ait, en réserver un qui les ramène tous sous un autre nom. Il ne reste plus qu'à demander à Malaval pourquoi il veut si absolument que l'acte de contemplation *soit un acte confus de Dieu présent* [2]. Ce mot *confus*, dont il se sert perpétuellement, peut être pris en différens sens. Si par un acte confus il entend un acte simple ou un acte obscur à cause de la foi d'où il émane, un acte distinct de la présence de Dieu ou de tout autre attribut particulier, a sans doute cette sainte obscurité et cette simplicité de la foi. S'il veut appeler *confus* ce qui nous jette dans quelque chose d'incompréhensible, nous avons vu [3] que les actes les plus distincts de contemplation, comme ceux où l'on s'arrête sur la sainteté, ou sur la justice, ou sur la puissance

[1] *Joan.*, xv, 1. — [2] Malaval, II part., p. 404. — [3] Ci-dessus, n. 13 et 14.

de Dieu, nous jettent tous pareillement dans cet abîme de l'incompréhensibilité divine. N'astreignons donc point les contemplatifs à des actes confus au même sens qu'ils sont indistincts, puisque les actes distincts sur les attributs, sur les Personnes divines, sur Jésus-Christ Dieu fait homme et réconciliant le monde en soi, et les autres de même nature, sont également saints et parfaits. On ne pense pas toujours à tous ces objets divins; mais on n'en exclut aucun, et la contemplation occupée tantôt de l'un et tantôt de l'autre, trouve dans chacun l'infinité de Dieu entière et parfaite.

Par là se voit l'illusion du raisonnement de Malaval, qui pour détourner les fidèles de raisonner *sur la puissance de Dieu et sur la création du ciel et de la terre*, remarque « que raisonner de tout n'est rien à comparaison de regarder Dieu en luy-mesme : Dieu, dit-il, n'est-il pas plus que la puissance, que le ciel, que la terre, que toutes les pensées des hommes[1]? » Je veux bien qu'un contemplatif ne raisonne pas et qu'il agisse par la pure foi, qui de sa nature n'est point raisonnante; et ce n'est pas là de quoi nous disputons. Mais quant à cette belle interrogation : *Dieu n'est-il pas plus que la puissance?* non, Dieu n'est pas plus que la puissance, parce qu'il est sa puissance même. Il n'est pas plus que sa sainteté et que sa sagesse, parce qu'il est sa sagesse même, sa sainteté même. Il ne faut que se souvenir de cette définition du concile de Reims, tirée de saint Augustin et dictée par saint Bernard : Dieu est saint, Dieu est sage, Dieu est grand par la sainteté, par la sagesse, par la grandeur qui est lui-même[2]. C'est donc une ignorance grossière de dire que Dieu soit plus que sa propre toute-puissance : c'en est une autre de dire que penser à Dieu tout-puissant ou saint, ne soit pas le regarder *en lui-même*, puisque sans doute c'est lui-même qui est tout-puissant et saint; et quand on ajoute qu'il est au-dessus de *toutes les pensées des hommes*, il faudroit songer qu'il est donc aussi au-dessus du regard confus de sa présence, qui sans doute est une pensée, et que s'il faut supprimer les actes qui sont au-dessous de Dieu, il

XXII. Égarement de Malaval sur les attributs.

---

[1] Malaval, p. 8. — [2] Conc. Rhem., sub Eugen. III, an. 1148; Labbe, tom. X; col. 1118.

n'en faut laisser aucun, puisqu'il les surpasse tous jusqu'à l'infini.

XXIII. Vaine défaite, et nouveaux égaremens du même auteur.

On dira que cet auteur n'ignore pas que « la bonté, la justice, la puissance, l'éternité de Dieu ne soient Dieu même, » puisqu'il le dit très-expressément [1] : je l'avoue ; mais son perpétuel égarement est de ne pas voir ce qu'il voit, et après avoir posé de bons principes d'en tirer de mauvaises conséquences. Car, par exemple, dans le lieu qu'on vient de citer, quelle erreur de dire qu'en pensant aux attributs particuliers *on semble partager Dieu en plusieurs pièces?* Isaïe et les séraphins qui adoroient Dieu comme saint, mettoient-ils en pièces sa simplicité? Que ces raffineurs sont grossiers! ils ne songent plus que Dieu n'est pas saint, ni sage, ni puissant comme le sont les créatures par des dons particuliers ; mais qu'étant tout par lui-même et par sa propre substance, toute l'infinité de ce premier Etre se voit dans chacune de ses perfections. Ce n'est donc pas les partager, comme le dit trop charnellement ce téméraire spéculatif, que de les considérer par des vues distinctes à la manière qu'on vient d'exposer. C'est au contraire les réunir et seulement aider la foiblesse humaine, qui ne peut pas tout porter à la fois. Et quand il ajoute « qu'en regardant Dieu en lui-mesme par sa simple presence, il le voit tel qu'il est en soy, et non pas tel qu'il est conçu par nous : » il oublie *que ce regard de Dieu present* est en nous une des manières de le concevoir ; et qu'enfin de quelque côté que se tourne sa vaine subtilité, il ne fera jamais que nous voyions Dieu autrement que par quelqu'une de nos vues, ni que nous le concevions autrement que par quelqu'une de nos conceptions. Et si l'on dit qu'il faut s'élever au-dessus de ses conceptions, qui en doute, et ses faux subtils pensent-ils apprendre au monde cette vérité? Mais cela même n'est-ce pas encore une des conceptions de l'esprit humain? Que s'ils veulent dire seulement que les seules conceptions dignes de Dieu sont celles qu'il nous inspire, et que sans tant songer aux conceptions, il se faut livrer à l'amour, c'est de quoi tout le monde convient dans tout état d'oraison, et il ne falloit pas recourir ici à des oraisons extraordinaires.

XXIV. Parabole

On voit donc que ces grands mystiques à force de raffiner se

[1] Malaval, p. 64.

perdent dans leurs pensées, et ne font qu'éblouir les simples par un langage qui n'a point de sens, ou en tout cas s'attribuer à eux seuls des pratiques communes à tous ceux qui sont un peu avancés dans la piété. Le même Malaval amuse le monde par une similitude qu'il recommande sans cesse [1], et où il croit avoir renfermé toute la finesse de son oraison ; c'est celle de cette fille qui appelée par un roi à sa couche nuptiale, au lieu d'aller droit à lui « s'arresteroit à considérer la lettre du roi [2] ; » c'est-à-dire, selon cet auteur, l'Ecriture sainte : ou ses beaux appartemens, ses riches habits, qui sont les attributs divins ; « ou sa pourpre, qui est, dit-il, l'humanité du Sauveur, dont un Dieu s'est revestu pour l'amour de nous [3]. » Mais à quoi sert cette allégorie, sinon, sous prétexte de regarder le visage du roi, à détourner l'ame de ses divines perfections d'une manière indirecte ; lui inspirer du dégoût ou pour l'Ecriture, ou même pour un Dieu fait homme ? Qui n'a appris de saint Irénée, de saint Augustin et des autres, ou qui ne voit par expérience qu'il y a des ames que Dieu élève à la sainteté sans la lecture des saints Livres ? Mais il ne faut pas pour cela faire imaginer aux contemplatifs que pour ne lire plus l'Ecriture sainte, ils soient plus parfaits qu'un saint Augustin, un saint Bernard et les autres, dont la dévotion étoit attachée à un goût divin, qui leur étoit inspiré pour cette lecture.

ou similitude pleine d'illusion de Malaval qu'elle détourne de Dieu, de l'Ecriture et de Jésus-Christ.

Malaval hésite quelquefois, et semble marcher à tâtons sur Jésus-Christ, sans oser dire ce qu'il dit; mais en gros on a pu voir et il est certain qu'il en dégoûte les ames. Je ne veux pour l'en convaincre que ce petit mot à sa Philothée, qui lui avouoit simplement « que les considérations des œuvres de Notre-Seigneur l'élevoient à sa Personne, et que cette Personne infinie lui faisoit trouver quelque chose d'infini dans l'action du Sauveur [4]. » A quoi ce froid directeur lui répond dédaigneusement comme à une personne imparfaite : « Usez bien de cette grace, et ne vous attachez qu'à Dieu qui vous l'a faite ; » comme si Jésus-Christ l'en eût empêchée. De tels discours, qui sont semés dans tout le livre, détournent les ames de Jésus-Christ, sous prétexte d'inculquer

XXV. Autre manière de détourner de Jésus-Christ, du même Malaval.

---

[1] Malaval, I part., p. 8, etc.; II part., p. 37, 52, 53, etc. — [2] II part., p. 37. — [3] P. 64, n. 19. — [4] Malaval, P. 246.

toujours Dieu en lui-même : au lieu qu'il faudroit penser qu'une manière excellente de contempler Dieu en lui-même, est de le contempler en Jésus-Christ, « dans lequel la divinité habite corporellement et dans sa plénitude, » selon l'expression de saint Paul [1], qui dit encore ces paroles d'une si sublime et si douce contemplation : « Dieu étoit en Jésus-Christ se réconciliant le monde [2], » et se l'unissant d'une façon si intime et si admirable.

XXVI. Différence de la doctrine des nouveaux mystiques d'avec celle de quelques docteurs dont sainte Thérèse a parlé. Je suis obligé d'avertir que ces docteurs sont bien plus outrés que ceux dont parle sainte Thérèse, et dont elle ne peut approuver le sentiment, lorsqu'ils disent trop généralement que l'humanité de Jésus-Christ est un obstacle à la contemplation. Nous traiterons ailleurs plus à fond cette matière, mais vouloir tout dire à la fois c'est embrouiller un discours. Je dirai donc seulement ici qu'une ame attirée par un instinct particulier à contempler Dieu comme Dieu, peut bien durant ces momens ne penser ni à la sainte humanité de Jésus-Christ, ni aux Personnes divines, ni si vous voulez à certains attributs particuliers ; car elle sortiroit de l'attrait présent, et mettroit obstacle à la grace. Ce qu'on réprouve dans les mystiques de nos jours, c'est l'exclusion permanente et par état de ces objets divins dans la parfaite contemplation, et ce qui est encore plus pernicieux, dans toute la durée de cet état, puisque l'acte de contemplation y est selon eux continu et perpétuel ; par où l'on est induit à la suppression des actes de foi explicite, absolument commandés par l'Evangile, ainsi que je m'étois proposé de le faire voir dans ce livre.

LIVRE III.

De la suppression des demandes, et de la conformité à la volonté de Dieu.

I. Principes des nouveaux mystiques sur Après avoir vu les actes de foi explicite que suppriment nos nouveaux docteurs, sans respecter le Symbole, il est aisé de comprendre qu'ils n'épargnent pas davantage les demandes qui sont

[1] *Coloss.*, II, 9. — [2] II *Cor.*, V, 19.

contenues dans l'Oraison Dominicale. Tous ces actes, et les de- la suppression des demandes.
mandes comme les autres, sont également renfermés dans cet acte
unique, continu et perpétuel, et nous allons voir aussi par cette
raison les demandes entièrement suspendues. Mais outre cette
raison commune aux actes de foi et aux demandes, il y en a une
particulière pour les demandes; c'est qu'elles sont toutes intéressées, indignes par conséquent de la générosité de nos parfaits,
à la réserve peut-être de celle-ci : *Fiat voluntas tua,* « votre
volonté soit faite; » encore que Jésus-Christ, qui sans doute en a
bien connu toute la force, n'ait pas laissé de commander également
toutes les autres.

Ces fondemens supposés, il ne faut plus qu'entendre parler nos 11. Doctrine de Molinos : suppression de tous les désirs.
faux docteurs. Molinos ouvre la carrière par cet anéantissement
de tous actes, de tous désirs, de toutes demandes, qu'il prêche
partout. « L'anéantissement, dit-il, pour estre parfait, s'étend sur
le jugement, actions, inclinations, désirs, pensées, sur toute la
substance de la vie [1]. » En voilà beaucoup, et on ne sait plus ce
qu'il veut laisser à un chrétien. Il pousse pourtant encore plus
loin : « L'ame doit estre morte à ses souhaits, efforts, perceptions,
voulant comme si elle ne vouloit pas, comprenant comme si elle
ne comprenoit pas, sans avoir mesme de l'inclination pour le
neant; » c'est-à-dire sans en avoir pour l'indifférence : ce qui est
la pousser enfin jusqu'à se détruire elle-même. Ce parfait anéantissement qui a supprimé les désirs, avec eux a supprimé les demandes et les prières qui en sont l'effet; et un peu après : « C'est à
ne considérer rien, à ne désirer rien, à ne vouloir rien, à ne faire
aucun effort, que consiste la vie, le repos et la joie de l'ame [2]. »

C'est ce qu'il appelle, en termes plus généraux : *se plonger
dans son rien* [3], c'est-à-dire ne produire aucun désir. « Le neant,
dit-il, doit fermer la porte à tout ce qui n'est pas Dieu [4] : » le désir même de Dieu n'est pas Dieu, et le néant *luy ferme la porte*
comme à tout le reste : « Autrefois l'ame estoit affamée des biens
du ciel, elle avoit soif de Dieu craignant de le perdre [5]: » mais
c'est *autrefois;* maintenant et depuis qu'on est parfait on ne prend

---

[1] *Guide,* liv. II, ch. XIX, n. 193, p. 196. — [2] *Ibid.,* liv. II, ch. XX, n. 202, p. 199.
— [3] *Ibid.,* n. 196, p. 197. — [4] *Ibid.,* n. 201. — [5] *Ibid.,* ch. II, p. 21, n. 206, p. 201.

plus de part « à la béatitude de ceux qui ont faim et soif de la justice, à qui Jésus-Christ a promis qu'ils seroient rassasiez. » C'est par là qu'on parvient *à la sainte et céleste indifference*. « Ceux qui avoient reçeu avec saint Paul les prémices du Saint-Esprit estoient dans un gémissement perpétuel et dans les douleurs de l'enfantement, en desirant l'adoption des enfans et l'heritage celesté. Maintenant qu'on est plus fort, on est aussi content dans la terre que dans le ciel; on revient à la première origine [1]. » L'homme n'avoit point à gémir en cet état, il étoit aussi tranquille qu'innocent, et « l'indifference celeste nous ramene aussi à l'heureuse innocence que nos parens ont perdue : » au contraire « nous arrestons les graces celestes en voulant faire quelque chose. » C'est faire quelque chose que desirer et demander; ainsi tout désir doit être indifférent et anéanti.

III. Doctrine conforme de Malaval suppression des demandes.

Malaval ne parle pas moins clairement; son fondement est dès le commencement de son livre, que content de jeter ce regard amoureux sur Dieu présent, « il ne faut rien penser ni rien desirer autant de temps qu'il sera possible [2]. » S'il se restreint d'abord à un certain temps, c'est en faveur des commençans; mais au reste nous avons vu [3] qu'on en vient « à un acte continu et perpetuel : la veuë simple et amoureuse comprend tous les actes, foy, esperance, amour, action de grace [4], » et tout le reste : on n'exerce plus ni entendement, ni volonté, ni mémoire, « comme si l'on n'en avoit point [5] : vostre acte éminent absorbe tout, et contient tout en vertu et en valeur [6] : » il n'y a qu'à pousser *l'abandon à l'operation divine* jusqu'à ne rien faire et laisser tout faire à Dieu : il faut « suspendre tous les actes distincts et particuliers pour faire place à l'acte confus et universel de la presence de Dieu [7] : cet acte universel emporte la suspension des actes particuliers [8] : » que serviroient les désirs et les demandes? *Toutes les demandes sont renfermées* dans ce grand acte universel [9]. Il y a dans un entretien un endroit exprès destiné à cette matière [10]; et il y est décidé « que l'ame qui possede Dieu par une presence amoureuse, ne

[1] *Guide*, ch. XIX, XX, n. 194, 202, p. 197, 199; ch. XXI, n. 206, 207 et 212. — [2] Malaval, 1 part., p. 8. — [3] Ci-dessus, liv. II, n. 26. — [4] Malaval, I part., p. 63. — [5] p. 7. — [6] Malaval, 1 part., p. 63, 64. — [7] II part., p. 106. — [8] P. 357. — [9] *Ibid.*, p. 412, 413. — [10] *Entr.* 12, n. 10.

demande rien que le Dieu qu'elle possede : » c'est-à-dire qu'elle en est si contente, qu'elle n'en désire plus rien que ce qu'elle en a, comme si elle n'étoit plus dans le lieu de pèlerinage et d'exil. Une seconde raison contre les demandes, c'est que si Dieu s'est « donné luy-mesme, il nous donnera nos besoins sans que nous les demandions : et que les ames dépoüillées de tout sont bien en peine que demander à Dieu si ce n'est sa volonté [1]. Elles sont donc bien en peine, si elles doivent lui demander ce qu'il leur explique lui-même, ce qu'il leur ordonne. Ainsi quand on veut contre son précepte tout réduire à cette seule demande : *Votre volonté soit faite*, et que l'on ajoute que *l'homme qui n'a qu'une volonté*[2], c'est-à-dire celle de Dieu, *n'a jamais qu'une demande à faire*; on suppose que ceux qui font, pour ainsi parler, tout du long les sept demandes du *Pater*, ont une autre volonté que celle de Dieu. Pour troisième et dernière raison, *on demande tout en s'unissant amoureusement à celuy qui est tout*. Sans doute Jésus-Christ aura ignoré ce mystère; il ne songeoit pas à la force de cette demande : *Fiat voluntas tua*. S'il falloit supprimer les autres à cause qu'elles sont comprises dans celle-ci seule, pourquoi Jésus-Christ ne les a-t-il pas supprimées, et d'où vient qu'il nous a donné l'Oraison Dominicale comme elle est? Qui pourroit souffrir des chrétiens qui disputent contre Jésus-Christ, et qui viennent réformer une prière, qui dans sa simplicité et dans sa grandeur est une des merveilles du christianisme?

Mais le livre où l'on se déclare le plus contre les demandes, c'est sans doute le *Moyen court et facile* : on n'y attend pas que l'ame soit arrivée à la plus haute perfection, et dès les premiers degrés elle « se trouvera, dit-on, dans un état d'impuissance de faire les demandes à Dieu, qu'elle faisoit auparavant avec facilité [3]. » Remarquez ceci : ceux qui veulent qu'on réduise à rien les expressions par des interprétations forcées, entendent par cette impuissance un manquement de facilité, ne songeant pas que l'on oppose la facilité d'autrefois à l'impuissance d'aujourd'hui ; ce qui n'a point d'autre sens, si ce n'est que l'ame, qui avoit auparavant des facilités, ne trouve plus que des impuissances, et des impuissances *par état*, afin

IV. Que le livre qui outre le plus la suppression des demandes, c'est le *Moyen court*.

---

[1] Malaval, II part., p. 414. — [2] *Ibid.* — [3] *Moyen court*, § 17, p. 68.

qu'on ne pense pas que ce soit des impuissances passagères. La raison qu'on en allègue est universelle : *car c'est alors que l'Esprit demande pour les saints*, selon la parole de saint Paul [1]; comme si cette parole ne regardoit qu'un état particulier d'oraison, et non pas en général toute prière bien faite, en quelque état qu'on la fasse. C'est déjà une erreur grossière, bien contraire à saint Augustin [2], qui prouve par ce passage que toute prière, et celle des commençans comme des autres, est inspirée de Dieu : mais c'est l'erreur ordinaire des nouveaux mystiques d'attribuer à certains états extraordinaires et particuliers ce qui convient en général à l'état du chrétien. Laissons à part cette erreur, qu'il n'est pas temps de relever, et considérons seulement la conséquence qu'on tire de la parole de l'Apôtre : « C'est, dit-on, qu'il faut seconder les desseins de Dieu, qui est de dépouiller l'ame de ses propres operations pour substituer les siennes à la place : laissez-le donc faire. » Ce *laissez faire*, dans ce langage, c'est ne faire rien, ne désirer rien, ne demander rien de son côté, et attendre que Dieu fasse tout. On ajoute : « La volonté de Dieu est préférable à tout autre bien ; défaites-vous de vos interests, et vivez d'abandon et de foy; » c'est-à-dire, comme on va voir : Vivez dans l'indifférence de toutes choses, et même de votre salut et de votre damnation : défaites-vous de cet intérêt comme de tous les autres; ne regardez plus comme une peine l'impuissance de faire à Dieu aucune demande, puisqu'il ne lui faut pas même demander le bonheur de le posséder : « C'est icy, continue-t-on, que la foy commence d'opérer excellemment, » quand on fait cesser toutes les demandes comme imparfaites et intéressées. Voilà de tous les égaremens des nouveaux mystiques le plus incompréhensible ; c'est un désintéressement outré, qui fait que le salut est indifférent; une fausse générosité envers Dieu, comme si c'étoit l'offenser et l'importuner dans un extrême besoin de demander quelque chose à celui dont les richesses aussi bien que les bontés sont inépuisables.

V. Le désir et la de-

C'est ce qu'on explique précisément sur le *Cantique des cantiques*, où l'on remarque que l'Epouse demeure *sans rien deman-*

[1] *Rom.*, VIII, 26. — [2] *De dono persev.*, cap. XXIII, n. 64. *Epist. ad Sixt.* olim CV, nunc CXCIV, n. 15-17.

der pour elle-mesme[1]. Aquoi on ajoute un peu après ces étranges paroles : « C'estoit une perfection qu'elle avoit autrefois, que de desirer ardemment cette charmante possession; car cela estoit necessaire pour la faire marcher et aller à luy; maintenant c'est une imperfection qu'elle ne doit point admettre, son bien-aimé la possédant *parfaitement* dans son essence et dans ses puissances d'une manière *tres-réelle et invariable*, au-dessus de tout temps, de tout moyen et de tout lieu [2]. » Elle est donc parfaitement heureuse; elle est dans la patrie, et non pas dans l'exil : autrement elle auroit encore et des désirs à pousser, et des demandes à faire : mais au contraire, « elle n'a plus que faire de soupirer après des momens de jouissance distincte et aperceuë; outre qu'elle est dans une si entiere desappropriation, qu'elle ne sauroit plus arrester *un seul desir* sur quoy que ce soit, *non pas mesme sur les joyes du paradis*, » quoique ces joies du paradis ne soient autre chose que le comble, la surabondance, la perfection de l'amour de Dieu et le dernier accomplissement de sa volonté.

mande du salut entièrement supprimés étrange excès dans l'*Interprétation du Cantique.*

Cependant cette ame est tellement pleine ou indifférente, qu'elle laisse l'Epoux céleste répandre où il lui plaira, et dans d'autres ames, comme un baume précieux, toute sorte de saints désirs : « Mais pour elle elle ne sçauroit luy rien demander, ni rien desirer de luy, *à moins que ce ne fust luy-mesme* qui luy en donnast le mouvement, non qu'elle méprise et rejette les consolations divines : mais c'est que ces sortes de graces ne sont plus guere de saison pour une ame aussi aneantie qu'elle l'est, et qui est établie *dans la jouissance du centre*, et qu'ayant perdu toute volonté dans la volonté de Dieu, elle *ne peut plus* rien vouloir [3]; » pas même vouloir voir Dieu, et l'aimer comme on fera dans le ciel, c'est-à-dire de la manière la plus excellente.

On ne pouvoit pousser plus loin la présomption et l'égarement; car encore qu'il ne s'agisse en apparence que des visites particulières du Verbe qui vient à nous par ses consolations, on pousse l'indifférence jusqu'à l'éternelle possession de Dieu; on prononce généralement qu'on ne sauroit lui rien demander, ni désirer rien de lui, par conséquent en rien espérer, puisqu'on désire ce qu'on

VI. La vertu d'espérance entièrement supprimée.

[1] *Cant.*, ch. VIII, vers. 16, p. 200. — [2] *Ibid.*, p. 207. — [3] *Ibid.*, p. 208.

430   INSTRUCTION SUR LES ÉTATS D'ORAISON.

espère, et que l'espérance enferme, ou est elle-même, selon les docteurs, une espèce de désir. Ainsi de trois vertus théologales, on en éclipse la seconde, qui est l'espérance ; et on porte si avant l'extirpation du désir, qu'on ne sauroit plus en former ni en arrêter *un seul sur quoy que ce soit*.

<small>VII.
Deux raisons des nouveaux mystiques pour supprimer les demandes : la première combien outrée.</small>
Mais les raisons qu'on allègue de cet état sont encore plus pernicieuses que la chose même : il y en a deux dans le passage qu'on vient de produire : l'une est la plénitude de la jouissance qui empêche tous les désirs, et par conséquent toutes les demandes ; l'autre est le parfait *desintéressement et desappropriation* de cette ame, qui l'empêche de rien demander pour elle. La première est le comble de l'égarement : cette plénitude qu'on vante *dans la jouissance du centre*, avec cette parfaite possession « du bien-aimé dans son essence et dans ses puissances d'une maniere tres-réelle et invariable, au-dessus de tout temps, de tout moyen, de tout lieu : » c'est comme on verra en son lieu, une illusion des béguards. Il y a une telle disproportion entre la plénitude qu'on peut concevoir en cette vie et celle de la vie future, qu'il y reste toujours ici-bas de quoi espérer, de quoi désirer, de quoi demander jusqu'à l'infini ; et que supprimer ces demandes, c'est oublier ses besoins, et nourrir sa présomption de la manière la plus dangereuse et la plus outrée.

<small>VIII.
Que le désir du salut n'est point un désir intéressé : trois vérités tirées de saint Paul ; abus d'une doctrine de l'Ecole.</small>
La seconde raison de cet état où l'on supprime les demandes, c'est qu'il les faut regarder comme intéressées. Je suis ici obligé d'avertir que nos mystiques se fondent principalement sur une opinion de l'Ecole, qui met l'essence de la charité à aimer Dieu, comme on parle, sans retour sur soi, sans attention à son éternelle béatitude. J'aurai dans la suite à faire voir que ce n'est là dans le fond qu'une dispute de mots entre les docteurs orthodoxes, et qu'en tout cas cette opinion ne peut servir de fondement aux nouveaux mystiques. J'oserai seulement avec respect avertir les théologiens scolastiques de mesurer de manière leurs expressions, qu'ils ne donnent point de prise à des gens outrés. Mais en attendant qu'on développe cette théologie de l'Ecole dans le traité qui suivra celui-ci, je dirai avec assurance que désirer son salut comme l'accomplissement de la volonté de Dieu, comme une

chose qu'il veut et qu'il veut que nous voulions, et enfin comme le comble de sa gloire et la plus parfaite manifestation de sa grandeur, c'est constamment de l'avis de tout le monde un acte de charité. C'est là une vérité manifestement révélée de Dieu par ces paroles de saint Paul, où en exprimant avec toute l'énergie possible le désir de posséder Jésus-Christ, il conclut que nous l'avons « par une bonne volonté : » *bonam voluntatem habemus*[1] : or la bonne volonté, c'est la charité. Saint Paul nous exprime encore cette bonne volonté comme un effet de notre choix : « Je suis, dit-il, pressé d'un double désir, l'un d'être avec Jésus-Christ, ce qui est le mieux de beaucoup ; l'autre de demeurer avec vous, ce qui vous est plus nécessaire : et je ne sais que choisir[2] ; » nous montrant très-expressément, par ces paroles, que lequel des deux qu'il eût fait, c'eût été l'effet de son choix. Mais ce choix auroit eu pour fin naturelle la gloire de Dieu, comme le même saint Paul le témoigne manifestement, lorsqu'il se propose dans l'adoption éternelle des enfans de Dieu la possession de l'héritage céleste « pour la louange de la gloire de sa grace[3], » à laquelle il rapporte aussi tout le conseil de la prédestination[4]. Ainsi le Saint-Esprit nous a révélé expressément par saint Paul trois vérités importantes sur le désir d'être avec Jésus-Christ. Premièrement, que c'est un acte de charité : secondement, que c'est un acte très-délibéré : troisièmement, que c'est un acte d'amour, et d'un amour pur et parfaitement désintéressé, où l'on rapporte non point Dieu à soi, mais soi-même tout entier à Dieu et à sa gloire. Dès lors donc on l'aime plus que soi-même, puisqu'on ne s'aime soi-même qu'en lui et pour lui.

Pour réduire ce raisonnement en peu de paroles : un acte n'est point intéressé lorsqu'il a pour fin naturelle et premièrement regardée la gloire de Dieu. Ce principe est incontestable. Or est-il que le désir du salut a pour sa fin naturelle et premièrement regardée la gloire de Dieu. La preuve en est manifeste dans les passages de saint Paul qu'on vient d'alléguer : j'ajoute celui de David lorsqu'il espère à la vérité « d'être rassasié, » mais seulement « quand la gloire de Dieu lui apparoîtra : » *Satiabor cùm appa-*

---

[1] II *Cor.*, v, 8. — [2] *Phil.*, I, 22, 23. — [3] *Ephes.*, I, 6. — [4] *Rom.*, XI, 33.

ruerit gloria tua[1]. Donc le désir du salut ne peut être rangé sans erreur parmi les actes intéressés.

Sur ce fondement, il est certain que tous les désirs de posséder Dieu, qu'on voit dans les *Psaumes*, dans saint Paul et dans tous les Saints, sont des désirs inspirés par un amour pur, et qu'on ne peut accuser d'être imparfaits sans un manifeste égarement, ni s'élever au-dessus sans porter la présomption jusqu'au comble.

IX. Deux excuses des nouveaux mystiques : la première qu'ils n'excluent pas les demandes inspirées de Dieu : distinction importante

Aussi nos nouveaux mystiques tâchent de tempérer leurs excès par deux excuses : l'une en disant que lorsqu'ils rejettent si expressément dans l'ame parfaite tous désirs et toutes demandes, ils y apportent cette exception : « à moins que ce fust Dieu mesme qui luy en donnast le mouvement[2]. » Ce que Malaval explique en ces termes : « Qu'il faut estre sans aucune pensée distincte, si ce n'est que le Saint-Esprit nous y applique par la volonté divine, et non par la nostre qui n'agit plus, ni par nostre choix[3]. » L'autre excuse, c'est qu'en excluant ainsi les désirs et les demandes, ils entendent seulement *les desirs connus et les demandes interessées et aperceuës*[4], sans prétendre exclure les autres.

Les faux-fuyans de l'erreur ne servent qu'à la découvrir plus clairement, et une courte distinction le va faire voir. Quand on « dit qu'on ne sçauroit plus rien demander à Dieu, ni rien desirer de luy, qu'il n'en donne le mouvement[5], » ou l'on entend par ce mouvement l'inspiration prévenante de la grace commune à tous les justes, ou l'on entend une inspiration particulière : si c'est le premier, on dit vrai, mais on ne dit rien qui soit à propos. On dit vrai, car il est de la foi catholique qu'on ne peut faire aucune prière agréable à Dieu, ni produire aucun bon désir, qu'on ne soit prévenu par sa grace : mais en même temps on ne dit rien à propos, puisqu'on n'explique point ce qu'on prétend, qui est de montrer dans un état particulier la cessation des demandes. Mais si pour dire quelque chose qui soit particulier à cet état, on veut dire qu'on y attend une inspiration particulière pour faire à Dieu les demandes qu'il a commandées, c'est en cela qu'est l'erreur. L'erreur est, dis-je, de croire que pour prier ou demander,

---

[1] *Psal.* XVI, 15. — [2] *Interprêt. sur le Cant.*, p. 208. — [3] Malaval, 1 part., p. 55 — [4] *Interprêt. sur le Cant.*, p. 207. *Moyen court*, p. 129, etc. — [5] *Ibid.*, p. 208.

le commandement exprès de Jésus-Christ, son exemple et celui de tout ce qu'il y a de saints ne suffisent pas à certaines ames, comme si elles étoient exemptes de pratiquer ces commandemens, ou de suivre ces exemples. Cette erreur est directement condamnée dans cette détermination du concile de Trente, tirée de saint Augustin, et de la tradition de tous les saints : « Dieu ne commande rien d'impossible ; mais en commandant il nous avertit de faire ce que nous pouvons, et de demander ce que nous ne pouvons pas, et il nous aide à le pouvoir [1]. » Selon cette définition, toute ame juste doit croire que la prière lui est possible autant qu'elle est nécessaire et commandée : que Dieu frappe à la porte, et que ce n'est que par notre faute que nous la tenons fermée : et enfin que le mouvement de la grace ne nous manque pas pour accomplir ce précepte de Jésus-Christ : « Demandez, et vous obtiendrez : cherchez, et vous trouverez : frappez, et il vous sera ouvert [2]; » ni celui-ci de saint Jacques [3] : « Si l'on a besoin de sagesse, » et qui n'en a pas besoin sur la terre ? « qu'on la demande au Seigneur. » Que si la foi nous assure que ce mouvement de la grace ne manque point au fidèle, en attendre un autre et en l'attendant demeurer en suspens ; attendre que Dieu *nous applique*, et encore *sans nostre choix, par sa volonté* particuliere, et non par la nôtre, à cause qu'elle n'agit plus, c'est pécher contre ce précepte : « Vous ne tenterez point le Seigneur votre Dieu [4]; » c'est résister à sa grace commune à tous les fidèles et à son commandement exprès ; c'est enfin ouvrir la porte à toute illusion, et pousser les ames infirmes jusqu'au fanatisme.

Par là il est aisé d'établir la note ou la censure précise dont la proposition des nouveaux mystiques doit être qualifiée ; en disant qu'on ne peut *plus* rien demander que Dieu n'en donne le mouvement, si par ce *plus* on entend qu'on le pouvoit auparavant sans le mouvement de la grace prévenante, c'est une hérésie : et si l'on entend qu'on ne le peut *plus*, parce que le commandement général, et la grace commune à tous les justes ne nous suffisent pas dans de certains états, en sorte qu'il y faille attendre pour nous remuer que Dieu nous remue par une inspiration plus par-

[1] Sess. VI, cap. II. — [2] *Matth.*, VII, 7. — [3] *Jac.*, I, 5. — [4] *Matth.*, IV, 7.

ticulière ; c'est une autre hérésie contraire à la manifeste révélation de Dieu et à l'expresse détermination du concile de Trente.

X. Seconde excuse des nouveaux mystiques que rejeter tout acte aperçu, c'est la même chose que de rejeter tout acte en général.

Que si l'on en revient à dire qu'en assurant qu'on ne peut plus faire de demandes ou produire des désirs, on ne veut exclure que les demandes connues et les desirs aperçus : j'avoue que c'est la doctrine perpétuelle des nouveaux docteurs, et que les actes qu'ils veulent suspendre ou supprimer sont partout les actes connus : mais c'est là précisément retomber dans l'erreur qu'on veut éviter. Qui ne peut souffrir en soi-même la connoissance d'un acte, par soi-même n'en veut aucun. On trouve en effet cette décision dans le *Moyen court*, « qu'il faut *renoncer* à toutes inclinations particulieres, quelque bonnes qu'elles paroissent, sitost qu'on les sent naistre [1]. » Ces *inclinations particulieres* sont celles où l'on voudroit quelque autre chose que la volonté de Dieu en général : et c'est pourquoi on conclut après, pour « l'indifférence à tout bien, ou de l'ame ou du corps, ou du temps, ou de l'éternité. » Ainsi il ne suffit pas de ne produire aucun de ces actes ; il y faut renoncer dès qu'*on les sent naistre ;* ce qui n'emporte rien moins que l'entière extinction de tout acte de piété, dont le moindre commencement, la moindre étincelle, et la pensée seulement pourroit s'élever en nous. Si l'on y doit renoncer lorsqu'ils paroissent, à plus forte raison se doit-on empêcher d'en produire : et par conséquent dire qu'on n'en veut jamais avoir qui soit connu ou aperçu, c'est dire qu'on n'en veut point avoir du tout ; ce qui est précisément la même hérésie dont on vient de voir la condamnation.

XI. Equivoques et illusions des nouveaux mystiques sur les actes et sur Jésus-Christ.

Cet endroit est plus important qu'on ne sauroit dire ; et si l'on ne sait entendre ces finesses des nouveaux mystiques, on n'en évitera jamais les illusions : car ils vous disent souvent qu'ils font des demandes, qu'ils font des actes de foi explicite en Jésus-Christ et aux trois personnes divines, qu'ils ont même des dévotions particulières aux mystères de Jésus-Christ, comme à sa croix ou à son enfance : mais ce n'est rien dire, puisqu'ils entendent qu'ils font de tels actes y étant poussés par inspiration extraordinaire et particulière à certains états, et aussi que pour en produire ils

[1] *Moyen court*, § 6, p. 29.

attendent toujours cette inspiration ; en sorte que si elle ne vient, c'est-à-dire s'ils ne s'imaginent que Dieu la leur donne par une inspiration extraordinaire, ils vivront paisiblement dix et vingt ans sans penser à Jésus-Christ, et sans faire un seul acte de foi explicite sur aucun de ses mystères, comme on a vu[1] ; ce qui est visiblement retomber dans l'erreur qu'ils font semblant de désavouer.

Et pour achever de les convaincre lorsqu'ils laissent subsister dans leurs ames des actes qu'ils y remarquent, à cause qu'ils se persuadent qu'ils leur sont inspirés d'en haut par ce genre d'inspiration particulière aux états d'oraisons extraordinaires, il leur faut encore demander à quoi ils connoissent cette inspiration. S'ils répondent selon leurs principes, que s'étant abandonnés à Dieu afin qu'il fît seul en eux ce qu'il lui plairoit, ils doivent croire que rien ne leur vient dans la pensée qui ne soit de Dieu : leur présomption qui n'est soutenue d'aucune promesse les met au rang des hommes livrés à l'illusion de leurs cœurs, et prêts à appeler Dieu tout ce qu'il leur plaît.

XII. Fondemens des nouveaux mystiques l'abus qu'ils font du passage où saint Paul dit que « le Saint-Esprit prie en nous. »

C'en seroit assez quant à présent sur cette matière, s'il ne falloit exposer les fondemens des nouveaux contemplatifs. Les voici dans le *Moyen court*, au chapitre *de la Demande*[2], où en traitant ce passage de saint Paul : « Nous ne savons pas ce qu'il nous faut demander ; mais le Saint-Esprit prie en nous avec des gémissemens inexplicables. Cecy, dit-on, est positif : si nous ne sçavons pas ce qu'il nous faut, et s'il faut que l'Esprit qui est en nous, à la motion duquel nous nous abandonnons, le demande pour nous, ne devons-nous pas le laisser faire ? » C'est bien là un raisonnement capable d'éblouir l'esprit ignorant et prévenu d'une femme, qui ne sait pas, ou ne songe pas que saint Paul ne dit pas ceci d'une oraison extraordinaire, mais de l'oraison commune à tous les fidèles : où *le laisser faire* qu'on veut introduire, c'est-à-dire la suspension de tout acte exprès et de tout effort du libre arbitre, n'a point de lieu. Car le dessein de l'Apôtre[3] visiblement est de faire voir que le Saint-Esprit est l'auteur, non pas des

---

[1] Ci-dessus, liv. II, ch. v. — [2] *Moyen court*, ch. xx, p. 95. — [3] *Rom.*, VIII, 26, 27.

prières d'un certain état, mais de celles de tous les fidèles. Mais si dire que le Saint-Esprit forme nos prières, c'est dire qu'il ne faut pas s'exciter soi-même, mais attendre comme en suspens que cet Esprit nous remue d'une façon extraordinaire, c'est attribuer cet état à tous les justes ; c'est leur ôter *cet effort du libre arbitre, conatus*, que saint Augustin [1] et tous les saints y reconnoissent ; c'est introduire la passiveté, comme on l'appelle, dans l'oraison la plus commune. Au lieu donc de dire, comme on fait : Si le Saint-Esprit agit en nous, il n'y a qu'à le laisser faire, il falloit dire au contraire : S'il agit en nous, s'il nous excite à de saints gémissemens, il faut agir avec lui, gémir avec lui, avec lui s'exciter soi-même, et faire de pieux efforts pour enfanter l'esprit de salut et *d'adoption*, comme saint Paul nous y exhorte dans tout ce passage [2].

XIII. L'abus qu'ils font de cette parole : « Il n'y a qu'une seule chose qui soit nécessaire : » quelle multiplicité nous est défendue.

Ainsi la conséquence qu'on tire en ces mots : « Pourquoy après cela nous accabler de soins superflus, et nous fatiguer dans la multiplicité de nos actes, sans jamais dire : Demeurons en repos [3]? » est un abus manifeste de l'Evangile : car c'est mettre au rang des soins superflus le soin de s'exciter à prier Dieu ; c'est attribuer à une mauvaise multiplicité la pluralité des actes que Dieu nous commande ; c'est induire les ames à un faux repos, à un repos que Dieu leur défend, et où elles sont livrées à la nonchalance : c'est avoir une fausse idée de cette parole où le Sauveur reprend Marthe « de se troubler dans plusieurs choses, au lieu qu'il n'y en a qu'une qui soit nécessaire [4]. » Il est vrai, une seule chose est nécessaire, qui est Dieu ; mais il y a plusieurs actes pour s'y unir. Il n'y a qu'une fin, mais il y a plusieurs moyens pour y arriver ; autrement la foi, l'espérance, et la charité, qui selon saint Paul *sont trois choses* [5], seroient supprimées par cette unité où le Fils de Dieu nous réduit, et son Apôtre lui seroit contraire. On ne peut donc pas tomber dans un plus étrange égarement, que de tourner contre les actes de piété ce que Jésus-Christ visiblement a prononcé contre la multiplicité des actes vains et

---

[1] August., *in Psal.* XXVI, enarr. 2, n. 17 ; *De Nat. et grat.*, cap. LXV, n. 78. — [2] *Rom.*, VIII, 22, etc. — [3] *Moyen court*, ch. XX, p. 93. — [4] *Luc.*, X, 41. — [5] I *Cor.*, XIII, 15.

turbulens que donnent les soins du monde, ou qu'une dévotion inquiète et mal réglée peut inspirer.

Nos nouveaux docteurs posent encore un autre fondement, et celui-ci est le principal, qu'il n'y a rien à vouloir ni à désirer que la volonté de Dieu, et qu'ainsi toute autre demande est superflue. Nous avons déjà répondu que Jésus-Christ savoit bien la force de cette demande : « Votre volonté soit faite. » Il devoit donc supprimer les autres demandes; et s'il les juge nécessaires, il ne faut pas être plus sage que lui.

XIV. Comment ils abusent de cette demande : « Votre volonté soit faite. »

C'en seroit assez pour convaincre l'erreur; mais pour en connoître toute l'étendue, il faut développer un peu davantage ce qu'on entend dans le quiétisme par se conformer à la *volonté de Dieu* : c'est, en un mot, être indifférent à être sauvé ou damné; ce qui emporte une entière indifférence à être en grace ou n'y être pas, agréable à Dieu ou haï de lui, avoir pour lui de l'amour ou en être privé dans le temps et dans l'éternité par une entière soustraction de ses dons.

Ces sentimens font horreur, et ceux qui ne sauront pas les prétentions des mystiques d'aujourd'hui, auront de la peine à croire qu'ils aillent jusqu'à ces excès; mais il n'y a rien pourtant de si véritable.

C'est ici qu'il faut expliquer cet abandon « qui est, dit-on, ce qu'il y a de consequence dans toute la voye, et la clef de tout l'intérieur [1]. » Qu'on retienne bien ces paroles : il faut se rendre attentif à cet endroit de la doctrine nouvelle, dont on voit que c'est ici le nœud principal. L'abandon, selon qu'il est révélé dans ces paroles de saint Pierre [2] : « Jetez en lui toute votre sollicitude, » tous vos soins, toutes vos espérances, et dans cent autres semblables, est d'obligation pour tous les fidèles : il faut donc que nos prétendus parfaits, qui veulent nous expliquer des voies particulières, entendent aussi dans l'abandon, qui en fait le fond, quelque chose de particulier. Or jeter en Dieu tous ses soins, et s'abandonner à lui, selon ce que dit saint Pierre, c'est vouloir tout ce qu'il veut; par conséquent vouloir son salut, parce qu'il veut que nous le voulions; en prendre soin, parce qu'il veut que nous pre-

XV. Abandon des nouveaux mystiques : prodige d'indifférence.

[1] *Moyen court*, p. 26. — [2] I *Petr.*, V, 7.

nions ce soin ; lui demander pour cela tout ce qui nous est nécessaire ; c'est-à-dire la continuation de ses graces et notre persévérance ; croire avec une ferme et vive foi que notre salut est l'œuvre de Dieu plus que la nôtre ; dans cette foi, en attendre l'effet et les graces qui y conduisent, de sa pure libéralité, et lui demander ses dons qui font nos mérites : voilà jusqu'où l'abandon se doit porter selon les communes obligations. Il n'y a rien au delà pour composer un état et une oraison extraordinaire, que l'abandon à être damné, dont nous avons déjà vu un petit essai dans l'indifférence de Molinos et de Malaval ; mais dont nous allons voir le plus grand excès dans l'*Interprétation du Cantique* : « L'ame arrivée à ce degré entre dans les interests de la divine justice, et à son égard et à celuy des autres, d'une telle sorte qu'elle ne pouvoit vouloir autre chose, soit pour elle ou pour autre quelconque, que celuy que cette divine justice luy vouloit donner pour le temps et pour l'éternité [1]. » Voilà dans cette ame prétendue parfaite une indifférence inouïe parmi les saints : « Dieu veut que tous les hommes soient sauvés [2] : » celle-ci ni ne veut ni ne peut avoir cette volonté. Une des interprétations de ce passage de saint Paul, c'est que Dieu inspire à tous les justes la volonté du salut de tous les hommes. Celle-ci se met au-dessus de cette inspiration, et aussi indifférente pour les autres que pour elle-même, quoiqu'elle fût, dit-elle, « toute preste d'estre anathême pour ses freres, comme saint Paul, et qu'elle ne travaille à autre chose qu'à leur salut, elle est neanmoins indifferente pour le succès, et elle ne pourroit estre affligée ni de sa propre perte, ni de celle d'aucune creature regardée du costé de la justice de Dieu [3]. » Ce correctif est bien foible, puisque l'abandon où cette ame vient de déclarer qu'elle se trouvoit, l'empêche de regarder les autres ames, non plus qu'elle-même, d'un autre côté que de celui de la volonté et de la justice de Dieu. Les excès énormes où se jettent ces esprits outrés, les obligent de temps en temps à de petits correctifs, qui ne disent rien dans le fond, et qui ne servent qu'à faire sentir qu'en voyant l'inévitable censure de leurs sentimens, ils ont voulu se préparer

---

[1] *Interpr. du Cant.*, ch. VIII, vers. 14, p. 206.— [2] I *Timoth.*, II, 4. — [3] *Interpr. du Cant.*, ch. VIII, vers. 14, p. 206.

quelque échappatoire ; mais en vain, puisqu'après tout, disent-ils, « l'indifference est si grande, que l'ame ne peut pencher ni du costé de la jouissance, ni du costé de la privation ; et quoyque son amour soit incomparablement plus fort qu'il n'a jamais esté, elle ne peut neanmoins desirer le paradis [1], » ni pour elle, ni pour aucun autre, comme on a vu ; et la raison qu'on en apporte, c'est que « l'effet le plus profond de *l'aneantissement* doit estre l'indifference pour le succés » de tout ce qu'on fait pour son salut et pour celui du prochain. Saint Paul, dont on allègue l'exemple, ne fut jamais anéanti de cette sorte. Pendant qu'il se dévoue pour être anathème, il déclare qu'il est saisi « d'une tristesse profonde, » et ressent « une continuelle et violente douleur ; ὀδύνη, pour le salut de ses frères les Israélites [2]. » Celle-ci le pousse plus loin que cet Apôtre, et « ne peut estre affligée ni de sa propre perte, ni de celle d'aucune autre creature. » Voilà une nouvelle générosité de ces ames si étrangement désintéressées ; la perfection de saint Paul ne leur suffit pas, il leur faut faire un autre évangile.

XVI. Suite de l'indifférence sous prétexte de la volonté de Dieu.

La même doctrine est établie dans le *Moyen court*, et la différence qui se trouve entre ces deux livres, c'est que le *Cantique* va plus par saillies, et que l'autre va plus par principes. C'est pourquoi après avoir supposé l'idée générale du *délaissement total*, on en vient à l'application par ces paroles : « Il faut ne vouloir que ce que Dieu a voulu dès son éternité [3]. » Voilà sous une expression spécieuse d'étranges sentimens cachés. Dieu a voulu de toute éternité priver les réprouvés de lui-même, et ne leur pardonner jamais ; ce qui est le plus malheureux, et aussi le plus juste effet de leur damnation. Au lieu donc de demander pardon pour eux, ou de le demander pour soi-même, dans l'ignorance où l'on est du secret de Dieu, il faut supprimer ces demandes, à moins de se mettre au hasard de vouloir autre chose que ce que Dieu veut de toute éternité : d'où aussi l'on est forcé de conclure « qu'il faut estre indifferent à toutes choses, soit pour le corps, soit pour l'ame, pour les biens temporels et éternels, laisser le passé dans l'oubli, l'avenir à la providence, donner le present

---

[1] *Interp. du Cant.*, ch. VIII, vers. 14, p. 209. — [2] *Rom.*, IX, 2. — [3] § *De l'abandon*, p. 23.

à Dieu; » c'est-à-dire, pour le passé et pour l'avenir, se mettre dans la disposition la plus opposée au soin que Dieu nous commande d'avoir de notre salut, au souvenir de nos péchés pour lui en demander pardon, à la prévoyance des périls et à la demande des graces. Voilà où l'on en vouloit enfin venir par ces mots spécieux de *délaissement* et d'*abandon*, et par tout ce bel appareil où l'on semble n'avoir d'autre but que de se livrer soi-même à la volonté divine.

XVII. Quelle volonté de Dieu nous devons suivre, et qu'il y a des volontés divines sur lesquelles Dieu ne nous demande aucun acte.

C'est donc ici que l'on tombe manifestement dans ce déréglement étrange, et si justement reproché aux nouveaux mystiques, qui est sous prétexte de s'abandonner aux volontés inconnues de Dieu, de mépriser celles qu'il nous a révélées dans ses commandemens pour en faire notre règle. La volonté que Dieu nous déclare par ses saints commandemens, c'est qu'il veut que nous désirions notre salut; que nous lui demandions ses graces, et que nous craignions plus que toutes choses d'en mériter la soustraction par nos péchés; que nous en demandions tous les jours pardon à Dieu, et le priions qu'il nous fasse vaincre les tentations qui nous y portent. Voilà ce que Dieu commande, et à quoi les nouveaux mystiques ne peuvent plus seulement songer ; au contraire ils font sur les volontés inconnues de Dieu des actes qu'il ne leur demande pas, comme sur leur réprobation et celle des autres : il est certain, et il faudra peut-être bientôt démontrer plus amplement, que Dieu ne commande à ses créatures aucun acte de leur volonté sur ce sujet : de sorte qu'il n'y a rien de moins conforme à la volonté de Dieu que cet abandon à sa damnation éternelle, et ce tranquille consentement à celle des autres.

Cette barbare indifférence emporte une plus funeste disposition que celle des libertins, qui se contentent de dire en leur cœur : Dieu a décidé de mon sort ; je n'ai qu'à demeurer sans rien faire, et attendre la suite de ma destinée : mais ceux-ci y ajoutent encore : Je ne m'en mets point en peine, et je tiens pour indifférent d'être sauvé ou damné. On déteste l'impiété d'un Prodique et des autres qui rejetoient la prière, sous prétexte que Dieu sait de toute éternité ce qu'il nous faut et ce qu'il a résolu de nous donner. Ces impies ne songeoient pas que ce n'est point pour instruire Dieu que nous lui offrons des prières ; mais pour nous mettre nous-mêmes dans les bonnes dispositions où nous devons être envers lui. On ramène le mauvais effet de cette doctrine sous prétexte de perfection, puisqu'on en vient à la suppression de la prière, et qu'on cesse d'honorer Dieu par les demandes qu'il a daigné lui-même nous mettre à la bouche.

C'est une suite de cette doctrine que ni l'Oraison Dominicale, ni les Psaumes qui sont remplis de tant de demandes, ne sont pas les oraisons des parfaits. Sur cela il faut écouter le Père François la Combe dans son livre intitulé : *Analysis orationis :* et encore qu'il n'ait osé déclarer une erreur si insupportable qu'avec quelque sorte de détour, son sentiment ne paroîtra point obscur à ceux qui sauront entendre toute la finesse de ses trois espèces d'oraison mentale : *Celle de méditation ou de discours ; celle d'affection, et celle de contemplation* [1]. La distinction est commune ; mais cet auteur y ajoute deux choses [2] : « l'une, qu'il est certain qu'on doit quitter la méditation ou le discours dans l'oraison d'affection, et qu'il faut aussi s'abstenir des affections lorsque l'oraison de silence ou de quiétude (qui est celle qu'il appelle aussi contemplation) nous est commandée ; ce que l'on connoît, poursuit-il, par des règles sûres et très-excellentes, que les bons directeurs savent discerner : » et il confirme sa proposition par cette sentence : « que celui qui a la fin quitte les moyens ; que celui qui est au terme quitte le chemin ; que celui qui demeure toujours dans les moyens et veut toujours être dans la voie, n'arrivera jamais ; » c'est-à-dire selon ses maximes qu'il faut quitter la méditation et les affections, qui sont les moyens et la voie, aussitôt qu'on est parvenu à la contemplation qui est la fin et le terme.

Mais l'autre chose qu'ajoute le Père la Combe, c'est que « les Psaumes, les lamentations des prophètes, les plaintes des pénitens, les joies des saints, toutes les hymnes de l'Eglise et toutes ses oraisons, principalement l'oraison divine que Jésus-Christ nous a enseignée, avec sa préface où nous adorons Dieu dans les cieux comme notre Père, et ses sept demandes, appartiennent à l'oraison d'affection [3] ; » par conséquent aux moyens qu'il faut laisser,

XVIII. Que selon les nouveaux mystiques, les Psaumes et l'Oraison dominicale ne sont pas pour les parfaits : doctrine du Père la Combe.

[1] *Anal. orat.*, c. I, p. 18. — [2] *Ibid.*, c. X, p. 53. — [3] *Ibid*, c. IV, p. 25, 26.

au chemin qu'il faut quitter, lorsqu'on est dans la quiétude ; et enfin à cette oraison qui doit céder la place à une meilleure.

Il confirme cette doctrine en répétant *que l'Oraison Dominicale est entièrement aspirative* [1], c'est-à-dire qu'elle appartient à l'affection : d'où il conclut « qu'encore qu'elle semble contenir toute la plénitude de la perfection, elle élève ceux qui se la rendent familière à un état plus haut : » où il abuse d'un passage de Cassien, que nous examinerons ailleurs ; et quoi qu'il en soit, il est constant selon lui, que les Psaumes et le *Pater* appartiennent à un genre d'oraison inférieure à celle des parfaits.

XIX. Contrariétés entre l'oraison des nouveaux mystiques, et celle des Psaumes et de Jésus-Christ.

Et en effet comment ajuster nulle demande avec sept demandes expresses ; nul acte distinct avec cent actes distincts, sans lesquels on ne peut dire les Psaumes ; nulle affection, nul désir, avec ces perpétuelles affections et désirs, dont sont pleins ces divins cantiques : enfin nul soin de s'exciter soi-même à produire des actes et des désirs, avec ces continuelles excitations, où David se dit à lui-même : « Mon ame, bénissez le Seigneur ; encore un coup, Bénissez le Seigneur : mon ame, louez le Seigneur : Seigneur, je vous aimerai, élevez-vous, ma langue : Elevez-vous, ma lyre et ma guitare : Je chanterai au Seigneur tant que je serai en vie [2] : » et le reste qu'on ne peut citer sans transcrire tous les versets des Psaumes ?

XX. Autre doctrine sur le *Pater*.

On a vu en plusieurs mains une défense du *Moyen court* de son auteur même, où il est dit « que les plus resignez ne s'exemptent jamais de dire le *Pater*, » dont on rend cette raison ; « car quoyque l'on sçache que l'on puisse en cette vie acquerir l'entiére resignation, nul ne presume de l'avoir : » et l'on en infère cette conséquence : « Concluons donc que l'on peut acquerir la parfaite resignation ; mais que cette acquisition estant ignorée presque toujours de celuy qui la possède, n'est pas une exclusion de dire le *Pater*. » Cette réponse contient une erreur insupportable avec une illusion manifeste. L'erreur est que la parfaite résignation soit incompatible avec les demandes du *Pater*, et l'illusion de faire croire au lecteur qu'on ne sait pas quand on a atteint cette parfaite résignation. Car lorsqu'on supprime jusqu'au moindre petit mouvement

---

[1] *Anal. orat.*, c. VI, p. 35. — [2] *Psal.* CII, 1, 2 ; XVII, 2 ; LVI, 9 ; CXLV, 2.

de demande ou de désir qu'on aperçoit dans son cœur : ou l'on sait que l'on est dans ce haut état de résignation prétendue, ou l'on ne le sait pas : si on le sait, c'est une illusion de dire qu'on n'en sait rien ; et si on ne le sait pas, c'est une autre illusion bien plus dangereuse de se dispenser de l'observance d'un commandement exprès, sans savoir si on est dans le cas où l'on prétend que ce précepte n'oblige plus : quoi qu'il en soit, on voit assez que tout le système, tout l'esprit du livre, tous les principes et tous les raisonnemens de la nouvelle mystique, conspirent à la cessation de toute demande, même de celles qui sont les plus pures et les plus expressément contenues dans l'Oraison Dominicale.

XXI. *Que le prétendu acte éminent qui dispense de tous les autres, est inconnu à l'Ecriture et aux Saints.*

Il ne reste qu'une défaite aux nouveaux mystiques, c'est de dire qu'ils font toutes les demandes et tous les actes commandés dans un seul *acte éminent qui comprend les autres*[1], comme on l'a vu exprimé et si souvent répété par Malaval. Qu'on me définisse cet acte ; où le trouvera-t-on ? Dans quel endroit de l'Ecriture ? Est-ce l'acte de charité ? Mais cet acte est commun à tous les justes, qui pourtant ne prétendent pas être exempts de tous les autres actes. Saint Paul a compté trois choses ou trois vertus principales, « la foi, l'espérance et la charité[2], » qui ont chacune leur acte distinct : et si l'on veut ne faire qu'un acte de ces trois actes et de tous les autres qui en dépendent, à cause qu'ils se rapportent à la charité, ou à cause qu'elle les anime, ou à cause qu'elle les commande, selon cette parole de saint Paul : « La charité croit tout, elle espère tout, elle soutient tout[3]; » cela est encore commun à tous les états. Enfin de quelque manière que l'on définisse ce prétendu acte éminent, ou abandon, ou indifférence, ou présence fixe de Dieu, ou comme on voudra, cet acte, s'il est véritable, aura été connu de Jésus-Christ; et cependant il n'en a pas moins commandé les autres à tout le monde indifféremment.

Il a bien su que la charité en un certain sens comprenoit toutes les vertus; qu'elle poussoit tous les bons désirs; qu'elle excitoit toutes les demandes : il n'en a pas moins pour cela commandé

---
[1] *Moyen court*, p. 15, 64. — [2] I *Cor.*, XIII, 13. — [3] *Ibid.*, 7.

tous les exercices particuliers pour être faits au temps convenable. Il a bien su ce que vouloit dire : *Fiat voluntas tua;* et si quelqu'un osoit demander pourquoi donc il a ordonné les autres demandes, que celle-là en un certain sens contenoit toutes, on pourroit dire à ce téméraire demandeur : « O homme, qui êtes-vous pour disputer avec Dieu [1] ? » Mais sans lui fermer la bouche avec une autorité si absolue, disons-lui que vouloir supprimer les actes que la charité contient en vertu d'une certaine manière, ou les demandes sous prétexte qu'elles semblent renfermées dans une seule, c'est de même que si l'on disoit qu'il ne faut point développer dans un arbre les branches, les feuilles et les fruits, sous prétexte que la racine ou le pepin même les contiendra en vertu. C'est au contraire dans ce développement que consiste non-seulement la beauté et la perfection, mais encore l'être de l'arbre : et pour aller jusqu'au fond, il est aisé de comprendre que ce n'est pas pour instruire Dieu que nous lui faisons nos demandes, car il sait tout ce qu'il faut, je ne dirai pas avant que nous lui parlions, mais avant que nous poussions le premier désir ; ni pour le persuader ou l'émouvoir, comme on fait un homme; ni pour lui faire changer ses décrets, puisqu'on sait qu'ils sont immuables, mais pour faire ce que demandent nos devoirs. De cette sorte, il faut croire d'une ferme foi que Jésus-Christ, qui sait ce qui nous est propre, a vu qu'il étoit convenable et nécessaire à l'homme de développer tous ses actes, et de former toutes ses demandes pour entrer dans la dépendance où l'on doit être envers Dieu ; pour exercer les vertus et les mettre au jour, pour s'y affermir, pour se rendre attentifs à ses besoins et aux graces qui sont nécessaires : en un mot pour exercer davantage, et par là mieux conserver, ou même accroître et fortifier la charité même. Ceux qui en veulent savoir davantage, ou qui recherchent des sublimités exorbitantes, sans preuve, sans témoignage, sans exemple, sans autorité, ne savent ce qu'ils demandent, et il n'y a plus qu'à *leur répondre,* avec Salomon, *selon leur folie* [2], c'est-à-dire à condamner leur erreur.

[1] *Rom.,* IX, 20. — [2] *Prov.,* XXVI, 5.

LIVRE IV.

Où il est traité plus à fond de la conformité à la volonté de Dieu.

On demande en théologie si tous les fidèles peuvent et doivent demander à Dieu ces grandes graces qui sont suivies de l'effet, et surtout ce don spécial de persévérance qui n'est donné qu'aux élus[1]; et tous répondent unanimement qu'on doit demander tous ces dons, sans entrer dans la question si Dieu a résolu de toute éternité de les accorder ou non. La raison est en premier lieu qu'il est de la foi que Dieu veut donner tous ces dons, et même ce grand don de persévérance à ceux qui l'en prient de la manière dont il veut être prié; d'où il s'ensuit qu'il l'en faut prier de tout son pouvoir. Secondement, on est obligé de demander à Dieu son royaume céleste, et par conséquent ce qui y conduit. En troisième lieu on est obligé de s'aimer soi-même conformément à ce précepte : « Vous aimerez votre prochain comme vous-même[2]; » selon lequel il est clair qu'on ne peut aimer son prochain sans s'aimer soi-même auparavant; mais on ne s'aime pas soi-même comme il faut, sans se procurer, du moins sans se désirer tous les biens que Dieu a proposés à notre foi. En quatrième lieu c'est à nous une perfection et une vertu de faire cette demande; et au contraire ne la faire pas, c'est négliger les moyens d'éviter le péché, et entretenir dans nos cœurs une pernicieuse indifférence à pécher ou ne pécher pas. Enfin en cinquième et dernier lieu, tout le monde demeure d'accord que la demande des graces qu'on nomme *efficaces,* et celle du don de persévérance, sont clairement et formellement renfermées, non-seulement dans les prières de l'Eglise, mais encore (ce qui est bien plus important) dans les demandes du *Pater,* et en particulier dans celle-ci : « Ne souffrez pas que nous succombions à la tentation, mais dé-

1. Qu'on doit demander à Dieu absolument les graces les plus efficaces.

---

[1] Suar., *de Relig.,* lib. 1, cap. XX, XXI. — [2] *Marc.,* XII, 33.

livrez-nous du mal ; » ce qui emporte une délivrance éternelle du péché, et une victoire entière sur la tentation.

Par ces raisons les docteurs décident sans hésiter qu'on peut, et par conséquent qu'il y a obligation de demander à Dieu toutes ces graces, et en particulier le don spécial de persévérance, et même de le demander absolument ; car on met cette différence entre la demande des biens temporels et celle des éternels, que les premiers n'étant pas des biens absolus, on ne peut aussi les demander absolument, mais seulement sous la condition de la volonté de Dieu ; au lieu que les biens éternels étant les vrais biens et absolument tels, il n'y a point à hésiter à les demander absolument à Dieu, et on ne peut sans lui faire injure les lui demander avec la condition s'il veut les donner, parce qu'on ne peut pas douter qu'il ne les veuille donner à ceux qui les lui demandent, puisqu'il s'y est engagé par sa promesse.

Ainsi on ne peut douter de l'obligation ni de désirer, ni de demander de si grands biens, et tous les moyens préparés de Dieu pour nous y conduire, sans entrer dans la question de ce que Dieu a voulu ou n'a pas voulu sur ce sujet par ses décrets éternels, parce que comme raisonnent très-bien ces théologiens, et entre autres Suarez, nous n'avons pas à examiner ce que Dieu a voulu en cette sorte, mais ce qui nous convient et ce qu'il nous ordonne de vouloir.

II. Distinction des deux volontés de signe et de bon plaisir, et l'usage qu'on en doit faire : principes de saint Augustin.
C'est aussi à quoi aboutit cette distinction de l'Ecole : Il y a une volonté qu'on nomme de bon plaisir, par laquelle Dieu décide des événemens ; et il y a une volonté qu'on appelle signifiée, par laquelle il nous commande ce qu'il veut de nous. Cette dernière constamment est la règle de notre vie, et il y a des occasions où nous ne pouvons ni ne devons regarder l'autre.

Et pour remonter à la source, il convient à Dieu comme cause universelle, absolue, première et toute-puissante, de vouloir des choses qu'il ne convient pas aux hommes de vouloir. Saint Augustin[1], qui a établi doctement cette règle contre les pélagiens, en a donné cet exemple, que Dieu peut ne vouloir pas empêcher

---

[1] *Op. imperf.*, lib. III, cap. XXII et seq. usque ad XXVII ; et lib. IV, c. XXXIV, XXXVI.

les crimes qu'il pourroit empêcher s'il vouloit, au contraire il veut les permettre, et cependant il demeure très-bon ; au lieu que si l'homme agissoit ainsi, il ne pourroit être que très-mauvais. De cette sorte, dit ce Père, Dieu veut des choses par une bonne volonté que nous ne pouvons vouloir que par une volonté perverse ; et ainsi sans raisonner sur ce qu'il veut ou ne veut pas en lui-même, nous n'avons qu'à considérer ce qu'il veut que nous voulions.

Toutes ces règles sont renversées par les fondemens dans l'abandon et l'indifférence des nouveaux mystiques. Un des fondemens des demandes qu'on doit faire pour soi et pour les autres, et peut-être le principal, c'est l'amour que Dieu nous commande pour le prochain comme pour nous ; mais nos faux mystiques y renoncent, et ils ne s'en cachent pas, puisqu'ils parlent de cette sorte : « Il faut que cette ame, laquelle par un mouvement de charité se vouloit tous les biens possibles par rapport à Dieu, s'oublie entierement de toute elle-mesme, pour ne plus penser qu'à son bien-aimé [1]. » Remarquez que ce qu'elle oublie ce n'est pas un amour-propre, mais *le mouvement de charité qu'elle avoit pour elle-mesme par rapport à Dieu ;* c'est-à-dire qu'elle s'oublie du second précepte de la charité, par lequel Dieu lui commandoit de s'aimer soi-même avec le prochain, d'un même amour : elle refuse au contraire d'exercer cet acte, et ne veut plus ni à soi-même, ni au prochain tout le bien qu'elle lui vouloit par rapport à Dieu. Si on lui demande qui l'a exemptée de ce commandement et où en est écrite la dispense, et qu'elle réponde que c'est qu'elle craint de vouloir ce que Dieu ne veut pas, ou ce qu'elle ne sait pas que Dieu veuille, nul ne le sait sur la terre et voilà une raison générale de supprimer ce second précepte. Mais si elle dit que c'est l'abondance de son amour envers Dieu qui l'empêche de s'aimer soi-même et ses frères par rapport à lui, c'est précisément où est l'erreur de croire qu'on s'en aime moins, et qu'on aime moins le prochain en aimant Dieu davantage, puisqu'au contraire ce second amour étant une suite de celui qu'on a pour Dieu, nous le pratiquons d'autant plus que nous aimons Dieu plus fortement ;

III. L'abandon mal entendu des nouveaux mystiques, est contraire à toutes ces règles.

[1] *Interpr. du Cant. des cant.*, ch. II, vers. 4, p. 44.

ainsi cette ame prétendue parfaite prend un vain prétexte de ne plus exercer l'amour qu'elle se doit à elle-même, en disant qu'elle *s'oublie de tout interest de salut et de perfection pour ne penser qu'à l'interest de Dieu* : comme si Dieu avoit un autre intérêt que celui de faire du bien à ceux qui l'aiment, ou une autre gloire plus grande que celle de se rendre admirable dans ses saints.

On voit donc que cette manière de séparer nos intérêts d'avec ceux de Dieu, poussée à l'extrémité où la poussent les faux mystiques, éteint le second précepte de la charité. La même sécheresse qu'ils ont pour eux-mêmes, ils l'ont aussi pour les autres : et au lieu que Samuel ne cessoit de pleurer et de prier pour Saül, et que pour faire cesser ses gémissemens il fallut que Dieu révélât expressément au saint prophète la réprobation de ce malheureux roi [1] ; ceux-ci au contraire suppriment d'eux-mêmes leurs lamentations. Dieu nous tient ses décrets cachés, de peur que nos prières ne discontinuent ; et comme dit saint Augustin [2], il n'y a que le diable et ses anges pour qui il ne soit plus permis de prier, parce que leur sentence est déclarée, et leur éternel endurcissement révélé : par où l'on voit en quel rang nos mystiques se mettent eux-mêmes, et tous ceux pour qui ils déclarent qu'ils ne peuvent plus faire aucune demande.

IV. Pourquoi c'est un sentiment détestable de consentir à sa damnation quoique juste. Il est vrai qu'en nous tenant le sort des réprouvés si caché, Dieu, dont les jugemens sont toujours justes, n'a pas laissé de révéler qu'il ne donne pas à tout le monde le don de persévérance, ni la gloire éternelle qu'il y a attachée. A ceux-là il est certain qu'il a voulu et destiné par sa justice la soustraction de ses dons, de son amour et de tout lui-même, comme une juste peine de leur défection volontaire, conformément à cette règle de justice expressément déclarée dans l'Evangile : *Il sera donné à celui qui a* : la gloire sera donnée à celui qui a la grace ; la couronne de justice sera donnée à celui qui a les mérites : *mais pour celui qui n'a pas* (la grace et la charité), *même ce qu'il a* (ces petits restes de grace et de justice qui demeurent dans les plus méchans) *lui sera ôté*, et par cette soustraction, il sera *jeté dans*

---

[1] I *Reg.*, XVI, 1. — [2] *De Civit. Dei*, lib. XXI, cap. XXIV.

les ténèbres du dehors[1] : c'est-à-dire séparé de Dieu et livré à lui-même. Tel sera donc le sort de ces malheureux, *et nul ne sait* en cette vie *s'il est digne d'amour ou de haine*[2]. Mais Dieu n'exige des hommes aucun consentement à leur perte, quoique justement résolue par un irrévocable décret; au contraire il nous défend expressément d'exercer sur ce sujet-là aucun acte de volonté, parce que cet acte est de ceux qui ne conviendroient pas à notre nature. Il ne conviendroit, dis-je, pas avec l'horreur que nous devons avoir de l'état où l'on est privé de Dieu; et ce seroit diminuer cette horreur, et pour ainsi dire nous apprivoiser et nous familiariser avec un si grand mal, que de nous permettre d'y consentir; ce seroit nous rendre cruels et envers nous et envers les autres, et nourrir dans les cœurs chrétiens la sécheresse et l'inhumanité. Mais nos mystiques méprisent ces règles invariables de la sagesse divine, et nous avons ouï de leur bouche cette étonnante parole : « Elle entre (cette ame prétendue parfaite) dans les interests de la justice de Dieu, consentant de tout son cœur à tout ce qu'elle fera d'elle, soit pour le temps, soit pour l'éternité[3]; » sans songer que ce que Dieu veut faire des réprouvés par sa justice, c'est de les priver de lui-même, de ses graces, de son amour, de tout bien; à quoi une ame pieuse ne peut jamais consentir, tant à cause des maux que contient cette privation qu'à cause de ceux qu'elle attire, comme sont la haine de Dieu, le désespoir et pour tout dire en un mot, l'endurcissement dans le péché.

Il arrive aussi de là que ces ames prétendues parfaites, mais qui déclarent l'extinction de leur charité par les dispositions qu'on vient de voir, perdent peu à peu l'horreur du péché que la piété inspire à toute ame juste : car dans ces fausses sublimités, premièrement nous avons vu qu'on ne demande point pardon à Dieu, puisqu'on ne lui demande rien du tout : secondement qu'on n'y laisse aucun lieu à la componction. De telles ames en approchant du confessionnal, « au lieu du regret et d'un acte de contrition qu'elles avoient accoutumé de faire, » n'ont plus, à ce qu'elles disent, « qu'un amour doux et tranquille qui s'empare de leur

V. Que l'excessif abandon des nouveaux mystiques diminue en eux l'horreur du péché.

[1] *Matth.*, XIII, 12, et XXV, 29, 30. — [2] *Eccle.*, IX, 1. — [3] *Interprêt. du Cant.*, II, p. 44.

cœur, ¹ ; » et toute la vivacité de la componction, avec les douces larmes de la pénitence, demeure à jamais éteinte.

Il est étrange qu'on ose faire ici une règle pour tout un état de cette cessation de la contrition. C'est une doctrine commune, que les péchés véniels, même hors de la confession, peuvent être effacés par un acte d'amour. Je ne veux pas entrer dans la question si et comment un acte d'amour sans regret de chaque péché, ou du péché, si l'on veut, en général, peut concourir ou suffire selon ses diverses circonstances à la justification du pécheur : ce que je condamne sans hésiter avec tous les saints docteurs, c'est de vouloir être ainsi par état ; d'exclure, dis-je, par état l'acte de contrition de ses péchés ; et non-seulement de le supprimer quand il se présente, mais encore faire profession de ne s'y exciter jamais : car avec ces exclusions et ces suppressions, l'acte d'amour qu'on croit avoir n'est qu'imaginaire. C'est pourtant où l'on veut mener les ames par ces prétendus états d'oraison ; on y blâme en général « ceux qui veulent se retirer de là (de ce doux et tranquille amour) pour faire un acte de contrition, parce qu'ils ont oüy dire que cela est necessaire et il est vrai ². » On a bien peur que ces ames ne se portent à la contrition. S'il est vrai qu'elle soit nécessaire et qu'on le reconnoisse de bonne foi, falloit-il blâmer, comme sortant de leur état, ceux qui forment un acte de contrition, ni leur dire « qu'ils perdent la véritable contrition, qui est cet amour infus infiniment plus grand que ce qu'ils pourroient faire par eux-mesmes ? » Tout ce discours est plein d'erreur : car premièrement s'ils sont vraiment chrétiens, loin de prétendre rien faire *par eux-mesmes*, ils croient que sans Jésus-Christ on ne peut rien : secondement si par acte infus ils entendent cette infusion extraordinaire et passive dont nous parlerons en son lieu, il est faux que cet acte-là soit *la véritable contrition*, à l'exclusion de celui qui est répandu d'une autre sorte dans les cœurs ; et faux encore que cet acte d'amour infus exclue la contrition, comme s'il étoit incompatible avec elle : au contraire on sait que l'acte de contrition peut être infus comme tous les autres. C'est d'ailleurs un prodige inouï dans la théologie de dire que la contrition déroge à l'amour :

¹ *Moyen court*, p. 20, 63. — ² *Ibid.*, p. 63.

et quand après pour exclure l'acte de contrition de certains états d'oraison, l'on ajoute qu'en ces « états on a un acte éminent qui comprend les autres avec plus de perfection, quoyqu'on n'ait pas ceux-cy comme distincts et multipliez [1] : » nous avons vu que c'est un prétexte pour détruire la pluralité des actes expressément et distinctement commandés, sous couleur *d'un acte éminent* qu'on ne trouve nulle part, ni dans l'Ecriture, ni dans les saints Pères, comme il a été démontré [2].

Pour supprimer la contrition on a un dernier recours à l'excellence de l'opération divine, « et l'on dit que c'est haïr le péché comme Dieu le hait, de le haïr de cette sorte » (sans en être contrit ni affligé); à quoi on ajoute cette autre sentence : « Que c'est l'amour le plus pur que celui que Dieu opère en l'ame : » mais tout cela est faux encore dans toutes ses parties. Car pour commencer par la dernière, où l'on définit l'amour le plus pur celui que Dieu opère en l'ame; on a déjà vu qu'il n'y a point d'amour que Dieu n'opère dans l'ame; et celui qu'il y opère par cette infusion qu'on nomme *passive,* n'est pas plus pur que les autres ni plus parfait, parce que sa pureté et sa perfection dépend de son objet, et non pas de la manière dont il est produit, comme il sera plus amplement démontré ailleurs. Quant à cette superbe sentence où l'on assure qu'il est plus parfait de haïr le péché sans s'en affliger et sans en être contrit, parce que *c'est le haïr comme Dieu le hait luy-mesme*, ce sont là de spécieuses paroles, mais dont la signification est pernicieuse, et l'on y reconnoît ces ames qui ne conçoivent la perfection qu'en la poussant sans mesure au delà du but. Car la créature doit haïr le péché, non pas comme Dieu, qui n'en peut être ni affligé ni contrit, qui le permet pouvant l'empêcher, et qui par son éternelle sagesse a mieux aimé en tirer du bien que d'empêcher qu'il ne fût. Il n'appartient pas à la créature de haïr le péché en cette sorte. Dieu nous commande de le haïr comme le doivent haïr des créatures pécheresses; c'est-à-dire comme étant en elles le souverain mal le plus nuisible de tous les maux; ce qui n'est point à l'égard de Dieu, à qui ses ennemis ne peuvent nuire; et encore comme étant un mal qui est de leur

VI.
Les nouveaux mystiques proposent une nouvelle et superbe manière de haïr le péché.

---

[1] *Moyen court*, p. 64. — [2] Ci-dessus, liv. III, ch. XXI.

fond, qui les tente et qui les attire, qui se forme en elles naturellement depuis le péché originel, et qui les sépare de Dieu; contre lequel aussi il nous est expressément commandé de nous munir, en disant, non pas toujours, mais en tout état et dans les temps convenables : « Pardonnez-nous nos fautes, et ne nous induisez pas en tentation. »

VII. S'il est vrai, que l'oubli de son péché est, comme le prétendent les nouveaux mystiques, une marque qu'il est pardonné.

C'est encore un autre excès également condamnable de donner pour règle générale, *que l'oubli est une marque de la purification de sa faute*[1]; car saint Pierre n'a pas oublié son reniement, qu'il a pleuré toute sa vie jusqu'à s'en caver les joues, si l'on en croit une sainte et pieuse tradition ; et saint Paul bien certainement s'est souvenu avec douleur durant toute sa vie des persécutions qu'il avoit faites à l'Eglise dans son ignorance. A son exemple saint Augustin a pleuré dans son extrême vieillesse, et après trente ans d'une vie si sainte, les péchés qu'il avoit commis avant son baptême. David à qui le prophète avoit annoncé la rémission de son péché, ne laisse pas de demander à Dieu « qu'il l'en lave encore davantage : » *Ampliùs lava me*[2] : lui et tous les saints ont repassé leurs années dans l'amertume de leur ame. J'accorderai donc si l'on veut à Cassien, ou à quelque autre spirituel ancien ou moderne, que quelquefois dans certains momens, et lorsque l'abondance des miséricordes se fait sentir plus pleinement à une ame, le grand calme où elle se trouve peut être une marque que Dieu a oublié son péché : mais de faire de cette marque une règle générale et une chose d'état perpétuel, c'est une erreur insupportable et un manifeste affoiblissement de l'horreur qu'on doit avoir en tout état pour le péché.

VIII. Les nouveaux docteurs font un mystère de leurs défauts et les imputent à Dieu : passage de Gerson.

Ces parfaits passent pourtant encore plus avant, puisqu'ils imputent leurs péchés à Dieu, témoin celle qui dit sur le *Cantique* : « Ne jugez pas de moy par la couleur brune que je porte au dehors, ni par mes défauts exterieurs, soit réels ou apparens ; car cela ne vient pas comme aux ames commençantes faute d'amour et de courage ; mais c'est que mon divin soleil par ses regards continuels, ardens et brûlans m'a décolorée, et c'est la force de l'amour qui me sèche la peau et la brunit[3]. » On ne sait ce que

---

[1] *Moyen court*, p. 65. — [2] *Psal.* L, 4. — [3] *Interprét. du Cant.*, I, 5, p. 19.

c'est que ces défauts qu'on attribue à Dieu et à ses regards, *soit qu'ils soient réels ou apparens*. On entend encore moins que ces défauts ne soient des défauts que *pour les ames qui commencent*, et n'en soient plus pour les ames parfaites. « Cette noirceur, poursuit-on, est un avancement, et non pas un défaut ; mais un avancement que vous ne devez pas considerer, vous qui estes encore jeunes, parce que la noirceur que vous vous donneriez seroit un défaut. Elle ne doit venir, pour estre bonne, que du soleil de justice. » Ce que c'est dans les ames que cette noirceur et que ces défauts qui viennent du soleil de justice, c'est un mystère qui m'est inconnu, et que l'Ecriture ni les Saints ne m'apprennent pas : nos défauts et notre noirceur viennent de nous-mêmes, et le contraire est impie.

Dans la suite l'amante fidèle prie l'Epoux d'ôter les petits renards, qui « sont quantité de petits défauts, » qu'on veut appeler *petits*, encore qu'ils gastent la vigne, qu'ils la ravagent, qu'ils en abattent la fleur et y fassent d'étranges ravages[1]. » On avoue pourtant que ces défauts viennent du maître de la vigne, c'est-à-dire de Dieu même : car on ajoute : « Que ferez-vous, pauvre ame, pour abandonner cette vigne à laquelle vous estes attachée sans le connoistre? Ah ! le maistre y mettra luy-mesme de petits renards, c'est-à-dire ces défauts qui la ravagent, qui en abattent les fleurs, » c'est-à-dire du moins les ornemens, et y font tout le dégât qu'on vient de voir. Au lieu de s'humilier de ces défauts, on les impute à Dieu même, et on s'en fait un sujet de gloire.

Le saint homme Gerson, dans le savant livre qu'il a composé de la *Distinction des véritables visions d'avec les fausses,* dit « qu'on trouve de faux dévots, qui se glorifient témérairement de leurs défauts, de leurs négligences et de leurs nécessités (ou de leurs foiblesses) ; chose absurde à penser : mais il est vrai qu'ils s'en glorifient de telle manière, qu'ils pensent que Dieu les permet, comme dans saint Paul, de peur que la grandeur des révélations ou de leurs vertus ne les enfle. Quelle misère, poursuit-il, d'une conscience arrogante, qui n'est ni humiliée, ni guérie de ses défauts, et loin de s'abaisser s'en fait un argument de son éléva-

[1] *Interprét. du Cant.*, II, 15, 62.

tion ¹ ! » Celles-ci poussent encore la chose plus loin, puisqu'elles disent qu'il a fallu pour les détacher d'elles-mêmes, non-seulement que Dieu permît, mais qu'il mît en elles ces défauts.

<small>IX.
Suite des mauvaises maximes sur l'extinction de la componction.</small>

C'est encore une autre maxime qui tend à éteindre l'horreur du péché, de dire que la perfection consiste *à ne s'en plus souvenir*, sous prétexte qu'on est arrivé *à un degré où le meilleur est d'oublier ce qui nous concerne, pour ne se souvenir que de Dieu* ². Quoi donc, c'est oublier Dieu que d'être affligé de son péché pour l'amour de lui? Faut-il, pour oublier ce qui nous concerne, ne songer plus que le péché souille notre conscience, nous rend odieux à Dieu, nous en sépare? Où prend-on ces raffinemens, et pourquoi par tant d'artifices affoiblir l'esprit de componction?

Cependant sur ces fondemens on annonce aux ames qui tâchent de s'affliger de leurs péchés *dans le confessionnal, qu'elles s'en tiennent à leurs simples occupations* ³ ; c'est-à-dire que la simplicité se perd par la componction. On dit de même à l'égard de la communion, que les ames de ce degré *laissent agir Dieu, et qu'elles demeurent en silence*. On a déjà entendu ce que c'est que *ce silence et ce laisser agir*; c'est-à-dire demeurer perpétuellement et par état sans s'émouvoir à la contrition, ni à aucun acte de piété. C'est la seule préparation qu'on leur permet avec cette impérieuse décision : *Qu'elles se donnent bien de garde de chercher d'autre disposition, quelle qu'elle soit, que leur simple repos* (dans l'entière cessation de tous les actes) ⁴. Cette loi s'étend à tout, *à la confession, à la communion, à l'action de graces;* en tout cela, leur dit-on, *il n'y a rien à faire qu'à se laisser remplir de cette effusion divine*, sans jamais s'aider à bien faire. Voilà toutes les leçons que l'on donne aux ames dans ce degré d'oraison, qui n'est pourtant encore que le second. A quelle cessation de toute componction, de tout désir et en un mot de tout acte, ne viendra-t-on pas dans la suite?

On a pourtant ressenti que ces hardies déterminations feroient de la peine au lecteur, et on tâche de l'amuser par cette restriction : « Je n'entends pas parler des préparations necessaires pour

---

¹ *De dist. ver. vis. à falsis*, § *Tertium igitur signum*, tom. I, col. 50. — ² *Moyen court*, p. 65. — ³ *Ibid.*, p. 66. — ⁴ *Ibid.*, ch. XIII, p. 57.

les sacremens; mais de la plus parfaite disposition interieure dans laquelle on puisse les recevoir, qui est celle que je viens de dire [1]. » On n'entend rien dans ce discours ; quand on est *dans la plus parfaite disposition interieure*, à plus forte raison doit-on avoir *les préparations necessaires :* ainsi cette restriction apparente n'est dans le fond qu'un amusement ; et on laisse pour assuré que ni la confession, ni la communion, ni l'action de graces, ni aucun exercice chrétien ne demande ni componction de cœur, ni aucun effort quel qu'il soit pour s'élever à Dieu.

X. Mauvaise règle des nouveaux mystiques pour connoître la volonté de Dieu.

La règle de nos mystiques pour connoître la volonté de Dieu, ne peut pas être soufferte, puisqu'elle oblige à se « convaincre fortement que tout ce qui nous arrive de moment en moment est ordre et volonté de Dieu, et tout ce qu'il nous faut [2]. » Si nous poussons ces paroles dans toute leur étendue, le péché y sera compris. On le trouve encore plus dans celles-ci, où l'on nous oblige « à nous contenter du moment actuel de Dieu, qui nous apporte avec soy l'ordre éternel de Dieu sur nous [3] : » à la fin pourtant, après avoir si longtemps frappé le lecteur par des propositions si universelles, on en ressent le mauvais effet, et on conclut en disant « qu'il ne faut rien attribuer à la créature de tout ce qui nous arrive, mais regarder toutes choses en Dieu comme venant infailliblement de sa main, à la réserve de nostre propre péché [4]. » Je recevrois l'exception sans peine si elle étoit plus précise : mais que veut dire cette *réserve de nostre propre péché ?* Est-ce que le péché d'autrui peut être imputé à Dieu plutôt que le nôtre propre ? Mais s'il faut excepter de l'abandon du moins notre péché propre, il ne faut donc pas y demeurer indifférent jusqu'à ne vouloir plus s'en affliger, ni en demander pardon, ou prier d'être délivré de tous les maux qu'il attire en cette vie et en l'autre.

XI. Vaines définitions de la prière pour en exclure les demandes.

Pour soutenir ces excès et la suppression des demandes, il falloit changer la nature de la prière, et c'est à quoi se rapporte tout un chapitre dans le *Moyen court*, où d'abord on définit ainsi la prière : « La priere n'est autre chose qu'une chaleur d'amour

[1] *Moyen court*, ch. XIII, p. 57. — [2] *Ibid.*, ch. VI, p. 26. — [3] *Ibid.*, p. 29. — [4] *Ibid.*

qui fond et qui dissout l'ame, la subtilise et la fait monter jusqu'à Dieu : à mesure qu'elle se fond elle rend son odeur, et cette odeur vient de la charité qui la brûle [1]. » Voilà en passant comme ces spirituels bannissent les images; tout en est plein dans leurs livres, et il n'y a pas une demi-page qui en soit exempte : mais ce n'est pas de quoi il s'agit, et il nous suffit de remarquer que dans cet amas de phrases, il n'y en a pas une seule où il soit parlé de demande. Voici au même chapitre une autre définition : « La prière est un état de sacrifice essentiel à la religion chretienne, par laquelle l'ame se laisse détruire et aneantir pour rendre hommage à la souveraineté de Dieu [2]. » On ne voit non plus la demande dans cette définition que dans la première, et vous diriez qu'elle ne soit pas essentielle à la religion chrétienne. Nous pouvons donner pour troisième définition de la prière ce petit mot : « L'aneantissement est la véritable prière [3]. » On ajoute mille belles choses sur la gloire que la prière donne à Dieu, mais sans songer seulement à l'humble demande, quoiqu'elle glorifie Dieu d'une manière si admirable. Enfin tout ce chapitre n'est fait que pour montrer la prière sans demande. Ce n'est pas ainsi que les Saints ont traité cette matière. Saint Jean de Damas a défini la prière : « L'élévation de l'esprit à Dieu, ou la demande qu'on fait à Dieu des choses convenables [4]. » Aucun docteur, excepté ceux-ci, n'a expliqué la prière sans expliquer la demande, et c'est l'esprit de l'Evangile. Jésus-Christ supplié par ses apôtres de leur apprendre à prier, leur donne les sept demandes du *Pater*, pour leur montrer combien la demande étoit de l'intention de la prière. C'est pourquoi l'apôtre saint Paul, le plus divin interprète de l'Evangile, parle en cette sorte : « Ne vous inquiétez de rien, mais qu'en toute prière et supplication vos demandes paroissent devant Dieu accompagnées d'actions de graces [5]; » ou, comme porte l'original, d'une manière encore plus universelle : « Qu'en quelque état où vous soyez vos demandes paroissent devant Dieu dans la supplication et dans la prière : » ce qui décide en termes formels que la demande est renfermée dans l'esprit et dans le dessein de

---

[1] *Moyen court*, ch XX, p. 73, 74. — [2] P. 75. — [3] P. 77. — [4] Lib. III *Orthod. fid.*, c. XXIII. — [5] *Phil.*, IV, 6.

la prière, et que l'exercice actuel en doit être très-fréquent *en quelque état qu'on se trouve*, comme dit saint Paul.

Si la demande est au-dessous des nouveaux parfaits, l'action de graces ne leur conviendra pas davantage, puisque ce sont deux actes qui se répondent l'un à l'autre, et qu'après avoir demandé, il est naturel qu'on rende graces d'avoir obtenu. Cependant une action si convenable et si juste, qui se trouve à toutes les pages de l'Ecriture dans la bouche des plus saints, et qui est d'ailleurs si expressément commandée et en termes si universels, est rayée du nombre des actes parfaits à deux titres : l'un, plus général, parce qu'elle est intéressée comme la demande; l'autre, plus particulier, parce que c'est un acte réfléchi et que toute réflexion est proscrite dans la nouvelle voie de perfection qu'on veut introduire, qui est une des erreurs des nouveaux mystiques, qu'il faut examiner avec plus de soin.

XII. L'action de graces également supprimée dans la nouvelle oraison.

LIVRE V.

Des actes directs et réfléchis, aperçus et non aperçus, etc.

Il nous faut donc ici examiner la nature et la perfection des actes directs et réfléchis, où il faudra aussi parler des actes distincts et confus, des actes aperçus et non aperçus ; et voilà une ample carrière ouverte à notre discours, mais que nous pouvons expliquer en assez peu de paroles en la réduisant à ses principes.

I. Dessein de ce livre.

Pour y procéder avec ordre, posons avant toutes choses la doctrine des nouveaux mystiques sur les réflexions : voyons ensuite ce qui est certain sur cela dans les saintes Ecritures : en troisième lieu nous résoudrons par ces principes les difficultés qui se présentent. C'est ici un des nœuds les plus importans de toute cette matière, et il n'y faut laisser aucun embarras.

Premièrement il est certain que la nouvelle spiritualité rejette généralement les réflexions de tout l'état des contemplatifs ou des parfaits.

II. Doctrine des nouveaux mystiques

sur les actes réfléchis.

Molinos marche à la tête, et d'abord il pose pour fondement de l'état contemplatif, *d'abandonner toutes les réflexions* pour marcher dans la voie qu'on nomme *directe* [1]. Il poursuit : « Vous ne sauriez avec tous vos efforts faire une seule réflexion [2]. » Aussi la réflexion est-elle un si grand obstacle à la vie intérieure, qu'une raison de blâmer certains sentimens, c'est qu'ils sont réfléchis : selon lui « une réflexion de l'ame sur ses actions l'empesche de recevoir la vraye lumiere, et de faire un pas vers la perfection [3]. » Il ne compte pour de vrais actes de piété que les directs; et au reste « il faut marcher sans réflexion sur vous-mesmes, ni sur les perfections de Dieu [4]. » Ce seroit perdre le temps que d'en rapporter davantage.

Malaval a suivi son exemple, et si l'on pense ou qu'on se souvienne de Jésus-Christ Homme-Dieu, il veut *que ce soit d'une seule vue d'esprit* [5]; c'est-à-dire par un acte direct, *sans aucune pensée distincte et sans notre choix:* ce qui emporte l'exclusion de tout acte réfléchi : c'est à quoi tend encore tout ce qu'on a vu de cet acte continu et universel, *de cette vue simple et amoureuse qui comprend tous les actes, de cet acte éminent qui les absorbe* [6], et qui fait ainsi cesser toute réflexion.

III. *Etranges discours sur les réflexions dans le livre du Moyen court.*

Mais le livre où l'on s'explique le plus hardiment et avec le moins de mesures sur ce sujet comme sur les autres, c'est le *Moyen court*. Le principe est que *le mouvement* du Saint-Esprit que l'ame doit suivre, « ne la porte jamais à reculer; c'est-à-dire à reflechir sur la creature, ni à se recourber contre elle-mesme; mais à aller toujours devant elle avançant incessamment vers sa fin [7]. » On voit ici que *reculer* c'est réfléchir, ce qu'on appelle *se recourber contre soy-mesme;* et on oppose ce mouvement à celui d'avancer toujours à sa fin, comme si la réflexion y étoit un obstacle, ou que les bons mouvemens directs ou réfléchis ne fussent pas également du Saint-Esprit. C'est ce qu'on appelle ailleurs *se reprendre soy-mesme*, à quoi l'on oppose *se quitter soy-mesme, laisser faire Dieu*, et les autres choses semblables; c'est cesser

---

[1] *Guide*, Introd., sect. I, n. 2, p. 23. — [2] *Guide*, liv. I, ch. II, n. 6, p. 18. — [3] *Ibid.*, ch. v, n. 35, p. 31. — [4] *Ibid.*, ch. XI, n. 65, p. 46. — [5] Malaval, I part., p. 55. — [6] *Ibid.*, p. 63, etc. — [7] *Moyen court*, § 81.

de s'exciter au bien et attendre que Dieu nous mène. Voilà ce qu'on appelle l'abandon, ou cette « renonciation absoluë à toutes inclinations particulieres, quelque bonnes qu'elles paroissent [1]. » Quand donc on réfléchit sur ses besoins et sur les actes que Dieu nous commande, ou que l'on commence à s'y exciter, c'est alors *qu'on se reprend soy-mesme;* qui est comme on verra, la plus grande faute que l'on puisse commettre dans la nouvelle voie.

En conséquence de ce principe, on lit dans *le Cantique des cantiques* que « la vertu de simplicité tant recommandée dans l'Ecriture, nous fait agir à l'égard de Dieu incessamment sans hésitation, directement sans reflexion [2]. » Par cette simplicité *l'ame dont le regard est* toujours direct et sans réflexion *ne connoist pas son regard* [3], où l'on met deux choses ensemble. La première, de n'avoir plus que des actes directs et sans réflexion; d'où suit aussi la seconde, qu'on n'a plus d'acte aperçu; principe dont on a vu les mauvaises suites [4]. Au reste *quand on jette encore quelques regards sur soy-mesme,* c'est une *infidelité* [5]; et cela se pousse si avant, que *par cette legere faute l'ame periroit si son bien-aimé ne l'eust soutenue,* par où l'on voit jusques à quel point les réflexions sont bannies, et on ne sait plus où en trouver d'innocentes. Il ne faut donc pas s'étonner si l'on dit *que cette belle ame a deux qualités* [6], dont l'une, qui fait à notre sujet, est *de ne se courber jamais vers elle-mesme pour aucune grace qu'elle ait receuë de Dieu,* pas même pour lui en faire ses remercîmens. Il est maintenant aisé de voir dans quels périls on jette les ames en les rendant si ennemies des réflexions, puisque suivant à l'aveugle les mouvemens directs qu'on leur donne dans certains états pour inspirés, elles iront partout où les portera leur instinct avec une rapidité sans bornes.

Il est poutant véritable, tant cet état est peu naturel, qu'on ne cesse de réfléchir, en disant qu'on ne réfléchit pas, et quand cette ame non réfléchissante dit tout court : *Je ne suis plus en*

---

[1] *Moyen court,* VI, p. 26, 27, 28. — [2] *Interprét. du Cant.,* IV, 1, p. 85. — [3] *Ibid.,* 9, p. 97. — [4] Ci-dessus, liv. III, ch. X. — [5] *Interprét. du Cant.,* VI, p. 159. — [6] *Ibid.,* VII, 7, p. 172.

état de me regarder [1], c'est dans la plus apparente extinction des réflexions une des réflexions les plus affectées sur soi-même et sur son état.

<small>IV. Que la réflexion est une force de l'âme, et ne doit pas être renvoyée aux états imparfaits.</small>

Comment accorder ce sentiment avec ces préceptes dont les saints Livres sont remplis : « Veillez sur vous, considérez vos voies, que vos yeux précèdent vos pas, prenez garde à vous; » c'est-à-dire, selon saint Basile, « observez le temps présent, prévoyez l'avenir [2], » et cent autres de cette sorte : en vérité je ne l'entends pas. Je n'accorde non plus ces discours avec ces sentences des Pères, où l'on nous montre que les précautions, les circonspections, les examens de la conscience, et les autres qu'on nous prescrit font la sûreté de la vie. On pourroit rapporter ici toutes les règles des solitaires, tous les traités ascétiques de saint Basile et des autres ; et si l'on répond sans autorité et sans preuve que ces saintes institutions ne regardent que les commençans, je répondrai au contraire que la réflexion est une force de l'âme, et que l'attribuer si universellement à foiblesse, c'est un manifeste paralogisme. J'avoue bien qu'en général la réflexion est une imperfection de la nature humaine, puisqu'on ne la trouve point, je ne dirai pas dans la Divinité, mais dans les plus sublimes opérations de la nature angélique ou des esprits bienheureux. Mais en l'état où nous sommes, c'est une force de l'âme, que l'Ecriture nous marque dans les plus parfaits pour trois raisons.

<small>V. Trois raisons de cette vérité : première raison, où est démontrée la nature, la nécessité et la force de la réflexion.</small>

La première est que la réflexion affermit nos actes, et cet affermissement nous est nécessaire tant que nous sommes dans cette vie, où nous ne voyons *qu'en partie*, comme dit saint Paul [3], c'est-à-dire imparfaitement. De la foiblesse de nos vues vient celle de nos résolutions. En cet état Dieu a voulu mettre dans l'esprit humain la force, pour ainsi parler, de redoubler ses actes par la réflexion, pour donner de la fermeté à ses mouvemens directs; ainsi les actes directs ont quelque chose de plus simple, de plus naturel, de plus sincère peut-être, qui vient plus du fond si vous voulez ; mais les réflexions qui ont la force de les confirmer venant par-

---

[1] *Interprét. du Cant.,* VIII, 2, p. 183. — [2] Homil. in *Attende tibi ipsi.* — [3] I *Cor.*, XIII, 9.

dessus, elles font dire à David : « J'ai juré et j'ai résolu de garder les lois de votre justice [1]. »

C'est pourquoi la réflexion est appelée l'œil de l'ame, parce que l'acte direct n'étant pas le plus souvent assez aperçu, la réflexion en l'apercevant l'affermit avec connoissance, et comme par un jugement confirmatif. Elle a aussi ses profondeurs, lorsque nous faisons ces réflexions profondes, qui font entrer si avant nos résolutions dans notre cœur. C'est une vaine pensée de s'imaginer qu'à force d'avoir réfléchi on n'a plus besoin de le faire ; ce qui pourroit être vrai jusqu'à un certain degré, mais non jamais simplement et absolument. Tant que le jugement peut vaciller, et que la volonté est muable, la réflexion leur est nécessaire. Saint Thomas n'a pas prétendu affoiblir les actes de la volonté, lorsqu'il a dit « qu'elle étoit naturellement réfléchissante sur elle-même, qu'on aimoit à aimer, qu'on vouloit vouloir [2], et le reste. Tout cela grave, fortifie, imprime les actes dans le cœur, inspire des précautions; et si l'on dit que les parfaits n'en ont pas besoin tant qu'ils sont en cette vie, on dément encore David, lorsqu'il dit : « J'ai repassé mes années; » et encore : « J'approfondirai vos commandemens; » et encore : « J'ai considéré mes voies, et j'ai tourné mes pas du côté de vos préceptes; » et encore : « Combien ai-je aimé votre loi? » et encore : « Votre serviteur garde vos préceptes; on est bien récompensé en les gardant [3]; » et le reste qu'on trouve à toutes les pages.

VI. Seconde raison pour la réflexion, en ce qu'elle produit l'action de graces : réflexion d'un nouveau mystique sur celle de Job.

Le second effet de la réflexion, c'est qu'elle produit l'action de graces tant commandée à tous les fidèles par saint Paul : « Rendez graces à Dieu en toutes choses; que votre action de graces lui soit présentée en tout état, en toute prière, en toute supplication [4], » et le reste. Cette action appartient aux plus forts, et elle est de la parfaite justice, puisqu'elle glorifie Dieu dans son ouvrage le plus excellent, qui est la communication de ses graces. Marie pleine de graces et de Jésus-Christ qu'elle porte dans son sein, chante les merveilles que le Tout-Puissant a faites en elle : elle s'en réjouit et l'en glorifie. Après son exemple faudroit-il

---

[1] *Psal.* CXVIII, 106. — [2] I^a II^æ, q. 26, art. 2. — [3] *Psal.* CXVIII, 59, 69, etc. — [4] *Phil.*, IV, 6.

parler des autres saints? Souvenons-nous néanmoins du saint homme Job, qui disoit : « J'ai été l'œil de l'aveugle et le pied du boiteux : j'ai été le père des pauvres, la consolation et la défense du délaissé [1] : j'ai fait un pacte avec mes yeux pour ne point laisser aller un regard furtif, ni le moindre désir vers une vierge; si j'ai mangé mon pain seul, et que je ne l'aie point partagé avec l'orphelin et l'étranger [2], » et le reste, que tout le monde sait par cœur : il n'y a qu'à dire que ce sont là des discours d'un imparfait, et ne trouver la perfection que dans les quiétistes.

J'en connois un des principaux, dont j'ai lu un commentaire sur *Job*, où il ose dire que ce discours du saint homme Job que lui inspire la confiance d'une conscience innocente, est celui que Dieu a repris dans le chapitre xxxviii et dans les suivans, pendant que Dieu déclare lui-même que le sujet de ses invectives étoit les discours, non pas où Job racontoit les bienfaits de Dieu pour le glorifier, mais ceux où il sembloit vouloir disputer avec lui et fulminer contre sa justice ; ce que Dieu rabat en ces termes : « Anéantirez-vous mes jugemens, et me condamnerez-vous pour vous justifier [3] ? » et le reste qu'il est inutile de rapporter.

VII. Troisième raison pour la réflexion : elle produit la prière et la confiance.

Le troisième effet de la réflexion est celui d'animer notre confiance, et d'exciter nos prières : « Si notre cœur nous reprend, Dieu est plus grand que notre cœur, et il connoît toutes choses : si notre cœur ne nous reprend pas, nous trouvons de la confiance auprès de Dieu, et nous pouvons tout obtenir par nos prières [4]. Voilà ce qui nous fait connoître que nous sommes enfans de la vérité, et nous fortifions notre cœur en sa présence [5]. » Si c'est là encore un discours adressé aux imparfaits, c'est donc aussi imperfection de dire : « J'ai achevé un bon combat ; j'ai accompli ma course ; j'ai gardé la foi, et au reste la couronne de justice m'est réservée [6], » etc.

Tels sont les fruits de la réflexion dans les plus grands saints, et dans l'apôtre saint Paul à la veille de son martyre et de la consommation de son sacrifice. Une sainte indignation saisit le lecteur, quand il voit éluder ces beaux sentimens par de vaines

---

[1] *Job*, XXIX, 15 et seq. — [2] *Ibid.*, XXXI, 1. — [3] *Job*, XL, 3, etc. — [4] I *Joan.*, III, 20-22. — [5] *Ibid.*, 19. — [6] II *Timoth.*, IV, 7.

subtilités, qui n'ont pour tout fondement qu'une perfection imaginaire.

Voici pourtant un passage qu'on allègue, et c'est dans le chariot d'Ezéchiel : « Cet esprit de vie qui est dans les roues, cette impétuosité de l'esprit qui les portoit, et portoit les animaux mystiques chacun toujours devant soi, sans s'arrêter dans leur marche ni retourner sur leurs pas [1] ; » par où l'on entend la cessation des réflexions : je le veux, et je conclus que cette cessation se trouve en effet dans l'inspiration et impression prophétique, mais non pour cela dans un certain état d'oraison d'une manière fixe et perpétuelle. Dieu suspend la réflexion quand il lui plaît : la question est de savoir s'il y a des états en cette vie où il l'ôte tout à fait, et si l'on peut passer en règle qu'elle n'appartient qu'aux imparfaits, contre tant de témoignages exprès qu'on vient de voir du contraire dans l'Ecriture.

VIII. Passage d'Ezéchiel qu'on oppose à la réflexion.

On prétend décréditer la réflexion en l'exprimant par ces odieuses paroles *de retour sur soy-mesme ;* mais c'est encore une illusion : il y a des réflexions et des retours sur soi-même d'un orgueil grossier, comme celui du pharisien pour vanter ses œuvres, sous prétexte d'action de graces. Mais saint François de Sales nous apprend des tours plus délicats de l'amour-propre, lorsque « sans cesse et par des replis ou retours perpétuels sur nous-mesmes, nous voulons penser quelles sont nos pensées, considerer nos considerations, voir nos veuës, discerner que nous discernons ; ce qui jette l'ame *dans un labyrinthe et un entortillement,* qui oste toute la droiture de nos actions et toute la bonne seve de la piété [2]. » L'oraison de telles gens est *un trouble* perpétuel dans l'oraison même, dont ils quittent les doux mouvemens, « pour voir comment ils se comportent, s'ils sont bien contens, si leur tranquillité est bien tranquille, leur quietude assez quiete [3] ; » jamais occupés de Dieu, et toujours attentifs à leurs sentimens.

IX. Quels retours sur soi-même sont blâmés par les spirituels ; sentence de saint François de Sales après saint Antoine, que l'oraison ne se conoît pas elle-même.

C'est assurément un des plus dangereux amusemens de ceux qui prient, parce qu'alors, dit ce grand maître de la vie spiri-

---

[1] *Ezech.,* I. — [2] *Am. de Dieu,* liv. VI, chap. I. — [3] *Am. de Dieu,* liv. VI, ch. XIII.

tuelle, *ce n'est plus Dieu qu'on regarde*[1], mais soi-même : d'où il conclut que « celuy qui priant s'aperçoit qu'il prie, n'est pas parfaitement attentif à prier, et divertit son attention pour penser à la priere, par laquelle il prie; » ce qu'au rapport de l'abbé Isaac chez Cassien, saint Antoine exprimoit encore plus fortement, lorsqu'il disoit que « l'oraison du solitaire n'est pas véritable, lorsqu'il se connoît lui-même et sa prière, qui est, disoit Cassien, une sentence céleste et plus divine qu'humaine[2]. »

De tels retours sur soi-même sont une pâture de l'amour-propre, et un obstacle à la prière : « Si vous voulez regarder Dieu, poursuit saint François de Sales, regardez-le donc : si vous reflechissez et si vous retournez vos yeux sur vous-mesme pour voir la contenance que vous tenez en le regardant, ce n'est plus luy que vous regardez, mais vostre maintien. »

L'on voit ici quel retour sur soi-même ce grand directeur des ames a voulu combattre : c'est dans l'oraison un retour de l'amour-propre sur soi-même, pour s'appuyer sur ses actes comme siens; car si on les regardoit comme étant de Dieu et allant à Dieu, comme ayant Dieu pour principe et Dieu pour objet, on ne se retourneroit point sur eux pour s'y complaire, comme pour se mirer dedans et y regarder sa propre beauté; mais tout en mouvement vers Dieu, on ne feroit d'attention sur ces actes que pour en rendre à Dieu toute la gloire ; ce qui est à la vérité une sorte de réflexion, mais qui bien loin d'arrêter l'homme en lui-même, se joint à l'impression de l'acte direct et ne fait que le confirmer ; en sorte que l'oraison avec ses réflexions et actions de graces, est un encens brûlé devant Dieu qui monte tout entier vers le ciel.

x.
Différence des réflexions qu'inspire l'amour de Dieu d'avec celles qu'excite l'amour-propre.

Remarquez donc cette différence des saintes réflexions qu'inspire l'amour de Dieu, et des retours sur soi-même qu'inspire l'amour-propre. Dans les premiers, l'ame uniquement possédée de Dieu, ne réfléchit sur ses mouvemens que pour les lui rapporter; dans les autres elle se complaît elle-même; elle veut se pouvoir dire à elle-même dans son cœur : Je prie, je m'occupe de Dieu ; pendant que sous ce prétexte au fond elle s'occupe

[1] *Am. de Dieu.* liv. IX, ch. x. — [2] Coll. ix, *de Orat.*, 31.

d'elle-même, et qu'elle cherche à se glorifier de faire bien, ce qui est se remercier soi-même, et non pas Dieu.

Saint Paul explique cette impression de la véritable piété par ces paroles : « Tout ce que je fais, c'est qu'en oubliant ce qui est derrière moi et m'avançant vers ce qui est devant, je cours incessamment vers le bout de la carrière et à la récompense qui m'est destinée[1]. » Voilà un homme dans un mouvement bien direct, puisqu'il ne regarde que le terme où il doit tendre, et qu'il oublie tout ce qu'il a fait : néanmoins après tout il se sent aller, et il dit : « Je poursuis ma course, je m'avance, je m'étends[2]. » A Dieu ne plaise que nous pensions que ce soit là un mouvement de commençant, puisqu'il ajoute : « Ayons ce sentiment tant que nous sommes de parfaits. » Que si l'on dit que saint Paul se sent aller par conscience, comme on parle, de son sentiment, plutôt que par réflexion, quoi qu'il en soit, il se sent aller sans aucun retour d'amour-propre : et quand il en vient à la réflexion manifeste, qui lui fait dire : « J'ai livré un bon combat, j'ai gardé la foi, j'ai achevé ma course, et la couronne de justice m'est réservée[3], » l'amour-propre ne le domine pas davantage, puisque toutes ses réflexions ne font que se joindre au mouvement droit qui le porte à Dieu et le fortifie, pour accomplir ce qu'il dit lui-même : « Nous avons reçu un esprit qui nous fait savoir ce qui nous est donné de Dieu[4]. »

XI. Preuve évidente par saint Paul.

On voit donc ici un homme parfait, qui se sent lui-même, qui réfléchit sur lui-même, mais uniquement pour glorifier Dieu davantage ; et en passant ce parfait-là se propose la récompense au bout de la carrière ; où il réfute deux erreurs des nouveaux mystiques : l'une, que les parfaits ne réfléchissent pas ; l'autre, qu'ils ne songent point à la récompense, et que ce n'est point là un acte d'amour pur ; directement contre saint Paul, qui enseigne que c'est l'acte d'un homme parfait, par conséquent un acte d'amour très-pur, sans quoi il n'y a point de perfection.

On demande ici comment il faut prendre cette parole de saint Antoine, et après lui du saint évêque de Genève, que la vraie oraison ne se connoît pas elle-même ; à quoi je réponds que si

XII. Explication de saint Antoine et des

[1] *Phil.*, III, 13, 14. — [2] *Ibid.* — [3] II *Timoth.*, IV, 7. — [4] I *Cor.*, XI, 12.

autres saints, qui disent que l'oraison ne se connoît pas elle-même et en quel sens : prière d'Anne, mère de Samuel.

cela étoit vrai universellement, sainte Thérèse, par exemple, n'auroit pas écrit avec tant de simplicité et d'humilité de si grandes choses sur son oraison. Saint François de Sales lui-même n'auroit pas dit avec la simplicité et la magnanimité qui ne se trouve que dans les grandes ames : « J'ay esté ce matin un peu en solitude, où j'ay fait un acte de resignation nompareille[1] : » il prioit sans doute, et il prioit très-parfaitement, puisqu'il produisoit une telle résignation ; mais en même temps il entendoit sa résignation et sa prière ; et dans cette vue il s'écrie : « O que bienheureuses les ames qui vivent de la seule volonté de Dieu ! » Dieu lui imprima dans le cœur qu'il s'étoit passé en lui quelque chose qui se ressentoit de cet état. Cent traits semblables de ce saint auteur et des autres saints, feront voir qu'on ne peut sans absurdité prononcer que tous ceux qui prient parfaitement n'entendent rien dans leur oraison ; et saint Antoine lui-même, de qui est cette belle sentence, lorsqu'il voyoit venir le soleil et qu'il s'écrioit dans la ferveur de son esprit : « O soleil, pourquoi me troubles-tu[2] ? » sentoit bien qu'il avoit prié avec un doux recueillement pendant toute la nuit, ce qui n'est pas ignorer absolument sa prière. Il veut donc dire que « souvent, » *frequenter*, dans l'oraison de transport, que Cassien qui nous a conservé cette parole de saint Antoine, appelle pour cette raison *l'oraison de feu*, dans « le ravissement, dans le transport, » *in excessu mentis*, il se passe bien des choses dans le cœur, que des amans transportés disent en secret au bien-aimé qui voit tout, plutôt qu'ils ne les ressentent ou n'y réfléchissent ; car tout n'est pas réflexion, et parmi les réflexions il y en a de si délicates, qu'elles échappent à l'esprit. On voit aussi par toute la suite que la sentence de saint Antoine regardoit un genre d'oraison *extatique*, et non pas en général toute oraison, même parfaite. Quand Anne mère de Samuël fit juger au saint homme Héli par le mouvement irrégulier de ses lèvres, qu'elle étoit ivre, elle sut bien lui répondre « qu'elle ne l'étoit pas, mais seulement qu'elle avoit parlé dans l'excès de sa douleur[3] ; » il est dit expressément qu'elle ne parloit que dans le cœur ; ses lèvres alloient sans proférer aucun

---

[1] Liv. IV, lett. 4. — [2] Cass., coll. IX, *de Orat.*, 31. — [3] I *Reg*, I, 12 et seq.

mot. Ce mouvement marquoit le saint transport de son ame, et pouvoit l'empêcher d'entendre distinctement ce qu'elle disoit à Dieu, *dans l'amertume de son cœur et avec tant de larmes* [1]. Elle savoit bien néanmoins ce qu'elle avoit voulu demander à Dieu, et *le vœu* qu'elle lui avoit fait pour obtenir *un fils*. Ce sont de ces oraisons de transport où la réflexion a peu de part, et peut-être point. Tout se passe entre Dieu et l'ame avec tant de rapidité, et néanmoins (quand il plaît à Dieu) avec tant de tranquillité et de paix, que l'ame étonnée de se sentir mue par un esprit si puissant et si doux à la fois, ne se connoît plus elle-même.

On peut attribuer à un semblable transport et à une espèce d'extase ce qui arriva à saint Pierre, lorsqu'il fut délivré de la prison d'Hérode [2]. Il s'éveille frappé par l'ange, il se lève, et il voit tomber toutes les chaînes de ses mains; il prend ses habillemens l'un après l'autre au commandement de l'ange, sans s'apercevoir de ce qu'il fait; enfin après avoir passé tout hors de lui-même deux corps-de-garde et une porte de fer qui s'ouvrit devant lui, marchant le long d'une rue, il commence à revenir à soi, et tout ce qui s'étoit passé auparavant lui avoit paru comme un songe; tant il se sentoit peu lui-même dans cette espèce d'extase, et tant l'étonnement d'un prodige si inespéré déroboit tout ce qu'il faisoit à sa connoissance. C'est encore dans un transport et dans le ravissement de son esprit, que saint Paul enlevé au troisième ciel et étonné des paroles qu'il y entend, ne se connoît plus lui-même, et ne sait s'il est dans son corps, ou s'il en est séparé [3]. Voilà ce qu'opère le transport; et il ne faut pas douter que dans de telles ou de semblables opérations de l'esprit de Dieu, il ne se passe beaucoup de choses, que les ames font ou souffrent sans le sentir distinctement.

XIII. Du transport de saint Pierre et de celui de saint Paul.

S'il faut encore aller plus avant, je dirai que quelquefois l'ame s'aperçoit de ses sentimens, et que quelquefois elle ne s'en aperçoit pas, ou ne s'en aperçoit que confusément.

Qu'on s'aperçoive souvent de ses sentimens, saint Paul l'a déclaré expressément par ces paroles : « Qui sait ce qui est en l'homme, si ce n'est l'esprit de l'homme qui est en lui ?. »

XIV. Souvent l'ame s'aperçoit de ses sentimens et elle ne s'en aperçoit pas; ou ne sait lequel

[1] *I Reg.*, I, 10. — [2] *Act.*, XII. — [3] *II Cor.*, XII, 3. — [4] *I Cor.*, II, 11.

des deux est le plus parfait.

Qu'il y ait aussi dans l'homme des sentimens qu'il n'aperçoit pas, David le décide en s'écriant : « Qui connoît ses péchés ? Purifiez-moi de mes fautes cachées [1] : » cela arrive dans les bonnes choses comme dans les mauvaises, puisque « nul ne sait s'il est digne d'amour ou de haine [2]; » l'on ne sait donc aussi si soi-même l'on aime Dieu, ou si on ne l'aime pas, puisque si on savoit assurément qu'on l'aimât, on sauroit aussi qu'on ne l'aime pas sans en être aimé, et on verroit l'amour que Dieu a pour nous dans celui qu'on auroit pour lui. Mais encore un coup, lequel des deux est le plus parfait, ou de connoître ses actes pour en rapporter la gloire à Dieu, selon ce que dit saint Paul : « Qui sait ce qui est en l'homme, sinon l'esprit de l'homme qui est en lui ? » et après : « Nous avons reçu de Dieu un esprit pour connoître ce qui nous est donné de Dieu [3]; » ou de ne le pas connoître, et d'aimer Dieu sans songer qu'on l'aime et sans même savoir ou songer ce que c'est qu'aimer : qui entreprendra de le décider, si ce n'est celui qui veut savoir ce que Dieu a réservé à sa connoissance ?

XV.
Si et comment l'ame qui aime connoît son amour.

Tout ce que je sais, c'est que Dieu veut quelquefois rendre une ame attentive à l'amour qu'elle a pour lui, à peu près de la même sorte que lorsqu'il dit à saint Pierre jusqu'à trois fois : *Pierre, m'aimez-vous* [4] ? Combien de semblables interrogations se font souvent dans ces secrets colloques des ames avec Dieu, où il semble leur demander en les examinant : *M'aimez-vous ?* et l'ame ne peut répondre autre chose, sinon, sans hésiter, qu'elle l'aime. Mais par un mystère merveilleux, en reconnoissant avec un aveu sincère qu'elle l'aime, souvent dans un autre sens, si elle s'approfondissoit elle-même, à moins d'une révélation particulière, elle n'oseroit s'assurer qu'elle aime comme il faut ; et contrainte d'appeler un meilleur témoin d'elle-même qu'elle-même, elle diroit enfin comme saint Pierre : « Seigneur, vous savez tout, et vous savez que je vous aime [5], » et si je ne vous aime pas encore comme vous voulez, vous savez m'inspirer un vrai amour.

XVI.
Qu'il ne

Par là se découvre manifestement l'erreur des nouveaux mys-

---

[1] *Psal.* XVIII, 13. — [2] *Eccl.*, IX, 1. — [3] I *Cor.*, II, 11, 12. — [4] *Joan.*, XXI, 15. — [5] *Ibid.*

tiques, lorsqu'ils décident hardiment que les actes non aperçus ou aperçus confusément sont les plus parfaits et des ames les plus parfaites. Au côntraire, régulièrement parlant, comme un péché commis avec réflexion a plus de malice, il semble aussi qu'un acte vertueux produit avec réflexion et avec une connoissance plus expresse, ait plus de bonté. D'autres raisons peuvent tempérer celle-là, et c'est par les circonstances et par les effets qu'il faut juger du mérite de ces actes. Le mieux est le plus souvent de n'en juger point ; il faut laisser voir le mérite à Dieu sans le voir soi-même ; et la seule règle certaine est de rendre à Dieu tout le bien que nous apercevons en nous.

faut pas aisément juger quels actes sont les plus parfaits, les aperçus ou les non aperçus.

Si l'on cherche comment et pour quelles causes nos actes intérieurs bons et mauvais échappent à notre propre connoissance, on en trouvera d'infinies, qui toutes ont lieu dans l'oraison. Un acte nous peut échapper quand il est si délicat qu'il ne fait point d'impression, ou en fait si peu qu'on l'oublie ; car il est alors comme si on ne l'avoit jamais produit. Il peut y avoir des actes si spirituels et intellectuels, ou en tout cas si rapides, qu'ils ne laissent aucune trace dans le cerveau, ou n'y en laissent que de fort légères, qui s'effacent comme d'elles-mêmes, ainsi qu'un flot qui se dissout au milieu de l'eau. Une grande dissipation et divagation de l'esprit apporte mille pensées qui se dérobent à nous en même temps qu'elles naissent. La disposition opposée, je veux dire une véhémente occupation de l'esprit d'un côté, fait échapper ce qui s'insinue par l'autre. La même chose nous arrive, comme on vient de voir, par le transport, lorsque l'ame dans une espèce d'extase ou saintement emportée de ses désirs, ne se possède plus. De même lorsqu'il s'élève dans l'intérieur un violent combat de nos pensées, elles partagent tellement notre cœur qu'on ne sait à laquelle on a cédé ; ce qui arrive principalement dans les épreuves dont nous parlerons en leur lieu. Enfin ce qu'il y a ici de plus important, nos actes nous échappent par leur propre simplicité, ce qu'il faut tâcher maintenant d'entendre.

xvii. *Diverses causes par où il arrive qu'on ne connoît point les actes.*

Souvenons-nous donc que l'ame déchue de la justice originelle, et entièrement livrée aux sens, ne se connoît plus elle-même qu'avec une peine extrême ; et comme dit saint Augus-

xviii. *Comment l'ame en vient à ne se plus*

connoître elle-même : et ses actes intellectuels ou spirituels.

tin[1], s'enveloppant avec les images sensibles dont elle est toute remplie et toute offusquée, elle se fait par ce moyen toute corporelle, et ne se distingue point elle-même d'avec son corps ; ce qui est dans le fond ne se pas connoître et nier en quelque façon sa propre existence. Néanmoins par un secret sentiment ou, comme on parle, par une certaine conscience de sa spiritualité, dans la connoissance qu'elle tâche d'avoir d'elle-même, elle se décharge le plus qu'elle peut de la matière, et s'imagine qu'elle est un air délié, ou une flamme subtile, ou une vapeur du sang et un mouvement des esprits, ou quelque autre chose de semblable, le plus mince et le plus menu qu'elle puisse imaginer. Par une suite de cet état, ce qu'elle ignore le plus, ce sont ses actes et ses mouvemens intellectuels : les sens occupent tout ; et on se remplit tellement des objets corporels qu'ils nous apportent, que ne voyant rien qu'à travers ce nuage épais, on croit en quelque façon que tout est corps, et que ce qui n'est pas corps ou corporel n'est rien. D'où vient aussi que l'ame est si peu touchée des biens purement intellectuels, et que toute sa pente est vers les sens et les objets sensibles.

XIX. *Comment l'ame commence à sortir de cette ignorance dans la contemplation, et ce qui lui arrive alors.*

On ne sort de ce triste état que peu à peu, et avec d'extrêmes efforts. J'avoue bien que l'ame peut se redresser par son raisonnement, comme ont fait quelques philosophes. La foi la redresse aussi d'une manière plus prompte et plus efficace ; mais c'est proprement dans la contemplation que recueillie en elle-même elle commence à se démêler comme expérimentalement d'avec le corps, dont elle se sent appesantie, et à séparer ses occupations intellectuelles, qui sont ses véritables actions, d'avec celles des sens et de la partie imaginative, qui n'est autre chose qu'un sens un peu plus intérieur que les autres ; mais dans le fond aussi grossier, puisqu'après tout ce qui y entre n'est toujours que corps.

L'ame donc dans cette ignorance, naturellement dominée par l'habitude de sentir et de croire en quelque façon que rien n'est réel que ce qui se sent, ce qui se touche, ce qui se manie, en se réduisant peu à peu à la pure intellection, s'échappe à elle-même,

---

[1] *De Trin.*, lib. X, cap. III, IV, etc., n. 5, 6 et seq.

et ne croit plus opérer pendant qu'elle commence à exercer ses plus véritables et plus naturelles opérations. Les actes de la volonté sont encore plus imperceptibles que ceux de l'intelligence ; car encore que toute pensée soit prompte et rapide de sa nature, ce qui fait dire à ce sublime poëte, pour exprimer la célérité d'un mouvement, *qu'il est vite comme la pensée* : néanmoins l'acte de la volonté, si on le veut ranger parmi les pensées, se trouvera le plus vite de tous les actes humains, puisqu'il l'est tellement qu'à peine a-t-on le loisir de le sentir. L'entendement se promène sur diverses propositions pour former un raisonnement et tirer une conséquence ; mais le coup du consentement, pour ainsi parler, se donne en un instant, et ne se connoît que par ses effets.

L'ame donc dans l'état contemplatif, se trouve si épurée, ou comme parlent les spirituels après Cassien [1], « si mince et si déliée : » *extenuata mens,* et ses pensées si subtiles et si délicates, que les sens n'y ont point de prise. Mais toutes ces expressions, quelque effort que nous ayons fait pour les épurer, sont grossières, puisque le menu, le mince, le délié ne tombe après tout que sur des corps. Le même Cassien a trouvé une autre expression, d'autant meilleure qu'elle est évangélique. Il dit donc que dans cet état de pure contemplation, « l'ame s'appauvrit, qu'elle perd les riches substances de toutes les belles conceptions, de toutes les belles images, de toutes les belles paroles [2], » dont elle accompagnoit ses actes intérieurs. On en vient donc jusqu'à parler le pur langage du cœur. Jusqu'à ce qu'on en soit venu à ce point, on parle toujours en soi-même un langage humain, et on revêtit ses pensées des paroles dont on se serviroit pour les exprimer à un autre. Mais dans la pure contemplation on en vient tellement à parler à Dieu, qu'on n'a plus un autre langage que celui que lui seul entend, qui est celui que nous avons appelé le langage du cœur, surtout dans l'acte d'amour, qui ne se peut ni ne se veut expliquer à Dieu que par lui-même. On ne lui dit qu'on l'aime qu'en aimant, et le cœur alors parle à Dieu seul. Si l'on vient et jusqu'où l'on vient à la perfection d'un tel acte pendant cette vie, et si l'on en peut venir jusqu'au point de faire entièrement cesser

XX. Épurement des actes de l'âme, et cessation du langage.

[1] Cass., coll. x, c. vii, ix. Coll. i, c. xvii. — [2] Cass., coll etc , ii.

au dedans de soi, toute image et toute parole, je le laisse à décider aux parfaits spirituels : ici où j'ai dessein d'éviter toute question, je me contente de dire que cet épurement s'avance si fort dans la sublime contemplation, qu'on entrevoit du moins la parfaite pureté, et que si l'on n'y parvient pas entièrement, on a quelque chose qui s'en ressent beaucoup. La pensée donc ainsi épurée autant qu'il se peut de tout ce qui la grossit, des images, des expressions, du langage humain, de tous les retours que l'amour-propre nous inspire sur nous-mêmes; sans raisonnement, sans discours, puisqu'il s'agit seulement de recueillir le fruit et la conséquence de tous les discours précédens, goûte le plus pur de tous les êtres, qui est Dieu, non-seulement par la plus pure de toutes les facultés intérieures, mais encore par le plus pur de tous ses actes, et s'unit intimement à la vérité, plus encore par la volonté que par l'intelligence.

XXI.
Grand épurement par la foi.

Et pour ouvrir encore à l'esprit une voie plus excellente, je suppose l'ame entièrement captivée et subjuguée par la foi, qui sans besoin de raisonnement, ni de lumière, ni de clarté ou d'évidence, en croit Dieu, parce que c'est Dieu, et pour adhérer à la vérité n'a besoin que de se soumettre à l'autorité de la vérité même. Une telle ame se réduisant à la seule foi, en vient enfin, dit Cassien, à cette *parfaite pauvreté d'esprit*, qui a fait dire à David : « Le pauvre et l'indigent vous donneront des louanges [1], » parce qu'en effet dépouillée de tout ce qu'elle peut avoir par elle-même, elle se met en état, par la pureté où Dieu seul l'a élevée, de ne plus rien approuver que ce qu'il enseigne.

XXII.
Le recueillement de l'ame dans l'intérieur le plus profond.

Elle entre alors véritablement dans l'Ecole du Saint-Esprit, dans cette Ecole intérieure où l'ame est excellemment enseignée de Dieu. *Qu'elle est éloignée*, dit saint Augustin, *du sens de la chair* [1], cette Ecole où règne la paix et le silence; cette Ecole *où Dieu se fait entendre*, où se tient le conseil du cœur, et où se prennent les résolutions : *encore un coup*, dit le même Saint, *qu'elle est éloignée du sens de la chair* [2]! Le sens étonné n'y voit rien, et l'ame qui lui échappe lui paroît comme réduite à rien. *Ad nihilum redactus sum, et nescivi :* « J'en suis réduit au néant, »

---

[1] Psal. LXXIII, 21. — [2] De Prædest. Sanct., cap. VIII, n. 13.

disoit David [1] ; et ce néant même, que je trouve en moi dans un fond où Dieu me ramène, m'est impénétrable, *et nescivi ;* ce qui lui fait ajouter : « je suis devenu devant vous comme une bête : » *ut jumentum :* sans raisonnement, sans discours ; et tout ce que je puis dire en cet état, « c'est que je suis toujours avec vous, » et que je ne trouve que vous dans l'obscurité de la foi où vous m'avez enfoncé : *et ego semper tecum :* voilà ce que je puis dire en bégayant de l'exercice parfait, et de l'imperceptible vérité des actes intellectuels dans la sublime contemplation.

Il est maintenant aisé d'expliquer les actes qui sont commandés au chrétien, et la manière la plus excellente de les pratiquer. De tous ces actes, les plus impurs et les plus grossiers sont ceux qu'on réduit en formule, et qu'on fait comme on les trouve dans les livres sous ce titre : *Acte de contrition, Acte d'offrande,* et ainsi des autres ; ces actes sont très-imparfaits, et même ne sont souvent qu'un amusement de notre imagination, sans qu'il en entre rien dans le cœur. Ils ont cependant leur utilité dans ceux qui commencent à goûter Dieu : c'est une écorce, il est vrai ; mais à travers cette écorce la bonne séve se coule : c'est la neige sur le bled, qui en le couvrant engraisse la terre et fournit au grain de la nourriture : on en vient peu à peu aux actes du cœur, que nous avons expliqués autant que Dieu l'a permis à notre foiblesse.

XXIII. Quels sont les actes du cœur.

Le Psalmiste a poussé cette explication à la plus grande simplicité par ce verset : « Le Seigneur a exaucé le désir des pauvres ; votre oreille a écouté la préparation de leur cœur [2]. » Dès qu'il commence à s'ébranler et à s'émouvoir pour vouloir, avant qu'il ait eu le temps de s'expliquer son acte à lui-même, Dieu le voit dans le fond le plus intime du cœur, et dès là il l'écoute. Pour s'expliquer davantage, le même Psalmiste dit ailleurs : « J'ai dit : Je confesserai contre moi-même mon injustice au Seigneur, et vous avez déjà remis l'iniquité de mon péché [3]. » Quelle admirable précision : *J'ai dit : Je confesserai ;* je n'ai pas encore confessé, j'ai résolu de le faire, et j'y ai préparé mon cœur ; et il ne dit pas : *Vous remettrez ;* comme si Dieu devoit attendre ma con-

XXIV. Comment David les explique.

---
[1] *Psal.* LXXII, 21. — [2] *Psal.* IX, X, sec. Hebr., vers. 17. — [3] *Psal.* XXXI, 12.

fession pour me remettre ma faute ; mais il dit : *Vous avez remis ;* de notre côté, c'est le futur; *Je confesserai ;* du côté de Dieu, c'est le passé : *Vous avez remis :* Dieu a plustôt remis que nous n'avons achevé la confession de notre faute. Je crois pour moi qu'il faut pousser ce sentiment de David jusqu'à dire qu'avant que l'esprit ait formé aucune parole en lui-même, Dieu a déjà écouté la profonde résolution d'un cœur qui se détermine avant toute expression à reconnoître sa faute et à la corriger. Combien de fois dit-on en soi-même : Je m'en vais prier? et dès là souvent la prière est déjà faite. On sera souvent devant Dieu comme un mendiant sans oser lui rien demander, tant on s'en répute indigne; mais on a déjà demandé par la secrète intention du cœur ce qu'on n'osoit demander d'une manière plus expresse : Dieu voit le fruit commencé dans le nœud, et la prière dans l'intention de prier : « Il fera la volonté de ceux qui le craignent, et il exaucera leurs prières, et il les sauvera[1]. » Tels sont les actes du cœur : plus on les exerce, plus l'ame s'épure et se simplifie ; ils se concentrent dans la charité, qui croit tout, qui espère tout, qui souffre tout, qui demande tout ; et qui dans les temps convenables développe, comme on a vu, tous les actes qu'elle contient en vertu.

XXV. *Que cet état est celui où les demandes, les actions de graces, et tous les actes de piété abondent le plus.*

C'est en cet état que les faux mystiques voudroient faire accroire à l'ame qu'elle n'a rien à demander. Mais c'est alors au contraire que ses demandes sont les plus vives comme les plus pures. Cassien, qui nous représente si à fond une ame réduite à cette bienheureuse pauvreté et simplicité d'esprit, y reconnoît la source des demandes, et reconnoît que l'ame ainsi appauvrie, « qui ne sent dans l'indigence où elle est réduite aucune sorte de secours[2] » qui lui vienne de son fonds, entend mieux que jamais qu'elle « n'a de force qu'en Dieu, et lui crie à chaque moment, dans un esprit de supplication : Je suis un pauvre et un mendiant, ô Dieu, aidez-moi ; » c'est ce qu'il répète souvent, et jamais l'ame, selon lui, n'est plus demandante que lorsqu'elle est devenue plus simple. Ses réflexions sont aussi épurées que ses mouvemens directs; elles s'y joignent, comme on a vu, non pour repaître

---

[1] *Psal.* CXLIV, 19. — [2] Cass., coll. etc., II.

notre amour-propre, mais pour aider et accélérer tous les mouvemens vers Dieu en reconnoissant qu'ils viennent de lui. Ainsi tout se tourne enfin en humbles actions de graces, qui sont le pur fruit d'un amour reconnoissant; ainsi naissent tous les autres actes, et l'ame est tenue par leur exercice en tendance continuelle vers Dieu, autant que le peut souffrir l'état malheureux de cette vie.

Il ne faut donc point dans l'oraison ni dans l'exercice de la piété imaginer un seul acte, qui comprenant tous les autres, en autorise la suppression : la foi, l'espérance et la charité sont et seront toujours trois choses; et leurs actes sont très-distincts, quoiqu'ils ne soient pas toujours distinctement aperçus. Le Saint-Esprit excite souvent dans les cœurs des désirs qu'il n'explique pas : l'ame sent à de certaines instigations confuses, qu'il veut d'elle quelque chose qu'elle ne peut comprendre. C'est ce que saint Paul semble avoir voulu exprimer dans ce passage tant de fois cité, mais qu'il faut répéter encore : « L'Esprit nous aide dans notre foiblesse; car nous ne savons pas ce que nous avons à demander dans la prière pour prier comme il faut; mais l'Esprit demande en nous avec des gémissemens inexplicables [1]. » Voilà déjà quelque chose d'incompréhensible dans la prière; mais ce qui est encore plus remarquable, c'est que, comme ajoute l'Apôtre, « celui qui sonde les cœurs, sait le désir, » la pensée, l'intention « de l'Esprit, φρόνημα, et sait qu'il demande pour les saints ce qui est conforme à (la volonté de) Dieu. » Toutes ces paroles insinuent quelque instigation qui ne se découvre pas d'abord; car ce que dit le même saint Paul, *que Dieu sait l'intention de l'Esprit*, semble indiquer que celui en qui il agit ne le sait pas bien; par où cet Apôtre paroît vouloir expliquer ce que dit le Sauveur lui-même : « L'Esprit souffle où il veut et on entend sa voix; mais on ne sait d'où il vient ni où il va [2]. » On sent qu'il veut quelque chose sans démêler ce que c'est : tout ce qu'on sait, en attendant, c'est que ce qu'il inspire est *pour les saints* [3]; et en général *conforme à Dieu*, sans savoir comment. Quand le même saint Paul disoit à Jésus-Christ, *que voulez-vous que je fasse* [4], Dieu lui mettoit dans le cœur je ne

XXVI. Dieu donne aux ames des instincts cachés et des instincts plus découverts

---
[1] *Rom.*, VIII, 26. — [2] *Joan.*, III, 8. — [3] *Rom.*, VIII, 27. — [4] *Act.*, IX, 6.

sais quoi de confus à quoi il falloit satisfaire; mais qui ne devoit se développer que dans la suite. Tout n'est pas confus de cette sorte dans les mouvemens du Saint-Esprit. Au même endroit de saint Paul, et trois versets auparavant, le même Esprit de prière dont nous « avons les prémices, nous fait entendre (distinctement) l'adoption des enfans et la rédemption de nos corps[1]. » Chacun de ces instincts du Saint-Esprit, et celui qui est plus confus, et celui qui est plus marqué, demande sa coopération particulière; et c'est, comme on a vu, par les circonstances qu'il faut décider lequel est le plus parfait.

XXVII. Erreur des nouveaux mystiques, d'attribuer généralement à imperfection la perception de ses actes.

J'oserai pourtant prononcer, et on avouera que ce n'est point témérairement, que les actes distinctement aperçus sont les plus parfaits en eux-mêmes; et d'abord pour commencer si l'on osoit par Jésus-Christ, qui dira qu'il n'a pas aperçu ses actes, ou que pour cela ils aient été moins parfaits et moins méritoires? La joie où les ames saintes sont abîmées dans le ciel, ne rend que plus nette la connoissance qu'elles ont d'elles-mêmes, et des actes par lesquels elles sont heureuses. Ces ames choisies à qui on croit que Dieu, par une bonté aussi rare qu'elle est admirable, a révélé leur prédestination, ressentent distinctement les actes qui les font saintes et persévérantes. Sans parler des graces extraordinaires, combien d'ames d'une sainteté éminente ont connu distinctement en elles les opérations du Saint-Esprit et les leurs? L'ignorance de nous-mêmes et de nos actes, où nous sommes tombés, est une plaie du péché originel, et souvent même un effet ou un reste de la concupiscence et de l'empire des sens, dont Dieu dégage les ames jusques au point qu'il sait. C'est ce qui fait dans les saints tant de grands actes qui leur sont connus, comme on l'a vu par tant d'exemples des prophètes et des apôtres; de sorte que c'est une erreur visible et intolérable de mettre avec les nouveaux mystiques la perfection de l'oraison à exterminer les actes dès qu'on en voit paroître la moindre lueur.

XXVIII. Comparaison captieuse entre les ac-

Avant que de passer outre, il faut encore proposer le raisonnement le plus captieux des nouveaux mystiques; ils le tirent de l'amour-propre. Quand on en est possédé, et tous les hommes le

[1] *Rom.*, VIII, 23.

sont par leur corruption naturelle, on ne se dit pas à tout coup : *tes de l'amour-propre, et les actes de l'amour divin.*
Je m'aime moi-même; on s'aime sans s'y exciter, sans y songer
même, et la pente est si naturelle qu'on ne s'en aperçoit pas. Sur
ce fondement on raisonne ainsi : Rien n'est impossible à Dieu, et
il ne peut pas moins par sa grace que la nature par sa corruption ; ainsi quand l'amour divin dominera dans un cœur, et quand
il sera tourné en habitude formée, les actes couleront de source
sans aucun besoin de les exciter, et sans même qu'on s'aperçoive
d'un sentiment qui nous aura passé en nature.

Il est aisé de répondre en supposant un principe de la foi; c'est *XXIX. Doctrine importante sur le combat perpétuel de la convoitise, et différence notable entre la manière d'agir de l'amour-propre et de l'amour de Dieu.*
que l'amour-propre parvient à l'entière extinction de l'amour de
Dieu; mais que par la constitution de la justice de cette vie, l'amour de Dieu ne parvient jamais à l'entière extinction de l'amour-propre : ainsi la concupiscence qui est l'amour-propre peut être
vaincue, mais non pas éteinte ni entièrement désarmée, puisque
le combat subsiste toujours, et que les plus justes n'en sortent
pas sans quelques blessures, qui leur font pleurer et confesser
leurs péchés comme autant d'effets de leur amour-propre, tant
que dure cette vie mortelle. Cela posé, il est faux qu'on puisse être
aussi parfait dans cette vie qu'on y peut être corrompu, ni qu'un
juste puisse venir à un état où il ne fasse non plus de faute contre
sa fin, qui est Dieu, que l'homme livré à lui-même et à son amour-propre en fait, pour ainsi parler, contre la sienne, qui est de se
satisfaire. Ainsi l'homme abandonné à sa convoitise ne fait point
de faute contre elle, dont il ait besoin de se relever par ses réflexions; mais l'homme bien que soumis à la charité, qui sait
qu'il pèche si souvent contre ses lois, doit être attentif à ses péchés, afin de s'en humilier et de s'en corriger.

Pour continuer la différence, on n'a pas besoin de secours pour *XXX. Autres différences aussi importantes.*
vouloir se satisfaire soi-même; mais on a besoin d'un grand et
continuel secours pour vouloir contenter Dieu. Ce seroit donc une
erreur extrême de ne point penser à ce secours, ou de croire qu'en
ayant besoin on ne doive pas le demander ni même s'apercevoir
de son indigence.

L'homme aussi n'a pas besoin d'exciter sa diligence à se contenter soi-même, puisque par sa pente naturelle il ne néglige rien pour cela, ou s'il néglige quelque chose, sa paresse sera encore un effet de son amour-propre. Mais comme il sait qu'il a dans son fonds une extrême négligence pour contenter Dieu, il doit détester la doctrine qui l'empêche de s'animer quand il languit, ou de se relever quand il tombe. Ainsi la comparaison de l'amour de Dieu avec l'amour-propre, qui paroissoit si spécieuse, est absurde et pitoyable. Dieu peut tout, et il est certain qu'il pourroit faire dès cette vie que l'homme fût aussi attaché à lui qu'il l'est à soi-même naturellement et par son fond corrompu. L'importance est de bien connoître l'ordre et les temps de sa grace, ce qu'il veut donner dans cette vie et ce qu'il veut réserver au siècle futur. Il ne s'agit pas de former en son esprit de belles idées, à la manière des nouveaux mystiques; mais de sonder celle de la perfection du chrétien sur cette vérité révélée, que jusqu'à la fin de sa vie ses humbles précautions font sa sûreté, et que ses foiblesses en l'humiliant sont une partie de son remède. C'est de quoi il n'est pas permis de douter après ce que saint Paul a dit de lui-même : « L'ange de Satan m'a été envoyé, de peur que la grandeur des révélations ne m'élevât [1]. » Le contraire change la nature de la grace chrétienne; et c'est cette fausse idée de perfection qui a fait Pélage, Jovinien, les béguards, et aujourd'hui les nouveaux mystiques.

XXXI. Autre objection tirée de la nature de l'habitude: deux démonstrations pour montrer que celle de la piété n'éteint pas la réflexion.

Quant à l'habitude et à ses actes qui coulent de source sans qu'on ait besoin de les exciter, non plus que de les apercevoir, nos mystiques en les objectant tombent dans leur défaut ordinaire, qui est de rendre général ce qui n'est vrai qu'avec restriction, et jusqu'à un certain point. Il est donc vrai que l'habitude tournée en nature ôte en partie les réflexions, mais non pas toutes ni toujours. Les réflexions que les habitudes éteignent ou diminuent sont principalement celles qui nous font paroître nouveau, ou surprenant, ou admirable et trop remarquable ce que nous faisons; mais de conclure de là que le chrétien élevé à la perfection de la vertu formée en habitude, ne réfléchisse point du tout sur ses actes : deux raisons l'empêchent; l'une, qu'il faudroit supposer que ce parfait chrétien ne peut rendre graces à Dieu de tout le bien qu'il fait en lui ni le reconnoître : ce qui seroit démentir les

[1] II *Cor.*, XII, 7.

Ecritures où ces actes se trouvent à toutes les pages ; démentir en même temps tous les exemples des Saints, et finalement se démentir soi-même, puisqu'il n'y a point de gens qui discourent davantage de tous leurs états et de tous les degrés de leur oraison que nos prétendus mystiques.

L'autre raison n'est pas moins claire ; c'est que pour éteindre toutes réflexions sur leurs propres actes dans l'habitude parfaite de la vertu, il faudroit encore supposer que l'habitude est montée si haut et tellement affermie, qu'elle n'a plus aucun besoin de se redresser ; ce qui est contraire à tout l'état de cette vie, ainsi qu'il est démontré par la doctrine précédente.

XXXII. *Autre objection tirée de la nature de l'amour, et résolution importante.*

C'est une semblable idée de perfection qu'on se forme dans son esprit sans aucune autorité de la parole de Dieu, qui fait dire qu'une ame qui aime parfaitement, non-seulement aime sans songer si elle aimera toujours, mais aime même sans songer si elle aime. Car c'est, dit-on, un obstacle à la perfection de l'amour et une interruption de son exercice, que de réfléchir sur l'amour et sur sa durée, ou sur son accroissement et sa diminution. Voilà un piége subtil pour introduire une grande erreur : car on ne prétend rien moins que d'ôter par là aux parfaits le désir d'aimer davantage ou d'aimer toujours, et les demandes qu'on fait pour en obtenir la grace. Ainsi quand David dit : *Je vous aimerai*[1] ; quand saint Paul se sent pressé *de ces deux désirs*[2], dont l'un est de voir Jésus-Christ; quand les Saints ont dit tant de fois après les apôtres : *Seigneur, augmentez notre foi*[3], ils interrompoient leur amour. On l'interrompt quand on dit : *Délivrez-nous du mal*, puisque le mal, dont on désire d'être délivré par cette prière, est le mal de n'aimer pas, et le bien qu'on y demande est d'aimer toujours ; ce qui est en d'autres paroles demander de ne pécher plus. Ainsi cette divine demande sera une interruption de l'amour parfait, ou bien il la faudra tordre pour lui donner un autre sens que le naturel.

XXXIII. *Autre objection tirée de la comparai-*

Mais voyons encore sur quoi l'on se fonde : on apporte l'exemple de l'amour profane. Nous n'examinons point, dit-on, si nous aimons une personne pour qui nous avons la plus tendre et la plus

---

[1] *Psal.* XVII. — [2] *Phil.*, I, 23. — [3] *Luc*, XVII, 5.

son de l'amour vulgaire, et réponse par la doctrine précédente.

forte amitié : tout de même l'ame parfaite en aimant ne songe qu'à aimer, ou plutôt elle aime sans penser à aimer; et examiner si elle aime lui paroîtra une distraction : à quoi on ajoute que comme elle aime sans réflexion sur son amour, elle aime aussi sans désirer d'aimer. Voilà les subtilités de la nouvelle théologie pour éteindre tout désir et toute demande, jusqu'à la demande même et jusqu'au désir d'aimer Dieu persévéramment et de plus en plus.

Ce qui fait l'erreur, c'est que l'on compare l'amour vulgaire et sensible d'une créature avec l'amour de Dieu ; mais la différence est extrême : dans l'amour de la créature on n'est pas né dans l'impuissance, mais au contraire dans une pente naturelle à s'y livrer. On n'a point d'effort à faire pour aimer l'objet où tous nos sens nous attirent; on n'a point à combattre un tentateur au dehors qui est le démon, ni un tentateur au dedans encore plus dangereux qui est la concupiscence; on n'a pas besoin à chaque acte d'un secours perpétuel de l'objet aimé pour s'y attacher. Comme on trouve tout le contraire dans l'amour divin, il ne faut pas s'étonner si un amour d'une autre nature a des qualités et demande des accompagnemens si divers. Ainsi contre la nature de l'amour vulgaire, on demande la grace d'aimer à celui qu'on aime ; on craint de déchoir, et on demande la persévérance ; on craint de ne le pas assez aimer, et on désire avec David de l'aimer et le désirer de plus en plus : *Concupiscit anima mea desiderare*[1]. Ces actes ne se trouvent pas dans l'amour profane : ce qui est de commun entre l'amour profane et le sacré, parce qu'il est de la nature de l'amour, est de désirer la possession assurée de ce qu'on aime : c'est toutefois ce désir de la possession que les nouveaux mystiques excluent comme étranger et intéressé, et ils n'abandonnent leur comparaison qu'à l'endroit où elle est juste.

XXXIV. Autre objection captieuse tirée de la nature de l'amour, et réponse par les mêmes principes.

C'est encore ce qui leur fait dire, et c'est le comble de l'illusion, qu'il vaut mieux exercer l'amour que d'en désirer ou d'en demander la persévérance, et qu'ainsi c'est se relâcher de l'acte d'amour que de faire celui des désirs ou des demandes. Sur cela on dit à l'ame prétendue parfaite : Au lieu de réfléchir sur l'amour,

[1] *Psal.* CXVIII, 20.

aimez : au lieu d'en rendre graces, aimez : aimez enfin, au lieu de demander de l'amour : c'est assez demander l'amour que de l'exercer à chaque moment; ne demandez non plus la jouissance, aimez seulement ; la jouissance est donnée sans qu'on la demande. C'est là encore une de ces spécieuses vanités qu'on oppose à la vérité de Dieu et à l'exemple des saints. Selon ces raisonnemens il faudroit dire à l'épouse : Ne dites point au bien-aimé, *Tirez-moi à vous*[1] ; aimez seulement, et ne songez pas au besoin que vous avez qu'il vous attire ; ne dites plus : *Sa gauche est sous ma tête* pour me soutenir dans ma foiblesse, *et sa droite m'embrassera*[2] pour m'enivrer des délices de ses célestes caresses : aimez seulement et laissez là les embrassemens. De même quand à la fin de l'*Apocalypse* saint Jean parle ainsi : « L'Esprit et l'Epouse disent : Venez ; que celui qui les écoute dise : Venez ; oui, venez, Seigneur Jésus[3] : » il faut dire non-seulement à cet enfant de dilection, et à tous ceux qui l'écoutent : mais encore à l'Epouse même et à l'Esprit qui la meut : Cessez de dire : Venez ; aimez seulement, et il saura bien venir de lui-même. Les raisonnemens qu'on oppose à ces décisions du Saint-Esprit sont des fruits d'une superbe et creuse spéculation ; ce sont des discours qu'on prend dans son cœur, et non pas dans la doctrine révélée de Dieu. Il est naturel à celui qui aime, et qui ne possède pas, de désirer : comme il sent sa foiblesse, il lui est naturel de demander du secours : tout cela loin d'être une cessation de l'exercice d'aimer, est l'amour en toutes ses formes.

Un abîme en attire un autre : c'est la fausse idée de la perfection et de la béatitude de cette vie qui attire cette exclusion des demandes et des désirs dans nos prétendus parfaits. Ils ont outré au delà de toute mesure la comparaison de la justice chrétienne avec *un or très-pur et affiné*, en disant « qu'il a esté mis tant et tant de fois au feu, qu'il perd toute impureté et toute disposition à estre purifié[4]. » Après cet excès, il ne faut pas s'étonner si on croit ne devoir plus demander la rémission de ses péchés, ni l'accroissement de la justice : et pour s'expliquer encore plus claire-

XXXV. Quelle est la source de la suppression des demandes ; fausse idée de pureté, de rassasiement et de perfection.

[1] *Cant.*, I, 4. — [2] *Ibid.*, II, 6. — [3] *Apoc.*, XXII, 17, 20. — [4] *Moyen court*, ch. XXIV, p. 123.

ment on ajoute : « Que l'orfèvre ne pouvant plus trouver de mélange à cause qu'il est venu à sa parfaite pureté et simplicité, le feu ne peut plus agir sur cet or, et il y seroit un siècle qu'il n'en seroit pas plus pur et qu'il ne diminueroit pas[1]. » Les béguards à cet égard en disent-ils davantage, et n'est-ce pas précisément croire avec eux « qu'on ne peut plus profiter en grace? *Ampliùs in gratiâ proficere non valebit*[2]. Il semble qu'on ait pris plaisir par tous ces discours à combattre directement cette parole de saint Jean : « Que celui qui est juste, se justifie encore ; et que celui qui est saint, se sanctifie encore[3] ; » et celle-ci de David : *Nul homme* vivant *ne sera* pleinement et parfaitement *justifié devant vous*[4] ; et cent autres de la même force, dont toute l'antiquité s'est servie pour montrer l'imperfection de la justice présente.

On ne peut donner de bon sens à tous ces excès qui obligent à répéter cent et cent fois *que toute propriété,* et avec la propriété *toute la malignité de l'homme*[5]*,* c'est-à-dire en d'autres paroles, toute la concupiscence est détruite; en sorte que l'ame épurée, comme si elle avoit passé par le purgatoire, est conduite *à la pureté de la création*[6]*,* ou comme l'on dit ailleurs[7], *elle parvient* (et encore) *en peu de temps à la simplicité et unité en laquelle elle a esté créée,* qui est précisément la même doctrine, avec presque la même expression de Molinos, lorsqu'il a dit aux endroits déjà cités, qu'on revient *à sa première origine , et à l'heureuse innocence que nos premiers peres ont perdue*[8]*.*

C'est de cette idée de perfection et de plénitude, ou comme on l'appelle ailleurs, *de rassasiement parfait,* que l'on a écrit que jusqu'au temps que l'ame y soit parvenue, *il luy échappera toujours quelque desir ou envie*[9] ; ce qui montre que la suppression de tout désir, envie et inclination, qu'on a établie avec tant de soin, vient de ce *rassasiement,* qu'on suppose dès cette vie entier et parfait.

XXXVI.
Béatitude et sécurité dans cette

Par la suite du même principe on pousse encore au delà des bornes l'idée de la béatitude de cette vie, puisqu'on assure que

---

[1] *Moyen court*, p. 126. — [2] Clement., *Ad nostrum.* — [3] *Apoc.*, XXII, 11. — [4] *Psal.* CXLII, 2. — [5] *Moyen court*, ibid., p. 122. — [6] *Ibid.*, ch. XII, p. 133, 134. — [7] P. 84. — [8] *Guide*, liv. II, ch. XX, n. 194, 202. — [9] *Moyen court*, sur la fin.

l'ame parfaite y possède *très-réellement*, et plus réellement *qu'on ne peut dire l'essentielle béatitude* [1] : ce qui oblige à décider que *l'essentielle béatitude* n'est pas dans *la vue de Dieu, et que l'on peut en jouir et le posséder sans le voir*. Il est vrai qu'on en peut jouir et le posséder sans le voir ; *mais en espérance et non en effet : Spe, non re*, comme parle toute l'Ecole après saint Augustin ; de sorte que l'on n'a point l'*essentielle béatitude*, parce qu'encore que Jésus-Christ soit présent en quelque façon et par la foi, absolument parlant il est *absent*, selon ce que dit saint Paul [2], lorsqu'il oppose l'état d'*absence*, qui est celui de cette vie, à l'*état de présence*, qui appartient à l'autre. Jésus-Christ nous a donné la même idée, puisqu'en nous déclarant huit fois heureux, il explique très-précisément que ce n'est pas par ce que nous avons mais par ce que nous aurons que nous le sommes : « Bienheureux les pauvres d'esprit, parce qu'ils posséderont le royaume : Bienheureux ceux qui ont faim et soif de la justice, parce qu'ils seront rassasiés [3] ; » et ainsi du reste. Ces faux parfaits affectent toujours des idées et des expressions contraires à celles de l'Evangile. C'est contre l'esprit de Jésus-Christ qu'on sépare de la vue de Dieu *la réelle et essentielle béatitude*, pendant que ce divin Maître la met précisément dans cette vue : « Bienheureux, dit-il, ceux qui ont le cœur pur, car ils verront Dieu ! » Mais il plaît aux nouveaux mystiques de trouver je ne sais quelle excellence *à avoir le bonheur de la jouissance sans avoir le plaisir de la vue* [5]. Vous diriez qu'on déroge à l'amour de Dieu en se plaisant à le voir ; ce qui est du même esprit, qui faisoit dire à Malaval « que s'il plaisoit ainsi à Dieu, il voudroit l'aimer toute une éternité sans le voir [6]. » Goût bizarre, s'il en fut jamais, mais où l'on voit l'esprit des nouveaux mystiques, qui tend à exténuer la vue de Dieu, encore qu'elle soit la source certaine et inépuisable du plus pur et du plus parfait amour : aveugles et conducteurs d'aveugles, qui en supprimant le désir de voir, induisent trop clairement à ne pas croire la vision si désirable. Ailleurs pour nous porter à désirer moins, on fait croire à l'ame prétendue parfaite que Dieu lui dit ces paroles :

---

[1] *Interprét. du Cant.*, I, 1, p. 5, 6. — [2] II *Cor.*, V, 6, etc. — [3] *Matth.*, V, 3, etc. — [4] *Ibid.* — [5] *Interprét. du Cant.*, p. 5. — [6] P. 169.

« Je vous ay fait ressembler à mes anges, et je veux que vous ayez le même avantage qu'eux, qui est de contempler toûjours ma face [1]. » Je ne sais si les béguards en demandoient davantage : aussi cette ame n'a-t-elle rien à craindre : « Dieu la lie si fortement à luy qu'elle ne craindra plus aucune défaillance [2] : » c'est le foible « des commencemens d'éprouver des éclipses, et de faire encore des chutes : » mais l'ame parfaite n'en fait plus; « elle est confirmée, si l'on peut user de ce terme, dans la charité [3]. » Le correctif léger, *si l'on peut*, n'empêche pas qu'on ne voie que l'esprit est d'établir une fermeté absolue, en disant ailleurs de cette ame « qu'on peut dire qu'elle est pour toûjours confirmée en amour, puisqu'elle a esté changée en luy [4]; en sorte, dit-elle, qu'il ne sçauroit plus me rejeter, et aussi je ne crains plus d'estre separée de luy [5]. »

Sans cette sécurité où l'on met les ames, oseroit-on assurer qu'elles n'ont point à demander la persévérance ? mais leur *repos est confirmé pour n'estre jamais plus interrompu* [6] ? et encore qu'on ajoute qu'il le pourroit être, et que l'ame *par sa liberté pourroit* défaillir, on ajoute aussi *qu'elle ne le voudra jamais à moins de la plus extreme ingratitude et infidélité,* sans vouloir dire qu'en cette vie on n'est jamais assuré que cette infidélité n'arrivera pas.

C'est pourtant ce qu'il falloit dire, si l'on vouloit donner un vrai correctif à la doctrine répandue partout, que ces ames sont assurées de ne tomber pas : c'est, encore un coup, ce qu'il falloit dire avec saint Augustin et toute l'Eglise, qui reconnoît humblement *que cette securité* qu'on entreprend de donner aux ames parfaites, non par un don spécial si rare qu'à peine en peut-on trouver deux ou trois exemples certains; mais par un état d'oraison où l'on vient régulièrement, « n'est pas utile en ce lieu d'infirmité, où l'assurance pourroit produire l'orgueil [7]. »

XXXVII. Les nouveaux mystiques éteignent

C'est donc en quoi l'esprit de l'Eglise est directement opposé à celui des nouveaux mystiques. L'Eglise tient ses enfans dans l'incertitude, afin de les obliger à prier sans cesse pour obtenir la

---

[1] *Interprét. du Cant.*, p. 18, 27. — [2] *Ibid.*, II, 6, p. 47. — [3] *Ibid.*, p. 48. — [4] *Ibid.*, VII, 10. — [5] P. 176. — [6] *Ibid.*, VIII, 4, p. 188. — [7] *De Corrept. et Grat.,* cap. XIII, n. 40.

persévérance ; ceux-ci au contraire induisent à un repos qui éteint par sa plénitude prétendue l'esprit de désir et de demande.

dans les prétendus parfaits l'esprit de mortification et de vertu.

Il éteint même l'esprit de mortification et d'austérité, expressément enseigné par ces paroles de saint Paul : « Je châtie, je mortifie, je flétris mon corps, je réduis en servitude mon corps[1], » et le reste qui est connu. Contre cette doctrine apostolique, confirmée par la tradition de tous les siècles, on a osé dire que « l'austerité met les sens en vigueur, loin de les amortir ; qu'elle émeut les sens et irrite la passion, loin de l'éteindre ; qu'elle peut bien affoiblir le corps, mais non jamais émousser la pointe des sens [2], » encore que tous les Saints et saint Paul même aient pratiqué ce remède comme l'un des plus efficaces. C'est en vain que, pour adoucir en quelque façon une proposition qui révolteroit tous les lecteurs, on explique qu'on ne prétend autre chose, sinon « qu'il ne faut pas faire son exercice principal de la mortification[3] : » car qui jamais a pensé que ce fût l'exercice principal ? Ce qu'on ajoute, « qu'il ne faut pas se fixer à telles et telles austerités, » est directement opposé à la pratique des Saints. D'ailleurs on donne la vue, que « sans penser en particulier à la mortification, Dieu en fait faire de toute sorte[4] ; » comme si le soin que Dieu prend de nous mortifier devoit empêcher le sacrifice volontaire des mortifications particulières : et c'est sous prétexte de soumission à la volonté de Dieu, condamner saint Paul, et induire dans la discipline chrétienne un relâchement qu'elle n'a jamais connu.

On prend un autre prétexte d'éteindre l'esprit de mortification dans la *Regle des associez à l'enfant Jésus*, qui est un livre composé dans l'esprit et presque des propres paroles du *Moyen court*. On y affoiblit les austérités « comme chose peu convenable à l'enfance, un enfant estant plus capable de pureté, de grace et d'amour, que de rigueur et d'austerité[5] ; » qui est un abus visible du terme d'*enfance*, et une profanation du mystère de la sainte enfance de Jésus-Christ, qu'on tâche de séparer de la mortification et de la croix.

[1] I *Cor.*, IX, 27. — [2] *Moyen court*, ch. X, p. 38. — [3] *Ibid.*, p. 40. — [4] *Ibid* — [5] *Regle*, etc., p. 30.

Enfin on affoiblit en général le soin particulier de cultiver les vertus, en disant « qu'il n'y a point d'ames qui pratiquent la vertu plus fortement que celles qui ne pensent pas à la vertu en particulier[1]; » ce qui revient au principe de ne vouloir rien, de ne réfléchir sur rien, et de supprimer toute activité et tout effort, c'est-à-dire toute action expresse et délibérée du libre arbitre.

Voilà l'exposition et une réfutation plus que suffisante de la doctrine des nouveaux mystiques. Pour un plus grand éclaircissement, et pour mieux préparer la voie à la juste qualification de leurs propositions, il faut encore en peu de paroles opposer à leurs nouveautés la tradition de l'Eglise.

LIVRE VI.

Où l'on oppose à ces nouveautés la tradition de l'Eglise.

I.
La tradition de l'Eglise s'explique principalement par ses prières.

Le principal instrument de la tradition de l'Eglise est renfermé dans ses prières; et soit qu'on regarde l'action de la liturgie et le sacrifice, ou qu'on repasse sur les Hymnes, sur les Collectes, sur les Secrètes, sur les Postcommunions, il est remarquable qu'il ne s'en trouvera pas une seule qui ne soit accompagnée de demandes expresses; en quoi l'Eglise a obéi au commandement de saint Paul : « Qu'en toutes vos supplications vos demandes soient portées à Dieu avec action de graces[2]. » C'est une chose étonnante que l'Eglise ne fasse pas une seule prière, je dis encore un coup, pas une seule sans demande, en sorte que la demande soit pour ainsi dire le fond de toutes ses oraisons, et qu'il y ait de ses enfans qui fassent profession de ne plus rien demander. La conclusion solennelle de toutes les oraisons de l'Eglise, *par Jésus-Christ et en l'unité du Saint-Esprit,* fait voir la nécessité de la foi expresse en la Trinité, en l'Incarnation et en la médiation du Fils de Dieu. Ce ne sont point ici des actes confus et indistincts envers les Personnes divines, ou même envers les attributs divins; on trouve

---

[1] *Moyen court,* p. 36.— [2] *Phil.,* IV, 6.

partout la toute-puissance, la miséricorde, la sagesse, la providence très-distinctement exprimées. La glorification de la Divinité dans la Trinité, et l'action de graces ne sont pas moins répandues dans les prières ecclésiastiques; mais partout selon l'esprit de saint Paul, elles se terminent en demande sans y manquer une seule fois; témoins ces deux admirables glorifications : *Gloria in excelsis*, et *Te Deum laudamus:* tout y a pour but la gloire de Dieu; ce que l'Eglise déclare par ces admirables paroles : « O Seigneur, nous vous rendons graces à cause de votre grande gloire : » *Gratias agimus tibi, etc.* Les demandes viennent ensuite : « Ayez pitié de nous, écoutez nos vœux : » *Miserere nobis*, etc. : *Suscipe deprecationem*, etc. On revient à la glorification : « Parce que vous êtes le seul saint, le seul Seigneur, » et le reste.

Tel est l'esprit de la prière chrétienne, qui unit en soi ces trois choses, la glorification de Dieu en lui-même, l'action de graces et la demande : selon cet esprit, quand même on les sépare dans l'exercice, on doit toujours les unir selon l'intime disposition du cœur ; et en venir à l'exclusion de l'une des trois, comme font les nouveaux mystiques, c'est éteindre l'esprit d'oraison. Quand l'Eglise invoque Dieu, comme elle fait partout, sous le titre de *miséricordieux* ou de *tout-puissant*, et ainsi des autres, elle montre que les demandes qui suivent se terminent à le glorifier dans ses divines perfections, et plus encore pour ce qu'il est que pour ce qu'il donne. Ainsi c'est une erreur manifeste et injurieuse à toute l'Eglise, de regarder les demandes comme intéressées, et d'en suspendre l'usage dans les parfaits.

Les demandes de l'Eglise se rapportent à trois fins, que chacun désire obtenir pour soi dans cette vie : la rémission des péchés ; la grace de n'en plus commettre, ce qui comprend la persévérance ; l'augmentation de la justice : et ces trois fins particulières se terminent à la grande fin à laquelle toutes les autres sont subordonnées, qui est l'accomplissement des promesses dans la vie future. L'Eglise montre cette intention dans toutes ses prières, et je me contente de la marquer dans celle-ci : « Donnez-nous, ô Dieu tout-puissant, l'augmentation de la foi, de l'espérance et de la charité; et afin que nous obtenions ce que vous avez promis, faites-nous

II. Les prières de l'Eglise convainquent d'erreur ceux qui croient que les demandes sont intéressées.

aimer ce que vous avez commandé. » Toutes les autres prières sont du même esprit; et si ces actes sont intéressés, c'est une chose horrible à penser que l'Eglise ne songe pas une seule fois à nous en faire produire d'autres. Pour s'éloigner de tels actes, il faut renoncer à dire *Amen* sur la demande qu'on vient d'entendre, et en même temps sur toutes les autres, puisqu'elles sont toutes de même intention. C'est une règle constante de la foi, qu'on prie selon ce qu'on croit, et « que la loi de prier établit celle de croire : » *Ut legem credendi lex statuat supplicandi*. Les papes et les conciles nous ont enseigné que la doctrine de la prière est inséparable de la doctrine de la grace. « La grace, dit le concile de Carthage dans sa lettre synodique au pape saint Innocent [1], est déclarée manifestement par les prières des Saints : *Gratia Dei Sanctorum evidentiùs orationibus declaratur*. Voilà ce qu'on écrit à saint Innocent, et ce grand Pape répond : « Si nous n'avons pas besoin du secours de Dieu, pourquoi le demandons-nous tous les jours? Car soit que nous vivions bien, nous demandons la grace de mieux vivre; et si nous nous détournons du bien, nous sommes encore dans un plus grand besoin de la grace [2]. » Comme donc on disoit alors aux pélagiens, qui nioient la grace : Comment la demandez-vous si vous l'aviez? je dirai à nos faux dévots : Comment cessez-vous de la demander si vous croyez en avoir besoin? L'erreur est égale, ou de nier ce qu'on demande, ou de ne demander pas ce qu'on croit absolument nécessaire.

III. Doctrine de saint Augustin et de toute l'Eglise catholique, que nul n'obtient la persévérance sans la demander.

Pour établir cette doctrine, saint Augustin dans ses derniers livres tant autorisés par le Saint-Siége, a dit « qu'il étoit constant, *constat*, que comme il y a des graces que Dieu donne sans qu'on les demande, par exemple, le commencement de la foi (et l'esprit même de la prière), aussi y en a-t-il d'autres qu'il n'a préparées qu'à ceux qui les demandent, telle qu'est la persévérance dans le bien [3] : » c'est pourquoi il étoit d'accord avec les semi-pélagiens qu'on la pouvoit et qu'on la devoit « mériter par d'humbles supplications : » *Suppliciter emereri* [4] : d'où il s'ensuit clairement

---

[1] *Epist. Conc. Carth. ad Innoc. PP.*, ap. Aug., Ep. CLXXV, al. XC. — [2] *Ibid.* Epist. CLXXXI, al. XCI, n. 5. — [3] *De dono persev.*, cap. XVI, n. 39. — [4] *Ibid.*, c. VI, n. 10.

que ceux qui ne veulent pas la demander ne veulent pas l'avoir, et qu'en évitant la demande on perd la grace. De là vient que ce saint docteur enseigne encore comme une vérité constante, « qu'il n'y a aucun des saints qui ne demande la persévérance¹ : » ceux donc qui ne la demandent pas, selon lui ne sont pas saints; et il ajoute selon la doctrine de saint Cyprien, que, loin qu'on ne doive pas demander la persévérance, « on ne demande presque autre chose que ce grand don dans l'Oraison Dominicale. »

IV. Que saint Cyprien et saint Augustin n'ont jamais connu le prétendement du désintéressement des nouveaux mystiques.

Ces deux grands saints, je veux dire saint Cyprien et saint Augustin, ne connoissent point le mystère du nouveau désintéressement, qui persuade à nos faux mystiques à ne rien désirer pour eux-mêmes, puisqu'ils tournent tous deux à eux-mêmes toutes les demandes de l'Oraison Dominicale, et entre autres celle-ci : *Que votre nom soit sanctifié;* car, disoit saint Cyprien, et saint Augustin après lui, « nous ne demandons pas que Dieu soit sanctifié par nos oraisons; mais que son nom (saint par lui-même) soit sanctifié en nous; car qui peut sanctifier Dieu, lui qui nous sanctifie? Mais à cause qu'il a dit : Soyez saints comme je suis saint, nous lui demandons qu'ayant été sanctifiés dans le baptême, nous persévérions dans la sainteté qui a été commencée en nous. Nous prions donc nuit et jour que cette sanctification demeure en nous². » C'est donc pour nous que nous demandons; cette demande : *Votre nom soit sanctifié,* regarde Dieu en nous, et ne l'en regarde pas moins en lui-même, parce que toute notre sanctification se rapporte à lui.

V. Suite de la doctrine de saint Augustin et de l'Eglise catholique.

Ainsi, encore une fois, ce désintéressement tant vanté par les faux mystiques, qu'on fait consister à ne rien demander pour soi, est inconnu à saint Cyprien et à saint Augustin : il l'est à Jésus-Christ même qui nous commande de dire : *Pardonnez-nous, ne nous induisez pas, délivrez-nous :* c'est à nous que les péchés doivent être pardonnés; c'est nous qui voulons être délivrés du mal; et comme l'Eglise l'interprète à la fin de l'Oraison Dominicale, « du mal passé, du mal présent et du futur : » *Ab omnibus malis præteritis, præsentibus et futuris :* ce qui enferme la persé-

¹ *De don. Persev.,* c. II, n. 4. — ² Cypr., *de Orat. Dom.,* p. 207; Aug., loco mox citat.

vérance dans le bien, puisque, comme dit saint Augustin, si nous sommes véritablement délivrés du mal, « nous persisterons dans la sainteté que nous avons reçue par la grace [1] : » Non-seulement nous y persisterons, mais encore nous y croîtrons, en disant avec les apôtres : *Augmentez-nous la foi* [2]; et en cela nous aurons l'effet de cette demande : *Votre volonté soit faite*, parce que *la volonté de Dieu, c'est notre sanctification,* comme dit saint Paul [3], dans laquelle nous devons croître, selon cet exprès commandement : « Que celui qui est juste se justifie encore, et que celui qui est saint se sanctifie encore [4] : » c'est pour cela, continue saint Augustin, que « Dieu commande à ses saints de lui demander la persévérance [5]; » et nos faux contemplatifs osent dire qu'il ne le commande pas aux parfaits, comme si les parfaits n'étoient pas saints.

VI. La doctrine précédente expressément définie par les conciles.

Ce qu'a dit saint Augustin de cette demande, est expressément défini dans le second concile d'Orange par ce chapitre : « Il faut que les saints implorent sans cesse le secours de Dieu, afin qu'ils puissent parvenir à une sainte fin, et persister dans les bonnes œuvres [6] : » et en dernier lieu par le concile de Trente, lorsqu'après avoir défini qu'on ne peut avoir ce grand don que de Dieu seul, il conclut que nous ne pouvons l'obtenir que par des travaux, des veilles, des aumônes, des prières, des oblations et des jeûnes [7]. »

VII. Il est défini par les conciles que l'Oraison dominicale est d'obligation pour les plus parfaits.

On voit encore par cette doctrine que l'Oraison Dominicale est supposée être l'oraison d'obligation de tous les fidèles ; ce qui est confirmé par les décisions du concile de Carthage [8], où l'on suppose comme un principe de foi, que les plus grands saints, et fussent-ils aussi saints *que saint Jacques, que Job et que Daniel,* ont besoin de faire cette demande : «*Pardonnez-nous nos péchés,* et que ce n'est point par humilité, mais en vérité qu'ils la font : *Non humiliter, sed veraciter.* »

Le concile de Trente suppose aussi que cette demande n'est pas « seulement humble, mais encore sincère et véritable [9]; et que l'Oraison Dominicale où elle est énoncée, est d'une commune

---

[1] *De dono persev.*, cap. v, n. 9. — [2] *Luc.*, XVII, 5. — [3] I *Thess.*, IV, 3. — [4] *Apoc.*, XXII, 11. — [5] *De dono persev.*, cap. VI, n. 11. — [6] *Conc. Arauc.* II., cap. X. — [7] Sess. VI, c. XIII. — [8] *Conc. Carth.*, c. VII, VIII. — [9] Sess. VI, c XI.

obligation pour tous les chrétiens, même pour les plus parfaits, puisqu'elle l'est pour tous ceux qui n'ont plus que de ces péchés de fragilité, dont personne n'est exempt.

Telle a donc été la doctrine définie par toute l'Eglise contre les pélagiens; et par là on voit qu'il est de la foi catholique d'éviter ce prétendu désintéressement, qui empêche nos faux parfaits de rien demander pour eux, parce que ce n'est qu'orgueil et une manifeste transgression des exprès commandemens de Dieu.

Pour entendre maintenant que cette foi est aussi ancienne que l'Eglise, il ne faut que lire quelques passages de saint Clément d'Alexandrie, dont l'autorité est considérable par deux endroits : l'un, qu'elle a été révérée dès la première antiquité, puisqu'il a été dès le second siècle, après le grand Pantenus et devant le grand Origène, le théologien et le docteur de la sainte et savante Eglise d'Alexandrie; et l'autre, qu'il nous propose ce qui convient aux plus parfaits, qu'il appelle les *Gnostiques;* c'est-à-dire selon le langage assez commun de son temps et dérivé de saint Paul, les parfaits et les spirituels qui sont parvenus à l'habitude consommée de la charité.

VIII. Passages des Pères précédens, et nommément de saint Clément d'Alexandrie.

Des hommes si parfaits et si élevés, dit saint Clément [1], *au-dessus de l'état commun des fidèles*, demandent à Dieu, non pas les biens apparens, comme font les imparfaits, *mais les vrais biens qui sont ceux de l'ame* [2] : ainsi les demandes qu'il met en la bouche de son gnostique sont les demandes des parfaits. Aussi quand il vient à spécifier ses demandes particulières, il n'y met rien que d'excellent. « Car il demande, dit-il, la rémission de ses péchés, de n'en faire plus, d'accomplir tout le bien, d'y persévérer, de n'en point déchoir, d'y croître, de le rendre éternel, d'entendre toute la dispensation de Dieu, afin d'avoir le cœur pur et d'être initié au mystère de la vision de face à face [3]. » Voilà ce que le gnostique, c'est-à-dire le spirituel et le parfait, demande pour lui-même, selon ce Père, qui est aussi précisément tout ce qu'on a vu dans les prières de l'Eglise; et pour les autres, *il demande leur conversion, leur élévation,* leur persévérance : pour

---

[1] *Strom.*, lib. IV, p. 519, etc., edit. 1629. — [2] *Ibid.*, lib. VII, p. 724. — [3] Lib. VI, p. 665; lib. VII, p. 725, 726.

ses ennemis, le changement de leur cœur. Il n'y a rien là que d'excellent et digne d'un homme parfait. Aussi saint Clément ajoute-t-il, que l'homme spirituel et parfait, qui est *dans la profession et dans l'habitude de la piété, demande à Dieu tout cela* (naturellement) *comme l'homme vulgaire demande la santé*, et le demande sur ce fondement de l'Ecriture, *que l'oraison est bonne avec le jeûne* : fondement commun à tous les états, et aux plus parfaits comme aux autres.

IX.
Raison de saint Clément d'Alexandrie, pour montrer que c'est proprement aux plus parfaits qu'il appartient de demander.

Ce qu'il y a ici à remarquer, c'est que toutes ces demandes sont attribuées au spirituel par saint Clément, non comme des choses encore imparfaites, dont il tâche de se délivrer, mais comme des choses qui démontrent sa perfection. C'est pourquoi loin de penser qu'il ne soit pas de l'état de l'homme parfait de demander, ce Père dit au contraire que c'est à lui proprement à le faire ; car pour les autres, dit-il, « ils ne peuvent pas même prier Dieu pour en obtenir les biens, parce qu'ils ne connoissent pas les biens véritables, et n'en sauroient pas le prix, ni l'usage qu'il en faudroit faire quand ils les auroient obtenus [1]. » D'où il conclut que ceux à qui il convient le plus de faire à Dieu des demandes sont les parfaits ; *les gnostiques*, ceux qui connoissent vraiment Dieu, « parce qu'ils savent quels sont les vrais biens, et ce qu'il faut demander, et quand et comment. » Il dit dans le même esprit, « que le propre ouvrage du gnostique est de demander, et qu'il ne s'amuse pas à de longs discours dans la prière, parce qu'il sait ce qu'il faut demander [2]. »

Qu'on vienne dire après cela que ce ne sont pas les parfaits et les plus parfaits, les plus éclairés, les plus spirituels ; et selon le langage de ce Père, les plus gnostiques qui doivent demander, ou qu'il ne leur convient pas de le faire, eux à qui il convient tout au contraire de le faire préférablement à tous les autres. C'est pourquoi ceux à qui ce Saint met la prière à la bouche [3], après l'Ecriture, sont les plus parfaits : un Moïse, une Esther, une Judith, une Marie sœur de Moïse qui étoit une prophétesse : dans le Nouveau Testament, un saint Barnabé, *homme juste et rempli du Saint-Esprit*, dont il rapporte cette prière : « Dieu nous donne

---

[1] *Strom.*, lib. VI, p. 670. — [2] *Ibid.*, p. 728. — [3] *Ibid.*, lib IV, p. 521, 522.

la sagesse, l'intelligence, la science, la connoissance de ses justifications, la patience[1], » et ainsi du reste.

Si l'on répond que la perfection a plusieurs degrés, saint Clément, qui les reconnoît, devoit donc dire quelque part qu'il y a un de ces degrés où l'on ne demande plus; mais au contraire il dit en termes formels, *que le gnostique coryphée*, c'est-à-dire le parfait parmi les parfaits, celui qui est *parvenu au sommet de la spiritualité*, εἰς ἀκρότητα, *et à la plus haute sublimité de l'homme parfait* : celui à qui la vertu *a passé en nature*, en qui elle est devenue *permanente et inamissible* (au sens qu'on verra) est, après tout, celui-là même qui fait toutes ces demandes[2].

I. Que selon ce Père, c'est dans le plus haut point de la perfection que l'homme spirituel fait les demandes.

Il est si parfait « qu'il est déjà avec les anges, et prie avec eux comme celui qui est leur égal[3]. » Et cependant il demande « à n'être pas longtemps dans la chair; mais qu'il y vive comme un spirituel et comme un homme sans chair, ἄσαρκος; et demande aussi à la fois d'obtenir les biens excellens, et d'éviter les grands maux. »

On voit donc que celui qui fait les demandes n'est pas seulement appelé le *coryphée*, le souverain parfait, mais encore par toutes les choses qu'on lui attribue qu'il a le vrai caractère de perfection.

Ailleurs « le même gnostique, qui prie par la seule pensée, toujours uni à Dieu par la charité, et familier avec lui [4] : en un mot un de ces parfaits que Dieu exauce toujours, comme il exauça Anne mère de Samuel, « demande que ses péchés lui soient pardonnés, de ne pécher plus, » et le reste que nous avons rapporté.

Je n'exagérerai point quand je dirai que j'omets trente passages de même force, et qu'il n'y a rien de plus inculqué dans ce Père que les demandes dans la bouche et dans le cœur des plus parfaits spirituels.

Si l'on répond que ces prières des parfaits sont particulièrement inspirées, nous avons déjà répondu qu'on n'a pas besoin d'inspiration particulière pour les choses qui sont de l'état commun de la piété chrétienne ; et nous répondons encore plus précisément

XI. Que ces prières des parfaits ne sont inspirées qu'au même sens que le sont

[1] *Strom.*, lib. II, 396. — [2] Lib. VII, 726. — [3] *Ibid.*, 746. — [4] *Ibid.*, lib. VI, p. 665.

sur saint Clément qu'en tant d'endroits où il parle de ces prières des parfaits, il n'a pas donné la moindre marque qu'il les attribue à une autre sorte d'inspiration qu'à celle qui est commune à toute prière chrétienne, ni il ne les fonde sur d'autres préceptes, ou sur d'autres promesses que sur celles qui sont données à tous les fidèles. De sorte que ce recours à des inspirations extraordinaires dans des choses qui regardent l'état commun du chrétien, visiblement n'est autre chose qu'une échappatoire pour éluder une vérité manifeste.

Il ne reste plus qu'à examiner comment la vertu est inamissible, c'est-à-dire ne peut déchoir dans l'homme parfait, selon saint Clément d'Alexandrie ; et d'abord il est bien certain que ce Père est bien éloigné de l'erreur de Calvin : au même endroit où il parle ainsi, il a dit que son gnostique, son vertueux et son spirituel parfait demande « de ne tomber point, se souvenant qu'il y a même des anges qui sont tombés [1]. » Il ne se croit donc pas exempt de la chute ; mais la raison qu'il a rendue de la constance invincible de l'homme parfait dans le bien, est très-remarquable pour le sujet que nous traitons. Car si le parfait se soutient, « c'est, dit-il, très-volontairement par la force de la raison, par l'intelligence et par la prévoyance ou la précaution. » Voici un homme bien éloigné du parfait des nouveaux mystiques, qui n'admettent ni prévoyance ni réflexion, au lieu que celui de saint Clément en est tout plein : car « il arrive, poursuit-il, à une vertu indéfectible, à cause de sa précaution qui ne se relâche jamais. Il joint à la précaution, qui fait qu'on ne pèche point, le bon raisonnement qui apprend à discerner les secours qu'on peut donner à la vertu pour la rendre permanente : d'où il conclut que la connoissance (pratique et habituelle) de Dieu est une très-grande chose, puisqu'elle conserve ce qui rend la vertu indéfectible ; c'est-à-dire qu'elle conserve les précautions, parmi lesquelles on a vu qu'il a rangé la prière, lorsque touché de l'exemple des anges qui sont tombés, il demande *de ne tomber pas comme eux.* La vertu est donc immuable et indéfectible, parce que nous avons tous les secours qui peuvent la rendre telle, au même sens que David disoit :

[1] *Strom.*, lib. VII, p. 726.

« Il règle tous ses discours avec jugement : éternellement il ne sera point ébranlé; son cœur est toujours prêt à se confier au Seigneur; son cœur est affermi et ne sera point ému [1], » et le reste de même sens.

A la demande il faut ajouter l'action de graces, dont saint Clément a parlé en cette sorte : « Le genre de prières de l'homme parfait est l'action de graces pour le passé, pour le présent et pour le futur, qui est déjà présent par la foi [2] : » d'où l'on ne conclura pas qu'il ne fasse point de demandes après toutes celles qu'on a vues; mais seulement que l'action de graces est toujours la principale partie de la prière, comme on le voit partout dans saint Paul. Loin d'exclure la demande, elle en est le fondement, selon cet Apôtre, lorsqu'il dit : « Que dans toutes vos oraisons vos demandes soient connues à Dieu avec action de graces [3] » n'y ayant rien de plus efficace pour obtenir le bien qu'on demande que d'être reconnoissant de celui qu'on a reçu. C'est ce qu'explique saint Clément, lorsqu'il recommande « l'action de graces qui se termine en demande [4]. » Et pour montrer que c'est là son intention, au lieu où il dit « que le genre de prière du gnostique est l'action de graces [5], » il ajoute que ce gnostique demande « que sa vie soit courte dans la chair, de n'en être point accablé, d'avoir les vrais biens et d'éviter les maux, d'être délivré de ses péchés, » et le reste. Tant cela est fondé sur l'action de graces, par laquelle on remercie Dieu d'avoir commencé en nous de si grands biens, et de nous en avoir assuré l'accomplissement par sa promesse.

XIII. L'action de graces de l'homme parfait.

Après tout cela on doit être convaincu que ces actes prétendus désintéressés sont entièrement inconnus à la pieuse antiquité. On voit aussi combien lui est inconnue l'exclusion des actes réflexes. Qui fait des demandes distinctes sur ce qu'il a, sur ce qu'il n'a pas, y réfléchit : qui rend graces à Dieu sur le passé, sur le présent et sur le futur, comme fait le spirituel de saint Clément, et qui comme lui « remercie d'être arrivé à la perfection de la connoissance [6], » c'est-à-dire de la spiritualité, y réfléchit aussi sans doute, et il n'y a rien en tout point de plus opposé que le parfait

XIV. Désintéressement prétendu des nouveaux mystiques aussi bien que la cessation des réflexions, inconnus à l'antiquité

---

[1] *Psal.* cxi. — [2] *Strom.*, lib. VII, p. 726. — [3] *Phil.*, IV, 6. — [4] *Strom.*, lib. III, p. 427. — [5] Lib. VII, p. 746. — [6] *Ibid.; Ibid.*, p. 719.

de saint Clément, et celui des nouveaux auteurs que nous combattons.

XV.
Qu'il n'est pas vrai généralement, que le parfait spirituel ne connoisse pas ses vertus.

Par la même raison il est aisé de concevoir qu'il ne faut pas prendre au pied de la lettre le passage où saint Clément dit « que le parfait spirituel ne doit point savoir quel il est, ni ce qu'il fait ; par exemple, celui qui fait l'aumône ne doit point savoir qu'il est miséricordieux [1]. » Cela, dis-je, ne peut pas être universellement véritable, et pour les raisons générales qui ont été rapportées, et encore pour des raisons particulières à ce Père ; autrement contre la doctrine qu'il vient d'enseigner, ce parfait ne rendroit pas graces du passé, du présent et du futur, et encore moins d'être parvenu à la perfection.

XVI.
Comment le parfait demande les biens temporels.

Après avoir établi la demande des biens spirituels par tant de moyens, on peut encore proposer cette question, si les spirituels parfaits demandent aussi les biens temporels : et la raison de douter est que saint Clément répète souvent que « son gnostique ne demande pas les biens temporels, parce qu'il sait que Dieu les donne aux gens de bien sans qu'ils les demandent [2]. »

La difficulté se résout par les endroits, qui sont infinis, où ce Père a supposé, ce que personne aussi ne révoque en doute, que l'homme parfait, assistant aux prières communes où l'Eglise demande les biens temporels, y assiste d'esprit autant que de corps, disant *Amen* avec tous les autres sur toutes les oraisons. Il est donc déjà bien certain de ce côté-là, qu'il demande avec tous les saints les biens temporels.

Saint Clément s'en explique encore plus précisément, lorsqu'il dit que « le gnostique prie avec les nouveaux croyans sur les choses qu'ils ont à traiter tous ensemble avec Dieu [3] : » c'est-à-dire sans difficulté sur toutes les choses temporelles et spirituelles que l'on attend de sa grace, ce qui confirme que comme les autres, les parfaits font de vraies demandes bien formées et bien réfléchies.

XVII.
Que la demande des biens temporels

Cette manière de demander les biens temporels, bien loin d'être intéressée, est d'une charité exquise, puisqu'il est vrai que sans le secours de ces biens plusieurs fidèles succomberoient à la ten-

---

[1] *Strom.*, lib. IV, p. 529. — [2] Lib. VII, p. 726. — [3] *Ibid.*, p. 728.

tation d'impatience et de désespoir. Mais en les demandant avec l'Eglise, le vrai spirituel se distingue-t-il du reste des chrétiens, et ne dit-il pas avec eux dans le même esprit de simplicité : « Donnez-nous les biens de la terre, un temps bénin, la santé, la paix, » et ainsi du reste? On seroit trop insensible aux intérêts du genre humain, si l'on négligeoit de telles prières. Ainsi le spirituel comme vrai membre de l'Eglise, et comme rempli de l'esprit de la fraternité chrétienne, se met dans la cause commune, et il demande pour lui-même comme pour les autres. Que veut donc dire saint Clément, quand il dit que le gnostique ne demande pas les biens temporels, sinon qu'il ne les demande pas toujours en particulier, et ne les demande jamais comme absolument nécessaires, se reposant sur Dieu qui sait les donner autant qu'on en a besoin pour le salut? *n'est pas intéressée.*

La raison que ce Père apporte pour ne demander point les biens temporels est remarquable : « C'est, dit-il, que Dieu les donne sans qu'on les demande. » Il en pouvoit dire autant des biens spirituels, si l'esprit de l'Evangile n'y eût résisté; mais Jésus-Christ en nous défendant « de nous inquiéter des biens temporels comme les Gentils, parce que notre Père céleste sait de quoi nous avons besoin, » a expressément ajouté : « Cherchez le royaume de Dieu¹, » quoique notre Père céleste ne sache pas moins le besoin que nous en avons. C'est que ce Maître divin veut exciter en nous les bons désirs pour lesquels nous sommes pesans, et amortir les désirs des sens pour lesquels nous sommes trop vifs. Outre cela il nous veut apprendre à faire la distinction des biens qu'il faut demander absolument, comme sont *le royaume de Dieu et la justice,* et de ceux qu'il faut demander seulement sous condition, et si Dieu veut. Car on suppose pour les premiers que Dieu les veut toujours donner, et à tous, comme saint Clément l'enseigne perpétuellement après l'Apôtre. XVIII. *Différence de demander absolument et sous condition.*

Au surplus Jésus-Christ lui-même nous a appris à dire : *Panem nostrum,* où constamment l'un des sens est de demander les biens temporels. Le parfait spirituel n'exclut pas cette demande du nombre des sept, et si l'on dit néanmoins qu'il ne demande

¹ *Matth.,* VI, 31.

rien de temporel, c'est comme l'on vient de dire qu'il ne le demande ni comme un bien absolu, ni absolument; mais par rapport au salut, sous la condition de la volonté de Dieu ; ce qui est plutôt demander la volonté de Dieu que ces biens mêmes.

Ainsi tout est expliqué : la sécheresse des nouveaux mystiques, qui ne veulent rien demander à Dieu, est confondue dès l'origine du christianisme ; on voit qu'il faut demander même les biens temporels, mais avec restriction : et la manière différente dont on doit demander les biens spirituels, confirme l'obligation de les demander en tout état.

XIX. Le combat de la concupiscence est perpétuel.

Mais comme saint Clément d'Alexandrie a tant parlé des parfaits, et qu'il semble en avoir porté la perfection jusqu'à leur ôter la concupiscence et les élever à l'apathie [1], c'est-à-dire à l'imperturbabilité, il faut entendre d'abord que ce parfait, dont il est dit de si grandes choses, selon lui, est composé de deux esprits, dont l'un convoite contre l'autre, conformément à cette parole de saint Paul : « La chair convoite contre l'esprit et l'esprit contre la chair [2] : » car la chair a une partie de l'esprit qui lui adhère, comme dit le même saint Paul : « Je ne fais pas (parfaitement) le bien que je veux, parce que j'ai en moi un mal inhérent, et une loi qui s'oppose au bien [3]. » Ce principe étant supposé avec saint Paul par saint Clément, il faut entendre au septième livre où il pousse au dernier degré de perfection l'idée du gnostique, les correctifs qu'il y met, en disant que « l'homme parfait a en sa puissance ce qui combat contre l'esprit [4] : » il n'en est donc pas entièrement délivré ; mais il le tient sous le joug. Un peu après : « L'homme parfait s'élève courageusement contre la crainte, se fiant en Notre-Seigneur : » c'est la posture d'un homme qui la combat. Et dans la suite : « Il fait la guerre à la malice, » à la corruption qu'on porte en soi-même : elle résiste donc, elle combat. Un peu après [5] : « Il réprime et châtie sa vue quand il sent un plaisir dans ses regards. » Et encore : « Il s'élève contre l'ame corporelle ; » c'est-à-dire, comme il l'explique, contre la partie sensitive de l'ame : « mettant un frein à la partie irraisonnable

---

[1] *Strom.*, lib. VI, p. 649-651 ; lib. VII, p. 652, 725. — [2] *Galat.*, v, 17. — [3] *Rom.*, VII, 19, 21. — [4] *Strom.*, lib. VII, p. 725. — [5] *Ibid.*, p. 744.

qui se soulève contre le commandement (de la raison), parce que la chair convoite contre l'esprit. » Un des effets du combat perpétuel que saint Clément reconnoît avec tous les saints dans les plus parfaits, est qu'on y reçoit quelques légères blessures, et qu'on y tombe dans ces péchés qu'on appelle *véniels*. Ainsi la vie chrétienne est une perpétuelle purification : la plus parfaite spiritualité n'en est pas exempte ; et saint Clément dit expressément que toute pure et toute parfaite qu'elle est, non-seulement *elle est prompte à se purifier*, mais encore *elle est elle-même la plus parfaite purification de l'ame* [1]. Ainsi la purification est de tous les états ; pourquoi non, puisqu'on y demande dans les états les plus parfaits la rémission des péchés et la grace de n'en plus commettre [2] ? Après avoir reconnu ces vérités, comment saint Clément n'auroit-il pas vu qu'il est nécessaire qu'un chrétien, qui selon la foi catholique, après tout, jusqu'à la fin de sa vie est un pécheur, ne cesse de se purifier : « Qu'encore qu'il soit lavé, il lave encore ses pieds [3], » selon le précepte du Sauveur, « et qu'étant juste, il se justifie de plus en plus [4] ? »

XX. De la mortification et de l'austérité en tout état.

C'est à cause de ces combats et de ces péchés que la mortification est nécessaire en tous les états, pour les expier et pour les prévenir. Aussi avons-nous vu que saint Clément attribue aux plus parfaits l'obligation d'accomplir ce précepte de l'Ecriture : *L'oraison est bonne avec le jeûne*. Voilà pour ce qui regarde les austérités communes à tous les saints : mais ce saint prêtre reconnoît aussi celles que chacun peut s'imposer à soi-même selon les besoins ; et c'est ce qui lui fait dire en parlant des *gnostiques* ou des parfaits qui vivent dans l'état conjugal : « Qu'il arrivera peut-être que quelques-uns d'eux s'abstiendront de viandes, de peur que la chair ne se laisse trop emporter au plaisir des sens [5]. » Ainsi il n'est au-dessous d'aucun chrétien, pour parfait qu'il soit, de mortifier la chair par quelques austérités ; et saint Clément loue en général, et sans distinction d'aucuns états, la sentence de ce philosophe qui donne *la faim*, c'est-à-dire l'abstinence et le jeûne, *pour le vrai remède de la sensualité* [6].

[1] *Strom.*, lib. VII, p. 732. — [2] Lib. VI, p. 665. — [3] *Joan.*, XIII, 10. — [4] *Apoc.* XXII, 11. — [5] *Strom.*, lib. VII, p. 718. — [6] Lib. II, p. 413.

XXI.
Toute perfection est défectueuse en cette vie : beau passage de saint Clément sur saint Paul.

On voit par là qu'en tout et partout il est opposé à nos faux parfaits ; et aussi n'a-t-il jamais dit que son gnostique fût inaltérable, imperturbable, impassible, sans apporter à ces grands mots ces correctifs nécessaires : *Autant qu'il se peut, autant que l'état de cette vie le permet*[1] ; ou ceux-ci : *Il tâche de l'être, il veut l'être*[2], il fait tous *ses efforts* pour y parvenir[3] : ce qu'il explique de dessein formé par ces paroles : « Pour moi je demeure souvent étonné comment quelques-uns osent s'appeler parfaits et gnostiques, se faisant par ce moyen plus parfaits que l'Apôtre même, qui dit[4] : « Non que j'aye encore atteint au but que je me propose, ou que je sois déjà parfait, je m'avance donc, oubliant ce que j'ai fait, et m'étendant à ce qui me reste à accomplir, je cours sans cesse, » etc. Ainsi il s'estime parfait par rapport à sa vie passée dont il a été délivré, et il en poursuit une meilleure, non pas comme étant parfait dans la connoissance (γνώσει), dans la spiritualité, dans la science de Dieu, mais comme désirant ce qui est parfait[5]. »

On voit par ce beau passage qu'il y avoit dès ce temps, comme il y en a toujours eu, de faux parfaits qui s'imaginoient des états de perfection au delà des bornes de cette vie. Saint Clément leur fait voir comment on est parfait, qu'on l'est non absolument, mais seulement par comparaison aux états inférieurs, et à cause qu'on tend à l'être et qu'on le désire. Ainsi la description du *gnostique* ou du parfait spirituel en cette vie est une idée de perfection, qui marque ce qu'on poursuit plutôt que ce qu'on possède. Si après cela on se trompe dans la perfection que saint Clément attribue à son gnostique, ce n'est pas la faute de ce savant prêtre, et il n'aura pas attribué aux autres spirituels ce qui manquoit à saint Paul.

XXII.
Autre passage.

Il s'explique souvent sur cette matière, et voici un des plus beaux endroits : « Un gnostique, un spirituel qui de bon et fidèle serviteur est parvenu à être ami par la charité, à cause de la perfection de l'habitude qu'il s'est acquise et où il est établi avec une grande pureté, qui est orné dans ses mœurs et qui a

[1] *Strom.*, lib. IV, p. 540. — [2] Lib. VII, p. 753. — [3] *Ibid.*, p. 725. — [4] *Phil.*, III, 5. — [5] *Pædag.*, I, 6, p. 107.

toutes les richesses du véritable spirituel : le voilà ce me semble assez parfait : et néanmoins celui-là même fait de « grands efforts pour arriver à la souveraine perfection [1]. » Ses efforts ne cessent jamais, parce que la vraie perfection n'est pas de cette vie ; c'est pourquoi aussi on a vu qu'il ne cesse de désirer et de demander.

Quand après cela on trouvera dans ses écrits que la parfaite habitude de l'homme spirituel « n'est pas une modération, mais un entier retranchement de la convoitise [2] : » si on prenoit ses paroles en toute rigueur, on voit bien qu'il en diroit trop et plus qu'il ne veut, et par conséquent qu'il faut entendre *ce retranchement* par rapport à certains effets, et non point par rapport à tous. Ainsi on est impassible et imperturbable, parce que non-seulement on tâche de l'être, selon les idées de notre auteur, mais encore qu'on l'est en effet jusqu'à un certain point. On l'est pour les effets essentiels, et non pas pour tous les effets ; ou pour parler plus précisément avec saint Augustin [3], on l'est non quant à l'effet d'accomplir dans le dernier degré de perfection ce précepte : *Non concupisces :* « Vous ne convoiterez point, » vous n'aurez point de concupiscence ; mais quant à l'effet d'accomplir cet autre précepte : « Vous n'irez point après vos concupiscences, » vous ne vous y livrerez point : en un mot, on est impassible et imperturbable par comparaison aux foibles dont l'état est toujours vacillant. J'ajouterai selon la doctrine du même saint Augustin, que la grace chrétienne contient toutes ces qualités, et l'impeccabilité même ; en sorte que si nous usions comme nous devons de cette grace, nous ne pécherions jamais : mais comme « le Saint-Esprit a prévu que nul homme n'y seroit fidèle autant qu'il faudroit, ni ne déploieroit autant les forces de sa volonté qu'il est nécessaire pour en profiter dans toute son étendue, le Saint-Esprit a révélé que tout homme seroit pécheur, foible et imparfait jusqu'à la fin de sa vie [4] ; » en sorte, comme dit le même Père, qu'en tout état « la justice présente consiste plutôt dans la rémission des péchés que dans la perfection des vertus [5]. »

XXIII. En combien de manières on est parfait dans cette vie.

---

[1] *Strom.*, lib. VII, p. 735, 736. — [2] *Ibid.*, lib. VI, p. 651. — [3] *De nupt. et concup.*, lib. I, cap. XXIII, n. 25, et alibi passim. — [4] Lib. I, *de pecc. mer.*, cap. XXXIX, n. 69. — [5] *De Perfect. just.*, per tot. tom. X.

XXIV.
Explication d'un passage où saint Clément dit que le parfait n'est n'est point tenté.

Outre ces solutions générales, qui servent de dénouement à tous les passages de saint Clément, on trouvera en particulier et dans chaque lieu une clef pour en ouvrir l'intelligence : par exemple, dans cet endroit, qui est le plus fort, où il dit « que son parfait spirituel non-seulement n'est pas corrompu, mais encore n'est pas tenté[1], » il faut ajouter le reste que voici dans la même page : c'est que ce parfait spirituel, ce gnostique *demande* à Dieu la stabilité de ce qu'il possède, d'être rendu propre à ce qui lui doit encore arriver, et de conserver éternellement ce qu'il a déjà. » On ne peut pas dire qu'il ne s'agisse pas ici des plus parfaits, puisque celui dont on parle est ce gnostique qui ne donne rien du tout à ses passions, qui est immuable, et n'est pas même tenté; c'est celui-là néanmoins qui « demande que les vrais biens qu'il a dans l'esprit lui soient donnés et lui demeurent. » Un peu après : « Il a et il prie; » comme qui diroit : Il a et il n'a pas. Il n'a donc pas parfaitement et absolument. « Il tâche d'être spirituel par un amour sans bornes : » c'est donc un homme qui tâche; et c'est pourquoi on ajoute : « Il fait les plus grands efforts pour posséder la puissance de contempler toujours, » encore qu'il l'ait déjà en un certain sens; mais il s'efforce de la posséder de plus en plus, comme il a été expliqué : « Il a en sa puissance ce qui combat l'esprit : » il n'est donc pas, encore un coup, entièrement délivré ni imperturbable.

XXV.
Sentimens des anciens sur l'apathie ou imperturbabilité.

Il ne sera pas hors de propos de considérer ce que les anciens ont pensé de l'apathie ou impassibilité, depuis que les erreurs de Jovinien et de Pélage ont rendu l'Eglise plus attentive à cette matière. Saint Jérôme en écrivant contre ce dernier, a remarqué qu'Evagre de Pont avoit publié un livre et des sentences sur l'apathie, « que nous pouvons, dit-il, appeler impassibilité ou imperturbabilité, qui est un état où l'ame n'est émue d'aucun trouble vicieux, où, à parler franchement, on est une pierre ou un Dieu[2]. » Les Latins n'avoient jamais donné dans ces sentimens, et ne connoissoient pas ces expressions; mais Rufin traduisit ce livre de grec en latin, et le rendit commun en Occident. Cassien dans les Conférences qu'il publia des Orientaux, parle beaucoup

---

[1] *Strom.*, lib. VII, p. 725. — [2] *Epist. ad Ctesiph.*

d'apathie, mais avec de grands éclaircissemens que nous verrons dans la suite. Du temps de saint Jérôme cette matière fut un grand sujet de contestation parmi les solitaires : ce Père, comme tous les Occidentaux, fut fort opposé à l'apathie, et encourut pour cela l'indignation de la plupart des moines d'Orient, comme il paroît dans Palladius. A la fin les livres d'Evagre furent condamnés dans le concile v, avec ceux d'Origène, dont il étoit sectateur; et la doctrine de l'apathie a été mise depuis ce temps-là parmi les erreurs. On voit même dès auparavant, et même dans saint Jérôme [1], qu'Evagre avoit été condamné de son temps par les évêques, et la condamnation de l'apathie passe pour constante.

XXVI. Diverses expressions des Pères grecs : conformité avec les Latins : belle prière de saint Arsène.

Il faut pourtant demeurer d'accord que ce terme d'*apathie* étoit familier aux spirituels parmi les Grecs, tant devant le concile v que depuis. On le trouve dans saint Macaire, disciple de saint Antoine : l'apathie fait un des degrés de l'échelle de saint Jean Climaque [2] : mais partout on en parle plutôt comme d'une chose où l'on tend, que comme d'une chose où l'on arrive. Vous voyez ces spirituels Grecs dans un combat perpétuel contre leurs pensées, et selon Isaac Syrien [3], ce combat duroit jusqu'à la mort. Combattre ces pensées, c'étoit combattre les passions qui les faisoient naître. C'est à cause des passions qu'on n'avoit jamais assez vaincues que saint Jean Climaque disoit « qu'après avoir passé tous les degrés des vertus, il falloit encore demander la rémission de ses péchés, et avoir un continuel recours à Dieu, qui seul pouvoit fixer nos inconstances [4]. » Il n'y avoit rien qu'on fît tant craindre aux solitaires que la pensée d'être arrivé à la perfection; et on raconte de saint Arsène, ce grand solitaire, dont la vertu étoit parvenue à un si haut degré, qu'en cet état il faisoit à Dieu cette prière : « O mon Dieu, faites-moi la grace qu'aujourd'hui du moins je commence à bien faire [5]. » Ainsi les ames les plus consommées dans la vertu, bien éloignées de se croire dans la perfection de l'impassibilité, ou de faire cesser leurs demandes, faisoient celles des commençans : comment, s'ils ne sentoient rien

---

[1] Epist. *ad Ctesiph.* — [2] Grad. 39. — [3] *Thes. ascet.*, opusc. XII, p. 308, 309. — [4] Grad. 38, *de Aut.* — [5] *Thes. ascet.*, opusc. XVI, Theod. Archiepisc. Edess., p. 403.

à combattre en eux? Il faut avouer après cela que le terme d'*apathie* n'est guère de saison en cette vie : saint Clément d'Alexandrie s'en est servi si souvent pour attirer les philosophes qui ne connoissoient de vertu que dans cet état : tous y aspiroient jusqu'aux épicuriens. C'est par là que ce Père a mis ce terme en vogue ; mais il y a apporté les tempéramens que nous avons vus, qui reviennent à la doctrine de saint Augustin et de toute l'Eglise catholique, sur les combats et l'imperfection de la justice de cette vie.

XXVII. *Sentiment conforme de Cassien quelle perfection il reconnoît dans les saints.*

Après saint Clément d'Alexandrie, celui des anciens qui est le plus propre à confondre les novateurs, c'est Cassien, parce que, comme saint Clément, il a expressément traité de l'oraison des parfaits contemplatifs, et même de leur apathie, qu'il appelle comme lui *leur immobile et continuelle tranquillité*, mais avec les mêmes tempéramens. Car d'abord, dans la neuvième conférence, où l'abbé Isaac commence à traiter de l'oraison, il enseigne que les parfaits doivent « tendre à cette immobile tranquillité de l'esprit, et à la parfaite pureté de cœur, autant que la fragilité humaine le peut souffrir : *quantùm humanæ fragilitati conceditur* [1]. » Or cette fragilité qui reste dans les parfaits consiste en deux points, dont l'un est le perpétuel combat de la convoitise jusqu'à la fin de la vie : le second est l'inévitable assujettissement au péché tant qu'on est sur la terre.

XXVIII. *La convoitise ne cesse de combattre.*

Il pousse si loin le premier point dans ses *Institutions monastiques*, qu'il ne craint point d'assurer « que les combats augmentent avec les triomphes, de peur que l'athlète de Jésus-Christ, corrompu par l'oisiveté, n'oublie son état [2] : » ce qui est vrai principalement de l'orgueil à qui tout, jusqu'à la vertu et la perfection, sert de pâture : « Et, dit-il, l'ennemi que nous combattons est enfermé au dedans de nous, et ne cesse de nous combattre tous les jours, afin que notre combat soit un témoignage de notre vertu. »

Pour venir aux *Conférences*, la sixième, qui est de l'abbé Théodore, nous montre les plus parfaits en cette vie, « comme gens qui remontant une rivière, en combattant le courant par de

---

[1] Coll. IX, *de Orat.* — [2] Lib. V, c. XIX, XXI; p. 691, 693.

continuels efforts de rames et de bras : d'où il conclut que, pour peu qu'on cesse d'avancer, on est entraîné ; ce qui oblige, dit-il, à une sollicitude qui ne se relâche jamais [1] : » par où il fait voir, dans les plus parfaits, des exercices actifs jusqu'à la fin de la vie. Il conclut encore qu'il n'y a personne de pur sur la terre ; ce qui démontre que le repos et la pureté de cette vie ne peut jamais avoir ce nom à toute rigueur, ni autrement qu'en comparant un état à l'autre.

Dans les *conférences* xxii et xxiii, l'abbé Théonas entreprend de prouver que ce n'est point en la personne des infidèles, mais en la sienne propre, c'est-à-dire en celle de tous les fidèles, sans en excepter les plus parfaits, que saint Paul a dit : *Je ne fais pas le bien que je veux*, et le reste ; où ce saint Apôtre porte ses gémissemens sur le combat de la convoitise, jusqu'à cette exclamation : *Malheureux homme que je suis !* Le docte abbé conclut de là « que les plus forts ne soutiennent pas un combat si continuel sans y recevoir quelques blessures ; que les plus saints et les plus justes ne sont pas sans péché, que ce n'est pas seulement par humilité, mais en vérité qu'ils se confessent impurs [2]. »

XXIX. Le passage de saint Paul, *Rom.,* vii, 19, entendu du par saint Paul lui-même, et des plus parfaits : le péché véniel inévitable.

Pour ce qui regarde les demandes, Cassien n'a pas seulement songé à les interdire aux parfaits contemplatifs, et une telle pensée n'étoit entrée dans l'esprit d'aucun chrétien avant nos jours ; au contraire parmi les six caractères de la plus sublime et de la plus simple oraison, le second est, selon Cassien, « de crier tous les jours, » *quotidie,* comme « un humble suppliant, » *suppliciter,* avec David : « Je suis un pauvre et un mendiant ; ô Dieu, aidez-moi [3]. » Voilà donc dans le plus haut état de la contemplation, non pas l'extinction des demandes, mais une demande continuelle du secours de Dieu.

XXX. Les plus parfaits contemplatifs, selon Cassien, font avec David de continuelles demandes.

Il y a dans la neuvième *Conférence* un chapitre exprès [4], où il est parlé de cette intime et simple oraison qu'on fait à Dieu en silence, et après avoir fermé les portes sur soi, selon le précepte de l'Évangile ; et on y donne aux parfaits qui la pratiquent des marques pour connoître qu'ils sont exaucés ; ce qui suppose qu'ils

XXXI. Autre passage pour les demandes.

[1] Coll. vi, c. xiv, p. 805. — [2] Coll. xi, 9 ; coll. xxii, 8, 9 ; coll. xxiii, 17, 18. — [3] Coll. x, c. xi. — [4] Coll. ix, 34 ; *Ibid.,* 35.

demandoient. Parmi ces marques, la principale est de finir toujours sa demande, *postulatio*, à l'exemple de Jésus-Christ dans son agonie, en disant : « Que ma volonté ne se fasse pas, mais la vôtre : » d'où il ne faut pas conclure qu'on ne doive rien demander en particulier, mais en général seulement la volonté de Dieu ; car Jésus-Christ, dont Cassien allègue ici l'exemple, faisoit bien certainement une demande particulière ; et s'il ne s'agissoit que de demander la seule volonté de Dieu en général, on seroit toujours exaucé ; de sorte qu'il n'eût pas fallu chercher les moyens et les assurances de l'être, qui est ce que cet auteur se proposoit dans ce chapitre.

XXXII. Qu'on demande son salut, non conditionnellement, mais absolument, comme une chose conforme à la volonté déclarée de Dieu.

Au reste cette demande qu'il faut terminer en disant : *Non ma volonté, mais la vôtre*, ne regarde pas les biens éternels et du salut, comme il paroît par l'exemple qu'on produit de Jésus-Christ dans la prière du Jardin, dont le calice de sa passion étoit le sujet. Car pour ce qui regarde le salut, Cassien en expliquant cette demande de l'Oraison Dominicale : *Votre volonté soit faite*, remarque que « la volonté de Dieu est que tous les hommes soient sauvés [1] : » de sorte que demander l'accomplissement de la volonté de Dieu, c'est demander le salut de tous les hommes, où le nôtre est compris ; ce n'est donc pas ici le cas de dire : *Votre volonté soit faite, et non la mienne*, puisqu'on suppose manifestement que sur le sujet de notre salut la volonté de Dieu est déclarée.

XXXIII. Que la demande de son salut est très-pure, selon Cassien, et très-désintéressée.

Ainsi cette demande : *Fiat voluntas*, qui est selon Cassien *la plus parfaite* de toutes[2], et la vraie demande des enfans, et par conséquent des parfaits, comme il l'explique lui-même, contient la demande de notre salut. Elle est encore contenue dans cette demande : *Votre règne arrive*. Car ce règne, dit Cassien, consiste en deux choses, dont l'une est que *Dieu règne dans les saints*, quand il en chasse les vices ; et l'autre, qu'à la fin il prononce : *Venez, les bien-aimés de mon Père ; possédez le royaume*[3], etc. On demande donc son salut en demandant le règne de Dieu ; et cette demande est celle des plus parfaits, puisqu'elle est, selon Cassien, *du plus pur esprit : Secunda petitio mentis purissimæ ;* c'est-à-dire sans difficulté, du plus pur amour, puisque ce qu'on y regarde, et

[1] Coll. IX, c. XX. — [2] Ibid. — [3] Ibid., c. XIX.

l'intérêt qu'on y prend, c'est que le règne de Jésus-Christ soit parfaitement accompli.

C'est une doctrine constante de saint Augustin et de tous les Pères, que Jésus-Christ en nous proposant l'Oraison Dominicale comme le modèle de la prière chrétienne, y a renfermé tout ce qu'il falloit demander à Dieu : en sorte qu'il n'est permis ni d'y ajouter d'autres demandes, ni aussi de se dispenser en aucun état de faire celles qu'elle contient. Le Père la Combe oppose à cette doctrine des Pères un passage de Cassien, où il reconnoît une oraison plus parfaite que cette divine oraison. Il est vrai que seul des anciens, et contre leur autorité, il a prononcé cette parole. Je pourrois donc bien ne m'arrêter pas à l'autorité de Cassien, qui d'ailleurs est affoiblie par les erreurs qui l'ont fait ranger par le pape saint Gélase, et par le concile romain, au nombre des auteurs suspects. Outre ses erreurs sur la grace, il y a d'autres points encore où l'on ne le suit pas [1], comme est celui du mensonge et quelques observations sur la chasteté, que les spirituels ont improuvées. Ainsi en lui laissant l'autorité que lui donnent les règles des moines sur les exercices de leur état, on pourroit mépriser la préférence qu'il attribue à la sublime oraison sur l'Oraison Dominicale. Mais après tout je suis obligé de reconnoître de bonne foi qu'encore que son expression soit inouïe avant lui, et que depuis personne ne l'ait suivie, dans le fond il convient avec tous les Pères que tout ce qu'il faut demander se trouve dans l'Oraison Dominicale [2], et qu'il n'y a rien de plus élevé ni de plus grand quant à la substance des demandes; de sorte que la préférence de cette oraison sublime ne regarde que la manière de prier. L'excellence du *Pater* est, non-seulement que cette oraison est la plus parfaite de toutes les prières vocales, mais encore quant au fond, que dans l'oraison même la plus intérieure, qui est celle du cœur, bien qu'elle soit plus parfaite par la manière, on n'a rien à demander de plus excellent que ce qui est renfermé dans ce modèle.

XXXIV. Ce qu'il faut penser d'un passage de Cassien, où il préfère une certaine oraison à l'Oraison dominicale.

Ainsi Cassien ne connoît non plus que les autres ce désintéres-

XXXV. Restriction

[1] Lib. VI *Instit.*, cap. XX, XXII, XXIII; Coll. XV, c. X. — [2] Lib. *Instit.*, c. XX, XXVIII.

de Cassien quand il regarde l'espérance comme intéressée.

sement nouveau, que nos mystiques font consister dans la suppression des demandes. Celui-ci, comme on vient de voir, apprend aux plus parfaits à demander, et à demander tous les jours; et s'il parle de cet amour désintéressé qui n'agit ni par la crainte, ni par l'espérance[1] : il s'explique précisément que l'espérance, qu'il appelle mercenaire ou intéressée, et qu'il exclut à ce titre de l'état de perfection, est « celle où l'on ne désire pas tant la bonté de celui qui donne, que le prix et l'avantage de la récompense[2]. » Si donc dans la récompense on regarde la gloire de Dieu déclarée par ses largesses et par ses bontés, on aura, selon Cassien, une espérance désintéressée.

XXXVI. La même vérité plus amplement éclaircie.

Selon cet esprit il décide que « la fin de la profession chrétienne, c'est le royaume des cieux, et qu'on endure tout pour l'obtenir[3] : » il n'en regarde donc pas le désir et la poursuite comme notre intérêt, mais comme la fin nécessaire de notre religion. C'est pourquoi en parlant des ames parfaites qui ont *goûté par avance* la gloire du ciel[4], il veut que leur exercice soit « de désirer comme l'Apôtre d'être avec Jésus-Christ, de s'élever au désir de la perfection, et à l'espérance de la béatitude future[5]. » Ce n'est donc pas un intérêt propre et imparfait, mais un exercice des parfaits de désirer Jésus-Christ, et dans lui sa béatitude et son salut éternel, puisque, comme on a déjà dit, cela même en vérité, et aussi selon Cassien, c'est désirer l'établissement du règne de Jésus-Christ et le dernier accomplissement de la volonté de Dieu.

XXXVII. Que Cassien n'a point connu l'acte continu et perpétuel des nouveaux mystiques.

On demandera si à cause que Cassien, et avant lui le saint docteur de l'Eglise d'Alexandrie, parlent sans cesse de la perpétuité et continuité de la contemplation et de l'oraison dans les parfaits, et en particulier dans les solitaires, il faut conclure de là qu'ils ont reconnu cet acte unique et continu, qui fait tout le fondement de la nouvelle oraison ; et je réponds que non, sans hésiter.

Cassien dès la première *Conférence*, qui est de l'abbé Moïse, où il est traité de la fin que le solitaire se doit proposer, établit trois choses : l'une que la vie monastique, comme toute autre profession, « doit avoir une intention et une destination fixe, et qui ne cesse jamais ; l'autre, qu'il n'est pas possible de s'attacher conti-

---

[1] Coll. XI, etc. — [2] Ib., c. X. — [3] Coll. I, c. III, IV. — [4] Ib., c. XIV. — [5] Ib., c. XVIII.

nuellement à Dieu dans la fragilité de ce corps mortel ; la troisième, que quand il y a eu quelque *interruption*, *notre intention nous apprend où nous devons rappeler notre regard*, et s'affligeant d'avoir été distraite, toutes les fois qu'elle l'a été, elle croit s'être éloignée du souverain bien. « Ce qu'il ajoute est terrible, que l'ame regarde comme une espèce de fornication de s'éloigner de Jésus-Christ, quand ce ne seroit qu'un moment [1]. »

De tout cela il faut conclure, premièrement que l'intention subsiste toujours, en quelque manière que ce soit, et secondement qu'elle ne peut pas toujours subsister en acte formel ; autrement on n'auroit jamais besoin de rappeler *son regard* à Dieu, ni de tant déplorer ces momens où l'on a été éloigné du souverain bien, puisqu'on ne l'auroit en effet jamais été. Voilà ce que Cassien a tiré de l'abbé Moïse, qu'il nous donne comme un homme qui excelloit « en pratique comme en théorie, et également dans la vie active et contemplative : *Non solùm in actuali, verùm etiam in theoricâ virtute* [2]. »

Cette matière revient dans la *Conférence* XXIII, où l'abbé Théonas entreprend de confirmer par beaucoup de preuves ce qu'il allègue de l'*Ecclésiaste,* « qu'il n'y a point de juste sur la terre qui fasse bien, et ne péche pas. C'est, dit-il, que le plus parfait de tous les justes, tant qu'il est attaché à ce corps mortel, ne peut posséder ce souverain bien de ne cesser jamais de contempler Dieu [3]. » Et un peu après : « Nous assurons que saint Paul n'a pu atteindre à cette perfection ; et que son ame, quoique sainte et sublime, ne pouvoit pas n'être pas quelquefois séparée de cette céleste contemplation par l'attention aux travaux de la terre, etc. Qui est celui, poursuit-il, qui ne mêle pas dans l'oraison même des pensées du ciel avec celles de la terre, et qui ne pèche pas dans le moment même où il espéroit obtenir la rémission de ses péchés ? Qui est l'homme si familier et si uni avec Dieu, qui puisse se réjouir d'avoir accompli un seul jour ce précepte apostolique de prier sans cesse ? Et quoique les hommes grossiers fassent peu de cas de ces péchés, ceux qui connoissent la perfection se trouvent très-chargés de la multitude de ces choses, quoique petites [4]. »

XXXVIII. Autre passage pour démontrer que la contemplation ne peut être perpétuelle.

[1] Coll. 1, c. IV. — [2] *Ibid.*, c. VII. — [3] Coll. XXIII, c. V. — [4] *Ibid.*, c. VII.

Cassien ne finit point sur cette matière; c'est pourquoi, dans la *Conférence* suivante [1], il établit la nécessité de relâcher l'esprit, même à l'égard des plus parfaits et des plus experts, pour éviter la tiédeur et même la maladie causée par la contention; concluant même que cette interruption est nécessaire pour conserver la perpétuité de l'oraison, parce qu'elle nous fait désirer davantage la retraite : *Cursum nostrum dùm interpolare creditur jugem conservat, qui, si nullo obice tardaretur, usque ad finem contendere indefessâ pernicitate non potest.*

Là il n'oublie pas la comparaison de l'arc tendu et l'exemple de l'apôtre saint Jean, que tout le monde sait. Il ne faut donc pas se persuader qu'il mette une rigoureuse et métaphysique continuité de l'oraison, mais une continuité morale à qui l'interruption même donne de la force.

XXXIX. *Ce qu'il y a d'immobile dans l'habitude consommée de la piété.*
Il faut pourtant ajouter à cette diversité de mouvemens, un fond qui soutienne tout; c'est-à-dire, selon la doctrine de l'abbé Moïse, ce fond *de bonne intention qui est fixée* en Dieu seul par l'habitude du saint amour [2] : c'est un état immuable et inébranlable, au sens que nous avons vu, par la fermeté de cette divine habitude. On y tend à une oraison non interrompue, parce qu'on n'oublie rien pour y parvenir; et ce qu'on fait pour cela, c'est, comme dit Cassien, de fixer tellement en Dieu son intention; c'est-à-dire de mettre tellement en lui sa dernière fin, que rien ne nous en sépare; non que nous soyons toujours actuellement occupés de cette pensée, ce qu'il a jugé impossible dans cette vie; mais par une pente, une inclination et une tendance habituelle, ou même virtuelle, comme l'appelle la théologie, avec une bienheureuse facilité qui fait qu'en quelque état qu'on nous interroge, à qui dans le fond du cœur nous voulons être, nous soyons toujours disposés à répondre que c'est à Dieu, comme la suite nous l'expliquera davantage.

XL. *Que la doctrine des nouveaux mystiques, contre le*
Après ces maximes générales de Cassien, et avant que d'en venir aux moyens particuliers de rendre l'oraison perpétuelle, souvenons-nous que dans la doctrine des nouveaux mystiques, la perpétuité de l'oraison n'est ni dans les excitations qu'on se peut

---
[1] Coll. XXIV, c. XX. — [2] Coll. I, c. IV.

faire à soi-même, ni dans les efforts ou dans les renouvellemens des actes du libre arbitre ; mais dans cet acte continu et perpétuel qu'on ne réitère jamais qu'après qu'on l'a révoqué. Mais il n'y a rien de plus opposé à l'esprit de Cassien et des anciens solitaires, dont cet auteur nous rapporte les sentimens ; car on leur voit pratiquer à tous la continuelle oraison par de continuels efforts et de continuelles excitations, que l'amour dont ils étoient remplis leur rendoit douces. De là vient dans les *Institutions* du même Cassien [1], cette psalmodie presque perpétuelle, ces Psaumes interrompus de génuflexions, d'intercessions après trois ou quatre versets, d'antiennes, d'oraisons mentales, de collectes après chaque Psaume. De là vient aussi cette maxime de ces saints, « de faire de très-courtes, mais de très-fréquentes oraisons : *breves, sed creberrimas* [2] ; et cela, disent-ils, afin que priant Dieu plus fréquemment ils se puissent continuellement attacher à ce cher objet [3]. »

renouvellement des actes, est contraire à Cassien et aux anciens solitaires.

Mais cette continuité consistoit dans divers actes et dans de continuels élans de leur dévotion ; c'est pourquoi on leur voyoit multiplier leurs oraisons, inclinations, ou génuflexions jusqu'à cent fois, jusqu'à deux cents fois, et même beaucoup plus souvent pendant le jour, et autant pendant la nuit. La chose est connue ; et on voit par là que la perpétuelle oraison consistoit manifestement dans des actes réitérés autant qu'ils pouvoient.

Dans le même livre des *Institutions,* Cassien continue à nous faire voir la pratique des solitaires de la Thébaïde pendant le jour, en ce qu'encore qu'ils n'y fissent ordinairement aucune assemblée, « ils mêloient leur continuel travail des mains dans leurs cellules à la méditation des Psaumes et des Ecritures, qu'ils n'omettoient jamais, y joignant à chaque moment des prières et des oraisons, où ils passent tout le jour [4]. » Ce qu'il avoit proposé dans les *Institutions* [5], il promet dans ce même livre de l'expliquer plus à fond dans les *Conférences* [6], et réciproquement dans les *Conférences* il se propose d'expliquer plus amplement ce qu'il avoit promis dans les *Institutions ;* ainsi l'on ne peut douter que

XLI. Autres preuves de la réitération des actes.

---

[1] *Instit.*, lib. II, c. VIII, IX, XII, p. 664. — [2] Lib. II, c. II. — [3] *Ibid.*, c. X. — [4] *Ibid.*, c. II. — [5] *Ibid.*, c. IX. — [6] Coll. IX.

la perpétuité de l'oraison, dans l'un et dans l'autre livre, ne soit la même.

L'abbé Isaac donne encore cette maxime pour un fondement « de la vie spirituelle, de prier fréquemment, mais brièvement : » *Frequenter, sed breviter est orandum* [1], où il marque manifestement qu'on « multiplioit les prières et les demandes [2], » et que c'étoit par cette multiplication qu'on tâchoit de les rendre perpétuelles. Il parle en général de tous ceux qui prient, et en particulier des plus parfaits ; de ceux dont l'oraison se faisoit dans le plus intime du cœur, dans l'endroit où le démon ne voit rien, et où l'ame toute recueillie avec Dieu donne moins de prise aux attaques de l'ennemi.

Il trouve la perpétuité de l'oraison, de celle qui est selon lui *jugis, incessabilis, indisrupta*, etc., dans cette continuelle récitation du verset, *Deùs, in adjutorium*, où il n'y a cependant qu'une perpétuelle multiplication de toutes *les affections* que la piété peut inspirer ; et il y met la continuelle méditation qu'on doit pratiquer, « selon la loi de Moïse, assis ou marchant, couché ou debout, et ainsi du reste [3] ; » ce qui montre très-clairement la diversité et la nécessaire réitération des actes.

XLII.
Preuve de la même réitération dans une oraison plus simple, par une admirable récitation des Psaumes qui est expliquée ici

Quand par cette réitération on est arrivé à une oraison plus simple, et qu'aussi sa simplicité rend continuelle d'une manière plus haute, on n'est pas pour cela réduit à un seul acte, on y pratique au contraire les demandes, la contemplation des mystères, l'attention à ses foiblesses et à ses besoins ; et ce qu'il y a de plus remarquable, la récitation des Psaumes pour en recevoir en soi « toutes les affections : *omnes Psalmorum affectus ;* non comme composés par le Prophète ; mais comme produits par l'ame même : *tanquàm à se editos* [4] : » ce qui montre non pas une *répétition* dans sa mémoire, mais *une production originale* de tous les sentimens d'espérance, d'actions de graces, de demandes et de désirs, qu'on trouve dans ces divins cantiques : et, comme dit Isaac, l'homme élevé à cette oraison parfaite, *sait que tout cela se passe en lui*, et n'est *pas emprunté*, mais *propre et primitif dans son cœur* : en sorte qu'il prononce les Psaumes, non comme les répé-

[1] Coll. IX, c. XXXVI. — [2] *Ibid.*, c. XXXV. — [3] Coll. X, c. X. — [4] *Ibid.*, c. XI.

tant, mais comme s'il en étoit lui-même *l'auteur* : *velut auctores ejus facti*, parce qu'il en prend avec David tous les sentimens et les affections ; ce qui emporte tous les divers mouvemens et produits et réitérés dont les Psaumes sont remplis.

C'est pourquoi Cassien conserve toujours dans les plus parfaits contemplatifs, ce qu'il appelle *volutatio cordis*, c'est-à-dire la succession et la volubilité des pensées et des mouvemens du cœur [1]. C'est en les réglant que l'oraison est perpétuelle par un renouvellement et excitation de son esprit aussi fréquent qu'on le peut. A quoi pourtant il faut joindre ce fond qui soutient tout ; c'est-à-dire, comme on a vu, le fond de bonne intention, qui produit une succession de mouvemens si suivis, et si uniformes qu'on voit bien que tout dépend du même principe, et c'est durant le cours de cette vie ce qu'on appelle contemplation et prière perpétuelle.

XLIII. Comment on conserve le même fond d'oraison dans la succession des actes.

Ce principe de Cassien est aussi celui du saint prêtre d'Alexandrie ; il assure que son gnostique ne prend plus des Heures marqués *de Tierce, de Sexte, de None* pour prier ; il prie toujours, dit ce Père [2] : je l'avoue en un certain sens, c'est-à-dire par une disposition habituelle du cœur ; mais cela n'empêche pas que les plus parfaits ne demeurent à leur manière assujettis à des Heures d'une attention particulière, témoin saint Pierre, que saint Clément n'a pas dessein d'exclure du nombre des parfaits, sous prétexte qu'il prie à Sexte et à None [3]; témoin saint Clément lui-même, qui fait faire à son gnostique successivement, et par actes renouvelés, des prières particulières *le matin, devant le repas, durant qu'on le fait, le soir, la nuit même* [4], et ainsi du reste. Ce n'est pas là cet acte continu, invariable, irréitérable, ce sont des vicissitudes, de perpétuels renouvellemens ; et c'est par ces actes incessamment renouvelés que la vie du juste parfait est, dit saint Clément, *une fête perpétuelle ; c'est par là qu'il se transporte dans le cœur divin*, où l'on chante les louanges de Dieu devant lui, et avec les anges *par une mémoire continuelle* [5], parce qu'il ne cesse, comme on voit, de la rafraîchir ; ce qui lui fait dire ailleurs « que l'ame parfaite qui ne médite rien moins

XLIV. Doctrine conforme de saint Clément d'Alexandrie.

---

[1] Coll. X, c. VII, VIII, X, XIII. — [2] *Strom.*, lib. VII, p. 722. — [3] *Act.*, III, 1 ; X, 9. — [4] *Strom.*, lib. VII, p. 728. — [5] *Ibid.*

que d'être Dieu, ne cessant de lui rendre graces de toutes choses, par l'attention qu'elle prête à écouter la sainte parole, par la lecture de l'Ecriture divine, par une soigneuse recherche de la vérité, par une sainte oblation, par la bienheureuse prière, louant, chantant des hymnes, bénissant, psalmodiant, ne se sépare jamais du Seigneur en aucun temps [1]. » Telle est donc manifestement la continuité de la prière que connoissent les saints : ils la soutenoient par des actes continuellement renouvelés ; l'amour de Dieu en fait la liaison, l'habitude d'une parfaite charité y met la facilité et la permanence.

XLV. Immobilité du spirituel, en ce que par l'habitude formée il ne change ni de sentiment ni d'objet.

Il ne faut pas s'imaginer d'autre mystère dans les expressions dont ce docte prêtre relève la perfection de son gnostique, et la continuité de son oraison. Il répète, pour ainsi parler, à toutes les pages que celui qu'il appelle d'un si beau nom est constitué en cet état par l'habitude consommée de la vertu [2]. C'est par là qu'on dit qu'il ne change point de pensée ni d'objet, à cause que par un long exercice il a formé l'habitude de penser toujours de même ; à quoi il faut ajouter que les choses dont il doit juger ne sont point celles qui dépendent de l'opinion ou des coutumes. Il a pour objet, dit-il, *les choses qui sont véritablement* [3], et non point par opinion ou en apparence, ὄντως ὄντα, comme il parle : d'où il s'ensuit qu'il ne change pas, parce qu'il juge des choses par les véritables raisons, qui sont stables et éternelles.

C'est en ce sens que l'on dit que celui qui sait ne change point, et que la science, à la différence de l'opinion, est une habitude immuable. L'homme spirituel de saint Clément [4], qui selon lui est le savant véritable, s'occupe *d'objets qui sont stables et inaltérables en toutes manières ;* et c'est pour cette raison qu'il possède seul la véritable science [5].

Cette science n'est autre chose que la foi, et la foi est définie excellemment par notre saint prêtre [6] : « la stabilité dans ce qui est. Quiconque a cette science ne varie jamais, et il devient, autant qu'il se peut, semblable à Dieu, en s'attachant aux choses qui sont toujours les mêmes. C'est là, dit-il, l'état de l'esprit en

---

[1] Lib. VI, p. 670. — [2] *Strom.*, lib. IV, p. 529; lib. VI, p. 645. — [3] Lib. VI, p. 691. — [4] Lib. VII, p. 708. — [5] lib. VI, p. 695. — [6] Lib. IV, p. 530, 531.

tant qu'esprit : les affections variables arrivent à ceux qui sont attachés aux choses matérielles (et changeantes); mais au contraire l'ame de celui qui a reçu par la foi la connoissance de la vérité, est toujours semblable à elle-même [1]. »

Par la même raison on avoue sans peine que le gnostique n'a jamais qu'un seul objet, parce qu'encore qu'il exerce les mêmes actes que le reste des chrétiens, la prière, l'action de graces et les autres ; et qu'il fasse toutes les demandes différentes qu'on a remarquées, en sorte qu'il n'est pas possible de ne pas reconnoître en lui la succession des pensées : comme Dieu en est toujours l'unique objet, on peut dire à cet égard qu'il ne change pas.

Enfin le spirituel est appelé immobile par l'opposition qui se trouve entre l'habitude formée et les premières dispositions changeantes et incertaines de ceux qui commencent : ainsi, dit notre saint prêtre, « l'entendement du spirituel par l'exercice continuel devient un toujours entendre » (ce sont ses mots), c'est-à-dire un acte perpétuel d'intelligence; « ce qui est la substance propre, οὐσία, du spirituel, dont la perpétuelle contemplation est une vive substance [2] : » par où il ne prétend autre chose que d'exprimer la force de l'habitude, qu'on appelle une seconde nature, à cause que par son secours ce qui étoit passager, changeant et accidentel, devient comme inséparable de notre être, et d'une certaine manière se tourne en notre substance.

XLVI. Comment les actes du contemplatif se tournent en sa substance selon saint Clément.

Tout cela est du langage ordinaire, et tout le monde l'entend non métaphysiquement, mais moralement, comme on a dit : que si on vouloit prendre ces expressions à la rigueur, on seroit réfuté par l'endroit où saint Clément dit que « celui-là même qui a la science des choses divines et humaines par manière de compréhension (c'est-à-dire, sans difficulté, le spirituel parfait), participe à la sagesse éternelle, non par essence ou substance, mais par une participation (un écoulement) de la puissance divine [3]. »

Par un semblable tempérament on dit que l'oraison est continuelle pour exprimer la pente, la disposition, la facilité qui fait qu'on ne peine plus : ce qu'il faut pourtant entendre avec correc-

XLVII. Comment le spirituel ne peine plus.

[1] *Strom.*, lib. II, p. 383. — [2] Lib. IV, p. 529. — [3] Lib. VI, p. 683.

tif ; autrement que voudroit dire dans saint Clément même ce relâchement de l'esprit jugé nécessaire et pratiqué par saint Jean, un si grand apôtre et un spirituel si parfait? qui est aussi un exemple dont nous avons vu que Cassien s'est servi [1].

XLVIII. *Eclaircissement des locutions de saint Clément et des autres, par l'exemple des locutions les plus vulgaires.*

Il ne sert de rien de répondre que la continuité qu'on veut établir est une continuité d'amour et d'union, qui est dans le cœur et non dans l'esprit. Ce n'est pas ce que dit saint Clément dans le passage allégué : C'est, dit-il, *une continuité d'entendre*, τοῦ νοεῖν, et s'il y a un mot dans toute la langue qui signifie proprement entendre, c'est celui-là. Au reste que trouve-t-on d'extraordinaire dans les locutions de ce Père? Qui ne tient tous les jours de mêmes discours sur les habitudes les plus naturelles? On dira d'un géomètre que nuit et jour il est occupé à cette science; l'habitude de démontrer géométriquement lui est passée en nature; en conversant, en mangeant il roule toujours quelque théorème dans sa tête; le sommeil même s'en ressent; il trouve jusque dans ses songes la résolution d'un problème dont il auroit été occupé durant tout le jour. On ne prétend pas pour cela qu'il y pense sans intermission à toute rigueur, et il faut être bien prévenu pour ne pas voir que les locutions de saint Clément ne sont pas d'un autre genre.

XLIX. *Passage de saint François de Sales pour expliquer ce qu'on dit de la continuité des actes.*

Au surplus sans disputer davantage, tout va être décidé par ce seul passage de saint François de Sales, dont nos mystiques allèguent si souvent l'autorité : « L'apostre dit qu'il a une douleur continuelle pour la perte des Juifs; mais c'est comme nous disons que nous benissons Dieu en tout temps; car cela ne veut dire autre chose, sinon que nous le benissons fort souvent et en toutes occasions : et de mesme le glorieux saint Paul avoit une continuelle douleur en son cœur, à cause de la réprobation des Juifs, parce qu'à toutes occasions il déploroit leur malheur [2]. »

L. *Du sommeil des justes : passage de Salomon.*

On peut résoudre par là les endroits des Pères, de Clément d'Alexandrie, de Cassien, de saint Augustin même, et des autres spirituels anciens et modernes, qui en parlant du sommeil des justes, semblent dire que leurs exercices n'y sont point interrompus, et il est vrai que l'impression en demeure dans un certain sens. Les

[1] Coll. XXIII. — [2] *Am. de Dieu*, liv. IX, ch. VIII.

pensées qui leur viennent au réveil font voir où leur ame dans son fond étoit tournée ; et c'est où Salomon nous vouloit conduire par ce beau passage des *Proverbes* : « Attachez les commandemens à votre cœur, faites-vous-en un collier qui ne vous quitte jamais, qu'ils marchent avec vous dans votre chemin, qu'ils vous gardent dans votre sommeil, et en vous réveillant entretenez-vous avec eux ². » Savoir ce qui se passe alors dans l'ame, et quelle force secrète rappelle comme naturellement dans le réveil la pensée où le sommeil nous a surpris, je n'entreprendrai pas de l'expliquer. C'est une disposition commune à tous ceux qui fortement occupés de quelque objet, semblent en être jour et nuit toujours remplis : mais ce n'est rien moins que l'acte continu et perpétuel de nos mystiques, qui selon eux est une si vraie continuation de l'acte du libre arbitre, qu'il ne faut plus le renouveler après toutes les distractions qui ne sont pas volontaires, ni même après le sommeil : d'où il s'ensuivroit que cet acte étant toujours libre, il seroit toujours méritoire. Mais il n'en est pas ainsi de cette pente secrète qui demeure dans le sommeil vers les objets dont on s'est rempli pendant le jour, qui est trop foible, et pour ainsi dire trop sourde pour n'avoir pas besoin d'être renouvelée et vivifiée afin d'être actuelle et méritoire, si ce n'est dans quelque sommeil envoyé de Dieu, tel que celui de Salomon.

Pour conclusion, l'on voit assez comment la contemplation est perpétuelle : elle l'est dans l'inclination qui la produit, elle l'est dans l'impression qu'elle laisse, elle l'est enfin parce qu'autant qu'on le peut on ne s'en arrache jamais, et qu'on en déplore les moindres interruptions ; et c'est le précis de la doctrine de saint Clément d'Alexandrie et de Cassien.

LI. Résultat et abrégé de tout ce livre vi.

Pour une entière explication de cette matière, il faudroit peut-être définir ce qu'on appelle intention actuelle, virtuelle et habituelle, et par là en démontrer les différences, ce qu'aussi nous ferons peut-être en un autre lieu ; mais ici il n'en est pas question, puisque ce sont choses qu'il faut supposer comme avouées de tout le monde, et que nous ne nous proposons dans ce traité que celles où l'on est en différend avec les nouveaux mystiques ; autre-

¹ *Prov.*, VI, 21.

ment nous pousserions hors du temps la dispute jusqu'à l'infini.

LII. Si l'on peut être assuré de ne perdre point l'actuelle présence de Dieu durant qu'on veille.

Au reste quand nos mystiques auroient prouvé qu'on en peut venir à un état de présence perpétuelle sans aucune interruption, il y auroit encore bien loin de là à leur acte unique et continu qui dure toute la vie, sans diversité ni succession de pensées, et aussi qu'on n'a pas besoin de renouveler; car c'est à quoi personne n'a jamais songé avant peut-être Falconi ou Molinos; et pour ceux qui sans avoir recours à cet acte absurde, qui ne sert qu'à introduire le relâchement et la nonchalance, prétendent qu'on peut toujours sans la moindre interruption conserver du moins en veillant l'actuelle présence de Dieu : sans répéter ce qu'on vient de dire sur ce sujet, je leur dirai encore ici que personne ne peut avoir aucune assurance d'être en cet état, tout le monde demeurant d'accord qu'on ne peut assez réfléchir sur soi-même pour s'assurer qu'on ne s'échappe jamais. Que si l'on dit que, sans réfléchir, cette présence perpétuelle subsiste dans l'acte direct, c'est par là même qu'on prouve qu'on ne peut avoir sur cela aucune assurance, puisque cet acte direct sur lequel on n'aura point réfléchi, sera de ces actes non aperçus, ou dont en tout cas on ne conserve pas la mémoire. Et ici demeure conclu ce que nous avions à dire contre les principes des nouveaux mystiques.

LIVRE VII.

De l'oraison passive, de sa vérité, et de l'abus qu'on en fait.

I. Dessein particulier de ce livre VII.

Nous entrons dans le second point de notre première partie, où nous avons promis de découvrir [1], non tant les erreurs des nouveaux mystiques, que la cause de leurs erreurs dans l'abus des oraisons extraordinaires, dans celui de l'autorité de quelques saints de nos jours, et enfin dans celui des expériences, dont ils prétendent que leurs pratiques sont autorisées, où il y aura encore une autre sorte d'erreur qu'il nous faudra reconnoître.

[1] Ci-dessus, liv. I, ch. XII.

Ce point sera plus court que le précédent, parce que sans nous mettre en peine d'expliquer à fond les principes de l'oraison extraordinaire, que nous réservons à leur lieu, nous aurons à les marquer seulement pour faire voir l'abus qu'on en fait dans la nouvelle oraison pour appuyer les erreurs que nous venons d'exposer aux yeux du monde.

II. De l'oraison qu'on nomme passive : explication des termes.

Il y a donc plusieurs oraisons extraordinaires que Dieu donne à qui il lui plaît; et celle dont on abuse en nos jours, est celle qu'on nomme *passive*, ou *de repos* et *de quiétude*, autrement de *simple présence*, de *simple regard* ou, comme parle saint François de Sales, *de simple remise en Dieu* [1].

Pour éviter toute équivoque, il faut expliquer avant toutes choses, que ce qu'on appelle pâtir et souffrir ou endurer en cette matière, n'est pas le pâtir et le souffrir qui est opposé à la joie et accompagné de douleur; mais le pâtir et le souffrir qui est opposé au mouvement propre, et à l'action qu'on se peut donner à soi-même. C'est en ce sens qu'en parlant de son Hiérothée, quel qu'il soit, l'auteur connu sous le nom de saint Denis Aréopagite disoit que c'étoit « un homme qui non-seulement opéroit, mais encore enduroit les choses divines; » c'est-à-dire qui recevoit des impressions de Dieu, où il n'avoit point ou très-peu de part.

C'est apparemment de cette expression qu'est venue la passiveté ou l'oraison passive, célèbre dans les mystiques depuis trois à quatre cents ans; mais dont on ne trouve dans saint Denis que ce petit mot, et rien du tout dans les Pères qui l'ont précédé.

III. Principes de la foi, sur lesquels est établie l'oraison qu'on nomme passive.

Mais sans s'arrêter aux paroles, il est constant par les saintes Ecritures :

1° Que Dieu fait des hommes tout ce qu'il lui plaît, les emporte, les entraîne où il veut, fait en eux et par eux tout ce qu'il s'en est proposé dans son conseil éternel, sans qu'ils lui puissent résister, parce qu'il est Dieu, qui a en sa main sa créature, et qui demeure maître de son ouvrage, nonobstant le libre arbitre qu'il lui a donné. Cette proposition est de la foi, et paroît incontestablement dans les extases ou ravissemens, et dans toutes les inspirations prophétiques.

[1] *Am. de Dieu*, liv. VI, ch. IX, X, XI, liv. VII; ep. XXII, etc.

2° Il est encore de la foi, que dans tous les actes de piété il y a beaucoup de choses que nous recevons en pure souffrance, au sens qui est opposé à l'action ou au mouvement propre.

Telles sont les illustrations de l'entendement, et les pieuses affections de la volonté qui se font en nous sans nous, comme dit toute la théologie après saint Augustin : « Il n'est pas en notre pouvoir, dit ce Père, qu'une chose nous délecte[1]. » Saint Ambroise dit aussi « que notre cœur n'est pas en notre puissance : » *Non est in nostrâ potestate cor nostrum*[2] : ce qu'il faut entendre de certaines dispositions bonnes ou mauvaises, dont nous ne sommes pas les maîtres. Il ne faut que ces deux passages pour entendre dans toutes les conduites de la grace, une certaine passiveté qui en est inséparable. Tout cela appartient à l'attrait de Dieu, qui est ou perceptible ou imperceptible, plus ou moins ; mais sans lequel il est défini qu'il ne se fait aucune action de piété.

3° J'ajouterai en troisième lieu, que dans toutes ces actions, non-seulement il y a beaucoup de ces choses qui se font en nous sans nous, mais encore qu'il y en a plus que de celles que nous faisons de nous-mêmes délibérément ; et la raison est qu'il y a toujours dans tout l'ouvrage de notre salut, et dans tout ce qui nous y conduit, plus de Dieu que de nous, plus de graces du côté de Dieu que d'efforts du nôtre.

IV. L'oraison qu'on nomme passive n'est aucune des choses qu'on vient d'expliquer.

Ces trois vérités ne sont révoquées en doute par personne ; mais ce n'est pas là ce que les mystiques (et quand je parle ainsi sans restriction, le lecteur se doit tenir pour averti que j'entends toujours les vrais et orthodoxes mystiques) ; ce n'est pas là, dis-je, ce que les mystiques appellent oraison passive. Et d'abord ce n'est ni extase ni ravissement, ni révélation ou inspiration et entraînement prophétique. Tous ceux qui sont dans ces oraisons ne prétendent pas être mus de cette sorte ; au contraire l'esprit des mystiques est d'exclure ces motions extraordinaires, comme il paroît par tous les écrits du bienheureux Jean de la Croix, ce saint et docte disciple de sainte Thérèse, qui a comme renouvelé au siècle passé les mystères de l'oraison passive. Elle ne consiste

---

[1] S. August., *de Spir. et litt.*, cap. XXXV, n. 63. — [2] S. August., *de Dono persev.*, cap. VIII, n. 19 ; S. Ambros., *de Fug. sæc.*, cap. I n. 1.

non plus dans ces motions qui accompagnent tous les actes de piété, puisqu'en ce sens tous les justes seroient passifs, et il n'y auroit plus de voie commune.

De là s'ensuit clairement que l'oraison passive ne consiste pas dans la motion ou grace efficace, par laquelle Dieu persuade aux hommes tout ce qu'il lui plaît, parce que cette motion se trouve dans tous ceux qui pratiquent la vertu, et se trouve persévéramment dans tous ceux qui persévèrent.

Quoique l'oraison passive ne consiste pas dans ces choses, elles servent à donner l'idée comment en beaucoup de rencontres l'homme peut être passif sous la main de Dieu. C'est ce qui arrive à tous ceux en qui il se fait soudainement et par une main souveraine de grands changemens : tout d'un coup, et lorsqu'on y pense le moins, on se trouve comme un autre Elie, ou comme un autre David en figure de Jésus-Christ, le cœur embrasé du zèle de la maison du Seigneur, et prêt à s'opposer comme une muraille à ses ennemis ; tantôt rempli de tendresse on ne peut retenir ses larmes, ou dans la vue de ses péchés, ou dans quelque autre impression d'amour également forte, dont souvent on ne connoît pas le motif ; tantôt par une touche secrète de l'esprit qui nous fait dire au dedans : *Mon ame, pourquoi es-tu triste* [1] d'une si profonde tristesse, et d'où me vient ce mystérieux délaissement ? Tout à coup on est transporté à un transport, à une joie, si l'on peut user de ce mot, à une exultation qui est au-dessus de tous les sens. Saint Jean Climaque, tous les spirituels anciens et modernes demeurent d'accord qu'on peut recevoir tous ces mouvemens et ces divines impressions sans y rien contribuer de notre part.

V. Ces choses servent néanmoins à la faire entendre : divers exemples d'impressions divines, où l'ame ne peut avoir de part.

Cependant ce qu'on appelle l'oraison passive n'est pas toujours la suppression de toute action, même libre, mais seulement de tout acte qu'on appelle discursif, et où le raisonnement procède d'une chose à l'autre : ce qui bien certainement n'empêche pas l'usage de la liberté, comme il paroît dans les anges, qui sont libres sans être discursifs.

VI. Ce qu'on appelle précisément l'oraison passive, infuse ou surnaturelle.

Cette oraison qu'on nomme passive ou infuse, est appelée par

[1] *Psal.* XLII, 5.

les spirituels et entre autres par sainte Thérèse, oraison surnaturelle : non que l'oraison de la voie commune soit purement naturelle ; car il est certain, et nous avons dit souvent, qu'il est de la foi que toute bonne oraison vient du Saint-Esprit et d'un instinct surnaturel ; mais pour exprimer que celle-ci étant surnaturelle par son objet, comme toutes les bonnes oraisons, elle l'est encore dans sa manière par la suppression de tout acte discursif, de tout propre effort, de toute propre industrie. Voilà ce qu'on appelle passif, lorsque par la suppression de tous ces actes, qui sont de notre ordinaire manière d'agir, on est mu de Dieu avec une heureuse facilité ; ce que sainte Thérèse et tous les spirituels comparent à une pluie où l'eau tombe toute seule sur un jardin, au lieu de celle qu'on tiroit à force de bras pour l'arroser.

VII. Exemples des motions du Saint-Esprit, qu'on nomme naturelles ou surnaturelles.

Lorsque le prophète Jérémie, après avoir ouï les trompeuses promesses dont le faux prophète Hananias amusoit le peuple, sans l'appeler faux prophète, lui dit avec une douceur admirable : « *Amen*, Hananias, qu'il soit fait comme vous le dites ; veuille le Seigneur accomplir vos paroles plutôt que les miennes ; pensez seulement que les prophètes qui ont vécu avant vous et moi ont été reconnus tels, quand leurs prédictions ont été suivies de l'événement[1]. » Cela dit, quoique Hananias continuât ses discours menteurs, sans s'emporter contre lui, ni lui reprocher sa corruption, *Jérémie s'en retournoit* tranquillement et en toute simplicité. Cette douceur, quant à la manière, étoit toute simple et naturelle à l'esprit bénin et modéré de ce prophète, très-admirable néanmoins et un grand effet de la grace. Mais quand au milieu de son chemin tout à coup « la parole de Dieu fut adressée à Jérémie, lui disant : Va et dis à Hananie : Voici ce que dit le Seigneur : Ecoute, Hananie : le Seigneur ne t'a pas envoyé, et tu as fait que mon peuple s'est confié dans le mensonge : pour cela, dit le Seigneur, je t'ôterai de dessus la terre ; tu mourras dans l'an, parce que tu as parlé contre le Seigneur[2] : » et quand, en exécution de cette sentence, Hananie mourut en effet au septième mois de la même année, c'est une autre sorte d'opération du Saint-Esprit. En voilà donc deux surnaturelles sans doute, puisqu'elles venoient de la

[1] *Jerem.*, XXVIII, 6. — [2] *Jerem.*, XXVIII, 12.

grace ; mais l'une dans la manière naturelle partoit d'une inspiration plus commune ; au lieu que l'autre, qui vint comme un coup de tonnerre, surnaturelle et dans son principe, et dans son objet, et dans sa manière, donne un exemple parfait de la manière dont on est passif sous la main de Dieu.

L'on peut entendre par là comment l'oraison passive est surnaturelle en un sens particulier, et par une opération qui affranchit l'homme des manières d'agir ordinaires. Il faut demeurer d'accord de bonne foi que Dieu peut pousser bien loin ou, pour mieux dire, aussi loin qu'il veut, ces états passifs, sans que personne lui puisse demander : Pourquoi faites-vous ainsi ? de sorte qu'on ne peut mettre de bornes à ces états que par la déclaration qu'il a faite de sa volonté dans sa parole écrite ou non écrite.

<small>VIII. L'on commence à déterminer le sens auquel l'oraison passive est dite surnaturelle, par six propositions.</small>

Voici donc, pour nous renfermer dans le fait, et ne nous point jeter dans des possibilités ou impossibilités métaphysiques, ce que nous trouvons de l'état passif dans les mystiques approuvés, et je le réduis à six propositions.

La première, que selon eux « l'état passif est un état de suspension et ligature des puissances ou facultés intellectuelles, où l'ame demeure impuissante à produire des actes discursifs. » Il faut remarquer avec attention cette dernière parole ; car l'intention de ces docteurs n'est pas d'exclure de leur oraison les actes libres, qui, comme on a vu, se pourroient former sans discours ; mais les actes où l'on s'excite soi-même par un discours ou réflexion précédente, qu'on appelle dans ce langage des actes de propre industrie ou de propre effort : et il y a là un grand changement dans la manière d'opérer de l'ame. Car l'ame accoutumée au raisonnement et à exciter elle-même ses affections par la considération de certains motifs, tout d'un coup comme poussée de main souveraine, non-seulement ne discourt plus, mais encore ne peut plus discourir, ce qui attire d'autres impuissances durant le temps de l'oraison, que nous verrons dans la suite.

<small>IX. Première proposition : ce qu'on appelle oraison passive consiste dans une suspension passagère des actes discursifs : différence entre les vrais et les faux mystiques : sentiment de sainte Thérèse et du bienheureux Jean de la Croix.</small>

Voilà ce que les mystiques appellent contemplation, qui selon eux est un acte de Dieu plutôt que de l'homme, et plutôt infus qu'excité par le propre effort de l'esprit ; et la différence qu'il y a entre les vrais et les faux mystiques, c'est que la passiveté au sens des derniers devant s'étendre à tout l'état, les autres l'ont limitée au seul temps de l'oraison.

C'est ce qu'enseigne très-expressément ce sublime contemplatif, le bienheureux Père Jean de la Croix, disciple de sainte Thérèse, premier carme déchaussé, et qui est, après cette Sainte, le père et le fondateur de cet Ordre.

Il n'y a qu'à lire l'endroit où il restreint à un temps particulier et déterminé ces grandes suppressions d'actes; en sorte que « hors ce temps-là en tous ses exercices, actes et œuvres, l'âme se doit aider de tous les moyens ordinaires [1]. » Par la suite du même principe il prononce, « qu'il ne faut laisser la meditation que dans le temps seulement qu'on en est empesché par Nostre-Seigneur, et qu'aux autres temps et occasions il faut avoir cet appuy [2]. »

Je pourrois produire une infinité de passages semblables du Père Jean de la Croix; mais pour abréger cette preuve, je me contente du témoignage de son plus savant interprète le Père Nicolas de Jésus Maria, dans le livre des *Phrases mystiques*, où après avoir rapporté la doctrine de Cassien, de saint Grégoire, de saint Bernard, de sainte Thérèse, du Père Jean de Jésus et de Suarez [3], en venant au bienheureux Jean de la Croix : « Il demeure, dit-il, suffisamment prouvé par cette doctrine que ce dénuement, tant des formes imaginaires que des actes discursifs qu'enseigne et persuade nostre docteur mystique, ne doit point estre entendu pour toute sorte de temps, ni aussi pour un long temps, mesme à ceux qui sont parvenus à l'état de la contemplation sublime ; mais seulement POUR CE PEU DE TEMPS que dure la contemplation parfaite et uniforme, et qu'aux autres temps, quelque perfection qu'on ait, on doit se servir des formes imaginaires, des choses inutiles et d'actes discursifs, comme nous l'avons déjà démontré par les témoignages du mesme docteur, et le montrerons encore dans la suite [4]. »

Je rapporte au long ce passage, capable seul de confondre nos faux mystiques. Le bienheureux Père Jean de la Croix et le Père Nicolas de Jésus Maria, n'ont fait que suivre le sentiment de leur

---

[1] *Mont. du Carm.*, liv. II, ch. XXXII, p. 147. — [2] *Obsc. nuit.*, liv. I, ch. X, p. 257. — [3] Lib. II *de Relig.*, c. X. — [4] *Phras. myst.*, ch. III, § 8, p. 145.

mère sainte Thérèse, qui assure positivement « qu'on ne demeure que très-peu de temps dans cette suspension de toutes les puissances, que c'est beaucoup d'y estre une demi-heure, et que pour elle, elle n'a pas de mémoire d'y avoir jamais tant esté [1]. » Les nouveaux mystiques sont bien plus parfaits, puisqu'ils introduisent une ligature, c'est-à-dire une suspension perpétuelle des puissances et une suppression universelle des actes ; mais les véritables mystiques qui en réservent la suspension au temps de l'oraison actuelle, laissant le reste du temps libre aux actes que nous avons vus si expressément commandés par Jésus-Christ, ne tombent point sous nos censures.

C'est aussi ce que répond le Père Balthasar Alvarez, une des lumières de sa compagnie, et qui a été parmi les confesseurs de sainte Thérèse, un de ceux dont elle a vu de plus grandes choses. Comme on lui objecte que cette suspension des puissances, dans l'oraison de silence et de quiétude, induit la suppression de beaucoup d'actes nécessaires, comme de celui de demander expressément ce que Dieu ordonne : il répond *qu'il y a d'autres temps pour demander* que celui où l'on vaque à cette oraison, et *que celuy-là n'y est pas propre* [2] : ce qu'il appuie de cette règle excellente, « que chaque exercice requiert son temps, comme en l'oraison on ne demande ni on ne remercie pas toujours [3] : » d'où il conclut « que ce n'est pas tenter Dieu de faire cesser pour lors les discours touchant les choses particulieres qui concernent les perfections de Dieu ou nostre réformation, qu'on peut reserver à un autre temps. » On voit donc pourquoi ce saint homme, un des plus sublimes contemplatifs de son siècle, ne craignoit point de tenir *pour lors,* comme il parle, et dans le temps de cette haute oraison, certains actes en suspens. En général il nous apprend que son oraison étoit *de faire cesser les discours par intervalles pour la présence de Dieu* [4] : ce qui est bien éloigné des inconvéniens de la doctrine des nouveaux mystiques, et de la perpétuelle suspension d'actes, où ils s'engagent contre les préceptes de l'Evangile, par l'irrévocable continuité de leur acte unique et uni-

X.
Sentimens conformes du Père Balthasar Alvarez, un des confesseurs de sainte Therèse.

[1] Ch. XVIII de sa *Vie,* p. 98. — [2] *La Vie du P. Baltas. Alvar.,* ch. LX, p. 464. — [3] *Ibid.,* p. 457. — [4] *Ibid.,* ch. XIII, p. 139.

versel. Voilà ce que dit de son oraison le Père Alvarez, dans deux excellens discours que le Père Louis du Pont, comme lui, un des plus grands spirituels de sa compagnie et de son siècle, nous a rapportés dans la vie de cet admirable jésuite.

XI.
Ce qu'emporte la suspension des actes ou considérations discursives.

On voit donc quelle est la nature des actes qui sont suspendus et comme interdits dans l'oraison passive et de quiétude : ce sont encore une fois, et on ne peut trop le répéter, les raisonnemens ou les considérations discursives. Dieu n'en demeure pas là, et ayant une fois tiré l'ame de sa manière accoutumée, il la manie comme il lui plaît, souvent il veut seulement qu'elle le regarde en admiration et en silence ; elle ne sait où elle est, elle sait seulement qu'elle est bien ; et une paix que rien ne peut troubler, lui fait sentir qu'elle n'est pas loin de Dieu. Elle fera dans un autre temps les autres actes du chrétien ; dans ce moment, ni elle ne veut, ni elle ne peut en faire d'autre que celui de se tenir abîmée en Dieu.

XII.
Que dans l'oraison passive il y a beaucoup de propre action, de propre industrie et de propre effort.

Loin de reconnoître dans tout l'état une perpétuelle passiveté, les mystiques orthodoxes ne la reconnoissent seulement pas continuelle et universelle dans le temps de l'oraison. Car d'abord le bienheureux Jean de la Croix ramène non-seulement les images et *notices particulieres,* comme il les appelle[1] ; mais encore *les veues, considerations et meditations amoureuses,* au temps même de l'oraison, en faveur de l'humanité de Jésus-Christ, comme nous dirons bientôt plus amplement [2].

Selon le même docteur, non-seulement l'ame doit pâtir et se laisser mener à Dieu qui la meut dans cette oraison, mais encore il y a des choses *qu'elle doit avoir soin de faire de sa part*[3] ; ce qui marque une action plus délibérée, *et dans laquelle aussi les directeurs la doivent aider.* Cette action est celle « de se détacher, qui est, dit-il, ce que vous devez faire de vostre part sans faire aucune force à l'ame, si ce n'est pour la séquestrer de tout et l'élever[4]. » Ce n'est pas là ce que nous disoit celle qui répète à chaque moment qu'il faut supprimer *tout effort,* tout soin, toute activité, et n'exercer envers Dieu qu'un simple laisser faire : mais

---

[1] *Mont.*, liv. III, ch. I, p. 153. — [2] *Inf.*, ch. XX. — [3] *Viv. flam.*, *Cant.* III, vers. 3, § 8, p. 541.— [4] *Ibid.*, p. 549.

celui-ci au contraire nous apprend ce qu'on doit faire *de sa part*, quel soin on doit prendre, et en quoi il est besoin *de forcer* l'ame. Et tout ceci ne se dit pas pour les commençans, mais pour les états les plus sublimes. C'est dans l'état le plus sublime que l'ame est élevée au mariage céleste[1] : mais là il y a de part et d'autre, tant de la part de l'Epoux céleste que de la part de l'Epouse, *une tradition, une délivrance volontaire,* qu'il appelle (car il faut dire son mot) *la délivrance matrimoniale* égale de part et d'autre, comme celle d'un époux et d'une épouse, l'ame se donnant à Dieu aussi activement, *aussi librement que Dieu se donne à elle*, parce que Dieu élève l'action du libre arbitre en son plus haut point, afin de se faire choisir plus parfaitement. C'est ce que vouloit exprimer saint Clément d'Alexandrie, en disant *que l'homme prédestine Dieu, comme Dieu prédestine l'homme*[2]. Le libre arbitre s'exerce donc dans toute son étendue; l'ame s'excite elle-même, elle parle à ses passions qui la pouvoient venir troubler, *et les prie de la laisser en repos*[3] : et cela qu'est-ce autre chose que de s'exciter soi-même à les tenir dans le devoir? C'est ce que dit en termes formels le bienheureux Jean de la Croix. L'ame, continue ce saint religieux, se donne tous ces mouvemens par une délicate réflexion sur son état, parce que, « se voyant enrichie de tant de dons précieux, elle desire de se conserver en assurance[4]; » en quoi les nouveaux mystiques la trouveroient bien intéressée. Dans ses désirs, elle fait à Dieu toutes sortes de prières, dont la dernière est : « Rompez la toile délicate de cette vie, afin que je vous puisse aimer dès à present avec la plénitude et la satiété que desire mon ame, sans terme et sans fin[5]. » Voilà comme l'ame réfléchit, voilà comme l'ame se meut dans l'oraison même : à vrai dire les vrais spirituels ne veulent exclure que les actes pénibles et tirés à force; tout ce qu'il y a d'affections y coule de source.

Une seconde proposition déterminera ce qu'on appelle le temps de l'oraison, et « c'est celui où l'ame demeure spécialement recueillie en foi et en amour dans la contemplation actuelle : » à

XIII. Seconde et troisième proposition.

---

[1] *Viv. flam.*, p. 555, 556. — [2] *Strom.*, lib. VI. — [3] *Cant.*, III, 2, comp. p. 468. — [4] *Ibid.* — [5] *Cant.*, I, p. 511.

quoi il faut ajouter la troisième proposition, qui est que, selon la doctrine et la distinction de saint Thomas, suivie par tous les docteurs, « la contemplation actuelle ne peut pas être de longue durée dans ses actes principaux, quoiqu'elle puisse durer longtemps dans ses actes moins parfaits, et qui demandent moins d'attention[1]. »

pour déterminer ce qu'on appelle le temps d'oraison, et montrer que ce temps ne peut être long.

XIV. Trois autres propositions pour expliquer la stabilité et la permanence d'un état.

Les trois propositions précédentes regardent la courte durée de l'oraison appelée passive, mais encore sans en expliquer la stabilité et la permanence : mais les trois suivantes vont démêler cette difficulté et achever notre explication.

La première, qui est la quatrième des six : « Quoique l'oraison passive soit courte en elle-même, elle est perpétuelle dans ses effets, en tant qu'elle tient l'ame perpétuellement mieux disposée à se recueillir en Dieu. »

La cinquième proposition : « Cette disposition au recueillement n'est pas méritoire, n'étant pas un acte ; mais elle prépare l'ame à produire facilement et de plus en plus les actes les plus parfaits. »

La sixième et dernière proposition : « Nous appelons un état d'oraison l'habitude fixe et permanente, qui prépare l'ame à la faire d'une façon plutôt que d'une autre, et lui en donne l'inclination avec la facilité. »

Ainsi l'oraison passive est fixe et perpétuelle à sa manière : ainsi elle compose ce qui s'appelle un état ; et met l'ame dans une sainte stabilité, où elle est sous la main de Dieu de cette admirable manière qui dans le temps de l'oraison exclut les actes discursifs, et les autres dont il plaît à Dieu de faire sentir aux ames la privation, soit par grace, soit par épreuve, comme la suite le fera paroître.

XV. Les fondemens des nouveaux mystiques détruits par les six propositions précédentes.

Il a fallu réduire les choses à cette précision, afin de détruire clairement les fondemens des nouveaux mystiques. Leur premier et principal fondement est que l'oraison passive, reconnue par de très-grands spirituels, emporte la suppression des actes : il faut distinguer : elle emporte la suppression des actes discursifs, ou de quelques autres dans le temps de l'oraison seulement ; je

---

[1] II² II^æ, q. 180, art. 8, ad 2.

l'avoue : elle emporte la suppression de tous actes généralement, et en tout temps, en sorte que l'ame demeure réduite à une perpétuelle passiveté, sans jamais s'exciter elle-même aux actes de piété ; je le nie. J'espère qu'on me permettra du moins une fois cette sèche, mais véritable distinction où consiste la différence précise entre les vrais et les faux mystiques, comme il a paru clairement par les paroles des uns et des autres.

Le second fondement des faux mystiques, c'est que d'un commun consentement l'ame peut être mise par état dans une oraison passive, d'où ils concluent qu'elle sera donc dans une perpétuelle et fixe passiveté. On nie cette conséquence, puisqu'on vient de dire qu'être dans cette oraison par état, c'est y être par habitude, par inclination, par facilité, et non par un exercice actuel et perpétuel ; ce qui étant entendu, tous les fondemens de la nouvelle oraison demeurent abattus et les objections résolues.

XVI. Quel est le principal effet de l'oraison passive ou de quiétude.

D'expliquer maintenant ce qui se passe dans cette excellente oraison, ce n'en est pas ici le lieu ; ce que j'en puis dire, c'est que Dieu y tient l'Ecole du cœur, où il se fait écouter en grande tranquillité et en grand silence. On en dira dans le temps ce que le Saint-Esprit en apprend aux hommes de Dieu qu'il a mis dans cette pratique. Il semble au reste, selon les principes qu'on a posés ailleurs, que cette oraison par sa grande simplicité soit moins aperçue en elle-même que dans ses effets, dont le principal est de tenir l'ame souple et pliante sous la main de Dieu, parce qu'elle a expérimenté dans ses impuissances la vérité de cette parole : « Sans moi vous ne pouvez rien [1]. »

XVII. On commence à expliquer l'abus qu'on fait de cette oraison : doctrine du Père Baltazar Alvarez sur les demandes.

Laissons à part les autres effets de cette oraison, pour nous attacher aux abus qu'en ont faits nos nouveaux auteurs. On a vu que le principal est de s'en servir pour exclure les demandes dans toute la voie : mais le saint jésuite Baltasar Alvarez, bien éloigné d'une exclusion si générale, les reçoit dans le temps même qu'on donne à l'oraison de quiétude, où il joint « à la révérence, à l'admiration, aux remercîmens, à l'offrande de tout ce qu'on est, la demande qu'on fait à Dieu, premièrement de lui-même, et puis de ses dons, non point pour s'y reposer, mais pour monter à lui

[1] *Joan.*, XV, 5.

par leur moyen [1]. » A quoi il ajoute que cette oraison, loin d'exclure les demandes, en est le plus solide appui, « puisque quiconque sait donner à Dieu, comme fait cette oraison, ce qu'il nous demande, lui pourra confidemment demander ce qui lui est propre [2]. »

XVIII. Suite de la doctrine du même Père Balthasar, très-opposée aux prétentions des nouveaux mystiques.

Ce saint religieux dit ailleurs que Dieu, qui voit dans cette oraison « le cœur de son serviteur enclin à désirer quelque chose, et qu'il ne la demande pas [3], » l'accorde facilement de lui-même, sans attendre une demande plus expresse; et la voyant toute faite dans le désir même, parce que, comme dit ailleurs ce même auteur, « les souhaits sont devant Dieu ce que la voix sert aux hommes [4]; » c'est-à-dire qu'on parle à Dieu par le désir, comme on parle aux hommes par la voix : d'où il s'ensuit qu'on fait des demandes dans cette oraison, puisqu'on y pousse de saints désirs; ce qui n'est autre chose, continue ce Père, que de faire des demandes, non *par acte signifié*, c'est-à-dire par paroles significatives, mais *par acte pratiqué*, c'est-à-dire par le désir, qui dans le fond est une demande par rapport à Dieu, à qui tous les désirs sont connus.

On voit combien ce saint religieux est éloigné de supprimer dans l'oraison, même dans celle de quiétude, les demandes et les désirs. Il ne reste qu'à reléguer au nombre des commençans un homme si consommé dans la science des saints, et d'un état si parfait, qu'on croit même que par un don tout à fait extraordinaire, il a mérité de recevoir une assurance entière de son salut, tant par la bouche de sainte Thérèse que par un témoignage particulier du Saint-Esprit [5].

XIX. Sentimens du même religieux sur la mortification et sur l'état des vertus.

Un autre moyen d'abuser de cette oraison, est de s'en servir comme on a vu qu'ont fait les nouveaux mystiques, pour affoiblir l'esprit de mortification et l'étude des vertus; mais le même Père Balthasar enseigne « qu'on doit corriger ceux qui se contentent d'être seulement recueillis sans autre exercice de mortification et des autres vertus, en les avertissant qu'ils s'abusent, et que s'ils ne se corrigent, on peut tenir leur recollection fort douteuse [6]. »

[1] *Baltas. Alvar.*, ch. XL, p. 456. — [2] P. 459. — [3] P. 464. — [4] Ch. XIII, p. 137, 138. — [5] *Baltas. Alvar.*, ch. XIII, p. 162, 163, 299, etc. — [6] Ch. XL, p. 461.

Les nouveaux mystiques outrent ce que disent les vrais spirituels sur les formes et notions particulières, et ils leur donnent une perpétuelle exclusion de l'état contemplatif avec un si grand excès, qu'ils en viennent, comme on a vu, jusqu'à mettre à part l'humanité de Jésus-Christ : mais le bienheureux Jean de la Croix s'oppose à cette erreur, lorsqu'il déclare « que cette exclusion des figures et notices (particulières) ne s'entend jamais de Jésus-Christ et de son humanité, dont il rend cette raison, que la veuë et meditation amoureuse de cette tres-sainte humanité aide à tout ce qui est bon ; en sorte qu'on montera plus aisément par elle au plus haut de l'union : car encore, continue-t-il, que d'autres choses visibles et corporelles doivent estre oubliées et servent d'empeschement; celuy qui s'est fait homme pour nostre salut, ne doit pas estre mis en ce rang, luy qui est la verité, le chemin, la porte et le guide de tout bien [1]. » Et quand il tâche d'exclure ces formes et notions particulières, expressément il se restreint « à tout ce qui n'est point divinité, ou Dieu fait homme, » parce que ce souvenir d'un Dieu fait homme, « aide toûjours à la fin, comme estant le souvenir de celuy qui est le vray chemin, le guide et l'auteur de tout bien [2]. »

XX.
Le bienheureux Jean de la Croix bien opposé à ceux qui mettent à part Jésus-Christ, la Trinité et les attributs dans la sublime contemplation.

Si la notion particulière de Jésus-Christ comme Fils de Dieu incarné, ne peut être excluse de la plus haute contemplation, celle du Père, et par conséquent des trois Personnes divines, sans laquelle le Fils n'est pas connu, y doit aussi être admise ; celle-là n'a pas plus de conformité et de liaison avec la contemplation que celle des divins attributs; et c'est pourquoi ce saint homme, bien éloigné des nouveaux mystiques qui mettent tout cela à l'écart, reconnoît tous les attributs avec tous les mystères de Jésus-Christ dans le plus sublime état de contemplation, et même de transformation, comme il paroîtra clairement à ceux qui liront les passages marqués à la marge [3], que je me dispense de produire, pour éviter la longueur dans une chose peu nécessaire.

Quant à ce qui regarde la suspension ou la *ligature* des puissances, outre ce que nous venons de voir qu'elle ne regarde

XXI
Que selon le Père Baltasar,

[1] *Mont. du Carm.*, liv. III, ch. I, p. 153. — [2] *Ibid.*, ch. XIV. p. 172.— [3] *Cant.* XXXVII, p. 181, 182.

532 INSTRUCTION SUR LES ÉTATS D'ORAISON.

la ligature ou suspension des puissances ne peut jamais être totale dans l'oraison de quiétude. ordinairement que les actes discursifs, c'est-à-dire de propre industrie ou de propre effort, le Père Baltasar ajoute encore, « qu'il ne faut pas se persuader, comme quelques ignorans se l'imaginent, que ce silence de l'ame et cet arrest attentif en silence fasse cesser de tous points les actes des puissances, parce que *cela est impossible*, fors en dormant, ou seroit *tres-penible et dommageable*, dont il rend cette raison : que ce seroit estre plus qu'oisif et perdre le temps, en danger que l'imagination ne suscitast quelque fantaisie, ou que le diable y jetast de mauvaises pensées ou quoy que ce soit impertinentes [1] : » tous sentimens bien éloignés de ceux des nouveaux mystiques et de leur acte continu et perpétuel, que rien n'interrompt, et dont aussi on ne voit aucun trait dans les spirituels approuvés.

XXII. *Suite de la doctrine du même Père Baltasar contre la totale et perpétuelle suspension des puissances.* Conformément à la doctrine précédente le même P. Baltasar décide, avec tous les vrais spirituels, « que ceux-là mesme qui ont monté à cette maniere d'oraison de quiétude ont besoin de s'entretenir en l'exercice de mediter, et penser un peu aux mysteres divins, parce que souvent la faveur et le mouvement de Dieu cesse, qui les élevoit à cette quiétude, et il est besoin qu'ils agissent avec leurs puissances [2]. Car poursuit-il, ils ne ressemblent pas à ces vaisseaux à haut bord, qui ne se meuvent qu'avec le vent : mais sont de petits bateaux qui ont recours à la rame, quand le vent leur faut ; et si le vent et la rame leur manquoit tout à la fois, ils demeureroient tout cois et calmes (de ce calme pernicieux qui suspend la navigation) : ainsi, dit-il, quand le vent du special mouvement divin manque, la cooperation et industrie de nos puissances demeureroient oisives dans le chemin spirituel. »

XXIII. *Que le Père Baltasar ne connoît point d'ames toujours mues de Dieu, et en qui la suspension des puissances in-* Si l'on dit qu'il reconnoît donc qu'il se trouve effectivement dans les voies de l'oraison *de ces vaisseaux à haut bord*, qui ne se meuvent que par le vent, sans avoir besoin de ramer, je réponds que ce n'est pas là son intention. Car il dit bien que ceux dont il parle ne sont pas de ces vaisseaux que le seul vent guide : mais il ne dit pas pour cela qu'il y ait d'autres personnes de ce caractère ; ou ce ne seroit en tout cas que dans le temps de l'o-

---

[1] Balt. Alvar., ch. XIV, p. 143. — [2] *Ibid.*, ch. XLII, p. 474.

raison *et par intervalles,* comme on a vu qu'il l'enseigne perpétuellement. Au reste on ne voit dans aucun endroit de sa vie que l'oraison d'un homme si élevé ait été autre que celle qu'il a comparée au mouvement de ces petits bateaux, qui sont contraints, au défaut du vent, de s'aider des rames : au contraire il présuppose partout que son état de lui-même étoit, *du moins hors de l'oraison,* de s'aider toujours des puissances, sans en supposer jamais la suspension ou la ligature totale. Ainsi l'on ne doit pas dire qu'il parle pour les commençans, qui est la réponse perpétuelle de nos nouveaux mystiques, lorsqu'on leur montre dans les plus parfaits des sentimens opposés à leurs trompeuses expériences.

Le B. Père Jean de la Croix nous assure aussi « qu'encore qu'il y ait des ames qui sont tres-ordinairement meuës de Dieu en leurs opérations, à peine s'en trouvera-t-il une seule qui soit meuë de Dieu en toute chose et en tout temps [1]. » On voit que ce bienheureux, dont les expériences sont si étendues, ne dit point qu'il ait jamais trouvé des ames de cet état; et s'il n'ose nier absolument qu'il puisse y en avoir, l'exemple de la sainte Vierge qu'il venoit d'alléguer expressément, suffisoit pour l'obliger à cette circonspection, comme lui-même il nous le fait voir par ces paroles : « La sainte Mere de Dieu, estant dès le commencement élevée à ce haut état, n'eut jamais en son ame de forme imprimée d'aucune creature, laquelle la divertist de Dieu, et jamais ne se meut par elle-mesme [2], » parce que toujours sa motion fut du Saint-Esprit : par où ceux qui vantent sans cesse que tous leurs mouvemens sont de Dieu, et mettent à tous les jours de tels prodiges de la grace, peuvent voir à qui ils s'égalent : ce n'est à rien moins qu'à la sainte Vierge. Ils doivent aussi reconnoître en passant quelles sont les formes que ce Bienheureux a intention de bannir, qui sont uniquement celles *qui divertissent de Dieu.*

Aussi voit-on ce saint religieux jusqu'à la fin de sa vie en venir toujours aux demandes, aux réflexions, aux excitations et aux autres actes que nos faux mystiques suppriment, sans qu'on

[1] *Mont. du Carm.,* liv. III, ch. I, p. 154. — [2] *Ibid.,* p. 152.

l'acte continu des nouveaux mystiques. aperçoive en aucun endroit cet acte unique et continu dont ils font le soutien de leur système : au contraire on ne pouvoit pas donner d'idée plus formellement opposée à celle-là qu'en distinguant, comme il fait [1], tout ce qui s'appelle acte, et qui appartient aux puissances, c'est-à-dire à l'entendement, à la volonté et à la mémoire, de ce qui touche le fond de l'ame; *le premier*, dit-il, *estant toujours passager*, et ne pouvant opérer *en cette vie d'union permanente :* et l'autre qui est *permanent*, n'étant pas un acte, mais une *habitude* seulement : qui est précisément la même doctrine que nous avons opposée aux nouveaux mystiques [2].

XXVI. *Les actes que les faux mystiques vantent le plus en bien et en mal, sont également inconnus aux vrais spirituels.* Comme ni lui ni les autres vrais spirituels ne connoissent pas cet acte continu et universel, ils ne connoissent non plus les autres actes si célèbres parmi les nouveaux mystiques, comme est celui *de se reprendre soy-mesme ;* c'est-à-dire, comme ils l'expliquent, de se retirer de dessous la main de Dieu en réfléchissant sur eux-mêmes, et s'excitant à faire les actes. C'est où ces faux spirituels mettent à présent (comme on a vu) tout le mal de la vie spirituelle, regardant cette réflexion comme un désaveu de leur premier abandon. Mais aucun des vrais spirituels ne connoît cet acte, non plus que celui d'abandon, au sens des nouveaux auteurs : ni ils n'ont jamais cru qu'aucun chrétien ait cessé de s'exciter en temps convenable aux actes pieux, ou qu'on ait seulement songé à la cessation de tous ces actes.

Reconnoissons donc que nos prétendus parfaits marchent dans des voies inconnues aux vrais spirituels : cet acte prétendu unique et irrévocable de soi n'est qu'une illusion : c'en est une qui suit nécessairement de celle-là, que de réfléchir sur les actes et s'exciter volontairement à l'amour de Dieu, soit se reprendre soi-même, c'est-à-dire se retirer de la main de Dieu : et le comble de l'illusion est de proposer des expériences contraires à celles qu'on trouve dans les hommes les plus saints.

XXVII. *Les nouveaux mystiques entendent mal et contre la doc-* Ces saints hommes ne connoissent non plus ce vice de multiplicité, que les faux mystiques mettent à multiplier et renouveler tous les jours les actes de foi, d'espérance et de charité : car déjà on est d'accord que sans foi et sans amour il n'y a point d'oraison,

---

[1] *Mont. du Carm.*, liv. II, ch. v, p. 45. — [2] Ci-dessus, liv. I, n. 25, etc.

et la piété ne permet pas de détacher l'espérance d'avec ses inséparables compagnes, puisqu'elle est le premier fruit de la foi, et qu'elle s'absorbe dans l'amour.

Un dernier abus que font les nouveaux mystiques de l'oraison passive ou de quiétude, est de la rendre trop commune et trop nécessaire : c'est là un des points qui mérite une plus forte censure, et en même temps un de ceux que ces faux spirituels poussent le plus avant. On trouve dans le *Moyen court* « que nous sommes tous appelez à l'oraison comme nous sommes tous appelez au salut : qu'à la verité tous ne peuvent pas mediter, et que tres-peu y sont propres : mais aussi que ce n'est pas cette oraison que Dieu demande, et que c'est l'oraison de simple presence : que tous ceux qui veulent estre sauvez la doivent pratiquer, et qu'enfin l'oraison qu'il faut apprendre, c'est une oraison qui n'est pas meditation, mais contemplation passive [1]. »

Voilà pour ce qui regarde la nécessité de cette oraison : pour la facilité, « elle se peut faire en tout temps, et ne détourne de rien : les princes, les rois, les prelats, les prestres et les magistrats, les soldats, les enfans, les artisans, les laboureurs, les femmes et les malades la peuvent faire. »

C'est ce que disoit le Père la Combe, qu'on doit induire à cette oraison jusqu'aux enfans de quatre ans, comme en étant très-capables ; rien n'est plus aisé : « la maniere de chercher Dieu est si aisée et si naturelle, que l'air que l'on respire ne l'est pas davantage [2], » ni la respiration plus continuelle.

Un peu après on commence à faire la loi aux pasteurs et aux hommes apostoliques [3] : une oraison si facile devroit être apprise aux enfans comme le catéchisme.

Si tous ceux qui travaillent à la conquête des ames tâchoient de les gagner par le cœur, les mettant d'abord en oraison et en vie intérieure, ils feroient des conversions infinies. On suppose qu'il n'y a au monde oraison ni intérieur que dans la passiveté. Voici quelque chose de plus outré : « Si l'on apprenoit à nos freres errans à croire simplement et à faire oraison (selon la nouvelle méthode), au lieu de disputer beaucoup, on les rameneroit douce-

---

[1] *Moyen court*, § I, p. 2, 4. — [2] *Ibid.*, p. 6. — [3] P. 13, § III, etc.

ment à Dieu ¹. » Sans doute si on leur avoit persuadé *de croire simplement*, ils ne seroient pas hérétiques; mais de leur aller proposer l'oraison passive comme le seul moyen d'avoir la foi simple, c'est ce que les Pères ignoroient. S'ils avoient su cette nouvelle méthode, ils auroient supprimé tant de beaux ouvrages, tant d'excellentes disputes qui sont encore aujourd'hui les instrumens de la tradition et le fondement de l'Eglise. On passe aux acclamations : « O quel compte les personnes qui sont chargées des ames, n'auront-elles pas à rendre à Dieu ², » de ne leur avoir pas découvert ce trésor caché de l'oraison passive, comme la seule où l'on trouve Dieu !

Quand je songe à la modestie de sainte Thérèse dans l'instruction des couvens qu'elle avoit fondés avec tant de témoignages divins, et dont elle étoit supérieure; et que je considère d'un autre côté cet air décisif qu'on se donne ici avec les prédicateurs et les pasteurs, je demeure étonné. On poursuit pourtant, et ces paroles sont du même ton : *Si on leur donnoit d'abord* (à ceux qu'on instruit) *la clef de l'interieur* ³, c'est-à-dire, comme on a vu, l'abandon à ne rien faire du tout, et attendre que Dieu nous remue : tout iroit bien ; ainsi « vous estes conjurez, ô vous tous qui servez les ames, de les mettre d'abord dans cette voye, qui est Jesus-Christ ⁴ : faites des catechismes particuliers pour enseigner à faire oraison, non par raisonnement ni par methode, les gens simples n'en estant pas capables, mais une oraison de cœur et non de teste, une oraison de l'esprit de Dieu et non de l'invention de l'homme ⁵. » On parle dans tous ces endroits et dans tout le livre comme s'il n'y avoit ni confiance, ni espérance, ni amour, ni oraison, ni intérieur, que dans cette oraison particulière qui seule est de Dieu ; et tout le reste, quoique tous les Psaumes, toute l'Ecriture et l'Oraison Dominicale y soit contenue, *n'est qu'invention de l'homme.*

Il ne faut donc pas s'étonner si l'on décide « qu'il est impossible d'arriver à l'union divine par la seule voye de la meditation, ni mesme des affections, ou de quelque oraison lumineuse et com-

¹ *Moyen court*, § XXIII, p. 111, etc. — ² P. 114. — ³ P. 116. — ⁴ P. 117. — ⁵ P. 118.

prise que ce puisse estre[1]. » C'est une chose résolue que les Saints où l'on ne verra que lumières et affections sans aucun vestige d'oraison passive, ne sont point arrivés à l'union divine. « Au reste si cette oraison estoit dangereuse, Jesus-Christ en auroit-il fait la plus parfaite et la plus necessaire de toutes les voyes? » On le suppose partout, quoique ce soit le point de la question, et on veut qu'on le croie sans preuve. A la fin après avoir invité tout le monde sans exception à cette voie, comme à la plus nécessaire et la plus commune de toutes, l'on commence à sentir la difficulté de rendre si générale une vocation et une grace si extraordinaire, et on se fait cette objection : « L'on dit qu'il ne s'y faut pas mettre de soy-mesme[2], » voilà l'objection ; et voici la réponse : « J'en conviens ; mais je dis aussi qu'aucune creature ne pourroit jamais s'y mettre : de sorte que c'est crier contre une chimère que de crier contre ceux qui se mettent d'eux-mesmes dans cette voye. » Ce qui autorise tout le monde à ne plus rien examiner quand on croit y être. Au reste c'est une illusion de dire qu'on ne s'y peut mettre soi-même, puisqu'encore qu'on ne s'y mette pas d'abord, on peut trouver une voie et une méthode certaine pour y être mis facilement et bientôt. De sorte qu'une oraison aussi extraordinaire que la passive, à la fin deviendra aussi commune qu'on voudra l'imaginer.

On veut toutefois un directeur; mais voici ce qu'on en dit : « Puisque nul ne peut entrer dans sa fin que l'on ne l'y mette, il ne s'agit pas d'y introduire personne, mais de montrer le chemin qui y conduit, et de conjurer que l'on ne se tienne pas lié et attaché à des hôtelleries ou pratiques qu'il faut quitter quand le signal est donné ; ce qui se connoist par le directeur expérimenté. » Mais quel sera ce directeur expérimenté, sinon un homme qui déjà prévenu de la bonté et nécessité de cette voie, puisqu'il y marche lui-même, vous conduira selon vos désirs et selon les siens? Comment pourroit-il faire autrement, puisqu'on l'avertit expressément que nul homme *ne peut feindre* d'être dans cet état, non plus que feindre d'*estre rassasié quand il meurt de faim : car il échappe toujours quelque desir ou envie*[3]. Quand donc on est par-

[1] *Moyen court*, § XXIV, p. 121.— [2] P. 136. — [3] P. 138.

venu à ne plus rien désirer de Dieu, il faut nécessairement qu'un directeur vous mette dans la voie : et celui qui croira que l'état où l'on ne désire ni l'on ne demande rien, est trompeur et contraire à l'Evangile, quelque saint et éclairé qu'il soit d'ailleurs, bien assurément ne sera jamais ce directeur expérimenté *qui montre l'eau vive et tâche d'y introduire.*

Ainsi le signal certain qu'on est appelé à l'oraison passive, c'est de ne plus rien désirer ni demander, et de supprimer tous les actes et toutes les pratiques du chrétien : après quoi il ne reste plus qu'à conclure de cette sorte : « Si la fin est bonne, sainte et necessaire; si la porte est bonne, pourquoy le chemin qui vient de cette porte et conduit droit à cette fin, sera-t-il mauvais [1] ? » Voilà donc une méthode réglée pour arriver à la fin, c'est-à-dire à l'état où l'on ne fait rien que d'attendre à chaque moment que Dieu nous remue.

Comme pourtant cet état, où l'on ne cesse de tenter Dieu, et où l'on présume ce qu'il n'a jamais promis, pourroit à la fin troubler les ames, de peur qu'on ne s'en étonne il en faut faire un mystère en s'écriant : « O qu'il est vray, mon Dieu, que vous avez caché vos secrets aux grands et aux sages, pour les reveler aux petits [2], » qui mettent leur petitesse à ne plus rien demander à Dieu, et à croire qu'ils l'honoreront en le laissant agir seul sans s'exciter à lui plaire!

Sur ce fondement tout est décidé : « Quiconque n'entend pas cette voye (et n'a pas le don extraordinaire d'oraison passive) non-seulement il n'est pas parfait, mais il ignore le vray amour; et (ce qui est pis), plein de l'amour de soy-mesme et d'une attache sensuelle aux creatures il est incapable d'éprouver les effets ineffables de la pure charité [3]. » Voilà jusqu'où l'on pousse la nécessité de l'oraison de quiétude; et je prie le sage lecteur de considérer ces derniers mots, et toutes les décisions qu'on vient d'entendre d'une bouche aussi ignorante que téméraire.

XXIX. Trois démonstrations théologiques. Mais tout cela tombe par le fondement pour trois raisons : la première est théologique, et nous l'avons déjà touchée en disant que la perfection et la pureté dépend du degré et de la grandeur

---

[1] *Moyen court*, p. 138. — [2] *Ibid.* — [3] *Préface sur le Cantique.*

de l'amour, et non pas de la manière dont il est infus : ce qui est fondé sur ce principe, dont tous les théologiens et même les mystiques conviennent, qui est que l'état mystique ou passif n'est pas un don appartenant à la grace qui nous justifie, et qui nous rend agréables et meilleurs, *gratia gratum faciens;* mais que comme la prophétie et le don des langues ou des miracles, il ressemble à cette sorte de grace qu'on nomme gratuitement donnée, *gratia gratis data.* C'est ainsi que l'ont enseigné positivement Gerson [1] et les autres mystiques de ce temps-là, et dans le nôtre le Père Jacques Alvarez, savant jésuite, qui a traité plus amplement que tous les autres la théologie mystique. S'il faut encore aller plus avant, nous dirons que l'état mystique consistant principalement dans quelque chose que Dieu fait en nous sans nous, et où par conséquent il n'y a ni ne peut avoir de mérite, on a raison de décider qu'un tel don, encore qu'il puisse mettre des préparations à l'accroissement de la grace justifiante, ne peut pas appartenir à sa substance : autrement, et c'est la seconde raison tirée de l'expérience, les plus grands saints de l'antiquité, où l'on ne voit ni trait ni virgule qui tende à l'état passif : un saint Basile appelé de Dieu à enseigner les plus parfaits, un saint Grégoire de Nazianze si sublime dans la contemplation, un saint Augustin dont nous avons tant de hautes instructions sur l'oraison, des oraisons actuelles si belles et si expliquées dans ses *Soliloques,* dans son livre *de la Trinité* [2], dans ses autres livres, outre les *Confessions,* qui dans toute leur étendue ne sont qu'une perpétuelle oraison, sans qu'on y voie aucun vestige, mais plutôt tout le contraire de ces impuissances mystiques : en un mot tous les autres saints, les Cypriens, les Chrysostomes, les Ambroises, les Bernards même, où ces états extraordinaires purement passifs et ces actes irréitérables ne se trouvent pas, seroient les plus imparfaits de tous les saints : et « des femmelettes chargées de péchés, menées par divers désirs [3], » les surpasseroient en amour et par conséquent en sainteté et en grace : ce qui n'est rien moins que de dégrader les saints et leur

contre la nécessité de l'oraison passive pour la purification et perfection des ames pieuses.

---

[1] Gerson., III part. *Consid.,* v, vi, vii, xi, etc. — [2] S. August., *Soliloq.,* lib: 1, c. 1; *De Trinit.,* lib. XV, c. xxviii, n. 51, etc. — [3] II *Timoth.,* III, 6.

ôter l'autorité que non-seulement leur doctrine, mais encore leur sainte vie leur donne dans l'Eglise.

Enfin c'est une doctrine certaine en théologie que la purification des péchés ne dépend point de ces impuissances ni de ces purgations, qu'on nomme passives, ou de ce purgatoire des mystiques anciens ou modernes dont nous parlerons en son lieu : et saint Augustin a démontré que, sans sortir de la voie commune, par le secours des aumônes, des oraisons et de la mortification chrétienne, « les fidèles même parfaits, qui ne vivent pas ici sans péché, méritent d'en sortir purs de tout péché : *Ut qui non vivunt sine peccato, mereantur hinc exire sine peccato;* parce que, poursuit ce saint docteur, comme ils n'ont pas été sans péché, aussi les remèdes pour les expier ne leur manquent pas : *Quia ut peccata non defuerunt, ita remedia quibus purgarentur affuerunt*[1]. »

Ceux-là donc qui se sont servis de ces expiations sont des ames entièrement pures, qui par les voies ordinaires sortent sans péché de cette vie ; et s'il est vrai, comme l'établit et le prouve le même Saint, que « la perfection de la justice de cette vie consiste plus dans la rémission des péchés que dans la perfection des vertus[2] : » ce sont des justes parfaits qui purifiés de tout péché, comme il vient de dire, et ne laissant rien entre Dieu et eux capable de les séparer de sa vue, sans le secours de ces dons extraordinaires, sont admis d'abord à la vision bienheureuse conformément à cette parole : *Bienheureux ceux qui ont le cœur pur, car ils verront Dieu*[3].

XXX. Inutilité, dans cette matière, de la distinction entre la contemplation infuse et acquise.

Cette doctrine convient, tant à la contemplation infuse qu'à celle que les mystiques appellent acquise, puisqu'elles ont toutes deux les mêmes propriétés et les mêmes effets. Le bienheureux Jean de la Croix suivi de tous les mystiques, demande trois caractères nécessaires et inséparables, « en sorte qu'il faut les avoir du moins tous trois conjointement, » pour connoître si l'on est dans la voie mystique ; c'est-à-dire, comme il l'explique, s'il faut quitter « la meditation et les actes des puissances, au moins

---

[1] Epist. *ad Hilar.* olim LXXXIX, nunc CLVII, cap. I, n. 3; Serm. CLXXXI, n. 8. — [2] *De perfect. just.* cap. XV, n. 34, etc. — [3] *Math.*, V, 8.

ceux où il y a du discours[1]. » Or l'un de ces caractères est l'impuissance de faire ces actes : d'où il conclut que l'on ne peut *en sûreté* les abandonner, jusqu'à ce que la puissance de les exercer manque tout à fait. Que si l'on dit qu'il ne parle que de la contemplation infuse, je répondrai en premier lieu qu'il parle d'une sorte de contemplation qui résulte de l'habitude formée, et celle-là est l'acquise, ou il n'y en a point de ce titre. Je dirai en second lieu que ce pieux contemplatif, sans distinguer la contemplation acquise d'avec l'infuse, parle en général de l'oraison de quiétude, et prononce décisivement « qu'il ne faut laisser la meditation que quand on ne peut point s'en servir, et lors seulement que Nostre-Seigneur l'empeschera [2]. » Et pour ôter toute difficulté, Molinos, qu'on peut citer en ce lieu comme le grand auteur des nouveaux mystiques, convient qu'il faut avoir la même marque pour être admis à la contemplation qu'il nomme acquise, que pour être reçu à celle qu'on nomme infuse [3]. A son exemple les nouveaux auteurs demeurent d'accord unanimement que l'oraison passive, acquise et infuse se fait en nous sans nous : que personne ne s'y peut mettre, et enfin que cette impuissance d'exercer les actes de discours ou de propre réflexion et de propre effort, est *ce signal* de les quitter où un directeur expert ne se trompe pas [4]. Ainsi cette distinction de contemplation infuse ou acquise ne sert de rien en cette occasion qu'à embrouiller la matière : ce qui fait aussi que nos faux mystiques conviennent enfin que la contemplation acquise ne diffère guère d'avec l'infuse; qu'elles se suivent de près, si elles ne sont tout à fait inséparables ; et qu'elles ont toutes deux les mêmes caractères, c'est-à-dire ces impuissances auxquelles l'homme ne contribue rien, et où aussi il ne peut se mettre soi-même, ni y être mis autrement que par la puissante opération de Dieu, lorsqu'il lui plaît de tenir l'ame dans sa dépendance d'une façon particulière : d'où il s'ensuit clairement que la perfection de la contemplation acquise, aussi bien que celle de l'infuse, n'appartient en aucune sorte à la grace justifiante, mais à ces dons gratuits qui de soi ne rendent pas l'homme

[1] *Mont. du Carm.*, liv. II, ch. XIII, p. 72. — [2] *Obsc. nuit.*, liv. I, ch. X, p. 257. — [3] Molin., *Guide*, Introd., sect. II, III, etc. — [4] *Moyen court*, § 24, p. 136, 138.

meilleur, encore qu'ils puissent l'induire à le devenir : ce qui renverse par le fondement tout le système prétendu mystique des nouveaux docteurs.

LIVRE VIII.

Doctrine de soint François de Sales.

I. Qu'on ne doit point supposer que saint François de Sales ait des maximes particulières. Pour achever ce que j'ai promis, il faut expliquer les maximes du saint évêque de Genève, que j'ai réservées à la fin pour les exposer sans interruption. Et d'abord on doit croire qu'il n'en a point d'autres que celles que nous avons vues si clairement autorisées par l'Ecriture, par la tradition et par les mystiques approuvés. Si jamais il y eut un homme qui par son humilité et sa droiture fût ennemi des nouveautés, c'est sans doute ce saint personnage. Il n'y a qu'à l'écouter dans une lettre, où avec cette incomparable candeur et simplicité qui fait un de ses plus beaux caractères : « Je ne sçay, dit-il, j'aime le train des saints devanciers et des simples : » à quoi il ajoute avec la même humilité : « Je ne pense pas tant sçavoir que je ne sois aise, je dis extrémement aise d'estre aidé, de me démettre de mon sentiment [1], » et le reste qu'il faudra peut-être rapporter ailleurs. Sans doute on ne doit attendre aucune singularité dans les sentimens d'un tel homme; et aussi lui en attribuer, ce seroit lui ôter l'autorité dont on se veut prévaloir.

II. Claire décision du saint sur les demandes dans son dernier entretien : quelle indifférence il enseigne Je dis donc avant toutes choses qu'il ne connoît pas ces manières superbement et sèchement désintéressées, qui font établir la perfection à ne rien demander pour soi-même. Si je voulois citer les endroits où il fait à Dieu des demandes, et où il en ordonne aux plus parfaits, j'aurois à transcrire une juste moitié de ses lettres; mais j'aime mieux produire sa doctrine que ses pratiques, et la voici dans le dernier des entretiens qu'il a faits à

[1] Liv. II, lett. 21.

ses chères filles de la Visitation, et qui a pour titre : *De ne rien demander.*

A ce titre il ne paroît pas que le Saint soit favorable aux demandes, et il s'en montre encore plus éloigné par ces paroles : « Je veux peu de choses : ce que je veux, je le veux fort peu; je n'ay presque point de desirs : mais si j'estois à renaistre, je n'en aurois point du tout. Si Dieu venoit à moy, j'irois aussi à luy : s'il ne vouloit pas venir à moy, je me tiendrois là, et n'irois pas à luy. Je dis donc qu'il ne faut rien demander ni rien refuser, mais se laisser entre les bras de la Providence divine sans s'amuser à aucun desir, sinon à vouloir ce que Dieu veut de nous[1]. » J'allègue ce passage, parce qu'à le prendre au pied de la lettre c'est un de ceux où le Saint pousse le plus loin l'indifférence et l'exclusion des désirs, la poussant jusqu'à celui d'aller à Dieu. Mais par bonheur il a lui-même prévu la difficulté, et on en trouve six lignes après un parfait éclaircissement dans ces paroles : « Vous me dites, poursuit le Saint, s'il ne faut pas désirer les vertus, et que Notre-Seigneur a dit : *Demandez, et il vous sera donné.* O ma fille, quand on dit qu'il ne faut rien demander ni rien désirer, j'entends pour les choses de la terre : car pour ce qui est des vertus, nous les pouvons demander; et demandant l'amour de Dieu nous les comprenons, car il les contient toutes. » On demande donc les vertus, et on demande surtout l'amour de Dieu ou la charité, qui les contient; et on les demande pour satisfaire à ce précepte de l'Evangile : *Demandez.* On n'est donc point indifférent à les avoir : à Dieu ne plaise qu'on attribue à un homme si éclairé et si saint une si étrange indifférence, car il la faudroit pousser jusqu'à être indifférent à aimer ou à n'aimer pas, à avoir la charité ou à ne l'avoir pas. Mais le Saint marque expressément qu'on la demande et avec elle toutes les vertus.

On sait dans l'Ordre de la Visitation que ce dernier entretien du saint évêque à ses chères filles fut fait à Lyon la veille de sa mort, et on le doit regarder comme une espèce de testament qu'il leur a laissé. Il ne s'agit pas des imparfaits, puisque le saint parle ainsi à l'extrémité de sa vie pour expliquer la manière dont il a

[1] *Entret.* XXI, p. 904, 905.

exclu ou admis les désirs dans son état : il n'y a rien de plus net; s'il étoit dans les maximes des nouveaux mystiques, il diroit comme eux que tout ce qu'on désire ou qu'on demande pour soi, même par rapport à Dieu, est intéressé : mais il se réduit manifestement à l'exclusion des désirs *des choses de la terre*, et il y apporte encore ce tempérament [1] : « Je ne veux pas dire pourtant qu'on ne puisse pas demander la santé à Nostre-Seigneur comme à celuy qui nous la peut donner, avec cette condition, si telle est sa volonté. » Voilà comment il nous apprend à demander les biens temporels sous condition ; mais pour les vertus, il n'en a pas parlé de même, et il enseigne avec tous les saints à les désirer et à les demander absolument. Ce n'est donc pas à ces vrais biens qu'il étend son abandon, ni la sainte indifférence qu'il prêche partout.

On dira que cette demande conditionnelle de la santé est un conseil pour les infirmes, mais non : car il l'approuve dans la sainte veuve qu'il n'a cessé d'élever à la perfection : « Vos désirs, dit-il, pour la vie mortelle (qu'elle désiroit à son saint conducteur) ne me déplaisent point, car ils sont justes, pourvu qu''ils ne soient pas plus grands que leurs objets meritent. C'est bien fait sans doute de desirer la vie à celuy que Dieu vous a donné pour conduire la vostre [2]. » Voilà ce qu'il dit à celle en qui il témoigne tant de fois qu'il veut éteindre tout désir et la porter au dernier degré de l'indifférence chrétienne. Mais c'est que l'indifférence de saint François de Sales n'étoit pas une indolence, ni l'insensibilité des nouveaux mystiques, qui se glorifient de voir tous les hommes non pas malades, mais damnés, sans s'en émouvoir. Le saint évêque au contraire demande partout qu'on désire pour un ami, pour un père ou temporel ou spirituel, ce qui convient : « car, dit-il, il ne faut pas demeurer sans affection, ni les avoir égales et indifférentes : il faut aimer chacun en son degré [3]. » Ainsi l'indifférence qu'il enseigne n'empêche pas une juste et vertueuse pente de la volonté d'un côté, mais il veut en même temps qu'elle soit soumise.

---

[1] Entret. XXI, p. 905. — [2] Liv. IV, cp. XCIV. — [3] Entret. VIII, *De la désapprop.*, p. 833.

L'on dira que ce dénouement n'est pas suffisant pour entendre toute la doctrine du Saint, ni même pour bien expliquer le lieu allégué de l'entretien XXI, puisqu'il y pousse l'exclusion de tout désir, en cas qu'il eût à renaître, jusqu'au désir *d'aller à Dieu*, et jusqu'à prononcer ces paroles : « Si Dieu venoit à moy, j'irois aussi à luy : s'il ne vouloit pas venir à moy, je me tiendrois là [1]. » Ce qui marque une indifférence même pour les choses de Dieu, même pour aller à lui. On voit aussi, dans le *Traité de l'amour de Dieu*, un chapitre dont le titre est : *Que la sainte indifférence s'étend à toutes choses* [2]. C'est à quoi se rapporte encore la comparaison *de la statue* [3], à qui le Saint fait ressembler l'ame indifférente pour lui ôter tout désir et tout mouvement; *celle* du musicien sourd, et les autres qui semblent pousser l'indifférence, qu'il nomme *amoureuse*, au delà de toute mesure. Il semble aussi exclure de la charité le désir de posséder Dieu, c'est-à-dire celui du salut et de l'éternelle récompense, et rapporter ce désir à l'amour qu'on appelle d'espérance, qui selon lui n'est pas *un amour pur*, mais un *amour intéressé* [4]. Et voilà fidèlement, sans rien ménager, tout ce qu'on peut tirer de la doctrine du Saint en faveur des nouveaux mystiques.

III. Objections tirées des paroles du saint évadée.

Mais pour peu qu'on eût de bonne foi, on ne formeroit pas ces difficultés; car je voudrois demander à ceux qui les font s'ils veulent attribuer à saint François de Sales une opinion qui diroit, que désirer de voir Dieu est un acte qui n'appartient pas à la charité, ou que cet acte est indifférent au chrétien, ou que le chrétien est indifférent à avoir la vertu ou ne l'avoir pas. Il faudroit être insensé pour prendre l'affirmative sur aucune de ces trois questions; mais pour un entier éclaircissement répondons-y par ordre.

IV. Réponse par trois questions, dont la première est : Si c'est un acte intéressé de désirer son salut. Decision du saint par ses propres paroles.

Ma première question a été : Si l'on veut attribuer à ce Saint une opinion où l'on diroit que le désir de voir Dieu n'appartient pas à la charité : mais nous avons déjà vu que ce seroit lui attribuer une opinion que personne n'eut jamais, puisque toute la théologie est d'accord que désirer son salut par conformité à la sainte volonté de Dieu, comme une chose qu'il veut que nous vou-

---

[1] Entret. XXI, p. 904. — [2] Liv. IX, ch. V. — [3] Liv. VI, ch. XI; *Lettr.*, liv. II, p. 53. — [4] *Am. de Dieu*, liv. II, ch. XVI, XVII, XXII.

lions, et encore le désirer comme une chose où Dieu met sa gloire, c'est un acte d'un vrai et parfait amour de charité, que David a exercé lorsqu'il a dit : *Je ne désire de Dieu qu'une seule chose* [1] : que saint Paul a exercé lorsqu'il a dit : *Je désire d'être avec Jésus-Christ* [2] : et que tous les Saints exercent lorsqu'ils demandent à Dieu *que son règne avienne.* Voilà un fondement certain, qu'on ne peut faire ignorer à saint François de Sales, sans en même temps lui faire ignorer les premiers principes, et ceux qu'il a lui-même le mieux établis. Et pour ne laisser ici aucun embarras, je n'ai besoin que de deux ou trois chapitres où il parle de ceux qui meurent d'amour pour Dieu. Ceux-là sans doute sont dans la parfaite charité selon le Saint, comme il paroît par un chapitre qui porte ce titre : *Que le suprême effet de l'amour effectif est la mort des amans* [3]; où il les distingue en deux classes, dont l'une est de ceux *qui moururent en amour* [4], et l'autre qui sans doute est la plus parfaite, puisque c'est celle où il met la sainte Vierge et Jésus-Christ même, est de ceux qui meurent d'amour [5]. Or et les uns et les autres meurent en désirant de jouir de Dieu. Notre Saint range dans la première classe saint Thomas d'Aquin, à qui il fait dire en mourant ces paroles du *Cantique*, qui étoient les dernières qu'il avoit exposées : *Venez, ô mon cher bien-aimé et sortons ensemble aux champs* [6]. Il mourut *avec cet élan,* qui est sans doute *un élan* d'amour, et en même temps un élan qui appelle Jésus-Christ, et un désir de sortir du corps pour aller se perdre dans ce champ immense de l'être divin. Voilà pour ceux qui meurent en amour et dans l'exercice actuel de la charité. Parmi ceux qui meurent d'amour, il compte saint François d'Assise [7], et en même temps il remarque qu'il mourut en disant avec David : « Tirez-moi de la prison ; les justes m'attendent jusqu'à ce que vous me donniez ma récompense [8]. »

Il raconte dans le chapitre suivant *l'histoire merveilleuse d'un gentilhomme,* qui après avoir visité tous les saints lieux, alla *mourir d'amour sur le mont d'Olivet* [9], d'où Jésus-Christ étoit

---

[1] *Psal.* XXVI, 4. — [2] *Phil.*, I, 23. — [3] Liv. VII, ch. IX. — [4] *Ibid.* — [5] *Ibid.*, ch. X; *Ibid.*, ch. XIII et XIV. — [6] *Ibid.*, cap. IX. — [7] *Ibid.*, c. XI. — [8] *Psal.* CXLI, 8. — [9] Liv. VII, ch. XII.

monté aux cieux. On ne peut douter que cet homme n'eût l'amour dans une grande perfection, puisqu'il en mourut; et que saint Bernardin de Sienne, dont le saint évêque a tiré cette histoire, raconte qu'étant ouvert on trouva gravé dans son cœur : *Jésus mon amour*. Or ce bienheureux et parfait amant *dont le cœur*, dit notre Saint, *s'estoit éclaté d'excés et de ferveur d'amour*, étoit mort en disant ces paroles : « O Jesus! je ne sçay plus où vous chercher et suivre en terre : Jesus mon amour, accordez donc à ce cœur qu'il vous suive et s'en aille aprés vous là haut : et avec ces ardentes paroles il lança quant et quant son ame au ciel comme un trait, comme une sagette sacrée, » dit notre Saint. Voilà comme meurent ceux qui meurent d'amour, et non-seulement ils désirent d'aller posséder Jésus-Christ ; mais encore c'est leur désir qui lance leur ame vers ce divin objet.

Ce seroit en vérité un prodige parmi les chrétiens, de dire que le désir de voir Dieu et d'arriver au salut, ne fût pas un désir d'un amour pur ; mais puisque nos mystiques en veulent douter, et qu'ils veulent s'autoriser de saint François de Sales, il faut encore leur faire voir sur quels principes il a accordé la pureté d'un amour désintéressé avec le désir de la jouissance. Or ce principe est connu de toute la théologie, et n'est autre que celui que nous avons vu, qui est que Dieu voulant notre salut, il faut que nous le voulions, afin de nous conformer à sa volonté par un saint et parfait amour. Mais peut-on croire que notre Saint ait ignoré ce beau principe, après qu'il a dit : « Il nous faut estre charitables à l'endroit de nostre ame [1] ? » Et après : « Ce que nous faisons pour nostre salut est fait pour le service de Dieu, car Nostre-Seigneur mesme n'a fait en ce monde que nostre salut. » Mais il pousse cette vérité jusqu'à son premier principe dans le *Traité de l'amour de Dieu*, où il pose d'abord ce fondement : « Dieu nous a signifié en tant de sortes et par tant de moyens qu'il vouloit que nous fussions tous sauvez, que nul ne le peut ignorer [2]. » Et après : « Or bien que tous ne se sauvent pas, cette volonté neanmoins ne laisse pas d'estre une vraye volonté de Dieu, qui agit en nous selon la condition de sa nature et de la nostre. » Voilà donc deux

V. Principes solides du Saint, pour joindre au parfait amour le désir de son salut éternel.

[1] Liv. III, ép. xxx. — [2] Liv. VIII, ch. IV.

vérités constantes : l'une, que Dieu veut que nous soyons tous sauvés; l'autre, qu'il le veut d'une *vraye volonté*. D'où il suit que celui qui veut son salut, agit en conformité de la volonté de Dieu, et conséquemment par amour. Et en effet c'étoit cet amour qu'exerçoit le Roi-Prophète en disant : « J'ai demandé une chose, et c'est celle-là que je poursuivrai à jamais : que je voye la volupté du Seigneur, et que je visite son temple : mais quelle est, dit le saint évêque de Genève, la volupté de la souveraine bonté, sinon de se répandre et communiquer ses perfections? Certes ses délices sont d'estre avec les enfans des hommes pour verser sa grace sur eux [1]. » C'est donc aimer Dieu véritablement et pour sa bonté, que d'aimer cette souveraine bonté dans l'exercice qu'elle aime le plus, qui est celui d'opérer notre salut. C'est là sans doute un acte de vrai et parfait amour, puisque c'est un acte qui nous fait aimer non-seulement *la volonté*, mais encore *la volupté* du Seigneur en nous faisant aimer notre salut, parce qu'ajoute le Saint après saint Paul, « nostre sanctification est la volonté de Dieu, et nostre salut son bon plaisir; et il n'y a, poursuit-il, nulle différence entre le bon plaisir ni la bonne volupté, ni par conséquent entre la bonne volupté et la bonne volonté divine; » par conséquent il n'en faut point faire non plus entre l'amour de notre salut dans cette vue, et l'amour de charité qui nous fait aimer Dieu pour Dieu et pour sa bonté souveraine.

VI. Nulle indifférence pour le salut dans le saint évêque de Genève.

Il a pratiqué ce qu'il a cru : tout est rempli dans ses *Lettres* de la céleste patrie : « O Dieu! dit-il, ma tres-chere mere, aimons parfaitement ce divin objet qui nous prepare tant de douceurs dans le ciel, et cheminons nuit et jour entre les épines et les roses pour arriver à cette celeste Jerusalem [2]. » C'est ainsi qu'il aspiroit incessamment, quoiqu'insensiblement pour la plupart du temps, à l'union au cœur de Jésus, et se remplissoit d'une certaine affluence du sentiment que nous aurons pour la vue de Dieu en paradis. Voilà comme il étoit indifférent pour cette ineffable béatitude. En vérité il ne songeoit guère à se désintéresser à la manière de nos mystiques : « O Dieu! dit-il, quels soupirs devoit jeter Moyse à la veuë de la terre promise [3]? » Pourquoi ces sou-

[1] Liv. VIII, cap. IV.— [2] Liv. IV, ép. LXXXIX.— [3] Liv. V, ép. I.

pirs? et que ne se dépouilloit-il de cet intérêt? En parlant à une ame sainte, « à qui il ne permet pas de lire les livres où il estoit parlé de la mort, du jugement et de l'enfer, à cause, dit-il, qu'elle n'avoit pas besoin d'estre poussée à vivre chrestiennement par les motifs de la frayeur; ame qui par consequent estoit élevée à cette parfaite charité qui bannit la crainte : il luy conseille de s'entretenir et d'aimer la felicité éternelle, et de faire souvent des actes d'amour envers Nostre-Dame, les Saints et les anges célestes, pour s'apprivoiser avec eux; et parce qu'ayant beaucoup d'accés avec les citoyens de la celeste Jerusalem il luy faschera moins de quitter ceux de la terrestre ou basse cité du monde [1]. » Il étoit temps de proposer à une ame d'une si parfaite charité l'oubli des récompenses éternelles, et de lui défendre les livres qui lui en parloient, comme ceux qui lui parloient de l'enfer et du jugement; mais au contraire il nourrit son amour parfait de cette douce espérance : « Usez, dit-il, toujours de paroles d'amour et d'esperance envers Nostre-Seigneur : » pour se détacher du monde, il l'*exhortoit* à songer toujours *à cette vie, à cette felicité éternelle*. Etoit-ce pour affoiblir son amour? N'étoit-ce pas plutôt, comme il dit lui-même en tant d'endroits, que cette céleste Jérusalem est le lieu où règne l'amant, et un lieu par conséquent qu'une ame qui aime ne peut pas ne point aimer? C'est pourquoi aussi, loin de se croire lui-même intéressé, ou plus imparfait dans le désir qui le possédoit d'être avec Dieu, au contraire avec sa bonté et simplicité admirable il avoue « qu'il trouve son ame un peu plus à son gré qu'à l'ordinaire, parce qu'il la voit plus sensible aux biens éternels [2]. » Et pour montrer que c'étoit un pur et parfait amour qui lui faisoit pousser tous ces désirs vers la céleste patrie : « Pour moy, dit-il, je n'ay rien sçu penser ce matin qu'en cette éternité de biens qui nous attend, mais en laquelle tout me sembleroit peu ou rien, si ce n'estoit cet amour invariable et toujours actuel de ce grand Dieu qui y regne toujours [3]. » Voilà donc *cet amour toujours actuel*, mais uniquement dans le ciel; car s'il l'avoit sur la terre, dès la terre il seroit content. Voilà un homme tout possédé de *cette*

[1] Liv. V, ép. xxvIII. — [2] Liv. VI, ép. LVII. — [3] Liv. VII, ép, xxxI.

éternité de biens, mais qui trouve que le plus grand bien ou le seul, c'est que l'amour n'y est jamais discontinué : et une ame faussement mystique s'imaginera être plus parfaite qu'un si grand Saint, à cause qu'elle aura dit dédaigneusement qu'elle ne sait *sur quoi arrester un desir, pas mesme sur les joyes du paradis.*

VII. Conclusion par deux principes, que le saint évêque ne connoît pas cette indifférence pour le salut, que les nouveaux mystiques veulent introduire.

Ainsi le saint évêque de Genève, loin de dire qu'aimer son salut ou désirer de jouir de Dieu ne soit pas un acte de charité, a démontré le contraire par les exemples des saints et par deux raisons, dont l'une est qu'en désirant son salut on se conforme à la volonté de Dieu; et l'autre, que ce désir n'est qu'un désir d'un amour toujours actuel, invariable et parfait. Mais dès là toutes nos questions sont résolues. Si le vrai désir de son salut enferme un parfait amour, on ne peut pas y être indifférent. Ne laissons pas toutefois d'enfoncer cette matière; et pour mieux développer la doctrine de ce saint évêque, écoutons en quoi il met son indifférence.

VIII. En quoi le Saint établit la sainte indifférence chrétienne, et que ce n'est jamais pour le salut.

On ne peut s'étonner assez qu'on se soit trompé sur ce sujet-là, après le soin qu'il a pris en tant d'endroits de réduire cette indifférence à ce qu'il appelle les événemens de la vie. On a objecté le chapitre qui a pour titre : *Que la sainte indifférence s'étend à toutes choses*[1]; mais c'est par cet endroit même que se résout le plus nettement la difficulté. « L'indifférence, dit-il, se doit pratiquer ès choses qui regardent la vie naturelle, comme la santé, la maladie, la beauté, la laideur, etc.; ès choses qui regardent la vie civile, pour les honneurs, rangs, richesses : ès variétez de la vie spirituelle, comme secheresse, consolations, gousts, ariditez : ès actions, ès souffrances, et en somme à toutes sortes d'événemens. » On voit que parmi les choses où l'indifférence s'étend, il ne comprend pas le salut : à Dieu ne plaise. Il rapporte l'exemple de Job affligé, quant *à la vie naturelle*, quant *à la civile*, quant *à la vie spirituelle par pressures, convulsions, angoisses, tenebres, etc.* L'indifférence du Saint s'étend jusque-là, mais non pas outre. Il produit ce beau passage de saint Paul, où il nous annonce une générale indifférence : mais c'est *ès tribulations, ès necessitez et*

[1] *Am. de Dieu*, liv. IX, ch. v.

angoisses, etc., à droite et à gauche, par la gloire et par l'abjection, et autres de cette nature qui se rapportent aux divers événemens de la vie.

La raison fondamentale de cette doctrine, c'est que l'indifférence ne peut tomber sur la *volonté déclarée et signifiée* de Dieu ; autrement il deviendroit indifférent de vouloir ou ne vouloir pas ce que Dieu déclare qu'il veut. Or, dit le Saint [1], la doctrine chrétienne nous propose clairement les vérités que Dieu veut que nous croyions, les biens qu'il veut que nous espérions, les peines qu'il veut que nous craignions, ce qu'il veut que nous aimions, les commandemens qu'il veut que nous fassions, et les conseils qu'il veut que nous suivions. En tout cela donc il n'y a point d'indifférence : par conséquent il n'y en a point pour le salut qu'il faut *esperer*, parce que c'est la volonté signifiée de Dieu ; c'est-à-dire « qu'il nous a signifié et manifesté qu'il veut et entend que tout cela soit cru, esperé, craint, aimé et pratiqué. » C'est à cette volonté de Dieu que nous devons conformer notre cœur, « croyans selon sa doctrine, espérans selon ses promesses, craignans selon ses menaces, aimans et vivans selon ses ordonnances. »

IX. Fondement de la doctrine précédente sur les deux sortes de volontés en Dieu.

Par ce moyen l'indifférence étant exclue à l'égard des choses qui tombent sous la volonté déclarée ou signifiée, parmi lesquelles est comprise la volonté de se sauver : il a fallu, comme a fait le Saint, restreindre l'indifférence chrétienne à certains événemens qui sont réglés par la volonté de bon plaisir, dont les ordres souverains décident des choses qui arrivent *journellement* dans tout le cours de la vie, comme *de la mort d'une mere, ou du succés des affaires*, qui sont les exemples par lesquels le saint évêque détermine ses intentions dans tout ce discours [2].

Il est vrai qu'il a loué auparavant [3] *cette heroïque indifference* de saint Paul et de saint Martin qui sembloit s'étendre jusqu'au désir de voir Jésus-Christ ; oui, sans doute, non quant au fond, de le voir ou ne le voir pas absolument ; car qui pourroit souffrir cette indifférence ? ou qui jamais a été moins indifférent que saint Paul sur ce sujet ? Mais quant au plus tôt ou au plus tard, qui est

X. Objection sur l'indifférence de saint Paul et de saint Martin.

[1] *Am. de Dieu*, liv. VIII, ch. III. — [2] *Ibid.*, liv. IX, ch. VI. — [3] *Ibid.*, ch. IV.

une chose appartenante *aux évenemens*, puisqu'elle dépend du moment de notre mort.

XI. La même doctrine confirmée dans un de ses entretiens.

Les événemens dont il parle, et qui font l'objet de la sainte indifférence chrétienne, sont ceux qui se déclarent tous les jours par les ordres de la divine Providence. Il répète la même doctrine dans un *Entretien* admirable [1], où l'on trouve un clair dénouement de toutes les difficultés, et toujours sur le fondement de ces deux volontés ; « l'une signifiée, et l'autre *de bon plaisir* ; laquelle, dit-il, regarde les évenemens des choses que nous ne pouvons pas prévoir : comme par exemple : Je ne sçay si je mourray demain, et ainsi du reste. De mesme, continue-t-il, il arrivera que vous n'aurez pas de consolation dans vos exercices, il est certain que c'est le bon plaisir de Dieu. C'est pourquoy il faut demeurer avec une extrême indifference entre la consolation et la desolation. De mesme en faut-il faire dans toutes les choses qui nous arrivent. »

XII. Quel est l'abandonnement du Saint.

C'est là aussi ce qu'il appelle l'abandonnement qui est, selon lui, « la vertu des vertus ; et ce n'est, dit-il, autre chose qu'une parfaite indifférence à recevoir toute sorte d'évenemens selon qu'ils arrivent [2], » et selon qu'il plaît à Dieu qu'ils se développent journellement à nos yeux, tant dans la vie naturelle par les maladies et autres choses semblables, que dans la vie spirituelle par la sécheresse ou par la consolation, comme nous venons de l'entendre tant et tant de fois de sa bouche.

XIII. Qu'on ne trouve pas une seule fois le salut compris par ce Saint sous l'indifférence chrétienne, mais plutôt tout le contraire dans un beau passage.

Je pourrois ici rapporter une infinité de passages de cet incomparable directeur des ames, mais ceux-ci suffisent ; et j'assurerai sans crainte qu'en tant de lieux où il parle de la sainte indifférence, il ne s'en trouvera pas un seul où il soit sorti des bornes qu'on vient de voir, et où il ait seulement nommé le salut : au contraire il a supposé que l'indifférence ne tomboit pas sur cet objet-là, puisque la volonté de Dieu s'est déclarée sur l'espérance aussi bien que sur le désir qu'il en faut avoir ; et il a si peu pensé que ce divin commandement ne s'étendît pas aux plus parfaits, que parlant de l'ame parfaite, de l'ame qui est parvenue à l'excellente dignité d'Epouse, « de cette admirable amante qui voudroit

[1] Entr. II, p. 803. — *Ibid.*, p. 803, 804.

ne point aimer les gousts, les delices, les vertus et les consolations spirituelles, de peur d'estre divertie, pour peu que ce soit, de l'unique amour qu'elle porte à son bien-aimé, il luy fait dire que c'est luy-mesme et non ses dons qu'elle recherche [1]. » Elle le recherche donc ; et loin d'être indifférente à le posséder comme nos froides et fausses mystiques, elle s'écrie à cette intention : « Hé ! montrez-moy, mon bien-aimé, où vous paissez et reposez, afin que je ne me divertisse point aprés les plaisirs qui sont hors de vous [2]. » Tant il étoit naturel, en parlant des sentimens des parfaits, d'y joindre comme le comble de la perfection le plus vif désir de posséder Dieu.

Nous avons résolu les deux premières difficultés que nous avions proposées [3] : l'une, si l'on peut attribuer au Saint la pensée que le désir du salut n'appartienne pas à la charité ; l'autre, si l'on peut lui faire accroire qu'il ait tenu cet acte pour indifférent au chrétien. Par là se résout encore la troisième difficulté sur l'indifférence pour les vertus. Car puisqu'elles appartiennent à la volonté signifiée, c'est-à-dire à l'exprès commandement de Dieu il n'y a point là d'abandon ni d'indifférence à pratiquer : ce seroit une impiété de s'abandonner à n'avoir point de vertus, ou de demeurer indifférent à les avoir. C'est pourquoi le Saint nous a dit dans l'*Entretien* XXI qu'il les falloit demander, et les demander non sous condition, mais absolument, et demander la charité qui les contient toutes : et s'il dit dans le passage qu'on vient de produire, que l'ame parfaite *desire de ne point gouster les vertus ;* il a expliqué ailleurs, que ne les point goûter, ce n'est point être indifférent à les avoir ou à ne les avoir pas ; « mais c'est aprés s'estre dépouillé du goust humain et superbe que nous en avions, s'en revestir derechef, non plus parce qu'elles nous sont agreables, utiles, honorables et propres à contenter l'amour que nous avons pour nous-mesmes ; mais parce qu'elles sont agreables à Dieu, utiles à son honneur et destinées à sa gloire [4]. »

XIV. Si le Saint a cru qu'il ne falloit pas désirer ou demander les vertus, et en quel sens il a dit qu'on en doit perdre le goût.

Que si nos nouveaux mystiques répondent que c'est ainsi qu'ils l'entendent, et qu'ils ne se dégoûtent des vertus qu'au sens de

---

[1] *Am. de Dieu*, liv. XI, chap. XVI. — [2] *Ibid.*; Cant. I, 6. — [3] Ci-dessus, chap. IV. — [4] *Am. de Dieu*, liv. IX, chap. XVI.

saint François de Sales : qu'ils s'en expliquent donc comme lui, qu'ils cessent d'en parler avec cette dédaigneuse indifférence que ce saint homme n'eut jamais : qu'ils les désirent avec lui, qu'ils les demandent comme il fait presque à toutes les pages de ses écrits ; et qu'ils se défassent de cette détestable maxime que ni ce saint ni les autres saints ne connoissent pas, que dans un certain état de perfection il ne faut rien demander pour soi et que cet acte est intéressé.

<small>XV.
Quel est le dessein du saint évêque dans la comparaison de la statue, et que l'état qu'il veut expliquer ne regarde précisément que le temps de l'oraison.</small>
Il est aisé de résoudre par ces principes les objections que l'on tire des comparaisons du saint évêque[1]. Sa statue, qui surprend le plus ceux qui ne savent pas de quoi il s'agit, est la plus aisée à expliquer, parce qu'elle regarde non pas un état perpétuel, mais seulement le temps de l'oraison, et encore de cette oraison particulière qu'on appelle de simplicité ou de repos, qui étoit celle de sa sainte fille la vénérable mère de Chantal. Comme cette oraison est passive, c'est-à-dire qu'elle appartient à ces bienheureux états où l'ame est poussée et agie, pour ainsi parler, par l'esprit de Dieu, plutôt qu'agissante, ainsi qu'il a été dit, il ne faut pas s'étonner que, dans les momens où elle est actuellement sous la main de Dieu, on la compare à une statue qui est mise dans un beau jardin seulement pour y satisfaire les yeux de celui qui l'a posée dans sa niche sans presque y exercer aucune action.

Quand nous traiterons en particulier de l'oraison de la mère de Chantal, ce sera le temps de dévoiler tout à fait le mystère de cette statue vivante et intelligente. En attendant nous dirons qu'elle n'est pas tellement statue, qu'*ou par l'entendement ou par la volonté elle ne fasse des actes envers Dieu*[2] ; et ainsi qu'elle est en état qu'on lui donne ces conseils : « Soyez seulement bien fidèle à demeurer auprés de Dieu en cette douce et tranquille attention de cœur, et en ce doux endormissement entre les bras de sa providence, et en ce doux acquiescement à sa sainte volonté : gardez-vous des fortes applications de l'entendement, puisqu'elles vous nuisent non-seulement au reste, mais à l'oraison mesme : et travaillez autour de vostre cher objet par les affections tout

---

[1] Liv. VI, c. XI ; liv. II, ép. LI, LIII. — [2] Liv. II, ép. LIII.

simplement et le plus doucement que vous pourrez. » On voit qu'il parle des ames dans le temps de l'oraison, et que même en ce temps-là cet excellent maître sait bien faire faire à sa statue les actes d'*affections douces* qui sont laissés en sa liberté. En quoi il veut qu'elle soit statue, c'est-à-dire non agissante, c'est à l'égard de *ces fortes applications qui nuisent à l'oraison mesme.* Il faut réduire les comparaisons dans leurs justes bornes, et c'est tout détruire que de les pousser à toute rigueur. Ainsi la statue du Saint n'est point telle par la cessation de tous les actes, mais par la seule cessation des actes plus turbulens. Au reste quoiqu'*elle travaille autour de son cher objet*, c'est *si doucement* qu'à peine s'en aperçoit-on. Nous verrons ailleurs ce qui est compris dans ce doux travail; les demandes et les désirs tranquilles et doux n'en sont pas exclus, et quand ils le seroient passagèrement dans le temps de l'oraison, on doit les faire en d'autres temps, comme disoit le Père Baltasar et comme saint François de Sales nous le dira en son temps; mais durant certains momens, et dans l'oraison de cet état, ils ne sont pas nécessaires.

XVI. Comment l'ame en un autre sens, et par rapport aux consolations, ressemble à une statue.

Il ne faut pourtant pas s'imaginer que la grace de l'oraison soit tellement renfermée dans le temps de l'oraison même, qu'elle n'influe pas dans toute la suite. Car la grace n'est donnée dans l'oraison qu'afin que toute la vie s'en ressente. Ainsi cette sage statue aura toujours dans l'oraison et hors de l'oraison cette perpétuelle disposition de ne vouloir ni s'avancer aux consolations, ni s'éloigner des sécheresses, qu'autant qu'il plaira à Dieu de la mouvoir, parce que ces vicissitudes de jouissance et de privation en cette vie ne sont pas en notre puissance : si bien qu'il faut attendre les momens de Dieu et, comme dit le saint directeur [1], *recevoir également l'un et l'autre* en demeurant à cet égard dans l'indifférence qu'il a prescrite. En ce sens on est devant Dieu comme une statue immobile, qui n'avance, pour ainsi parler, ni ne recule, et demeure dans une attente paisible. Il a pratiqué ce qu'il enseignoit, et c'est l'intention du passage où il nous disoit *que si Dieu venoit à luy* en le visitant par les consolations, *il iroit à Dieu* en les recevant avec reconnoissance [2]; mais *que s'il*

[1] Entr. IV, p. 821. — [2] *Ibid.*, XXI, p. 904.

ne venoit pas, s'il retiroit sa douce présence, et laissoit l'ame dans la privation et la sécheresse ou même, ce qui lui est bien plus douloureux, dans la désolation et dans l'abandonnement à la croix avec Jésus-Christ, *il se tiendroit là* sans s'avancer davantage, et attendant tranquillement les momens divins.

<small>XVII. Comment doit être entendue l'indifférence du Saint à l'égard des consolations ou des privations.</small> Il faut ici prévenir l'objection de ceux qui, se souvenant des gémissemens de saint Bernard et des autres saints dans le temps des privations, trouvent trop grande et trop sèche l'indifférence et l'égalité que recommande notre saint évêque. Mais nous avons déjà dit [1] que l'indifférence de ce Saint n'empêche pas une pente d'un certain côté. Il permet même dans ces sécheresses de gémir et de soupirer, de dire au Sauveur qui semble nous délaisser, mais doucement ; « Venez dans nostre ame : j'approuve (dit-il), que vous remontriez à vostre doux Sauveur, mais amoureusement et sans empressement, vostre affliction : et comme vous dites qu'au moins il se laisse trouver à vostre esprit, car il se plaist que nous luy racontions le mal qu'il nous fait et que nous nous plaignions de luy, pourvu que ce soit amoureusement et humblement et à luy-mesme, comme font les petits enfans quand leur chere mere les a fouettez [2]. » Qui pèsera ces paroles et qui les comparera avec celles de saint Bernard, verra que l'indifférence du saint évêque ne s'éloigne pas de l'esprit des autres saints, puisqu'à leur exemple elle admet les plaintes pleines de tendresse qu'on pousse dans les privations : et tout ce qu'il demande aux ames peinées, c'est qu'au moment qu'il faudra boire le calice, et pour ainsi dire donner le coup du consentement, elles conservent l'égalité qui est nécessaire pour dire : *Non ma volonté, mais la vôtre.*

<small>XVIII. La comparaison du musicien : Que la charité est une amitié réciproque.</small> Voilà déjà d'admirables tempéramens tirés des paroles du Saint à la comparaison de la statue. Celle du musicien, qui ne jouit pas de la douceur de ses chants, parce qu'il est *devenu sourd*, ni du plaisir de contenter son prince pour qui il touche *son luth*, parce que ce prince *s'en va et le laisse joüer tout seul par obéissance* [3] est propre à représenter une ame soumise qui chante le cantique de l'amour divin, non pour se plaire à elle-même, mais

---

[1] Ci-dessus, c. II. — [2] Liv. V, ép. I. — [3] Liv. IX, chap. IX et XI.

pour plaire à Dieu, et souvent même sans savoir si elle lui plaît, ni pour cela interrompre sa sainte musique. La comparaison est juste jusque-là. Quand nos faux mystiques en infèrent qu'il faut porter l'abandon jusqu'à être indifférent à plaire ou ne pas plaire à Dieu, et que contre la nature des comparaisons ils poussent celle-ci à toute outrance : ils tombent dans une erreur manifeste, qui est celle de regarder la charité comme une simple bienveillance de l'ame envers Dieu, sans prétendre à un amour réciproque. Mais ce sentiment est réprouvé par toute la théologie et par saint François de Sales lui-même, lorsqu'il enseigne que l'amour qu'on a pour Dieu dans la charité *est une vraye amitié* [1] ; c'est-à-dire un amour réciproque, Dieu ayant aimé éternellement quiconque l'a aimé, l'aime, ou l'aimera temporellement. « Cette amitié est declarée et reconnuë mutuellement, attendu que Dieu ne peut ignorer l'amour que nous avons pour luy, puisque luy-mesme nous le donne ; ni nous aussi celuy qu'il a pour nous, puisqu'il l'a tant publié, etc. » Ainsi l'on peut et l'on doit porter la perfection du détachement jusqu'à ne pas sentir que nous plaisons à Dieu, ni même que Dieu nous plaît, s'il nous veut ôter cette connoissance : mais ne songer pas à lui plaire au fond, et ne le pas désirer de tout son cœur, c'est renoncer à cette amitié réciproque, sans quoi il n'y a point de charité. C'est néanmoins où nous veulent conduire les faux mystiques, puisque si nous désirions de plaire à Dieu, c'est-à-dire qu'il nous aimât, nous ne pourrions ne pas désirer les effets de son amour, c'est-à-dire les récompenses par lesquelles il en déclare la grandeur et en assurer la jouissance pour toute l'éternité ; ni ce qui nous attire son amour, c'est-à-dire toutes les vertus : ce que les nouveaux mystiques ne permettent pas aux parfaits, puisqu'ils ne veulent même pas qu'ils en demandent aucune.

Venons aux autres comparaisons. La reine Marguerite femme de saint Louis, qui nous est donnée pour exemple *de la volonté entierement morte à elle-mesme*, ne se soucie ni de savoir où va le roi, ni comment, *mais seulement d'aller avec luy* [2]. On entend facilement cette indifférence; cette princesse n'est pas indifférente

XIX. Autre comparaison du saint évêque, qui prouve l'indifférence pour

[1] *Am. de Dieu*, liv. II, chap. XXII. — [2] *Ibid.*, liv. IX, chap. XIII.

à suivre le roi, qui est sa fin, ni aux moyens nécessaires pour y parvenir, comme seroit de s'habiller et se tenir prête au moment qu'il voudra partir; mais aux moyens particuliers qui dépendent du roi son époux, et qu'aussi elle abandonne à son choix. Il en est de même envers Jésus-Christ; faire l'ame indifférente à le posséder, comme l'enseignent les nouveaux mystiques, ou aux moyens nécessaires pour s'unir à lui, tels que sont les vertus, c'est un excès outrageant pour cet Epoux céleste : la faire indifférente pour les moyens qui peuvent être tournés en bien et en mal, tels que sont tous les divers événemens de la vie, c'est tout ce que prétend saint François de Sales, et personne ne l'en dédit.

les moyens mais non jamais pour la fin.

XX. *Comparaison de l'enfant Jésus. Manière simple dont le saint évêque veut être entendu. Passages remarquables.*

C'est encore en termes exprès par rapport à ces mêmes événemens particuliers, par lesquels la volonté du bon plaisir de Dieu nous est déclarée, que le saint évêque introduit le divin Enfant Jésus sur le sein et entre les bras de sa sainte Mère, où il n'a pas même, dit-il, « la volonté de se laisser porter par elle, mais seulement que comme elle marche pour luy, elle veuille aussi pour luy [1] » sans qu'il veuille rien. La comparaison appliquée aux événemens particuliers, où l'on peut absolument désirer de ne rien vouloir, mais laisser Dieu en un certain sens vouloir pour nous, est excellente; mais si l'on veut dire qu'on ne veuille rien du tout, pas même d'être uni à Dieu dans le temps et dans l'éternité par la grace et par la gloire, la même comparaison seroit outrée, et autant injurieuse à l'Enfant Jésus que préjudiciable à la liberté humaine. Sans doute de tous les enfans celui qui *a le plus voulu se laisser porter,* c'est l'Enfant Jésus, qui avoit choisi cet état; et si l'on ne rapporte aux événemens d'être porté ou à Bethléem, ou au temple, ou à Nazareth, ou en Egypte, l'abandon extérieur de ce divin Enfant à la volonté de sa sainte Mère, les expressions du saint évêque sont insoutenables. Mais aussi faut-il pratiquer dans cette occasion ce qu'il dit lui-même, qu'on ne doit pas tant *subtiliser, mais marcher rondement* [2], et prendre ce qu'il écrit comme il l'entend, *grosso modo* [3]; ce sont ses termes. Les écrivains qui, comme ce Saint, sont pleins d'affections et de sentimens, ne veu-

[1] *Am. de Dieu,* liv. IX, chap. XIV.— [2] Liv. IV. ép. LIV. — [3] Liv. V, ép. XXVI.

lent pas être toujours pris au pied de la lettre. Il se faut saisir du gros de leur intention : et jamais homme ne voulut moins pousser ses comparaisons ni ses expressions à toute rigueur que celui-ci. Ecoutons comme il parle de David dans une lettre, où la matière de la résignation et de l'indifférence est traitée : « Nostre-Seigneur, dit-il, luy donna le choix de la verge dont il devoit estre affligé, et Dieu soit beni; mais il me semble que je n'eusse pas choisi : j'eusse laissé faire tout à sa divine majesté[1]. » Veut-il dire qu'il pense mieux que David ? Non, sans doute. Il dit bonnement (car il faut se servir de ce mot) ce qu'il sentoit dans le moment, sans peut-être trop examiner le fond des dispositions de David, qu'il devoit croire sans difficulté du moins aussi bonnes que les siennes. Ne cherchons donc pas dans ses écrits cette exactitude scrupuleuse et souvent froide du discours; prenons le fond, et nous attachant avec lui aux grands principes, « rendons-nous, comme il l'a dit, pliables et maniables au bon plaisir de Dieu, comme si nous estions de cire, en disant à Dieu : Non, Seigneur, je ne veux aucun évenement; car je les vous laisse vouloir pour moy tout à vostre gré : et au lieu de vous benir des évenemens, je vous benirai de quoy vous les aurez voulus[2]. » Ainsi tout aboutit aux événemens qui se développent de jour en jour dans tout le cours de la vie.

Mais que dirons-nous de « la fille du médecin ou chirurgien, qui dans une fièvre violente, ne sçachant ce qui pourroit servir à sa guérison, ne desire rien, ne demande rien à son pere qui sçauroit vouloir pour elle tout ce qui sera profitable pour sa santé. Quand ce bon pere eut tout fait et l'eut saignée sans que seulement elle y regardast, elle ne le remercia point; mais elle dit et répeta doucement : Mon pere m'aime bien, et moy je suis toute sienne[3]. » La voilà donc à la fin, nous dira-t-on, cette ame qui ne désire ni ne remercie, et toujours parfaitement indifférente. Je l'avoue; mais il faut savoir en quoi. La fille de ce chirurgien veut guérir, et ce qui cause son indifférence pour les remèdes particuliers, « c'est qu'elle sait que son père voudra pour elle ce qui sera le plus profitable pour sa santé. » Elle n'est donc point indif-

XXI. La fille du médecin : quelle est son indifférence, et pourquoi le saint évêque remarque qu'elle ne fait point de remerciment.

[1] Liv. V, ép. I. — [2] *Am. de Dieu*, liv. IX, chap. XIV.— [3] *Ibid.*, cap. XV.

férente pour la fin, qui est la santé. Ainsi le chrétien ne le doit point être pour le salut, qui est sa parfaite guérison. L'indifférence du côté de cette fille tombe sur les moyens ; et du côté de l'ame chrétienne, elle tombe sur « les évenemens et accidens, puisque nous ne sçavons jamais ce que nous devons vouloir [1]. » Il n'en est pas ainsi de la fin, et jamais on ne fut en peine si on devoit vouloir son salut et remercier son Sauveur.

Pourquoi donc cette soigneuse remarque, que la malade ne remercia point son père ? Est-ce pour dire qu'elle n'avoit pas la reconnoissance dans le cœur ? A Dieu ne plaise : mais le remercîment, qu'est-ce autre chose qu'un acte de reconnoissance ? Ainsi le dessein du saint évêque n'est pas d'ôter le remercîment à l'ame parfaitement résignée, mais de lui en apprendre un plus simple et plus noble, où au lieu « de bénir et remercier la bonté de Dieu dans ses effets et dans les évenemens qu'elle ordonne, on la benit elle-mesme et en sa propre excellence [2] ; » de quoi personne ne doute, ni que la bonté de Dieu, qui est la cause de tout, ne soit plus aimable et plus parfaite que tous ses effets.

Quoi qu'il en soit, je ne comprends pas pourquoi l'on fait fort sur cette expression, puisqu'après tout cette fille, qui ne fait point de remercîment, dit et répète « que son père l'aime, et qu'enfin elle est toute à luy. » Reconnoître en cette sorte la bonté d'un père, n'est-ce pas le remercier de la manière la plus efficace, puisque reconnoître et remercier, sans doute n'est autre chose que goûter la bonté d'un bienfaiteur plus encore que ses bienfaits ? Ainsi ce qu'on ôte à cette fille est tout au plus une formule de remercîment, et pour ainsi dire un compliment sur le bord des lèvres, en lui laissant tout le sentiment dans le cœur.

XXII. La pratique et les conseils de saint François de Sales sur les désirs, les remercîmens et l'indifférence.

Au reste la seule pratique eût pu résoudre la difficulté, et il n'y auroit qu'à lire les Lettres du Saint pour y trouver à toutes les pages des remercîmens unis avec la plus haute résignation.

Je ne puis oublier celle-ci, où louant l'indifférence d'une religieuse dans ses affaires, il ajoute ces mots précieux : « Je n'aime nullement certaines ames qui n'affectionnent rien, et à tous évenemens demeurent immobiles ; mais cela elles le font faute de vi-

---

[1] *Am. de Dieu*, liv. IX, chap. xv. — [2] *Ibid.*

gueur et de cœur, ou par mépris du bien et du mal; mais celles qui par une entiere résignation en la volonté de Dieu demeurent indifferentes, ô mon Dieu! elles en doivent remercier sa divine Majesté, car c'est un grand don [1] : » auquel le remercîment fait bien voir qu'elles ne sont pas indifférentes.

Après cela n'écoutons plus la sèche et insensible indifférence de ceux qui se piquent de n'être touchés de rien. Pour ce qui regarde les remercîmens, il n'y a pas jusqu'à la statue, qui pour peu que Dieu se fasse sentir, ne lui en témoigne sa reconnoissance, et n'en *rende graces à sa bonté* [2]. Elle n'est donc pas indifférente autant que le seroit la fille de ce médecin, si l'on en prenoit la parabole en toute rigueur.

Pour les désirs, outre ce qu'on en a déjà vu, on peut lire deux beaux chapitres dans le *Traité de l'amour de Dieu*, dont l'un a ce titre : *Que le desir précedent accroistra grandement l'union des bienheureux avec Dieu* [3]; et l'autre est pareillement intitulé : *Comme le desir de louer Dieu nous fait aspirer au ciel* [4]. Voilà pour le désir de la fin, et déjà de ce côté-là on voit qu'il n'y a point d'indifférence : et même pour ce qui regarde les événemens dans l'endroit où l'indifférence est poussée le plus loin, le Saint ne laisse pas de décider que « le cœur le plus indifferent du monde (remarquez ces mots) peut estre touché de quelque affection, tandis qu'il ne sçait encore pas où est la volonté de Dieu [5]. » De sorte qu'il n'y a point d'indifférence à toute rigueur, puisqu'après la volonté déclarée par l'événement il n'y en a plus, et qu'avant on peut accorder quelque affection avec la plus parfaite indifférence.

XXIII. Remarque sur la distinction entre la résignation et l'indifférence.

A l'occasion de ce passage quelqu'un pourra trouver un peu surprenante la distinction que fait le Saint de l'indifférence d'avec la résignation [6], et trouver encore plus surprenant que dans le même chapitre il établisse parmi les malheurs de la vie humaine quelque chose de plus élevé que la résignation du saint homme Job, que l'Ecriture nous donne en tant d'endroits pour modèle. Qu'y a-t-il sur cela de plus magnifique que ce qu'a dit l'apôtre saint Jacques? «Prenez, mes frères, pour exemple de pa-

---

[1] *Am. de Dieu*, liv. IV, ép. VIII. — [2] Liv. II, ép. LIII. — [3] Liv. III, c. X. — [4] Liv. V, chap. X. — [5] Liv. IX, ch. IV. — [6] *Ibid.*

tience les prophètes : nous publions bienheureux ceux qui ont souffert [1]. » A quoi il ajoute : « Vous avez ouï les souffrances de Job, et vous avez vu la fin de Nostre-Seigneur. » Voyez comme cet Apôtre, ayant parlé en général des prophètes, prend soin de distinguer Job de tous les autres, et même qu'il l'unit avec Jésus-Christ, pour le mettre, ce semble, au plus haut degré au-dessous de lui. Quoi qu'il en soit, il paroît peu nécessaire de chercher des sentimens plus purs et plus parfaits que les siens ni d'imaginer une perfection au-dessus de celle qu'on ressent dans ces paroles : « Je suis sorti nu du sein de ma mère, et j'y retournerai nu : le Seigneur a donné, le Seigneur a ôté, il est arrivé comme il a plu au Seigneur : le nom du Seigneur soit béni [2]. »

Je sais qu'on dit que l'indifférence, qui éteint en quelque sorte la volonté, est au-dessus de la simple résignation, qui se contente de la captiver et de la soumettre ; mais tout cela doit être pris sainement et sans pointiller, puisqu'à la fin il se trouvera qu'il y a peu ou point d'indifférence à toute rigueur, selon que le saint évêque vient de nous l'apprendre, et qu'il le déclare encore dans la suite de ce chapitre, comme le sage lecteur pourra le remarquer en le lisant. Il faut donc, avec une sainte liberté, sans toujours s'arrêter scrupuleusement aux expressions des plus saints hommes, ni même à quelques-unes de leurs conceptions, se contenter en les comparant les unes avec les autres d'en pénétrer le fond. En tout cas la distinction entre la résignation et l'indifférence est trop mince, pour mériter qu'on s'y arrête plus longtemps ; et d'ailleurs c'est une recherche peu nécessaire à notre sujet, puisqu'après tout il est bien certain qu'en quelque sorte qu'on les prenne, on ne trouvera jamais dans les écrits du saint évêque, que ni la résignation ni l'indifférence puissent regarder la perte du salut, non plus que celle des moyens nécessaires pour l'obtenir, ainsi qu'il a été dit.

XXIV. Autre remarque sur l'indifférence et sur les desseins

C'est dans la même pensée qu'il est encore déclaré ailleurs que « Dieu nous inspire des desseins fort relevés, dont il ne veut point le succès [3]. » Saint Louis, par inspiration, passe la mer : saint François veut mourir martyr, et ainsi des autres : veulent-ils,

---

[1] *Jac.*, v, 10, 11. — [2] *Job*, I, 21. — [3] *Am. de Dieu*, liv. IX, chap. VI.

indifferemment ce que Dieu leur met dans le cœur? Non, « ils veulent hardiment, courageusement, constamment, commencer et suivre l'entreprise. » A la rigueur, il n'y a rien de plus éloigné de l'indifférence que des desseins et des volontés *si hardiment commencées, et si constamment poursuivies* par ces saints ; c'est néanmoins *pour les exercer en cette sainte indifférence* que Dieu leur inspire ces hauts désirs parce qu'ils apprennent *à acquiescer doucement et tranquillement à l'évenement.* {que Dieu inspire, dont néanmoins il ne veut point l'accomplissement}

Pour montrer la conformité des spirituels, peut-être sera-t-il bon de toucher un mot du Père Baltasar Alvarez, dont le P. du Pont a écrit, « qu'il aimoit Dieu si purement, qu'il se privoit mesme des consolations et des délices qu'on a accoutumé de sentir en l'oraison, se résignant à en manquer pour contenter Dieu [1]. » Et ce saint homme lui-même au rapport du même P. du Pont, dit que « la consolation doit estre comme le rafraischissement que le pelerin prend en passant dans une hostellerie, non pour y sejourner, mais pour passer outre, avec plus de courage [2] ; » ce qui ne paroît pas être une indifférence à toute rigueur pour les consolations, mais une démonstration qu'on n'y est point attaché. {XXV. Doctrine conforme du Père Baltasar Alvarez : jusqu'où il poussoit la résignation. Jamais on n'y a songé pour le salut.}

Cette matière de la sainte résignation, est amplement traitée dans ce chapitre de la *Vie du P. Alvarez* et dans le suivant [3]. On y peut voir que ce saint religieux ne l'étend jamais qu'aux prospérités et adversités, aux consolations et privations; mais pour cette indifférence au salut, elle est entièrement inouïe parmi les véritables serviteurs de Dieu.

Il est temps d'examiner en particulier, l'oraison de la vénérable et digne Mère de Chantal, avec la conduite du Saint, dont Molinos, et après lui tous les faux mystiques ont tant abusé. Dieu, qui vouloit mener cette Mère par des voies admirables et extraordinaires, lui prépara de loin par les moyens qu'on sait, un grand directeur en la personne du saint évêque de Genève, à qui il donna toutes les lumières nécessaires pour la guider dans cette voie ; en sorte que sa conduite nous peut servir de modèle pour les ames qui se trouveront dans cette oraison. {XXVI. On commence à traiter en particulier de l'oraison de la vénérable Mère de Chantal, et pourquoi.}

[1] *Vie du P. Balt. Alvar.*, chap. L, p. 554. — [2] *Ibid.*, p. 555. — [3] *Ibid.*, chap. L, LI.

Or, pour bien entendre cette conduite, outre les *Lettres* du Saint, nous avons dans la *Vie* de cette Mère quelques-uns de ses écrits, avec ses consultations et les réponses du saint directeur, d'où résultent ces points importans [1].

Premièrement, que « cette oraison estoit d'abandonnement general, et la remise de soy-mesme entre les bras de la divine Providence. »

Secondement, l'ame ainsi remise s'oublioit entierement elle-mesme et rejetoit toute sorte de discours, industrie, replique, curiositez et choses semblables. »

Nous avons vu que c'est là ce qui est appelé, par les spirituels, l'oraison passive ou surnaturelle, non-seulement quant à son objet, comme les autres oraisons, mais encore quant à sa manière; l'ame n'agissant point par discours ni propre industrie, comme on fait ordinairement, mais par une impression divine.

De là il arrive en troisième lieu que l'ame tombe, comme on a vu, dans *des impuissances* de faire de certains actes qu'elle voudroit faire, et ne peut. La Mère se plaignoit souvent de ces impuissances, comme il paroît, tant par les *Lettres* du saint évêque [2] que par les propres paroles de cette vénérable religieuse, qui ne trouve point de remède *aux confusions, ténèbres et impuissances* de son esprit [3], jusqu'à ce qu'il se soit uni à Dieu et remis entre ses bras miséricordieux : *sans actes*, dit-elle, *car je n'en puis faire* [4].

XXVII. Avertissement nécessaire aux gens du monde, et suite de la matière commencée.

Je m'arrête ici un moment, pour conjurer les gens du monde de ne point traiter ces états de visions et de rêveries. Doutent-ils que Dieu, qui est admirable dans toutes ses œuvres et singulièrement admirable dans ses Saints, n'ait des moyens particuliers inconnus au monde, de se communiquer à ses amis, de les tenir sous sa main, et de leur faire sentir sa douce souveraineté? Qu'ils craignent donc en précipitant leur jugement, d'encourir le juste reproche que fait l'apôtre saint Jude à ceux *qui blasphèment ce qu'ils ignorent* [5]; et pour les tenir dans le respect envers les voies de Dieu, je dirai :

En quatrième lieu, que cette oraison fut examinée, non-seule-

---

[1] *Vie de Chant.*, II part., ch. VII.— [2] Liv. IV, ép. XIII; liv. V, ép. I.— [3] Liv. VII, ép. XXIII, etc. — [4] *Ecrit de la M. de Chant.*, *Vie*, II part., ch. XXIV.— [5] *Jud.*, 10.

ment par saint François de Sales, un évêque d'une si grande autorité, tant par sa doctrine que par sa sainte vie, et qui étoit en cette matière sans contestation le premier homme de son siècle, mais encore par les gens les plus éclairés de son temps ; ce qui fait dire à ce saint évêque, en écrivant à la Mère : « Vostre oraison de simple remise en Dieu, est extrêmement sainte et salutaire, il n'en faut jamais douter, elle a tant esté examinée, et toûjours l'on a trouvé que Nostre-Seigneur vous vouloit en cette maniere de prieres ; il ne faut donc plus autre chose que d'y continuer doucement [1]. »

Nous avons vu que c'étoit pour expliquer cette oraison qu'il a introduit sa statue [2], à qui il donne véritablement la vie et l'intelligence, mais nul propre mouvement, parce qu'elle est sous la main de Dieu, poussée plutôt qu'agissante. Dieu, qui lui a donné ses puissances intellectuelles, les peut suspendre ou lier autant qu'il lui plaît, et même la volonté, qui est la plus libre et la plus indépendante de toutes, mais néanmoins toujours très-parfaitement sous la main de son Créateur [3], qui en fait sans réserve tout ce qu'il lui plaît, comme il fait en tout et partout ce qu'il veut dans le ciel et dans la terre.

XXVIII. Que c'est pour cette oraison et pour cette Mère, que le saint avoit introduit la comparaison de la statue.

Ces fondemens supposés, il reste deux choses à examiner : l'une jusqu'à quel temps s'étend cette disposition de l'ame passive sous la main de Dieu ; et l'autre jusqu'à quels actes elle doit être poussée.

XXIX. Deux questions à traiter 1°. Question, sur le temps et sur la durée de cette passiveté.

Pour le temps, saint François de Sales restreint ces impuissances d'agir au temps de l'oraison seulement : « Vous ne faites rien, dites-vous, *dans l'oraison* [4] : vostre façon d'*oraison* est bonne [5], etc. Pourquoy voulez-vous pratiquer la partie de Marthe *en l'oraison*, puisque Dieu vous fait entendre qu'il veut que vous pratiquiez celle de Marie ? Je vous commande que simplement vous demeuriez en Dieu sans vous essayer de rien faire, ni vous enquerir de luy de chose quelconque, sinon à mesure qu'il vous excitera [6]. » Ainsi l'intention de l'homme de Dieu est de restreindre ce conseil au temps d'oraison. Et pour bien entendre ceci,

---

[1] *Vie de la M. de Chant.*, liv. VII, ép. XXII. — [2] Liv. II, ép. LIII. — [3] *Vie de la M. de Chant.*, III part., chap. IV. — [4] Liv. II. ép. LI. — [5] *Ibid.*, ép. LIII. — [6] *Vie de la M. de Chant.*, II part., ch. VII ; Rép. à la IIIe quest.

il faut rappeler en notre mémoire,[1] que les spirituels ne connoissent pas de ces ames toujours mues divinement de cette manière extraordinaire et passive dont nous parlons. C'est ce que nous avons ouï de la bouche du B. P. Jean de la Croix, le plus expérimenté des spirituels de son temps en cette matière[2]. On sait que sa Mère sainte Thérèse s'est expressément déclarée contre la longue durée de ces suspensions, bien loin qu'elle ait pu souffrir qu'on les reconnût perpétuelles. Conformément à leur pensée, la Mère de Chantal éprouvoit aussi que Dieu retiroit son opération par intervalles[3], qui étoit le premier moyen de la remettre en sa liberté pour agir et pour faire des demandes. L'autre étoit quand Dieu l'excitoit lui-même à agir par ces douces invitations, facilités et inclinations, qu'il sait mettre, quand il lui plaît, dans les cœurs. Cette dernière façon, qui provenoit d'une excitation spéciale de Dieu, étoit sans doute la plus remarquable dans la sainte veuve, surtout pendant l'exercice de son oraison. La consultation de la Mère réduisoit aussi la suppression « des actes de discours et de sa propre industrie, specialement *au temps de l'oraison,* » parce qu'encore que Dieu soit le maître de répandre *ces impuissances* en tel endroit de la vie qu'il lui plaira, sa conduite ordinaire est de les réduire au temps spécial de l'oraison.

XXX.
Mélange par intervalles de l'activité dans l'état passif de cette Mère au sujet de son saint directeur.

Il est vrai que son oraison étoit presque perpétuelle. C'est pourquoi cette admirable suspension d'actes revenoit souvent, mais ne duroit pas toujours : ce qui a fait écrire dans sa *Vie* « que dans cet état passif elle ne laissoit pas d'agir en certain temps, quand Dieu retiroit son operation, ou qu'il l'excitoit à cela, mais toujours *par des actes courts, simples et amoureux*[4]. » Remarquez les deux causes qui lui rendoient la liberté de son action : dont l'une est, quand Dieu *retiroit son opération,* c'est-à-dire cette opération extraordinaire qui lui lioit les puissances et la tenoit heureusement captive sous une main toute-puissante : ce qui montre que cette opération n'étoit donc pas perpétuelle.

C'est aussi pour cette raison qu'elle répondit à une supérieure,

---

[1] Voyez ci-dessus, liv. VII, chap. XXIV. — [2] *Mont. du Carm.*, liv. III, ch. I, p. 154. — [3] *Ibid*, IV, Dem., chap. III, etc., p. 726; *Vie de Chant.*, III part., c. IV. — [4] *Ibid.*

qui lui demandoit « si elle faisoit des actes *à l'oraison?* Oui, ma fille, quand Dieu le veut, et qu'il me le témoigne par le mouvement de sa grace : J'en fais *quelques-uns* interieurs, ou prononce quelques *paroles exterieures*, surtout dans le rejet des tentations. » A quoi elle ajoute : « Dieu ne permet pas que je sois si téméraire que je présume *n'avoir jamais besoin* de faire aucun acte, croyant que ceux qui disent n'en faire en aucun temps, ne l'entendent pas. » Voilà comme elle traitoit ceux qui veulent être tout passifs; et pour elle, non-seulement dans toute la vie, mais encore en particulier *dans l'oraison*, elle mèloit la passiveté et les actes, *selon le besoin qu'elle croyoit en avoir;* ce qui est, comme on voit, une manière très-active et de réflexion.

Cependant elle demeuroit toujours soumise à Dieu, soit qu'il l'invitât à agir, soit qu'il la laissât à elle-même en retirant son opération : par où il lui faisoit sentir qu'elle n'étoit pas perpétuellement dans cette suspension des actes et des puissances, puisque souvent Dieu la remettoit dans sa liberté. Aussi son saint directeur lui écrivoit : « Ne vous divertissez jamais de cette voye : souvenez-vous que la demeure de Dieu est faite en paix : suivez la conduite de ces mouvemens divins : soyez active et passive ou patiente, selon ce que Dieu voudra et vous y portera; mais de vous-mesme ne vous sortez point de votre place¹ ; » c'est-à-dire ne sortez point de votre état, ne changez point la nature de votre oraison ; ne vous forcez point à faire des actes marqués, plus qu'il ne vous sera donné de le pouvoir faire. Vous voyez que comme souvent Dieu la tenoit sans action au sens qu'on va expliquer, aussi quelquefois il la laissoit agir. Nous allons dire quelle sorte d'actes elle faisoit alors. Ici il faut absolument observer ces trois mots du saint directeur : *Active, passive ou patiente,* que la suite fera mieux entendre. L'intention du saint directeur est de montrer par ces trois paroles, ce qu'on ne peut trop remarquer, que sa fille spirituelle, à qui il les adresse, n'étoit pas toujours dans la suspension des puissances, c'est-à-dire dans cet état qu'on nomme passif, parce que cette soustraction, qui lui arrivoit de l'opération divine, la laissoit en sa liberté et vraiment *active*. Toute cette vi-

---

¹ *Vie de la M. de Chant.*, III part., ch. IV.

cissitude ne tendoit qu'à la rendre souple sous la main de Dieu, et à faire qu'elle ne cessât de s'accommoder à l'état où il la mettoit ; ce qui produisoit les vertus, les soumissions et les résignations admirables qui parurent dans toute sa vie.

<small>XXXI On entre dans la seconde question proposée au ch. XXI, et on parle des actes discursifs que la vénérable Mère ne pouvoit plus faire.</small>

Il nous reste encore à apprendre d'elle, jusqu'où et jusqu'à quels actes s'étendoient ses suspensions ou ses impuissances ; et il faut toujours se souvenir qu'elle parle du temps de l'oraison. Les actes, qui étoient alors supprimés, sont premièrement les discursifs ou, comme elle parle, « toutes sortes de discours, industries, repliques, curiositez et choses semblables [1]. » C'est que Dieu la voulant mener par la pure voie de la foi, qui de sa nature n'est point discursive, lui ôtoit (comme elle l'avoue) tout le discours ; même en général tous les actes de l'entendement ne paroissoient guère, parce qu'aussi toute l'ame étoit tournée « à ces actes courts, simples et amoureux, » dont nous venons de parler.

<small>XXXII. Suspension des actes sensibles et marqués.</small>

Les actes supprimés alors étoient secondement les actes sensibles : « Elle demeuroit, dit-elle, dans la simple veuë de Dieu et de son néant, toute abandonnée, contente et tranquille, sans se remuer nullement, pour faire *des actes sensibles* de l'entendement et de la volonté, non pas mesme pour la pratique des vertus, ni détestation des fautes [2]. « Ce n'étoit donc point le fond des actes qui lui étoit ôté, mais leur seule sensibilité, qui aussi ne nous est pas commandée. Car, comme disoit très-souvent son saint directeur, Dieu commande d'avoir la foi, l'espérance et la charité, mais non pas de les sentir. Comment ce fond demeuroit à la sainte Mère sans le sentiment, elle l'explique très-bien par ces paroles : « J'écris de Dieu, j'en parle comme si j'en avois beaucoup de sentiment, et cela parce que je veux et je croy ce bien-là au-dessus de ma peine et de mon affliction, et *ne desire* autre chose que ce thresor de foy, d'*esperance* et de charité, et de *faire tout ce que je pourray* connoistre *que Dieu veut de moy* [3] : » dispositions très-actives et très-éloignées de la pure et perpétuelle passiveté des nouveaux mystiques. On y désire, on y espère, *on y veut faire tout ce qu'on peut connoistre que Dieu veut de nous.*

[1] *Vie de la M. de Chant.*, II part, c. VII, quest. 3. — [2] *Ibid.* — [3] *Ibid.*, c. XXIV.

On est en état de le connoître et d'y réfléchir ; on a très-réellement tous ces actes, on les produit avec soin, quoique ce soit sans les sentir distinctement. Ces ames destituées des actes sensibles et de la consolation qu'on en reçoit, ne laissent pas indépendamment et au-dessus de toutes leurs peines, et de parler et d'agir selon le fond qu'elles portent, quoique souvent sans goût et sans sentiment.

En troisième lieu, toutefois cette privation de sentiment avoit ses bornes, comme il paroît par ces paroles adressées au saint directeur : « Je ne sens plus cet abandonnement et douce confiance, ni n'en sçaurois faire aucun cas [1]. » A quoi néanmoins elle ajoute « qu'il luy semble bien toutefois que ces dispositions sont plus solides et plus fermes que jamais : » comment s'en aperçoit-elle, sinon par un reste de sentiment; mais qui demeure, dit-elle, *dans la cime pointe de l'esprit?* et un peu après : « On a le sentiment de ces actes dans la cime pointe de l'esprit [2]. » Ce qu'elle exprime ailleurs, en disant « qu'elle ne laisse pas, parmi ses détresses, de jouir quelquefois de certaine paix et suavité interieure fort mince, d'avoir d'ardens desirs de ne point offenser Dieu, et de faire tout le bien qu'elle pourra [3]. » D'où il s'ensuit qu'elle n'étoit pas entièrement dénuée de sentiment, mais qu'ils demeuroient dans la haute pointe de l'ame, sans se répandre ordinairement sur les sens extérieurs; qui est aussi l'expression, comme la doctrine constante et perpétuelle de son saint directeur, ainsi qu'on verra en son lieu.

Une quatrième remarque, c'est que la suppression des actes sensibles et marqués n'étoit pas universelle. Car, dit-elle, dans cet état où l'on ne peut faire *des actes d'union,* mais seulement *demeurer uni, elle disoit quelquefois des prieres vocales* (qui de toutes les prières sont les plus actives) *pour tout le monde, pour les particuliers, pour elle-mesme,* et tout cela, ajoute-t-elle, *sans se divertir ni regarder* (par d'expresses réflexions et attentions) *pourquoy elle prie,* encore qu'elle sente qu'elle prie pour soi et pour les autres mais sans s'éloigner d'un secret et *quasi imperceptible desir que Dieu fasse d'elle, de toutes ses creatures, et*

[1] *Vie de la M. de Chant.*, III part., c. IV.— [2] *Ib.*, c. IV.— [3] *Ib.*, II part., c. XXIV.

en toutes choses ce qu'il luy plaira[1]. » Voilà donc dans la plus haute oraison passive, des actes exprès et marqués où l'ame se porte très-activement, quoique toujours sous la conduite de son unique moteur.

XXXIII. Suspension des actes méthodiques. Deux consultations de la Mère, et deux réponses de son saint directeur.

En cinquième lieu, sous le nom d'actes sensibles, on peut encore entendre les actes méthodiques et réguliers dont Dieu affranchit une ame qui marche dans la sainte liberté d'esprit; et c'est à quoi on peut rapporter ces deux consultations : la première, sur les bénéfices et mystères de Notre-Seigneur : « que les Peres enseignent, dit-elle, qu'il faut mediter : cependant l'ame qui est en l'état ci-dessus, ne le peut en façon quelconque en cette maniere; mais, poursuit-elle, il me semble qu'elle le fait en une façon tres-excellente, qui est un simple souvenir et representation tres-delicate des mysteres, avec des affections tres-douces et savoureuses, etc. » A quoy le saint évêque répond « que l'ame doit s'arrester au mystere en la façon d'oraison que Dieu luy a donnée : car les prédicateurs et Peres spirituels ne l'entendent pas autrement [2]. »

La seconde consultation regarde la confession, où il faut avoir de la contrition : cependant « l'ame demeure sans lumiere, seche et sans sentiment, ce qui luy est une très-grande peine. » Le saint directeur répond : « La contrition est fort bonne, seche et aride, car c'est une action de la partie superieure et suprême de l'ame [3]. »

XXXIV. Le souvenir de Jésus-Christ et la contrition entroient dans la haute contemplation de cette Mère.

On voit par là que cette ame sainte, dans la plus sublime et plus passive oraison, loin d'exclure de cette haute contemplation les mystères de Jésus-Christ, en recevoit un doux souvenir, *une delicate representation*, avec des *affections douces* ; et que pour la contrition son saint directeur ne lui apprend autre chose que de s'en contenter, quelque sèche et quelque aride qu'elle fût. Ce qui montre que dans ces suspensions et passivetés elle ne perdoit pas le fond de ces actes, mais leur seule sensibilité, avec leur formule méthodique et régulière. Voilà comme elle étoit dans l'oraison, même par rapport aux actes; *et encore que son attrait et sa voye fust d'estre*, comme elle dit, *totalement passive*, cet attrait

[1] *Vie de la M. de Chant.*, III part., ch. IV. — [2] *Ib.*, II part., ch. VII. — [3] *Ib.*, q. 8.

ne la dominoit pas tellement qu'il ne la laissât très-souvent à elle-même, qui est une disposition que nous aurons lieu d'expliquer bientôt.

Au reste ce qui se passoit en cette sainte ame durant le temps de l'oraison, avoit, comme on a vu que c'est l'ordinaire, une influence dans toute la vie. L'on écrit que *son oraison estoit continuelle* [1], par la disposition toujours vive du simple regard de Dieu en toutes choses. Il ne faut point s'étonner de cette continuité, après qu'on a ouï son saint directeur si clairement expliquer que ce qu'on appelle *benir toujours* Dieu [2], n'est pas le bénir toujours actuellement, mais seulement, comme il parle, *le benir souvent et à toutes occasions*. Mais comme par ces divines impuissances, qui la tenoient si souvent sous la main de Dieu, sa vivacité naturelle que Dieu vouloit dompter par ce moyen, se ralentissoit tous les jours : « sa grande cessation d'operations interieures lui fit trouver cette invention : elle decrivit de sa main, et signa de son sang une grande oraison qu'elle avoit faite de prieres, louanges et actions de graces pour les benefices generaux et particuliers, pour les parens, amis et autres devoirs, pour les vivans, les morts, et enfin pour toutes les choses *à quoy elle pensoit estre obligée*, et que sa devotion lui suggera, portant ce papier nuit et jour à son col, avec la protestation de foy du Messel, qu'elle avoit aussi signée de son sang, aprés avoir fait cette convention amoureuse avec Nostre-Seigneur, que toutefois et quantes qu'elle les serreroit sur son cœur, ce seroit à dessein de faire tous les actes de foy, de remercîment et de priére contenus en cet écrit [3]. » Nos faux mystiques prennent cette pieuse pratique pour scrupule et pour foiblesse ; mais elle sera contre eux un témoignage éternel que cette ame, que Dieu tenoit si puissamment sous sa main, fut toujours infiniment éloignée de l'erreur de croire qu'elle fût exempte des actes, puisqu'encore qu'elle en fît, pour ainsi parler, de si actuels et de si actifs, elle ne fut point contente qu'elle n'eût encore trouvé ce nouveau moyen de les pratiquer.

XXXV. La Mère se croyoit obligée aux actes. Comment elle les pratiquoit, et comment son oraison étoit continuelle.

[1] *Vie de la M. de Chant.*, III part., ch. IV.— [2] *Am. de Dieu*, liv. IX, ch. VIII. — [3] *Vie de Chant.*, III part., ch. IV.

Dans ce même esprit elle écrivoit, elle dictoit très-souvent des actes de soumission envers son saint directeur et envers Jésus-Christ même, qu'elle signoit de son sang, aussi bien que des oraisons à la sainte Vierge qu'elle récitoit[1] : pour les rendre plus agréables, elle obtenoit de ses supérieurs la permission de les dire : ce qui montre de plus en plus qu'elle étoit très-affectionnée à faire des actes choisis, délibérés, excités en témoignage de sa foi et pour nourrir son amour.

XXXVI. L'oraison de la vénérable Mère Marie Rossette, une des filles spirituelles du Saint.

On a encore de ces actes écrits de sa main, entre autres on a celui où elle avoit compris tous les devoirs d'une chrétienne ; rien n'y est omis, et tout cela étoit de l'esprit du saint évêque. J'ai lu avec attention (car il ne faut pas mépriser la doctrine de l'Esprit, c'est-à-dire ce qu'il inspire aux ames qui sont à lui) ; j'ai lu, dis-je, un acte semblable, fait de l'ordre du même saint par la vénérable Mère Marie Rossette, une de ses filles, qui fut un prodige de grace et de sainteté. Elle y entre dans tous les actes les plus spécifiques que l'Ecriture prescrit aux fidèles. Après les avoir produits et réitérés avec une force incroyable, elle tâchoit de se tenir toujours le plus actuellement qu'elle pouvoit dans la même disposition. Comme il s'élevoit dans son cœur mille bons désirs particuliers, sans se donner la consolation de s'y arrêter, elle les mettoit, dit-elle, dans son grand *acte d'abandon*, où tout avoit été si bien spécifié. Ainsi en un sens elle n'exerçoit qu'un seul acte, et en même temps elle exerçoit cent actes divers. C'est ce que disoit Cassien de cette oraison de feu dont on a parlé, « où se ramassoient en un tous les sentimens : *conglobatis sensibus*. » Les actes de foi, d'espérance et de charité, et tous ceux qui en dépendent s'y trouvoient tous avec leur distinction naturelle, puisque saint Paul nous apprend que ces trois choses demeurent dans tout le cours de cette vie ; mais de tous ces actes réels et physiques, si l'on me permettoit ce mot de l'Ecole, il se composoit comme un seul acte moral où tout se réunissoit. C'est ce qui arrivoit à cette sainte religieuse en qui toutes les affections dont une ame chrétienne est capable se rassembloient, se pénétroient, pour ainsi parler, l'une l'autre ; et rapportées à la même fin, faisoient

---

[1] *Vie de la M. de Chant.*, II part., ch. XI ; III part., ch. VII.

un parfait concert. Mais néanmoins pour assurer son état, le saint évêque non content de cet amas d'actes, pour les développer plus activement et plus actuellement, faisoit dire à la sainte fille deux ou trois fois par jour un *Pater* et un *Credo*, outre l'office où elle assistoit ; et il est marqué dans sa vie que lorsqu'étant à l'infirmerie, elle ne pouvoit aller à l'église, elle disoit avec l'infirmière, ou un *Salve, Regina*, ou quelque autre semblable prière. Ainsi comme les autres chrétiens, elle s'excitoit à prier et à faire les autres actes de piété que l'Evangile commande. Je rapporte exprès ses dispositions, parce que les nouveaux mystiques la produisent comme un exemple d'une perpétuelle passiveté, mais vainement, comme on voit. Il est vrai que son état particulier étoit d'une sécheresse, et en même temps d'une fidélité incroyable, parce que dénuée ordinairement de toute consolation et de tout soutien sensible, elle persistoit dans sa sèche simplicité, et en même temps demeuroit fidèle jusqu'au bout à dire son *Pater* et son *Credo* ; par où elle unissoit parfaitement ce qui étoit de son attrait particulier avec l'attrait commun de tous les fidèles. Par son attrait particulier elle étoit portée et inclinée, mais encore comme de loin, à une continuité et unité d'actes qui n'est pas de cette vie : mais durant ce temps de pèlerinage il falloit comme rabattre cet attrait extraordinaire par l'attrait commun des chrétiens, qui porte aux actes particuliers, expliqués et développés dans le *Pater* et dans le *Credo* ; c'est pourquoi on se croyoit obligé d'y astreindre cette sainte fille, pour la préserver de l'illusion où tombent nos faux mystiques en supprimant les actes communs de la piété ; à quoi si on l'eût vue se porter, et se rendre moins obéissante à faire les actes qu'on lui prescrivoit selon la règle de l'Evangile, son oraison qui fut admirée auroit été suspecte et mauvaise. Il est de l'état de cette vie de faire ces actes, quoique l'acte de la vie future, c'est-à-dire l'acte continu et perpétuel où l'on est poussé intérieurement, comme on l'est à l'éternelle félicité, commence à se faire sentir d'une manière encore imparfaite, mais néanmoins admirable. Dieu soit loué à jamais pour les merveilleuses opérations qu'il exerce dans les ames.

Les faux mystiques outrent tout ; et ils voudroient faire accroire

XXXVII.
Que l'in-

à la Mère de Chantal qu'elle étoit indifférente pour le salut, sous prétexte qu'interrogée « si elle esperoit les biens et les joyes de la vie éternelle, elle repartit dans un profond sentiment de sa bassesse : Je sçay qu'aux merites du Sauveur elles se doivent esperer ; mais mon esperance ne se tourne point de ce costé-là : je ne veux desirer ni esperer chose quelconque, sinon que Dieu accomplisse sa sainte volonté en moy, et qu'à jamais il soit glorifié [1]. » Sur cela on lui fera dire que Dieu étant glorifié dans la damnation comme dans le salut des hommes, elle est indifférente pour l'un et pour l'autre : mais ce sentiment seroit un prodige ; car comme il s'agit d'espérance, l'espérance seroit pour l'enfer de même qu'elle est pour le paradis, ce qui n'est rien moins qu'un blasphème. La pieuse Mère entend donc que Dieu sera glorifié en elle, ainsi qu'il l'est dans ses saints, et que c'est l'unique sujet de son espérance. Elle dit même très-expressément : « Quand je voy le Sauveur en croix, ce n'est jamais sans esperer qu'il nous fera vivre d'amour en sa gloire [2]. Que si elle estoit, comme elle écrit, sans aucun desir de recompense et de jouissance, et ne parloit quasi jamais des douceurs de Dieu, mais de ses operations [3] ; » la suite fait voir qu'elle l'entendoit de certaines *consolations* et suavités de cette vie, qu'on sait bien qu'il ne faut pas désirer avec cette inquiétude tant blâmée par son saint directeur, ainsi qu'il a été souvent remarqué. Au reste « elle conseilloit de ne jamais regarder le ciel sans l'esperer [4]; » et loin de considérer l'espérance comme une vertu intéressée, c'est, disoit-elle, *un aiguillon de l'amour* : en quoi elle ne faisoit que suivre les conseils de son admirable directeur, qui lui écrivoit : « Ouy, ma chere fille, il le faut esperer fort assurément que nous vivrons éternellement : et Nostre-Seigneur que feroit-il de sa vie éternelle s'il n'en donnoit point aux pauvres petites et chétives ames [5] ? » Ainsi ces petites ames, c'est-à-dire les ames simples, vivent d'espérance ; et tout est plein de semblables sentimens.

Concluons de tout ce discours que cette sainte ame étoit agissante aussi bien que patissante dans tout le cours de sa vie, et

---

[1] *Vie de la M. de Chant.*, III part., ch. II. — [2] *Ibid.* — [3] *Ibid.*, ch. III. — [4] *Ibid.*, ch. II. — [5] Liv. II, ép. VI.

même dans son oraison. Je dis même qu'elle étoit agissante par *précédens de la vénérable Mère, il n'y a point de perpétuel le passiveté.* des actions excitées exprès ; car pour elles que Dieu excite d'une façon particulière, elles se trouvent dans l'état le plus passif. Si donc le saint évêque de Genève ordonne à sa sainte fille d'être agissante, lorsque Dieu lui en laisse la liberté, il entend qu'elle a souvent cette liberté, pour en exercer l'action la plus expresse ; et c'est ce qu'elle marque elle-même très-clairement par ces paroles, que je prie le pieux lecteur de lire attentivement, parce que toute sa disposition y est renfermée : « Lorsque les distractions *nous pressent*, il faut faire l'oraison de patience, et dire humblement et amoureusement, s'il se peut : Mon Dieu, le seul appuy de mon ame, ma quiétude et mon unique repos, quand je cesserois de vivre, je ne cesserois de vous aimer : *excitant ainsi son cœur* sans attendre que Dieu nous mette le miel à la bouche pour parler à sa bonté [1]. » Il se faut donc exciter soi-même, sans attendre que Dieu nous excite d'une façon particulière : et c'étoit le conseil comme la pratique de cette sainte ame, quoiqu'elle fût si puissamment attirée aux états passifs.

On entend maintenant à fond ces paroles du saint directeur à sa digne fille : « Soyez active et passive, ou patiente selon que Dieu le voudra [2] ; » c'est comme s'il disoit : Quelque passive que vous soyez sous la main de Dieu, vous êtes souvent active, puisque souvent il cesse de vous exciter de cette façon particulière, et alors vous devez agir et vous exciter vous-même. Tant qu'il vous tient sous sa main n'en sortez pas, et demeurez dans la suspension où il lui plaît de vous mettre. Voilà donc déjà la disposition active et passive bien entendue ; mais il y a outre cela la disposition qu'il appelle *patiente*, où l'ame pleine de dégoût, de détresse, de désolation, semble ne pouvoir plus même espérer en Dieu, loin de pouvoir faire aucun acte sensible d'amour. L'ame alors est plus que passive, et entre dans l'oraison que le saint évêque appelle de patience, où les actes sont offusqués et enveloppés, mais non pour cela éteints et supprimés.

XXXIX. Suite de la même doctrine, et explication de l'oraison que le Saint appelle de patience.

Et pour entendre à fond un tel état, il est bon de se souvenir d'une excellente doctrine du P. Jean de la Croix. Il dit donc que

[1] *Vie de la M. de Chant.*, III part., ch. IV.— [2] *Ib.*, ch. III, IV. Ci-dessus, ch. XXX.

l'ame est jetée dans ces suspensions et *empeschemens* ou impuissances divines, « ou par voye de purgation et de peine, ou par une contemplation tres-parfaite [1]; » c'est-à-dire qu'elle y est jetée, ou par abondance de graces, comme dans les ravissemens et dans les extases; ou par manière d'épreuve et de soustraction, lorsque Dieu retire ses consolations et ses soutiens. C'est ce que sa Mère sainte Thérèse exprimoit en disant : « Que comme la joye suspend les puissances, la peine aussi fait le mesme effet [2]. » Ce dernier état étoit celui de la Mère de Chantal, que l'impuissance de faire des actes aussi exprès qu'elle vouloit, jetoit dans des confusions et dans des ténèbres dont elle ne cesse de se plaindre; mais son saint directeur la rassuroit, en lui disant que ces soustractions mystérieuses, loin de supprimer les actes de piété, ne faisoient que les « concentrer dans le cœur, ou les porter, comme il parle, à la cime pointe de l'esprit, » ainsi qu'il a déjà été remarqué, et qu'on tâchera de l'expliquer à fond dans le traité des épreuves.

XL.
Suite de la même doctrine, et dernière réflexion sur la statue du saint évêque.

Selon ces principes, quand le Saint fait dire à sa statue qu'elle ne voudroit pas se remuer *pour aller à luy si luy-mesme ne le commandoit* [3], il faut entendre ces paroles de certains particuliers mouvemens qui ne sont pas essentiels à la piété : car pour les actes de foi, d'espérance, de charité, de demande ou de désir et d'action de graces, ils sont déjà assez commandés, et à cet égard on n'a besoin pour se remuer, non plus qu'un soldat pour marcher et pour combattre, que de l'ordre donné à tous en général. Ainsi l'on voit jusqu'à quel point on doit être, « tant interieurement qu'exterieurement, sans attention, sans élection, sans desir quelconque. » Le directeur et la dirigée se sont également expliqués sur ce sujet, en répétant trente fois qu'il s'agit du temps de l'oraison, où même la passiveté est mêlée de toute l'activité, de toute l'action et de tout le choix qu'on a vu. Il faut aussi se ressouvenir que ces états imaginaires de nos faux mystiques, où les ames sont toujours mues divinement par ces impressions extraordinaires dont nous parlons, ne sont connues ni du P. Jean de la

---

[1] *Mont du Carm.*, liv. II, ch. x, p. 257. — [2] *Vie de sainte Thérèse*, ch. xx, p. 112. — [3] Liv. II, ép. LIII.

Croix, ni de sa Mère sainte Thérèse. J'ajoute que ni les Angèles, ni les Catherines, celle de Sienne et celle de Gênes, les Avilas, les Alcantaras, ni les autres ames de la plus pure et de la plus haute contemplation, n'ont jamais cru être toujours passives, mais par intervalles : et souvent rendues à elles-mêmes, elles ont agi de la manière ordinaire. La même chose paroît dans la Mère de Chantal, une des personnes de nos jours les plus exercées dans cette voie, et qu'aussi les nouveaux mystiques ne cessent de nous objecter : ainsi leur perpétuelle passiveté n'est plus qu'une idée, à laquelle saint François de Sales et son humble fille, qu'ils appeloient à leur secours, n'ont aucune part.

LIVRE IX.

Où est rapportée la suite de la doctrine de saint François de Sales, et de quelques autres saints.

Pour favoriser cette doctrine inouïe de l'indifférence du salut, on allègue ce passage de saint François de Sales : « Que le bon plaisir de Dieu est le souverain objet de l'ame indifferente, en sorte qu'elle aimeroit mieux l'enfer avec la volonté de Dieu, que le paradis sans la volonté de Dieu : ouy mesme il prefereroit l'enfer au paradis, s'il sçavoit qu'en celuy-là il y eust un peu plus du bon plaisir divin qu'en celuy-ci; en sorte que si par imagination de chose impossible, il sçavoit que sa damnation fust un peu plus agreable à Dieu que sa salvation, il quitteroit sa salvation et courroit à sa damnation[1]. » Il répète la même chose presque en mêmes termes dans un de ses *Entretiens*[2], et il dit encore ailleurs « qu'une ame vrayment parfaite et toute pure n'aime pas mesme ce paradis, sinon parce que l'Epoux y est aimé, mais si souverainement aimé en son paradis, que s'il n'avoit point de paradis, il n'en seroit ni moins aimable, ni moins aimé par cette courageuse amante, qui ne sçait pas aimer le paradis de son Epoux, mais son

I. Des suppositions impossibles, par lesquelles le saint évêque exprime l'excès de l'amour.

[1] *Am. de Dieu*, liv. IX, ch. IV. — [2] *Entret.* II, p. 804 ; édit. Vivès, tom. III, p. 288.

Epoux de paradis[1]. » Ces tendres expressions, comme on les voit dans tous ses écrits, lui sont communes avec plusieurs saints dès l'origine du christianisme, et nous en verrons l'usage ; à présent ce qu'en infèrent les nouveaux mystiques, c'est que le juste parfait est représenté entre le paradis et l'enfer, comme indifférent par lui-même à l'un et à l'autre : mais c'est précisément tout le contraire qu'il faudroit conclure. On seroit, dit-on, indifférent si le bon plaisir de Dieu ne déterminoit ; mais c'est aussi pour cela qu'à cause qu'il détermine on ne l'est plus, et on ne peut l'être. Ainsi cette indifférence est impossible dans l'homme, puisque la seule chose qui la pourroit faire, c'est-à-dire la séparation du bon plaisir de Dieu d'avec le paradis, ne peut pas être. De cette sorte, parce qu'il est vrai qu'on *n'aime*, comme on vient de voir, *le paradis, sinon parce que l'Epoux y est aimé*[2], il faut conclure non point que le paradis soit indifférent ; ce qui avant nos mystiques n'est jamais sorti d'une bouche chrétienne ; mais au contraire que le paradis n'est ni ne peut être indifférent, parce que ni il n'est, ni il ne peut être que le saint Epoux n'y soit point aimé. C'est là aussi l'excellente et légitime conséquence que tiroit notre saint évêque de ce beau principe, puisqu'en disant que la bienheureuse éternité « ne luy seroit rien, si ce n'estoit cet amour invariable et toujours actuel de ce grand Dieu qui y regne toûjours[3], » il dit en même temps « qu'il n'a sçû penser à autre chose » qu'à cette bienheureuse éternité ; de sorte que, loin d'inférer qu'elle lui est indifférente, il assure directement au contraire qu'il n'a pu être occupé que de cet objet.

On dira que nos mystiques ne l'entendent pas autrement, qu'ils savent bien comme nous que la séparation de Dieu d'avec son paradis est impossible, et enfin qu'il leur faut laisser leurs amoureuses extravagances. Je le veux, s'ils n'en font point un mauvais usage ; mais ils bâtissent sur cette chimère d'indifférence de très-réelles pratiques, puisqu'ils trouvent intéressé et au-dessous d'eux, ou en tout cas incompatible avec la perfection, de désirer ni de demander à Dieu pour eux-mêmes la gloire éternelle, quoiqu'elle ne soit autre chose que l'avénement de son règne : et par là ils

---

[1] *Am. de Dieu*, liv. X, ch. v. — [2] *Ibid.* — [3] Liv. VII, ép. xxx.

séparent l'idée d'aimable et de désirable d'avec celle de la patrie céleste ; ce qui emporte toutes les froideurs que nous avons remarquées dans ces ames sèches et superbes.

Je ne puis donc condamner les pieuses expressions du saint évêque, qui est tout plein de ces suppositions impossibles ; mais il faut avec ce saint homme éviter l'inconvénient d'y attacher, comme les mystiques, la cessation des désirs et l'indifférence. « Les ames pures, dit-il, aimeroient autant la laideur que la beauté, si elle plaisoit autant à leur amant[1]. » Donc la beauté de l'ame est indifférente, et il ne faut point la désirer : c'est un pitoyable et insupportable raisonnement. Si c'étoit assez de faire des suppositions impossibles pour conclure ces indifférences, toute la doctrine de la foi seroit renversée. « Si par impossible un ange du ciel vous annonçoit un autre Evangile, il le faudroit, dit saint Paul, frapper d'anathème, [2] » comme le démon : donc il est indifférent d'écouter ou le démon ou un ange du ciel : de même si le paradis étoit sans amour, et que l'amour passât à l'enfer, l'enfer seroit préférable au paradis ; c'est-à-dire, en d'autres termes, si le paradis devenoit l'enfer, et que l'enfer devînt le paradis ; si la vérité devenoit le mensonge, et que le mensonge devînt la vérité, ce seroit le mensonge et l'enfer qu'il faudroit aimer ; donc tout cela est indifférent, et il ne faut demander ni l'un ni l'autre, c'est l'absurdité des absurdités. On aime les choses comme elles sont, ou du moins comme elles peuvent être ; mais l'impossible, qui par manière de parler a deux degrés de néant, puisque ni il n'est ni il ne peut être, et qui est par là, si on veut, au-dessous du néant même, ne peut pas être un objet, ni contre-peser le désir qui va droit à la chose comme elle est.

II. Absurdité de ceux qui tournent en indifférence ces suppositions impossibles.

Plusieurs savans hommes, qui voient ces suppositions impossibles si fréquentes parmi les saints du dernier âge, sont portés à les mépriser ou à les blâmer comme de pieuses extravagances, en tout cas comme de foibles dévotions où les modernes ont dégénéré de la gravité des premiers siècles. Mais la vérité ne me permet pas de consentir à leurs discours. Dès l'origine du christianisme nous trouvons saint Clément d'Alexandrie qui s'explique

III. Exemples anciens et modernes de ces fictions et suppositions impossibles.

[1] Entret. XII, p. 860.— [2] *Galat.*, I, 8.

de cette sorte : « J'ose dire (ce sont ses paroles) que le parfait spirituel ne recherche pas cet état de perfection, parce qu'il veut être sauvé; et qu'interrogé par une manière de supposition impossible lequel des deux il choisiroit, ou la perfection (qu'il appelle *gnose*, τὴν γνῶσιν) ou le salut éternel, si ces deux choses se pouvoient séparer, au lieu qu'elles sont inséparables ; sans hésiter il prendroit la perfection (τὴν γνῶσιν) comme une chose qui surpassant la foi par la charité, est désirable par elle-même : d'où il conclut que la première bonne œuvre de l'homme parfait est de faire toujours le bien par une habitude constante, en agissant non pas pour la gloire ou la réputation, ni pour aucune récompense qui lui vienne ou des hommes ou de Dieu [1]. »

J'aurois beaucoup de réflexions à faire sur ce discours de saint Clément d'Alexandrie; mais je me contente ici d'exposer le fait des suppositions ou fictions impossibles, en réservant le surplus au traité suivant, pour ne point traîner celui-ci en trop de longueur.

Je diffère par la même raison ce qu'il y auroit à dire sur ce passage de saint Paul : « Je désirois d'être anathème pour mes frères [2] : » et je m'en tiens à ce fait illustre, qui est que saint Chrysostome établit par ce passage qu'il faudroit aimer Dieu, non-seulement quand nous ne recevrions de lui autre bien que de l'aimer ; mais encore quand au lieu des biens qu'il nous a promis, il nous enverroit, s'il se pouvoit, εἰ δυνατὸν, l'enfer et ses flammes éternelles, en conservant l'amour.

J'omets toutes les raisons par lesquelles ce Père prouve que ç'a été l'esprit de saint Paul de s'offrir pour être anathème et séparé éternellement de la présence de Jésus-Christ, s'il étoit possible et que par là il pût obtenir le salut des Juifs, et mettre fin aux blasphèmes que leur réprobation faisoit vomir contre Dieu; et il me suffit à présent de dire qu'il a employé un long et puissant discours à établir cette explication dans les homélies xv et xvi sur l'*Epître aux Romains,* et encore dans le premier livre *de la Componction,* chapitre vii et viii.

C'est encore un autre fait constant, que toute l'école de saint

[1] *Strom.,* lib. IV, p. 5. — [2] *Rom.,* ix, 3.

Chrysostome est entrée dans ce sentiment, comme il paroît par saint Isidore de Péluse, livre II, épître 58 ; par Théodoret, tom. III et IV sur l'*Epître aux Romains,* verset 38 du chapitre VIII, et 3 du chapitre IX, où il ne fait qu'abréger, mais doctement et judicieusement à son ordinaire, l'explication de saint Chrysostome. On trouve en substance la même interprétation dans Théophylacte et dans Photius, tant dans sa lettre CCX que dans la compilation d'Œcuménius sur les mêmes endroits de saint Paul.

Saint Thomas sur les mêmes passages rapporte et approuve l'exposition de saint Chrysostome; mais Estius et Fromont, deux excellens interprètes de saint Paul, l'embrassent positivement, persuadés non-seulement par l'autorité, mais encore par les raisons de saint Chrysostome, et par les doctes réponses de ce Père à toutes les objections.

On entendra mieux cette belle interprétation de saint Chysostome et de ses disciples, si l'on compare ces paroles de saint Paul : « Je voudrois être anathème, » avec celles du même Apôtre : « Si nous ou un ange du ciel vous annonçoit autre chose, qu'il soit anathème[1]; » où d'un côté l'amour de la vérité le porte, s'il étoit possible qu'un ange du ciel errât, à le frapper d'anathème; et de l'autre par la ferveur de la charité il s'offre lui-même d'être anathème s'il étoit possible, et qu'il pût par cet effort de son amour arracher, pour ainsi parler, à la divine miséricorde le salut des Juifs. S'il faut venir aux scolastiques, Scot et toute son école détermine « que la charité tend à son objet considéré en lui-même, quand même par impossible on séparcroit de cet objet l'utilité ou l'intérêt qui nous en revient [2]; » c'est-à-dire, dans son langage, la félicité éternelle. Ces suppositions par impossible sont célèbres dans toute l'Ecole : on n'a pas besoin de rapporter les mystiques, où elles sont fréquentes; et après cela il ne faut pas s'étonner de les trouver si souvent dans le saint évêque de Genève.

Il en est venu à la pratique; et il paroît en plusieurs endroits de ses *Lettres,* qu'il a porté dans sa jeunesse un assez long temps *une impression de réprobation,* qui a donné lieu à ces désirs d'aimer Dieu pour sa bonté propre, quand par impossible il ne reste-

---

[1] *Galat.,* I, 8. — [2] In III, dist. 27, q. unic., n. 2.

roit à celui qui l'aime aucune espérance de le posséder. Ce mystère, qui ne paroît que confusément dans ses *Lettres,* nous est développé dans sa Vie [1], où dans les frayeurs de l'enfer dont il étoit saisi, une noire mélancolie et des convulsions qui lui faisoient perdre le sommeil et le manger, le poussèrent si près de la mort qu'on ne voyoit point de remède à son mal ; et on voit qu'il fallut enfin « dans les dernieres presses d'un si rude tourment en venir à cette terrible résolution, que puisqu'en l'autre vie il devoit estre privé pour jamais de voir et d'aimer un Dieu si digne d'estre aimé, il vouloit au moins, pendant qu'il vivoit sur la terre faire tout son possible pour l'aimer de toutes les forces de son ame, et dans toute l'étendue de ses affections. » On voit qu'il portoit dans son cœur comme *une réponse de mort* assurée [2] ; et ce qui étoit impossible, qu'après avoir aimé toute sa vie, il supposoit qu'il n'aimeroit plus dans l'éternité. Mais encore que la supposition en fût impossible, elle donna lieu à un acte où le Saint trouva sa délivrance, puisque, comme dit l'auteur de sa Vie, « le démon vaincu par un acte d'amour si desinteressé luy ceda la victoire et luy quitta la place. »

Il ne faut pas dire pour cela qu'il eût perdu l'espérance ou le désir, puisqu'on a vu que partout ailleurs il enseigne que ces sentimens demeurent inébranlables, durant ces états, dans la haute partie de l'ame, mais enfin par cette tendre et pieuse supposition, il exerce un parfait amour.

Sa sainte fille l'a imitée lorsque si souvent elle dit à Notre-Seigneur « que s'il luy plaisoit de luy marquer sa place et sa demeure dans l'enfer, pourveu que ce fust à sa gloire éternelle, elle en seroit contente, et que toujours elle seroit à son Dieu [3]. »

La même chose arrivoit à la bienheureuse Angèle de Foligny, dont le saint évêque a tant admiré la sainteté et tant décrit les combats. Lorsqu'une ame si pure se croyoit tellement plongée dans la malice, qu'elle ne voyoit dans ses actions que corruption et hypocrisie, elle s'écrioit, comme elle l'écrit elle-même [4], avec grand plaisir : « Seigneur, quoyque je sois damnée je ne lais-

---

[1] *Vie de Sales,* par Maupas, I part., ch. v, p. 25, 26. — [2] II *Cor.,* 1, 9. — [3] *Vie de la M. de Chant.,* II part , ch. xiv. — [4] Edit. Paris. 1538. *Vit. Ang.,* c. xx, p. 36.

seray pas de faire penitence, et de me dépouiller de tout pour l'amour de vous, et de vous servir¹. » Son amour la trompoit; et à force d'aimer celui qu'elle trouvoit si aimable, elle croyoit qu'elle l'aimeroit jusque dans l'enfer. C'est pourquoi en une autre occasion en appelant la mort à son secours, elle disoit à Dieu : « Seigneur, si vous me devez jeter dans l'enfer, ne différez pas davantage, hastez-vous; et puisqu'une fois vous m'avez abandonnée, achevez et plongez-moy dans cet abysme ². » On ressent dans ces paroles un transport d'amour dont on est ravi, encore qu'il soit fondé sur une de ces fictions dont nous parlons.

Dans un semblable transport sainte Catherine de Gênes disoit à son amour : « Peut-il estre, ô doux amour, que vous ne deviez jamais estre aimé sans consolation ni esperance de bien au ciel ou en terre ³? » A la vérité on lui répondit que telle union avec Dieu ne pouvoit être sans grande joie : mais pour elle, on voit qu'elle eût souhaité l'impossible pour mieux exprimer son amour.

C'est encore ce qui lui faisoit dire : « L'amour pur non-seulement ne peut endurer, mais ne peut pas mesme comprendre quelle chose c'est que peine ou tourment, tant de l'enfer qui est déja fait, que de tous ceux que Dieu pourroit faire ; et encore qu'il fust possible de sentir toutes les peines des demons et de toutes les ames damnées, je ne pourrois pourtant jamais dire que ce fussent peines, tant le pur amour y feroit trouver de bonheur, parce qu'il oste tout moyen et puissance de voir ou sentir autre chose que luy-mesme ⁴. »

Sainte Thérèse n'est pas moins fervente, lorsqu'elle dit « Qu'il n'y a rien que les ames possedées d'amour ne fissent, et point de moyens qu'elles n'employassent pour se consumer entierement, si elles le pouvoient, dans le feu dont il les brusle ; et elles souffriroient avec joye d'estre pour jamais aneanties, si la destruction de leur estre pouvoit contribuer à la gloire de leur immortel Epoux, parce que luy seul remplit tous leurs desirs, et fait toute

---

[1] *Vit. Ang.*, cap. xix, p. 36 — [2] *Ibid.*, p. 47. — [3] *Vie de sainte Catherine de Gênes.*, ch. xxviii. — [4] *Ibid.*, ch. xxiii, p. 157.

leur felicité [1]. » Ces ames se regarderoient, s'il étoit possible, comme une lampe ardente et brûlante en pure perte devant Dieu et en hommage à sa souveraine grandeur.

Cette Sainte que l'Eglise met presque au rang des docteurs en célébrant la sublimité de sa céleste doctrine, « dont les ames sont nourries, dit encore ailleurs, « que dans l'oraison d'union, le mieux que puisse faire une ame est de s'abandonner entierement à Dieu : s'il veut l'enlever au ciel, qu'elle y aille ; s'il veut la mener en enfer, qu'elle s'y résolve sans s'en mettre en peine, puisqu'elle ne fait que le suivre, et qu'il fait tout son bonheur [2]. » Fortes manières de parler, où l'on mêle le possible avec l'impossible, pour montrer qu'on ne donne point de bornes à sa soumission.

A l'exemple de ces grandes ames, la Mère Marie de l'Incarnation, ursuline, qu'on appelle la Thérèse de nos jours et du Nouveau Monde, dans une vive impression de l'inexorable justice de Dieu, se condamnoit à une *éternité de peines*, et s'y offroit elle-même, afin que *la justice de Dieu* fût satisfaite, *pourveu seulement*, disoit-elle, *que je ne sois point privée de l'amour de Dieu et de Dieu mesme* [3].

Un vénérable et savant religieux, fils de cette sainte veuve plus encore selon l'esprit que selon la chair, et qui en a écrit la vie approuvée par nos plus célèbres docteurs, y fait voir [4] que ces transports de l'amour divin sont excités dans les ames parfaitement unies à Dieu, afin de montrer la dignité infinie et incompréhensible de ce premier Etre, pour qui il vaudroit mieux endurer mille supplices, et même les éternels, que de l'offenser par la moindre faute. Mais sans chercher des raisons pour autoriser ces actes, on voit assez qu'on ne les peut regarder comme produits par la dévotion des derniers siècles ni les accuser de foiblesse, puisqu'on en voit la pratique et la théorie dès les premiers âges de l'Eglise, et que les Pères les plus célèbres de ces temps-là les ont admirés comme pratiqués par saint Paul.

IV.
Preuve par

Après avoir établi le fait constant, qu'on ne peut rejeter ces ré-

---

[1] *Chât. de l'ame.* dem. 6. ch. IX, sur la fin. — [2] *Vie*, ch. XVII, p. 92. — [3] *Vie*, liv. III, ch. V, p. 429; *Ibid.* add. au chap. III, n. 5; add. au ch. IV, p. 422; ch. VI, p. 432; *ibid.*, p. 423. — [4] *Ibid.*, p. 422.

signations et soumissions fondées sur des suppositions impossibles, sans en même temps condamner ce qu'il y a de plus grand et de plus saint dans l'Eglise, il reste à faire deux choses : l'une, de montrer dans quelles circonstances on peut faire ces actes, et s'il y en a où l'on les puisse conseiller, et c'est ce que nous ferons bientôt; et l'autre, si l'on peut soupçonner ceux qui les ont produits de cette damnable indifférence où nous mènent les nouveaux mystiques ; mais nous avons déjà vu que le saint évêque de Genève en a été infiniment éloigné, et il ne nous sera pas difficile de montrer la même chose de tous les autres saints.

exemples, que ceux qui ont fait ces actes de résignation par supposition impossible, ne sont pas pour cela moins éloignés de la suppression des demandes, ni de l'indifférence des nouveaux mystiques.

.Pour commencer par saint Paul, posons d'abord ce principe, qu'on n'est point indifférent pour les choses qu'on demande et qu'on désire sans cesse ; c'est pourquoi nos nouveaux docteurs, qui nous vantent leur indifférence, nous disent en même temps, comme on a vu, qu'ils ne demandent ni ne désirent rien. Mais peut-on dire que saint Paul est dans ce dernier état, lui qui ne cesse de faire des demandes, et de pousser de saints désirs vers la céleste patrie, *gémissant d'en être éloigné*[1] dans la demeure pesante de ce corps mortel, et ne cessant *de s'étendre*[2] par un continuel effort vers le terme de la carrière, et vers la céleste récompense qui nous y est proposée? Où placera-t-on dans une telle ame, la sèche indifférence des nouveaux spirituels?

Mais il a dit qu'il eût voulu, s'il lui eût été permis, être séparé d'avec Jésus-Christ pour la gloire de Dieu et le salut de ses frères[3]. Ce n'est pas là une indifférence, mais au contraire un sacrifice, qu'on voudroit pouvoir faire à Dieu de ce qu'on désire le plus : et pour montrer que ce terme : *Je voudrois*, n'empêche pas le plus ardent de tout les désirs et la plus déterminée de toutes les volontés pour le salut, Photius fait cette belle remarque[4], que celui qui dit : *Je voudrois* ou *j'eusse désiré*, comme saint Paul (ηὐχόμην), ne produit pas dans cet acte une volonté absolue, une volonté formée ; car, comme nous l'avons déjà dit, on ne veut point par une telle volonté ce qu'on sait être impossible ; ce n'est pas même une volonté conditionnelle, puisque la condition étant jugée impossible, c'est-à-dire un pur néant et quelque chose de moins, elle

[1] II *Cor.*, v, 6. — [2] *Philip.*, III, 13, 14. — [3] *Rom.*, IX, 3. — [4] Phot., ep. 216.

n'est pas de nature à pouvoir affecter un acte ; mais une volonté imparfaite, ou comme parle l'Ecole, une *velléité*, qui n'empêche pas la volonté absolue et parfaite du contraire de ce qu'on ne veut qu'en cette sorte. Or une telle volonté ne peut point faire une indifférence, ni jamais contre-balancer la volonté fixe qu'on a du bien : car on ne peut imaginer une indifférence entre ce que Dieu veut, et ce que ni il ne veut ni il ne peut vouloir. Or est-il qu'il est certain qu'il ne veut ni ne peut vouloir l'impossible. Je ne pousse pas plus loin ce raisonnement, parce qu'on l'a mis autant qu'on a pu dans son jour au chapitre précédent.

Dans celui-ci, où nous réduisons notre preuve aux faits constans, nous dirons que saint Clément d'Alexandrie ne vouloit pas que son gnostique fût indifférent au salut, sous prétexte qu'il lui eût préféré la perfection, si par impossible elle en eût été séparable, puisque nous avons déjà vu qu'il reconnoît dans les plus parfaits des demandes continuelles, et par conséquent de puissans désirs de la bienheureuse éternité et des choses qui y conduisent. Nous verrons aussi au traité suivant tant de preuves de cette vérité, qu'il ne restera aucun lieu à l'indifférence que nous combattons.

V. Suite des exemples : prières et ardens désirs de sainte Catherine de Gênes et de sainte Thérèse.

Sainte Catherine de Gênes étoit-elle de ces superbes indifférentes, qui ne veulent rien demander pour elles-mêmes, elle qui disoit « qu'en reconnoissant le besoin qu'on a de Dieu contre ce poison caché de l'amour-propre, il lui venoit une volonté de crier si fort, qu'elle fût ouïe partout, et ne voudroit dire autre chose, sinon : Aidez-moy, aidez-moy ; et le dire, continuoit-elle, autant de fois que l'haleine me dureroit et que j'aurois vie au corps[1]. » Voici encore une autre demande de cette amante incomparable : « Mon Seigneur, je vous prie que vous me donniez une gouttelette de cette eau que vous donnastes à la Samaritaine, parce que je ne puis plus supporter un si grand feu qui me brusle toute au dedans et au dehors[2] : » on entend bien que c'étoit le feu de l'amour divin qui la consumoit.

Elle raconte elle-même ailleurs ses autres prières ; elle ne craint point d'autre enfer que celui de perdre ce qu'elle aime ; elle met-

[1] *Vie*, ch. XXV, p. 173. — [2] *Ibid.*, ch. XLVIII, p. 350.

toit la pureté de son amour à dire sans cesse : *Amour, je ne veux que vous*[1] ; c'étoit Dieu qu'elle appeloit de ce nom : *Amour ; connoissant bien*, disoit-elle, *que cet amour pur et net*[2], et tout ensemble *béatifique* qu'elle désiroit, n'étoit autre chose que Dieu. Et dans son troisième Dialogue elle s'écrie : « O viande d'amour ! de laquelle sont repus les anges, les saints et les hommes : ô viande béatifique ! vraye viande pour satisfaire à notre faim, tu éteins tous nos autres appetits. Celuy qui gouste cette viande s'estime bienheureux dés cette vie, où Dieu n'en montre qu'une petite goutte ; car s'il en montroit davantage, l'homme mourroit d'un amour si subtil et si penetrant, tout l'esprit s'en embraseroit et consumeroit tout le corps[3]. » Voilà comme elle étoit indifférente pour ce rassasiement éternel, elle à qui une *gouttelette* de ce torrent de délices causoit de si violens transports.

Souvent toutefois elle vous dira *qu'elle ne veut rien*, qu'elle n'a *rien à desirer*, parce que dans certains momens de plénitude de Dieu, elle ne sentoit point son indigence, quoiqu'elle portât dans le cœur un insatiable désir de le posséder davantage, comme la viande béatifique, ainsi qu'on le vient d'entendre, « dont elle estoit toûjours desireuse, toûjours affamée, comme estant le terme de ce pur et beatifique instinct dans lequel Dieu nous a créez[4] ; » ce qui aussi lui faisoit dire : « O Seigneur, toute autre peine que celle de voir mon péché : montrez-moy tous les demons et tous les enfers plûtost que de me montrer une offense, quelque petite qu'elle soit, qui empesche la jouissance du divin Epoux[5]. »

Jamais pourtant elle n'a écrit qu'elle eût dans la confession, où elle alloit très-souvent[6], cette peine en voyant son péché : mais plutôt elle avoit la peine de ne point trouver ses péchés, parce que le péché qu'on veut confesser n'a plus, pour ainsi parler, cette force désunissante, à cause du grand mystère de réconciliation et de paix qui est dans le ministère de la pénitence. En conformité de cette disposition, on voit dans la Sainte ce qu'on ne voit point dans les mystiques de nos jours, un continuel recours à son con-

---

[1] *Vie*, ch. XVI, p. 112, etc., 146, etc.; ch. L, p. 371 ; ch. XXV, p. 175. —
[2] Ch. XXXVIII, p. 252 ; ch. XXI, p. 148. — [3] *Dialog.*, III, ch. II, p. 620. —
[4] *Dial.*, lib. III, purgat. 688. — [5] *Vie*, ch. XX, p. 147. — [6] *Ibid.*, ch. XX p. 203, etc.

fesseur pour être éclaircie des moindres doutes [1], sans quoi elle entroit dans d'inexplicables tourmens, ce qui lui inspiroit cette demande : « Délaissée que je suis de toutes parts, ô Seigneur, donnez-moy du moins quelqu'un qui m'entende et me reconforte [2] : » ainsi elle demandoit tout le soutien nécessaire, sans croire pour cela être intéressée, ni affoiblir pour peu que ce fût la pureté de son amour.

Ecoutons encore un moment les ardens désirs de sainte Thérèse : elle se compare elle-même « à une colombe gémissante, dont la peine malgré les faveurs qu'elle reçoit tous les jours depuis plusieurs années augmente sans cesse, parce que plus elle connoist la grandeur de Dieu, et voit combien il mérite d'estre aimé, plus son amour pour luy s'enflamme, et plus elle sent croistre sa peine de se voir encore séparée de luy ; ce qui luy cause enfin, aprés plusieurs années, cette excessive douleur [3], » que l'on verra dans la suite.

Voilà l'état où se trouve l'ame dans la sixième demeure, c'est-à-dire presque au sommet de la perfection. « Elle s'objecte elle-mesme que cette ame estant si soumise à la volonté de Dieu devroit donc s'y conformer ; à quoy elle répond qu'elle l'auroit pu auparavant, mais non pas alors, parce qu'elle n'est plus maistresse de sa raison, ni capable de penser qu'à ce qui cause sa peine, dont elle rend cette raison : qu'estant absente de celuy qu'elle aime, et dans lequel seul consiste tout son bonheur, comment pourroit-elle desirer de vivre [4] ? » Elle ne soupçonne seulement pas qu'il y ait rien de foible ni d'intéressé dans ce désir. Mais dans la septième demeure, qui est le comble de la perfection, cette disposition ne change pas, et au contraire « Dieu y a pitié de ce qu'a souffert et souffre une ame par son ardent desir de le posseder [5]. »

Cependant elle représente cet état, comme un état de si grand *repos, que l'ame y perd tout son mouvement* [6] ; en sorte que d'un côté il semble qu'elle est sans désir, et de l'autre, *il ne faut pas s'étonner que ses désirs soient si ardens.* D'où vient cette mysté-

---

[1] Ch. XLIV, p. 313. — [2] *Dial.*, liv. II, ch. X, p. 370. — [3] *Chât.*, dem. 6, ch. XI, p. 802. — [4] *Chât.*, dem. 6, ch. XI, p. 802. — [5] *Ibid.*, dem. 7, ch. I, p. 807. — [6] *Ibid.*, ch. II, p. 814.

rieuse contrariété, si ce n'est qu'étant par la singulière présence de Dieu entre la privation et la jouissance, tantôt elle reste comme tranquille, tantôt livrée au désir de posséder Dieu; ce qu'elle souffre est inexplicable. Ce qu'il y a de certain, est que conformément à l'état de cette vie, qui est de pélerinage et d'absence, « ces ames rentrent dans un desir de le posseder pleinement; mais elles reviennent, ajoute-t-elle, aussitot à elles, renoncent à ce désir; et se contentant d'estre assurées qu'elles sont toujours en sa compagnie, elles lui offrent cette disposition de vouloir bien souffrir la prolongation de leur vie, comme la plus grande marque et la plus penible qu'elles luy puissent donner de la résolution de préferer ses interests aux leurs propres [1]; » ce qui visiblement marque dans le fond, non point une indifférence pure, mais dans un ardent désir une parfaite soumission pour le délai.

On voit si cette ame, qui dit qu'elle a renoncé à ses désirs, est sans désirs en cet état. C'est que le désir banni de la région sensible se conserve dans le fond, et ce sont là les mystérieuses contrariétés de l'amour divin, qui combattu par soi-même, ne sait presque plus ce qu'il veut. Ne dites donc point à cette ame qu'elle ne désire point. Tout chrétien est, comme Daniel, *homme de désirs* [2], quoiqu'il ne sente pas toujours ce qu'il désire, ni souvent même s'il désire; « rien ne l'empêche du moins d'épancher son cœur en actions de graces [3]. » Mais sainte Thérèse ne s'en tient pas là, et voici ses derniers sentimens : « Quel sentiment croyez-vous, mes sœurs, que doit estre celuy de ces ames, lorsqu'elles pensent qu'elles peuvent estre privées d'un si grand bonheur (par le péché)? Il est tel qu'il les fait veiller continuellement sur elles-mesmes, et tâcher à tirer de la force de leur foiblesse, pour ne perdre par leur faute aucune occasion de plaire à Dieu [4]. » Voilà une ame bien avant dans les réflexions et dans les manières actives que nos nouveaux contemplatifs vouloient éteindre. Enfin dans ce sommet de perfection elle finit par cette prière : « Plaise à sa divine Majesté, mes chères sœurs et mes cheres filles, que nous nous trouvions toutes ensemble dans cette

---

[1] *Chât.*, dem. 7, ch. III, p. 817. — [2] *Dan.*, IX, 23. — [3] *Chât.*, ch. III, p. 818. — [4] *Ibid.*, p. 820.

demeure éternelle, où l'on ne cesse jamais de louer Dieu. Ainsi soit-il [1]. » De cette sorte les demandes toujours vives et persévérantes paroissoient incessamment dans cette grande ame, qu'on voudroit mettre au rang des indifférentes.

<small>VI.
Si le passage de sainte Thérèse rapporté ci-dessus, mène à l'indifférence du salut.</small>
Il ne faut laisser aux nouveaux mystiques aucun lieu où ils puissent placer leur indifférence. A Dieu ne plaise que ce soit par indifférence que sainte Thérèse ait dit qu'on « laisse à Dieu la disposition de tout ce qu'on est, sans s'enquerir seulement de quelle manière il lui plaira d'en disposer, et qu'on s'abandonne à luy sans reserve, pour estre ou enlevée au ciel, ou menée dans les enfers, sans s'en mettre en peine [2] : » tout cela ne signifie autre chose sinon ce que dit David : « Quand je marcherois au milieu des ombres de la mort, je ne craindrois aucun mal, parce que vous êtes avec moi [3], » c'est-à-dire qu'on n'a point à se mettre en peine de ce qu'on devient avec un amant qui peut tout : et loin que par un tel acte l'on supprime le désir immense de le posséder, c'est au contraire ce qu'on désire le plus ardemment, et ce qu'on espère d'autant plus que pour l'obtenir on se fie avec un entier abandon à une bonté toute-puissante. C'est ce que la Sainte exprime en ces mots : « Tout ce que je pouvois faire estoit de m'abandonner entierement à ce supréme roi des ames, pour disposer absolument de sa servante, selon sa sainte volonté, comme *sçachant* mieux que moy *ce qui m'estoit le plus utile* [4]. » Bien loin donc de renoncer par son abandon à cette utilité spirituelle, à ce noble intérêt de posséder Dieu, elle sent qu'elle l'assure en s'abandonnant.

Sa confiance s'augmente par les graces qu'elle reçoit, auxquelles craignant toujours d'être infidèle : « Ne permettez pas, dit-elle, mon Sauveur, qu'un si grand malheur m'arrive, apres la grace que vous m'avez faite de me vouloir honorer de vostre presence [5]. » Et voilà les sentimens de sainte Thérèse, après l'abandon où elle paroît si indifférente aux nouveaux mystiques.

Il est vrai qu'elle demeure d'accord qu'elle ne peut pas toujours faire ses prières « dans cette sublime union où elle est in-

---

[1] *Chât.*, dem. 7, ch. IV, p. 827. — [2] *Vie*, ch. XVII, p. 90. — [3] *Psal.* XXIV, 4. — [4] *Vie*, ch. XXVII, p. 157. — [5] *Ibid.*, ch. XXII, p. 132.

capable d'agir ¹; » mais il nous suffit d'avoir appris d'elle « que toujours, au commencement ou à la fin de son oraison, » elle faisoit ces réflexions et ces demandes sur les graces qu'elle recevoit, et qu'alors elle étoit parfaitement active.

Toute la réponse des nouveaux mystiques à ces exemples et à ces paroles de sainte Thérèse, c'est qu'ayant vécu longtemps après ce qu'on vient de voir de son état, elle n'étoit pas encore arrivée à la perfection : parole téméraire s'il en fut jamais, puisqu'on la veut trouver imparfaite dans les états qui ont suffi à l'Eglise pour demander à Dieu *qu'il daigne nourrir les fidèles de la céleste doctrine* et des exemples de la foi de cette Sainte.

Personne n'a remarqué qu'elle ait depuis changé de conduite, et c'est assez qu'on la voie après l'oraison de quiétude, après l'oraison d'union, si opposée aux nouveaux mystiques, et se fondre volontairement en actions de graces, en désirs, en saintes demandes, jusqu'à la fin de sa vie. Tous les saints et toutes les saintes en usent de même; on trouve à toutes les pages les demandes qu'ils font, comme tous les autres fidèles, sans qu'il y paroisse d'autre inspiration que celle qui est attachée au commandement divin et à la grace commune du christianisme, et on ne trouve en aucun endroit cette indifférence à être sauvé ou damné dont nos faux mystiques font gloire; on trouve encore moins cette cessation de demandes, qui seule leur peut mériter d'être livrés à toutes les abominations dont on les accuse.

VII. Quelques exagérations sur cette matière, et qu'il ne faut pas en abuser.

Quoique ces suppositions impossibles n'aient ni la nouveauté ni les inconvéniens que quelques-uns y veulent trouver, il faut avouer qu'il s'y mêle de si fortes exagérations, que si on ne les tempère, elles deviennent inintelligibles. Notre saint évêque dira, par exemple : « Que l'obeissance qui est deuë à Dieu, parce qu'il est nostre Seigneur et maistre, notre Père et bienfaiteur, appartient à la vertu de justice, et non pas à l'amour ²; » et il ajoute sur ce fondement, non-seulement « que bien qu'il n'y eust ni paradis ni enfer, mais encore que nous n'eussions aucune sorte d'obligation ni de devoir à Dieu (ce qui soit dit par imagination de chose impossible, et qui n'est presque pas imaginable), si est-ce

¹ *Vie*, ch. XVIII, p. 95. — ² *Am. de Dieu*, liv. VIII, ch. II.

que l'amour de bienveillance nous porteroit à rendre à Dieu toute obéissance par élection. » Si l'on faisoit en toute rigueur l'analyse de ce discours, on le trouveroit peu exact. Il n'est pas vrai que l'obéissance qu'on rend à Dieu par justice, comme Père et Créateur, n'appartienne pas à l'amour, puisque de là il suivroit qu'il faudroit exclure des motifs d'aimer la création et tous les bienfaits contre toute la théologie, qui loin d'opposer le devoir de la justice à celui de l'amour, enseigne après saint Augustin que la première justice est celle de consacrer à Dieu ce qui est à lui, et ensemble de lui rendre ce qui lui est dû en l'aimant de tout son cœur.

C'est peut-être encore un discours plus pieux qu'exact, « qu'on ne prise pas moins le Calvaire, tandis que l'Epoux y est crucifié, que le ciel où il est glorifié[1]. » Car dans le choix de l'Epoux qui est notre règle, la croix qui est le moyen pour arriver à sa gloire, est moins que la gloire même ; et qui estimeroit autant de voir Jésus-Christ présent sur la terre, que le voir dans la gloire de son Père, contreviendroit à cette parole de Jésus-Christ même : « Si vous m'aimiez, vous souhaiteriez que je retournasse à mon Père, parce que mon Père est plus grand que moi[2]. » Cela nous apprend à ne prendre pas tout à la lettre dans les écrits des saints, à prendre le gros, et à regarder à leur intention. Mais quand sur le fondement de quelques exagérations, on vient avec nos mystiques à faire un dogme formel de l'indifférence du salut, jusqu'à ne le plus désirer ni demander, ces excès qui tendent directement à la subversion de la piété, ne reçoivent ni explication ni excuse.

VIII. *Comme le vrai et parfait abandon, loin d'exclure le désir, le présuppose.*

Un autre passage qu'on peut objecter pour l'indifférence du salut, est celui où l'homme de Dieu console une ame peinée par les terreurs de l'enfer, en la renvoyant à la volonté de Dieu, et en l'exhortant « à se dépouiller du soin du succès de sa vie, mesme éternelle, ès mains de sa douceur et de son bon plaisir[3]. » Mais c'est chose autre de se dépouiller du soin, de l'inquiétude, du trouble, autre chose de se dépouiller du désir : nous verrons bientôt en parlant du vrai abandon, comment il faut mettre en

―――――
[1] *Am. de Dieu*, liv. X, ch. v. — [2] *Joan.*, xiv, 28. — [3] Liv. III, ép. xxvi.

Dieu toute l'espérance de son salut, et s'en reposer sur lui. Ce qui, loin d'en diminuer le désir, l'augmente plutôt, puisqu'on se repose d'autant plus sur Dieu du salut qu'on attend de lui, qu'on le désire davantage, comme nous l'avons déjà dit [1], et comme nous le dirons plus amplement en son lieu.

Le dernier passage à considérer sur cette matière est le chapitre intitulé : *Comme nous devons unir nostre volonté à celle de Dieu en la permission des pechés* [2]. Le voilà au nœud et précisément à l'endroit où nos mystiques se perdent : car c'est dans une sorte d'union extraordinaire avec la justice et les permissions divines, qu'ils puisent non-seulement leur indifférence pour leur salut et pour celui des autres ; mais, ce qui est encore pis, leur acquiescement à leur damnation et leur insensibilité pour le péché même. Opposons-leur la doctrine de saint François de Sales : « Nous devons, dit-il, desirer de tout nostre cœur que le peché permis ne soit point commis [3]. » Nous ne trouvons point cette affection dans nos mystiques, qui acquiesçant aisément à la permission du péché, le regardent, ainsi qu'on a vu, comme en quelque sorte envoyé de Dieu, à qui ils attribuent leurs défauts, et l'envoi des petits renards qui ravagent tout. Après le péché commis, saint François de Sales veut qu'on s'en afflige « jusqu'à tomber en pamoison et à cœur failly avec David, pour les pecheurs qui abandonnent la loy de Dieu [4]. » Nos mystiques insensibles éteignent la force de cette contrition, comme on a vu, tant pour eux que pour les autres. Saint François de Sales représente la continuelle douleur de saint Paul [5], à cause de la réprobation des Juifs ; nous avons ouï nos mystiques se glorifier qu'ils verroient périr tous les hommes sans en verser une larme. Enfin saint François de Sales nous apprend bien en général « qu'il faut adorer, aimer et louer la justice vengeresse et punissante de Dieu, et luy baiser avec une dilection et reverence égale la main droite de sa misericorde, et la main gauche de sa justice [6] ; » mais il ne va pas plus avant : s'il y a quelque acte plus particulier envers les décrets de la justice divine, ce Saint le réserve à la vie future,

IX. Doctrine du saint évêque de Genève sur la permission du péché, contraire à celle des faux mystiques.

---

[1] Ci-dessus, ch. v. — [2] *Am. de Dieu*, liv. IX, ch. VIII. — [3] *Ibid.* — [4] *Ibid.* — [5] *Ibid.* p. 293. — [6] *Ibid.*

où *nous entrerons dans les puissances du Seigneur*, reconnoissant qu'en ce siècle ténébreux, Dieu ne nous ordonne rien par rapport à ces décrets éternels, dont les causes nous sont inconnues, ainsi qu'il a été expliqué ailleurs [1], mais nos mystiques se vantent de ne pouvoir avoir ni pour eux-mêmes, ni pour les autres aucune autre volonté que celle que Dieu a eue éternellement, ce qui les empêche de vouloir absolument leur propre salut, aussi bien que le salut de ceux qu'ils ne savent pas que Dieu ait prédestinés : un faux acquiescement à la volonté de Dieu opère ces sentimens inconnus jusques ici aux chrétiens, et les mène à un repos insensible que Dieu ne veut pas.

Tous ces sentimens sont outrés : c'est par cette funeste indolence qu'au lieu de haïr le péché comme nous étant nuisible, on le hait comme Dieu, à qui il ne peut pas nuire, le hait lui même ; ainsi on se familiarise avec le péché, en le regardant plutôt comme permis dans l'ordre des décrets de Dieu que comme défendu par ses commandemens.

X. Sentimens d'un religieux de la compagnie de Jésus, qui nous apprennent quels désirs du salut peuvent provenir de l'amour-propre.

Je ne puis sortir de cette matière sans rappeler un récit du P. du Pont dans *la Vie du P. Baltasar Alvarez*. Il raconte donc que le Frère Chimène interrogé par son provincial s'il désiroit aller au ciel, lui répondit : Père, soyons gens de bien, servons bien Dieu comme il appartient, et le laissons faire du reste sans nous en soucier ; car il est infiniment bon et juste : il nous donnera ce que nous mériterons : et ajouta que demander le ciel, cela pouvoit naître de l'amour-propre. Ce passage trompera tous ceux qui ne sauront pas le considérer ; mais en même temps il apprendra aux sages lecteurs combien on se trompe sur certains discours, dont on ne regarde que l'écorce. Les désirs du ciel qui peuvent venir de l'amour-propre sont ces désirs imparfaits dont il est écrit : « Les désirs donnent la mort au paresseux ; il passe toute sa vie depuis le matin jusqu'au soir à désirer [2] » sans agir, et amusé par ses beaux désirs il ne songe point aux œuvres. Le saint religieux dont il est parlé en ce lieu, étoit dans une disposition bien différente, puisque six lignes au-dessus il est dit de

---

[1] Ci-dessus, liv. III, n. 5, 6, 15, 16 ; et liv. IV, n. 3, etc. — [2] *Prov.*, XXI, 25, 26.

lui « que comme il voyoit finir le temps de meriter et d'amasser le bien qui ne perit jamais, il se hastoit de bien faire ¹. » Il désiroit donc ce bien, mais il le désiroit efficacement en se hâtant de le mériter : disposition bien éloignée de celle de nos mystiques, qui ne songent point au mérite non plus qu'au salut. Au reste s'il falloit marquer tous les désirs que le saint homme Alvarez poussoit vers le ciel, nous en remplirions trop de pages, et c'est chose si naturelle aux enfans de Dieu qu'il est inutile de le remarquer.

Nous avons vu qu'un des dogmes des plus outrés des nouveaux mystiques, c'est de rendre l'oraison extraordinaire ou passive si commune que tout le monde y soit appelé, qu'elle soit facile à tout le monde, et si nécessaire d'ailleurs qu'on « ne puisse parvenir sans elle à la parfaite purification, ni connoistre le vrai amour, ni se remplir d'autre chose que de l'amour de soy-mesme et d'une attache sensuelle aux creatures, en sorte qu'on soit incapable d'éprouver les effets ineffables de la charité ². » Cependant en 1610, après tant d'années d'épiscopat, saint François de Sales déjà regardé dès les prémices de sa prêtrise comme un très-grand saint et comme l'apôtre de son pays, ne connoissoit pas l'oraison de quiétude ³, et il fait consulter sur ce sujet-là une sainte religieuse : pour lui, encore que Dieu l'eût favorisé *deux ou trois fois* d'une oraison extraordinaire qui paroissoit se réduire à l'affection, *il n'osa jamais se démarcher du grand chemin pour en faire une methode* : et il avoue *qu'il luy est un peu dur d'approcher de Dieu* sans les préparations ordinaires, *ou d'en sortir tout à fait sans actions de graces, sans offrande, sans prieres expresses* : ce qui montre que si avancé dans la sainteté, il n'étoit point encore sorti de la méditation méthodique, sans laquelle on a osé assurer non-seulement qu'il n'y a point de parfaite pureté, mais encore qu'on est dans la vie des sens et de l'amour-propre. Mais sans faire tort aux sublimes oraisons très-louables, quand Dieu y élève, je désirerois plus que toutes les sublimités la simplicité du saint évêque; lorsqu'au milieu de tant de lumières et de tant de graces, il se dé-

XI.
L'exemple de saint François de Sales confond l'erreur des nouveaux mystiques, qui mettent la perfection dans les oraisons extraordinaires.

---

¹ *Prov.*, XX, 25, 26. — ² *Cantiq. des cantiq.*, Préface. — ³ Livre II, ép. XXI.

clare, comme on a vu, pour le *train des saints devanciers et des simples*.

Je l'admire encore davantage lorsqu'il ajoute avec tant d'humilité : « Je ne pense pas tant sçavoir, que je ne sois trés-aise, je dis extrémement aise d'estre aidé ; de me démettre de mon sentiment et suivre celuy de ceux qui en doivent par toutes raisons sçavoir plus que moy; je ne dis pas seulement de cette bonne Mère, mais je dis d'un autre beaucoup moindre. » C'est l'humilité elle-même qui a dicté ces paroles : oui j'estime, encore un coup, quoi qu'on puisse dire, ces humbles et bienheureuses simplicités aussi purifiantes et perfectionnantes que les oraisons les plus passives : ceux qui ne veulent pas à cet exemple trouver la parfaite pureté de cœur *dans le train des simples et dans les saints devanciers,* ne sont pas de ces petits que Dieu regarde.

Il ne se donne pas pour plus avancé lorsqu'il dit si bonnement (car je voudrois pouvoir imiter sa sainte simplicité) : « Dieu me favorise de beaucoup de consolations et saintes affections par des clartez et des sentimens qu'il répand en la superieure partie de mon ame, la partie inferieure n'y a point de part : il en soit beni éternellement [1]. »

Le voilà dans les affections, dans les consolations, dans les clartés, dans les sentimens que nos prétendus parfaits trouvent si fort au-dessous de leur état, et qu'ils renvoient au degré inférieur de l'oraison. Il écrivoit cette lettre en 1615, six ou sept ans avant sa mort : il ne paroît pas qu'il soit sorti de ce sentier des affections, ni qu'il ait été établi dans ce qu'on appelle l'état passif. En est-il moins pur, moins parfait, moins saint? En connoît-il moins le saint abandon et la sainte chrétienne indifférence? Est-il livré à son amour-propre et incapable d'expérimenter les flammes du saint amour qui se ressentent dans tous ses écrits? Mais en a-t-il moins saintement et moins sûrement dirigé les ames que Dieu mettoit dans les voies extraordinaires? Ce seroit visiblement outrager l'esprit de sainteté et de conduite qui étoit en lui, que de parler de cette sorte : il faut donc connoître et avouer la perfection et la pureté avec l'esprit de conduite que Dieu sait mettre dans

[1] Liv. VII, ép. XXII.

les cœurs où l'on ne sent rien de ces impuissances qui composent ces états passifs.

Le saint homme passe encore plus avant, et voici dans un de ses *Entretiens* une décision digne de lui : « Il y a des personnes fort parfaites auxquelles Nostre-Seigneur ne donna jamais de telles douceurs ni de ces quiétudes : qui font tout avec la partie superieure de leur ame, et font mourir leur volonté dans la volonté de Dieu à vive force, et avec la pointe de la raison [1]. » Elles n'ont donc pas les facilités de l'état passif : très-actives et très-discursives, sans connoître ces ligatures ou suspensions des puissances par état, elles sont dans une sainteté autant ou plus éminente que celles qui sont conduites aux états passifs : « leur mort, » dit le saint évêque, il entend leur mort mystique et spirituelle, « est la mort de la croix, laquelle est beaucoup plus excellente que l'autre, que l'on doit plutost appeler un endormissement qu'une mort. » Car on n'éprouve pas là ces combats et la violence qu'il se faut faire à soi-même dans la mort spirituelle : « et cette ame qui s'est embarquée dans la nef de la providence de Dieu par l'oraison de quiétude, se laisse aller et voguer doucement comme une personne qui dormant dans un vaisseau sur une mer tranquille, ne laisse pas d'avancer. » Après une si belle peinture de ces deux états d'oraison, voici la décision du saint évêque : *Cette façon de mort ainsi douce se donne par maniere de grace, et l'autre* plus violente et de vive force *se donne par maniere de merite*. Il ne faut rien ajouter à ces paroles : tout est dit en ce seul passage, et il démontre qu'en poussant si loin la nécessité des états passifs pour la parfaite purification de notre amour-propre, on ignore les premiers principes de la théologie.

XII. Que le saint évêque trouve plus parfait l'état où l'ame travaille que la quiétude de l'état passif.

Sainte Thérèse, à qui l'on voit que le saint évêque défère beaucoup dans tous ses écrits, est de même sentiment, lorsqu'en parlant du mérite des oraisons extraordinaires de quiétude, d'union et autres semblables, elle enseigne « quant à ce qui est de mériter davantage, que cela ne dépend pas de ces sortes de graces, puisqu'il y a plusieurs personnes saintes qui n'en ont jamais receu, et d'autres qui ne sont pas saintes qui en ont receu : » à quoi

XIII. Doctrine conforme de sainte Thérèse : préparation au livre suivant

[1] Entret. II, p. 805.

elle ajoute que ces graces peuvent être «d'un grand secours pour s'avancer dans les vertus; mais que celuy qui les acquiert par son travail merite beaucoup davantage [1] : » qui est de point en point et presque de mot à mot, ce que nous disoit notre saint évêque.

Au surplus il faut entendre sainement et toutes choses égales ce qu'ils disent du plus grand mérite de ceux qui travaillent. Car au reste la charité étant le principe du mérite dans les pieux exercices du libre arbitre, qui a plus de charité, absolument a plus de mérite, soit qu'il travaille plus ou moins. Il est vrai que l'oraison de pure grace, qui se fait en nous sans nous, de soi n'a point de mérite, parce qu'elle n'a point de liberté; mais il est vrai aussi qu'elle donne lieu à des actes de vertu très-éminens, et même c'est la doctrine des savans théologiens comme Suarez, que Dieu ne prive pas toujours de mérite les oraisons extatiques et de ravissemens, où souvent il lui plaît que la liberté se conserve toute entière : témoin le songe mystique de Salomon, où il fit un choix si digne de sa sagesse qui aussi reçut aussitôt une si ample récompense.

Il ne faut donc pas décider laquelle de toutes ces voies actives ou passives est absolument de plus grand mérite devant Dieu, puisque cela dépend du degré de charité connu à Dieu seul.

Sainte Thérèse ajoute ici « qu'elle connoist deux personnes de divers sexe que Nostre-Seigneur favorisoit de ses graces, qui avoient une si grande passion de le servir, et de souffrir sans estre récompensées de semblables faveurs, qu'elles se plaignoient à luy de ce qu'il les leur accordoit, et ne les auroient pas receues, si cela eust dépendu de leur choix : » ce qui ne seroit pas permis, s'il s'agissoit de l'augmentation de la grace sanctifiante. La Sainte étoit une de ces deux personnes, puisqu'elle marque souvent de tels sentimens, et qu'elle a coutume de parler de cette sorte en tierce personne de ses plus intimes dispositions.

Ce qu'elle rapporte en un autre endroit est très-remarquable : « Je connois, dit-elle, une personne fort âgée, fort vertueuse, fort pénitente, grande servante de Dieu et enfin telle que je m'estime-

---

[1] *Chât.*, 6ᵉ dem., ch. IX.

rois heureuse de luy ressembler, qui emploie les jours et les nuits en des oraisons vocales, sans pouvoir jamais faire l'oraison mentale [1]. » La Sainte ne craint point de la préférer à plusieurs de celles qui sont dans la plus sublime contemplation, parce que tout dépend ici du plus ou du moins de conformité à la volonté de Dieu ; « car, ajoute-t-elle, Marthe n'estoit-elle pas une sainte, quoyqu'on ne dise pas qu'elle fust contemplative ? Et que souhaitez-vous davantage que de pouvoir ressembler à cette bienheureuse fille qui merita de recevoir tant de fois Nostre-Seigneur Jésus-Christ dans sa maison, de luy donner à manger, de le servir et de s'asseoir à sa table ? » On peut apprendre de la suite comment la vie active et contemplative ont chacune leur merite devant Dieu ; sur quoi il ne s'agit point de prononcer, parce que s'il manque d'un côté quelque chose à l'une, ce défaut est récompensé par d'autres endroits, et surtout par la soumission aux ordres de Dieu qui mène avec des dons différens à une égale perfection.

Nous avons même remarqué dans la préface que selon les sentimens de la Sainte [2], Dieu sait se cacher aux ames et les tromper d'une manière aussi admirable qu'elle est d'ailleurs miséricordieuse, en leur enveloppant tellement le don sublime de contemplation dont il les honore, qu'elles y sont élevées sans sentir autre chose en elles qu'une simple oraison vocale : tant la sagesse divine a de profondeur dans la distribution de ses dons.

Concluons donc que c'est une erreur de mettre le mérite et la perfection à être actif ou passif ; c'est à Dieu à juger du mérite des ames qu'il favorise de ses graces, selon les diverses dispositions qu'il leur inspire, et selon les degrés de l'amour divin qui ne sont connus que de lui seul. Concluons aussi en général de tous les discours précédens, que nos faux mystiques qui affectent des perfections et des sublimités irrégulières, sont outrés, ignorans, superbes, dans l'illusion manifeste et sans aucune vraie idée de la sainteté. Pour en venir maintenant à des qualifications plus précises de leurs erreurs, il faut encore ajouter un dernier livre à notre travail.

[1] *Chem. de la perfect.*, ch. XVII. — [2] *Ibid.*, ch. XXX, p. 609 ; ch. XXII.

LIVRE X.

Sur les qualifications des propositions particulières.

I. Les propositions des nouveaux mystiques expressément condamnées au concile de Vienne dans celles des béguards.

Quoiqu'il suffise aux fidèles, pour éviter des pratiques suspectes et dangereuses, de savoir en général que l'Église les a censurées, néanmoins il est utile, pour l'instruction et pour éviter les écueils où l'intégrité de la foi peut faire naufrage, de descendre au particulier des diverses qualifications que chaque proposition aura méritées; et c'est pour y parvenir qu'on a proposé les XXXIV articles des Ordonnances des 16 et 25 avril 1695.

Cette partie de l'ouvrage est très-importante, parce qu'outre qu'elle contiendra la récapitulation de tout le reste, elle en fera la précise application aux erreurs dont il s'agit.

Il faut ici avertir le lecteur que ce qu'on appelle qualification est un terme par où l'on exprime ce qu'il faut croire de chaque proposition censurée : tel est le terme d'*hérétique*, d'*erroné*; de *scandaleux*, ou de *téméraire*, et ainsi des autres. Comme dans le dessein de ceux qui ont à prononcer en quelque manière que ce soit sur la doctrine, le sens de ces mots est fort précis et qu'ils doivent être appliqués avec grand choix, il s'ensuit en premier lieu qu'il ne se faut point rebuter de trouver de la sécheresse dans cette discussion, où l'on ne doit rechercher que la seule vérité; et secondement, que la qualification est une chose qui veut être étudiée, et réduite à des principes certains, en sorte qu'on ne dise ni plus ni moins qu'il ne faut.

Avant que de procéder à cet examen, comme les décisions du concile œcuménique de Vienne où le pape Clément V étoit en personne, contre les béguards et les béguines, ont un rapport manifeste aux matières qu'on traite aujourd'hui, il faut s'y rendre attentif.

Sans entrer dans la discussion de toutes les erreurs de ces hérétiques, il suffit d'abord de considérer les huit propositions condamnées dans la Clémentine, *Ad nostrum, de hæret.*, etc., avec l'approbation de ce concile [1], parce que c'est là qu'on fit consister tout le venin de cette hérésie.

La première proposition : « Que l'homme peut acquérir dans la vie présente un si haut et tel degré de perfection, qu'il deviendroit impeccable et ne pourroit plus profiter en grace. » Il faut avouer de bonne foi, que nos faux mystiques ont souvent rejeté des propositions si expressément condamnées ; mais nous avons vu qu'on y est tellement mené par la suite de leurs principes, qu'ils n'ont pu s'empêcher « de comparer l'ame à un or tres-pur et affiné qui a esté mis tant et tant de fois au feu, qu'il perd toute impureté et toute disposition à estre purifié : qu'il n'y a plus de mélange ; que le feu ne peut plus agir sur cet or ; et qu'il y seroit un siecle qu'il n'en seroit pas plus pur, et qu'il ne diminueroit pas [2] : » qui est en termes formels la proposition des béguards, plus fortement énoncée qu'ils n'ont peut-être jamais fait.

Nous avons rapporté les passages où Molinos et les autres faux mystiques ont assuré, que par l'oraison l'ame revenoit à la pureté où elle a été créée, *et que la propriété,* c'est-à-dire la concupiscence, est entièrement détruite [3].

On trouve aussi, dans la bulle d'Innocent XI, parmi les soixante-huit propositions dont Molinos a été convaincu ou par preuve ou par son aveu, celle où il est dit : « Que par la voie intérieure on parvient avec beaucoup de souffrances à purger et éteindre les passions ; en sorte qu'on ne sent plus rien, rien, rien du tout : on ne sent dans les sens aucune inquiétude, non plus que si le corps étoit mort, et l'ame ne se laisse plus émouvoir [4]. » C'est ce que porte la cinquante-cinquième proposition, et en conséquence il est dit dans la soixante-troisième « qu'on en vient à un état continu, immobile, et dans une paix imperturbable. » Pour ce qui regarde l'état d'impeccabilité, il est expressément porté dans la soixante-unième « que l'ame qui est arrivée à la mort mystique

---

[1] Clement., lib. V, tit. III, c. III, *Ad nostrum*. — [2] *Moyen court*, § 24. — [3] Ci-dessus, liv. III, ch. II ; liv. V, ch. XXXV. — [4] Ci-après, dans les *Actes de la condamnation des quiétistes.*

ne peut plus vouloir autre chose que ce que Dieu veut, parce qu'elle n'a plus de volonté, et que Dieu la lui a ôtée. »

A cela revient clairement ce qu'on trouve à toutes les pages des livres de nos faux mystiques imprimés et manuscrits : « Que le neant ne peche plus : que qui n'a point de volonté ne peche plus : » et cent autres propositions de cette force : ce qui emporte l'état impeccable qu'on trouve établi en termes plus forts qu'en quelque auteur que ce soit, dans cette parole que nous avons remarquée [1] : « que l'ame est pour toujours confirmée en amour, puisqu'elle a esté changée en Dieu, en sorte que Dieu ne sçauroit plus la rejeter, et aussi qu'elle ne craint plus d'estre separée de luy. » Les béguards n'en ont jamais dit davantage, et par là on voit la première des propositions qui les font mettre au rang des hérétiques, expressément soutenue par les mystiques de nos jours : que s'il leur arrive de dire le contraire, c'est qu'il leur arrive aussi, comme à tous les hérétiques, de se contredire, à cause que d'un côté ils se portent naturellement à suivre leurs principes, et que de l'autre ils n'osent pas toujours les pousser à bout, comme nous l'avons souvent montré : ce qui a obligé un saint pape (c'est le pape saint Léon II) de prononcer d'un auteur condamné au sixième concile général, qu'il n'étoit pas seulement « prévaricateur à l'égard de la saine doctrine, mais encore qu'il étoit contraire à lui-même et combattoit ses propres dogmes : *qui etiam sui ipsius extitit impugnator* (a) : » caractère qui lui est commun avec tous les autres errans : ce qui fait aussi qu'on ne les condamne pas moins, encore qu'on trouve de temps en temps dans leurs écrits des vérités opposées aux dogmes pervers qu'ils établissent ; ces auteurs n'en étant que plus condamnables, parce que, pour décrier leurs mauvais desseins, ils soufflent le froid et le chaud, ou, comme parle l'apôtre saint Jacques, le bien et le mal, *la bénédiction et la malédiction d'une même bouche* [2].

La seconde proposition des béguards regarde certains excès dont jusqu'ici nous n'avons point voulu parler, mais dont pour-

---

[1] Ci-dessus, liv. V, ch. xxxvi. — [2] *Jac.*, iii, 10.

(a) Ces paroles ne sont pas du pape saint Léon II, mais de l'empereur Constantin Pogonat, qui assista au concile. Voyez *Edict. Imp. Constant. post act.* xviii *Concil. gen.* VI; Labbe, tom. VI, col. 1083. (*Edit. de Versailles.*)

tant nous dirons un mot à la fin. En attendant nous remarquerons seulement que les béguards assuroient « que l'on ne doit point jeûner, non plus que prier, dans l'état de perfection. » Nous avons vu [1] que nos faux parfaits, en rejetant les demandes, rejettent ce qui est principalement compris sous le nom de prière ; de sorte qu'ils participent de ce côté-là à l'hérésie des béguards : qui d'ailleurs se glorifiant d'une sublime et perpétuelle communication avec Dieu, rejetoient les demandes et l'action de graces, comme font à leur exemple nos nouveaux mystiques. Pour ce qui regarde la pratique de ne jeûner plus, en tant qu'elle s'étendroit aux jeûnes de précepte, je ne la vois pas dans leurs écrits, mais seulement un décri des mortifications qui peut tendre au mépris du jeûne, et que nous avons observé ailleurs [2].

Je ne trouve point en termes formels dans les écrits que j'ai vus de nos mystiques, la troisième proposition, où les béguards « s'affranchissent des lois ecclésiastiques et de toute loi humaine : » mais un lecteur attentif verra dans la suite de secrètes dispositions à cette doctrine. Nos mystiques tombent manifestement dans quelque partie de la quatrième proposition des béguards, où il est porté : « Que l'homme peut obtenir la finale béatitude en cette vie selon tout degré de perfection, comme il l'aura dans la vie future : » lorsqu'ils disent « que dans cette vie l'on possède très-réellement, et plus réellement qu'on ne peut dire, l'essentielle béatitude [3] : » par où l'on est obligé à établir un *rassasiement parfait* et qui ne souffre *ni envie, ni desir quelconque* [4], ni enfin comme on a vu [5], aucune demande ; ce qui emporte un état où rien ne manque, et en un mot cet état étoit la béatitude des béguards.

La cinquième proposition ne paroît pas regarder les nouveaux mystiques ; pour la même raison je laisse à part la septième et la huitième : mais la sixième qui dit « qu'il appartient à l'homme imparfait de s'exercer dans les actes des vertus, et que l'ame parfaite s'en exempte, » revient manifestement à la suppression de

---

[1] Ci-dessus, liv. IV, ch. XI, XII. — [2] Ci-dessus, liv. V, ch. XXXVII. — [3] *Ibid.*, ch. XXXVI ; *ant.*, I, 1 part., 5, 6. — [4] *Moyen court*, § 24. — [5] Ci-dessus, liv. V, ch. XXXV, XXXVI.

tous les actes, qui est un des fondemens de nos faux mystiques : leur style est méprisant pour les vertus : la trente-unième proposition de Molinos, dans la bulle d'Innocent XI, porte *qu'il faut perdre les vertus :* agir vertueusement, c'est selon ces faux parfaits agir selon le discours, selon la réflexion, c'est-à-dire dans leur langage, imparfaitement et bassement. *L'humilité vertu* est selon eux une humilité pleine d'amour-propre ou du moins d'imperfection : c'est ce qui fait regarder *comme un moyen de pratiquer plus fortement la vertu,* l'habitude *de ne penser pas à la vertu en particulier* [1]. Tout cela est visiblement de l'esprit des béguards : l'imagination de supprimer les actes particuliers des vertus sous prétexte qu'ils sont compris dans un acte éminent et universel, revient au même dessein : aussi est-elle de Molinos dans la trente-deuxième proposition de celles d'Innocent XI. En un mot toutes les erreurs qu'on vient de voir sont foudroyées par avance dans le concile de Vienne, ou parce qu'elles sont les mêmes que celles des hérétiques, ou parce qu'elles en contiennent quelque partie essentielle et qu'elles en prennent l'esprit.

II. Les nouveaux mystiques condamnés dans les béguards par Rusbroc, par Taulère et par Louis de Blois.

Si l'on veut voir dans les nouveaux mystiques les autres caractères des béguards, on les peut apprendre de ceux qui ont connu ces hérétiques. Ne nous arrêtons pas à remarquer qu'on les nommoit quiétistes à cause qu'ils se glorifioient de leur quiétude : c'est Rusbroc qui nous l'apprend [2]. Ils s'appeloient aussi les contemplatifs, les gens spirituels et intérieurs : mais il y en avoit de plusieurs espèces. Ceux qui reviennent le plus aux quiétistes de nos jours sont décrits en cette sorte par Taulère dans un excellent sermon sur le premier dimanche de Carême : « Ils n'agissent point; mais comme l'instrument attend l'ouvrier, de même ceux-ci attendent l'opération divine, ne faisant rien du tout : car ils disent que l'œuvre de Dieu seroit empêchée par leur opération. Ainsi attachés à un vain repos, ils ne s'exercent point dans les vertus. Voulez-vous savoir quel repos ils pratiquent, je vous le dirai en peu de mots : ils ne veulent ni rendre graces, ni louer Dieu, ni prier (c'est-à-dire, comme on va voir, ne rien deman-

---

[1] Ci-dessus, liv. V, ch. xxxvii; *Moyen court*, § 9. — [2] *De orn. spir. nupt.*, lib. II, c. lxxvi-lxxix.

der), ne rien connoître, ne rien aimer, ne rien désirer, car ils pensent avoir déjà ce qu'ils pourroient demander[1]. »

Je ne veux pas dire que les faux mystiques d'aujourd'hui aient tous les caractères que Taulère a remarqués dans ceux-là : c'est assez qu'on y voie ceux qu'on vient d'entendre. Le même Taulère poursuit ainsi : « Quand on cherche le repos en ne rien faisant, sans de dévotes et intimes aspirations et désirs, on s'expose à toute tentation et à toute erreur, et on se donne une occasion à tout mal. » Voilà comme il met dans la véritable oraison les aspirations et les désirs que les faux contemplatifs de ce temps-là excluoient, et que nos parfaits relèguent encore aux degrés inférieurs de l'oraison. Taulère ajoute : « Personne dans le repos ne peut être uni à Dieu s'il ne l'aime et ne le désire : » mais nos nouveaux spirituels rangent les désirs parmi les actes intéressés, et on ne sait ce que c'est que leur amour, puisqu'ils peuvent ne désirer pas ce qu'ils aiment.

On trouve dans le procès de Molinos qu'il a confessé d'avoir enseigné « qu'une ame qui ne se peut pas dépouiller du desir d'aimer Dieu, montre qu'elle le veut aimer à sa mode, ce qui est nourrir la propriété et le propre choix : » de sorte que pour aimer Dieu, comme Dieu veut, il faut par une bizarre résignation à sa divine volonté être disposé à ne le pas aimer s'il ne veut pas que nous l'aimions, qui est une absurdité bien étrange, mais néanmoins une suite inévitable des principes que nous avons vus de nos faux mystiques[2].

Au reste les quiétistes de Taulère se croyoient « au-dessus de tous les exercices et de toutes les vertus, et incapables de péché, parce qu'ils n'ont plus de volonté, qu'ils sont livrés au repos, et que réduits au néant, ils ont été faits une même chose avec Dieu; » et un peu après : « Ils se vantent d'être passifs sous la main de Dieu : *Deum pati*, parce qu'ils sont ses instrumens, dont il fait ce qu'il veut, et que par cette raison ce qu'il fait en eux est beaucoup au-dessus de toutes les œuvres que l'homme fait par lui-même, quoiqu'il soit en état de grâce. »

[1] Taul., *Serm.* II *in Dom. I Quadrag.* — [2] Ci-dessus, liv. III, ch. XV; et liv. IV, ch. III et suiv.

On dira que les choses que Taulère rapporte ne sont pas toutes blâmables, et qu'ainsi son intention est seulement de reprendre ces hypocrites pour s'être faussement attribué ce qui convenoit aux saints. Mais ce n'est pas assez pénétrer le dessein de ce zélé prédicateur, puisqu'en effet tout ce qu'il remarque est d'un mauvais caractère, et qu'il le donne pour tel. Car, comme il le sait bien dire, c'est un mal évident de ne point désirer, de ne point demander, de ne point rendre graces, de ne point agir, d'attendre que Dieu nous pousse : et pour les choses qu'on pourroit trouver en quelque manière dans les saints, c'est une autre sorte de mal de les attribuer uniquement au repos, c'est-à-dire à la cessation entière et perpétuelle de toute action, comme faisoient les béguards, suivis en cela par les nouveaux quiétistes.

Taulère a copié de Rusbroc une grande partie de ces traits. C'est Rusbroc qui a remarqué et blâmé dans les béguards « cette cessation de désirs, d'actions de graces, de louanges, de tout acte de vertu, pour ne point apporter d'obstacle à l'action de Dieu. Il trouve mauvais qu'on fasse gloire de ne le point sentir, de ne le point désirer; qui est la même chose que ne l'aimer pas [1]. » A ces traits on est forcé de reconnoître dans les nouveaux quiétistes de trop grandes ressemblances avec les anciens : quelques correctifs qu'ils apportent à leurs énormes excès, ils en retiennent toujours de trop mauvais caractères, et ils passeront toujours pour des béguards trop peu mitigés.

S'ils imitent les béguards, ils sont aussi condamnés dans leurs erreurs, et condamnés même par les mystiques, par Rusbroc et par Taulère, dont ils réclament sans cesse le secours : on y peut joindre Louis de Blois, abbé de Liesse en Hainaut, dans l'*Apologie de Taulère*, où il loue le passage qu'on vient de rapporter : de sorte que le quiétisme est condamné tout à la fois par trois principaux mystiques, par Rusbroc, par Taulère et par le pieux abbé de Liesse.

III.
Caractère affreux des mystiques anciens et

J'ai omis exprès dans les passages de Rusbroc et de Taulère un caractère affreux des béguards, que le malheureux Molinos n'a pas voulu qui manquât au quiétisme nouveau : on voit bien que

---

[1] Rusbroc, *De orn. spir. nupt.*, lib. II, c. LXXIX.

j'entends par là les infamies qu'il a héritées de la secte des bé- modernes, guards comme beaucoup d'autres excès. Je n'en ai point voulu pourquoi omis. parler, et je prie le lecteur prudent d'en bien comprendre la raison. Je pourrois dire d'abord qu'on a horreur de traiter de telles matières; mais une raison plus essentielle m'en a détourné, et c'est qu'on peut séparer ces deux erreurs. On peut, dis-je, séparer les autres erreurs du quiétisme de ces abominables pratiques, et plusieurs en effet les en séparent. Or j'ai voulu attaquer le quiétisme par son endroit le plus spécieux, je veux dire par les spiritualités outrées, plutôt que par les grossièretés : par les principes qu'il avoue et qu'il étale en plein jour, et non pas par les endroits qu'il cache, qu'il enveloppe et dont il a honte : et j'ai conçu ce dessein, afin que ceux qui se sentent un éloignement infini de ces abominations, ne s'imaginent pas pour cela être innocens, en suivant les autres erreurs plus fines et plus spirituelles de nos faux contemplatifs. Voilà pourquoi je n'ai point voulu appuyer sur ces horreurs. Ce que je ne puis omettre ni dissimuler, c'est dans le fait qu'il est presque toujours arrivé aux sectes d'une spiritualité outrée, de tomber de là dans ces misères. Les béguards, les illuminés et Molinos dans nos jours en sont un exemple; pour ne point parler de ceux qui se sont attribué dans les premiers siècles le nom de *gnostiques*, sacré dans son origine, puisqu'il n'y signifioit que les vrais spirituels et les vrais parfaits : mais l'abus qu'on en a fait l'a rendu odieux aussi bien que celui de *quiétistes*, qu'on donnoit naturellement aux solitaires qui vivoient séquestrés du monde dans un saint repos, ἡσυχάσται; mais dans nos jours il demeure à ceux qui par une totale cessation d'actes, abusent du saint repos de l'oraison de quiétude. Or comment on tombe de là, à l'exemple des béguards, dans ces corruptions qui font horreur, il est aisé de l'entendre. Toute fausse élévation attire des chutes honteuses. Vous vous guindez au-dessus des nues, et par une aveugle présomption vous voulez marcher, comme disoit le Psalmiste, dans des choses merveilleuses au-dessus de vous : craignez le précipice qui se creuse sous vos pieds. Car cette chute terrible est un moyen de justifier la vérité de cette sentence de saint Paul : « Vous êtes si insensés, qu'en commençant par l'esprit vous finissez par la chair [1]. » Vos principes vous conduisent là : vous dédaignez les demandes; et la sagesse qui, selon saint Jacques [2], n'est promise qu'aux demandes, vous abandonne : la grace, que vous ne voulez pas même désirer, se retire : où tombez-vous après cela? Dieu le sait : vous croyez la tentation tout à fait vaincue : rempli de votre imaginaire perfection, vous trouvez au-dessous de vous de penser à votre foiblesse : la concupiscence vous paroît éteinte : c'est cette présomption qui la fait revivre. C'étoit un caractère des béguards bien remarqué par Taulère, de se croire *affranchi des commandemens de Dieu, comme de ceux de l'Eglise.* Ne vous croyez pas exempt de cette erreur : vous oubliez les commandemens de demander et de rendre graces : il ne faut pas s'étonner si la révérence des autres, qui ne sont pas plus importans ni plus exprès dans l'Evangile, s'en va peu à peu. Le malheureux Molinos en est un exemple : tous ne tombent pas dans ces abominables excès, et ne tirent pas de ces principes les conséquences qu'il en a tirées : mais on en doit prévenir l'effet. L'idée d'une perpétuelle passiveté mène bien loin. Elle faisoit croire aux béguards qu'il ne falloit que cesser d'agir, et qu'alors en attendant Dieu qui vous remueroit, tout ce qui vous viendroit seroit de lui. C'est aussi le principe des nouveaux mystiques; je n'en dirai pas davantage. On ne sait que trop comme les désirs sensuels se présentent naturellement. Je ne dirai pas non plus où mènent ces fausses idées du retour à la pureté de notre origine et du rétablissement de l'innocence d'Adam. J'omettrai tout ce qu'on cache et qu'on insinue sous le nom de simplicité et d'enfance, d'obéissance trop aveugle et de néant. Faites-moi oublier, Seigneur, les mauvais fruits de ces mauvaises racines que j'ai vues autrefois germer dans le lieu saint : l'horreur m'en demeure, et je ne retourne qu'à regret ma pensée vers ces opprobres des mœurs. Ames pures, ames innocentes, vous ne savez où conduisent de présomptueuses et spirituelles singularités : ne vous laissez pas surprendre à un langage spécieux, non plus qu'à un extérieur d'humilité et de piété : Taulère l'a remarqué dans les béguards : *Ils portent,* dit-

---

[1] *Galat.*, III, 3. — [2] *Jac.*, I, 5.

il, *facilement toute sorte d'adversités*. C'est ce que Gerson appeloit dans ces hérétiques une folle patience, *fatua perpessio*, qui tenoit de l'insensibilité. Par là, dit Taulère, *ils se rendent en beaucoup de choses fort semblables aux vrais serviteurs de Dieu*. Sous prétexte de renoncer à leur volonté, et même de n'en avoir plus, ils se remplissent d'eux-mêmes : car qu'y a-t-il qui flatte plus l'amour-propre que l'idée de l'avoir extirpé? Ils s'admirent secrètement dans leur paisible singularité, *et ne reviennent jamais*. Un faux repos les abuse, une fausse idée d'acte continu et de perpétuelle passiveté entretient en eux une hypocrisie étonnante. Voyez l'austérité apparente des discours de Molinos dans sa *Guide spirituelle*, et si l'on en croit les bruits, sa fausse persévérance malgré ses rétractations : cependant on sait quel il étoit : Dieu a voulu mettre au jour son hypocrisie. C'étoit, dit Taulère, dans les béguards le mystère d'iniquité, qui prépare les voies à l'Antechrist.

IV. Censure de Molinos et des quiétistes de nos jours.

Depuis le concile de Vienne, on n'a point frappé d'un si rude coup les fausses et irrégulières spiritualités, que de nos jours sous Innocent XI à l'occasion de Molinos. Le cardinal Caraccioli, archevêque de Naples, fut un des premiers qui excita ce pieux Pontife par une lettre du 30 janvier 1682[1], où il lui marquoit que, sous prétexte de l'oraison de quiétude, plusieurs s'emportoient jusqu'à se trouver empêchés de l'union avec Dieu, par l'image et le souvenir de Jésus-Christ crucifié, et à ne se croire plus soumis aux lois. Il avertissoit le Pape que par les livres qu'on lui présentoit, pour obtenir la permission de les imprimer, il voyoit que les plumes étoient disposées à écrire des choses très-dangereuses, et que le monde vouloit enfanter quelque étrange nouveauté. Rome a procédé dans cette affaire avec beaucoup de gravité et de prudence : je rapporterai à la fin pour mémoire, les actes qui sont tombés entre mes mains, et il me suffit en cet endroit de remarquer que les soixante-huit propositions de Molinos, dont il a été souvent parlé, sont qualifiées par la bulle d'Innocent XI, du 19 février 1688, hérétiques, suspectes, erronées, scandaleuses, blasphématoires, offensives des oreilles pieuses, témé-

[1] Ci-dessous, *Actes de la condamnat. des quiétistes*.

raires, tendantes au relâchement et au renversement entier de la discipline, et séditieuses, respectivement. Ce qui contient toutes les plus fortes qualifications qu'on puisse appliquer à une doctrine perverse.

Les qualifications respectives, inconnues aux premiers siècles, ont été fort usitées dans l'Eglise, depuis que le concile de Constance en a donné le premier exemple. Il est vrai que dans le même concile on s'expliqua plus distinctement dans la bulle de Martin V, sur les erreurs qu'on avoit flétries respectivement[1]; et on ne peut nier que les qualifications précises ne soient plus instructives : l'Eglise les donne toujours dans le besoin, et c'est aussi pour en venir là par des principes certains qu'on a proposé trente-quatre articles dans les ordonnances des 16 et 25 avril 1695.

I.

V. Les trente-quatre articles des ordonnances du 16 et 25 avril sont rapportés.

Tout chrétien en tout état, quoique non à tout moment, est obligé de conserver l'exercice de la foi, de l'espérance et de la charité, et d'en produire des actes, comme de trois vertus distinguées (*a*).

VI. Dessein des articles précédens : preuve des huit premiers : propositions hérétiques des quiétistes.

Pour maintenant entendre l'utilité et le dessein de ces trente-quatre articles, il faut remarquer que deux choses sont nécessaires dans la condamnation des quiétistes de nos jours : l'une est de bien reconnoître leurs erreurs, l'autre est en les condamnant de sauver les vérités avec lesquelles ces nouveaux docteurs ont tâché de les impliquer. Les articles donnent des principes certains pour exécuter les deux parties de ce dessein. Et premièrement, pour découvrir les erreurs des quiétistes, et en même temps les qualifier avec des notes et des flétrissures précises, il faut supposer que ce qui offense le plus les oreilles chrétiennes dans ces nouveautés, c'est la suppression qu'on a vue dans leurs écrits, des actes nécessaires à la piété : mais pour voir si ces suppressions doivent être traitées d'hérétiques, ou flétries de quelque autre qualification, le principe le plus simple qu'on pouvoit prendre est

[1] *Conc. Const.*, sess. XLV, Constit. *Inter cunctos.*

(*a*) Les articles suivans, et même celui qu'on vient de lire, se trouvent plus haut, p. 351 et suiv., dans l'*Ordonnance et Instruction pastorale sur les états d'oraison*. Il nous suffira, sans reproduire tous ces articles, d'y renvoyer le lecteur.

en s'arrêtant au Symbole des apôtres et à l'Oraison Dominicale, qui sont dans la religion chrétienne deux fondemens inébranlables de la piété, de tenir pour formellement et précisément hérétique ce qui supprimoit les actes expressément contenus dans l'un et dans l'autre.

Ce fondement supposé, sans avoir besoin d'aucune autre preuve, les articles se justifient avec leurs qualifications : et d'abord il suit du principe que supprimer les actes de foi explicite en Dieu tout-puissant, prévoyant, miséricordieux et juste; en Dieu subsistant dans trois Personnes égales; et en Jésus - Christ Dieu et Homme, notre Sauveur et Médiateur, c'est supprimer l'exercice de la foi expressément énoncée dans le Symbole et tomber dans une hérésie formelle. Ce qui étant évident par soi-même, néanmoins par abondance de droit a été manifestement démontré dans les endroits marqués à la marge [1]; et le contraire ouvrant le chemin à un oubli par état de la Trinité et de Jésus-Christ, rend ces mystères peu nécessaires, favorise les hérétiques qui les nient, en affoiblit ou plutôt en anéantit les effets : de sorte que sans y penser on fait tendre si clairement à l'impiété ceux qui suppriment ces actes, qu'il n'y a même plus rien à désirer pour la preuve.

Pour les demandes, il n'est pas moins clair que c'est aller directement contre le *Pater*, et par conséquent soutenir une hérésie, que de croire qu'on ne doive pas demander le royaume des cieux, la rémission des péchés, la délivrance des tentations, et enfin la persévérance, puisque ces demandes sont formellement énoncées dans ces paroles : « Que votre règne arrive; pardonnez-nous nos offenses; ne nous induisez pas en tentation; délivrez-nous du mal : » ce qui est clair, tant par l'évidence des paroles, que par la tradition constante et manifeste de toute l'Eglise, ainsi qu'il a été semblablement démontré dans les livres précédens [2].

A ceci il faut ajouter les expresses définitions de l'Eglise. Il a été défini par les conciles de Carthage, chapitre VII et VIII, et de Trente, session VI, chapitre II, et canon 23, que l'Oraison Dominicale est sans exception l'oraison de tous les fidèles : il a été

[1] Ci-dessus, liv. II, n. I et suiv. — [2] Ci-dessus, liv. III, n. IV.

défini dans le concile d'Orange II, chapitre x, et dans le même concile de Trente, section VI, chapitre xiii, qu'on doit demander la persévérance : le même concile de Trente a défini qu'on doit aussi demander l'augmentation de la grace [1]. Ce qu'il prouve tant par ces paroles de l'Ecriture : *Que celui qui est juste, se justifie encore* [2] : et par celle-ci de l'*Ecclésiastique : Ne cessez de vous justifier jusqu'à la mort* [3] : que par cette prière de l'Eglise : *Donnez-nous l'augmentation de la foi, de l'espérance et de la charité.* Quiconque donc fait profession, comme font nos quiétistes, de ne vouloir pas demander en tout état cet accroissement de la grace, avec tous les autres dons qu'on vient d'expliquer, s'oppose directement à ces passages de l'Ecriture, à cette prière de l'Eglise et à la doctrine que le concile de Trente en a inférée : et par conséquent, il est hérétique, comme il a été dit ailleurs plus amplement [4].

Il resteroit à examiner quand on tombe dans l'obligation de produire ces actes de foi explicite, et de faire à Dieu ces demandes; mais ce n'est pas de quoi il s'agit avec les nouveaux mystiques : il suffit, pour leur montrer que leur doctrine est hérétique, de prouver qu'ils reconnoissent des états où ces actes sont supprimés, sans que pour cela il soit nécessaire de déterminer les momens auxquels on pourroit y être obligé : c'est pourquoi l'on s'est contenté de dire que ces actes sont nécessaires en tout état, quoique non à tout moment, mais seulement dans les temps convenables [5] : ce qui donne toute l'instruction qui est nécessaire en ce lieu, et laisse pour incontestables les huit premiers articles des trente-quatre, avec leurs qualifications.

VII. Des articles IX, X et XI. Propositions erronées des quiétistes.

Une suite de la suppression des demandes est d'en tenir le sujet, c'est-à-dire le salut même et tout ce qui y conduit pour indifférent. Pour confondre cette erreur des quiétistes, on suppose ce principe : ce qu'on désire et ce qu'on demande à Dieu de tout son cœur, ne peut pas être indifférent; or est-il que par les articles précédens, on désire et on demande à Dieu de tout son cœur le salut et ce qui y conduit : on n'est donc pas indifférent pour ces

---

[1] Sess. VI, c. x. — [2] *Apoc.*, XXII, 11. — [3] *Eccli.*, XVIII, 22.— [4] Ci-dessus, liv. IV, n. IX, X, etc. — [5] Art. I, etc.; art. XXI.

choses; la conclusion est évidente. Peut-être même pourroit-on dire que l'indifférence des quiétistes, induisant la suppression des demandes, est hérétique; mais comme cette induction après tout ne paroît être qu'une conséquence, qu'on ne voit point appuyée d'une détermination en termes formels, il y a plus de justesse et de précision à la qualification d'erronée et de téméraire, contenue dans l'article IX.

Le X et le XI préviennent deux erreurs des quiétistes, dont l'une est que les demandes, du moins aperçues, dérogent à la perfection du christianisme : ce qui est pareillement erroné, puisque ce qui est expressément commandé de Dieu aux parfaits ne peut déroger à la perfection : or par les articles précédens les demandes sont expressément commandées à tous, et même aux parfaits : elles ne dérogent donc pas à la perfection, soit qu'elles soient aperçues, soit qu'elles ne le soient pas, parce qu'apercevoir un bien en soi-même n'est pas l'ôter, mais donner lieu à l'action de graces, selon ce passage de saint Paul : « Nous avons reçu l'esprit de Dieu, pour connoître ce qui nous est donné de lui [1]. »

L'autre erreur des quiétistes est qu'ils consentent aux demandes et aux autres actes, seulement dans le cas où ils leur sont spécialement inspirés; mais on a clairement démontré [2] que cela ne se peut souffrir : le commandement est de soi plus que suffisant pour nous déterminer à une pratique; de sorte qu'exiger pardessus cela une inspiration extraordinaire, c'est nier qu'il y ait un commandement : ce qui est visiblement erroné.

On a pareillement expliqué ce que c'est que l'indifférence du saint évêque de Genève [3], qu'on a défendue dans l'article IX selon l'intention de ce saint homme; et l'on a aussi remarqué que son indifférence n'est pas une insensibilité ni une indolence; mais une entière soumission de sa volonté à celle de Dieu. Ainsi les articles IX, X et XI sont entièrement éclaircis, et leurs qualifications évidemment démontrées.

Après avoir établi la nécessité des actes commandés dans l'Évangile, il falloit guérir le scrupule de ceux qui croient ne point

VIII. Quels sont les vrais

---

[1] I Cor., II, 12. — [2] Ci-dessus, liv. III, n. IX. — [3] Ci-dessus, liv. VIII, n. 2 et suiv., 6 et suiv.; liv. IX, n. 2.

faire d'actes, s'ils ne les font méthodiquement arrangés, ou bien s'ils ne les réduisent en formules et à certaines paroles, ou enfin si ceux qu'ils produisent ne sont inquiets et empressés. C'est ce qu'on fait dans l'article XII. Nous avons vu ce que c'est que ces actes extérieurs et grossiers [1]; l'on a expliqué de quelle simplicité sont les véritables actes de cœur : saint Paul en enseigne aussi la sincérité et la vérité par ces paroles : « Tout ce que vous faites, faites-le de cœur, comme pour Dieu et non pour les hommes, sachant que c'est du Seigneur (qui pénètre le secret des cœurs) que vous devez recevoir votre récompense. Servez-le donc comme le Seigneur qui voit tout, et à qui tous les désirs sont connus [2]. »

Les quiétistes présomptueux s'imaginent être les seuls qui connoissent la simplicité. Pour leur ôter ce faux avantage, l'article XIII leur montre la véritable manière dont tous les actes se réduisent à l'unité dans la charité, conformément à la doctrine de saint Paul dans la *première aux Corinthiens*, qui a été expliquée en divers endroits.

Les articles XIV, XV, XVI et XVII sont proposés pour mieux expliquer les actes particuliers, dont on a montré la nécessité, et découvrir les évasions des quiétistes.

Pour éluder l'obligation des désirs de la vision bienheureuse, ils disent que ces désirs sont autant de mouvemens indélibérés; mais on énonce le contraire dans l'article X, et il a été prouvé que la proposition contraire est directement opposée aux paroles expresses de saint Paul, et justement qualifiée d'hérétique [3].

Le XVe article combat la mollesse du quiétisme, qui affoiblit l'acte de contrition et la doctrine énoncée dans le *Pater*, pour demander la rémission des péchés; ce qui est plus amplement établi dans les livres précédens [4], où les faux-fuyans des quiétistes sont réfutés.

Les deux articles suivans, c'est-à-dire le XVIe et le XVIIe, sont destinés aux actes réfléchis, dont la nature et la nécessité ont été expliquées [5].

---

[1] Ci-dessus, liv. V, n. 25 et suiv. — [2] *Coloss.*, III, 23, 24. — [3] Ci-dessus, liv. III, n. VIII, XII, etc. — [4] Ci-dessus, liv. IV, n. IX, etc. — [5] Ci-dessus, liv. V, n. I et suiv.

Comme on ne trouve point sur ce sujet de déterminations de l'Eglise, non plus que dans l'Ecriture des termes exprès pour prescrire nommément les actes réflexes, on en a marqué la prohibition comme erronée, à quoi on a ajouté qu'elle approche de l'hérésie, à cause que si l'Ecriture ne commande peut-être pas en termes formels les saintes réflexions, elle les commande en termes équivalens, et que tout l'esprit des saints Livres nous y porte.

XI.
De l'article xviii et des mortifications.

Un des plus mauvais caractères du quiétisme, est d'avoir affoibli le prix du remède souvent nécessaire de la mortification, et par un discours profane d'avoir fait servir à ce dessein la simplicité de l'enfance chrétienne. On en a qualifié la proposition d'erronée et d'hérétique, et on a joint ensemble ces deux notes pour montrer par celle d'hérétique une expresse contrariété avec ces paroles de saint Paul[1] : *Je châtie mon corps*, etc., et avec les autres de l'Ecriture, qui obligent précisément à mater la chair. On a aussi voulu marquer les décisions du concile de Trente en faveur des austérités, même volontaires, contre les derniers hérétiques[2]; mais la qualité d'*erroné* marque outre cela les conséquences certaines des grands principes du christianisme; d'où suit la nécessité des austérités; qui sont d'un côté la concupiscence toujours vivante, et de l'autre la désirable conformité avec Jésus-Christ souffrant.

XII.
Sur l'article xix et sur l'acte continu et perpétuel.

Pour rejeter l'acte continu et perpétuel qui contienne éminemment tous les autres, et qui aussi pour cette raison exempte de les pratiquer dans les temps convenables, il suffit de savoir qu'inconnu à l'Ecriture, à tous les Pères, à toute la théologie, il ne paroît la première fois que dans Falconi, ou dans quelque écrivain de son âge et d'une aussi mince autorité : mais pour en venir à une qualification plus précise, la proposition doit être déclarée du moins erronée, par la conséquence nécessaire que l'on en induit contre la pluralité et la succession des actes commandés de Dieu, ainsi qu'il a été souvent démontré[3].

XIII.
Sur l'article xx et

L'article xx, où il est parlé de la tradition, pourroit sembler inutile à ceux qui ne sauroient pas qu'il va au-devant d'une so-

---

[1] I *Cor.*, IX, 27. — [2] *Conc. Trident.*, sess. XIV, c. VIII et IX. — [3] Ci-dessus, liv. 1, n. XV, XXI, XXIII.

sur les traditions. lution des nouveaux mystiques. Rien ne les charge tant que le silence éternel de toute l'antiquité sur leur acte continu et universel, sur la suspension des autres actes expressément commandés de Dieu, et sur la perpétuelle *passiveté ou ligature des puissances;* à quoi ils n'ont de ressource qu'en établissant, s'ils pouvoient, certaines traditions occultes dans l'Eglise, et en sauvant sous ce nom le silence perpétuel de tous les saints sur leur doctrine. Dans la suite nous apprendrons de saint Irénée, de saint Epiphane et de saint Augustin, que ces traditions secrètes étoient aussi le refuge des gnostiques et des manichéens. Il n'y a aucune mauvaise doctrine qu'on ne puisse introduire sous ce prétexte, ainsi qu'il est porté dans l'article. Nous montrerons en son lieu plus amplement que l'Eglise n'a jamais reçu d'autres traditions que celles qui sont reconnues par le consentement unanime de tous les Pères : ce sont celles qui sont établies dans le concile de Trente[1], et ne peuvent être cachées. Nous nous sommes contentés, en attendant, de marquer en peu de paroles la nécessité de la tradition en cette matière, comme dans toutes les autres de la religion ; à quoi nous ajoutons, avec les saints Pères, ce commandement de Notre-Seigneur : *Ce que vous entendez à l'oreille, publiez-le sur les toits*[2] ; ce qui prouve que le secret, s'il y en a eu dans la doctrine de Jésus-Christ, a entièrement cessé dans la prédication de l'Evangile.

XIV. Sur l'article XXI, et sur les suivants : on commence à découvrir les bonnes doctrines dont on abuse dans le quiétisme. En expliquant ci-dessus le dessein des articles[3], nous en avons fait consister l'utilité en deux choses : l'une, à découvrir les erreurs des propositions du quiétisme; l'autre, à sauver les bonnes doctrines dont on y abuse, et en empêcher l'abus. Nous en sommes à cette dernière partie, et nous sommes obligés à y parler de l'oraison passive.

On se porte sur ce sujet à deux sortes d'extrémités, dont l'une est d'avoir pour cette oraison une espèce de mépris : il y en a qui prennent pour des rêveries et même pour quelque chose de suspect ou de dangereux, les états où certaines ames d'élite reçoivent passivement, c'est-à-dire sans y contribuer par leur industrie ou leur propre effort, des impressions divines, si hautes et si

---

[1] Sess. IV. — [2] *Matth.*, x, 27. — [3] Ci-dessus, n. VI.

inconnues, qu'on en peut à peine comprendre l'admirable simplicité. Pour réprimer cet excès dans l'article XXI des ordonnances du 16 et du 25 avril, en attendant qu'on eût le loisir d'approfondir la matière plus qu'elle ne le pouvoit être dans une instruction si courte, on a eu recours au témoignage des spirituels, et surtout à celui du saint évêque de Genève, dont le nom étoit plus connu et l'autorité plus révérée. On a passé plus loin dans ce traité, et on a établi l'oraison passive, c'est-à-dire la suppression des actes, et surtout des actes discursifs, non-seulement par autorité et par exemples, mais encore par principes [1].

On a fait voir aussi que la passiveté de ce Saint et des autres vrais spirituels n'étant que pour un certain temps, qui est celui de l'oraison, le champ étoit libre dans tout le reste de la vie pour y pratiquer dans les temps convenables tous les actes commandés de Dieu [2].

L'autre extrémité où l'on tombe à l'occasion de l'oraison passive est celle des quiétistes, qui rendent premièrement dans certains états la passiveté perpétuelle : qui la rendent secondement fort commune et fort aisée : qui la rendent en troisième lieu fort nécessaire, du moins pour la perfection et pour l'entière purification. On oppose à ces trois abus [3], dont le péril est visible, les articles XXII, XXIII, XXIV, XXV, XXVI et XXVIII.

On peut voir en son lieu la démonstration des articles XXII et XXIII, où sont condamnés les quiétistes, qui mettent la perfection et la sainteté dans les états d'oraison extraordinaire : on a marqué les inconvéniens de cette doctrine, et en même temps on l'a réfutée non-seulement par l'autorité, mais encore par les raisons du saint évêque de Genève et des autres vrais spirituels.

Pour détruire la perpétuelle passiveté qui éteint dans le cours de la vie toute industrie propre et tout propre effort, les articles XXV et XXVI condamnent ceux qui à la faveur de l'état passif, où ils s'imaginent être élevés, attendent que Dieu les détermine à chaque action par des voies et inspirations particulières : ce qui

---

[1] Ci-dessus, liv. VII, n. I, etc., IX, etc. — [2] Ci-dessus, liv. VII, n. IX, etc.; liv. VIII, n. XV; liv. IX, n. XXVI, XXIX, etc. — [3] Ci-dessus, liv. VI, n. XXVII, XXXIII et suiv.

ouvre le chemin à toute illusion. Le nombre de ces prétendus passifs est grand dans le monde, et se multiplie plus qu'on ne croit. Il induit à tenter Dieu, qui veut que l'on s'aide soi-même avec le secours de la grace, et qui n'a rien promis à ceux qui renoncent aux moyens qu'il nous a donnés pour nous exciter nous-mêmes à bien faire. La mollesse et le relâchement d'un côté, et de l'autre le fanatisme, sont les effets de cette illusion : et l'article XXVI oppose à cet état dangereux les voies de la prudence chrétienne si souvent recommandées dans l'Ecriture.

Les quiétistes s'emportent jusqu'à dire qu'on vient par la perfection de l'oraison à la grace et à l'état apostolique, dont nous avons plusieurs témoignages dans l'*Interprétation du Cantique des cantiques* [1]. Est-il possible qu'on ne sache pas que l'apostolat n'est pas un état d'oraison, mais l'effet d'une vocation déclarée et autorisée dans l'Eglise? Cet état apostolique emporte aussi le don de prophétie, et tout cela est rejeté dans l'article XXVII comme plein d'illusion, de témérité et d'erreur.

Par cet état prétendu apostolique, on voit des femmes s'attribuer des maternités sans vocation et sans témoignage, et par un titre si éblouissant faire des impressions sur les esprits, dont on a peine à les faire revenir, comme la suite le fera paroître. On verra dans les articles qu'on vient de citer, la source de ces illusions découverte, et leur effet condamné par des qualifications dont la raison est visible.

XV.
Des articles XXVIII, XXIX et XXX.

Le remède le plus salutaire qu'on puisse apporter aux abus que font les quiétistes de l'état passif, est premièrement de leur faire voir qu'il est très-rare, comme il paroît par l'autorité de tous les spirituels : par où l'on rejette cette multitude étonnante de prétendus passifs qui inondent le monde : c'est encore un second remède d'ôter à ces présomptueux l'imagination de n'être soumis qu'au jugement de ceux qu'ils appellent les gens expérimentés, dont nous avons assez parlé dans la préface.

L'article XXIX est important pour prévenir une objection des quiétistes, qui demandent s'il n'est pas possible qu'il y ait des ames que Dieu meuve passivement, et sans le secours de tout propre

---

[1] *Interprét. du Cant.*, ch. I, n. 1, p. 4, etc.

effort et de toute propre industrie, à toutes les actions de la piété : si vous dites que cet état n'est pas possible, ils vous accusent de lier les mains à Dieu et de limiter sa puissance : si vous en avouez la possibilité, ils croiront être en droit de soutenir que telles et telles ames sont en cet état, et que sans les tourmenter dans cette pensée, il n'y a qu'à les laisser à leurs directeurs.

C'est là une des sources d'illusion des plus dangereuses. Nous avons opposé à cette conséquence l'expérience des vrais spirituels [1], dont aucun n'a cru avoir trouvé des ames de cette sorte, et n'en ont produit pour exemple certain que la sainte Vierge, comme il a été remarqué : combien donc est-il dangereux de se forger de telles idées! Ajoutons que telles ames toujours mues divinement et passives sous la main de Dieu, ne pécheroient plus même véniellement, non plus que la sainte Vierge, et même ne pourroient plus déchoir de la grace, comme tout homme attentif le découvrira facilement : car toute ame mue divinement, hors d'elle-même, et toujours dans une espèce d'extase durant le temps de sa motion, n'échappe pas à la main toute-puissante qui la meut; et n'échappera jamais, si toujours elle est mue de cette sorte et n'est pas laissée un instant à elle-même. C'est aussi par là que nos faux mystiques ont été conduits aux propositions où nous avons vu leur impeccabilité prétendue [2]. On l'a assez réfutée, et en même temps on a averti que ce n'est point précisément dans ces préventions extraordinaires que consiste la perfection du christianisme, puisque, comme il a été démontré [3], elle dépend du degré d'amour où l'ame sera élevée, et que Dieu bien certainement peut donner par les voies communes : à quoi il faut prendre garde, pour ne point amuser les ames par la fausse imagination de graces extraordinaires, mais toujours les accoutumer à épurer leur amour.

On a joint à cet article les expressions nécessaires en faveur de la sainte Vierge, Mère de Dieu; ce qui opère deux bons effets : l'un, de rendre en elle à Jésus-Christ les honneurs qui lui sont dus; et l'autre, d'avertir qu'on n'étende pas à d'autres

---

[1] Ci-dessus, liv. VI, n. XXI, XXIII, XXIV. — [2] Ci-dessus, liv. V, n. XXXV et XXXVI. — [3] Ci-dessus, liv. VII, n. XXIX.

les prérogatives qui lui ont été attirées par un si grand titre.

XVI. **De l'article XXIV, où il est parlé de la contemplation.** Sur la contemplation, il faut remarquer que plusieurs spirituels confondent la contemplation avec l'oraison passive, encore que les notions n'en soient pas les mêmes. Quand saint Thomas[1] et les autres traitent de la contemplation, ils n'entendent pas sous ce nom l'oraison passive. Car encore que la contemplation ne soit point discursive non plus que la foi, elle n'ôte pas toujours le pouvoir de discourir, qui est ce qu'on appelle l'état passif. Pour donner une règle générale sur la contemplation, l'article XXIV dit que ce n'est pas seulement l'essence divine qui en est l'objet, mais encore avec l'essence tous les attributs, les trois Personnes divines et le Fils de Dieu incarné, crucifié et ressuscité, et en un mot, que toutes les choses qui ne sont vues que par la foi, sont l'objet du chrétien contemplatif : c'est aussi l'idée de saint Paul, lorsqu'il dit que « nous ne contemplons pas ce nous voyons, mais ce que nous ne voyons pas, parce que ce qu'on voit est temporel, et ce qu'on ne voit pas est éternel[2]. » Cet article étoit nécessaire pour condamner les faux mystiques, qui n'admettent dans l'acte de contemplation ni les attributs, ni les Personnes divines, ni le mystère du Dieu fait homme, comme il a été démontré, mais la seule essence divine abstraite et confuse.

XVII. **De l'article XXXI, où il est parlé des épreuves.** La sainte doctrine des épreuves et des exercices divins nous tirera un peu de la sécheresse des chapitres précédens. Un des plus plausibles argumens des quiétistes pour prouver dans certains états l'entière suppression des actes, se tire des désolations des ames peinées, où Dieu fait une impression si forte de sa justice, que l'ame, qui ne sent point qu'il puisse sortir d'elle autre chose que du mal, liée d'ailleurs et serrée de près par une main souveraine, ne peut presque ou n'ose pas même produire ces actes ; ce que Job semble exprimer par ces mots : « Dieu arme contre moi toutes ses terreurs, sans me permettre de respirer ; et les traits que me lance sa juste fureur, m'ont absorbé l'esprit : *quorum indignatio ebibit spiritum meum*[3] : » en sorte que je ne sais plus si j'agis ou si je n'agis pas ; et ailleurs : « Il m'a presserré

---

[1] S. Thom., II^a II^æ, q. LXXXII, art. 3 ; q. CLXXX, per totum, etc. — [2] II *Cor.*, IV, 18. — [3] *Job*, VI, 4.

dans un sentier étroit, je ne puis passer, et il a couvert ma route de ténèbres ¹. » En effet on se trouve dans une si grande obscurité, que, contraint de se ranger avec Job au nombre de ceux dont « la voie est cachée et que Dieu a environnés de ténèbres ², » il semble qu'on perd l'espérance d'en sortir. Cependant de temps en temps il échappe de la nue un petit rayon qui fait dire : « Ma nuit se tournera en jour, et j'espère la lumière après les ténèbres ³. »

Plus on est poussé au désespoir, plus l'espérance se relève ; et après avoir dit : « Vous m'épouvantez par des songes ; et saisi d'horreur dans les visions dont vous m'effrayez, j'en suis réduit au cordeau, et je ne veux plus que la mort : je suis dans le désespoir, et je ne me puis supporter moi-même ; » ce qu'il pousse jusqu'à dire encore : « D'où vient que je me déchire la chair avec les dents, et que je ne songe qu'à m'ôter la vie ? » Cependant on en vient un moment après à dire : « Quand il me tueroit, j'espérerai en lui : je ne laisserai pas de reprendre mes voies devant sa face, et il sera mon Sauveur ⁴. » Ce qui montre que les sentimens, qui sembloient éteints, n'ont fait que se fortifier en se concentrant au dedans. Lequel des saints a jamais dit avec plus de force : « Qui me donnera que mes discours soient gravés avec de l'acier ou sur une lame de plomb, ou imprimés sur un dur rocher avec un ciseau ? Car je sais que mon Rédempteur est vivant ; ma peau recouvrira mes os, et je verrai mon Dieu en ma chair, ⁵ » et le reste où l'espérance est si forte. Cependant il sortoit d'un mouvement où loin d'espérer en Dieu, il sembloit lui vouloir faire son procès, en disant : « Comprenez qu'il a rendu contre moi un jugement qui n'est pas juste ⁶. » Il avoit aussi dit auparavant : « Je parlerai avec le Tout-Puissant, je veux disputer avec Dieu ⁷. » Et encore : « Plût à Dieu qu'on pût plaider avec Dieu comme on fait avec son égal ⁸. » Et enfin il ajoute ailleurs : « Je ne veux pas qu'il conteste avec moi par sa puissance, ni qu'il m'accable du poids de sa grandeur : qu'il propose des raisons équitables, et je gagnerai mon procès ⁹. » Mais à quoi aboutit cette hauteur et cette

---

¹ *Job.*, XIX, 7. — ² *Ibid.*, III, 23. — ³ *Ibid.*, XVII, 12. — ⁴ *Ibid.*, VII, 14-16. — ⁵ *Ibid.*, XIX, 23. — ⁶ *Ibid.*, 6. — ⁷ *Ibid.*, XIII, 3. — ⁸ *Ibid.*, XVI, 12. — ⁹ *Ibid.*, XXIII, 6, 7.

dispute contre Dieu, sinon à dire dans la plus profonde humiliation : « La voie de Dieu est impénétrable : si je vais en Orient, il ne paroît pas ; si c'est vers l'Occident, je ne sais non plus où il est : que je me tourne à droite ou à gauche, il m'est également caché, et je ne sais où le prendre ; mais lui, il sait toutes mes voies, il me met à l'épreuve comme l'or, et il me suit pas à pas, sans que ma moindre démarche puisse échapper à ses regards [1]. Ainsi, » comme il dit ailleurs, « je n'ai qu'à me taire et à implorer la clémence de mon juge : s'il s'agit de force, il est tout-puissant : si l'on cherche l'équité, il en est la source et personne ne peut témoigner contre lui [2] : si je me veux justifier, ma bouche me condamnera : si je veux paroître innocent, il prouvera que je suis coupable : mon Dieu, ne me condamnez pas [3] ; tendez la main à votre ouvrage : vous avez compté tous mes pas ; mais pardonnez mes péchés [4]. » Voilà comme les actes les plus sublimes se conservent, je ne dirai pas dans les privations, mais dans une espèce de soulèvement contre Dieu. Bien plus (mystère admirable de la grace), dans ces ames poussées à bout par ces exercices, les actes de l'amour se cachent sous des reproches amers : nous ferons voir en son temps que tout ce qui paroît blasphème dans Job, au fond n'est autre chose qu'un amour outré par le mépris apparent d'un amant qui semble nous délaisser. Cet amant n'est autre chose que Dieu même, de qui on croyoit pouvoir tout attendre, et dont on croit à la fin ne recevoir que dédain et qu'indignation. Voici donc comme parle cet amant outré et poussé à bout : « J'en suis, dit-il, au cordeau et au désespoir : pardonnez-moi, car je ne suis rien [5] ; » et un peu après : « J'ai péché ; mais que vous ferai-je, ô tout-puissant gardien des hommes ? Pourquoi m'avez-vous fait contraire à vous ? Que n'ôtez-vous mon péché ? Que n'effacez-vous mon iniquité [6] ? » En apparence il s'en prend à Dieu ; mais ressentant dans le fond que Dieu seul consume le péché, loin de pouvoir en être l'auteur, il lui demande pardon, et l'amertume de ses reproches est un effet du regret qu'il porte en son sein de se voir, comme il pensoit, séparé de

---

[1] *Job*, VIII, 9-12. — [2] *Ibid.*, IX, 19, 20. — [3] *Ibid.*, X, 2. — [4] *Ibid.*, XIV, 15. — [5] *Ibid.*, VII, 15-17. — [6] *Ibid.*, 20.

lui. Ce sentiment qui fait enfermer un acte d'amour sous un dépit apparent paroît encore, et peut-être mieux dans cette parole : « Puisqu'il a commencé, qu'il m'écrase ; qu'il laisse aller sa main, et qu'il me retranche, afin que j'aie la consolation que m'accablant de douleur il me fasse mourir sans m'épargner, de peur que (par foiblesse ou par impatience) il ne m'arrive de contredire à la parole et à la volonté du Saint [1]. » On entend bien que c'est Dieu qu'il appelle ainsi. « Car, poursuit-il, quelle est ma force ? puis-je me promettre une si longue patience ? Ma chair n'est pas d'airain, et ma force n'est pas celle d'une pierre : je ne trouve point de ressource en moi : mes amis m'ont abandonné, et je demeure sans soutien [2]. » On voit donc comme les plaintes qu'il pousse si amèrement ont pour objet la connoissance de sa foiblesse, et la crainte de succomber à la tentation d'impatience. Cet acte d'un si parfait amour commence, comme on a vu, par un transport où d'abord on ne remarquoit qu'une espèce de dépit, et il en prend la teinture : pour aboutir à la fin à mettre son secours en Dieu, et à dire avec un torrent de pieuses larmes : « Mes amis sont des discoureurs : c'est pour vous seul que je laisse fondre mes yeux en pleurs [3]. »

Ne disons donc pas que les actes cessent dans les exercices divins : disons qu'ils se cachent, et souvent sous leur contraire : qu'ils s'y enveloppent, qu'ils s'y épurent, qu'ils s'y fortifient, qu'ils en sortent de temps en temps avec une nouvelle vigueur. Nous avons expliqué sur ce sujet la doctrine de saint François de Sales [4], qui enseigne que les actes de piété chassés et comme repoussés de tout le sensible se retirent dans la haute pointe de l'esprit, d'où se gouverne tout l'intérieur.

La profonde obscurité où l'on est, n'empêche pas que la foi obscure par elle-même ne déploie sa vertu : on prête l'oreille à la voix de Dieu qui se fait entendre comme de fort loin : quoiqu'on se croie insensible et sans mouvement, on ne laisse pas de s'exciter soi-même, ainsi que faisoit David en disant : « Mon ame, pourquoi es-tu triste, et pourquoi me troubles-tu ? Espère en

---

[1] *Job*, VI, 9, 10. — [2] *Ibid.*, 11-13. — [3] *Ibid.*, XVI, 21. — [4] Ci-dessus, liv. VIII et IX.

Dieu¹. » On ne manque pas de soutien, puisqu'on est soutenu par sa peine même, comme disoit le même David : « Mes larmes ont été mon pain nuit et jour² : » pour en faire voir non-seulement le cours continuel, mais encore la force soutenante ; et loin que le désespoir, dont on paroît assiégé et tout rempli soit effectif, si l'on sonde au vif les ames que Dieu met dans ces exercices au milieu des ténèbres et de la désolation, on y trouvera un fond de confiance inébranlable et inaltérable.

C'est ce qu'il a fallu expliquer dans l'article XXXI pour éviter deux excès : l'un, de ceux qui s'imaginent que les peines de ces états sont imaginaires, ou en tout cas purement humaines ; l'autre, de ceux qui s'en servent pour induire dans tout cet état une perpétuelle passiveté qui est l'erreur des quiétistes.

XVIII. De l'article XXXII et du véritable acte d'abandon : doctrine de saint Cyprien et de saint Augustin avec la remarque de trois erreurs dans l'abandon des quiétistes.

S'il y a un chapitre dans ce traité où je désire de trouver de l'attention, c'est celui-ci. Il s'agit d'expliquer un acte aussi grand et aussi consolant que ce parfait abandon. En rappelant ce qu'on a dit jusqu'ici de l'abandon des quiétistes, on y découvrira trois erreurs : l'une, que l'acte d'abandon n'appartient qu'à l'oraison passive, et qu'on ne le peut faire dans les voies communes ; l'autre, que cet acte emporte une indifférence pour le salut ; la dernière, qu'il emporte aussi la suppression de tout acte, et sans jamais se remuer soi-même, une attente purement passive que Dieu nous remue.

Ces trois erreurs sont détruites par un seul passage de saint Pierre, qui est celui où ce saint Apôtre définissant l'abandon, dit ces paroles : « Rejetant en lui toute votre sollicitude, parce qu'il a soin de vous³. » Où il faut observer premièrement, qu'il adresse ce commandement à tous les fidèles, et non point à certains états particuliers ; ce qui renverse la première erreur. Secondement, que bien éloigné de la profane indifférence des quiétistes, saint Pierre appuie l'abandon *sur ce que Dieu a soin de nous :* par où la seconde erreur est réfutée. En dernier lieu, saint Pierre ajoute : *Soyez sobres et veillez;* par où est proscrite la troisième erreur, qui sans permettre de se remuer, veut qu'on attende uniquement que Dieu nous remue.

¹ *Psal.* XLII, 8. — ² *Psal.* XLI, IV. — ³ 1 *Petr.*, V, 7, 8.

En retranchant de l'abandon ces trois erreurs, le pur abandon chrétien restera avec toute sa force dans l'acte où nous rejetons sur Dieu seul tous nos soins, et même le soin de notre salut : non point par indifférence à être damnés ou sauvés, ce qui fait horreur ; mais au contraire en abandonnant d'autant plus à Dieu notre salut que nous le désirons avec plus d'ardeur.

C'est ce que les demi-pélagiens ne vouloient pas entendre, lorsqu'ils croyoient que pour conserver l'espérance il en falloit mettre en soi-même une partie : mais saint Augustin leur répondoit qu'au contraire pour la conserver il la falloit mettre toute entière en Dieu, et dans une pure foi lui abandonner tellement tout son salut qu'il ne vous en reste plus nulle inquiétude : « Car, dit-il, nous vivons plus en sûreté si nous donnons tout à Dieu, que si nous nous abandonnons en partie à lui, et en partie à nous-mêmes [1]. » Voilà donc un abandon parfait à Dieu, parce qu'il ne reste rien de notre côté en quoi nous puissions prendre confiance : ce qu'il prouve par l'autorité de saint Cyprien, qui conclut de l'humble aveu de notre foiblesse dans l'Oraison Dominicale, « qu'il faut tout donner à Dieu, » et rien à soi-même, selon que le même martyr l'avoit prononcé ailleurs en disant qu'il ne nous étoit pas permis de nous glorifier nous-mêmes, « parce que nous n'avions rien qui soit à nous : *in nullo gloriandum, quandò nostrum nihil est* [2]. »

Il se faut donc bien garder de mettre en nous-mêmes aucune partie de notre espérance, ni de nous appuyer radicalement sur nos bonnes œuvres : non qu'elles ne soient nécessaires pour aller au ciel ; mais parce que c'est Dieu qui nous les donne *selon sa bonne volonté*, comme dit saint Paul [3] ; en sorte, dit saint Augustin après saint Cyprien, qu'à remonter à la source, « il faut tout donner à Dieu : cela est vrai, dit ce saint docteur, cela est plein de piété, il nous est utile de penser et de parler ainsi [4] : » et en travaillant sérieusement à notre salut, d'en attribuer à Dieu l'effet total.

C'est là qu'il faut perdre tout l'appui sur sa propre volonté.

---

[1] *De dono persev.*, cap. vi, n. 12. — [2] *Testim.*, lib. III, c. iv. — [3] *Phil.*, ii, 13. — [4] *De dono persev.*, etc. c. xiii, n. 33.

« Il y a sujet de s'étonner, dit le même saint Augustin, que l'homme aime mieux se commettre, s'abandonner à sa propre foiblesse qu'à la promesse inébranlable de Dieu; et, continue-t-il, il ne sert de rien d'objecter : Mais la volonté de Dieu sur moi-même m'est incertaine; » car ce Père reprend aussitôt : « Quoi donc? Etes-vous certain sur vous-même de votre propre volonté, et pouvez-vous ne craindre pas cette parole : Que celui qui est debout craigne de tomber? Comme donc l'une et l'autre volonté, et celle de Dieu et la nôtre, est incertaine pour nous, pourquoi l'homme aimera-t-il mieux abandonner sa foi, son espérance et sa charité, c'est-à-dire tout l'ouvrage de son salut, à la plus foible volonté qui est la sienne, qu'à la plus puissante qui est celle de Dieu [1]? »

Tout le but de cette doctrine de saint Augustin est de nous faire avouer que, n'y ayant qu'une seule volonté qui soit immuable, c'est-à-dire la volonté de Dieu, et celle-là tenant la nôtre en sa main, il n'y a point de certitude pour nous que de nous attacher souverainement à cette suprême volonté qui seule peut nous faire faire tout ce qu'il faut : ce qu'on ne peut espérer qu'en s'abandonnant entièrement à elle.

On voit par là que, cherchant l'endroit où le chrétien peut trouver le repos autant que l'état de cette vie en est capable, ce grand Saint ne lui propose pas le repos funeste de tenir pour indifférent tout ce que Dieu peut ordonner de nous en bien ou en mal pour toute l'éternité, mais qu'il lui donne tout le repos qu'il peut avoir en cette vie, dans la remise de sa volonté en celle de Dieu.

Ce n'est pourtant pas dans le dessein que l'on cesse de faire ses efforts. Car il n'a pas oublié ce qu'il enseigne partout, « que l'ouvrage du salut ne se doit pas accomplir par de simples vœux, sans y joindre en nous efforçant de notre part l'efficace de notre volonté, puisque Dieu est appelé notre secours, et qu'on n'aide que celui qui fait volontairement quelques efforts : *Nec adjuvari potest, nisi qui aliquid sponte conatur* [2] : » où il ne faut pas en-

---

[1] *De prædestinatione Sanctorum*, cap. XI, n. 21. — [2] *De pecc. mer.*, lib. II, cap. V, n. 6.

tendre que cet effort de la volonté précède la grace, puisque c'est positivement ce que saint Augustin a voulu détruire, mais plutôt que tout l'effort que nous pouvons faire en est le salutaire effet.

Et il ne faut pas s'imaginer que cette doctrine qui nous oblige à donner à Dieu tout l'ouvrage de notre salut, mette les hommes au désespoir, comme les demi-pélagiens ne cessoient de le reprocher à l'Eglise; au contraire, dit saint Augustin, « j'aime mieux leur laisser à penser en eux-mêmes que d'entreprendre de l'expliquer par mes paroles, quelle erreur c'est de croire, comme eux, que la prédication de la prédestination apporte aux auditeurs plus de désespoir que d'exhortation à bien faire : car c'est dire que l'on désespère de son salut, lorsqu'on apprend à l'espérer non pas de soi-même, mais de Dieu, pendant qu'il crie par la bouche du Prophète : Maudit l'homme qui espère en l'homme [1]. » Et ailleurs plus fortement, s'il se peut : « A Dieu ne plaise que vous croyiez qu'on vous fait désespérer de vous-même, quand on vous ordonne de mettre votre espérance en Dieu et non en vous-même, puisqu'il est écrit : «Maudit l'homme qui espère en l'homme : » et, « Il vaut mieux espérer en Dieu que d'espérer en l'homme [2]. » Ce qu'il inculpe en disant : « Faut-il craindre que l'homme désespère de lui-même, lorsqu'on lui apprend à mettre son espérance en Dieu, et qu'il seroit délivré de ce désespoir, si malheureux autant que superbe, il la mettoit en lui-même [3] ? » Voilà donc tout le repos du chrétien : voilà ce qui calme ses inquiétudes; et pour réduire cette doctrine en pratique, au-dessus de toutes ses œuvres et au-dessus en quelque façon de toutes les graces qui les lui font faire, il s'attache comme à la source, non à quelque chose qui soit en lui-même, mais à la bonté qui est en Dieu, et sans relâcher ses efforts il met sa foible volonté dans une volonté toute-puissante.

Cet acte, si c'est un seul acte, est un parfait abandon : je dis, si c'est un seul acte; car en effet c'est un amas et un composé des actes de la foi la plus parfaite, de l'espérance la plus entière et la plus abandonnée, et de l'amour le plus pur et le plus fidèle : ce qui fera toujours trois actes, puisque, comme dit saint Paul, la

---

[1] *De dono persev.*, cap. XVII, n. 46. — [2] *Ibid.*, cap. XXII, n. 62. — [3] *Ibid.*

foi, l'espérance et la charité *seront toujours trois choses ;* mais trois actes concourant ensemble à rendre le chrétien tranquille et heureux, conformément à cette parole : « Heureux l'homme qui se confie en Dieu [1]. »

Cet acte, encore une fois, réunit ensemble, avec une foi parfaite et une parfaite espérance, un pur et parfait amour : cet acte nous détache à fond de nous-mêmes : cet acte nous unit à Dieu autant qu'il est possible en cette vie : cet acte fait regretter les péchés par le plus haut et le plus puissant de tous les motifs, et ôte toute la crainte qu'on en peut avoir, puisqu'un amour si parfait les consume et les absorbe. Cet acte porte en lui-même tout ce qui peut nous donner de l'assurance, puisque rien ne nous rend plus sensible la bonté de Dieu, que le mouvement qu'il nous inspire d'en attendre tout : et l'abandon ne peut pas aller plus loin, puisque c'est là un entier accomplissement de la parole où saint Pierre ordonne « de rejeter en Dieu toute son inquiétude, parce qu'il a soin de nous [2], » sans discontinuer néanmoins de *prier et de veiller, de peur d'entrer en tentation,* comme le Sauveur lui-même l'avoit commandé [3].

Voilà quel est l'abandon du chrétien, selon la doctrine apostolique, et on voit qu'il présuppose deux fondemens : l'un, de croire que Dieu a soin de nous; et l'autre, qu'il n'en faut pas moins agir et veiller : autrement ce seroit tenter Dieu.

Cet acte ne nous est point proposé comme un acte qui n'appartienne qu'à la seule oraison passive; il est déduit, comme on voit, des principes communs de la foi. Saint Augustin après saint Cyprien, et tous deux après saint Pierre, le recommandent également à tous les fidèles; et il n'y a que les quiétistes de nos jours, qui pour se donner une vaine distinction, se soient avisés de réserver l'abandon à un état d'oraison extraordinaire.

XIX.
Du XXXIII° article, et des suppositions par impossible

Savoir si c'est pousser l'abandon plus loin que de se soumettre, si Dieu le vouloit et qu'il fût possible, à des peines éternelles, pourvu qu'on ne perdît pas son amour : c'est ce qu'il est aisé de résoudre par les principes qu'on a posés.

Il a été établi par des témoignages constans [4], que le salut des

---
[1] *Jerem.*, XVII, 7.— [2] 1 *Petr.*, V, 7, 8.— [3] *Matth.*, XXVI, 41.— [4] Ci-dessus, liv. IV.

chrétiens est inséparablement uni à la volonté de Dieu et à sa gloire, comme à leur fin naturelle. De là il s'est ensuivi que le désir du salut a pour sa fin naturelle et dernière la gloire et la volonté de Dieu, selon ce verset de David : « Que ceux qui aiment, ô Seigneur, le salut venu de vous, ne cessent de dire : Que le Seigneur soit glorifié : *Dicant semper : Magnificetur Dominus, qui diligunt salutare tuum* [1]. » Si c'est la gloire de Dieu qui fait qu'on aime son salut, donc en aimant son salut on aime Dieu plus que soi-même ; on est touché de ses bienfaits à cause qu'ils viennent de lui : on est prêt à renoncer à tout, excepté à son amour, et à tout souffrir plutôt que de résister à sa volonté : ce qui fait un amour à toute épreuve.

Qu'ajoute à la perfection d'un tel acte l'expression d'une chose impossible ? Rien qui puisse être réel ; rien par conséquent qui donne l'idée d'une plus haute et plus effective perfection.

Pourquoi donc un Moïse, un saint Paul, selon l'interprétation de saint Chrysostome et de son école ; pourquoi ceux qui ont suivi cet Apôtre se sont-ils servis de ces fortes expressions ? Pourquoi, sinon pour nous faire entendre par ces manières d'excès, que leur amour est prêt à tout, jusqu'à être anathème si Dieu le vouloit ?

Il ne faut pas croire pourtant qu'en parlant de cette sorte ils aient été persuadés que Dieu voulût ou qu'il pût vouloir, selon les règles de sa bonté et de sa justice, traiter ses saints avec cette rigueur. Car on a vu [2] que saint Chrysostome a suppléé dans le passage de saint Paul, un *s'il étoit possible*, εἰ δυνατόν ; et saint François de Sales, qui s'est servi si souvent de ces suppositions par impossible, n'ignoroit non plus que les autres qui ont parlé comme lui ce beau passage du livre de la Sagesse : « Comme vous êtes juste, vous disposez justement de toutes choses, et vous trouvez éloigné de votre vertu, de condamner ceux qui ne doivent pas être punis [3]. » On sait bien que selon les règles qu'il a établies, Dieu ne peut envoyer dans les enfers ni priver de l'effet de ses promesses, ceux qui auront été fidèles à garder ses commandemens. Tout l'effet de ces suppositions est que s'élevant en quelque façon au-dessus tant du possible que de l'impossible, on tâche

---

[1] *Psal.*, XXXIX, 17. — [2] Ci-dessus, liv. I, n. II. — [3] *Sap.*, XII, 15.

d'exprimer comme on peut ce que porte le sacré *Cantique*, que *l'amour est fort comme la mort; et que la jalousie*, que l'on conçoit pour la gloire de Dieu, *est dure comme l'enfer*[1], et ne cède pas à ses supplices.

Après avoir établi que cet acte ou, si l'on veut, cette expression est pieuse et légitime, il falloit encore marquer les inconvéniens où tombent les quiétistes à son occasion.

J'en trouve quatre principaux : le premier est de rendre cet acte trop commun : la terre est couverte de leurs cantiques, où l'on méprise l'enfer et la damnation ; et c'est la première chose qu'on fait parmi eux, dès qu'on y peut seulement nommer l'oraison de simple regard. Je ne m'en étonne pas, et en soi rien n'est plus facile qu'un abandon dont on sait l'exécution impossible : mais lorsqu'il est sérieux, il n'est que pour les Pauls, pour les Moïses, c'est-à-dire pour les plus parfaits. Si saint Pierre, un apôtre si fervent, a été repris pour avoir dit dans son zèle : *Je mettrai ma vie pour vous*[2]; et s'il a fallu le convaincre par sa chute qu'il avoit promis plus qu'il ne pouvoit, comme remarque saint Augustin, de quel délaissement ne seront pas dignes ceux qui osent d'abord affronter l'enfer avec ses feux? Ils ne s'entendent pas eux-mêmes, ils ne songent pas à ce qu'ils disent : à peine sont-ils à l'épreuve des maux les plus légers, et ils s'imaginent pouvoir soutenir ceux de l'enfer! Pour faire véritablement un acte si fort, il faudroit auparavant avoir passé par mille sortes d'exercices, être poussé à bout par son amour, et sans relâche pressé et sollicité au dedans par des impressions divines : autrement cet abandon n'est qu'un vain discours et une pâture de l'amour-propre. C'est acheter à trop bon marché la perfection, que de croire y être arrivé par une soumission en l'air et un dévouement sans effet : voilà donc le premier inconvénient, c'est de rendre cet acte trop commun. Le second est d'attacher à cette expression la perfection et la pureté de l'amour : car on a vu de très-grands saints, parmi lesquels j'ai nommé saint Augustin, et j'en pourrois nommer une infinité d'autres, qui tout embrasés qu'ils étoient du saint amour, n'ont jamais seulement songé à en expliquer la force par ces supposi-

---

[1] *Cant.*, VIII, 6. — [2] *Joan.*, XIII, 36.

tions impossibles. Combien de saints ont eu un amour capable du martyre, qui n'ont pas seulement songé à exprimer qu'ils étoient prêts à le souffrir ? Ainsi sans nommer les peines d'enfer, on peut être très-disposé à les endurer, si Dieu le vouloit, plutôt que de l'offenser. Le troisième inconvénient est d'attacher un tel acte à une oraison extraordinaire et passive : car c'est vouloir attacher à un état extraordinaire et particulier ce qu'on a vu compris dans le pur amour, qui est de tous les états, comme on l'a souvent démontré. Le dernier inconvénient est, sous prétexte d'un acte où l'on veut réduire la perfection du christianisme, de croire avoir satisfait à toute la loi de Dieu, et de négliger la pratique des commandemens exprès : ce qui est, comme on a vu par les articles précédens, une hérésie manifeste.

Au reste je veux bien avouer que quelques savans théologiens eussent voulu qu'on eût passé cet article sous silence, ou du moins qu'on s'y fût plutôt servi du terme *de tolérer* que de celui *d'inspirer ces actes aux ames peinées et vraiment humbles*, comme il est porté dans l'article [1]. Je voudrois bien pouvoir céder à leurs sentimens. Mais premièrement pour le silence, c'eût été une peu sincère dissimulation d'une chose qui est très-célèbre en cette matière, et on se fût ôté le moyen de découvrir les abus qu'on en a faits dans le quiétisme.

Pour le terme de *tolérer*, on ne pouvoit l'appliquer à un acte que tant de saints, et entre autres saint Chrysostome avec toute sa savante école, ont attribué à saint Paul.

Pour le terme *d'inspirer cet acte*, si l'on entendoit qu'on y dût porter les ames comme à un exercice commun, on a vu que je serois des premiers à m'y opposer : mais pour l'inspirer, ainsi que porte l'article *aux ames humbles et peinées*, que Dieu presse par des touches particulières à lui faire cette espèce de sacrifice à l'exemple de saint Paul, comme après tout ce n'est autre chose que de les aider à produire et en quelque sorte à enfanter ce que Dieu en exige par ses impulsions, on n'a point trouvé d'autre terme, et on est prêt à le changer si quelqu'un en indique un plus propre.

Les directeurs des ames sont établis par le Saint-Esprit *dispen-*

[1] Art. XXXIII, ci-dessus, p. 364.

XX.
Du der-

nier arti-cle, et des manières différentes de diriger les ames. sateurs *d'une grace qui se diversifie en plusieurs manières* [1]. Il ne faut pas s'en étonner, puisque la sagese de Dieu étant elle-même, comme dit saint Paul [2], *fort diversifiée* dans ses desseins, les graces qu'elle distribue ne peuvent être uniformes. Ainsi le fidèle directeur des ames, dont tout le travail est d'accommoder sa conduite à l'opération de Dieu, la doit changer selon ses ordres; et cette remarque est utile à faire observer qu'il ne s'ensuit pas, que pour tenir des voies differentes, les ministres de Jésus-Christ ne soient pas animés d'un même esprit.

On ajoute qu'une même vérité de l'Evangile est entendue plus profondément des uns que des autres, suivant les degrés de graces où chacun est appelé; ce qui est certain en soi-même, et propre d'ailleurs à autoriser la conduite des saints directeurs, qui sans rien forcer laissent sagement entrer les ames dans l'infinie variété des voies de Dieu, et enfin ne font autre chose que de seconder son opération.

XXI. Quelle instruction l'on a donnée à l'auteur du livre intitulé: Moyen court, etc. Comme le public a su que la personne qui a composé le livre intitulé *Moyen court*, et l'*Interprétation du Cantique des cantiques*, s'est soumise à l'instruction, il ne sera pas inutile d'en rendre ici quelque compte en très-peu de mots.

Premièrement elle a signé les XXXIV articles [3], qui lui ont été donnés avec les souscriptions qui suivent: *Délibéré à Issy,* † J. Bénigne, *évêque de Meaux;* † Louis-Ant., *év. C. de Châlons;* F. de Fénelon, *nommé à l'archevêché de Cambray;* L. Tronson.

En signant ces articles, elle signoit visiblement dans le fond la rétractation de ses erreurs, qui toutes sont incompatibles avec la doctrine qu'ils contiennent. Pour une plus précise explication, elle a encore souscrit aux ordonnances et instructions pastorales des 16 et 25 avril 1695, et à la condamnation de ses deux livres, comme contenant une mauvaise doctrine, ainsi qu'elle l'a expressément reconnu. On a défendu à cette personne de répandre ni ses livres, ni ses manuscrits qui étoient en grand nombre, d'enseigner, dogmatiser, diriger les ames, et de faire aucune fonction de son prétendu état apostolique, dont aussi elle avoit souscrit la condamnation dans l'article XXVII des XXXIV. On lui a prescrit en

---

[1] I *Petr.*, IV, 10. — [2] *Ephes.*, III, 10. — [3] Rapportés ci-dessus, p. 377 et suiv.

particulier les actes de religion auxquels l'on est obligé par l'Evangile, et dont ses livres enseignoient la suppression. Elle s'est soumise à tout cela par des souscriptions expresses et souvent réitérées selon l'occurrence ; et ce n'est qu'à ces conditions qu'on l'a reçue aux sacremens. Ceux donc qui continueront à se servir de ces livres censurés canoniquement et même condamnés par leur auteur, ou d'en suivre les maximes, seront de ceux qui suivant de mauvais guides voudront tomber avec eux dans le précipice.

On avoit d'abord jugé à propos de ne point entrer dans les manuscrits de cette personne, dont il ne paroissoit pas que le public fût informé ; mais depuis, un saint prélat ayant trouvé l'écrit intitulé *les Torrens* répandu dans son diocèse, on ne peut que louer le soin qu'il a pris pour en empêcher la lecture, d'en exposer les insoutenables excès [1] ; et je ne puis refuser au public le témoignage sincère que je dois à la vérité des extraits qui sont contenus dans sa censure comme conformes à un exemplaire qui m'a été mis en main par l'ordre de l'auteur du livre (a).

Je ne me veux point expliquer sur le reste de ses écrits ; et tout ce qu'on en peut dire, c'est que le public peut juger de l'opinion qu'on en a par la défense si expresse qu'on en a faite à leur auteur de les répandre, à quoi elle s'est soumise par sa signature, ainsi qu'on a vu.

Quant à ceux, s'il y en a, qui voudroient défendre les livres que l'Eglise a flétris par tant de censures, ils se feront plutôt condamner qu'ils ne les feront absoudre ; et l'Eglise est attentive sur cette matière.

Pour achever cet ouvrage et en recueillir le fruit, il ne reste plus que d'en ramasser les instructions principales, et de les opposer en peu de mots aux erreurs qu'on a condamnées. La plus dangereuse de toutes est d'ôter du cœur des fidèles ou d'y affoiblir le désir du salut, qu'on trouve partout dans saint Paul, et en particulier dans les endroits de cet Apôtre, qui ont été rapportés au troisième livre. Il est démontré par ces passages [2], que ce désir

XXII. Récapitulation de cet ouvrage, et premièrement des erreurs sur le désir du salut.

---

[1] *Ordonn.* de M. de Chartres portant condamnation de plusieurs livres des quiétistes, du 21 novembre 1695. — [2] Ci-dessus, liv. III, n. 8.

(a) Mme Guyon.

est inspiré par un amour de charité, par un amour libre et qui vient du choix d'une volonté droite, et enfin par un amour pur, puisqu'il a la gloire de Dieu pour sa fin.

On a encore établi cette vérité par ce passage de saint Paul : « Oubliant ce qui est derrière, et m'étendant (par un saint effort) à ce qui est devant moi, je cours incessamment au bout de la carrière, au prix de la vocation d'en haut[1], » c'est-à-dire à la céleste récompense : ce qui appartient si visiblement à la perfection, que l'Apôtre ajoute aussitôt après : « Tant que nous sommes de parfaits, soyons dans ce sentiment[2]. »

On a aussi rapporté pour la même fin[3], après saint François de Sales, beaucoup de paroles de David, dont en voici une qu'on ne peut assez répéter : « J'ai demandé au Seigneur une seule chose : » *unam petii*[4] ; ce n'est pas ici une demande imparfaite, et qui partage le cœur : « Je n'ai, dit-il, demandé qu'une seule chose ; » ce n'est point une demande qui passe comme passent les désirs imparfaits : *hanc requiram* : « Je la demanderai encore, » et je ne cesserai de la demander, qui est « d'habiter dans la maison du Seigneur, de voir sa volupté (d'en jouir) et de visiter son saint temple. »

Fuyez donc les expressions des nouveaux mystiques, où vous ne trouverez ordinairement le désir du salut qu'avec des restrictions peu nécessaires, et presque jamais absolument ou à pleine bouche comme s'il étoit suspect. Gardez-vous bien d'y attacher, à leur exemple, l'idée d'acte imparfait et intéressé, ou d'en séparer l'idée du pur et parfait amour, de peur que des ames ignorantes, en nommant toujours l'amour pur et désintéressé, ne s'imaginent être plus parfaites qu'un saint Paul et qu'un David, où elles trouvent à toutes les pages ces désirs, qu'on les accoutume à regarder comme intéressés et comme imparfaits.

Ne faites point dire à saint François de Sales que la sainte indifférence chrétienne enferme une indifférence pour le salut : car la proposition en est erronée, comme il a été démontré sur l'article IX parmi les XXXIV[5].

Il paroit dans le même article[6], que « la sainte indifférence

[1] *Phil.*, III, 13, 14. — [2] *Ibid.*, 15. — [3] Ci-dessus, liv. VIII, n. 5. — [4] *Psal.* XXVI, 4. — [5] Liv. X, n. 5 et 7. — [6] *Ibid.*, n. 6.

chrétienne regarde les événemens de cette vie (à la réserve du péché) et la dispensation des consolations ou sécheresses spirituelles, *sans qu*'il soit permis à un chrétien d'être indifférent pour son salut, ni pour les choses qui y ont rapport, » comme sont les vertus.

Nous avons rapporté une infinité d'endroits [1], et entre autres deux principaux où le saint évêque de Genève explique expressément ce qui est compris dans l'indifférence chrétienne ; et nous avons remarqué qu'il n'y a pas une seule fois nommé le salut [2] ; mais seulement les événemens de la vie, en y comprenant les consolations et les sécheresses spirituelles, ce qu'il inculque et répète dans un entretien où la matière est traitée à fond, ainsi que nous l'avons observé [3].

Si vous tombez sur le passage où il dit : « qu'il désire peu, et désireroit encore moins s'il étoit à renaître [4], » comme s'il croyoit tous les désirs imparfaits ou intéressés : repassez l'endroit de ce livre [5], où en alléguant ce passage nous avons fait voir que le Saint restreint lui-même sa proposition sur la cessation des désirs, précisément *aux choses de la terre,* sans diminuer le *désir et la demande des vertus,* comme il l'explique lui-même en termes formels dans la suite de ce discours.

Ne souffrez pas qu'on abuse de ces paroles du même endroit : « Si Dieu venoit à moy j'irois à lui : s'il ne vouloit pas venir à moy, je me tiendrois là et n'irois pas à lui : » car cette froideur approcheroit du blasphème, si l'on entendoit cette parole du fond même de la dévotion, et non pas des consolations ou des sécheresses, où Dieu, selon qu'il lui plaît d'exercer les ames, s'en approche et s'en retire, ainsi que nous l'avons démontré par tant de passages de ce Saint, qu'il n'y peut rester aucun doute [6].

Au reste s'il étend son indifférence aux consolations et aux sécheresses, il ne faut pas s'imaginer que cette indifférence soit absolue et entière ; mais il y faut apporter les correctifs que nous avons remarqués dans une lettre du saint homme [7] : autrement il

---

[1] Liv. VIII, n. 4 et 13. — [2] *Ibid.,* n. 8. — [3] *Entr.* II, ci-dessus, liv. VIII, n. 11. — [4] *Entr.* XXI. — [5] Ci-dessus, liv. VIII, n. 2. — [6] Liv. VIII, n. 13 et suiv. — [7] *Ibid.,* n. 17.

seroit contraire à saint Bernard, à David qui gémit dans les privations, et à lui-même.

Quand vous entendrez objecter sous le nom de ce saint évêque *l'indifférence héroïque* d'un saint Paul et d'un saint Martin, poussée jusqu'au désir de voir Jésus-Christ, entendez-la sans hésiter, comme toute la suite le montre, du plus tôt ou du plus tard, et non pas du fond, comme nous l'avons démontré [1], et assurez-vous que le contraire seroit un blasphème.

C'en seroit un du premier ordre, d'être indifférent à être damné; et comme il ne reste que la damnation à ceux qui perdent le salut, c'est être indifférent pour la damnation que de l'être pour le salut même.

Il ne sert de rien de recourir à la distinction entre la résignation et l'indifférence; car nous avons établi qu'elle est bien mince [2], et qu'en tout cas, ni en vérité ni selon saint François de Sales, on ne trouvera jamais de résignation non plus que d'indifférence à être privé du salut. Il a été démontré par des principes théologiques et inébranlables [3], que Dieu ne nous demande aucuns actes de résignation aux décrets qui regarderoient la réprobation; mais plutôt qu'il nous les défend comme contraires à l'amour que nous nous devons à nous-mêmes, et à notre propre salut pour l'amour de Dieu.

Qu'on n'impute point à indifférence ces suppositions par impossible, où ce saint homme, à l'exemple de quelques autres saints, a reconnu « qu'on préféreroit l'enfer et la damnation au paradis, si par impossible il y avoit plus de la volonté de Dieu dans l'un que dans l'autre : » car au contraire nous avons montré [4] que ces endroits sont la ruine de l'indifférence : et souvenez-vous que ce saint évêque a dit « que les ames pures aimeroient autant la laideur que la beauté, si elle plaisoit autant à leur amant [5]. » Quelle absurdité, mais plutôt quelle impiété d'inférer de là que la beauté de l'ame qui est la justice, et sa laideur qui est le péché, sont choses indifférentes ! Saint Paul a dit : « Si nous ou un ange du ciel vous annonçoit un autre Evangile, qu'il soit anathème [6], »

[1] Liv. VIII, n. 10. — [2] *Ibid.*, n. 23. — [3] Liv. III, n. 17; liv. IV, n. 4 et suiv.— [4] Liv. IX, n. 1. — [5] *Entr.* XII, p. 860; ci-dessus, liv. IX, n. 2. — [6] *Galat.*, I, 8.

comme le démon. A l'occasion de ce passage, fera-t-on des livres pour dire qu'il est indifférent de prêter l'oreille aux anges de lumiere ou de ténèbres? Ce sont là des expressions pour expliquer la force de ses sentimens, et non pas ou des états d'oraison ou des vérités absolues. Ainsi c'est une expression à saint Paul : « Je voudrois être anathème pour mes frères[1]; » et à Moïse : « Ou pardonnez-leur, ou effacez-moi du livre de vie[2]. » Ce sont de pieux excès dans les momens du transport, et l'on n'a aucune raison d'en faire des états d'oraison fixes et permanens. Quand saint Paul a parlé de cette sorte, il n'a pas prétendu faire un acte plus parfait ni plus pur que lorsqu'il a dit : « Je désire la présence de Jésus-Christ ; » et : « Je m'étends en avant vers la récompense[3], » qui n'est autre que lui-même ; mais il a voulu expliquer l'excès de son amour pour les Juifs qui ne le vouloient pas croire. Au reste nous avons fait voir[4] que la pratique de ces expressions ne peut être sérieuse et véritable que dans les plus grands saints, dans un saint Paul, dans un Moïse, c'est-à-dire dans les ames d'une sainteté qu'on ne voit paroître dans l'Eglise que cinq ou six fois dans plusieurs siècles. Répandre sous ce prétexte tant de cantiques, tant de livres, où l'on étale l'indifférence pour le salut, et où l'on compte pour rien l'enfer et ses peines, c'est jeter les ames dans l'égarement et dans la présomption.

Nous avons observé[5] où tomba saint Pierre, quoique plein d'amour et de ferveur, pour avoir cru trop tôt qu'il étoit à l'épreuve du martyre : peut-être perdit-il la charité en croyant trop tôt que la sienne étoit parfaite ; et du moins il est bien certain qu'il ne fut désabusé de l'opinion qu'il avoit conçue de ses forces, que par une chute affreuse. Que ne doit-on craindre pour ceux à qui l'on fait d'abord défier l'enfer? il n'y a pour les réprimer qu'à relire attentivement l'endroit marqué à la marge[6].

Il falloit donc bien se garder de multiplier des instructions inutiles sur un sujet qui n'a presque point d'application : mais l'on devoit se garder du moins de faire dire sous ce prétexte, comme ont fait tous les faux mystiques, au saint évêque de Genève,

---

[1] *Rom.*, IX, 3. — [2] *Exod.*, XXXII, 31, 32. — [3] *Phil.*, III, 8; II, 13, 14. — [4] Ci-dessus, liv. X, n. 9. — [5] *Ibid.* — [6] *Ibid.*, p. 593.

qu'on devoit tenir le salut pour indifférent, ou que le désir en devoit ou pouvoit être retranché, pour s'en tenir à désirer la volonté de Dieu en général, puisque ce saint homme ne l'a jamais dit, et que ce sentiment seroit une erreur, ainsi qu'on l'a remarqué au commencement de ce chapitre.

Nous avons rapporté, à cette occasion, la manière sèche et indifférente dont les faux contemplatifs parlent des vertus [1]. Pourquoi dire, par exemple dans le *Moyen court*, « qu'il n'y a point d'ames qui pratiquent la vertu plus fortement, que celles qui ne pensent pas à la vertu en particulier [2]? » Un mélange de ce levain fera ranger les vertus entre les objets de la sainte indifférence, ou fera dire qu'on ne pense pas à la vertu, ou qu'on ne veut plus être vertueux, ni cultiver les vertus, comme si le nom de *vertu* étoit devenu suspect aux chrétiens. Ce qu'il y a de plus simple est regardé comme un piége par nos prétendus parfaits. Dans cette théologie, aussitôt qu'on entend nommer le salut, ou dire qu'on veut posséder et voir Jésus-Christ, on soupçonne dans ces paroles des imperfections et des sentimens intéressés, et on en retire son cœur, comme on feroit de quelque chose de bas. Voilà où en est réduite la piété dans ces ames qu'on nomme grandes.

XXIII. Des erreurs sur l'oraison passive.

Une autre source d'erreur dans le quiétisme est l'abus tout manifeste qu'on y fait de l'oraison passive, où l'on commet trois fautes : l'une, en la représentant autre qu'elle n'est ; la seconde, en l'étendant trop loin ; la troisième, en la rendant trop nécessaire : ce qui tend au renversement de la piété.

Pour prévenir la première, nous avons fait voir [3] avant toutes choses, ce que c'étoit chez les vrais spirituels que l'oraison qu'on nomme passive ou de quiétude ; où il a fallu faire deux choses : la première d'exclure les fausses idées ; la seconde, d'établir les véritables. Et d'abord nous avons montré « que ce qu'on appelle oraison passive, n'est ni extase ni ravissement, ni révélation ou inspiration et entraînement prophétique [4]. » Au contraire l'esprit des vrais mystiques, et entre autres du B. P. Jean de la Croix, est d'exclure toutes ces motions extraordinaires qu'ils réservent

---

[1] Ci-dessus, liv. V, n. 37 ; liv. VIII, n. 14. — [2] Liv. X, n. 1, 2. — [3] Liv. VII, n. 2. — [4] *Ibid.*, n. 4.

à l'inspiration et aux états prophétiques. Ce n'est donc pas en cela qu'il faut mettre l'oraison passive. Il ne la faut mettre non plus, et c'est ce qu'il faut soigneusement observer, dans les motions et inspirations de la grace commune à tous les justes, parce que de cette manière « tous les justes seroient passifs, et il n'y auroit plus de voie commune, » ainsi qu'on l'a dit ailleurs ; et c'est ici un des fondemens de la vraie doctrine mystique.

Après avoir exclu les fausses idées de l'oraison passive ou de quiétude, en disant ce qu'elle n'est pas, il a fallu en venir à dire ce qu'elle étoit ; et pour cela on n'a fait que suivre les sentimens des vrais et doctes spirituels, à la tête desquels on a mis le B. P. Jean de la Croix ; d'où l'on a conclu [1] « que l'état passif est une suspension et ligature des puissances et facultés intellectuelles ; » c'est-à-dire de l'entendement et de la volonté, qui par cette suspension demeurent privés de certains actes qu'il plaît à Dieu de leur soustraire, et en particulier de tous les actes discursifs. Ce n'est donc point une suspension de tous les actes du libre arbitre, mais seulement de ceux qu'on vient de marquer, qui sont les mêmes que l'on nomme aussi réflexes ou réfléchis, de propre industrie et de propre effort : tous ces actes sont suspendus dans les momens que Dieu veut, en sorte qu'il n'est point possible à l'ame de les exercer dans ces momens : c'est ce qu'enseigne le P. Jean de la Croix, comme il a été démontré par cent témoignages certains [2]. On y joint ceux de sainte Thérèse, du Père Baltasar Alvarez, un de ses confesseurs [3], et de saint François de Sales en divers endroits, surtout dans ceux où il règle l'oraison de la Mère de Chantal [4]. Voilà une claire définition de l'oraison qu'on nomme passive ; tant qu'on ne la prendra pas par cet endroit-là, on ne fera que discourir en l'air, sans seulement effleurer la question. Ce fondement supposé, il faut ajouter encore que cette suspension d'actes ne doit pas être étendue hors du temps de l'oraison, comme il a été démontré [5], et enfin que cette oraison extraordinaire ne décide rien pour la sainteté et pour la perfection des ames que Dieu y appelle [6]. Il ne faut pas regarder ces

---

[1] Liv. VII, n. 9. — [2] Ibid., n. 9, 30. — [3] Ibid., n. 10, etc.— [4] Liv. VIII, n. 26, 31, etc.— [5] Liv. VII, n. 9, 10, 13, 17; liv. VIII, n. 28, 29.— [6] Lib. VIII, n. 11, 12.

remarques comme de pure curiosité, et les réflexions suivantes en feront voir l'importance.

<small>XXIV.
Si l'état passif est passager ou universel, et s'il s'étend hors le temps de l'oraison ou contemplation actuelle.</small> Voici donc la grande illusion du quiétisme : c'est d'étendre ces soustractions et suspensions au delà des bornes. C'est une grace de Dieu très-utile aux ames de demeurer quelquefois sans pouvoir faire aucun effort ; et par ce moyen l'oraison passive tient comme le milieu entre les extases ou visions prophétiques et la voie commune. La dernière, selon son nom, n'a rien d'extraordinaire : l'autre est toute miraculeuse : l'oraison passive marche entre deux, et n'a rien d'extraordinaire que la soustraction des actes qu'on a marqués, tels que sont principalement les actes discursifs [1] : ce qui lui donne le nom de surnaturelle, au sens qu'on a expliqué par la doctrine et les expressions de sainte Thérèse.

La fin que Dieu se propose dans cette oraison a aussi été expliquée, lorsqu'on a dit [2] que par ces suspensions et soustractions Dieu accoutume les ames à se laisser manier comme il lui plaît, et que leur faisant expérimenter qu'elles ne peuvent rien par leurs propres forces, il les tient profondément abaissées sous sa divine opération, sans pouvoir souvent exercer d'autre acte que celui de se soumettre et d'attendre.

Ce fondement supposé et l'oraison dont il s'agit étant définie, il faut encore ajouter que cette suspension d'actes ne doit pas être étendue hors des momens où Dieu veut que certaines ames ressentent leur impuissance ; en sorte que dans tout le temps que cette opération divine se fait sentir, l'ame demeure en attente de ce que Dieu voudra faire en elle, et ne s'excite point à agir. Mais l'erreur des quiétistes est d'étendre à tout un état cette disposition passagère, comme il a été expliqué [3].

Une des raisons qu'on en allègue est qu'il ne faut point prévenir Dieu, puisque c'est lui qui nous prévient ; mais seulement le suivre et le seconder : autrement ce seroit vouloir agir de soi-même. Mais c'est là réduire les ames à l'inaction, à l'oisiveté, à une mortelle léthargie. Il est vrai que Dieu nous prévient par son inspiration ; mais comme nous ne savons pas quand ce divin souffle veut venir, il faut agir sans hésiter comme de nous-mêmes,

<small>[1] Ci-dessus, liv. VII, n. 6, 8. — [2] Liv. VII, n. 11, 16. — [3] Liv. VIII, n. 15.</small>

quand le précepte et l'occasion nous y déterminent, dans une ferme croyance que la grace ne nous manque pas.

Nous avons produit plusieurs passages et de l'Ecriture et des Saints pour établir ce propre effort du libre arbitre, qui s'excite au bien : mais le plus clair est celui de saint Augustin, où raisonnant sur le nom de la grace, qui est un secours, il dit *qu'on n'aide que celui qui fait volontairement quelques efforts* [1]. Le passage est beau et précis, et le lecteur attentif aura de la joie à le relire. Ce grand défenseur de la grace en composant un si bel ouvrage, un des plus doctes qu'il ait composés pour la soutenir, assurément ne vouloit pas dire que le libre arbitre prévenoit la grace dans les actions de piété : il vouloit dire seulement que dans l'occasion on doit toujours tâcher, toujours s'efforcer, toujours s'exciter soi-même, *conari :* et croire avec tout cela que quand on tâche et quand on s'efforce, la grace a prévenu tous nos efforts.

Il est vrai que, lorsque la grace se fait sentir de ces manières vives et toutes-puissantes, qui ne laissent pour ainsi dire aucun repos à la volonté, souvent il ne faut que se prêter à son opération et la laisser faire; mais c'est une erreur aussi grossière que dangereuse, de croire qu'en ce lieu d'exil on en vienne à un état où il ne faille plus faire de ces doux et volontaires efforts. Nous avons prouvé le contraire en cent endroits de ce livre : il y a été démontré que c'est tenter Dieu que d'agir d'une autre sorte, et que c'est une illusion qui mène au fanatisme. David qui reconnoît si souvent que Dieu nous prévient, nous invite aussi quelquefois à le prévenir : *Præoccupemus faciem ejus* [2]. Il ne faut ressembler ni au pélagien qui croit prévenir la grace par son libre arbitre ni au quiétiste qui en attend l'opération dans une molle oisiveté.

Pour recueillir ce raisonnement et le faire voir comme d'un coup d'œil, nous arrangerons quatre propositions.

XXV. Quatre propositions arrangées, qui démontrent la vérité des deux chapitres précédens.

1. La manière d'agir naturelle et ordinaire est de discourir et d'exciter sa volonté par des réflexions et des représentations intellectuelles des motifs dont elle est touchée.

2. Cette manière d'agir n'est pas absolument nécessaire à la

[1] *De pecc. mer.*, lib. II, n. 6; ci-dessus, n. 18. — [2] *Psal.* XCIV, 2.

piété : on peut agir par la seule foi, qui de sa nature n'est pas discursive, et c'est ce qui fait la contemplation.

3. Dieu, qui est le maître de l'ame, peut encore la pousser plus loin ; en sorte que non-seulement elle n'use plus de discours, mais même qu'elle ne puisse plus en user, qui est ce qu'on appelle la suspension des puissances, ou l'oraison et contemplation passive, infuse et surnaturelle.

4. La contemplation ni active ni passive n'est que passagère et comme momentanée en cette vie, et n'y peut être perpétuelle. Nous avons posé ces principes selon saint Thomas [1] ; et la conclusion de tout cela est que si certains actes, comme les demandes, les actions de graces et ceux de foi explicite sur certains objets, cessent pour un temps dans l'oraison et recueillement actuel, on les retrouve en d'autres momens, comme nous l'a enseigné le docte Père Baltasar Alvarez [2] ; en sorte que la suspension n'en est jamais absolue, quoi qu'en disent les faux mystiques, en quelque état que ce soit.

Nous avons aussi remarqué que le B. P. Jean de la Croix en parlant des états perpétuellement passifs, ne trouve personne à y mettre que la sainte Mère de Dieu [3].

Pour aller jusqu'au principe, nous avons montré [4] par saint Thomas, *qu'un acte continuel de contemplation et d'amour* est un acte des bienheureux : et par saint Augustin, que si ces momens heureux de contemplation pouvoient durer, ils deviendroient quelque chose qui ne seroit point cette vie : ce qu'il répète si souvent et en tant de façons, qu'il est inutile d'en rapporter les passages. En voici un qui me vient, sur ce verset du psaume XLI : *Mon ame, pourquoi me troublez-vous ?* « Nous avons senti avec joie la douceur intérieure de la vérité : nous avons vu des yeux de l'esprit, quoiqu'en *passant et rapidement,* je ne sais quoi d'immuable : pourquoi donc me troublez-vous encore ? Et l'ame répond dans le silence : Quelle autre raison puis-je avoir de vous troubler, sinon que je ne suis pas encore arrivée au lieu où se trouve cette douceur qui m'a ravie en passant ? » Voilà ce qu'on

---

[1] Ci-dessus, liv. I, n. 20, et liv. X, n. 16. — [2] Ci-dessus, liv. VII, n. 10. — [3] *Ibid.*, n. 24. — [4] Ci-dessus, liv. I, n. 20.

sent ; voilà ce qu'on aime dans l'acte de contemplation, toujours passager en cette vie. Cent endroits semblables des autres Pères de pareille autorité enrichiroient ce chapitre, si la vérité dont il s'agit n'étoit pas constante.

Une des erreurs des faux mystiques que nous avons souvent relevée, est d'attacher la perfection et la purification de l'ame à l'état passif. Il a été démontré par plusieurs raisons, et en particulier par l'exemple de saint François de Sales [1], que cette doctrine est aussi fausse que dangereuse, puisque sans être élevé à cette oraison, ce saint évêque est parvenu à la plus haute perfection du pur amour. Il a même très-clairement expliqué que sans l'oraison de quiétude, on arrive à un état autant et plus méritoire qu'on peut faire par son secours [2]. Nous avons vu la même doctrine dans sainte Thérèse, et on en peut voir les passages aux endroits cités à la marge et dans la préface de ce livre [3]. Il est donc très-clairement démontré, et par principes théologiques, et encore par des témoignages et des exemples certains, que c'est pousser l'oraison passive au delà des bornes marquées par nos pères, que de la donner comme nécessaire à la pureté et perfection de l'amour.

XXVI. Que la purification et la perfection de l'ame ne sont point attachées à l'état passif.

Nous avons soigneusement distingué les actes directs et réfléchis, aperçus et non aperçus, empressés ou inquiets et paisibles [4]. Nous avons exclu les derniers de l'état de perfection [5]; mais il faut bien prendre garde qu'outre l'empressement et l'inquiétude, il y a une excitation douce et tranquille de soi-même et de sa propre volonté, un simple et paisible effort de son libre arbitre avec la grace, qui est inséparable de la piété durant tout le cours de cette vie.

XXVII. Abrégé de la doctrine des actes.

Il est vrai que nous avons vu [6] qu'il y a des actes de simplicité ou même de transport, qui échappent à notre connoissance, ou plutôt à notre souvenir ; mais si l'on n'y regarde de près, ces actes seront un prétexte aux ames infirmes et présomptueuses pour ne rien faire du tout, et cependant se persuader qu'elles auront fait

---

[1] Ci-dessus, liv. VII, n. 28 et suiv.; liv. IX, n. 11. — [2] *Ibid.*, n. 12. — [3] *Ibid.*, n. 13 ; Préf., n. 6 et 7. — [4] Ci-dessus, liv. V, n. 1, 9 et suiv. — [5] Ci-dessus, liv. VIII, n. 15, 37. — [6] Liv. V, n. 9.

de grandes choses, que leur propre sublimité leur aura cachées. Ces ames doublement prises dans les lacets du démon par oisiveté et par orgueil, ne lui échapperont jamais. Quelque cachées que soient souvent aux ames parfaites certaines bonnes dispositions de leur cœur [1], on en doit toujours avoir assez pour pouvoir dire avec David : « Mon Dieu, je n'ai point élevé mon cœur [2]; » et avec Job : « Qu'il me pèse dans une juste balance, et qu'il connoisse ma simplicité [3]; » et avec saint Paul : « C'est là notre gloire, le témoignage de notre conscience [4]; » et encore : « Je ne me sens coupable de rien [5]; » et encore : « Ma conscience me rend témoignage [6]; » et encore : « J'ai soutenu un bon combat, et la couronne de justice m'est réservée [7]; » et avec saint Jean : « Si notre cœur ne nous reprend pas, nous aurons confiance en Dieu; et tout ce que nous demanderons nous sera donné, parce que nous gardons ses commandemens, et que nous accomplissons ce qui lui plaît [8]; » et un peu au-dessus : « C'est en cela que nous connoissons que nous sommes enfans de la vérité, et ainsi nous fortifions et encourageons notre cœur en sa présence [9]. » Mettons-nous donc en état d'avoir ce fidèle appui d'une bonne conscience ; il sera parfait et véritablement désintéressé, s'il est accompagné de la purification et désappropriation, dont nous parlerons bientôt, et qui consiste à bien croire que tout don parfait vient d'en haut [10]. Ne cherchons donc point à étouffer les réflexions sur nous-mêmes, c'est-à-dire ni sur nos péchés, ni sur les graces que Dieu nous fait, puisque ces réflexions se tournent en pénitence, en actions de graces et en l'humble témoignage d'une bonne conscience.

XXVIII. Abrégé de ce qu'on a dit des livres des quiétistes, où l'on remarque un des caractères de cette secte.

Au reste j'ai cru devoir joindre, selon la coutume de l'Eglise, à la doctrine que j'ai opposée au quiétisme la réfutation et la flétrissure des livres où les maximes de cette secte sont contenues. Les erreurs ne s'enseignent pas toutes seules : elles s'introduisent par des livres et par des personnes; et c'est pourquoi ceux qui condamnent les mauvais dogmes, n'en doivent point épargner les auteurs, ni leur chercher des excuses dans les ambiguïtés et va-

---

[1] Ci-dessus, liv. V, n. 5-7. — [2] *Psal.* CXXX, 1. — [3] *Job*, XXXI, 6. — [4] II *Cor.*, I, 12. — [5] I *Cor.*, IV, 4. — [6] *Rom.*, IX, 1. — [7] II *Timoth.*, IV, 7. — [8] I *Joan.*, III, 21, 22. — [9] *Ibid.*, 19. — [10] *Jac.*, I, 17.

riétés qui se trouvent souvent dans leurs paroles. Ç'a été la règle de l'Eglise de regarder où vont leurs principes, et où tend toute la suite de leurs expressions, comme j'ai tâché de l'expliquer en divers endroits [1]. Cette secte et les autres sectes de même nature ont été de tout temps si artificieuses, que jamais il n'y a rien eu de plus difficile que de leur faire avouer leurs sentimens. La sincérité et la charité m'obligent à dire que ces gens savent jouer divers personnages. Ils sont si enfans, si on les en croit, et d'une telle innocence, que souvent ils signeront ce que vous voudrez, sans songer s'il est contraire à leurs sentimens, car ils savent s'en dépouiller à leur volonté : en sorte que ce sont les leurs sans être les leurs, parce qu'ils n'y sont, disent-ils, jamais attachés : leur obéissance est si aveugle, qu'ils signent même sans le croire ce qui leur est présenté par leurs supérieurs : rien cependant n'entre dans leur cœur, à ce qu'ils avouent eux-mêmes ; et à la première occasion vous les retrouverez tels qu'ils étoient. Ce n'est pas sans nécessité et sans l'avoir expérimenté que je leur rends ce témoignage : et on ne peut trop recommander la vigilance et l'attention à ceux qui sont chargés de leur conscience.

XXIX. Dessein du second traité.

Le traité qui suivra celui-ci, entrera encore plus avant dans la matière du pur et parfait amour. Comme il ne s'y agira plus guère de découvrir les sentimens outrés des faux mystiques de nos jours, on expliquera par principes et dans toute son étendue la nature de l'amour divin, en posant ce fondement de saint Paul : « La charité ne cherche point ses propres intérêts : » *Non quærit quæ sua sunt* [2]. Ce qui montre que par sa nature elle est désintéressée, et qu'un amour intéressé n'est pas charité.

En même temps il ne laisse pas d'être véritable qu'elle aime la béatitude, et c'est un second principe qu'il sera aisé d'établir. On montrera donc par l'Ecriture et par les Pères, que c'est le vœu et la voix commune de toute la nature, et des chrétiens comme des philosophes, qu'on veut être heureux et qu'on ne peut pas ne le pas vouloir, ni s'arracher ce motif dans aucune des actions que la raison peut produire, en sorte que c'en est la fin dernière, ainsi qu'on le reconnoît dans toute l'Ecole.

[1] Ci-dessus, liv. I, n. 28 ; liv. II, n. 23 ; liv. X, n. 1. — [2] I *Cor.*, XIII, 5.

Dès là donc il n'est pas possible à la charité de se désintéresser à l'égard de la béatitude : ce qui se confirme par la définition de la charité que donne saint Thomas[1], qui est que « la charité est l'amour de Dieu, en tant qu'il nous communique la béatitude, en tant qu'il en est la cause, le principe, l'objet, en tant qu'il est notre fin dernière. C'est le propre de la charité, dit ce saint docteur, d'atteindre notre fin dernière, en tant qu'elle est fin dernière ; ce qui ne convient à aucune autre vertu : » *Charitas tendit in finem ultimum, sub ratione finis ultimi; quod non convenit alicui alii virtuti*[2].

Ces *en tant*, que ce saint docteur répète sans cesse en cette matière, sont usités dans l'Ecole pour expliquer les raisons formelles et précises : en sorte que d'aimer Dieu, comme nous communiquant sa béatitude, emporte nécessairement que la béatitude communiquée est dans l'acte de charité une raison formelle d'aimer Dieu, par conséquent un motif dont l'exclusion ne peut être qu'une illusion manifeste.

C'est ce qui fait ajouter à ce saint docteur, « que si par impossible Dieu n'étoit pas tout le bien de l'homme, il ne lui seroit pas la raison d'aimer[3] : » c'est-à-dire qu'il ne seroit pas un motif formel et une raison précise pour laquelle il aime. D'où il s'ensuit que c'est à l'homme un motif d'aimer Dieu, que Dieu soit tout son bien, c'est-à-dire, en d'autres mots, sa béatitude.

Cette doctrine de saint Thomas est tirée de saint Augustin[4], qui partout exprime l'amour qu'on a pour Dieu, par le terme de *frui*, jouir, qui enferme en sa notion la béatitude, puisqu'elle n'est précisément autre chose que la jouissance ou commencée ou accomplie de l'objet aimé.

C'est donc une illusion d'ôter à l'amour de Dieu le motif de nous rendre heureux ; et c'est une contradiction manifeste de dire d'un côté, avec saint Thomas, qu'on doit aimer Dieu en tant qu'il nous communique la béatitude, et de l'autre, exclure la béatitude d'entre

---

[1] IIa IIæ, q. 23, art. 1, c. 5; q. 24, art. 2, ad 1 ; q. 26, 1, c.; q. 26, 1, c. IV. — [2] Q. 23, 7. c., et ad 2, art. 8, etc.; q. 26, 1, ad 1 ; q. 27, art. 3, c., etc. — [3] *Ibid.*, q. 26, art. 13, ad 3. — [4] *De Doctrina christ.*, lib. I, n. 3 et seq.; lib. III, n. 16.

les motifs de l'amour, puisque la raison d'aimer ne s'explique pas d'une autre sorte.

Au reste ces raffinemens introduits dans la dévotion ne sont pas de peu d'importance. L'homme à qui l'on veut faire accroire qu'il peut n'agir pas par ce motif d'être heureux, ne se reconnoît plus lui-même, et croit qu'on lui en impose en lui parlant d'aimer Dieu comme en lui parlant d'aimer sans le dessein d'être heureux : de sorte qu'il est porté à mépriser la dévotion comme une chose trop alambiquée, ou il s'accoutume en tout cas à la mettre dans des phrases et dans des pointilles.

Pour s'élever au-dessus de toutes ces foibles idées, il faut avec saint Augustin entendre la béatitude comme quelque chose au-dessus de ce qu'on appelle intérêt, encore qu'elle le comprenne, puisqu'elle comprend tout le bien et que l'intérêt en est une sorte. C'est l'idée non-seulement de saint Augustin et des autres Pères de même âge et de même autorité; mais encore, et je le dirai sans hésiter, c'est l'idée, pour ainsi parler, de Jésus-Christ même dans tout l'Evangile, et en particulier lorsqu'au rapport de saint Paul il a prononcé cette divine parole, « qu'il est plus heureux de donner que de recevoir [1]. » Par où il veut dire, non pas précisément qu'il est plus utile, mais outre cela principalement qu'il est meilleur, qu'il est plus noble, plus excellent et plus pur : qui est l'idée digne et véritable qu'il attachoit à ce terme, *il est plus heureux.*

Cette idée est celle que je trouve dans la plupart des anciens Pères. Si je l'ai bien remarqué, saint Anselme, auteur du siècle onzième, est le premier qui a défini la béatitude par l'utilité ou l'intérêt en l'opposant à l'honnêteté et à la justice : la subtilité de Scot s'est accommodée de cette distinction ; mais il me sera aisé de faire voir que saint Anselme et ceux qui l'ont suivi, en exprimant la béatitude d'une manière plus basse, n'ont pourtant pas renoncé à l'idée plus grande et plus noble que Dieu même, en nous formant, avoit attachée à ce beau mot.

Pour en découvrir toute la beauté, il nous faudra expliquer avec saint Augustin, que l'idée de la béatitude est confusément l'idée

[1] *Act.*, xx, 35.

de Dieu : que tous ceux qui désirent la béatitude, dans le fond désirent Dieu, et que ceux-là même qui s'écartent de ce premier Etre, le cherchent à leur manière sans y penser, et ne s'éloignent de lui que par un reste de connoissance qu'ils ont de lui-même : ainsi aimer la béatitude, c'est confusément aimer Dieu, puisque c'est aimer l'amas de tout bien : et aimer Dieu, en effet c'est aimer plus distinctement la béatitude.

L'idée de la récompense ne rend pas la charité plus intéressée, puisque la récompense qu'elle désire n'est autre que celui qu'elle aime, et qu'elle ne lui demande ni honneurs, ni richesses, ni plaisirs, ni aucun des biens qu'il donne pour s'y arrêter, mais lui-même. C'est donc en vain qu'on allègue un passage de saint Bernard où il dit, que « l'amour ne veut point de récompense [1] : » il s'expliquera lui-même plus commodément en son lieu : qu'il nous soit permis en attendant de lui donner pour interprète saint Bonaventure, c'est-à-dire un séraphin embrasé d'amour, et de résoudre ce nœud par cette courte distinction : l'amour, selon saint Bernard, ne veut point de récompense, où l'espérance de la récompense *est imparfaite et diminue l'amour* : si vous l'entendez de la récompense créée, saint Bonaventure l'accorde ; mais si vous l'entendez de la récompense incréée, ce grand auteur le nie [2].

La raison profonde et fondamentale de cette distinction est que la récompense incréée est cette récompense que saint Augustin appelle *perfectionnante : merces perficiens* [3]. Quand l'homme borne l'amour de la récompense dans des biens au-dessous de lui, la récompense qu'il cherche est pour ainsi dire dégradante, ravilissante et déshonorante ; mais quand il veut pour sa récompense Dieu même et tous les biens de l'ame et du corps qui en suivent la possession, c'est là une récompense *perfectionnante*, parce qu'elle donne la perfection à son être aussi bien qu'à son amour. L'homme a pour mérite l'amour commencé, et il a pour récompense l'amour consommé ; en sorte que sa récompense, loin de diminuer son amour, en est le comble ; et le désir de la récompense est si peu la diminution de l'amour, qu'au contraire il en

---

[1] *De dilig. Deo*, c. VII, n. 17. — [2] Bonav., in III, dist. 26, art. 1, ad 5. — [3] *De Doct. christ.*, lib. I, c. XXXII, n. 35 ; *De perfect. just.*, c. VIII, n. 17.

recherche la perfection, et que c'est là son digne et parfait motif.

J'ai mis avec Dieu, comme récompense, tous les biens du corps et de l'ame qui en accompagnent la possession, non-seulement parce qu'on ne peut pas ne pas chérir les récompenses qui nous sont données d'une main si amie et si naturellement bienfaisante, mais encore parce que ces biens ne sont qu'un regorgement, et si l'on me permet ce mot, une redondance de la possession de Dieu, qui fait le fond de la récompense ; c'est pourquoi saint Bonaventure nous apprend que tout cela est l'objet de la charité, à cause (remarquez ces mots) *que la charité, le vrai et parfait amour, regarde la béatitude avec l'universalité de tous les biens* qu'elle comprend, tant essentiels qu'accidentels [1]. Voilà l'objet, voilà le motif qu'on ne peut jamais exclure de la charité. Ce sont là *ces nobles récompenses*, comme les appelle saint Clément d'Alexandrie [2], qui épurent l'amour loin de l'affoiblir : récompenses en effet si nobles, qu'ou ce n'est point un intérêt, ou si c'en est un, le désintéressement n'est pas meilleur.

C'est en effet une fausse idée des nouveaux mystiques de donner pour objet à la charité la bonté de Dieu, en excluant de l'état parfait tout rapport à nous : autrement il faudroit ôter de ce grand précepte de l'amour de Dieu : *Tu aimeras le Seigneur*, puisque le mot de *Seigneur* a rapport à nous. Bien plus il faudroit rayer ce terme : *Le Seigneur ton Dieu*, puisqu'il n'est pas *notre Dieu* sans ce rapport. Il s'ensuivroit encore de cette doctrine, que l'amour que nous avons pour Dieu comme étant notre premier principe et notre dernière fin, ne seroit pas un amour de charité : erreur qui est réfutée, après saint Thomas, par toute la théologie.

Ne croyons donc pas déroger à la charité en aimant Dieu comme une nature créatrice et conservatrice, encore que tous ces mots aient rapport à nous : ni en l'aimant comme Sauveur, et Jésus comme Jésus, encore que notre salut soit enfermé dans ce titre et en fasse la douceur. Puis-je aimer Jésus-Christ comme mon Sauveur, sans aimer par le même amour mon salut même

---

[1] Bonav., etc., q. 2, ad 2. — [2] *Strom.*, lib. IV.

par lequel il est fait Sauveur? C'est pousser l'illusion trop loin que de croire que ces motifs dérogent, je ne dirai pas à l'amour, mais à l'amour le plus pur.

Par la même raison c'est aimer, et aimer du plus pur amour, que d'aimer Dieu comme une nature bienfaisante et béatifiante : tout cela étant en Dieu une excellence qui ne peut pas ne pas être aimée, ni ne pas servir de motif à l'amour, comme il a été expliqué.

Nous concluons de ces beaux principes qu'il ne faut pas craindre que celui qui aime Dieu souverainement, en se servant du motif de la récompense ou de la béatitude éternelle, puisse tomber dans le vice de rapporter Dieu à soi, puisqu'il est de la nature de cette récompense *perfectionnante* et de cet amour jouissant, d'attacher l'ame à Dieu plus qu'à elle-même : personne ne s'est jamais confessé, ni ne se confessera jamais d'avoir rapporté à soi-même comme à sa dernière fin l'amour où l'on aime Dieu souverainement comme son éternelle récompense : ces péchés sont inconnus aux confesseurs, et ne subsistent que dans les idées de quelques spirituels, dont il faudra en son lieu expliquer bénignement la bonne intention, mais non pas laisser jamais ébranler cette immuable vérité de la foi : que l'amour souverain de Dieu animé par le motif du moins subordonné de la récompense, pour ne pas entrer plus avant dans la question, est un vrai amour de charité, qui croissant comme il doit faire avec ce motif, peut devenir un pur et parfait amour.

Et quant à ces abstractions et suppositions impossibles, dont nous avons tant parlé, nous en parlerons encore pour faire voir en premier lieu, « qu'il ne faut pas permettre aux ames peinées d'acquiescer à leur désespoir et à leur damnation apparente ; mais avec saint François de Sales les assurer que Dieu ne les abandonnera pas : » ainsi qu'il est porté dans l'article XXXI parmi les XXXIV [1]. Nous exposerons à fond les conseils de saint François de Sales : et en même temps nous montrerons que c'est une erreur d'employer ces suppositions impossibles, pour séparer les motifs de l'amour les uns d'avec les autres. On dit par exemple : On

---

[1] Ci-dessus, p. 363.

aimeroit Dieu, quand par impossible il faudroit l'aimer sans récompense ; donc la récompense n'est pas une raison d'aimer, et l'amour parfait exclut ce motif. C'est une erreur semblable à celle-ci : On aimeroit Dieu, quand par impossible il ne seroit pas Créateur, puisque la création ne rend pas sa nature plus excellente : donc il faut exclure le motif de la création, lorsqu'on veut aimer purement. De même on aimeroit Dieu, et on l'aimeroit souverainement, quand il ne nous auroit pas donné pour Sauveur son Fils unique : donc cette parole du Sauveur : « Dieu a tant aimé le monde, qu'il lui a donné son Fils unique [1], » n'est pas un motif d'amour ; donc c'est d'un amour imparfait et qui n'est pas de charité, que parle saint Jean, lorsqu'il dit : « Aimons Dieu, parce qu'il nous a aimés le premier, et qu'il a envoyé son Fils pour être le Sauveur du monde [2] : » donc ce *parce que* de saint Jean n'exprime pas un motif du vrai et parfait amour : donc ce doux nom de *Jésus*, qui réjouit le ciel et la terre, ne nous est pas proposé comme un moyen et une raison de toucher les cœurs : et l'amour pur et parfait exclut ce motif. Tout cela que seroit-ce autre chose, que de vains raisonnemens qui tendroient à l'extinction de la piété ?

Si l'on vouloit pousser à bout la subtilité et s'abandonner à son génie, il ne faudroit que dire encore : On aimeroit Dieu souverainement, quand on ne songeroit pas à la volonté par laquelle il a disposé de nous et de toutes choses. Car en faisant abstraction de ce rapport, sans lequel Dieu pouvoit être, puisqu'il pouvoit être sans rien créer, il ne laisseroit pas d'être souverainement aimable : donc la conformité de notre volonté à celle de Dieu n'est pas le motif de l'amour et du pur amour, et il n'y a qu'à se perdre abstractivement dans l'excellence de l'être divin. Ainsi les motifs de l'amour s'évanouiront l'un après l'autre ; et à force de vouloir affiner l'amour, il se perdra entre nos mains. N'en disons pas davantage, de peur de faire insensiblement le livre dont nous voulons seulement donner le plan.

J'ai déjà comme ouvert l'entrée à cette doctrine [3] ; mais je me

[1] *Joan.*, III, 16. — [2] I *Joan.*, IV, 10, 19. — [3] Ci-dessus, liv. III, n. 8 ; liv. IX, n. 7.

vois obligé de la mettre avec la grace de Dieu dans la dernière évidence [1] : et pour mieux assurer la foi des fidèles, je m'unirai aux colonnes de l'Eglise, c'est-à-dire sans affectation à quelques-uns des principaux d'entre les évêques, comme feront volontiers, j'ose l'assurer, ceux qui se proposent d'écrire sur cette matière.

XXX. Quelle désappropriation, et quelle purification de l'amour on établira dans le second traité.

Nous n'oublierons pas dans ce livre la vraie et solide purification de l'amour, dont les mystiques de nos jours ne parlent guère; elle se fait par la foi en ces paroles : « Tout don parfait vient de Dieu [2] : » et : « Qu'avez-vous que vous n'ayez reçu [3] ? » et : « Sans moi vous ne pouvez rien [4]. » Nous avons touché cette admirable purification [5], en montrant l'abandon parfait où, sans établir en soi-même aucune partie de sa confiance, on donne tout à Dieu : *Ut totum detur Deo*, comme disent saint Cyprien et saint Augustin. Telle est la véritable purification de l'amour : telle est la parfaite désappropriation du cœur qui donne tout à Dieu, et ne veut plus rien avoir de propre. Chose étrange ! on ne voit point éclater une si parfaite purification et désappropriation dans les écrits des nouveaux mystiques. Nous leur avons vu établir la pureté de l'amour dans la séparation des motifs qui le pouvoient exciter; mais la méthode que nous proposons, s'il la faut appeler ainsi, qui est celle que saint Augustin a prise de l'Evangile, ne craint point de rassembler tous les motifs pour se fortifier les uns les autres; et pour épurer l'amour de Dieu de tout amour de soi-même, elle entre profondément dans cette foi, qui est le fondement de la piété, qu'on ne peut rien de soi-même, et qu'on reçoit tout de Dieu à chaque acte, à chaque moment. C'est ainsi que le cœur se désapproprie : sans cette purification, tout ce qu'on fait pour épurer l'amour ne fait que le gâter et le corrompre ; et plus on le croira pur, plus il sera disposé à devenir la pâture de notre amour-propre.

CONCLUSION.

Toute la vie chrétienne tend au pur et parfait amour, et tout chrétien y est appelé par ces paroles: « Vous aimerez le Seigneur

---

[1] Ci-dessous, *Addit. et Correct.*, n. 6. — [2] *Jac.*, I, 17. — [3] I *Cor.*, IV, 7. — [4] *Joan.*, XV, 5. — [5] Ci-dess., liv. X, n. 18.

votre Dieu de tout votre cœur [1] : » c'est là en substance tout ce que Dieu demande de nous : « car qu'est-ce que vous demande le Seigneur votre Dieu, si ce n'est que vous craigniez le Seigneur votre Dieu, et que vous marchiez dans ses voies, et que vous l'aimiez, et que vous serviez le Seigneur votre Dieu de tout votre cœur et de toute votre ame [2]? » Il nous donne pour motif de notre amour ce que Dieu nous est : il est le Seigneur, il est notre Dieu, qui s'unit à nous, ainsi qu'il l'exprime tout de suite par ces paroles : « Le ciel et le ciel du ciel, c'est-à-dire le ciel le plus haut, où sa gloire se manifeste, appartient au Seigneur votre Dieu, avec la terre et tout ce qu'elle contient ; et toutefois le Seigneur s'est attaché à vos pères et les a aimés, et en a choisi la race [3], » et le reste, qui n'est ni moins tendre ni moins fort, mais qu'il seroit trop long de rapporter. D'où il conclut : « Aimez donc le Seigneur votre Dieu [4]. » On voit, par tout ce discours, que le chaste et pur objet de notre amour est un Dieu qui veut être à nous; ce qui faisoit dire à David : « Qu'ai-je dans le ciel, et qu'ai-je désiré de vous sur la terre? Vous êtes le Dieu de mon cœur, et Dieu est mon partage à jamais [5]. » Ainsi ce motif d'aimer Dieu comme le Dieu qui veut être à nous, est du pur amour, et il n'est permis à personne d'exclure ce beau motif, à moins de renoncer aux premiers mots du grand et premier précepte de l'amour de Dieu.

Passons outre : il s'ensuit de tous ces passages et de cent autres, ou plutôt de tout l'Ancien et de tout le Nouveau Testament, que le pur et parfait amour est l'objet et la fin dernière de tous les états, et ne l'est pas seulement des états particuliers qu'on nomme passifs : d'où il faut aussi conclure que le genre d'oraison qu'on nomme passive, soit qu'on y soit en passant, ou qu'on y soit par état, n'est pas nécessaire à la pureté et à la perfection de l'amour où toute ame chrétienne est appelée : par où nous avons montré que ceux qui arrivent à cette oraison n'en sont pour cela ni plus saints ni plus parfaits que les autres, puisqu'ils n'ont pas plus d'amour.

[1] *Deut.*, VI, 5. — [2] *Ibid.*, X, 12. — [3] *Ibid.*, X, 14. — [4] *Ibid.*, XI, 1. — [5] *Psal.* LXXII, 25, 26.

La suppression ou suspension de certains actes dans l'état passif, durant le temps du recueillement ou de l'oraison, n'induit pas la suppression ou suspension des mêmes actes hors de ce temps, et on les doit exercer dans l'occasion, ainsi qu'ils sont commandés : de cette sorte il faut souvent répéter les actes de foi explicite, les demandes et les actions de graces. Il ne faut point regarder les demandes comme intéressées, sous prétexte que c'est pour nous que nous les faisons, et non pas pour Dieu, pour qui il n'y a rien à demander, puisqu'*il n'a besoin de rien et qu'il donne tout* [1] : ne lui cherchons point d'intérêt, car il n'en a point, et sa gloire est notre salut: et ne croyons pas l'aimer moins, quand, à la manière d'une fidèle épouse, notre ame le cherchera, poussée du chaste désir de le posséder.

ADDITIONS ET CORRECTIONS.

I. On corrige dans le livre x, n. 1, la faute où l'on est tombé, d'excuser nos faux mystiques de l'art. VIII des béguards.

On a corrigé dans cette édition les fautes des citations qui étoient dans l'autre (*a*) : mais il reste des fautes dans les choses mêmes, dont j'ai été averti par mes amis : et comme il y en a quelques-unes qui sont considérables, je ne sache rien de meilleur que d'avouer franchement que je me suis trompé.

J'ai dit au livre x, n. 1, que la VIIIe proposition des béguards rapportée dans le concile œcuménique de Vienne ne regardoit pas les faux mystiques de nos jours, non plus que la ve et la VIIe : encore qu'elle les regarde directement, comme il paroît par la simple lecture de la Clémentine *Ad nostrum : De hæreticis*, approuvée dans ce saint concile. Il est vrai, quant à la VIIIe proposition, que je n'en ai considéré qu'une partie, et que j'ai manqué d'attention pour l'autre. Voici la proposition toute entière, comme elle est couchée dans la Clémentine : « Qu'ils ne doivent point se lever à l'élévation du corps de Jésus-Christ ni lui rendre aucun

---

[1] *Act.*, XVII, 25.

(*a*) *Cette édition*, c'est la seconde; *l'autre*, c'est la première.

honneur : assurant que ce seroit en eux une imperfection, s'ils descendoient de leur sublime contemplation, pour penser au ministère ou sacrement de l'Eucharistie, ou à la passion de l'humanité de Jésus-Christ. »

Dans cette proposition des béguards, je n'ai remarqué que ce qui regarde l'Eucharistie; et la crainte que j'avais d'imputer aux nouveaux mystiques ce qui n'étoit point de leur sentiment, m'a fait dire que cet article ne les touchoit pas. Mais j'ai fait voir dans tout le livre II de cette *Instruction,* que nos faux contemplatifs ne croyoient que trop que Jésus-Christ Dieu et Homme et les mystères sacrés de son humanité dégradoient la sublimité de leur oraison et lui étoient un obstacle ; et qu'ainsi de ce côté-là ils adhèrent trop visiblement à l'erreur des béguards.

On m'a aussi averti que je ne devois pas laisser sans preuve ce que j'ai dit au livre VI, n. XXXIV, que c'étoit « une doctrine constante de saint Augustin et de tous les Pères, que Jésus-Christ, en nous proposant l'Oraison Dominicale comme le modèle de la prière chrétienne, y a renfermé tout ce qu'il falloit demander à Dieu : en sorte qu'il n'est permis ni d'y ajouter d'autres demandes, ni aussi de se dispenser en aucun état de faire celles qu'elle contient. » On a désiré que je soutinsse de quelque passage un point si fondamental de la matière que je traitois. Et pour satisfaire à un si juste désir, je rapporterai la doctrine de saint Augustin dans l'exposition de l'Oraison Dominicale à ceux qu'on appeloit *Competentes,* parce qu'ils demandoient ensemble le baptême ; et qu'étant admis par l'évêque à ce sacrement, ils devoient prononcer la première fois cette divine Oraison à la face de toute l'Eglise, en sortant des fonts baptismaux.

II. Doctrine excellente de saint Augustin sur le *Pater,* qu'il falloit avoir ajoutée au livre VI, n. 34.

Dans le premier sermon que ce Père a fait sur ce sujet, qui est le LVI⁰ de la nouvelle édition, nous lisons ces mots : « Les paroles que Notre-Seigneur Jésus-Christ nous a enseignées dans l'Oraison Dominicale, sont le modèle de nos désirs : *Forma est desideriorum :* il ne nous est pas permis de demander autre chose que ce qui est écrit dans ce lieu : *Non licet tibi aliquid petere quàm quod ibi scriptum est.* »

¹ Serm. LVI, n. 4.

Il importe donc de bien prendre l'esprit de cette divine prière ; et saint Augustin continue à nous y faire entrer, en examinant chaque demande en cette sorte : *Que votre nom soit sanctifié.* « Pourquoi demandez-vous que son nom soit sanctifié ? il est déjà saint. Quand vous demandez que son nom soit sanctifié, est-ce que vous allez prier Dieu pour Dieu et non pas pour vous ? Entendez, et vous priez pour vous-même ; car vous demandez que ce qui est toujours saint en soi soit sanctifié en vous, qu'il soit réputé saint, qu'il ne soit pas méprisé. Vous voyez donc que c'est à vous que vous désirez du bien ; car si vous méprisez le nom de Dieu, c'est un mal pour vous et non pas pour Dieu[1]. »

Remarquez cette façon de parler : Ce n'est pas pour Dieu que vous offrez des prières ; c'est pour vous : vous vous désirez du bien à vous-même : est-ce un désir intéressé ? Il n'y songe seulement pas, et nous en verrons la raison. Il poursuit : « *Que votre règne arrive.* Quoi ? si vous ne le demandiez pas, le règne de Dieu ne viendroit pas ? Il parle de ce règne qui arrivera à la fin des siècles : car Dieu règne toujours, et n'est jamais sans régner, lui à qui toute créature obéit. Mais quel règne désirez-vous, sinon celui dont il est écrit : Venez, vous qui avez été bénis par mon Père, et recevez le royaume. Voilà ce qui nous fait dire : *Que votre royaume arrive.* Nous prions que ce royaume soit en nous : nous demandons d'être unis dans ce royaume, car ce règne viendra sans doute : mais que vous servira qu'il vienne, s'il vous trouve à la gauche ? Ainsi en cet endroit de la prière comme à l'autre, c'est à vous que vous souhaitez du bien : c'est pour vous que vous priez ; et ce que vous désirez, c'est de vivre de la manière qui est nécessaire pour arriver à ce royaume, qui sera donné à tous les saints[2]. »

On dira peut-être qu'il nous attache trop à notre intérêt, et qu'il ne nous fait pas assez reconnoître l'excellence de la nature divine en elle-même. Au contraire il la suppose : il suppose, dis-je, que le nom de Dieu est saint en lui-même : que le règne de Dieu est éternel et inséparable de lui : enfin que Dieu est si grand, qu'il n'y a rien à lui désirer, et qu'il ne nous reste qu'à

---

[1] Serm. LVI, cap. IV, n. 5. — [2] *Ibid.*, n. 6.

prier pour nous, afin que nous soyons pleins de lui : mais la demande suivante le fait encore mieux entendre : « *Que votre volonté soit faite :* quoi ! si vous ne le demandiez pas, Dieu ne fera point sa volonté ? Souvenez-vous de l'article du Symbole que vous avez rendu, c'est-à-dire que vous avez professé à la face de toute l'Eglise, après l'avoir appris en secret : *Je crois en Dieu le Père tout-puissant :* s'il est tout-puissant, pourquoi priez-vous que sa volonté soit faite ? Que veut donc dire cette demande : *Que votre volonté soit faite ?* C'est-à-dire : Qu'il se fasse en moi que je ne résiste pas à votre volonté. Ainsi en cette demande comme dans les autres, c'est pour vous que vous priez, et non pas pour Dieu ; car la volonté de Dieu se fera en vous, quand même elle ne se fera pas par vous. La volonté de Dieu se fait dans les justes, à qui il dit : « Venez, ô bénis de Dieu ! et recevez le royaume, » puisqu'en effet ils le reçoivent : elle se fera aussi dans ceux à qui il dira : « Allez, maudits. » La volonté de Dieu se fera en eux, puisqu'ils iront au feu éternel ; mais c'est autre chose que la volonté de Dieu se fasse par vous. Ce n'est donc pas sans raison que vous demandez qu'elle s'accomplisse en vous, et par là vous ne demandez autre chose, sinon que vous soyez heureux ; *nisi ut benè sit tibi :* mot à mot, qu'il vous soit bien ; que vous soyez aussi bien que vous le désirez, mais en quelque état, ou heureux ou malheureux, que vous soyez, la volonté de Dieu se fera en vous, et vous avez encore à demander qu'elle se fasse aussi par vous : *fiet in te, sed fiat et à te*[1] : » afin, comme il vient de dire, que votre état soit heureux, *ut benè sit tibi.*

Cette parole de saint Augustin : *Ut benè sit tibi,* est répétée de l'endroit du *Deutéronome,* où se lit le commandement primitif du saint amour : « Ecoute, Israël, et prends garde à observer les commandemens que t'a prescrits le Seigneur, et afin que cela te tourne à bien : *et benè sit tibi*[2] ; afin que tu sois heureux : comme s'il disoit : Ce n'est pas pour être heureux lui-même que le Seigneur ton Dieu veut être aimé de toi : c'est afin que tu le sois ; à quoi il ajoute : « Ecoute, Israël ; le Seigneur notre Dieu est un seul Seigneur[3] ; » ce qui appartient à l'excellence incommuni-

[1] Serm. LVI, c. v, n. 7. — [2] *Deut.,* VI, 3. — [3] *Ibid.,* 4.

cable de la nature divine : d'où après avoir posé, comme on a vu, les motifs fondamentaux de notre amour, il conclut : « Tu aimeras le Seigneur ton Dieu de tout ton cœur, etc. [1]; » ne dédaignant pas d'expliquer dès ces premiers mots que le Dieu qu'il nous faut aimer est un Dieu qui est notre Dieu ; ce qui comprend que c'est un Dieu qui se donne à nous : *Dominum Deum tuum.*

Il ne faut donc pas s'étonner que saint Augustin ait tant inculqué que ce Dieu qu'il nous faut aimer n'a pas besoin de notre amour, et qu'il veut que nous l'aimions, parce qu'il veut que notre amour nous tourne à bien et non pas à lui : *Ut benè sit tibi ;* ce qui marque la plénitude infinie et surabondante de sa nature bienheureuse autant que parfaite.

C'est ainsi que l'Eglise chrétienne bien instruite des préceptes de l'Ancien et du Nouveau Testament, faisoit expressément remarquer par la bouche de ses plus grands évêques aux enfans qu'elle alloit engendrer en Jésus-Christ, que même dans les demandes où il n'étoit point fait mention d'eux, c'étoit néanmoins pour eux qu'ils prioient, et non pas pour Dieu qui n'a besoin de rien. Elle ne vouloit leur inspirer, en sortant des eaux du baptême, qu'une sainte et pure charité, pour le nouveau Père à qui elle venoit de les enfanter, c'est-à-dire pour notre Père qui est dans les cieux : et cet amour filial, qui leur faisoit désirer d'être pleins de Dieu, comme d'une nature excellente pour laquelle il n'y avoit rien à demander, n'étoit ni impur ni imparfait.

Saint Augustin répète la même leçon dans une semblable occasion au *sermon* suivant, et il enseigne encore aux enfans de Dieu : « Que nous prions pour nous et non pas pour Dieu : *Pro nobis rogamus, non pro Deo :* car, dit-il, ce n'est pas à Dieu que nous souhaitons du bien, lui à qui il ne peut jamais rien arriver de mal ; mais c'est à nous que nous désirons ce bien, que son nom qui est toujours saint soit sanctifié en nous [2]. » Et un peu après : « Demandons, ne demandons pas : *Petamus, non petamus,* que son règne vienne, il viendra : le règne de Dieu est éternel. Mais cette demande nous apprend que c'est pour nous que nous prions et non pas pour Dieu, notre intention n'étant

---

[1] *Deut.*, VI, 5. — [2] Serm. LVII, n. 4.

pas de souhaiter du bien à Dieu, comme en désirant qu'il règne : mais nous entendons que nous-mêmes nous serons son règne, si nous profitons dans la foi que nous avons en lui [1]. » Et encore un peu après : « *Que votre volonté soit faite;* c'est pour nous que nous faisons cet heureux souhait : car pour la volonté de Dieu, elle ne peut pas ne se pas accomplir [2]. »

Il ne se lasse point d'inculquer cette vérité, et il dit encore dans un troisième *sermon :* « La sanctification du nom de Dieu, que nous demandons, est celle par laquelle nous sommes faits saints ; car son nom est toujours saint : et de même quand nous demandons que son règne arrive, il viendra quand nous ne voudrions pas : mais demander et désirer qu'il vienne, ce n'est autre chose que lui demander qu'il nous en rende dignes, de peur qu'il ne vienne, et ne vienne pas pour nous [3]. »

La même doctrine revient encore au *sermon* suivant [4]; et toute la distinction que saint Augustin y fait entre les demandes, c'est que les unes se font dans le temps seulement, comme celle du pain de tous les jours, celle du pardon des péchés, et ainsi du reste : au lieu que les autres s'étendent à toute l'éternité comme les premières ; mais toutes ont cela de commun, que c'est pour nous et pour notre bien que nous les faisons.

C'est donc ainsi qu'il faut prier, puisque l'Oraison Dominicale est la forme de toutes les autres, comme on a vu que ce Père l'a présupposé dès le commencement du *sermon* LVI. On sait qu'il a montré en d'autres endroits [5] que cette doctrine étoit celle de saint Cyprien, et qu'il n'a fait que la répéter après ce saint Martyr. C'est celle de tous les Saints : et c'est une illusion de croire qu'en quelque état que ce soit, on doive se détacher de tels désirs ou n'en être pas touché.

Ce n'est pas qu'il ne soit juste et excellent de se complaire dans la grandeur de Dieu, et de se réjouir du bien divin : mais ce n'est pas là une demande, et ce seroit un acte stérile si l'on n'en venoit à la pratique de se remplir de Dieu en le servant. Il faut aussi désirer la gloire de Dieu dans l'accomplissement de sa volonté :

[1] Serm. LVII, n. 5. — [2] *Ibid.,* n. 6. — [3] Serm. LVIII, n. 3. — [4] Serm. LIX, n. 5, etc. — [5] *De dono persev.,* c. II, n. 4 et seq.

mais cette gloire, cette volonté dont on demande l'accomplissement est celle de nous rendre saints et heureux : et la gloire qui arrive à Dieu pour faire sa volonté dans ceux qu'il damne, n'est pas l'objet de nos vœux, mais de nos terreurs : que si nous aimons sa justice comme un de ses attributs, ce n'est pas pour nous que nous l'aimons, et au contraire nous avons démontré que c'est chose abominable de former en nous une volonté par rapport à cette justice qui réprouve [1]. Il demeure donc pour constant que tous les désirs et toutes les demandes que nous faisons dans le *Pater,* se doivent faire pour nous ; que s'éloigner de cet esprit, c'est s'éloigner de l'esprit autant que des paroles de cette divine oraison ; et que c'est là le premier désir que le Saint-Esprit produit dans les ames nouvellement régénérées, lorsqu'il leur inspire le pur et chaste désir de crier pour la première fois : *Notre Père, notre Père* [2].

III. Que la doctrine précédente n'empêche pas que saint Augustin n'ait excellemment entendu la nature du saint amour de la charité.

En enseignant cette sainte et salutaire doctrine, à Dieu ne plaise que saint Augustin ait rien dit qui déroge à la pureté et au désintéressement inséparable de la charité : car il savoit bien que saint Paul avoit prononcé, non-seulement de la charité parfaite, mais encore de la charité en tout état, qu'elle « ne recherche point son propre intérêt : » *Non quærit quæ sua sunt* [3] ; et c'est pourquoi tout en disant que « la charité veut jouir, et qu'elle est le désir de jouir d'une chose pour l'amour d'elle-même [4], » il enseigne en même temps « qu'on doit se rapporter soi-même à Dieu, et non Dieu à soi : qu'on doit s'aimer soi-même pour l'amour de Dieu, et conséquemment aimer Dieu plus que soi-même ; et qu'on ne satisfait jamais à ce qu'on lui doit, qu'on ne lui rende sans réserve tout ce qu'on a reçu de lui [5]. »

Selon la doctrine perpétuelle de ce Père, l'espérance loin de diminuer le saint et parfait amour, ou d'y apporter un mélange de bas et foible intérêt, n'a au contraire, quand elle est parfaite, d'autre fondement que l'amour, puisque l'espérance qui reste dans les pécheurs ne peut être que fausse ou foible : fausse, s'ils espèrent les biens éternels sans se corriger ; foible, si l'espérance

---

[1] Ci-dessus, liv. III et IV. — [2] *Rom.,* VIII, 15 ; *Galat.,* IV, 6. — [3] I *Cor.,* XIII, 5. — [4] *De Doct. christ.,* lib. I, n. 3 ; lib. III, n. 16. — [5] *Ibid.,* lib. I, n. 20, 28.

des biens éternels ne les porte pas à garder par charité les commandemens : mais, dit-il, « la vraie espérance est celle où la charité nous fait tellement aimer, qu'en faisant bien et obéissant aux préceptes des bonnes mœurs, on puisse espérer ensuite de parvenir à ce qu'on aime [1]. »

C'est dans cette vue que ce Père et les autres Saints rangent souvent l'espérance après la charité, dont ils rendent ces deux raisons : l'une que l'espérance est vaine, quand elle n'est pas fondée sur les bonnes œuvres qui sont faites en charité ; l'autre, que celui dont on espère le plus, est celui qu'on aime.

Personne aussi n'a parlé plus clairement que ce Père, de l'amour pur, désintéressé et gratuit. C'est ce qu'on peut voir à la fin de ces Additions [2], où l'on trouve cette maxime fondamentale : *Si vous aimez, aimez gratuitement* [3] : ce qui veut dire que tout amour inspiré par la charité est gratuit, selon ce principe de saint Paul : *La charité ne recherche point son propre intérêt* [4]. Mais pour confirmer une vérité qu'il est si nécessaire d'inculquer en nos jours, il me vient encore ici un passage sur ce verset du Psaume LIII : « Je vous sacrifierai volontairement, *voluntariè sacrificabo tibi* [5]. Pourquoi volontairement ? Parce que j'aime gratuitement ce que je loue. Je loue Dieu, et je me réjouis dans cette louange ; je me réjouis de sa louange, parce que je n'ai point à rougir de le louer. Ce n'est pas comme lorsqu'on loue dans le théâtre ou celui qui mène un chariot, ou celui qui tue adroitement une bête, ou quelqu'un des comédiens, et qu'après leurs acclamations souvent on rougit de les voir vaincus. Il n'en est pas ainsi de notre Dieu : qu'on le loue par sa volonté : qu'on l'aime par sa charité ; que son amour et sa louange soit gratuite (désintéressée) : que veut dire désintéressée ? C'est qu'on l'aime, qu'on le loue pour soi et non pour un autre : car si vous louez Dieu, afin qu'il vous donne quelque autre chose que lui-même, vous ne l'aimez pas gratuitement. » Et un peu après : « Avare, quelle récompense recevrez-vous de Dieu ? Ce n'est pas la terre, c'est lui-même que vous réserve celui qui a fait le ciel et la terre : c'est ce qui fait

IV. De la pureté et du désintéressement de l'amour, dont on vient de parler.

---

[1] *De Doct. christ.*, lib. I, n. 42 ; *Enchirid.*, cap. CXVII, n. 31. — [2] Ci-dessous, n. 7. — [3] Serm CLXV. n. 4. — [4] I *Cor.*, XIII, 5. — [5] August., *in Psal.* LIII, n. 10.

dire au Psalmiste : « Je vous sacrifierai volontairement : » ne lui offrez donc point votre sacrifice par nécessité. Si vous le louez pour une autre chose, vous le louez par nécessité, puisque si vous aviez ce que vous aimez, vous ne le loueriez pas : prenez bien garde à ce que je dis : si vous louiez Dieu, afin qu'il vous donnât de grandes richesses, et que vous les eussiez d'ailleurs, le loueriez-vous ? Si donc vous louez Dieu pour l'amour des richesses, vous ne lui sacrifiez pas volontairement, mais par une espèce de nécessité, parce qu'outre lui vous aimez encore quelque autre chose. C'est pour cela que David a dit : « Je vous sacrifierai volontairement : méprisez tout : soyez attentif à lui seul. » Et un peu après : « Demandez-lui dans le temps ce qui pourra vous servir pour l'éternité : mais pour lui, aimez-le gratuitement, parce que vous ne trouverez rien de meilleur que vous puissiez obtenir de lui que lui-même ; ou si vous trouvez quelque chose de meilleur, je vous permets de le demander. » Il suppose manifestement qu'on doit demander pour soi tout ce qu'il y a de meilleur : d'où il tire cette conséquence : « Je vous sacrifierai volontairement, » qu'est-ce à dire, *volontairement?* C'est-à-dire gratuitement (avec un amour désintéressé) Que veut dire, *avec un amour désintéressé?* Je confesserai, je louerai, je bénirai votre nom, parce qu'il est bon : *Confitebor nomini tuo, quoniam bonum est.* A-t-il dit : « Je bénirai votre nom, parce que vous me donnerez de riches possessions ou de grands honneurs ? Non. Pourquoi donc ? Parce qu'il est bon et que je ne trouve rien de meilleur : c'est pour cela que je bénirai votre nom, parce qu'il est bon : » bon en lui-même : bon à nous, car il joint toujours ces deux choses ; et dans l'un et dans l'autre sens on ne trouve rien de meilleur.

V. Réflexions sur la doctrine précédente.

Quiconque se sera rendu attentif aux passages de saint Augustin, qu'on vient d'entendre, y aura senti toute la force, toute la perfection et les motifs les plus excellens comme les plus épurés de l'amour divin. Premièrement on a vu qu'il présuppose l'infinie et suréminente bonté de la nature divine, à laquelle il faut rapporter tout ce qu'on est, et l'aimer plus que soi-même. Secondement il n'ajoute rien à ce motif, sinon que cette bonté est infiniment communicative et veut se donner à nous : non afin qu'elle soit plus grande et plus heureuse, mais afin que nous le soyons ; ce qui marque précisément la surabondance de la nature divine, qui n'a pas besoin de nos biens, ainsi que disoit David : *Deus meus es tu, quoniam bonorum meorum non eges* : « Vous êtes mon Dieu, parce que vous n'avez pas besoin de mes biens [1] : » mais moi j'ai besoin des vôtres, ou, pour mieux parler, je n'ai besoin pour tout bien que de vous seul.

Si saint Augustin joint ces deux motifs pour exciter son amour envers Dieu, nous avons vu qu'en cela il ne fait que prendre le plus pur esprit de l'Ecriture, et dès son origine celui du commandement de l'amour. C'est ce que Dieu explique lui-même plus amplement dans ces paroles, que nous avons déjà rapportées [2] : « Le ciel et le ciel des cieux est au Seigneur votre Dieu [3], » et c'est là qu'est établi son trône ; ce qui montre l'excellence de sa nature ; et il ajoute aussitôt après : « Et cependant le Seigneur s'est uni, s'est attaché à vos pères » de la plus intime et de la plus forte de toutes les unions, que l'Ecriture exprime par ces mots : *Conglutinatus est* : terme choisi pour faire voir que cette nature très-parfaite est en même temps souverainement communicative : et que Dieu a voulu unir ensemble ces deux idées, qui sont les premières que nous avons de Dieu, pour conclure avec la plus grande force : « Aimez donc le Seigneur votre Dieu, et gardez par amour ses commandemens [4]. » Ainsi l'esprit primitif du commandement de l'amour joint ces deux choses, qu'on a vu aussi que saint Augustin a unies, que Dieu est la nature la plus parfaite, et dès là aussi la plus libérale, et la plus communicative : mais communicative et libérale, afin de nous rendre heureux, et non pas pour l'être elle-même, puisqu'elle l'est antérieurement à toutes ses communications.

David avoit réuni ces deux motifs d'aimer Dieu dans ces deux paroles : *Excelsus Dominus, et humilia respicit* [5] : « Le Seigneur est haut, » voilà l'excellence de sa nature : « et il regarde ce qui est petit, » voilà comme il est communicatif : ce n'est pas pour devenir grand, ni pour tirer quelque avantage de notre bassesse pour son élévation, qu'il jette les yeux dessus : mais au contraire

---

[1] *Psal.* xv, 2. — [2] Ci-dessus, *Conclusion*, p. 653. — [3] *Deut.*, x, 14. — [4] *Ibid.*, xi, 1. — [5] *Psal.* cxxxvii, 6.

c'est afin que ce qui est petit par soi-même, relevé de sa petitesse par le bienfaisant regard de Dieu, commence à devenir grand en ce Dieu qui le regarde : ce qui confirme toujours que Dieu fait éclater sa grandeur en ce qu'il ne la communique à ses serviteurs que pour leur avantage et non pour le sien.

Ainsi notre amour prend son origine dans l'amour entièrement gratuit et désintéressé que Dieu a pour nous ; ce qui fait qu'il en retient le caractère : car déjà il n'y a rien de plus pur et de plus désintéressé que de commencer comme on fait par l'excellence de la nature divine ; et il ne faut pas craindre qu'on s'éloigne de ce désintéressement, quand on ne demande à Dieu pour tout intérêt que celui de le voir comme un bon père, et celui de le posséder comme un cher époux.

Les grands de la terre en flattant les hommes de l'espérance de les rendre heureux, ont besoin, pour l'être eux-mêmes, des services de leurs inférieurs dont l'obéissance fait leur grandeur : mais Dieu n'en est ni plus grand par nos services ni plus petit par nos mépris, et il ne peut se montrer plus indépendant ni plus grand, qu'en voulant bien nous rendre heureux : *Ut benè sit nobis*, sans avoir aucun intérêt à notre bonheur.

Et si l'on dit qu'il seroit encore plus désintéressé et plus pur de le servir sans en profiter, cela pourroit être vrai avec tout autre que Dieu, parce qu'il n'y a que lui seul qui ne s'épuise ni ne se diminue jamais en donnant, et qu'après tout, ce qu'il donne c'est lui-même : en sorte qu'il ne faut pas craindre qu'en le connoissant comme il faut, on s'attache aux biens qu'il donne plutôt qu'à lui-même, puisque lui-même il est le fond et la substance du bien qu'il donne.

Il ne sert de rien de dire qu'il y en a qui ont désiré qu'il ne donnât rien, afin de l'aimer plus purement ; car nul ne peut désirer sérieusement et absolument qu'il ne donne rien, et surtout qu'il ne se donne pas lui-même, parce que ce seroit s'opposer à la plus réelle et à la plus déclarée de toutes ses volontés : et pour ce qui est de ces désirs, de ces volontés imparfaites, ou plutôt de ces velléités qu'on forme dans le transport avec plus d'affection que d'exactitude, il en faudra toujours revenir à dire que plus Dieu mériteroit s'il l'avoit voulu, pour mieux dire s'il avoit pu le vouloir, d'être servi sans récompense, plus il est aimable d'en avoir voulu donner à ses serviteurs une aussi grande que lui-même.

Enfin ce qui empêche éternellement qu'on ne puisse jamais vraiment séparer l'amour de la béatitude, de la volonté d'aimer Dieu en lui-même et pour lui-même : c'est premièrement, que notre béatitude n'est au fond que la perfection et l'immutabilité de notre amour, à quoi nous ne pouvons pas être indifférens sans offenser l'amour même : et secondement, que cette béatitude, positivement n'est autre chose que la gloire même de Dieu, en tant qu'elle peut être l'objet de nos désirs.

On a allégué saint Augustin pour prouver que le motif de la création et les devoirs de la justice envers Dieu, comme Créateur et comme Père, ne doivent pas être séparés d'avec ceux du saint et pur amour [1]; et sans entrer dans l'arrangement que fait l'Ecole des motifs premiers et seconds, principaux et subordonnés de la charité, non plus que dans la distinction entre les actes que la charité produit et ceux qu'elle commande, puisqu'aussi bien tout cela ne change rien à la susbstance des actes ni à la pratique : on remarquera seulement ce passage de saint Augustin sur le Psaume CXVIII : « Si un père et un époux mortel doit être craint et aimé, à plus forte raison notre Père qui est dans les cieux et l'Epoux qui est le plus beau de tous les enfans des hommes, non selon la chair, mais par sa vertu : car de qui est aimée la loi de Dieu, sinon de ceux qui l'aiment lui-même ? Et qu'a de triste pour de bons fils la loi d'un père [2] ? » Il parle de l'amour de la loi de Dieu et de la justice, par lequel on sait que ce saint docteur définit toujours la charité.

VI. Devoirs de la charité et de la justice : saint Augustin.

Les endroits où il rapporte à la charité les devoirs de la justice envers Dieu comme Père, Créateur et Bienfaiteur, sont infinis. Dans le livre premier *de la Doctrine chrétienne,* où il traite expressément la matière de l'amour de Dieu : « Vous devez, dit-il, aimer Dieu de tout votre cœur, en sorte que vous rapportiez toutes vos pensées, toute votre vie et toute votre intelligence à

[1] Ci-dessus, liv. IX, n. 7. — [2] Serm. XXXI, n. 3.

celui de qui vous tenez toutes les choses que vous lui rapportez[1]. »
Ainsi la création, qui le rend auteur de tout, est le titre qui oblige aussi à lui tout donner. Saint Augustin établit cette vérité sur ce beau principe de justice : « Celui-là est juste et saint, qui juge de toutes choses avec intégrité : » *Ille justè et sanctè vivit, qui rerum integer œstimator est* [2]. C'est de ce principe de justice qu'il conclut ensuite qu'il faut aimer Dieu plus que soi-même, et chaque objet de la charité dans son rang. Au reste, continue-t-il, *nous sommes parce qu'il est bon* : notre être est un effet de sa bonté; *et dès que nous sommes, nous sommes bons* [3], Dieu ne pouvant rien faire qui ne le soit : de sorte que l'aimer comme Créateur, c'est l'aimer comme bon, ce qui est du devoir de la charité.

Il ne sert de rien de distinguer comme font quelques-uns, la puissance créatrice d'avec son acte, pour faire de la première un motif d'amour plutôt que de l'autre : car ce sont finesses d'École qui ne servent de rien dans la pratique, et qui ne mériteroient pas d'être relevées ici, si on ne vouloit prévenir jusqu'aux moindres chicanes.

Saint Augustin dit aussi que « les martyrs sont débiteurs de leur sang; » c'est-à-dire de l'amour parfait qui le fait répandre, « parce que Jésus-Christ en donnant le sien s'est engagé le nôtre, *oppigneravit* [4]; nous lui en sommes débiteurs; en le versant nous ne donnons pas, mais nous rendons : nous acquittons une dette.

Par la même raison que l'amour envers Dieu est une dette, l'amour envers le prochain en est une autre, ou plutôt c'est la même qu'on étend, comme l'enseigne le même Père dans une lettre à Célestin, qui est la LXIIe des anciennes éditions.

En un mot toute l'œuvre de la charité est une œuvre de justice, conformément à cette parole : « Rendez à César ce qui est à César, et à Dieu ce qui est à Dieu[5]; » et encore : « Ne devez rien à personne, si ce n'est de vous aimer les uns les autres [6] : » ainsi la charité est une justice où nous nous acquittons envers Dieu et ensuite envers le prochain, de la première de toutes les dettes; et

---

[1] *De Doct. christ.*, lib. I, n. 21. — [2] *Ibid.*, n. 28. — [3] *Ibid.*, n. 35. — [4] Serm. CCXCIX, n. 3. — [5] *Matth.*, XXII, 21. — [6] *Rom.*, XIII, 7, 8.

il n'y a rien de plus inutile que de tant raffiner sur la distinction de choses si liées les unes aux autres.

J'ai nommé saint Augustin en plusieurs endroits, comme un des saints Pères où l'on ne voit pas ces suppositions impossibles dont il est parlé dans ce Traité [1]; mais il ne falloit point mettre en fait le sentiment d'un si grand docteur, sans en donner quelque preuve. Dans le *sermon* CLXI, autrefois le XVIIIe, *de Verbis Apostoli*, il parle ainsi : « Je vous demande, si Dieu ne vous voyoit pas quand vous commettez un crime, et que personne ne vous pût convaincre dans son jugement, le feriez-vous ? Si vous le faites dans ce cas, vous craignez la peine : vous n'aimez pas la chasteté ; vous n'avez point la charité [2]. » Il fait la supposition impossible, que Dieu ne vît pas le pécheur, et que le crime en fût impuni, pour donner l'idée de la vraie cause qu'on a de fuir le péché, qui est le vrai et parfait amour.

VII. Suppositions par impossible selon saint Augustin; et encore selon ce Père, de l'amour désintéressé.

Dans le même sermon il continue sa supposition par la comparaison d'une femme qui ordonneroit quelque chose à celui qui l'aimeroit : Et, dit-il, si vous lui désobéissez, vous damnera-t-elle ? vous mettra-t-elle en prison ? fera-t-elle venir des bourreaux ? Point du tout : on ne craint rien dans cette occasion, que cette parole : Je ne vous verrai jamais. C'est cette menace qui fait trembler : Vous ne me verrez plus. Si une malheureuse vous parle ainsi, vous tremblez. Dieu vous tient le même langage, et vous ne tremblez pas ? Vous trembleriez sans doute, si vous aimiez. » Il continue à montrer la pureté de l'amour dans la supposition impossible de l'impunité, et c'est ce qu'il répète souvent.

Il parle encore plus clairement sur le Psaume CXXVII, lorsqu'expliquant cette crainte chaste, dont il est traité dans le Psaume XVIII, selon la version d'alors : *Timor Domini castus permanens in sæculum sæculi*; il raisonne ainsi : « Si Dieu venoit en personne, et vous disoit de sa propre bouche : Péchez tant que vous voudrez; contentez-vous; que tout ce que vous aimez vous soit donné; que tout ce qui s'oppose à vos desseins périsse; qu'on ne vous contredise point; que personne ne vous reprenne ni ne vous blâme; que tous les biens que vous désirez vous soient don-

[1] Ci-dessus, liv. X, n. 19. — [2] Serm. CLXI, n. 8. — [3] *Ibid.*, n. 18.

nés avec profusion : vivez dans cette jouissance, non pour un temps, mais toujours : je vous dirai seulement que vous ne verrez jamais ma face : Mes frères, d'où vient le gémissement qui s'élève parmi vous à cette parole, si ce n'est que cette crainte chaste, qui demeure aux siècles des siècles, a déjà pris naissance en vous [1]? »

Ce qu'il ajoute est encore plus pressant : « Pourquoi, dit-il, votre cœur est-il frappé à cette seule parole : Vous ne verrez point ma face? Vous vivez dans l'affluence des biens temporels; ils ne vous seront jamais ôtés : que voulez-vous davantage? L'ame touchée de la crainte chaste, si elle entendoit ces paroles, ne pourroit retenir ses larmes et diroit : Ah! que je perde plutôt tout le reste, et que je voie votre face. » Voilà ce que diroit cette crainte chaste : elle ne pense pas à se détacher de voir la face de Dieu; mais c'est au contraire par le désir de jouir de cette vision, qu'elle se détache de tout le reste. Si on la menaçoit seulement de lui faire perdre un si grand bien, « elle crieroit avec le Psalmiste, poursuit saint Augustin : Dieu des vertus, convertissez-nous, et montrez-nous votre face; elle crieroit avec le même David : Je n'ai demandé à Dieu qu'une seule chose, qui est de voir ses délectations, et d'être dans son saint temple. Voyez combien est ardente cette crainte chaste, cet amour véritable, cet amour sincère. » Saint Augustin lui donne tous ces noms, pour montrer combien il est pur. C'est de l'amour qu'il parle; c'est à l'amour qu'il attribue ces belles qualités, de chaste et de pur, de véritable, de sincère.

Il donne ailleurs au même amour, qui veut jouir de la face de Dieu, le nom d'amour gratuit; c'est-à-dire d'amour désintéressé, de pur amour. « Ce qu'on appelle, dit-il, aimer d'un amour gratuit, ce n'est point aimer comme on fait lorsqu'on nous propose une récompense, parce que votre souveraine récompense c'est Dieu même que vous aimez par cet amour gratuit; et vous le devez tellement aimer, que vous ne cessiez de désirer de l'avoir pour récompense [2]. » Il dit encore : « Si vous aimez véritablement, vous aimez sans intérêt : *Si verè amas, gratis amas* [3] : »

---

[1] *In Psal.* CXXVII, n. 9. — [2] *In Psal.* CXXXIV, n. 11. — [3] Serm. CLXV, n. 4, ubi sup.

dont la raison est que « celui que vous aimez est lui-même votre récompense : *Ipse merces quem amas.* » Personne n'ignore qu'il n'y ait sans exagérer deux cents passages de cette sorte, où il appelle gratuit, désintéressé et pur, l'amour qui demande Dieu pour récompense.

Ainsi lorsqu'il veut épurer l'amour et le rendre désintéressé, loin de penser à le détacher de la vision de Dieu, il en met le désintéressement à désirer de posséder Dieu et de le voir.

On voit aussi par là jusqu'où il pousse les suppositions impossibles; c'est seulement jusqu'à dire : Quand votre crime seroit impuni, quand avec une abondance éternelle et assurée de tous les biens de la terre, vous n'auriez à craindre que de perdre la vue de Dieu, vous devriez lui demeurer toujours attaché : mais il ne va pas plus loin; et il n'en vient point jusqu'à dire : Quand vous devriez perdre la vue de sa face, il faudroit encore l'aimer, parce que sans cette précision il sent qu'il a poussé l'amour à être *chaste, pur, sincère, gratuit, désintéressé,* dès là qu'il l'a porté à ne désirer que Dieu seul pour sa récompense.

Cependant on ne dira pas qu'il soit de ceux qui n'ont pas connu la pureté de l'amour. On peut entendre jusqu'où il le pousse par ces paroles : *Confitebor tibi, Domine, in toto corde meo.* Il les explique en cette sorte : « Mon Dieu, que la flamme de votre amour brûle tout mon cœur : qu'elle ne laisse rien en moi qui soit pour moi; rien qui me permette de me regarder moi-même : *Nihil in me relinquatur mihi, nec quo respiciam ad meipsum :* mais que je brûle, que je me consume tout entier pour vous : que tout moi-même vous aime, et que je sois tout amour, comme étant enflammé par vous : *Totus diligam te, tanquàm inflammatus à te* [1]. » Je ne crois pas qu'on ait jamais mieux exprimé le pur amour, ni mieux montré qu'on le ressentoit.

En excluant, comme il fait par ces paroles, tout regard sur soi-même, il n'exclut pas le désir de Dieu comme récompense, parce que cette récompense, loin de nous renfermer dans nous-mêmes, nous en tire et nous absorbe tout à fait en Dieu. C'est pourquoi il continue à regarder cette récompense dans la suite du même

---

[1] August., *in Psal.* CXXXVII, n. 2.

Psaume, lorsqu'il y fait dire à une martyre, c'est-à-dire à une amante parfaite de Jésus-Christ : « Je ne demande point les félicités de la terre ; je sais les désirs qu'inspire le Nouveau Testament : je ne demande point la fécondité ; je ne demande point mon salut temporel, vous m'avez appris ce que je dois demander ; c'est de psalmodier avec les anges, d'en désirer la compagnie et l'amitié sainte et pure [1] dont Dieu est le lien ; » et un peu après : « de désirer les vertus : voilà les vœux qu'il faut faire expressément ; et vous n'avez rien, dit-il aux fidèles, à désirer davantage, parce que, comme il dit ailleurs, la vertu comprend tout ce qu'il faut faire ; et la félicité, tout ce qu'il faut désirer : » *Omnia agenda complectitur virtus, omnia optanda felicitas* [2].

Ainsi selon saint Augustin, l'amour désintéressé, loin d'exclure le motif de la récompense en tant qu'elle est Dieu même, le comprend dans son désir. Il ne faut pas croire qu'un si grand docteur, qui est le docteur de l'amour, à même titre qu'il est celui de la grace, soit d'un autre esprit que le reste des saints ; et s'il s'en trouve qui donnent peut-être encore à l'amour un autre motif, ou égal, ou même supérieur, si l'on veut, à celui qui est proposé par saint Augustin, il ne s'en trouvera aucun qui l'exclue des états les plus parfaits ; car pour réduire la question à des termes précis, on peut bien ne pas penser à ces beaux et nobles motifs de saint Augustin ; et pour parler avec l'Ecole, on peut par une abstraction passagère et momentanée, les séparer de la charité par la pensée, mais non pas les rejeter ni les en exclure, ni, ce qui est la même chose, les en séparer par état : au contraire on verra dans la discussion que les ames de la plus sublime contemplation n'ont rien eu qui les pressât tant à aimer Dieu, que cet amour communicatif et le désir de se donner à nous, qu'elles sentoient dans ce premier être.

VIII.
Passage d'Hugues de Saint-Victor sur l'amour désintéressé.

En attendant qu'on établisse une vérité si constante, par le sentiment unanime des saints Pères et de tous les théologiens tant scolastiques que mystiques, et qu'on ait expliqué plus à fond les principes de saint Augustin ; le pieux lecteur sera bien aise de voir comment ce Père étoit entendu par un des plus grands théo-

[1] August., *in Psal.* CXXXVII, n. 7. — [2] *De Civit. Dei*, lib. IV, cap. XXI.

logiens et des plus sublimes contemplatifs du douzième siècle. C'est Hugues de Saint-Victor, ami et contemporain de saint Bernard, chanoine régulier et prieur du célèbre monastère de Saint-Victor de Paris. Ce grand et pieux docteur se propose de prouver « que celui qui aime Dieu pour soi-même, l'aime d'un amour pur et gratuit ; c'est son titre : *Quòd purè et gratis amat, qui Deum propter se amat :* » et il en fait la preuve de cette sorte. « Mais peut-être serez-vous mercenaire, si vous aimez Dieu pour récompense. C'est ce que disent quelques insensés : des insensés, qui se méconnoissent eux-mêmes. Nous aimons Dieu, disent-ils, et nous ne voulons point de récompense, de peur que nous ne soyons mercenaires : non, nous ne le désirons pas lui-même : il nous donnera ce qu'il lui plaira ; nous ne désirons rien. Nos mains sont tellement vides de tout présent, que nous ne le désirons pas lui-même, quoique nous l'aimions : car nous l'aimons d'un amour gratuit et filial, sans rien désirer ; c'est à lui à nous préparer la récompense, s'il veut nous la donner : mais nous, nous ne désirons rien ; nous l'aimons sans en rien attendre : lui-même, ce cher objet de notre amour, nous ne le désirons point. Ecoutez ces hommes sages ; ils disent : Nous aimons Dieu ; mais nous ne le désirons point. C'est comme s'ils disoient : Nous l'aimons ; mais nous ne nous en soucions point. Moi homme, je ne voudrois pas être aimé de vous à ce prix : si vous m'aimiez, sans vous soucier de moi, je ne tiendrois aucun compte de votre amour. Jugez donc si l'amour qu'un homme rejetteroit avec raison, peut être digne de Dieu. Mais, disent-ils, comment ne sommes-nous pas mercenaires, si nous aimons Dieu par le motif d'en recevoir la récompense ? Cet amour n'est ni gratuit ni filial : c'est un amour de mercenaire et d'esclave, qui demande le salaire de son travail. — Ceux qui parlent ainsi, ignorent la nature de la charité même : car qu'est-ce qu'aimer Dieu, si ce n'est vouloir le posséder ? Le désirer seul, et non autre chose, c'est l'aimer d'un amour gratuit. Si vous désiriez autre chose que lui, votre amour ne seroit pas désintéressé : mais vous ne désirez autre chose que lui-même que vous aimez : vous désirez néanmoins quelque chose ; et ce que vous désirez, c'est l'objet même que vous aimez : car si vous n'aviez aucun désir, vous n'auriez point d'amour. Il y a donc une grande différence entre aimer autre chose que Dieu et aimer quelque chose en Dieu. Si vous aimez autre chose que Dieu, votre amour est mercenaire : si vous aimez quelque chose en Dieu, et que ce que vous aimez soit Dieu même, votre amour est filial : que si vous imaginiez la vie éternelle comme quelque autre chose différente du *souverain* bien, qui est Dieu même; et que vous servissiez Dieu seulement pour obtenir (ce bien que vous croiriez séparé de Dieu), ce n'est point une servitude véritable, ni un amour gratuit[1]. » Parce que ce qui le rend gratuit, est, comme on a vu, qu'on n'attend, ni on ne veut rien de Dieu que lui-même pour toute récompense.

Par ces principes, il explique la nature de l'amour de Dieu au chapitre vii, qu'il finit en ces termes non moins remarquables : « Pensez-vous qu'on vous commande d'aimer votre Dieu, pour lui faire ou lui désirer quelque bien, et non pas pour le désirer lui qui est votre bien? Vous ne l'aimez pas pour son bien, mais pour le vôtre; et vous l'aimez, parce qu'il est lui-même votre bien. Car vous ne l'aimez pas pour votre bien, afin que votre bien vienne de lui, mais afin qu'il le soit lui-même[2]. » Et un peu après, il se fait faire cette objection : « Quoique je ne puisse lui rien donner, je fais ce que je puis et je lui désire du bien. Quel bien pouvez-vous lui désirer, puisque vous ne sauriez trouver aucun bien hors de lui ? Il est lui seul tout le bien. » D'où il tire cette conséquence : « Quand donc vous aimez Dieu, vous l'aimez pour vous, et c'est votre bien que vous aimez; et vous l'aimez pour votre bien, parce qu'il est lui-même votre bien que vous aimez. Quand vous aimez la justice, pour qui l'aimez-vous? Pour elle, ou pour vous? Quand vous aimez la sagesse, la vérité et la bonté, pour qui les aimez-vous? Pour elles, ou pour vous? La lumière même, si douce et si agréable aux yeux, quand vous l'aimez, pour qui l'aimez-vous? C'est pour vos yeux, ou pour vous-même. Il en est ainsi de votre Dieu. Quand vous l'aimez, comprenez qu'il est lui-même votre bien. Or qu'est-ce qu'aimer, si ce n'est dé-

---

[1] Hug. à S. Vict., *de Sacram.*, lib. II, part. XIII, cap. vii, tom. III, p. 305. — [2] *Ibid.*

sirer, vouloir avoir, posséder et jouir? » On connoît la doctrine de saint Augustin, à ce discours d'un de ses enfans, d'un de ses religieux, d'un de ses disciples. Elle est devenue si commune dans l'Eglise, comme la suite le fera voir, qu'elle a été embrassée par tous les docteurs anciens et nouveaux, qui tous, en ce point comme dans les autres, se sont glorifiés d'être humbles disciples d'un si grand maître.

ACTES

DE

LA CONDAMNATION DES QUIÉTISTES.

LETTRE

De M. le cardinal Caraccioli, à Sa Sainteté, écrite de Naples, le 30 janvier 1682, traduite de l'italien.

Très-saint Père,

Si j'ai quelque sujet de me consoler et de rendre graces à Dieu, en apprenant que beaucoup d'ames confiées à mes soins s'appliquent au saint exercice de l'oraison mentale, source de toute bénédiction céleste ; je ne dois pas moins m'affliger d'en voir quelques autres s'égarer inconsidérément dans des voies dangereuses. Depuis quelques temps, très-saint Père, il s'est introduit à Naples et, comme je l'apprends, en d'autres parties de ce royaume, un usage fréquent de l'oraison passive, que quelques-uns appellent de pure foi ou de quiétude. Ils affectent de prendre le nom de *quiétistes*, ne faisant ni méditation ni prières vocales ; mais dans l'exercice actuel de l'oraison se tenant dans un grand repos et dans un grand silence, comme s'ils étoient ou muets ou morts, ils prétendent faire l'oraison purement passive. En effet ils s'efforcent d'éloigner de leur esprit, et même de leurs yeux, tout sujet de méditation, se présentant eux-mêmes, comme ils disent, à la lumière et au souffle de Dieu qu'ils attendent du ciel, sans observer aucune règle ni méthode, et sans se préparer ni par aucune lecture ni par la considération d'aucun point, quoique les maîtres de la vie spirituelle aient coutume de les proposer surtout aux commençans, afin que par la réflexion sur leurs propres défauts, sur leurs passions et sur leurs imperfections, ils parviennent à s'en corriger : mais ceux-ci prétendent s'élever d'eux-mêmes au plus sublime degré de l'oraison et de la contemplation, qui vient néanmoins de la pure bonté de Dieu, qui le donne à qui il lui plait et quand il lui plaît. Aussi se trompent-ils visiblement, s'imaginant que, sans avoir passé par les exercices de la vie purgative, ils peuvent par leurs propres forces s'ouvrir d'abord le chemin de la contemplation : sans penser que les anciens et les modernes traitant cette matière, enseignent unanimement que l'oraison passive ou de quiétude ne peut être pratiquée que par des personnes arrivées à la parfaite mortification de leurs passions, et déjà fort avancées dans l'oraison. C'est cette méthode irrégulière de faire oraison, par laquelle le démon est enfin parvenu présentement à se transformer en ange de lumière, dont je vais faire le récit à Votre Sainteté, non sans une très-grande horreur.

Il y en a parmi eux qui rejettent entièrement la prière vocale : et il est arrivé que certains, exercés de longtemps dans l'oraison de pure foi et de quiétude sous la conduite de ces nouveaux directeurs, étant depuis tombés en d'autres mains, n'ont pu se résoudre à dire le saint Rosaire, ni même à faire le signe de la croix, disant qu'ils ne peuvent ni ne veulent le faire, ni réciter aucune prière vocale, parce qu'ils sont morts en la présence de Dieu, et que ces choses extérieures ne leur servent de rien. Une femme élevée dans cette pratique ne cesse de dire : Je ne suis rien, Dieu est tout; et je suis dans l'abandon où vous me voyez, parce qu'il plaît ainsi à Dieu : elle ne veut plus se confesser; mais elle voudroit toujours communier : elle n'obéit à personne, et ne fait aucune prière vocale. D'autres encore, dans cette oraison de quiétude, quand il se présente à leur imagination des images même saintes, et de Notre-Seigneur Jésus-Christ, s'efforcent de les chasser en secouant la tête, parce, disent-ils, qu'elles les éloignent de Dieu. C'est pourquoi ils font encore cette action ridicule et scandaleuse, même en communiant publiquement, parce qu'alors ils s'imaginent devoir laisser Jésus-Christ, pour penser uniquement à Dieu. Leur aveuglement est si grand, que l'un d'eux s'avisa un jour de renverser un crucifix de haut en bas, parce, dit-il, qu'il l'empêchoit de s'unir à Dieu, et lui faisoit perdre sa présence. Ils sont dans cette erreur, de croire que toutes les pensées qui leur viennent dans le silence et dans le repos de l'oraison, sont autant de lumières et d'inspirations de Dieu; et qu'étant la lumière de Dieu, elles ne sont sujettes à aucune loi. De là vient qu'ils se croient permis sans distinction tout ce qui leur passe alors dans l'esprit.

Ces désordres me pressent, moi qui suis, quoiqu'indigne, comme le vigneron appliqué à la culture de cette vigne, d'en rendre un compte exact avec tout le respect que je dois à Votre Sainteté, comme au grand Père de famille, afin que connoissant par sa sagesse la racine envenimée qui produit de tels germes, il emploie toute la force de son bras apostolique pour les couper, et pour en arracher jusqu'à la racine, d'autant plus que sur cette matière il se répand des opinions qui méritent d'être condamnées. Depuis que je suis ici on m'a présenté un manuscrit qui traite de l'oraison de quiétude, pour en obtenir la permission de l'imprimer. Il s'y est trouvé tant de propositions dignes de censure, que j'ai refusé cette permission, et que j'ai retenu le livre. Je prévois que les plumes se préparent de tous côtés à écrire des choses dangereuses. Je supplie Votre Sainteté de me donner les lumières et les moyens qu'elle jugera à propos, afin que de ma part je puisse aller au-devant des plus grands scandales qu'il y a à craindre en cette ville et dans ce diocèse. Je ne puis m'empêcher de donner encore avis à Votre Sainteté de l'usage de la communion journalière, introduit ici parmi les laïques même mariés, qui, sans faire paroître aucun avancement dans la vie spirituelle, comme ils le devroient néanmoins en s'approchant si souvent de la sainte table, non-seulement ne donnent aucune édification, mais au contraire beaucoup de scandale. Aussi Votre Sainteté ne peut-elle ignorer ce qu'elle a ordonné dans son décret général, recommandant particulièrement aux confesseurs, au jugement desquels doit être réglée la communion journalière des laïques, qu'en la permettant ils se souvinssent surtout de faire voir la grande préparation et la grande pureté que l'ame doit apporter au saint banquet. Et néanmoins l'expérience ne fait voir que trop que sans avoir aucun égard aux pieux avertissemens de Votre Sainteté, la plupart des laïques fréquentent tous les jours la sainte communion, dont je me sens obligé de faire ma plainte à Votre Sainteté comme d'un abus manifeste, auquel je la supplie de me prescrire un remède convenable avec ses ordres particuliers que je suivrai, comme la guide qui me doit conduire en toute sûreté dans le gouvernement des ames. Au reste je baise très-humblement les pieds de Votre Sainteté.

Signé, le cardinal CARACCIOLI.

LETTRE CIRCULAIRE

De M. le cardinal Cibo, écrite de Rome le 15 février 1687, à tous les Potentats, Evêques et Supérieurs de la chrétienté, par l'ordre de la Congrégation du saint Office : traduite de l'italien.

Illustrissime et révérendissime Seigneur et Confrère. La sacrée Congrégation ayant été informée qu'en divers lieux d'Italie on voit s'élever insensiblement, et que même il y en a déjà d'établies, des écoles ou compagnies, des confréries ou assemblées, et encore sous d'autres noms, dans des églises, dans des oratoires et dans des maisons particulières, sous prétexte de conférences spirituelles, les unes de femmes seulement, d'autres d'hommes, ou mêlées des deux sexes ; dans lesquelles certains directeurs, sans aucune expérience des voies de Dieu fréquentées par les Saints, et peut-être même malicieux, feignant de conduire les ames à l'oraison, qu'ils nomment de quiétude ou de pure foi et intérieure, et encore sous d'autres noms : quoiqu'ils semblent d'abord par leurs principes mal entendus et très-mauvais dans la pratique, ne proposer autre chose que la perfection la plus haute en toute manière; néanmoins ils insinuent peu à peu dans les esprits simples des erreurs très-grièves et très-pernicieuses, qui enfin aboutissent à des hérésies manifestes et à des abominations honteuses, avec la perte irréparable des ames qui se mettent sous leur conduite par le seul désir de servir Dieu, comme on ne sait que trop qu'il est arrivé en quelques endroits. Les cardinaux inquisiteurs généraux mes confrères, ont jugé qu'il étoit à propos avant toute chose de vous charger par cette lettre circulaire, adressée à tous les évêques d'Italie, de faire une recherche exacte de toutes les nouvelles associations semblables à celles-ci, et différentes de celles qui se sont établies ci-devant, et ont été de tout temps fréquentées par les catholiques ; afin que, s'il s'en trouve de cette sorte, vous ayez à les rompre incessamment, et qu'à l'avenir vous ne permettiez l'établissement d'aucune ; recommandant particulièrement aux directeurs des consciences de marcher le grand chemin de la perfection chrétienne sans aucune singularité; et ayant surtout un très-grand soin qu'aucune personne suspecte de ces nouveautés ne s'ingère dans la direction des religieuses, ni de vive voix ni par écrit, de peur que cette peste venant à gagner dans les monastères, ne porte la corruption parmi les Epouses du Seigneur. En remettant le tout à votre prudence, nous ne prétendons point par cette ordonnance provisionnelle, nous ôter la faculté de poursuivre par les voies de la justice, ceux que l'on découvrira coupables de ces erreurs insupportables. Cependant on ne cesse de travailler ici à éclaircir cette matière, afin qu'en son temps on soit en état de faire connoitre aux chrétiens les erreurs qu'ils auront à éviter. Je vous souhaite toute sorte de prospérité. A Rome, ce 15 fevrier 1687. Votre confrère très-affectionné,

Signé, le cardinal Cibo.

Erreurs principales de la nouvelle contemplation ou oraison de quiétude aussi traduites de l'italien.

1. La contemplation, ou l'oraison de quiétude, consiste à se mettre en la présence de Dieu par un acte de foi obscure, pure et amoureuse; et ensuite sans passer plus avant, et sans écouter ni raisonnement, ni image, ni pensées aucunes, à demeurer ainsi oisif : parce qu'il est

contre la révérence qu'on doit à Dieu de réitérer le premier acte : lequel aussi est d'un si grand mérite et valeur, qu'il contient en soi à la fois, et même avec encore un plus grand avantage les actes de toutes les vertus, et dure tout le temps de la vie, pourvu qu'il ne soit point rétracté par un acte contraire, d'où vient qu'il n'est pas nécessaire de le réitérer.

2. Sans la contemplation aidée de la méditation on ne peut faire un pas à la perfection.

3. La science et la doctrine même théologique et sacrée est un obstacle et un éloignement à la contemplation, de laquelle les hommes doctes ne sont point capables de juger, mais seulement les contemplatifs eux-mêmes.

4. La contemplation parfaite ne peut regarder que la Divinité : et les mystères de l'incarnation, de la vie et de la passion de notre Sauveur ne sont point des sujets propres à la contemplation, puisqu'au contraire ils l'empêchent : c'est pourquoi les contemplatifs doivent s'en éloigner beaucoup et ne les considérer qu'en fuyant.

5. Les mortifications corporelles et la vie pénitente ne conviennent pas aux contemplatifs : la conversion doit plutôt commencer par la vie contemplative que par la vie purgative et par la pénitence : les contemplatifs doivent encore fuir, rejeter et même mépriser les effets de la dévotion sensible, la tendresse de cœur, les larmes et les consolations du Saint-Esprit, comme des obstacles de la contemplation.

6. La contemplation parfaite et véritable doit s'arrêter à la pure essence de Dieu, dépouillée des Personnes et des attributs : et l'acte de foi envers Dieu ainsi conçu est plus parfait et plus méritoire que celui qui le regarde avec les personnes et les attributs, étant de la manière que Jésus-Christ l'a enseigné lui-même ; joint que ce second acte est un obstacle à la véritable et parfaite contemplation de Dieu.

7. Dans la contemplation déjà acquise l'ame s'unit à Dieu immédiatement : c'est pourquoi toute idée ou image et espèce y est tout à fait inutile.

8. Tous les contemplatifs dans la contemplation actuelle souffrent des peines et des tourmens si griefs, qu'ils égalent et même surpassent ceux des martyrs.

9. Dans le sacrifice de la messe et aux fêtes des Saints, il vaut mieux s'appliquer à l'acte de pure foi et de contemplation, qu'au mystère même du sacrifice, ou aux actions et circonstances de la vie des Saints.

10. La lecture des livres spirituels, la prédication, la prière vocale, l'invocation des Saints et autres choses semblables, sont un obstacle à la contemplation et à l'oraison d'affections, à laquelle on ne doit apporter aucune préparation.

11. Le sacrement de pénitence avant la sainte communion n'est pas nécessaire aux ames intérieures et contemplatives, mais seulement à celles qui sont dans la vie active et qui s'exercent encore à la méditation.

12. La méditation ne regarde point Dieu avec la lumière de la foi, mais avec la lumière naturelle, quoiqu'en esprit et en vérité; aussi n'est-elle d'aucun mérite auprès de Dieu.

13. Les images, non-seulement intérieures et spirituelles, mais même les corporelles exposées à la vénération des fidèles, comme sont celles de Jésus-Christ et de ses Saints, font un grand tort aux contemplatifs ; c'est pourquoi il faut les éviter, et même les ôter tout à fait, de peur qu'elles n'empêchent la contemplation.

14. Celui qui s'est une fois appliqué à la contemplation ne doit plus retourner à la méditation, parce que ce seroit aller de mieux en pis.

15. Si dans le temps de la contemplation il survient des pensées terrestres et animales, il ne faut prendre aucun soin de les chasser, ni recourir à aucune bonne pensée, mais au contraire prendre plaisir à ce tourment.

16. Toute action ou affection intérieure, bien que produite avec réflexion en vue de la foi pure, ne peut être agréable à Dieu, parce qu'elle naît de l'amour-propre, toutes les fois qu'elle n'est pas inspirée par le Saint-Esprit avant toute application et toute diligence de notre part : c'est pourquoi dans la contemplation ou dans l'oraison d'affections, il faut demeurer oisif en attendant le souffle miraculeux du Saint-Esprit.

17. Toute personne étant actuellement en contemplation ou dans l'oraison de quiétude, soit religieux ou fils de famille, ou autrement dans la sujétion, ne doit point en ce temps-là obéir à la règle, ni accomplir les ordres des supérieurs, afin de ne pas interrompre la contemplation.

18. Les contemplatifs doivent être tellement dépouillés de l'affection de toutes choses, qu'ils rejettent loin d'eux et méprisent même les dons et les faveurs de Dieu, et perdent jusqu'à l'amour des vertus : enfin pour se dépouiller plus parfaitement de tout, ils doivent faire ce qui répugne même à la modestie et à l'honnêteté, pourvu que ce ne soit pas chose expressément contre les préceptes du Décalogue.

19. Les contemplatifs sont quelquefois sujets à des transports qui leur ôtent tout usage du libre arbitre, tellement qu'encore qu'ils tombent extérieurement dans des péchés très-griefs, néanmoins intérieurement ils n'en sont aucunement coupables : aussi ne se doivent-ils pas confesser de ce qu'ils ont fait, comme on le prouve par l'exemple de Job, qui en disant non-seulement des injures au prochain, mais encore des blasphèmes et des impiétés contre Dieu, ne péchoit en aucune manière, parce qu'il faisoit tout cela par la violence du démon : or ni la théologie scolastique ni la morale ne sont d'aucun usage pour juger

de ces sortes d'états violens, mais il y faut apporter un esprit surnaturel qui se trouve en très-peu de personnes, dans lesquelles on ne doit point juger de l'intérieur par l'extérieur, mais de l'extérieur par l'intérieur.

CONDAMNATION DE MOLINOS.

Malgré les soins et les précautions qu'on vient de voir, la nouvelle contemplation s'est enseignée par toute l'Italie. Michel de Molinos, prêtre du diocèse de Sarragosse en Arragon, ayant été déféré à l'Inquisition de Rome, où il demeuroit depuis plusieurs années, comme l'un des principaux fauteurs de cette hérésie, fut mis dans les prisons du saint Office le 18 juillet 1685. Son procès y a été instruit avec beaucoup de maturité : et enfin après être demeuré d'accord des principaux chefs d'accusation portés contre lui; après avoir reconnu et détesté ses erreurs, et demandé pardon de ses excès, en considération de sa repentance on l'a seulement condamné à la prison perpétuelle et à des pénitences particulières par sentence des cardinaux inquisiteurs généraux députés à cet effet, au mois d'août de l'année 1687. Pour rendre plus authentique la condamnation de tant d'erreurs, dans le même temps le pape Innocent XI a fait suivre cette sentence d'un décret de l'Inquisition et d'une bulle, dont voici la teneur.

DÉCRET

DE L'INQUISITION DE ROME CONTRE MOLINOS,

Traduit du latin.

Du jeudi ving-huit août 1687.

Dans la Congrégation générale de la sainte Inquisition romaine et universelle, tenue dans le palais apostolique du Mont-Quirinal, en présence de notre très-saint Père par la Providence divine le pape Innocent XI, et des éminentissimes et révérendissimes cardinaux de la sainte Eglise romaine, inquisiteurs généraux dans la république chrétienne contre la contagion de l'hérésie, spécialement députés par le Saint-Siége apostolique.

CONDAMNATION DES QUIÉTISTES.

Pour arrêter le cours d'une hérésie très-dangereuse, qui s'est répandue en plusieurs parties du monde au grand scandale des ames, il faut que la vigueur apostolique s'anime, afin que par l'autorité et la sagesse de la sollicitude pastorale l'audace des hérétiques soit abattue dès les premiers efforts de l'erreur, et que le flambeau de la vérité catholique, qui brille dans la sainte Eglise, la fasse voir de toutes parts pure de l'horreur des fausses doctrines. Etant donc notoire qu'un enfant de perdition, nommé Michel de Molinos, a enseigné de vive voix et par des écrits répandus de tous côtés, des maximes impies qu'il a même mises en pratique, par lesquelles, sous prétexte d'une oraison de quiétude contraire à la doctrine et à la pratique des saints Pères depuis la naissance de l'Eglise, il a précipité les fidèles, de la vraie religion et de la pureté de la piété chrétienne, dans des erreurs très-grandes et dans des infamies honteuses : notre très-saint Père le Pape Innocent XI, qui a tant à cœur que les ames confiées à ses soins puissent heureusement arriver au port du salut, en bannissant toute erreur et toute opinion mauvaise, dans une affaire si importante, après avoir ouï plusieurs fois en sa présence les éminentissimes et révérendissimes cardinaux inquisiteurs généraux dans toute la république chrétienne, et plusieurs docteurs en théologie, ayant aussi pris leurs suffrages de vive voix et par écrit et les ayant mûrement examinés, l'assistance du Saint-Esprit implorée, il a ordonné qu'il procéderoit comme s'ensuit à la condamnation des propositions ici rapportées, dont Michel de Molinos est auteur, qu'il a reconnues être les siennes, qu'il a été convaincu et qu'il a confessé respectivement avoir dictées, écrites, communiquées et crues.

PROPOSITIONS.

1. Il faut s'anéantir soi-même, *et le reste, avec les propositions suivantes, jusqu'au nombre de 68, dans la Bulle d'Innocent XI, pag. 685, où l'on renvoie le lecteur.*

Lesquelles propositions il condamne, note et efface comme hérétiques, suspectes, erronées, scandaleuses, blasphématoires, offensives des pieuses oreilles, téméraires, énervant et renversant la discipline chrétienne, et séditieuses respectivement, et tout ce qui a été dit, écrit ou imprimé sur ce sujet; défend à tous et à un chacun dorénavant, en quelque manière que ce soit, d'en parler, écrire, disputer, de les croire, retenir, enseigner, ou de les mettre en pratique, et toutes autres choses semblables : quiconque fera autrement, il le prive actuellement et pour toujours de toute dignité, degré, honneur, bénéfice et office, et le déclare inhabile à en posséder aucun ; il le frappe aussi de l'anathème, dont aucune personne inférieure au souverain Pontife ne pourra l'absoudre sinon à l'heure de la mort.

En outre Sa Sainteté défend et condamne tous les livres et toutes les œuvres, en quelque lieu et en quelque langue qu'ils soient imprimés, aussi tous les manuscrits du même Michel de Molinos; fait défense qu'aucun de quelque qualité et condition qu'il soit, dût-il être nommé à cause de sa dignité, ose les imprimer ou faire imprimer sous quelque prétexte que ce soit, en quelque langue que ce puisse être, dans les mêmes paroles ou semblables ou équivalentes, sans nom, ou sous un nom feint et emprunté; ni les lire ou garder imprimés ou manuscrits; ordonne de les mettre et délivrer entre les mains des Ordinaires des lieux ou des Inquisiteurs sous les peines portées ci-dessus, pour être à l'instant brûlés à leur diligence.

Lieu † du sceau.   *Signé*, ALEXANDRE SPERONUS, notaire de la sainte Inquisition romaine et universelle.

Le 3 septembre 1687, le Décret ci-dessus a été publié et affiché aux portes de l'église de Saint-Pierre et du palais du saint Office; à la tête du champ de Flore, et autres lieux accoutumés de la ville, par moi François Perino, courrier de notre saint Père et de la sainte Inquisition.

Imprimé à Rome et à Florence, avec permission des supérieurs.

BULLE D'INNOCENT XI

CONTRE

MICHEL DE MOLINOS.

Innocent, Evêque, serviteur des serviteurs de Dieu : à la mémoire perpétuelle de la chose. Le céleste pasteur Notre-Seigneur Jésus-Christ voulant par sa miséricorde ineffable tirer le monde des ténèbres et des erreurs où il étoit enseveli au milieu de la gentilité, et de la puissance du démon, sous laquelle il gémissoit depuis la chute de notre premier père, s'est abaissé jusqu'à prendre notre chair en témoignage de sa charité envers nous, et s'est offert à Dieu une hostie vivante pour nos péchés, ayant attaché à la croix la cédule de notre rédemption. Aussitôt prêt à retourner au ciel, laissant sur la terre l'Eglise catholique son Epouse, comme cette sainte cité la nouvelle Jérusalem, descendant du ciel, n'ayant ni tache ni ride, étant une et sainte, entourée des armes

---

DAMNATIO PROPOSITIONUM

MICHAELIS DE MOLINOS.

Innocentius Episcopus servus servorum Dei : ad perpetuam rei memoriam. Cœlestis Pastor Christus Dominus, ut jacentem in tenebris mundum variisque gentium erroribus involutum, à potestate diaboli, sub quà miserè post lapsum primi nostri parentis tenebatur, suà ineffabili miseratione liberaret, carnem sumere, et in ligno crucis chirographo redemptionis nostræ affixo, in testimonium suæ in nos charitatis, sese hostiam viventem Deo pro nobis offerre dignatus est. Mox rediturus in cœlum, Ecclesiam catholicam, Sponsam suam, tanquàm novam civitatem sanctam Jerusalem, descendentem de cœlo, non habentem rugam neque maculam, unam sanctamque in terris relinquens, armis suæ poten-

de sa toute-puissance contre les portes de l'enfer, il l'a donnée à gouverner au prince des apôtres et à ses successeurs, afin qu'ils gardassent saine et entière la doctrine qu'ils avoient apprise de la bouche de leur Maître, et que les ouailles rachetées au prix de son sang ne retombassent point dans leurs anciennes erreurs par l'appât des opinions dépravées, comme nous apprenons dans les saintes Ecritures qu'il a recommandé principalement à saint Pierre. Car à quel autre d'entre les apôtres a-t-il dit : « Pais mes brebis ; » et encore : « J'ai prié pour toi, afin que ta foi ne manque point ; et lorsque tu seras converti, fortifie tes frères ? » Aussi nous, qui sommes assis dans la chaire de saint Pierre et revêtu de sa puissance, non par nos mérites, mais par le conseil impénétrable du Dieu tout-puissant, avons-nous toujours eu cette sollicitude dans l'esprit, que le peuple chrétien gardât la foi prêchée par Jésus-Christ et par ses apôtres, qui nous est venue par une tradition constante et non interrompue, et doit durer jusqu'à la fin du monde selon sa promesse.

Comme donc il a été rapporté à notre apostolat que le nommé Michel de Molinos a enseigné de vive voix et par écrit des maximes impies qu'il a même mises en pratique, par lesquelles, sous prétexte d'une oraison de quiétude contraire à la doctrine et à la pratique des saints Pères depuis la naissance de l'Eglise, il a précipité les fidèles de la vraie religion et de la pureté de la piété chrétienne dans des erreurs très-grandes et dans des infamies honteuses. Nous, qui avons tant à cœur que les ames confiées à nos soins puissent heureusement arriver au port du salut, bannissant toute erreur et toute opinion mauvaise, avons ordonné, sur des indices très-certains que le susdit Michel de

tiæ contra portas inferi circumvallatam, Petro apostolorum principi, et successoribus ejus regendam tradidit; ut doctrinam ab ipsius ore haustam, sartam tectamque custodirent. ne oves pretioso sanguine suo redemptæ pravarum opinionum pabulo in antiquos errores reciderent ; quod præcipuè beato Petro mandasse, nos sacræ Litteræ docent. Cui enim apostolorum nisi Petro dixit : *Pasce oves meas ;* et rursus : *Ego rogavi pro te, ut non deficiat fides tua; et tu aliquandò conversus confirma fratres tuos?* Quare nobis, qui non nostris meritis, sed inscrutabili Dei omnipotentis consilio in ejusdem Petri cathedrâ pari potestate sedemus, semper fixum in animo fuit, ut populus christianus eam sectaretur fidem, quæ à Christo Domino per apostolos suos perpetuâ et nunquàm interruptâ traditione prædicata fuit, quamque ipse usque ad consummationem sæculi permansuram esse promisit.

Cùm igitur ad apostolatum nostrum relatum fuisset quemdam Michaelem de Molinos prava dogmata tùm verbo, tùm scripto docuisse, et in praxim deduxisse, quæ prætextu orationis quietis contra doctrinam et usum à sanctis Patribus ab ipsis nascentis Ecclesiæ primordiis receptum, fideles à verâ religione et à christianæ pietatis puritate in maximos errores et turpissima quæque inducebant ; nos, cui cordi semper fuit ut fidelium animæ nobis ex alto commissæ, purgatis pravarum opinionum erroribus. ad optatum salutis portum tutò pervenire possint, legitimis præcedentibus indiciis, prædictum Michaelem de Molinos carceribus

Molinos fût mis en prison. Ensuite après avoir ouï en notre présence et dans la présence de nos vénérables frères les cardinaux de la sainte Eglise romaine, inquisiteurs généraux dans toute la république chrétienne députés spécialement par autorité apostolique, plusieurs docteurs en théologie, ayant aussi pris leurs suffrages de vive voix et par écrit et les ayant mûrement examinés, l'assistance du Saint-Esprit implorée, Nous avons ordonné de l'avis commun de nos susdits frères, que nous procéderions, comme s'ensuit, à la condamnation des propositions ici rapportées, dont Michel de Molinos est auteur, qu'il a reconnues être les siennes, qu'il a été convaincu et qu'il a confessé respectivement avoir dictées, écrites, communiquées et crues, ainsi qu'il est porté plus au long dans son procès et dans le décret qui a été fait par notre ordre, le 28 août de la présente année 1687.

PROPOSITIONS.

1. Il faut que l'homme anéantisse ses puissances : c'est la voie intérieure.

2. Vouloir faire une action, c'est offenser Dieu, qui veut être seul agent; c'est pourquoi il faut s'abandonner totalement à lui, et demeurer ensuite comme un corps sans ame.

3. Le vœu de faire quelque bonne œuvre, est un empêchement à la perfection.

4. L'activité naturelle est ennemie de la grace; c'est un obstacle aux opérations de Dieu et à la vraie perfection, parce que Dieu veut agir en nous sans nous.

mancipari mandavimus. Deindè, coràm nobis et venerabilibus fratribus nostris sanctæ romanæ Ecclesiæ cardinalibus, in totà republicâ christianâ generalibus inquisitoribus, apostolicâ auctoritate specialiter deputatis, auditis pluribus in sacrâ theologiâ magistris, eorumque suffragiis, tùm voce, tùm scripto susceptis maturèque perpensis, imploratâ etiam sancti Spiritùs assistentiâ, cum prædictorum fratrum nostrorum unanimi voto, ad damnationem infrà scriptarum propositionum ejusdem Michaelis de Molinos, à quo fuerant pro suis recognitæ, et de quibus propositionibus tanquàm à se dictatis, scriptis, communicatis et creditis ipse convictus et respectivè confessus fuerat, ut latiùs in processu et decreto de mandato nostro lato die 28 augusti anni præsentis 1687, devenire, ut infrà, decrevimus.

PROPOSITIONES.

1. Oportet hominem suas potentias annihilare : et hæc est via interna.

2. Velle operari activè est Deum offendere, qui vult esse ipse solus agens; et ideò opus est seipsum in Deo totum et totaliter derelinquere, et posteà permanere velut corpus exanime.

3. Vota de aliquo faciendo sunt perfectionis impedimenta.

4. Activitas naturalis est gratiæ inimica, impeditque Dei operationes et veram perfectionem, quia Deus vult operari in nobis sine nobis.

5. L'ame s'anéantit par l'inaction ; retourne à son principe et à son origine, qui est l'essence divine, dans laquelle elle demeure transformée et déifiée : alors aussi Dieu demeure en lui-même, puisque ce n'est plus deux choses unies, mais une seule chose : et c'est ainsi que Dieu vit et règne en nous, et que l'ame s'anéantit même dans sa puissance d'agir.

6. La voie intérieure est celle où l'on ne connoit ni lumière, ni amour, ni résignation : il ne faut pas même connoitre Dieu ; et c'est ainsi que l'on s'avance à la perfection.

7. L'ame ne doit penser ni à la récompense, ni à la punition, ni au paradis, ni à l'enfer, ni à la mort, ni à l'éternité.

8. Elle ne doit point désirer de savoir si elle marche dans la volonté de Dieu, ni si elle y est assez résignée ou non ; et il n'est pas besoin qu'elle veuille connoître son état ni son propre néant, mais elle doit demeurer comme un corps sans vie.

9. L'ame ne se doit souvenir, ni d'elle-même, ni de Dieu, ni d'aucune chose : car dans la vie intérieure toute réflexion est nuisible, même celle qu'on fait sur ses propres actions humaines et sur ses propres défauts.

10. Si par ses propres défauts elle scandalise les autres, il n'est pas encore nécessaire qu'elle fasse aucune réflexion, pourvu qu'elle ne soit point dans la volonté actuelle de les scandaliser : et c'est une grande grace de Dieu, de ne pouvoir plus réfléchir sur ses propres manquemens.

11. Dans le doute si l'on est dans la bonne ou dans la mauvaise voie, il ne faut pas réfléchir.

5. Nihil operando anima se annihilat, et ad suum principium redit, et ad suam originem, quæ est essentia Dei, in quâ transformata remanet ac divinisata : et Deus tunc in seipso remanet, quia tunc non sunt ampliùs duæ res unitæ, sed una tantùm : et hâc ratione vivit Deus et regnat in nobis, et anima seipsam annihilat in esse operativo.

6. Via interna est illa, in quâ non cognoscitur nec lumen, nec amor, nec resignatio ; et non oportet Deum cognoscere ; et hoc modo rectè proceditur.

7. Non debet anima cogitare, nec de præmio, nec de punitione, nec de paradiso, nec de inferno, nec de morte, nec de æternitate.

8. Non debet velle scire, an gradiatur cum voluntate Dei, an cum eâdem voluntate resignata maneat, necne ; nec opus est ut velit cognoscere suum statum, nec proprium nihil, sed debet ut corpus exanime manere.

9. Non debet anima reminisci, nec sui, nec Dei, nec cujuscumque rei, et in viâ internâ omnis reflexio est nociva, etiam reflexio ad suas humanas actiones et ad proprios defectus.

10. Si propriis defectibus alios scandalizet, non est necessarium reflectere, dummodò non adsit voluntas scandalizandi : et ad proprios defectus non posse reflectere, gratia Dei est.

11. Ad dubia quæ occurrunt, an rectè procedatur necne, non opus est reflectere.

12. Celui qui a donné son libre arbitre à Dieu, ne doit plus être en souci d'aucune chose, ni de l'enfer, ni du paradis : il ne doit avoir aucun désir de sa propre perfection, ni des vertus, ni de sa sanctification, ni de son salut, dont il doit perdre l'espérance.

13. Après avoir remis à Dieu notre libre arbitre, il lui faut aussi abandonner toute pensée et tout soin de tout ce qui nous regarde, même le soin de faire en nous sans nous sa divine volonté.

14. Il ne convient point à celui qui s'est résigné à la volonté de Dieu de lui faire aucune demande, parce que la demande est une imperfection, étant un acte de propre volonté et de propre choix; c'est vouloir que la volonté divine soit conforme à la nôtre : aussi cette parole de l'Evangile : « Demandez, et vous recevrez, » n'a-t-elle pas été dite par Jésus-Christ pour les ames intérieures qui n'ont point de volonté, puisqu'enfin ces ames parviennent au point de ne pouvoir faire aucune demande à Dieu.

15. De même que l'ame ne doit faire à Dieu aucune demande, elle ne doit aussi lui rendre graces d'aucune chose, l'un et l'autre étant un acte de propre volonté.

16. Il n'est pas à propos de chercher des indulgences pour diminuer les peines dues à nos péchés, parce qu'il vaut mieux satisfaire à la justice de Dieu que d'avoir recours à sa miséricorde; l'un venant de l'amour pur de Dieu, et l'autre de l'amour intéressé de nous-mêmes : aussi est-ce chose qui n'est point agréable à Dieu, ni d'aucun mérite devant lui, puisque c'est vouloir fuir la croix.

17. Le libre arbitre étant remis à Dieu avec le soin et la connois-

---

12. Qui suum liberum arbitrium Deo donavit, de nullâ re debet curam habere, nec de inferno, nec de paradiso : nec debet desiderium habere propriæ perfectionis, nec virtutum, nec propriæ sanctitatis, nec propriæ salutis, cujus spem purgare debet.

13. Resignato Deo libero arbitrio, eidem Deo relinquenda est cogitatio, et cura de omni re nostrâ ; et relinquere, ut faciat in nobis sine nobis suam divinam voluntatem.

14. Qui divinæ voluntati resignatus est, non convenit ut à Deo rem aliquam petat, quia petere est imperfectio, cùm sit actus propriæ voluntatis et electionis ; et est velle quòd divina voluntas nostræ conformetur; et illud Evangelii : *Petite et accipietis*, non est dictum à Christo pro animabus internis quæ nolunt habere voluntatem, imò hujusmodi animæ eò perveniunt, ut non possint à Deo rem aliquam petere.

15. Sicut non debet à Deo rem aliquam petere, ita nec illi ob rem aliquam gratias agere debet, quia utrumque est actus propriæ voluntatis.

16. Non convenit indulgentias quærere pro pœnâ propriis peccatis debitâ, quia melius est divinæ justitiæ satisfacere quàm divinam misericordiam quærere ; quoniam illud ex puro Dei amore procedit, et istud ab amore nostri interessato, nec est res Deo grata, nec meritoria, quia est velle crucem fugere.

17. Tradito Deo libero arbitrio, et eidem relictâ curâ et cognitione animæ nos-

sance de notre ame, il ne faut plus avoir aucune peine des tentations, ni se soucier d'y faire aucune résistance, si ce n'est négative sans aucune autre application : que si la nature s'émeut, laissez-la s'émouvoir, ce n'est que la nature.

18. Celui qui dans l'oraison se sert d'images, de figures, d'idées, ou de ses propres conceptions, n'adore point Dieu en esprit et en vérité.

19. Celui qui aime Dieu à la manière que la raison prouve qu'il le faut aimer et que l'entendement le conçoit, n'aime point le vrai Dieu.

20. C'est une ignorance de dire que dans l'oraison il faut s'aider de raisonnemens et de pensées, lorsque Dieu ne parle point à l'ame : Dieu ne parle jamais; sa parole est son action : et il agit dans l'ame toutes les fois qu'elle n'y met point d'obstacle par ses pensées ou par ses opérations.

21. Il faut dans l'oraison demeurer dans la foi obscure et universelle, en quiétude et dans l'oubli de toute pensée particulière, même de la distinction des attributs de Dieu et de la Trinité : il faut demeurer ainsi en la présence de Dieu pour l'adorer, l'aimer et le servir, mais sans produire aucun acte, parce que Dieu n'y prend pas plaisir.

22. Cette connoissance par la foi n'est pas un acte produit par la créature, mais c'est une connoissance donnée de Dieu à la créature, que la créature ne connoît point être en elle, et qu'ensuite elle ne connoît point y avoir été : j'en dis autant de l'amour.

23. Les mystiques, avec saint Bernard dans l'*Echelle des solitaires*, distinguent quatre degrés, la lecture, la méditation, l'oraison et la con-

---

træ, non est ampliùs habenda ratio tentationum, nec eis resistentia fieri debet nisi negativa, nullâ adhibitâ industriâ; et si natura commovetur, oportet sinere, quia est natura.

18. Qui in oratione utitur imaginibus, figuris, speciebus et propriis conceptibus, non adorat Deum in spiritu et veritate.

19. Qui amat Deum eo modo quo ratio argumentatur, aut intellectus comprehendit, non amat verum Deum.

20. Asserere quòd in oratione opus est sibi per discursum auxilium ferre et per cogitationes, quandò Deus animam non alloquitur, ignorantia est : Deus nunquàm loquitur ; ejus locutio est operatio ; et semper in animâ operatur, quandò hæc suis discursibus, cogitationibus et operationibus eum non impedit.

21. In oratione opus est manere in fide obscurâ et universali, cum quiete et oblivione cujuscumque cogitationis particularis ac distinctionis attributorum Dei ac Trinitatis ; et sic in Dei præsentiâ manere ad illum adorandum et amandum eique inserviendum, sed absque productione actuum, quia Deus in his sibi non complacet.

22. Cognitio hæc per fidem non est actus à creaturâ productus, sed est cognitio à Deo creaturæ tradita, quam creatura se habere non cognoscit, nec posteà cognoscit illam se habuisse; et idem dicitur de amore.

23. Mystici, cum sancto Bernardo in *Scalâ claustralium*, distinguunt quatuor gradus : lectionem, meditationem, orationem et contemplationem infusam. Qui

templation infuse. Celui qui s'arrête toujours au premier échelon, ne peut monter au second : celui qui demeure continuellement au second, ne peut arriver au troisième, qui est notre contemplation acquise, dans laquelle il faut persister pendant toute la vie, si Dieu n'attire l'ame, sans toutefois qu'elle le désire, à la contemplation infuse : laquelle venant à cesser, l'ame doit descendre au troisième degré, et s'y fixer tellement qu'elle ne retourne plus ni au second ni au premier.

24. Quelques pensées qu'il vienne dans l'oraison, même impures ou contre Dieu et contre les Saints, la foi et les sacremens, pourvu qu'on ne s'y entretienne pas volontairement, mais qu'on les souffre seulement avec indifférence et résignation, elles n'empêchent point l'oraison de foi, au contraire elles la perfectionnent davantage, parce qu'alors l'ame demeure plus résignée à la volonté divine.

25. Quoiqu'on soit accablé de sommeil et tout à fait endormi, on ne cesse pas d'être dans l'oraison et dans la contemplation actuelle, parce que l'oraison et la résignation, la résignation et l'oraison ne sont qu'une même chose, et que l'oraison dure tout autant que la résignation.

26. La distinction des trois voies, purgative, illuminative et unitive, est la chose la plus absurde qui ait été dite dans la mystique : car il n'y a qu'une seule voie, qui est la voie intérieure.

27. Celui qui désire et s'arrête à la dévotion sensible, ne désire ni ne cherche Dieu, mais soi-même : et celui qui marche dans la voie intérieure, fait mal de la désirer, et de s'y exciter tant dans les lieux saints qu'aux fêtes solennelles.

semper in primo sistit, nunquàm ad secundum pertransit : qui semper in secundo persistit, nunquàm ad tertium pervenit, qui est nostra contemplatio acquisita, in quâ per totam vitam persistendum est, dummodò Deus animam non trahat (absque eo quòd ipsa id expectet) ad contemplationem infusam; et hâc cessante, anima regredi debet ad tertium gradum, et in ipso permanere, absque eo quòd ampliùs redeat ad secundum aut primum.

24. Qualescumque cogitationes in oratione occurrant etiam impuræ, etiam contra Deum, Sanctos, fidem et sacramenta, si voluntariè non nutriantur, sed cum indifferentiâ et resignatione tolerentur, non impediunt orationem fidei, imò eam perfectiorem efficiunt, quia anima tunc magis divinæ voluntati resignata remanet.

25. Etiamsi superveniat somnus et dormiatur, nihilominùs fit oratio et contemplatio actualis, quia oratio et resignatio, resignatio et oratio idem sunt; et dùm resignatio perdurat, perdurat et oratio.

26. Tres illæ viæ, purgativa, illuminativa et unitiva, sunt absurdum maximum quod dictum fuerit in mysticâ, cùm non sit nisi unica via, scilicet via interna.

27. Qui desiderat et amplectitur devotionem sensibilem, non desiderat nec quærit Deum, sed seipsum; et malè agit cùm eam desiderat et eam habere conatur, qui per viam internam incedit, tam in locis sacris quàm in diebus solemnibus.

28. Le dégoût de biens spirituels est un bien, parce qu'il purifie l'amour-propre.

29. Quand une ame intérieure a du dégoût des entretiens de Dieu ou de la vertu, et quand elle est froide et sans ferveur, c'est un bon signe.

30. Toute sensibilité dans la vie spirituelle est une abomination, saleté et ordure.

31. Aucun contemplatif ne pratique de vraies vertus intérieures, parce qu'elles ne se doivent pas connoître par les sens : il faut donc bannir les vertus.

32. Avant ou après la communion, il ne faut aux ames intérieures d'autre préparation ni action de graces que de demeurer dans la résignation passive et ordinaire, parce qu'elle supplée d'une manière plus parfaite à tous les actes de vertus qui se font ou qui se peuvent faire dans la voie commune : que si à l'occasion de la communion il s'élève dans l'ame des sentimens d'humiliation, de demande ou d'action de graces, il les faut réprimer toutes les fois qu'on verra qu'ils ne viennent point d'une inspiration particulière de Dieu : autrement ce sont des émotions de la nature qui n'est pas encore morte.

33. L'ame qui marche dans cette voie intérieure, fait mal d'exciter en elle par quelque effort, aux fêtes solennelles, des sentimens de dévotion : parce que tous les jours de l'ame intérieure sont égaux et tous lui sont jours de fêtes : j'en dis autant des lieux sacrés, car tous les lieux lui sont aussi égaux.

34. Il n'appartient pas aux ames intérieures de faire à Dieu des ac-

---

28. Tædium bonorum spiritualium bonum est, siquidem purgatur amor proprius.

29. Dùm anima interna fastidit discursus de Deo et virtutes, et frigida remanet, nullum in seipsâ sentiens fervorem, bonum signum est.

30. Totum sensibile quod experimur in vitâ spirituali, est abominabile, spurcum et immundum.

31. Nullus meditativus veras virtutes exercet internas, quæ non debent à sensibus cognosci ; opus est amittere virtutes.

32. Nec ante nec post communionem alia requiritur præparatio aut gratiarum actio pro istis animabus internis quàm permanentia in solitâ resignatione passivâ, quia modo perfectiore supplet omnes actus virtutum qui fieri possunt et fiunt in viâ ordinariâ : et si hâc occasione communionis insurgunt motus humiliationis, petitionis aut gratiarum actionis, reprimendi sunt, quoties non dignoscatur eos esse in impulsu speciali Dei, aliàs sunt impulsus naturæ nondùm mortuæ.

33. Malè agit anima quæ procedit per hanc viam internam, si in diebus solemnibus vult aliquo conatu particulari excitare in se devotum aliquem sensum ; quoniam animæ internæ omnes dies sunt æquales, omnes festivi : et idem dicitur de locis sacris, quia hujusmodi animabus omnia loca æqualia sunt.

34. Verbis et linguâ Deo gratias agere non est pro animabus internis, quæ in

ions de graces en paroles et de la langue : parce qu'elles doivent demeurer en silence, sans opposer aucun obstacle à l'opération de Dieu en elles : aussi éprouvent-elles, à mesure qu'elles sont plus résignées à Dieu, qu'elles peuvent moins réciter l'Oraison Dominicale ou *Notre Père.*

35. Il ne convient point aux ames intérieures de faire des actions de vertus par leur propre choix et leurs propres forces, autrement elles ne seroient point mortes : ni de faire des actes d'amour envers la sainte Vierge, les Saints et l'humanité de Jésus-Christ, parce qu'étant des objets sensibles, l'amour en est de même nature.

36. Aucune créature, ni la bienheureuse Vierge, ni les Saints ne doivent avoir place dans notre cœur, parce que Dieu veut seul le remplir et le posséder.

37. Dans des tentations même d'emportement, l'ame ne doit point faire des actes explicites des vertus contraires, mais demeurer dans l'amour et dans la résignation qu'on a dit.

38. La croix volontaire des mortifications est un poids insupportable et sans fruit ; c'est pourquoi il faut s'en décharger.

39. Les plus saintes actions et les pénitences que les saints ont faites, ne sont point suffisantes pour effacer de l'ame la moindre attache.

40. La sainte Vierge n'a jamais fait aucune action extérieure, et néanmoins elle a été la plus sainte de tous les Saints : on peut donc parvenir à la sainteté sans action extérieure.

41. Dieu permet et veut pour nous humilier, et pour nous conduire à la parfaite transformation, que le démon fasse violence dans le corps

silentio manere debent nullum Deo impedimentum opponendo, quod operetur in illis ; et quo magis Deo se resignant, experiuntur se non posse Orationem dominicam seu *Pater noster* recitare.

35. Non convenit animabus hujus vitæ internæ quòd faciant operationes etiam virtuosas ex propriâ electione et activitate ; aliàs non essent mortuæ : nec debent elicere actus amoris erga beatam Virginem, Sanctos, aut humanitatem Christi ; quia cùm ista sensibilia sunt objecta, talis est amor erga illa.

36. Nulla creatura, nec beata Virgo, nec Sancti sedere debent in nostro corde, quia solus Deus vult illud occupare et possidere.

37. In occasione tentationum etiam furiosarum, non debet anima elicere actus explicitos virtutum oppositarum, sed debet in supradicto amore et resignatione remanere.

38. Crux voluntaria mortificationum, pondus grave est et infructuosum, ideòque dimittenda.

39. Sanctiora opera, et pœnitentiæ quas peregerunt Sancti, non sufficiunt ad removendam ab animâ vel unicam adhæsionem.

40. Beata Virgo nullum unquàm opus exterius peregit, et tamen fuit Sanctis omnibus sanctior : igitur ad sanctitatem perveniri potest absque opere exteriori.

41. Deus permittit et vult ad nos humiliandos, et ad veram transformationem

à certaines ames parfaites, qui ne sont point possédées, jusqu'à leur faire commettre des actions animales, même dans la veille et sans aucun trouble de l'esprit, en leur remuant réellement les mains et d'autres parties du corps contre leur volonté : ce qu'il faut entendre d'autres actions mauvaises par elles-mêmes, qui ne sont point péché en cette rencontre, parce qu'il n'y a point de consentement.

42. Ces violences à des actions terrestres peuvent arriver en même temps entre deux personnes de différent sexe, et les pousser jusqu'à l'accomplissement d'une action mauvaise.

43. Aux siècles passés Dieu faisoit les Saints par le ministère des tyrans, maintenant il les fait par le ministère des démons, en excitant en eux ces violences, afin qu'ils se méprisent et s'anéantissent d'autant plus, et s'abandonnent totalement à Dieu.

44. Job a blasphémé, et cependant il n'a point péché par ses lèvres, parce que c'étoit une violence du démon.

45. Saint Paul a ressenti dans son corps ces violences du démon; d'où vient qu'il a écrit : « Je ne fais point le bien que je veux, mais je fais le mal que je hais. »

46. Ces violences sont plus propres à anéantir l'ame, et à la conduire à la parfaite union et transformation : il n'y a pas même d'autre voie pour y parvenir, et celle-ci est la plus courte et la plus sûre.

47. Quand ces violences arrivent, il faut laisser agir Satan, sans y opposer ni effort ni adresse, mais demeurer dans son néant : et quoiqu'il s'en ensuive l'illusion des sens, ou d'autres actions brutales, et

perducendos, quòd in aliquibus animabus perfectis, etiam non arreptitiis, dæmon violentiam inferat eorum corporibus, easque actus carnales committere faciat etiam in vigiliâ et sine mentis offuscatione, movendo physicè illis manus et alia membra contra earum voluntatem; et idem dicitur quoad illos actus per se peccaminosos, in quo casu non sunt peccata, quia in his non adest consensus.

42. Potest dari casus quo hujusmodi violentiæ ad actus carnales contingant eodem tempore ex parte duarum personarum, scilicet maris et feminæ, et ex parte utriusque sequatur actus.

43. Deus præteritis temporibus Sanctos efficiebat tyrannorum ministerio, nunc verò eos efficit sanctos ministerio dæmonum, qui causando in eis prædictas violentias, facit ut illi seipsos magis despiciant, annihilent et se Deo resignent.

44. Job blasphemavit, et tamen non peccavit labiis suis, quia fuit ex dæmonis violentiâ.

45. Sanctus Paulus hujusmodi dæmonis violentias in suo corpore passus est ; undè scripsit : *Non quod volo bonum hoc ago, sed quod nolo malum hoc facio.*

46. Hujusmodi violentiæ sunt medium magis proportionatum ad annihilandum animam, et ad eam ad veram transformationem et unionem perducendam ; nec alia superest via, et hæc est via facilior et tutior.

47. Cùm hujusmodi violentiæ occurrunt, sinere oportet ut Satanas operetur, nullam adhibendo industriam nullumque proprium conatum, sed permanere debet homo in suo nihilo : et etiamsi sequantur pollutiones et actus obscœni pro-

encore pis, il ne faut pas s'inquiéter, mais rejeter loin les scrupules, les doutes et les craintes, parce que l'ame en est plus éclairée, plus fortifiée et plus pure, et acquiert la sainte liberté ; surtout il faut bien se garder de s'en confesser, c'est très-bien fait de ne s'en point accuser, parce que c'est le moyen de vaincre le démon et de s'amasser un trésor de paix.

48. Satan, auteur de ces violences, tâche ensuite de persuader à l'ame que ce sont de grands péchés, afin qu'elle s'en inquiète, et qu'elle n'avance pas davantage dans la voie intérieure : c'est pourquoi pour rendre ses efforts inutiles, il vaut bien mieux ne s'en point accuser, puisqu'aussi bien ce ne sont point des péchés, pas même véniels.

49. Par la violence du démon Job étoit emporté à des excès étranges, en même temps qu'il levoit ses mains pures au ciel dans la prière : ainsi que s'explique ce qu'il dit au chapitre xvi de son livre.

50. David, Jérémie et plusieurs saints prophètes souffroient ces sortes de violences au dehors dans de semblables actions honteuses.

51. Il y a dans la sainte Ecriture plusieurs exemples de ces violences à des actions extérieures, mauvaises d'elles-mêmes : comme quand Samson se tua avec les Philistins, quand il épousa une étrangère et qu'il pécha avec Dalila ; choses d'ailleurs défendues et certainement péchés : quand Judith mentit à Holoferne : quand Elisée maudit les enfans : quand Elie fit brûler les chefs du roi Achab avec leurs troupes : on laisse seulement à douter si cette violence venoit immédiatement de Dieu, ou du ministère des démons, comme il arrive aux autres ames.

priis manibus, et etiam pejora, non opus est seipsum inquietare, sed foràs emittendi sunt scrupuli, dubia et timores, quia anima fit magis illuminata, magis roborata magisque candida, et acquiritur sancta libertas : et præ omnibus non opus est hæc confiteri, et sanctissimè fit non confitendo, quia hoc pacto superatur dæmon et acquiritur thesaurus pacis.

48. Satanas qui hujusmodi violentias infert, suadet deindè gravia esse delicta, ut anima se inquietet, ne in viâ internâ ulteriùs progrediatur : undè ad ejus vires enervandas, meliùs est ea non confiteri, quia non sunt peccata, nec etiam venialia.

49. Job ex violentiâ dæmonis se propriis manibus polluebat, eodem tempore quo mundas habebat ad Deum preces : sic interpretando locum ex capite *Job* xvi.

50. David, Jeremias et multi ex sanctis prophetis hujusmodi violentias patiebantur harum impurarum operationum externarum.

51. In sacrâ Scripturâ multa sunt exempla violentiarum ad actus externos peccaminosos ; ut illud de Samsone, qui per violentiam seipsum occidit cum Philisthæis, conjugium iniit cum alienigenâ, et cum Dalilâ meretrice fornicatus est, quæ aliàs erant prohibita et peccata fuissent : de Judithâ, quæ Holoferni mentita fuit : de Elisæo, qui pueris maledixit : de Eliâ, qui combussit duces cum turmis regis Achab : an verò fuerit violentia immediatè à Deo peracta, vel ministerio dæmonum ut aliis animabus contingit, in dubio relinquitur.

52. Quand ces sortes de violences, même honteuses, arrivent sans trouble de l'esprit, alors l'ame peut s'unir à Dieu, comme en effet elle s'y unit toujours.

53. Pour connoître dans la pratique si quelque action dans les autres personnes vient de cette violence, la règle que j'en ai n'est pas seulement tirée des protestations que ces ames font de n'avoir pas consenti à ces violences, ou de ce qu'il est impossible qu'elles jurent faussement de n'y avoir pas consenti, ou de ce que ce sont des ames avancées dans la voie intérieure ; mais je la prends bien plutôt d'une certaine lumière actuelle, supérieure à toute connoissance humaine et théologique, qui me fait connoître certainement avec une conviction intérieure que telle action vient de la violence : or je suis certain que cette lumière vient de Dieu, parce qu'elle me vient jointe à la conviction que j'ai qu'elle est de Dieu ; de sorte qu'elle ne me laisse point l'ombre du moindre doute au contraire : de même qu'il arrive quelquefois que Dieu révélant quelque chose à une ame, il la convainc en même temps que la révélation vient de lui, de sorte qu'elle n'en peut avoir aucun doute.

54. Les spirituels, qui marchent dans la voie commune, seront bien trompés et bien confus à la mort, avec toutes les passions qu'ils auront à purifier en l'autre monde.

55. Par cette voie intérieure on parvient, quoiqu'avec beaucoup de peine, à purifier et à éteindre toutes les passions ; de sorte qu'on ne sent plus rien, quoi que ce soit, pas le moindre aiguillon : on ne sent pas plus de révolte que si le corps étoit mort, et l'ame n'est plus sujette à aucune émotion.

56. Les deux lois et les deux convoitises, l'une de l'ame et l'autre de

---

52. Cùm hujusmodi violentiæ etiam impuræ absque mentis offuscatione accidunt, tunc anima Deo potest uniri, ut de facto semper unitur.

53. Ad cognoscendum in praxi an aliqua operatio in aliis personis fuerit violentia, regula quam de hoc habeo, nedùm sunt protestationes animarum aliarum quæ protestantur se dictis violentiis non consensisse, aut jurare non posse quòd non his consenserint, et videre quòd sint animæ quæ proficiunt in viâ internâ ; sed regulam sumere à lumine quodam actuali, cognitione humanâ et theologicâ superiore, quod me certò cognoscere facit cum internâ certitudine, quòd talis operatio est violentia : et certus sum quòd hoc lumen à Deo procedit, quia ad me pervenit conjunctum cum certitudine quòd à Deo proveniat, et mihi nec umbram dubii relinquit in contrarium : eo modo quo interdùm contingit, quòd Deus aliquid revelando, eodem tempore animam certam reddit quòd ipse sit qui revelet, et anima in contrarium non potest dubitare.

54. Spirituales viæ ordinariæ in horâ mortis se delusos invenient et confusos, cum omnibus passionibus in alio mundo purgandis.

55. Per hanc viam internam pervenitur, etsi multâ cum sufferentiâ, ad purgandas et extinguendas omnes passiones, ita quòd nihil ampliùs sentitur, nihil, nihil : nec ultrà sentitur inquietudo, sicut corpus mortuum ; nec anima se ampliùs commoveri sinit.

56. Duæ leges et duæ cupiditates, animæ una et amoris proprii altera, tandiù

l'amour-propre, subsistent autant que règne l'amour-propre : c'est pourquoi quand une fois il est épuré et mort, comme il arrive dans la voie intérieure, alors aussi meurent les deux lois et les deux convoitises ; on ne fait plus aucune chute, on ne sent aucune révolte, et il n'y a plus même de péché véniel.

57. Par la contemplation acquise on parvient à l'état de ne plus faire aucun péché, ni mortel ni véniel.

58. On acquiert cet état en ne faisant plus aucune réflexion sur ses actions, parce que les défauts viennent de la réflexion.

59. La voie intérieure n'a aucun rapport à la confession, aux confesseurs, aux cas de conscience, à la théologie, ni à la philosophie.

60. Dieu rend la confession impossible aux ames avancées, quand une fois elles commencent à mourir aux réflexions, ou qu'elles y sont tout à fait mortes : aussi y suppléé-t-il par une grace qui les préserve autant que celle qu'elles recevroient dans le sacrement : c'est pourquoi en cet état il n'est pas bon que ces ames fréquentent la confession, parce qu'elle leur est impossible.

61. Une ame arrivée à la mort mystique ne peut plus vouloir autre chose que ce que Dieu veut, parce qu'elle n'a plus de volonté et que Dieu la lui a ôtée.

62. La voie intérieure conduit aussi à la mort des sens : bien plus, une marque qu'on est dans l'anéantissement qui est la mort mystique, c'est que les sens extérieurs ne nous représentent pas plus les choses sensibles que si elles n'étoient point du tout, parce qu'alors elles ne peuvent plus faire que l'entendement s'y applique.

perdurant, quandiù perdurat amor proprius : undè quando purgatus est et mortuus, ut fit per viam internam, non adsunt ampliùs duæ illæ leges et duæ cupiditates, nec ulteriùs lapsus aliquis incurritur, nec aliquid sentitur ampliùs, ne quidem veniale peccatum.

57. Per contemplationem acquisitam pervenitur ad statum non faciendi ampliùs peccata nec mortalia nec venialia.

58. Ad hujusmodi statum pervenitur non reflectendo ampliùs ad proprias operationes, quia defectus ex reflexione oriuntur.

59. Via interna sejuncta est à confessione, à confessariis, à casibus conscientiæ, à theologiâ et à philosophiâ.

60. Animabus provectis, quæ reflexionibus mori incipiunt, et eò etiam perveniunt ut sint mortuæ, Deus confessionem aliquando efficit impossibilem, et supplet ipse tantâ gratiâ præservante quantam in sacramento reciperent ; et ideò hujusmodi animabus non est bonum in tali casu ad sacramentum pœnitentiæ accedere, quia id est illis impossibile.

61. Anima cùm ad mortem mysticam pervenit, non potest ampliùs aliud velle quàm quod Deus vult, quia non habet ampliùs voluntatem, et Deus eam illi abstulit.

62. Per viam internam pervenitur etiam ad mortem sensuum, quinimò signum quòd quis in statu nihilitatis maneat, id est mortis mysticæ, est si sensus exteriores non repræsentent ampliùs res sensibiles ac si non essent, quia non perveniunt ad faciendum quòd intellectus ad eas applicet.

63. Par la voie intérieure, on parvient à un état toujours fixe d'une paix imperturbable.

64. Un théologien a moins de disposition qu'un idiot à la contemplation : 1° parce qu'il n'a pas une foi si pure ; 2° qu'il n'est pas si humble ; 3° qu'il n'a pas tant de soin de son salut ; 4° parce qu'il a la tête pleine de rêveries, d'espèces, d'opinions et de spéculations ; de sorte que la vraie lumière n'y trouve point d'entrée.

65. Il faut obéir aux supérieurs dans les choses extérieures ; le vœu d'obéissance des religieux ne s'étend qu'aux choses de cette nature : mais pour l'intérieur, il en est tout autrement ; il n'y a que Dieu seul et le directeur qui en connoissent.

66. C'est une doctrine nouvelle dans l'Eglise et digne de risée, que les ames dans leur intérieur doivent être gouvernées par les évêques ; et que l'évêque en étant incapable, elles doivent se présenter à lui avec leurs directeurs : c'est, dis-je, une doctrine nouvelle, puisqu'elle n'est enseignée ni dans l'Ecriture, ni dans les conciles, ni dans les canons, ni dans les bulles, ni par aucun Saint ou par aucun auteur, et qu'elle ne le peut être ; l'Eglise ne jugeant point des choses cachées, et toute ame ayant droit de se choisir qui bon lui semble.

67. C'est une tromperie manifeste de dire qu'on est obligé de découvrir son intérieur au for extérieur des supérieurs, et que c'est péché de ne le point faire, parce que l'Eglise ne juge point des choses cachées, et que l'on fait un très-grand tort aux ames par ces illusions et ces déguisemens.

68. Il n'y a dans le monde ni autorité, ni juridiction qui ait droit

---

63. Per viam internam pervenitur ad [statum continuum immobilem in pace imperturbabili.

64. Theologus minorem dispositionem habet quàm homo rudis ad statum contemplativi : 1° quia non habet fidem adeò puram ; 2° quia non est adeò humilis ; 3° quia non adeò curat propriam salutem ; 4° quia caput habet refertum phantasmatibus, speciebus, opinionibus, speculationibus ; et [non potest in illum ingredi verum lumen.

65. Præpositis obediendum est in exteriore, et latitudo voti obedientiæ religiosorum tantummodò ad exterius pertingit : in interiore verò res aliter se habet, quo solus Deus et director intrant.

66. Risu digna est nova quædam doctrina in Ecclesiâ Dei, quòd anima quoad internum gubernari debeat ab episcopo ; quòd si episcopus non sit capax, anima ipsum cum suo directore adeat : novam dico doctrinam, quia nec sacra Scriptura, nec concilia, nec canones, nec bullæ, nec sancti, nec auctores eam unquàm tradiderunt nec tradere possunt ; quia Ecclesia non judicat de occultis, et anima jus habet eligendi quemcumque sibi benè visum.

67. Dicere quòd internum manifestandum est exteriori tribunali præpositorum, et quòd peccatum sit id non facere, est manifesta deceptio, quia Ecclesia non judicat de occultis, et propriis animabus præjudicant his deceptionibus et simulationibus.

68. In mundo non est facultas nec jurisdictio ad præcipiendum ut manifestentur

CONDAMNATION DES QUIÉTISTES. 697

d'ordonner que les lettres des directeurs sur l'intérieur des ames soient communiquées : c'est pourquoi il est bon qu'on soit averti que c'est une entreprise du démon.

Lesquelles propositions, de l'avis de nos susdits frères les cardinaux de la sainte Eglise romaine, et inquisiteurs généraux, nous avons condamnées, notées, et effacées, comme hérétiques, suspectes, erronées, scandaleuses, blasphématoires, offensives des pieuses oreilles, téméraires, énervant et détruisant la discipline chrétienne, et séditieuses, respectivement; et pareillement tout ce qui a été publié sur ce sujet, de vive voix, ou par écrit, ou imprimé : avons défendu à tous et à un chacun de parler en aucune manière, d'écrire ou disputer de ces propositions et de toutes autres semblables, ni de les croire, retenir, enseigner, ni de les mettre en pratique : avons privé les contrevenans dès à présent et pour toujours de toutes dignités, degrés, honneurs, bénéfices et offices, et les avons déclarés inhabiles à en posséder jamais, et en même temps nous les avons frappés de l'anathème, dont ils ne pourront être absous que par nous ou nos successeurs les pontifes romains.

En outre nous avons défendu et condamné par notre présent décret, tous les livres, et tous les ouvrages du même Michel de Molinos, en quelque lieu et en quelque langue qu'ils soient imprimés, même les manuscrits, avec défense à toute personne de quelque degré, état et condition qu'il puisse être, et quoique par sa dignité il dût être nommé, d'oser sous quelque prétexte que ce soit les imprimer en toute

epistolæ directoris quoad internum animæ, et ideò opus est animadvertere quòd hoc est insultus Satanæ.

Quas quidem propositiones tanquàm hæreticas, suspectas, erroneas, scandalosas, blasphemas, piarum aurium offensivas, temerarias, christianæ disciplinæ relaxativas et eversivas, et seditiosas respectivè, ac quæcumque super iis verbo, scripto, vel typis emissa, pariter cum voto eorumdem fratrum nostrorum S. R. E. Cardinalium, et Inquisitorum generalium damnavimus, circumscripsimus et abolevimus; deque eisdem et similibus omnibus et singulis posthàc quoquo modo loquendi, scribendi, disputandi, easque credendi, tenendi, docendi, aut in praxim reducendi facultatem quibuscumque interdiximus, et contrà facientes omnibus dignitatibus, gradibus, honoribus, beneficiis et officiis ipso facto perpetuò privavimus, et inhabiles ad quæcumque decrevimus, vinculoque etiam anathematis eo ipso innodavimus, à quo nisi à nobis et à Romanis Pontificibus successoribus nostris valeant absolvi.

Prætereà eodem nostro decreto prohibuimus et damnavimus omnes libros, omniaque opera quocumque loco et idiomate impressa, necnon omnia manuscripta ejusdem Michaelis de Molinos, vetuimusque ne quis, cujuscumque gradûs, conditionis, vel statûs, etiam speciali notâ dignus, audeat sub quovis prætextu, quolibet pariter idiomate, sive sub eisdem verbis, sive sub æqualibus aut æquipollentibus, sive absque nomine, seu ficto, aut alieno nomine ea imprimere, vel imprimi

langue, dans les mêmes termes, ou en de semblables, ou équivalens, ou sans nom, ou sous un nom feint et emprunté; ni les faire imprimer, ni même les lire ou retenir chez soi imprimés ou manuscrits; mais de les porter aussitôt et de les mettre entre les mains des Ordinaires des lieux ou des inquisiteurs contre le venin de l'hérésie, sous les peines portées ci-dessus, avec ordre de les brûler à la diligence desdits Ordinaires ou Inquisiteurs. Enfin pour punir le susdit Michel de Molinos de ses hérésies, erreurs et faits honteux, par des châtimens proportionnés qui servissent d'exemple aux autres, et à lui de correction, lecture faite de tout son procès dans notre congrégation susdite, ouïs nos très-chers fils les consulteurs du saint Office, docteurs en théologie et en droit canonique, de l'avis commun de nos vénérables frères susdits les cardinaux de la sainte Eglise romaine : Nous avons condamné dans toutes les formes de la justice ledit Michel de Molinos, comme coupable, convaincu, et après avoir avoué respectivement, et comme hérétique déclaré, quoique repentant, à la peine d'une étroite et perpétuelle prison, et à des pénitences salutaires qu'il sera tenu d'accomplir, après toutefois qu'il aura fait abjuration suivant le formulaire qui lui sera prescrit : ordonnant qu'au jour et à l'heure marqués, dans l'église de Sainte-Marie de la Minerve de cette ville, en présence de tous nos vénérables frères les cardinaux de la sainte Eglise romaine, prélats de notre Cour, même de tout le peuple qui y sera invité par la concession des indulgences, sera lue d'un lieu élevé la teneur du procès, le même Michel de Molinos étant debout sur un échafaud, ensemble la sentence qui s'en est ensuivie : et après que ledit de Molinos revêtu de l'habit de pénitent, aura abjuré publiquement les erreurs et hérésies susdites, nous avons donné pouvoir à notre cher fils le com-

facere, neque impressa seu manuscripta legere, vel apud se retinere; sed Ordinariis locorum aut hæreticæ pravitatis Inquisitoribus statim tradere, et consignare teneantur sub eisdem pœnis superiùs inflictis, qui Ordinarii et Inquisitores statim ea igni comburant, vel comburi faciant. Tandem, ut prædictus Michael de Molinos ob hæreses, errores et turpia facta prædicta debitis pœnis in aliorum exemplum, et ipsius emendationem plecteretur, lecto in eâdem nostrâ Congregatione toto processu, et auditis dilectis filiis consultoribus nostris sanctæ Inquisitionis, Officii in sacrâ theologiâ et in jure pontificio magistris, cum eorumdem venerabilium Fratrum nostrorum S. R. E. Cardinalium unanimi voto, dictum Michaelem de Molinos, tanquàm reum convictum et confessum respectivè, et uti hæreticum formalem licet pœnitentem in pœnam arcti et perpetui carceris, et ad peragendas alias pœnitentias salutares, præviâ tamen abjuratione de formali per ipsum emittendâ, servato juris ordine, damnavimus : mandantes ut die et horâ præfigendis in ecclesiâ Sanctæ Mariæ supra Minervam hujus almæ urbis, præsentibus omnibus venerabilibus fratribus nostris S. R. E. Cardinalibus, et romanæ Curiæ nostræ Prælatis, universoque populo ad id etiam per concessionem indulgentiarum convocando, ex alto tenor processûs, stante in suggesto eodem Michaele de Molinos, unà cum sententiâ indè secutâ legeretur : et postquàm idem de Molinos, habitu pœnitentiæ indutus, prædictos errores et hæreses publicè abjurasset,

missaire de notre saint Office, de l'absoudre en la forme ordinaire de
l'Eglise, des censures qu'il avoit encourues : ce qui auroit été accompli
en tout point, en exécution de notre ordonnance du 3 septembre de la
présente année.

Et quoique le susdit décret fait par notre ordre, ait été imprimé,
publié et affiché en lieu public pour l'instruction plus ample des fidèles;
néanmoins, de peur que la mémoire de cette condamnation apostolique ne s'efface dans le temps à venir, et afin que le peuple chrétien
instruit de la vérité catholique, marche plus sûrement dans la voie du
salut, en suivant les traces des souverains Pontifes nos prédécesseurs,
par notre présente constitution qui sera à jamais en vigueur, nous ap-
prouvons de nouveau et confirmons le décret susdit, et ordonnons
qu'il soit mis à exécution comme il le doit être, condamnant en outre
définitivement et réprouvant les propositions susdites, les livres et manuscrits du même Michel de Molinos, dont nous interdisons et défendons la lecture, sous les mêmes peines et censures portées et infligées
contre les contrevenans.

Ordonnant au surplus que les présentes lettres auront force, sont et
seront en vigueur perpétuellement et à toujours, sortiront et auront
leur plein et entier effet : que tous juges ordinaires et délégués, et de
quelque autorité qu'ils soient ou puissent être revêtus, seront tenus de
juger et déterminer conformément à icelles, tout pouvoir et autorité de
juger ou interpréter autrement leur étant ôtés à tous et à chacun d'eux;
déclarant nul tout jugement, et comme non avenu, sur ces matières à

facultatem dedimus dilecto filio nostri sancti Officii commissario, ut eum à censuris,
quibus innodatus erat, in formâ Ecclesiæ consuetâ absolveret; quæ omnia in
executionem dictæ nostræ ordinationis die tertiâ septembris labentis anni solemniter adimpleta sunt.

Et licèt suprà narratum decretum de mandato nostro latum, ad majorem fidelium cautelam typis editum, publicis locis affixum et divulgatum fuerit, nihilominùs, ne hujus apostolicæ damnationis memoria futuris temporibus deleri possit,
utque populus christianus catholicâ veritate instructior per viam salutis incedere
valeat, prædecessorum nostrorum summorum Pontificum vestigiis inhærentes;
hâc nostrâ perpetuò valiturâ constitutione supradictum decretum denuò appro-
bamus, confirmamus, et debitæ executioni tradi mandamus; iterùm supradictas
propositiones definitivè damnantes et reprobantes, librosque et manuscripta ejusdem Michaelis de Molinos prohibentes et interdicentes sub eisdem pœnis et
censuris contra transgressores latis et inflictis.

Decernentes insuper præsentes litteras semper et perpetuò validas et efficaces
existere et fore, suosque plenarios et integros effectus sortiri et obtinere : sicque
per quoscumque ordinarios et delegatos quâvis auctoritate fungentes et functu-
ros, ubique judicari et definiri debere, sublatâ eis, et eorum cuilibet, quâvis aliter
judicandi et interpretandi facultate et auctoritate; ac irritum et inane quidquid
secùs super his à quoquam quâvis auctoritate scienter vel ignoranter contigerit

ce contraire, de quelque personne et de quelque autorité qu'il vienne, sciemment ou par ignorance. Voulons que foi soit ajoutée aux copies des présentes même imprimées, soussignées de la main d'un notaire public, et scellées du sceau d'une personne constituée en dignité ecclésiastique, comme on l'auroit à ces mêmes lettres représentées en original. Qu'il ne soit donc permis à aucun homme par une entreprise téméraire, de violer ou de contrevenir au contenu de notre présente approbation, confirmation, condamnation, réprobation, punition, décret et volonté. Que celui qui osera l'entreprendre, sache qu'il s'attirera l'indignation du Dieu tout-puissant et des bienheureux apôtres saint Pierre et saint Paul. Donné à Rome, à Sainte-Marie Majeure, le vingtième novembre, l'an mil six cent quatre-vingt-sept de l'Incarnation de Notre-Seigneur, et le douzième de notre pontificat. *Signé* F. DATAIRE. *Et plus bas*, J.-F. ALBANI. Registrée au secrétariat des brefs, etc.

Loco † plumbi.   *Visa de curiâ.* S. DE PILASTRIS. D. CIAMPINUS.

L'an de Notre-Seigneur Jésus-Christ mil six cent quatre-vingt-huit, indiction onzième, le 19 février; et du pontificat de notre saint Père le Pape par la Providence divine Innocent XI, l'an douzième, les présentes lettres apostoliques ont été publiées et affichées aux portes de l'église de Saint-Jean de Latran, de la basilique de Saint-Pierre et de la chancellerie apostolique, et à la tête du champ de Flore, et aux autres lieux accoutumés de la ville, par moi François Perino, courrier de notre saint Père le Pape et de la très-sainte Inquisition.

attentari. Volumus autem, ut præsentium transumptis etiam impressis, manu notarii publici subscriptis, et sigillo alicujus personæ in dignitate ecclesiasticâ constitutæ munitis, eadem fides prorsùs adhibeatur, quæ ipsis originalibus litteris adhiberetur, si essent exhibitæ vel ostensæ. Nulli ergò omninò hominum liceat hanc paginam nostræ approbationis, confirmationis, damnationis, reprobationis, punitionis, decreti et voluntatis infringere, vel ei ausu temerario contrà ire. Si quis autem hoc attentare præsumpserit, indignationem omnipotentis Dei, ac beatorum Petri et Pauli apostolorum ejus se noverit incursurum. Datum Romæ, apud S. Mariam Majorem, anno Incarnationis dominicæ millesimo sexcentesimo octuagesimo septimo, duodecimo Kal. decembris, Pontificatûs nostri anno duodecimo. F. DATARIUS. J. F. ALBANUS. Registrata in Secretariâ Brevium.

Loco † plumbi.   *Visa de curiâ* S. DE PILASTRIS. D. CIAMPINUS.

Anno à Nativitate Domini nostri Jesu Christi millesimo sexcentesimo octuagesimo octavo, indictione undecimâ, die verò 19 februarii, pontificatûs autem sanctissimi in Christo Patris D. N. D. INNOCENTII divinâ Providentiâ Papæ XI, anno ejus duodecimo, præsentes litteræ apostolicæ affixæ et publicatæ fuerunt ad valvas Ecclesiæ sancti Joannis Lateranensis, Basilicæ Principis apostolorum, et Cancellariæ apostolicæ, et in acie campi Floræ, et aliis locis solitis et consuetis urbis, per me Franciscum Perinum SS. D. N. Papæ et sanctissimæ Inquisitionis cursorem.

DÉCRET

DE L'INQUISITION DE ROME,

EXTRAIT DU LATIN.

Du jeudi 5 février 1688.

Il porte condamnation de divers ouvrages des quiétistes, et en particulier de ceux de Benoît Biscia, prêtre de la congrégation de l'Oratoire de la ville de Fermo en Italie; ensemble d'une feuille volante imprimée en françois sous ce titre :

Propositions tirées des livres et autres écrits du docteur Molinos, chef des quiétistes, condamnées par la sainte Inquisition de Rome.

Ce décret est scellé, et a été publié et affiché selon la coutume, le 27 février 1688.

AUTRE DÉCRET

DE LA MÊME INQUISITION,

EXTRAIT DU LATIN.

Du jeudi 1er avril 1688.

Entre plusieurs livres des quiétistes, qui y sont condamnés, on y voit les suivans.

Pratique facile pour élever l'ame à la contemplation, en deux parties; par François Malaval, laïque, aveugle : traduite du françois en italien, par dom Lucio Labacci, prêtre romain.

Alphabet pour savoir lire en Jésus-Christ, composé par Fr.-Jean Falconi, de l'ordre de Notre-Dame de la Mercy : traduit de l'espagnol en italien : avec un abrégé de la vie de l'auteur, et une de ses lettres écrite à l'une de ses dévotes.

Autre lettre du même auteur à l'une de ses filles spirituelles, touchant le plus pur et le plus parfait esprit de l'oraison, traduite de l'espagnol en italien.

Autre du même à un religieux, sur l'oraison de pure foi, aussi traduite de l'espagnol en italien.

Ce décret est scellé, et a été publié et affiché le 3 avril 1688.

AUTRE DÉCRET

DE LA MÊME INQUISITION,

EXTRAIT DU LATIN.

Du jeudi 9 septembre 1688.

La sacrée Congrégation défend et condamne les livres que voici.
Il y en a plusieurs de diverses matières, dont celui-ci seul a rapport à la contemplation :

Orationis mentalis Analysis, deque variis ejusdem speciebus judicium ex divini verbi, sanctorumve Patrum sententiis concinnatum : per Patrem D. Franciscum la Combe Tononensem, presbyterum professum, congregationis clericorum regularium sancti Pauli. Vercellis, apud Nicolaum Hyacinthum Martam, typog. Episc. 1686.

Analyse de l'oraison mentale, par le Père la Combe.

Ce décret est scellé, et a été publié et affiché selon la coutume, le 4 septembre 1688.

AUTRE DÉCRET

DE LA MÊME INQUISITION,

EXTRAIT DU LATIN.

Du mardi 30 novembre 1689.

La sacrée Congrégation défend et condamne les livres que voici.

Le chrétien intérieur, ou la conformité intérieure que les chrétiens doivent avoir avec Jésus-Christ, traduit du françois en italien par le sieur Alexandre Cenami, prieur de Saint-Alexandre de Lucques.

Règle de perfection, qui contient en abrégé toute la vie spirituelle, réduite au seul point de la volonté divine, divisée en trois parties; par le Père Benoît de Canfeld, capucin anglois; et traduite du françois en italien. A Viterbe, 1687.

Moyen court et très-facile pour l'oraison, que tous peuvent pratiquer très-aisément, et arriver par là en peu à une haute perfection. A Grenoble, 1685.

Règle des associés à l'enfance de Jésus : Modèle de perfection pour tous les états. A Lyon, 1685.

Lettre d'un serviteur de Dieu (Falconi) *à une personne qui aspire à la perfection religieuse.*

Il contient plusieurs autres livres, sur la nouvelle contemplation, en italien ou en espagnol, imprimés dans la plupart des villes d'Italie.

Ce décret est scellé, et a été publié et affiché à l'ordinaire les jour et an que dessus.

AUTRE DÉCRET

DE LA MÊME INQUISITION,

EXTRAIT DU LATIN,

Où sont condamnés les livres suivans.

Du mercredi 19 mars 1692.

Œuvres spirituelles de M. de Bernières Louvigny, d'où a été tiré le *Chrétien intérieur, ou la guide sûre pour ceux qui aspirent à la perfection*, en deux parties : traduites du françois en italien.

Recueil de diverses pièces concernant le quiétisme et les quiétistes, ou Molinos et les disciples. A Amsterdam, 1688.

Trois lettres touchant l'état présent d'Italie, écrites en 1688 : 1, sur Molinos et ses quiétistes : 2, sur l'inquisition et l'état de la religion : 3, sur la politique et les intérêts des princes d'Italie. A Cologne, 1688, et autres ouvrages imprimés.

Scellé, affiché et publié, les jour et an que dessus.

Voilà les actes qu'on a pu avoir de différens endroits, pour composer ce recueil. Ils sont ici apportés par manière de récit, afin qu'on voie ce qui s'est passé par toute la chrétienté, et surtout à Rome, dans l'affaire du quiétisme. Pendant qu'on en achevoit l'impression, on a appris la mort de Molinos arrivée dans sa prison le 29 décembre dernier, après avoir reçu tous ses sacremens avec beaucoup de marques de repentir.

FIN DU DIX-HUITIÈME VOLUME.

TABLE

DES MATIÈRES CONTENUES DANS LE DIX-HUITIÈME VOLUME.

RECUEIL DE DISSERTATIONS ET DE LETTRES

CONCERNANT UN PROJET DE RÉUNION DES PROTESTANS D'ALLEMAGNE DE LA CONFESSION D'AUGSBOURG,

A L'ÉGLISE CATHOLIQUE.

Suite de la première partie.

DE PROFESSORIBUS CONFESSIONIS AUGUSTANÆ

AD REPETENDAM UNITATEM CATHOLICAM DISPONENDIS.

Admonitio editoris. . . . . Pag.	1
PRÆFATIO. De verâ ratione ineundæ pacis, deque duobus postulatis nostris.	3
PARS PRIMA. — CAPUT I. De primo postulato nostro.	4
CAPUT II. Spreto nostro postulato, ac suspensis Tridentinis aliisque ab annis ferè mille decretis, an primorum quatuor vel quinque sæculorum tutior futura sit auctoritas?	6
CAPUT. III. An tutior ac facilior futura sit pax, si hæreamus articulis quos fundamentales vocant.	7
CAPUT IV. Unâ interrogatiunculâ res tota transigitur.	7
CAPUT V. Concilii Tridentini in hâc tractatione quis unus futurus sit? . .	7

PARS SECUNDA. DE ALTERO POSTULATO NOSTRO, SIVE DE VIA DECLARATORIA ET EXPOSITORIA.

PRÆFATIO. Quædam præmittuntur de Lutheranorum libris symbolicis : Controversiarum articuli ad quatuor capita reducuntur.	9
CAPUT I. De justificatione, eique connexis articulis.	10
ART. I. Quòd justificatio sit gratuita.	10
ART. II. De operibus ac meritis justificationem consecutis.	12
ART. III. De promissione gratuitâ, deque perfectione atque acceptatione bonorum operum.	14
ART. IV. De impletione legis.	14
ART. V. De meritis quæ vocant *ex condigno*.	15
ART. VI. De fide justificante.	16
ART. VII. De certitudine fidei justificantis.	17
ART. VIII. De gratiâ et cooperatione liberi arbitrii.	19

Art. IX. Cur istius conciliationis ratio placitura videatur. 20
Caput II. De Sacramentis. 20
    Art. I. De Baptismo. 20
    Art. II. De Eucharistiâ, ac primùm de reali præsentiâ. 21
    Art. III. De Transsubstantiatione. 22
    Art. IV. De præsentiâ extra usum. 23
    Art. V. De Adoratione. 25
    Art. VI. De Sacrificio. 25
    Art. VII. De Missis privatis. 26
    Art. VIII. De Communione sub utrâque specie. 27
    Art. IX. De aliis quinque Sacramentis, ac primùm de Pœnitentiâ et Absolutione. 29
    Art. X. De tribus Pœnitentiæ actibus, imprimis de Contritione et Confessione. 30
    Art. XI. De Satisfactione. 31
    Art. XII. De quatuor reliquis Sacramentis. 31
Caput III. De cultu ac ritibus. 33
    Art. I. De cultu et invocatione Sanctorum. 33
    Art. II. De cultu Imaginum. 35
    Art. III. De oratione atque oblatione pro Mortuis, et Purgatorio. . . 36
    Art. IV. De Votis monasticis. 37
Caput IV. De fidei firmandæ mediis. 38
    Art. I. De Scripturâ et Traditione. 38
    Art. II. De Ecclesiæ infallibilitate. 39
    Art. III. De Conciliorum generalium auctoritate speciatim quæ sit Protestantium sententia. 40
    Art. IV. De eâdem auctoritate quid Catholici sentiant, et quid Protestantes objiciant. 41
    Art. V. De Romano Pontifice. 42
Tertia pars. De diciplinæ rebus, ac totâ hâc tractatione ordinandâ. . . 45
    Art. I. Quid ergò agendum ex antecedentibus. Summa dictorum de fide. 45
    Art. II. De disciplinæ rebus quæ à Protestantibus postulari, quæ à Romano Pontifice concedi posse videantur. 47
    Art. III. De concilo Tridentino. 49
    Art. IV et ultimus. Summa dictorum; ac de difficultatibus superandis. 51
Explicatio ulterior methodi reunionis ecclesiasticæ, occasione eorum instituta quæ illustrissimo et reverendissimo D. Jacobo Benigno episcopo Meldensi moderatè non minùs quàm eruditè ad eamdem annotare placuit. 54
Prologus. 54
Excerpta ex hac ulteriori explicatione. De conciliis œcumenicis in genere, et in specie de concilio Tridentino. 58
Epilogus. 69
Nouvelle explication de la méthode qu'on doit suivre pour parvenir à la réunion des Eglises au sujet des Réflexions également savantes et modérées, que M. l'Evêque de Meaux a bien voulu faire sur cette méthode. 70
Extraits de cette nouvelle explication. Des conciles œcuméniques en général, et en particulier du concile de Trente. 74
Conclusion. 90
Summa controversiæ de Eucharistia, inter quosdam Religiosos et me (nempè Molanum). 92
Résultat d'une controverse touchant l'Eucharistie, agitée entre quelques religieux et M. Molanus, abbé de Lokkum. 95

JUDICIUM MELDENSIS EPISCOPI, de Summâ controversiæ de Eucharistiâ. . 99
JUGEMENT DE M. L'ÉVÊQUE DE MEAUX, sur le Résultat d'une controverse touchant l'Eucharistie. 101
EXECUTORIA dominorum legatorum, super compactatis data Bohemis, et expedita in forma quæ sequitur, anno 1636. 105
SENTENCE EXÉCUTOIRE rendue par les légats du concile de Bâle, au sujet du traité conclu avec les Bohémiens, et expédiée dans la forme qui suit, l'an 1636. 109
Observations de M. Leibniz sur l'acte ci-dessus rapporté. 115

SECONDE PARTIE

QUI CONTIENT LES LETTRES.

LETTRE I. Leibniz à Mme de Brinon, Hanovre, 16 juillet 1691. 117
LETTRE II. Mme la duchesse d'Hanovre à Mme l'abbesse de Maubuisson (extrait) 10 septembre 1691. 120
LETTRE III. Bossuet à Mme de Brinon, 29 septembre 1691. 121
LETTRE IV. Leibniz à Mme de Brinon, 29 septembre 1691. 125
LETTRE V. Leibniz à Mme de Brinon, Hanovre, le 17 décembre 1691. . . 138
LETTRE VI. Leibniz à Bossuet, de Hanovre, le 28 décembre 1691. . . . 139
LETTRE VII. Leibniz à Bossuet (extrait) sans date. 140
LETTRE VIII. Bossuet à Leibniz, à Versailles, le 10 janvier 1692. . . . 141
LETTRE IX. Leibniz à Bossuet, à Hanovre 8 (18) janvier 1692. 143
LETTRE X. Bossuet à Leibniz, à Versailles, 17 janvier 1692. 149
LETTRE XI. Bossuet à Leibniz, Meaux, le 30 mars 1692. 150
LETTRE XII. Mme de Brinon à Bossuet, le 5 avril 1692. 151
LETTRE XIII. Leibniz à Bossuet, à Hanovre, le 18 avril 1692. 153
LETTRE XIV. Bossuet à Pelisson, le 7 mai 1692. 158
LETTRE XV. Pelisson à Bossuet, à Paris, ce 19 juin 1692. 160
LETTRE XVI. Leibniz à Pelisson (extrait) ce 3 juillet 1692. 161
LETTRE XVII. Leibniz à Mme de Brinon (extrait) 3 juillet 1692. 161
LETTRE XVIII. Mme de Brinon à Bossuet, juillet 1692. 162
LETTRE XIX. Leibniz à Bossuet, à Hanovre, le 13 juillet 1692. 164
LETTRE XX. Bossuet à Leibniz, Versailles, le 27 juillet 1692. 166
LETTRE XXI. Bossuet à Leibniz, Versailles, 26 août 1692. 168
LETTRE XXII. Bossuet à Leibniz, Versailles le 28 août 1692. 169
LETTRE XXIII. Leibniz à Bossuet, à Hanovre, le 1er novembre 1692. . . 171
LETTRE XXIV. Bossuet à Leibniz, Meaux, 27 décembre 1692. 175
LETTRE XXV. Leibniz à Bossuet, Hanovre, le 29 mars 1693. 178
LETTRE XXVI. Leibniz à Bossuet, 5 juin 1693. 178
LETTRE XXVII. Mme de Brinon à Bossuet, le 5 août 1693. 182
LETTRE XXVIII. Leibniz à Bossuet, sur le Mémoire du docteur Pirot, touchant l'autorité du concile de Trente. 184
LETTRE XXIX et XXX. Bossuet à Leibniz, sur le Mémoire du docteur Pirot, entre juin et octobre 1693. 206
LETTRE XXXI. Bossuet à Leibniz, à Meaux, le 15 août 1693. 218
LETTRE XXXII. Leibniz à Bossuet, sans date. 218
LETTRE XXXIII. Leibniz à Mme de Brinon, 23 octobre 1693. 225
LETTRE XXXIV. Mme de Brinon à Bossuet, le 5 novembre 1693. . . . 228
LETTRE XXXV. Leibniz à Bossuet, 23 octobre 1693. 230
LETTRE XXXVI. Leibniz à Mme la duchesse de Brunswick, à Hanovre, le 2 juillet 1694. 235

708 TABLE.

Lettre XXXVII. Leibniz à Bossuet, à Hanovre, ce 12 juillet 1694. . . . 239
Lettre XXXVIII. Mme de Brinon à Bossuet, le 18 juillet 1694. 241
Lettre XXXIX. Bossuet à Leibniz, à Meaux, 12 août 1694. 243
Lettre XL. Mme de Brinon à Bossuet, le 25 juin 1695. 244
Lettre XLI. Bossuet à Leibniz, 11 janvier 1699. 246
Lettre XLII. Leibniz à Bossuet, Wolfenbuttel, le 11 décembre 1699. . . 247
Lettre XLIII. Bossuet à Leibniz, à Meaux, le 9 janvier 1700 . . . 250
Lettre XLIV. Bossuet à Leibniz, à Versailles, 30 janvier 1700. 261
Lettre XLV. Leibniz à Bossuet, Wolfenbuttel, 30 avril 1700. 270
Lettre XLVI. Bossuet à Leibniz, à Versailles, ce 1er juin 1700. . . . 272
Lettre XLVII. Leibniz à Bossuet, Wolfenbuttel, ce 14 mai 1700. . . . 273
Lettre XLVIII. Leibniz à Bossuet, à Wolfenbuttel, ce 24 mai 1700. . . 293
Lettre XLIX. Leibniz à Bossuet, à Brunswick, ce 3 septembre 1700. . 314
Lettre L. Leibniz à Bossuet, à Wolfenbuttel, le 21 juin 1701. 318
Lettre LI. Bossuet à Leibniz, à Germigny, ce 12 août 1701. 321
Lettre LII. Bossuet à Leibniz, le 17 août 1701. 329

ORDONNANCE ET INSTRUCTION PASTORALE DE MGR. L'ÉVÊQUE DE
    MEAUX, SUR LES ÉTATS D'ORAISON. 351

INSTRUCTION SUR LES ÉTATS D'ORAISON,

OU SONT EXPOSÉES LES ERREURS DES FAUX MYSTIQUES DE NOS JOURS : AVEC
LES ACTES DE LEUR CONDAMNATION.

Articles sur les états d'oraison. 357
Préface, où l'on pose les fondemens, et l'on explique le dessein de cet
    ouvrage. 367
I. Dessein en général de cet ouvrage. 367
II. Fausse règle de Molinos et de ses sectateurs qui veulent tout rapporter
    à l'expérience. 368
III. Observation de Gerson sur ceux qui renvoient tout à l'expérience :
    quelles sont les expériences sur lesquelles il se faut fonder. 369
IV. Suite des observations du même Gerson. 370
V. Preuve par le concile de Vienne. 370
VI. Sentiment de sainte Thérèse, qui préfère la science à l'expérience : et
    les raisons dont elle s'appuie. 370
VII. Comment Dieu cache aux ames simples leur oraison : et comment
    l'étude peut devenir une contemplation éminente. 372
VIII. Comment l'expérience est subordonnée à la science théologique. . 373
IX. Division de cet ouvrage en cinq traités principaux. 374
X. Difficultés de cette matière. 374
Approbation de Monseigneur l'archevêque de Paris. 377
Approbation de Monseigneur l'évêque de Chartres. 378
Lettre de l'auteur à notre saint Père le Pape. 380
Bref de notre saint Père le Pape à l'auteur. 382

PREMIER TRAITÉ. — LIVRE Ier.

*Les erreurs des nouveaux mystiques en général, et en particulier leur acte
continu et universel.*

I. Observations générales sur le style des auteurs mystiques, et sur leurs
    exagérations depuis quelques siècles. 383

II. Des livres attribués à saint Denys l'Aréopagite, que les mystiques ont pris pour modèle. 384
III. De l'autorité de ces écrivains : sentiment de Suarez. 385
IV. Les excuses qu'on leur donne : réflexion de Gerson. 385
V. Autre exagération du même Rusbroc. 385
VI. Autres exemples d'exagération dans les mystiques 387
VII. Etrange exagération dans les Institutions de Taulère. 387
VIII. Autre exemple d'exagération dans ces auteurs 388
IX. Erreur des mystiques de nos jours. 389
X. Nécessité du présent traité. 389
XI. Des béguards et des béguines. 390
XII. Dessein particulier de ce premier traité : sa division générale : sujet des dix livres dont il est composé. 391
XIII. Idée générale de ce qu'on appelle quiétisme. 393
XIV. Premier principe des nouveaux mystiques, que lorsqu'on s'est une fois donné à Dieu, l'acte en subsiste toujours s'il n'est révoqué, et qu'il ne le faut point réitérer ni renouveler. 394
XV. Que cet acte continue toujours malgré les distractions, sans qu'elles obligent à le renouveler. 395
XVI. Qu'il subsiste pendant le sommeil. 395
XVII. Combien il est grossier et absurde à Falconi et à Molinos, d'avoir comparé le don de sa liberté avec le don d'un diamant. 396
XVIII. Malaval introduit aussi mal à propos la comparaison d'un mari et d'une femme. 397
XIX. La proposition de Falconi expressément censurée à Rome. 397
XX Cet acte continu et perpétuel de sa nature n'est que pour le ciel. Sentiment de saint Augustin remarqué par le Père Falconi, et celui des autres Pères. 397
XXI. Pourquoi les actes ne sont pas perpétuels en cette vie. 398
XXII. Réponse des faux mystiques et démonstration contraire. 398
XXIII. Exemple de l'Ecriture et de Jésus-Christ même. 399
XXIV. Le Père Falconi auteur de ce dogme : Molinos le suit : sa comparaison tirée de l'exemple d'un voyageur. 400
XXV. Le livre du *Moyen court* entre dans tous ces sentimens. 400
XXVI. Suite de la doctrine de ce livre. 401
XXVII. Sentiment conforme de Malaval. 402
XXVIII. Observation importante sur ces auteurs. 402
XXIX. Conséquences pernicieuses de cette doctrine. 403

LIVRE II.

De la suppression des actes de foi.

I. Dessein de ce second livre. 404
II. Que la doctrine des nouveaux mystiques supprime l'union avec Jésus-Christ en qualité d'homme-Dieu et de Personne divine : passage de l'*Interprétation sur les Cantiques*. 405
III. Réflexion sur la doctrine précédente. 406
IV. Autre passage de l'*Interprétation sur le Cantique*. Suite pernicieuse de cette doctrine. 407
V. Etranges paroles sur Jésus-Christ. 408
VI. Artifice des nouveaux mystiques pour éluder la foi explicite en Jésus-Christ. 408
VII. Suite de ces artifices. Parole de Molinos. 409

VIII. Passages de Molinos. 409
IX. Passages de Malaval. 410
X. Contrariété de cette doctrine et de celle de l'Evangile. 410
XI. Cette doctrine des nouveaux mystiques est une suite nécessaire de leurs principes. 411
XII. Vaine échappatoire. 411
XIII. Doctrine des nouveaux mystiques sur les attributs divins. . . . 411
XIV. Grossière idée sur le même sujet, dans l'*Interprétation du Cantique des cantiques*. 412
XV. Passage de saint Clément d'Alexandrie. 413
XVI. Objection tirée de la doctrine de Scot et de Suarez. 413
XVII. On explique en quel sens les notions universelles sont les plus sublimes, sans pour cela ravilir les autres. 414
XVIII. Tous les attributs proposés dans le Symbole des apôtres comme l'objet de la foi et de la contemplation. 415
XIX. Frivole objection de quelques-uns sur les actes de foi explicite qui sont de nécessité de salut. 416
XX. De la présence de Dieu : et si cet attribut est plus nécessaire que les autres à la contemplation. 418
XXI. Equivoque de l'acte confus démêlée. 420
XXII. Egarement de Malaval sur les attributs. 421
XXIII. Vaine défaite, et nouveaux égaremens du même auteur. . . 422
XXIV. Parabole ou similitude pleine d'illusion de Malaval : qu'elle détourne de Dieu, de l'Ecriture et de Jésus-Christ. 422
XXV. Autre manière de détourner de Jésus-Christ, du même Malaval. . 423
XXVI. Différence de la doctrine des nouveaux mystiques d'avec celle de quelques docteurs dont sainte Thérèse a parlé. 424

LIVRE III.

De la suppression des demandes : et de la conformité à la volonté de Dieu.

I. Principes des nouveaux mystiques sur la suppression des demandes. . 424
II. Doctrine de Molinos : suppression de tous les désirs. 425
III. Doctrine conforme de Malaval : suppression des demandes. . . . 426
IV. Que le livre qui outre le plus la suppression des demandes, c'est le *Moyen court*. 427
V. Le désir et la demande du salut entièrement supprimés : étrange excès dans l'*Interprétation du Cantique*. 428
VI. La vertu d'espérance entièrement supprimée. 429
VII. Deux raisons des nouveaux mystiques pour supprimer les demandes : la première combien outrée. 430
VIII. Que le désir du salut n'est point un désir intéressé : trois vérités tirées de saint Paul : abus d'une doctrine de l'Ecole. 430
IX. Deux excuses des nouveaux mystiques : la première qu'ils n'excluent pas les demandes inspirées de Dieu : distinction importante. . . 432
X. Seconde excuse des nouveaux mystiques : que rejeter tout acte aperçu, c'est la même chose que de rejeter tout acte en général. 434
XI. Equivoques et illusions des nouveaux mystiques sur les actes et sur Jésus-Christ. 434
XII. Fondemens des nouveaux mystiques : l'abus qu'ils font du passage où saint Paul dit que *le Saint-Esprit prie en nous*. 435
XIII. L'abus qu'ils font de cette parole : *Il n'y a qu'une seule chose qui soit nécessaire* : quelle multiplicité nous est défendue. 436

xiv. Comment ils abusent de cette demande : *Votre volonté soit faite.* . 437
xv. Abandon des nouveaux mystiques : prodige d'indifférence. 437
xvi. Suite de l'indifférence sous prétexte de la volonté de Dieu. . . . 439
xvii. Quelle volonté de Dieu nous devons suivre, et qu'il y a des volontés divines sur lesquelles Dieu ne nous demande aucun acte. 440
xviii. Que selon les nouveaux mystiques, les Psaumes et l'Oraison Dominicale ne sont pas pour les parfaits : doctrine du Père la Combe. . . . 441
xix. Contrariétés entre l'oraison des nouveaux mystiques, et celle des Psaumes et de Jésus-Christ. 442
xx. Autre doctrine sur le *Pater*. 442
xxi. Que le prétendu acte éminent qui dispense de tous les autres, est inconnu à l'Ecriture et aux saints. 443

LIVRE IV.

Où il est traité plus à fond de la conformité à la volonté de Dieu.

i. Qu'on doit demander à Dieu absolument les graces les plus efficaces. 445
ii. Distinction des deux volontés de signe et de bon plaisir, et l'usage qu'on en doit faire : principes de saint Augustin. 446
iii. L'abandon mal entendu des nouveaux mystiques est contraire à toutes ces règles. 447
iv. Pourquoi c'est un sentiment détestable de consentir à sa damnation quoique juste. 448
v. Que l'excessif abandon des nouveaux mystiques diminue en eux l'horreur du péché. 449
vi. Les nouveaux mystiques proposent une nouvelle et superbe manière de haïr le péché. 450
vii. S'il est vrai que l'oubli de son péché est, comme le prétendent les 452
nouveaux mystiques, une marque qu'il est pardonné. 452
viii. Les nouveaux docteurs font un mystère de leurs défauts et les imputent à Dieu : passage de Gerson. 452
ix. Suite des mauvaises maximes sur l'extinction de la componction. . . 454
x. Mauvaise règle des nouveaux mystiques pour connoître la volonté de Dieu. 455
xi. Vaines définitions de la prière pour en exclure les demandes. . . . 455
xii. L'action de graces également suprimée dans la nouvelle oraison. . . 457

LIVRE V.

Des actes directs et réfléchis, aperçus et non aperçus, etc.

i. Dessein de ce livre. 457
ii. Doctrine des nouveaux mystiques sur les actes réfléchis. 457
iii. Etranges discours sur les réflexions dans le livre du *Moyen court*. . . 458
iv. Que la réflexion est une force de l'ame, et ne doit pas être renvoyée aux états imparfaits. 460
v. Trois raisons de cette vérité : première raison, où est démontrée la nature, la nécessité, et la force de la réflexion. 460
vi. Seconde raison pour la réflexion, en ce qu'elle produit l'action de graces : réflexion, d'un nouveau mystique sur celle de Job. 461
vii. Troisième raison pour la réflexion : elle produit la prière et la confiance. 462
viii. Passage d'Ezéchiel qu'on oppose à la réflexion. 463

ix. Quels retours sur soi-même sont blâmés par les spirituels : sentence de saint François de Sales après saint Antoine, que l'oraison ne se connoît pas elle-même. 463
x. Différence des réflexions qu'inspire l'amour de Dieu d'avec celles qu'excite l'amour-propre. 464
xi. Preuve évidente par saint Paul. 465
xii. Explication de saint Antoine et des autres saints, qui disent que l'oraison ne se connoît pas elle-même, et en quel sens : prière d'Anne mère de Samuel. 465
xiii. Du transport de saint Pierre et de celui de saint Paul. 467
xiv. Souvent l'ame s'aperçoit de ses sentimens, et souvent elle ne s'en aperçoit pas : on ne sait lequel des deux est le plus parfait. 467
xv. Si et comment l'ame qui aime connoît son amour. 468
xvi. Qu'il ne faut pas aisément juger quels actes sont les plus parfaits, les aperçus ou les non aperçus. 468
xvii. Diverses causes par où il arrive qu'on ne connoît point les actes. 469
xviii. Comment l'ame en vient à ne se plus connoître elle-même : et ses actes intellectuels ou spirituels. 469
xix. Comment l'ame commence à sortir de cette ignorance dans la contemplation, et ce qui lui arrive alors. 470
xx. Epurement des actes de l'ame, et cessation du langage. 471
xxi. Grand épurement par la foi. 472
xxii. Le recueillement de l'ame dans l'intérieur le plus profond. . . . 472
xxiii. Quels sont les actes du cœur. 473
xxiv. Comment David les explique. 473
xxv. Que cet état est celui où les demandes, les actions de graces, et tous les actes de piété abondent le plus. 474
xxvi. Dieu donne aux ames des instincts cachés et des instincts plus découverts. 475
xxvii. Erreur des nouveaux mystiques, d'attribuer généralement à imperfection la perception de ses actes. 476
xxviii. Comparaison captieuse entre les actes de l'amour-propre, et les actes de l'amour divin. 476
xxix. Doctrine importante sur le combat perpétuel de la convoitise, et différence notable entre la manière d'agir de l'amour-propre et de l'amour de Dieu. 477
xxx. Autres différences aussi importantes. 477
xxxi. Autre objection tirée de la nature de l'habitude : deux démonstrations pour montrer que celle de la piété n'éteint pas le réflexion. . . 478
xxxii. Autre objection tirée de la nature de l'amour, et résolution importante. 479
xxxiii. Autre objection tirée de la comparaison de l'amour vulgaire, et réponse par la doctrine précédente. 479
xxxiv. Autre objection captieuse tirée de la nature de l'amour, et réponse par les mêmes principes. 480
xxxv. Quelle est la source de la suppression des demandes : fausse idée de pureté, de rassasiement et de perfection. 481
xxxvi. Béatitude et sécurité dans cette vie, selon les nouveaux mystiques. 482
xxxvii. Les nouveaux mystiques éteignent dans les prétendus parfaits l'esprit de mortification et de vertu. 484

TABLE.

LIVRE VI.

Où l'on oppose à ces nouveautés la tradition de l'Eglise.

I. La tradition de l'Eglise s'explique principalement par ses prières. . . . 486
II. Les prières de l'Eglise convainquent d'erreur ceux qui croient que les demandes sont intéressées. 487
III. Doctrine de saint Augustin et de toute l'Eglise catholique, que nul n'obtient la persévérance sans la demander. 488
IV. Que saint Cyprien et saint Augustin n'ont jamais connu le prétendu désintéressement des nouveaux mystiques. 489
V. Suite de la doctrine de saint Augustin et de l'Eglise catholique. . . . 489
VI. La doctrine précédente expressément définie par les conciles. . . . 490
VII. Il est défini par les conciles que l'Oraison Dominicale est d'obligation pour les plus parfaits. 490
VIII. Passages des Pères précédens, et nommément de saint Clément d'Alexandrie. 491
IX. Raison de saint Clément d'Alexandrie, pour montrer que c'est proprement aux plus parfaits qu'il appartient de demander. 492
X. Que selon ce Père c'est dans le plus haut point de la perfection que l'homme spirituel fait les demandes. 493
XI. Que ces prières des parfaits ne sont inspirées qu'au même sens que le sont toutes les prières chrétiennes. 493
XII. Que le parfait de saint Clément pratique les réflexions et les précautions, et que c'est par là que sa vertu est inébranlable. 494
XIII. L'action de graces de l'homme parfait. 495
XIV. Désintéressement prétendu des nouveaux mystiques aussi bien que la cessation des réflexions, inconnus à l'antiquité. 495
XV. Qu'il n'est pas vrai généralement, que le parfait spirituel ne connoisse pas les vertus. 496
XVI. Comment le parfait demande les biens temporels. 496
XVII. Que la demande des biens temporels n'est pas intéressée. 496
XVIII. Différence de demander absolument et sous condition. 497
XIX. Le combat de la concupiscence est perpétuel. 498
XX. De la mortification et de l'austérité en tout état. 499
XXI. Toute perfection est défectueuse en cette vie : beau passage de saint Clément sur saint Paul. 500
XXII. Autre passage. 500
XXIII. En combien de manières on est parfait dans cette vie. 501
XXIV. Explication d'un passage où saint Clément dit que le parfait n'est point tenté. 502
XXV. Sentimens des anciens sur l'apathie ou imperturbabilité. 502
XXVI. Diverses expressions des Pères grecs : conformité avec les Latins : belle prière de saint Arsène. 503
XXVII. Sentiment conforme de Cassien : quelle perfection il reconnoît dans les saints. 504
XXVIII. La convoitise ne cesse de combattre. 504
XXIX. Le passage de saint Paul, *Rom.* VII, 19, entendu par saint Paul lui-même, et des plus parfaits : le péché véniel inévitable. 505
XXX. Les plus parfaits contemplatifs, selon Cassien, font avec David de continuelles demandes. 505
XXXI. Autre passage pour les demandes. 505
XXXII. Qu'on demande son salut non conditionnellement, mais absolument, comme une chose conforme à la volonté déclarée de Dieu. 506

XXXIII. Que la demande de son salut est très-pure, selon Cassien, et très-désintéressée. 506
XXXIV. Ce qu'il faut penser d'un passage de Cassien, où il préfère une certaine oraison à l'Oraison Dominicale. 507
XXXV. Restriction de Cassien quand il regarde l'espérance comme intéressée. 507
XXXVI. La même vérité plus amplement éclaircie. 508
XXXVII. Que Cassien n'a point connu l'acte continu et perpétuel des nouveaux mystiques. 508
XXXVIII. Autre passage pour démontrer que la contemplation ne peut être perpétuelle. 509
XXXIX. Ce qu'il y a d'immobile dans l'habitude consommée de la piété. . 510
XL. Que la doctrine des nouveaux mystiques, contre le renouvellement des actes, est contraire à Cassien et aux anciens solitaires. 510
XLI. Autres preuves de la réitération des actes. 511
XLII. Preuve de la même réitération dans une oraison plus simple, par une admirable récitation des Psaumes qui est expliquée ici. 512
XLIII. Comment on conserve le même fond d'oraison dans la succession des actes. 513
XLIV. Doctrine conforme de saint Clément d'Alexandrie. 513
XLV. Immobilité du spirituel, en ce que par l'habitude formée il ne change ni de sentiment ni d'objet. 514
XLVI. Comment les actes du contemplatif se tournent en sa substance selon saint Clément 515
XLVII. Comment le spirituel ne peine plus. 515
XLVIII. Eclaircissement des locutions de saint Clément, et des autres, par l'exemple des locutions les plus vulgaires. 516
XLIX. Passage de saint François de Sales pour expliquer ce qu'on dit de la continuité des actes. 516
L. Du sommeil des justes : passage de Salomon. 516
LI. Résultat en abrégé de tout ce livre VI. 517
LII. Si l'on peut être assuré de ne perdre point l'actuelle présence de Dieu durant qu'on veille. 518

LIVRE VII.

De l'Oraison passive, de sa vérité, et de l'abus qu'on en fait.

I. Dessein particulier de ce livre VII. 518
II. De l'oraison qu'on nomme passive : explication des termes. . . . 519
III. Principes de la foi, sur lesquels est établie l'oraison qu'on nomme passive. 519
IV. L'oraison qu'on nomme passive n'est aucune des choses qu'on vient d'expliquer. 520
V. Ces choses servent néanmoins à la faire entendre : divers exemples d'impressions divines, où l'ame ne peut avoir de part. 521
VI. Ce qu'on appelle précisément l'oraison passive, infuse ou surnaturelle. 521
VII. Exemples des motions du Saint-Esprit, qu'on nomme naturelles ou surnaturelles. 522
VIII. L'on commence à déterminer le sens auquel l'oraison passive est dite surnaturelle, par six propositions. 523
IX. Première proposition : ce qu'on appelle oraison passive consiste dans une suspension passagère des actes discursifs : différence entre les vrais et les faux mystiques : sentiment de sainte Thérèse et du bienheureux Jean de la Croix. 523

x. Sentimens conformes du Père Baltasar Alvarez, un des confesseurs de sainte Thérèse. 525
xi. Ce qu'emporte la suspension des actes ou considérations discursives. . 526
xii. Que dans l'oraison passive il y a beaucoup de propre action, de propre industrie et de propre effort. 526
xiii. Seconde et troisième propositions, pour déterminer ce qu'on appelle le temps d'oraison, et montrer que ce temps ne peut être long. . . . 527
xiv. Trois autres propositions pour expliquer la stabilité et la permanence d'un état. 528
xv. Les fondemens des nouveaux mystiques détruits par les six propositions précédentes. 528
xvi. Quel est le principal effet de l'oraison passive ou de quiétude. . . . 529
xvii. On commence à expliquer l'abus qu'on fait de cette oraison : doctrine du Père Baltasar Alvarez sur les demandes. 529
xviii. Suite de la doctrine du même Père Baltasar, très-opposée aux prétentions des nouveaux mystiques. 530
xix. Sentimens du même religieux sur la mortification et sur l'état des vertus. 530
xx. Le bienheureux Jean de la Croix bien opposé à ceux qui mettent à part Jésus-Christ, la Trinité et les attributs dans la sublime contemplation. . 531
xxi. Que selon le Père Baltasar, la *ligature* ou suspension des puissances, ne peut jamais être totale dans l'oraison de quiétude. 531
xxii. Suite de la doctrine du même Père Baltasar contre la totale et perpétuelle suspension des puissances. 532
xxiii. Que le Père Baltasar ne connoît point d'ames toujours mues de Dieu, et en qui la suspension des puissances intellectuelles soit totale et perpétuelle. 532
xxiv. Sentiment conforme au Père Jean de la Croix. 533
xxv. Doctrine de ce bienheureux contre l'acte continu des nouveaux mystiques. 533
xxvi. Les actes que les faux mystiques vantent le plus, en bien et en mal, sont également inconnus aux vrais spirituels. 534
xxvii. Les nouveaux mystiques entendent mal et contre la doctrine des vrais spirituels le vice de multiplicité. 534
xxviii. Etrange erreur des nouveaux mystiques, qui rendent l'oraison passive commune et absolument nécessaire. 535
xxix. Trois démonstrations théologiques contre la nécessité de l'oraison passive pour la purification et perfection des ames pieuses. 538
xxx. Inutilité, dans cette matière, de la distinction entre la contemplation infuse et acquise. 540

LIVRE VIII.

Doctrine de saint François de Sales.

i. Qu'on ne doit point supposer que saint François de Sales ait des maximes particulières. 542
i. Claire décision du saint sur les demandes dans son dernier entretien : quelle indifférence il enseigne. 542
iii. Objections tirées des paroles du saint évêque. 545
iv. Réponse par trois questions, dont la première est : Si c'est un acte intéressé de désirer son salut. Décision du saint par ses propres paroles. 545
v. Principes solides du saint, pour joindre au parfait amour le désir de son salut éternel. 547

VI. Nulle indifférence pour le salut dans le saint évêque de Genève. . . . 548
VII. Conclusion par deux principes, que le saint évêque ne connoît pas cette indifférence pour le salut, que les nouveaux mystiques veulent introduire. 550
VIII. En quoi le saint établit la sainte indifférence chrétienne, et que ce n'est jamais pour le salut. 550
IX. Fondement de la doctrine précédente sur les deux sortes de volontés en Dieu. 551
X. Objection sur l'indifférence de saint Paul et de saint Martin. 551
XI. La même doctrine confirmée dans un de ses entretiens. 552
XII. Quel est l'abandonnement du saint. 552
XIII. Qu'on ne trouve pas une seule fois le salut compris par ce saint sous l'indifférence chrétienne, mais plutôt tout le contraire dans un beau passage. 552
XIV. Si le saint a cru qu'il ne falloit pas désirer ou demander les vertus, et en quel sens il a dit qu'on en doit perdre le goût. 553
XV. Quel est le dessein du saint évêque dans la comparaison de la statue, et que l'état qu'il veut expliquer ne regarde précisément que le temps de l'oraison. 554
XVI. Comment l'ame en un autre sens, et par rapport aux consolations, ressemble à une statue. 555
XVII. Comment doit être entendue l'indifférence du saint à l'égard des consolations ou des privations. 556
XVIII. La comparaison du musicien : Que la charité est une amitié réciproque. 556
XIX. Autre comparaison du saint évêque, qui prouve l'indifférence pour les moyens, mais non jamais pour la fin. 557
XX. Comparaison de l'enfant Jésus. Manière simple dont le saint évêque veut être entendu. Passages remarquables. 558
XXI. La fille du médecin : quelle est son indifférence, et pourquoi le saint évêque remarque qu'elle ne fait point de remercîment. 559
XXII. La pratique et les conseils de saint François de Sales sur les désirs, les remercîmens et l'indifférence. 560
XXIII. Remarque sur la distinction entre la résignation et l'indifférence. . 561
XXIV. Autre remarque sur l'indifférence, et sur les desseins que Dieu inspire, dont néanmoins il ne veut point l'accomplissement. 562
XXV. Doctrine conforme du Père Baltasar Alvarez : jusqu'où il poussoit la résignation. Jamais on n'y a songé pour le salut. 563
XXVI. On commence à traiter en particulier de l'oraison de la vénérable mère de Chantal, et pourquoi. 563
XXVII. Avertissement nécessaire aux gens du monde, et suite de la matière commencée. 564
XXVIII. Que c'est pour cette oraison, et pour cette Mère que le saint avoit introduit la comparaison de la statue. 565
XXIX. Deux questions à traiter : 1re question, sur le temps et sur la durée de cette passiveté. 565
XXX. Mélange par intervalles de l'activité dans l'état passif de cette Mère au sujet de son saint directeur. 566
XXXI. On entre dans la 2e question proposée au ch. 29, et on parle des actes discursifs que la vénérable Mère ne pouvoit plus faire. . . . 568
XXXII. Suspension des actes sensibles et marqués. 568
XXXIII. Suspension des actes méthodiques. Deux consultations de la Mère, et deux réponses de son saint directeur. 570
XXXIV. Le souvenir de Jésus-Christ et la contrition entroient dans la haute contemplation de cette Mère. 570

xxxv. La Mère se croyoit obligée aux actes. Comment elle les pratiquoit, et comment son oraison étoit continuelle. 571
xxxvi. L'oraison de la vénérable mère Marie Rossette, une des filles spirituelles du saint. 572
xxxvii. Que l'indifférence du salut ne fut jamais dans la mère de Chantal. 573
xxxviii. Que dans les états précédens de la vénérable Mère, il n'y a point de perpétuelle passiveté. 574
xxxix. Suite de la même doctrine, et explication de l'oraison que le saint appelle de patience. 575
xl. Suite de la même doctrine, et dernière réflexion sur la statue du saint évêque. 576

LIVRE IX.

Où est rapportée la suite de la doctrine de saint François de Sales, et de quelques autres saints.

i. Des suppositions impossibles, par lesquelles le saint évêque exprime l'excès de l'amour. 577
ii. Absurdité de ceux qui tournent en indifférence ces suppositions impossibles. 579
iii. Exemples anciens et modernes de ces fictions et suppositions impossibles. 579
iv. Preuve par exemples, que ceux qui ont fait ces actes de résignation par supposition impossible, ne sont pas pour cela moins éloignés de la suppression des demandes, ni de l'indifférence des nouveaux mystiques. . 584
v. Suite des exemples : prières et ardens désirs de sainte Catherine de Gênes et de sainte Thérèse. 586
vi. Si le passage de sainte Thérèse, rapporté ci-dessus, mène à l'indifférence du salut. 590
vii. Quelques exagérations sur cette matière, et qu'il ne faut pas en abuser. 591
viii. Comme le vrai et parfait abandon, loin d'exclure le désir, le présuppose. 592
ix. Doctrine du saint évêque de Genève sur la permission du péché, contraire à celle des faux mystiques. 593
x. Sentimens d'un religieux de la compagnie de Jésus, qui nous apprennent quels désirs du salut peuvent provenir de l'amour-propre. 594
xi. L'exemple de saint François de Sales confond l'erreur des nouveaux mystiques qui mettent la perfection dans les oraisons extraordinaires. . 595
xii. Que le saint évêque trouve plus parfait l'état où l'ame travaille que la quiétude de l'état passif. 597
xiii. Doctrine conforme de sainte Thérèse : préparation au livre suivant. . 597

LIVRE X.

Sur les qualifications des propositions particulières.

i. Les propositions des nouveaux mystiques expressément condamnées au concile de Vienne dans celle des béguards. 600
ii. Les nouveaux mystiques condamnés dans les béguards par Rusbroc, par Taulère et par Louis de Blois. 604
iii. Caractère affreux des mystiques anciens et modernes, pourquoi omis. 606
iv. Censure de Molinos et des quiétistes de nos jours. 609

v. Les trente-quatre articles des ordonnances du 16 et 25 avril sont rapportés. 610
vi. Dessein des articles précédens : preuve des huit premiers : propositions hérétiques des quiétistes. 610
vii. Les articles 9, 10 et 11. Propositions erronées des quiétistes. . . . 612
viii. Quels sont les vrais actes du cœur. 613
ix. De l'article 13, et de la nature de la charité. 614
x. Des articles 14, 15, 16 et 17. 614
xi. De l'article 18 et des mortifications. 615
xii. Sur l'article 19 et sur l'acte continu et perpétuel. 615
xiii. Sur l'article 20 et sur les traditions. 615
xiv. Sur l'article 21, et sur les suivans : on commence à découvrir les bonnes doctrines dont on abuse dans le quiétisme. 616
xv. Des articles 28, 29 et 30. 618
xvi. De l'article 24, où il est parlé de la contemplation. 620
xvii. De l'article 31, où il est parlé des épreuves. 620
xviii. De l'article 32, et du véritable acte d'abandon : doctrine de saint Cyprien et de saint Augustin avec la remarque de trois erreurs dans l'abandon des quiétistes. 624
xix. Du 33e article, et des suppositions par impossible. 628
xx. Du dernier article, et des manières différentes de diriger les ames. . 631
xxi. Quelle instruction l'on a donnée à l'auteur du livre intitulé *Moyen court*, etc. 632
xxii. Récapitulation de cet ouvrage, et premièrement des erreurs sur le désir du salut. 633
xxiii. Des erreurs sur l'oraison passive. 638
xxiv. Si l'état passif est passager ou universel, et s'il s'étend hors le temps de l'oraison ou contemplation actuelle. 640
xxv. Quatre propositions arrangées, qui démontrent la vérité des deux chapitres précédens. 641
xxvi. Que la purification et la perfection de l'ame ne sont point attachées à l'état passif. 643
xxvii. Abrégé de la doctrine des actes. 643
xxviii. Abrégé de ce qu'on a dit des livres des quiétistes, où l'on remarque un des caractères de cette secte. 644
xxix. Dessein du second traité. 645
xxx. Quelle désappropriation, et quelle purification de l'amour on établira dans le second traité. 652
Conclusion. 652

ADDITIONS ET CORRECTIONS.

i. On corrige dans le livre X, n. 1, la faute où l'on est tombé, d'excuser nos faux mystiques de l'art. viii des béguards. 654
ii. Doctrine excellente de saint Augustin sur le *Pater*, qu'il falloit avoir ajoutée au livre VI, n. 34. 655
iii. Que la doctrine précédente n'empêche pas que saint Augustin n'ait excellemment entendu la nature du saint amour de la charité. . . . 660
iv. De la pureté et du désintéressement de l'amour, dont on vient de parler. 661
v. Réflexions sur la doctrine précédente. 662
vi. Devoirs de la charité et de la justice : saint Augustin. 665

VII. Suppositions par impossible selon saint Augustin; et encore selon ce Père, de l'amour désintéressé. 667
VIII. Passage d'Hugues de Saint-Victor sur l'amour désintéressé. . . . 670

ACTES DE LA CONDAMNATION DES QUIÉTISTES.

Lettre de M. le cardinal Caraccioli à S. S., écrite de Naples le 30 janvier 1682, traduite de l'italien. 674
Lettre circulaire de M. le cardinal Cibo, écrite de Rome le 15 février 1687, à tous les Potentats, Evêques et Supérieurs de la chrétienté, par l'ordre de la Congrégation du S. Office; traduit de l'italien. 676
Erreurs principales de la nouvelle contemplation ou oraison de quiétude : aussi traduites de l'italien. 677
Condamnation de Molinos. 680
Décret de l'Inquisittion de Rome contre Molinos. 680
Propositions. 681
Bulle d'Innocent XI, contre Michel de Molinos. 683
Damnatio propositionum Michaelis de Molinos. 683
Propositiones. 685
Décrets de l'Inquisition de Rome portant condamnation de plusieurs ouvrages des quiétistes 701

FIN DE LA TABLE DU DIX-HUITIÈME VOLUME.

BESANÇON. — IMPRIMERIE D'OUTHENIN CHALANDRE FILS.

A LA MÊME LIBRAIRIE.

Les Martyrs du xixe siècle, coup d'œil sur l'histoire des Missions d'Orient, par L. T***. 1 vol. form. Charp. 1 fr. 50.

Marie, mère de Dieu et mère des hommes, ou Explication du mystère de la Sainte Vierge au pied de la croix ; par le R. P. Ventura ; trad. par L. Rupert ; 2e édit. 1 vol. in-8o. 4 f. 1 vol. in-18. 2 fr. 50

Martyrs et Bourreaux de 1793, ou Histoire des atrocités révolutionnaires depuis l'ouverture des Etats Généraux jusqu'au Concordat de 1801, par M. l'abbé Cordier (de Tours). 3e édit. 3 vol. gr. in-12. 7 fr.

Méditations à l'usage du Clergé pour chaque jour de l'année, par Mgr Scotti ; trad. de l'italien par M. l'abbé Duclos, avec pratiques par M. l'abbé Hugot. 4 vol. in-12. 6 fr.

Méditations du P. Avancin pour chaque jour de l'année ; trad. du latin par l'abbé Morel. 2 vol. in-12. 4 fr. 50

Méditations sur les Mystères de la foi et sur les Epitres et Evangiles, pour tous les jours et fêtes de l'année, par un solitaire des Sept-Fonts. 2 vol. in-12. 3 fr.

Méditations sur les principaux Mystères de la foi, pouvant servir d'instructions religieuses aux pasteurs des âmes et de lectures pieuses aux simples fidèles, par Kroust ; traduites du latin par Mgr. Sergent, évêque de Quimper. 3e édition ; 4 beaux vol. in-12, papier vélin satiné. 10 fr.

Méditations (nouvelles) pour le mois de Marie, par M. l'abbé Castan. 1 vol. in-12 1 fr. 50

Méthode mécanique d'harmonium, pour l'accompagnement de la musique et des chants d'église, ou l'Harmonium rendu possible à tous, par l'abbé A. Duthey. 3e édit. 1 vol. in-8. 6 fr.

Missionnaire paroissial par Chevassu. 4 vol. in-12. 6 fr.

Œuvres de Fénelon. 8 forts vol. in-8. renfermant la matière de 20 vol. ordin. in-8. 28 fr.

Œuvres de Tertullien, traduites en français par M. de Genoude. 3 vol. in-8 ; 2e édit. 12 fr.

Œuvres du bienheureux Léonard de Port-Maurice ; traduites de l'italien par M. Ch. Sainte-Foi. 3 vol. in-8. 14 fr.

Œuvres inédites de Bossuet, 1 vol. gr. in-8 à deux colonnes. 5 fr.

— 1 vol. in-8. 5 fr.

Œuvres du cardinal Bellarmin, traduites en français par MM. l'abbé Daras, Ducruet et E. Berton. 10 vol. in-8. 40 fr.

Notions essentielles sur l'Eglise catholique, par Mgr. l'Evêque de Quimper et de Léon. Piqûre in-18 ; 3e édit. : 15 c.

On accorde 150 pour 100.

Quatre années en Orient, en Italie ; ou Constantinople, Jérusalem et Rome, par l'abbé Berton, 2e édit. 1 vol. in-8. 3 fr.

Pain quotidien des enfants de Dieu. Brochure in-32 (124 pages). — Prix des 100 exemplaires. 9 fr.

Petit Rituel, ou Guide pratique des paroissiens dans la réception des sacrements et les principales circonstances de la vie chrétienne, par M. l'abbé Réaume. 1 vol. in-18. 75 c.
Le même reliure basane : 1 fr.

Saint Denis l'Aréopagite, premier évêque de Paris, par l'abbé Darras, 1 vol. in-8. 5 fr.

Sermons de M. de Boulogne, 4 vol. in-8. 15 fr.

www.ingramcontent.com/pod-product-compliance
Lightning Source LLC
Chambersburg PA
CBHW071704300426
44115CB00010B/1307